D1718570

Harald Schultz-Hencke

Lehrbuch der analytischen Psychotherapie

2. unveränderte Auflage

 Georg Thieme Verlag Stuttgart 1970

Dr. med. Harald Schultz-Hencke †

1. Auflage 1951
1. Nachdruck 1957
2. Nachdruck 1965
2. Auflage 1970
2. Auflage, 1. Nachdruck 1973

© Georg Thieme Verlag, Stuttgart 1951, 1970 – Printed in Germany – Druck J. Beltz oHG, 6944 Hemsbach

ISBN 3 13 401602 8

Vorwort

Auch das vorliegende Lehrbuch der analytischen Psychotherapie ist aus einem ersten Entwurf entwickelt worden, der bereits im Jahre 1933 niedergeschrieben wurde. Wie es dem Verfasser in den folgenden Jahren verboten wurde, seine „Lehre vom Traum" zu veröffentlichen — dieses Buch erschien erst im Frühwinter 1949 unter dem Titel „Lehrbuch der Traumanalyse" bei Georg Thieme — so ging es ihm auch mit dem Vorschlag, im Anschluß an sein Buch „Der gehemmte Mensch", das 1940 in erster Auflage ebenfalls bei Georg Thieme erschien, seine „Technik der Desmolyse" herauszubringen. Die Schwierigkeiten der Nachkriegszeit erlaubten zunächst nur den erneuten Druck des „Gehemmten Menschen" (1947) und dann den der „Traumanalyse".

Auch heute bestehen, besonders in Berlin, wie jedermann weiß, eine Fülle von Schwierigkeiten. Diese haben nach Meinung des Verfassers nicht verfehlt, auch das nun abgeschlossene „Lehrbuch der analytischen Psychotherapie" zu beeinflussen. Es liegt ihm nahe, sich der ihm wohlbekannten Mängel seiner Arbeit wegen zunächst generaliter zu entschuldigen. Ein Lehrbuch darf seinem Zweck entsprechend zwar ohne spezielle Zitate erscheinen, aber Verfasser wäre durchaus geneigt gewesen, und zwar weil er es für zweckentsprechend hielt, die an den verschiedensten Stellen seines Buches nur eben genannten Autoren wenigstens hinsichtlich ihrer Werke zu zitieren. Unter den heutigen Umständen hat er aber weitgehend auf Erinnerung und vorschwebendes Wissen rekurrieren müssen. Er würde seine Absicht, nunmehr ein Buch über das Verfahren der analytischen Psychotherapie zu veröffentlichen, haben aufgeben müssen, eben der genannten Schwierigkeiten wegen, wenn er sich letztlich hätte verpflichtet fühlen müssen, seiner Geneigtheit zu zitieren zu folgen.

Es ist daher wohl angebracht, noch einiges über die Schwierigkeiten zu sagen, die verhindert haben, daß ein Lehrbuch der analytischen Psychotherapie so zustande kam, wie der Verfasser es selbst allein hätte voll bejahen können.

Anfang Mai 1945 war zunächst an den Nachwuchs zu denken. Schon am 4. Mai eigentlich gründete der Verfasser mit einer Gruppe seiner Schüler und besonders mit dem bewährten bisherigen Leiter der psychotherapeutischen Poliklinik in Berlin, Dr. W. Kemper, das „Institut für Psychopathologie und Psychotherapie". Die Mehrzahl der Berliner Psychotherapeuten beteiligte sich. Der Nachwuchs war also fortzubilden und ein neuer auszubilden. Eine Poliklinik war aufzubauen. Schließlich, Anfang 1946, kam es zur Übernahme des schon arbeitenden oben genannten Instituts durch die Versicherungsanstalt Berlin unter dem Namen „Zentralinstitut für psychogene Erkrankungen". Die Schaffung neuer Literatur war unbedingt nötig. Sie mußte aber dennoch zunächst zurücktreten. Ihr konnte nur ein Teil der Kraft und der Zeit des Verfassers gewidmet werden. Die Schwierigkeiten minderten sich; aber sie blieben dennoch an allen

Ecken und Enden bestehen. Wir haben in Deutschland augenblicklich niemanden, keine private und keine öffentliche Instanz, die bereit wäre, die analytisch-psychotherapeutische Forschung und die Veröffentlichung ihrer Ergebnisse entscheidend zu unterstützen.

Um so mehr ist es Herrn Dr. Hauff, dem Verantwortlichen des Georg Thieme Verlages, zu danken, daß er sich so bald schon bereit erklärte, nicht nur den „Gehemmten Menschen" in 2. Auflage zu veröffentlichen, sondern diesem auch bald das „Lehrbuch der Traumanalyse" und nun das „Lehrbuch der analytischen Psychotherapie" folgen zu lassen. Immerhin war zunächst eine Beschränkung auf 250 Druckseiten geboten, für ein ausreichendes Lehrbuch der analytischen Psychotherapie zweifellos ein zu geringer Umfang. Aber was tun? Natürlich forderten der erreichte Stand der Wissenschaft, das riesige, angehäufte Material an Literatur und die didaktische Zielsetzung einer tadellos fundierten Ausbildung des Nachwuchses eigentlich ein wesentlich vollständigeres und umfangreicheres Lehrbuch. So mußte sich die Zusammendrängung auf den Umfang von etwa 325 Seiten in mancherlei Mängeln der Darstellung äußern. Auch im Hinblick auf eine wissenschaftliche Situation, die etwa mit der zu vergleichen ist, die einst bestand, als 80% der Ärzte noch berechtigt waren, für strittig zu halten, ob die Lues nun wirklich ein wie entdeckt und beschrieben einheitliches Gebilde war oder nicht, war dies so. In solcher Situation hätte auch Propädeutisches sehr breit erörtert werden müssen. Beschränkung von Zeit, Raum und Mitteln mußte dagegen entsprechende Mängel hervorrufen.

So erhob sich für den Verfasser, und zwar in den vergangenen Jahren wieder und wieder, die ernsthafte Frage, ob ein solches Lehrbuch denn wirklich so notwendig sei, daß es erlaubt sei, ein sicher mangelhaftes Gebilde zu gestalten. Schließlich aber sprachen doch alle Faktoren dafür, sich über jene zu erwartenden Mängel hinwegzusetzen.

In erster Linie, meint der Verfasser, ist die psychotherapeutische Wissenschaft im Gegensatz zu 1933 auf dem Punkt angelangt, die Positionen Freuds, Adlers und Jungs zwanglos und gegenstandsgerecht amalgamieren zu können. Ist das der Fall, so darf der Nachwuchs verlangen, daß man ihm zumindest ein ausdrückliches, systematisches Amalgam dieser Art vorlegt. Enthält ein solches Buch genügend Hinweise darauf, der Lernende müsse sich unbedingt in die schon vorhandene frühere Literatur vertiefen, um ein solides Fundament an Wissen zu erwerben, so ist ein solches Amalgam noch einmal gerechtfertigt.

Daß sich die gesamte psychotherapeutische Entwicklung in der anglo-amerikanischen Welt in der gleichen Richtung bewegt, wird auf Grund der Veröffentlichungen in englischer Sprache zunehmend deutlich. Aber die hierher gehörige Literatur zeigt eine Reihe von besonderen Zügen, auf die hier noch mit einigen Wendungen eingegangen werden soll, weil sich von da aus noch einmal die Notwendigkeit eines systematischen, wenn auch noch so vorläufigen Versuchs begründen läßt.

Eine geradezu riesige psychotherapeutische Literatur wächst allmählich heran. Charakteristisch für sie ist, daß die Positionen Freuds überall durchscheinen, überall auch eine Reihe von Grundpositionen Adlers und hin und wieder einige von denen Jungs. Überwiegend aber macht sie den Eindruck, als sei man bemüht, möglichst ohne „Jargon" darzustellen. „Biographische", d. h. überwiegend unter Verwendung üblicher psychologischer Worte entwickelte Kasuistik und Theorie sucht an die Stelle des so oft als anstößig, dunkel und im Grunde überflüssig Erscheinenden zu treten. So legte sich der Verfasser auch die Frage vor, ob es nicht angezeigt sei, dem Nachwuchs ebenfalls zwar einen Versuch systematischer Darstellung der analytischen Psychotherapie zu vermitteln, aber doch eben einer „jargonlosen". Wie aber sollten dann ganz bestimmte, höchst merkwürdige Inhalte neurotischen Erlebens, Inhalte der Träume, ganz spezielle Funktionsstörungen von Organen, höchst rätselhafte Inhalte psychotischen Erlebens noch verstanden und mitgeteilt werden können? An dieser Frage, an den sich aus der Sache ergebenden Notwendigkeiten muß doch jedes jargonlose, „biographische" Bemühen scheitern! So blieb der Verfasser auch im vorliegenden Lehrbuch bei der von ihm seit Jahrzehnten eingehaltenen Linie. 1913 wurde sein Interesse für die Freud'schen Schriften zuerst geweckt. Gegenüber der beinahe nihilistischen Einstellung seines damaligen Lehrers, des Psychiaters Hoche, bildete er sich die Meinung: wenn auch nur ein Zehntel dessen, was Freud aussagte, zu Recht bestünde, würde es den Einsatz einer Lebensarbeit lohnen, diese wissenschaftliche Spur weiter zu verfolgen. Im Winter 1913/14 vertiefte sich diese Überzeugung durch die Lektüre der „Traumdeutung" Freuds. Im Frühjahr 1914 „beschloß" er als Einundzwanzigjähriger im Gespräch mit dem damals schon leidenschaftlichen, wohl erst zwanzigjährigen Psychoanalytiker Bernfeld, eines Tages die Schizophrenie im Freud'schen Sinne aufzuhellen. Heute nach 36 Jahren ist er der Meinung, daß Freud weitgehend sachgerecht sah und daß auch ein erheblicher Teil seiner speziellen empirischen Terminologie beibehalten werden muß. Das hat mit „Dogmatismus" seines Erachtens nichts zu tun. Jede mit Fachworten aufgebaute Wissenschaft ist in diesem Sinne dogmatisch. Jede Wissenschaft ist dogmatisch, wenn sie es für sachgerecht hält, zunächst heterogen erscheinende wissenschaftliche Positionen zu amalgamieren. Es handelt sich dann nicht um etwas Additives, gar um einen „Mischmasch", sondern um einen synoptischen Vorgang.

So ist der Verfasser der Meinung, jede moderne Neurosenlehre, analytische Psychotherapie sollte heute mit voller Ausdrücklichkeit und sachgerechterweise etwa zu zwei Dritteln aus Freud'schen Positionen bestehen, das letzte Drittel würde dann im wesentlichen aus Tatbestandsauffassungen Adlers und Jungs zu bestehen haben. Verfasser hat also vollabsichtlich und bereitwillig nahezu alles, was er im vorliegenden Lehrbuch vertritt, „gestohlen", wie man das, wenn man durchaus so will, nennen könnte. Dies sei hier schon ausgesprochen, damit aus dem Mangel an ausdrücklichen Zitaten nicht etwa geschlossen werden könne, der Verfasser wolle als „neu" entwickeln, was doch altes Gut sei. Er glaubt eigentlich nur Altes und Bekanntes nach korrekten methodologischen Gesichtspunkten geordnet zu haben. Und er ist der Meinung, es habe sich gelohnt, jener Spur, die Freud ihm vor über dreißig Jahren wies, zu folgen — auch im Interesse des heutigen Nachwuchses.

So ist der Verfasser auch, sehr verständlicher Weise, wie er glaubt, überrascht, daß ihm von seiten der orthodoxen Psychoanalyse hin und wieder recht aus-

drücklich vorgehalten wird, seine Positionen enthielten höchstens noch zehn
Prozent Freud'scher Anteile. Dabei hat er tatsächlich nur die Libidotheorie und
die sogenannte Metapsychologie fallen lassen. Er hat sich bemüht, spezielle
Begriffe so sparsam wie nur möglich zu verwenden, nur die notwendigen beizubehalten, diese aber hervorzuheben und einige ganz wenige neue einzuführen.
Es war sein Bestreben, das, was heute noch an Grundthesen der Neurosenpsychologie als gültig anerkannt werden darf, so ausdrücklich wie nur möglich
zu machen. Alles empirische Material, was ihm durch die Möglichkeit, Tausende
von Patienten auf Grund „gezielter" Anamnesen (s. S. 173) zu überblicken,
Hunderte von mikropsychologischen Krankengeschichten zu studieren, zugänglich wurde, spricht eindeutig und überprüfbar (s. a. S. 113) für die tatsächliche
Gültigkeit der im vorliegenden Lehrbuch mitgeteilten Grundpositionen. Ob man
dieses Gesamt, dieses Amalgam aus Freud, Adler und Jung nun fortentwickelte,
moderne Psychoanalyse nennen will oder Neopsychoanalyse, ist, gemessen an
obigen Überlegungen und Feststellungen, gleichgültig.

In diesem Zusammenhang sollte wohl auch eine Brücke nach dem Ausland
geschlagen werden. Das ist durchaus möglich. F. R. Alexander, heute in Chikago,
vertritt in seinen neusten Veröffentlichungen wohl zu neunzig Prozent dieselben
empirischen Auffassungen, die im vorliegenden Lehrbuch entwickelt werden.
Ein anderer einst orthodoxer Psychoanalytiker, ursprünglich auch in Berlin
arbeitend, Reik, bezeichnet sich heute selbst sogar ebenfalls als Neopsycho-
analytiker. Welche Standpunkte Radò, der in New York augenblicklich große
Teile des Nachwuchses ausbildet, vertritt, ist bisher nicht bekannt geworden.
Jedenfalls spricht alles dafür, daß in den USA die Entwicklung der ursprüng-
lichen Psychoanalyse zunehmend in eine Bewegung geraten ist, die in ihrer
Richtung völlig dem hier Vertretenen entspricht. Nur eines scheint dort, wie
oben schon angedeutet, noch nicht so ausdrücklich zu sein wie in der vorliegenden
Arbeit des Verfassers: Der systematisch ordnende, in Bejahung und Verneinung
deutliche Charakter. Als Eigentümlichkeit sei z. B. erwähnt, daß die Wendung:
„Versuchungs- und Versagungssituation" von Alexander etwa nicht mit der
Prägnanz hervorgehoben wird, wie es nach Meinung des Verfassers allein wirklich sachgerecht wäre. Auch ist vielleicht eine die relative Unbestimmtheit
aller Hinweise dort auf Genotypisches, auf das Thema heredity zu bemerken.
Verfasser meint, daß wir auch da heute schon weiter sind, als mancher noch
denkt. Daher erscheint es ihm erlaubt, Unzulänglichkeiten seiner Thesen zum
Thema „Ererbtes" zu vernachlässigen, gegenüber dem Vorteil, den es bedeutet,
wenn der Nachwuchs im ersten Ansatz prägnante Mitteilungen darüber erhält,
was wir auf neurosenpsychologischem Gebiet wohl heute als ererbt anzusehen
haben. Verfasser vermißt, jetzt nach zehn Jahren, im Grunde noch immer eine
Antwort auf das Nachwort seiner damaligen Veröffentlichung „Der gehemmte
Mensch", in dem er dazu aufforderte, man möge seinem ja ausdrücklich als Versuch deklarierten Unternehmen ein methodologisch entsprechendes von anderen
Grundpositionen her entgegenstellen. Ihm liegt daran, Alexander gegenüber,
der z. B. auch jüngst zur sogenannten Psychosomatik Stellung genommen hat,
darauf hinzuweisen, daß seiner Meinung nach ohne volle Ausdrücklichmachung
der im vorliegenden Lehrbuch eingehend behandelten Gleichzeitigkeitskorrelation

(s. S. 272) eine korrekte systematische Psychosomatik nicht entwickelbar sein wird. Und dann glaubt er daran erinnern zu dürfen, daß Freud die ersten Ansätze zur Psychosomatik völlig richtig gesehen hat, mag er auch seine wissenschaftliche Mitwelt durch die entsprechenden Aussagen erheblich schockiert haben.

Noch einmal, Verfasser sieht keinen Grund, jene Grundpositionen Freuds nur wegen einer gewissen Schwerzugänglichkeit der Fakten nicht mehr als gültig einzuordnen. Er hat sich entschlossen, sich durch das üblich gewordene „biographische" und „allgemeinere" Schildern, durch die Akzentuierung der praktischen Verfahren nicht davon abhalten zu lassen, seinerseits konsequente Systematik zu erstreben.

Dabei wird aber, wiederum auf der Basis unseres heute möglichen Wissens, z. B. hinsichtlich der sogenannten Psychosomatik, die Frage aufzuwerfen sein, ob die heute vielfach in Anlehnung an Freud üblich gewordenen „symbolischen" Auffassungen von körperlichen Funktionsstörungen so weit, d. h. nahezu allein, gültig sind, wie die betreffenden Darsteller das meinen. Im vorliegenden Buch wird auf den Seiten 112—139 genauestens hierauf eingegangen. Die vom Verfasser — im Jahre 1931 war es wohl — von v. Weizsäcker gegenüber vertretene Auffassung, die sogenannte psychogene Angina enthalte im wesentlichen eine nicht-„symbolisch" zu verstehende, einfach orale Konzeptionsthematik, scheint z. B. heute noch nicht zur durchgängigen Auffassung geworden zu sein. Also hat sich bisher eine antriebs- und bedürfnis-psychologische Strukturauffassung der Neurose und daher natürlich der „psychosomatischen" Symptomatik nicht durchgesetzt. Es wird also nach Meinung des Verfassers hier noch außerordentlich viel Klärendes zu leisten sein.

An und für sich ist die eben angedeutete, etwas schleppende Entwicklung in der Geschichte der psychotherapeutischen Wissenschaft ja nichts Verwunderliches. Daher bleibt ein Buch wie das vorliegende zunächst auch immer ein Wagnis, ein Versuch; dieser aber muß unternommen werden, sobald sich jemand in der Lage dazu findet, sorgfältig gearbeitet und geprüft hat und sich dafür verantwortlich fühlt, den Nachwuchs vom neusten Stand zu unterrichten — einschließlich der problematischen Seiten einer so jungen Wissenschaft wie die analytische Psychotherapie eine ist. Verfasser ist der Meinung, daß nur halb gelingende Versuche, vielleicht sogar weitgehend mißlingende, jeder korrekteren, exakteren wissenschaftlichen Arbeit vorangehen müssen, auch in Form der Orientierung des Nachwuchses, damit das wissenschaftliche Werk dann gelingen kann.

Wird man die analytische Psychotherapie aus dem vorliegenden Buch aber „erlernen" können? Das soll nun noch einmal im strengen Sinn als Frage aufgeworfen werden, obgleich sich die Antwort eigentlich erübrigt. Denn niemand wird ein Lehrbuch der Augenheilkunde mit solcher Absicht benutzen. Niemand wird ein solches Lehrbuch lesen, dann Instrumente, Salben und Medikamente kaufen und nun einfach an die praktische Arbeit gehen. Auf dem Gebiet der Augenheilkunde oder gar der großen Chirurgie ist das einfach deshalb schon selbstverständlich so, weil der Betreffende die Patienten ganz offensichtlich schädigen würde. Er wäre regreßpflichtig und würde sich allein schon deshalb hüten, so vorzugehen. Es kann nur gehofft werden, daß sich nicht allzuviel

Unverantwortliche finden werden, die das vorliegende Lehrbuch im verfehlten Sinne als Anweisung auffassen. An den verschiedensten Stellen wird hierauf im einzelnen hingewiesen werden. Die immerhin bestehende Gefahr — da es ja noch keinen Facharzt für Psychotherapie gibt — ist in ihrer Bedeutung aber wohl geringer einzuschätzen als der Gewinn und die Notwendigkeit, ein solches Lehrbuch zu veröffentlichen. Dennoch — wenn sich ein Leser darüber wundern sollte, daß das therapeutische Vorgehen auch im vorliegenden Buch nicht immer bis ins letzte Einzelne gehend dargestellt wird, wenn daher auch immer wieder vermieden wird, „Kniffe" mitzuteilen — möge er daran denken, daß ein Grund hierfür auch darin liegt, daß Unbefugte so weit wie möglich daran gehindert werden sollten, eben mit äußerlichen Kniffen zu operieren, statt, angeregt durch das vorliegende Buch, praktisch und ausdauernd beim Geübten zu lernen.

Berlin-Wilmersdorf, im Herbst 1950.

H. SCHULTZ-HENCKE

Inhaltsverzeichnis

Anhang

Einführung

1. Der Doppelsinn des Wortes Psychotherapie

Das Wort Psychotherapie wird gewöhnlich in zweierlei Sinn verwandt. Man meint damit zwar ein Verfahren. Aber so und so oft wird mit diesem Wort auch eine Lehre von einem Gegenstand bezeichnet. Es handelt sich da um eine historische Merkwürdigkeit, die im Grunde ihre sehr einfachen Voraussetzungen hat. Die Psychotherapie ist eine sehr junge Wissenschaft. Vieles ist noch ungeklärt. Sie begann im eigentlichen Sinn erst vor etwas über einem halben Jahrhundert. Und an dem riesigen Verdienst, das Freud sich dadurch erwarb, daß er mit dem vollen Einsatz eines ganzen Forscherlebens bestimmte, bis dahin dunkle und vernachlässigte Probleme in Angriff nahm, wird nichts dadurch geschmälert, daß ihm manche Autoren vorangingen. So hat zum Beispiel Leibniz in seinen „Neuen Abhandlungen über den menschlichen Verstand" fast 200 Jahre vorher schon die Kernphänomene, um die es in der Psychotherapie geht, mit vollendeter Deutlichkeit geschildert. Aber er soll sein Buch aus Rücksicht auf den Philosophen Locke nicht veröffentlicht haben. Erst nach seinem Tode geschah das. Und eine gelungene deutsche Übersetzung des zunächst französischen Textes kam erst über 150 Jahre später heraus. An Freud schloß sich vor etwa 40 Jahren der 1½ Jahrzehnte jüngere Alfred Adler an und entwickelte gegenüber der Freudschen Psychoanalyse und, wie er meinte, im Gegensatz zu ihr seine Individualpsychologie. Der wiederum 1 Jahrfünft jüngere, heute noch in Zürich lebende C. G. Jung stellte den beiden schließlich seine komplexe oder analytische Psychologie gegenüber. Wie jedermann weiß, unterscheiden sich die Terminologien jener drei Hauptvertreter der Psychotherapie außerordentlich weitgehend, so weit, daß die Autoren selbst und viele ihrer Schüler meinten und manche heute noch meinen, es handele sich da um unvereinbare Gegensätze. Das war vor einem Jahrzehnt etwa noch die allgemeine Lage. Daher die Unbestimmtheit der Aussagen auf psychotherapeutischem Gebiet. Daher auch jene eingangs erwähnte Doppelsinnigkeit des Wortes Psychotherapie.

Eine Äußerung dieser merkwürdigen wissenschaftlichen Situation besteht unter anderem darin, daß die heute vorliegende Literatur, auch die neueste, ganz überwiegend ohne eine verbindliche Theorie ist. Liest man zum Beispiel sehr umfangreiche anglo-amerikanische Werke, so findet sich darin nur in Andeutungen eine einfache systematische Neurosenlehre. Manchmal hat man geradezu das Empfinden, als gebe es diese noch gar nicht. So weitgehend unbestimmt blieb das Ganze, und fast überall da, wo von Verfahren die Rede ist — denn das Wort Psychotherapie zielt ja seinem unmittelbaren Sinn nach zunächst auf ein Verfahren —, entbehrt dessen Darstellung der präzisen Hinweise auf eine als verbindlich vorschwebende Theorie der Neurose.

Aber dies sollen flüchtige Hinweise sein, vollabsichtlich. Es soll bei einer Erörterung dieser höchst interessanten und aufschlußreichen Fakten und Zusammenhänge nicht verweilt werden. Jene einleitenden Sätze hatten nur die Aufgabe eines Hinweises und einer Ermunterung zur Besinnung darauf, daß hier etwas Merkwürdiges und durchaus Fragwürdiges vorliegt. Damit aber ergibt sich eine Aufgabe. Es soll sich ja um Frag-würdigkeit handeln. Und im vorliegenden Lehrbuch soll der Ansatz zu einer Lösung unternommen werden. Es soll unter dem Titel Psychotherapie das gemeinte Verfahren geschildert werden, ausdrücklich als Verfahren diskutiert. Aber es soll auch wiederum nicht ein bloßes Verfahren dargestellt werden, sondern eines, das sich eindeutig und außerordentlich weitgehend geradlinig auf eine vorher entwickelte Lehre von einem Gegenstand, hier auf die Neurosenlehre, bezieht. Auf jeden Fall soll eine Neurosenlehre als verbindlich unterstellt und ausdrücklich gemacht werden.

Es wurde hier von der Lehre von einem Gegenstand gesprochen. Es wurde von einer Theorie gesprochen und von einer Neurosenlehre. Auch hätte von einer Neurosenstrukturlehre die Rede sein können. Dabei wird von der Voraussetzung ausgegangen, die Psychotherapie habe es zunächst einmal mit dem Gegenstand Neurose zu tun. Ein Verfahren, das sich seelischer Mittel bedient, werde auf einen seelischen Gegenstandsbereich angewandt. Dieser sei aber zunächst einmal von abartigem Charakter. Er sei wesentlich gekennzeichnet durch seelisch bedingtes, subjektives Leiden oder auch durch seelisch bedingte Verhaltensweisen der betreffenden Menschen, die den Mitmenschen Leid zufügen.

Es wurde mehrfach das Wort „zunächst" verwandt. Das soll heißen, das Interesse der vorliegenden Darstellung zentriere sich auf jenes Abartige, genannt neurotische Symptomatik oder neurotisches Verhalten, aber es gebe noch weitere und weite Bereiche, die ebenfalls hinzugehören, ohne daß in ihnen die eben genannten abartigen Phänomene eine deutliche oder entscheidende Rolle spielen. Man weiß heute allgemein, daß die Strukturbestandteile einer Neurose nicht nur die Grundlage für eine neurotische Symptomatik oder ein ausdrückliches neurotisches Verhalten darstellen, sondern einer ganzen Reihe von weiteren Lebensgebieten das Gepräge geben. Es sei hier an Ausschnitte aus der Pädagogik erinnert, an merkwürdige Biographien, an die Kriminalistik, an bedeutsame Bereiche innerhalb der Ethnologie und Mythologie und an manches andere Gebiet menschlichen Daseins sonst.

Hier soll also von einer Theorie der Neurose ausgegangen werden und das Verfahren der Psychotherapie soll daraus abgeleitet werden mit dem Anspruch psycho-logischer Konsequenz.

2. Pragmatische und analytische Psychotherapie

Das Wort Psychotherapie unter dem Gesichtspunkt des Verfahrens wird im folgenden also stets im Mittelpunkt stehen, und dann wurde hinzugefügt, daß das dargestellte Verfahren theoriebezogen sein soll und wird. Damit aber ist nicht nur gesagt, daß, wie oben schon erörtert, sehr vielfach eine vorschwebende Theorie im Dunkeln geblieben ist, sondern auch ganz ausdrücklich die Möglichkeit besteht, ein Verfahren ohne jede Theorie vom Gegenstand, auf den es angewandt wird, zu verwenden und zu entwickeln. Man braucht nur an alle möglichen Suggestivverfahren zu denken, unter anderem auch an die Hypnose. Es war auch historisch so, daß manchmal ohne jede vorwegnehmende gedankliche Konstruktion oder auch unter völlig falschen gedanklichen Voraussetzungen ein Verfahren entdeckt wurde, das einfach bestimmte Effekte zeigte. Dann sprach der Erfolg für das voraufgegangene Verhalten. Das Verhalten wurde zur Methode, zum Verfahren erhoben. Innerhalb der Psychotherapie gibt es, wie allgemein bekannt, ohne daß hierauf zunächst näher eingegangen werden soll, eine ganze Reihe solcher Verfahrensweisen ex iuvantibus. Sie sollen insgesamt als pragmatisch bezeichnet werden, und es soll damit gesagt sein, was eben ausgeführt wurde. Demgegenüber wären dann als analytische Psychotherapie, als analytische Verfahren alle diejenigen zu nennen, die sich ausdrücklich auf eine Neurosentheorie beziehen.

Im historischen Augenblick scheint es besonders wichtig zu sein, diesen Unterschied zu machen und ihn durch Wortwahl ausdrücklich hervorzuheben. Im weiteren Verlauf der Darstellung wird sich im einzelnen erweisen, warum das so ist. Hier sei vorwegnehmend allein angedeutet, daß die spezielle Indikationsstellung, d. h. die Beantwortung der Frage, was denn nun im Einzelfall zu tun sei, sehr wesentlich an Klarheit und Bestimmtheit zu gewinnen vermag, wenn dem Beurteiler von vornherein mit Deutlichkeit der eben erörterte Unterschied zwischen pragmatischem und analytisch-psychotherapeutischem Verfahren vorschwebt. Das vorliegende Lehrbuch wird in der Hauptsache und ganz überwiegend, wie schon sein Titel besagt, das analytisch-psychotherapeutische Verfahren, die analytische Psychotherapie zum Gegenstand haben. Umgekehrt ist auf dem Wege dieser Erörterung nunmehr angegeben worden, worum es sich eigentlich handeln soll, welchen Sinn der Titel des ganzen Buches hat. Es sei wiederholt: Das Wort Psychotherapie ist als Verfahren gemeint, das Beiwort „analytisch" geht auf die Ausdrücklichmachung und die ausdrückliche Verwendung einer Lehre von der Neurosenstruktur. Die Theorie dieser Struktur wird vorangestellt werden. Alle pragmatischen Verfahrensweisen sollen von der Betrachtung zunächst ausgeschlossen sein.

Ohne daß das Folgende nun in Breite erörtert werden soll, sei auf eine Reihe von weiteren Begriffen hingewiesen, die dem hier in Frage stehenden Bereich zugehören; denn jene Akzentuierung des Wortes Psychotherapie als Verfahren und jene ebenso ausdrückliche Bezugnahme auf eine Theorie vom Gegenstand Neurose, eine solche Sinngebung des Wortpaares analytische Psychotherapie und schließlich eine solche Abhebung des neu eingeführten Terminus „pragmatisch" gegenüber dem andern „analytisch" ist weder in Europa noch sonst international üblich bisher. So muß es interessieren, wo wenigstens Hinweise auf einen ähnlichen Klärungsprozeß, wie er im vorliegenden Lehrbuch gefördert werden soll, vorkommen. Wie es scheint, spielt in Amerika das Begriffspaar „dynamic psychiatry" oder auch „dynamic psychology" eine solche Rolle. Soweit uns die hier in Deutschland zugänglich werdende Literatur von drüben, auch aus England, bekannt geworden ist, bahnt sich in den angelsächsischen Ländern unter den eben erwähnten Bezeichnungen etwas dem vorliegenden Versuch Entsprechendes an. Das Wort „dynamisch" entspringt offenbar einer

theoretischen Auffassung von den zugehörigen Tatbeständen, die sich aus dem
Interesse am Motivischen, am Treibenden, am sich drängend Entwickelnden
ergibt. Was nicht ganz deutlich wird, ist, ob das Beiwort dynamisch auch gleichzeitig mit voller Bestimmtheit und immer das mit umgreift, was in andern Zusammenhängen „unbewußt" genannt wird. Aber es scheint doch so zu sein,
als handele es sich bei der dynamic psychiatry und psychology um diejenige
Psychiatrie und Psychologie, die insbesondere von den Freudschen Positionen,
aber sehr weitgehend auch unter Hineinnahme der Adlerschen, weniger der
Jungschen, gestaltet worden ist. Das würde dann dem hier verwandten Wortsinn des „Analytischen" voll entsprechen. Offensichtlich ist in Amerika die
dortige Psychiatrie außerordentlich weitgehend durch analytische Gesichtspunkte infiltriert worden, so daß man dort vielfach von dynamischer Psychiatrie
spricht, während in Deutschland noch von analytischer Psychotherapie gesprochen werden muß. Womit wohl recht deutlich gesagt ist, wohin der Weg
fürderhin führen wird.

Ein weiterer ebenfalls innerhalb des angelsächsischen Bereichs verwandter
Begriff ist der der „psychosomatischen" Medizin. Daß es ihn gibt und daß
er, wie es scheint, neben dem der dynamic psychiatry nebenher läuft, wird seinen
Grund darin haben, daß auch dort die wissenschaftliche Situation noch unausgereift, noch in Gärung ist. Es sieht so aus, als ob in der überhaupt für die frag-
liche Psychotherapie leidenschaftlich interessierten Welt von zwei Seiten her
— zumindest — forscherisch und denkerisch vorgegangen wird, von der psychiatrischen und von der internistischen. Daher wohl die beiden, wie es scheint,
nicht im eigentlichen Sinn miteinander konkurrierenden Spezialworte, aber
eben das Nebeneinanderherlaufen der beiden im Gebrauch. Denn die psychosomatische Medizin, im Anglo-amerikanischen abgekürzt häufig einfach „Psycho-
somatics" genannt, beschäftigt sich auf Grund moderner Erkenntnisse eben
mit dem seelischen Hintergrund äußerlich als körperlich imponierender Erscheinungen. Das abartige Funktionieren der verschiedensten Körperorgane
wurde häufig als seelisch bedingt erkannt. Aber auch hier scheint die Bezugnahme auf eine irgendwie vorschwebende Neurosentheorie vielfach noch sehr
tastenden Charakter zu haben. Was in der folgenden Darstellung unter dem
alten Freudschen Titel der Versuchungs- und Versagungssituationen in
Kürze behandelt werden soll (s. S. 92), steht in den entsprechenden Abhandlungen noch ganz im Vordergrund des Interesses. Doch diese Versuchungs- und
Versagungssituationen bilden ja nur einen Bestandteil innerhalb des Ge-
samttatbestandsbereiches, den wir Neurose nennen. Immerhin ergibt es sich, daß
die sogenannte psychosomatische Medizin und die darauf bezogene psychosomatische Therapie der hier ins Auge gefaßten analytischen Psychotherapie
nächst verwandt ist. Soweit schon übersehbar allerdings, stellt die analytische
Psychotherapie als Verfahren und die Neurosenlehre, auf die sich diese Verfahren
beziehen sollen, das Umfassendere dar. Der psychosomatische Bereich ist
danach Teil in jenem größeren Ganzen.

Auch im deutschen Sprachbereich ist ein Terminus aufgetreten, der in das
hier behandelte Gebiet gehört. Nicht nur das, sondern er erhebt sogar vielfach
den Anspruch, es als Ganzes zu betiteln. Gemeint ist der Ausdruck „tiefen-

psychologisch" als Beiwort und der andere: Tiefenpsychologie. Nicht so selten wurde sogar vorgeschlagen, im gleichen Sinn, wie oben erörtert, nicht von analytischer Psychotherapie, sondern von tiefenpsychologischer Psychotherapie zu sprechen. Oder es wurde noch ein Stück korrekter vorgeschlagen, an die Stelle des Wortes Neurosenlehre das andere Wort Tiefenpsychologie zu setzen. Augenscheinlich hat sich dieser Terminus aber doch nicht durchgesetzt. Sogar diejenigen, die ihn hin und wieder im Gespräch oder auch in wissenschaftlichen Darstellungen verwenden, tun dies, je ernsthafter sie um das Anliegen der Neurosenproblematik bemüht sind, mit einem gewissen, oft deutlichen Zögern. Woher rührt das? Es scheint, das Wort „Tiefe" wird gescheut. Und wenn man es recht überlegt, doch wohl mit gutem Grund. Denn die „Tiefe" des Seelischen ist offensichtlich ein sehr viel weiterer Bereich als der, für den sich die Psychotherapie, will sie wirksam sein, zu interessieren hat. Es sei nur der von Lersch vorgeschlagene Terminus „endothymer Grund" erwähnt, jener höchst mannigfaltige und bedeutsame Bereich der Stimmungen, der Impulse, Antriebe und Bedürfnisse, von dem das konkrete seelische Erleben im ganzen durchaus abhängig ist. Hier handelt es sich zweifellos um den weiteren Bereich, um den umfassenderen. Zwar ist das Wort Tiefe nur ein Bild, nur eine Metapher und, von da her gesehen, im wissenschaftlichen Bereich schon fragwürdig; aber die Tiefe, das, von dessen Bestand und Wandlung alles übrige Erleben grundsätzlich abhängig ist und nicht umgekehrt, ist viel reichhaltiger als der tragende Grund für die neurotischen Phänomene im eigentlichen Sinn. Anders ausgedrückt: Der Terminus Tiefenpsychologie enthält einen Anspruch, den die Psychotherapie als Verfahren und die Neurosenlehre, aus der das Verfahren abgeleitet wird, letztlich doch abgeleitet werden muß, gar nicht befriedigen kann und ernsthaft auch eigentlich nie hat befriedigen wollen — wenn der von „Tiefe" Sprechende sich nicht selbst mißverstand.

In Form eines besonderen, hervorgehobenen Exkurses soll nun für manche Leser des vorliegenden Lehrbuches auf ein Bedenken eingegangen werden, das den Betreffenden gekommen sein mag, wenn hier offensichtlich kritisch mit dem Wort „Tiefe" umgegangen wurde. Es wurde so davon gesprochen, als werde die Meinung vertreten, es handle sich eben „bloß" um eine Metapher, um ein Bild. Gewiß, es wurde angegeben, inwiefern hier Einwände erhoben werden können, dürfen und müssen. Aber es soll doch mit voller Ausdrücklichkeit hinzugefügt werden, daß es ja nicht nur Verfahren gibt, die einfach aus einem faktischen Erfolge abgeleitet sind und daher zunächst ihre Gültigkeit beziehen, sondern daß der Weg auch sehr wohl so sein kann, vor-läufig und vor-wissenschaftlich allerdings: Der Forschende, konfrontiert mit seinem Gegenstand, hier dem neurotischen Menschen zunächst, erlebt, abgehoben vom bisherigen Dunkel seiner Frage und seiner Antwort, aufsteigende Bilder, Metaphern, die ihm einen Gehalt zu verraten scheinen, Aufklärendes wenigstens anzudeuten scheinen. So verwendet er diese Bilder, die ihm und der Sache der Wissenschaft fruchtbar werden. Deren Wahrheitsgehalt kann sogar über lange Zeit hinweg den aller bis dahin möglichen exakten Aussageformen übertreffen. Der romantische Geist ist in der Welt immer auf diese Weise fruchtbar geworden, hat immer seine befruchtende Sendung erfüllt. Er neigt ja nicht nur dazu, Bilder, Metaphern zu verwenden,

sondern auch dazu, nonische Begriffe zu prägen, d. h. Begriffe wie etwa „das"
„Un"-bewußte zum Beispiel. Er charakterisiert durch das Nicht, was bis dahin
völlig dunkel blieb. Er läßt sich Gegenstände vorschweben, die nur nicht so
sind wie das Offen-sichtliche, das Augen-scheinliche, und operiert mit diesen
Gegenständen so, als seien sie real, als seien sie etwa auch psychisch real. Nur
wer glaubt, hiermit am Ende der wissenschaftlichen Aufgabe zu stehen, irrt.
Nicht immer irrt, wer etwa im gegebenen Zeitpunkt meint, die Stunde der
Wissenschaft, der exakten Aussage sei noch nicht gekommen. So geht es auch
dem, der aus gleichem Geiste mit Begriffen arbeitet, die eine „Substanz" oder
eine „Essenz", ein „Wesen" meinen. Es kann hier nicht weiter auf diese höchst
interessanten Fragen wissenschaftlicher Methode eingegangen werden. Es muß
die Hindeutung genügen, zum Beispiel darauf, daß es eigentlich unzulässig, weil
vorwissenschaftlich ist, von „der" Tiefe, „den" Antrieben, „dem" Ich usw.
zu sprechen, nämlich immer dann, wenn der Gegenstand der Fragestellung ein
psychischer ist. Der Gegenstand jeder Neurosenlehre ist das aber, der Gegenstand des Verfahrens der analytischen Psychotherapie ist es auch. Aber es sei
noch einmal wiederholt: immer dann, wenn es auf Fruchtbarkeit ankommt,
ist das Bild, der nonische Begriff, der Substanzbegriff, durchaus am Platz. Eine
Vorläufigkeit, aber manchmal, oft genug, wie schon gesagt, auf lange Zeit hinaus
an Gehalt, Gewicht, Differenziertheit und Umfang dem sogenannten rationalen,
exakt wissenschaftlichen Begriff überlegen; was nicht hindert, daß der Forscher
es wieder und wieder unternimmt, in immer neuem Ansatz exakt zu fragen,
unbildlich zu fragen und unbildlich realistisch — auch auf psychologischem
Gebiet, auch auf neurosenpsychologischem Gebiet! — zu fragen und zu antworten.

Nach diesem methodologischen Bekenntnis — um mehr kann es sich hier
nicht handeln — soll den eben erörterten Begriffen der analytischen Psychotherapie, der dynamischen Psychiatrie, der psychosomatischen Medizin und der
Tiefenpsychologie noch ein weiterer spezieller Terminus hinzugefügt werden.
Die folgende Darstellung wird zu zeigen versuchen, daß, wie oben schon angedeutet, Freud, Adler und Jung den Gegenstand Neurose, Neurosenstruktur
zusammen, wenn auch nicht gemeinsam, korrekt gesehen haben. Es wird deutlich
werden, daß es der Entwicklung eines halben Jahrhunderts bedurfte, einem
Gegenstand wissenschaftlichen Interesses drei ihn wesentlich charakterisierende
Seiten abzugewinnen. Manchmal schien es so und manchem Autor scheint es
auch heute noch so, daß es damit noch nicht an der Zeit sei, daß noch abgewartet
werden müsse und die wissenschaftliche Methode im Augenblick noch eklektisch
sein müsse, d. h. auswählend und dann aneinanderfügend, gewissenmaßen ad-
dierend. Im folgenden dagegen wird von dem Standpunkt ausgegangen, jene
drei Forscher hätten nacheinander, im Grunde einander korrigierend, ja nicht
nur das, sondern, eigentlich einander ergänzend, drei tatsächlich vorhandene
Seiten ein- und desselben Gegenstandes gesehen und dargestellt. Zwar meinte
jeder nachfolgende von ihnen, immer wieder einmal, er habe nun das Ganze
richtig gesehen; und die Schüler waren noch mehr hiervon überzeugt. Aber der
Gegenstand ist einer. Er hat drei wesentliche Seiten, wie sich in der gesamten
folgenden Darstellung immer wieder zeigen wird. Er kann heute als Ganzes

gesehen werden, wenn auch jeweilig mit einiger Mühe und einigem Aufwand. Eine Synopsis kann den oft empfohlenen Eklektizismus nunmehr ersetzen. Wenn das dann als Ganzes, vom Verfahren her gesehen, als analytische Psychotherapie bezeichnet werden darf, und wenn dieses Verfahren sich nunmehr also auf solche Synopsis, auf solche synoptische Neurosenlehre zu beziehen hat, wenn sogar neuerdings der entschlossene Versuch unternommen werden muß, alle pragmatischen Psychotherapien miteinzubeziehen, dann ist es wohl auch gerechtfertigt, die Frage aufzuwerfen, ob nicht einer unter jenen drei Forschern, überragend an Klarheit und Differenziertheit, das Ganze zutreffend gesehen hat. Die weiteren Ausführungen werden zeigen, daß dies zweifellos gilt, und zwar so, daß Freud in seiner Psychoanalyse, die ja ebenfalls doppelsinnig ein Verfahren und eine Lehre in sich begriff, den Kern des Gegenstandes zutreffend sah und darstellte. Unter diesem Gesichtspunkt ist es historisch wohl angängig, den heute erreichten Standpunkt analytischer Psychotherapie als Neo-psychoanalyse zu bezeichnen. Was sich hieraus ergibt, ist nun ganz einfach zu sagen. Faktisch sind die Begriffe analytische Psychotherapie, dynamische Psychiatrie, dynamische Psychologie, psychosomatische Medizin, moderne Tiefenpsychologie und Neo-psychoanalyse nahezu synonym. Es muß lediglich offen gelassen werden, wieweit nicht eines Tages die analytische Psychotherapie als Verfahren, und nun auch endgültig so bezeichnet, in den Rahmen der Psychiatrie eingeht, d. h. eigentlich zurückkehren wird; denn der uralte Name Psychiatrie heißt ja nichts anderes, als daß es in längst vergangener Zeit schon Ärzte gab, die nicht nur seelisches Leid als zu ihrem Bereich gehörig erkannten, sondern auch seelische Ursachen hierfür und sogar für körperliches Leid wenigstens erahnten. Damit würde die Psychiatrie, in neuem Sinne, um den weiten Bereich einer heute schon höchst differenzierten und gesicherten Neurosenlehre bereichert, bereichert um die daraus nunmehr abgeleiteten Verfahrensweisen; innerhalb der Medizin jenes umfassende Ganze repräsentierend.

3. Pragmatische Verfahren

Die Kürze des bisher Dargestellten wird wahrscheinlich bei einigen Informierteren die Erinnerung an die Vielzahl von empfohlenen und auch Psychotherapie genannten Verfahren geweckt haben. Daher ist es wohl notwendig, wenigstens kurz auf dieses Gesamt einzugehen. Insbesondere ist dabei zu berücksichtigen, daß infolge der vorerwähnten historisch bedingten Unklarheiten auch alle möglichen physischen Verfahrensweisen erwähnt werden müssen; und dabei ist dann wieder eine weitere Ungeklärtheit zu berücksichtigen, nämlich die, daß von einer Reihe von physischen Einwirkungen, zum Beispiel medikamentöser Art, nicht mit ausreichender Sicherheit bekannt ist, wieweit sie in Wirklichkeit „suggestiv", d. h. psychisch, wirken.

Auf der einen Seite sind wir natürlich heute an dieser Lage völlig unschuldig. Wieder wäre auf den sehr jugendlichen Charakter der Psychotherapie als Wissenschaft hinzuweisen. Aber es kann und soll doch an dieser Stelle schon danach gefragt werden, vorausnehmend und vorausschickend beantwortet werden, woher eigentlich in der Hauptsache die noch bestehende Unklarheit rührt. Es wird sich im weiteren ergeben, daß die Quelle hierfür im wesentlichen darin besteht, daß die Unterscheidung **schwerer** von **leichten** Neurosefällen (s. S. 86) bisher nicht Allgemeingut ist. Die Kriterien, nach denen man hier urteilen muß, sind nur einem kleinen Kreis von Bemühten bekannt. Der Verfasser gab sie bereits in seiner „Einführung in die Psychoanalyse" (1927 bei Gustav Fischer, Jena) an, wies wiederholt darauf hin, zuletzt noch in seinem Buch „Der gehemmte Mensch" (1940, 1. Aufl., bei Georg Thieme, Stuttgart). Aber Allgemeingut nach Überprüfung sind diese Kriterien, wie schon gesagt, bisher nicht geworden. Daher besteht noch heute vielfach die Gewohnheit, auf Kongressen und in Zeitschriften wieder und wieder neue Verfahren oder auch Abwandlungen schon bekannter unkritisch anzugeben, die im Einzelfall faktisch Heilung gebracht haben; und zwar handelt es sich um sämtliche neurotischen Symptomarten dabei. Demgegenüber sei hier vorweg bemerkt, daß es heute darum geht, an Hand gültiger, verifizierbarer Kriterien festzustellen, ob ein solches Verfahren auf einen leichten oder auf einen schweren Fall angewandt wurde. Und erst dann wird entschieden werden können, in welchen Grenzen das betreffende empfohlene Verfahren, das seiner Begründung nach ja pragmatischen Charakter hat, faktisch angezeigt ist. Aber bei diesem Hinweis soll es nun bleiben. Alles Weitere hierüber wird auf den Seiten 86—100 des vorliegenden Buches im einzelnen abgehandelt werden.

Daher kann es jetzt nur Aufgabe sein, die Hauptverfahren dieser Art einmal zusammenzustellen. Der eigentliche Zweck hiervon wäre dann, durch eine ausdrückliche Nennung der pragmatischen Verfahren desto deutlicher werden zu lassen, inwiefern hier mit voller Absicht von analytischer Psychotherapie statt von Psychotherapie überhaupt gesprochen wird.

Wenn Gegenstand der Psychotherapie seelische Leidenssymptome sein sollen, so muß es unter anderem auch grundsätzlich körperliche Einwirkungsmöglichkeiten geben. Die medikamentöse wurde schon genannt. Sonstige chemische und physikalische schließen sich an.

All diese physischen Verfahren werden nach dem oben Ausgeführten im vorliegenden Buch natürlich keine Erörterung finden; denn sie nehmen ja verständlicherweise keinen Bezug auf eine Theorie der Neurose. Da diese aber ausdrücklich und absichtlich das sein soll, aus dem dann das Verfahren der analytischen Psychotherapie abgeleitet wird, fällt jenes Gebiet der physischen Verfahren aus dem Interessenbereich des Vorliegenden heraus.

Unter die psychischen Verfahren innerhalb der pragmatischen überhaupt fallen zunächst einmal alle Suggestivverfahren, soweit sie direkt gegen die bestehende Symptomatik gerichtet sind und, im eigentlichen Sinn, die dahinterstehende Neurosenstruktur jedenfalls nicht berücksichtigen. Es schließen sich alle übenden Verfahren an, zu denen als Spezialfall das autogene Training (erster Stufe) gehört. Soweit es sich überblicken läßt, ist die Frage, in welchen Fällen das autogene Training nun wirklich indiziert ist, noch ungeklärt. Daß Heilungserfolge hinsichtlich neurotischer Symptomatik hier überhaupt vorkommen, kann nicht bestritten werden und ist wohl überhaupt von niemand je bestritten worden. Es fragt sich nur, von neurosenstrukturellen Gesichtspunkten her gesehen, in welchen Fällen solche Heilungen nun tatsächlich zustandegekommen sind, und auch hier wieder scheint der entscheidende Gesichtspunkt der zu sein, von welcher Schwere der betreffende Fall eigentlich war. Damit aber entsteht neuerlich das oben schon genannte Problem.

Anders ausgedrückt und wiederum vorwegnehmend: Es ist noch unentschieden, welche und wieviele Fälle, die mit autogenem Training zunächst erfolgreich behandelt wurden, dann doch chronifizierten (s. S. 261 ff). Es ist also, noch einmal anders ausgedrückt, die Frage noch offen, wieviele von diesen Fällen schließlich doch rückfällig wurden und besser sofort analytisch-psychotherapeutisch angegangen worden wären. In neuesten Äußerungen hat der Entwickler des autogenen Trainings, I. H. Schultz, selbst erklärt, es handle sich bei der Anwendung des autogenen Trainings, das, wie sich zeigen wird, den „Praktikern" für ein Jahr etwa (!) durchaus empfohlen werden kann, um ein Verfahren, das siebenden Charakter hat. D. h.: Wenn in einem Einzelfall, den der Behandler nicht nach dem Gesichtspunkt „schwer" oder „leicht" zu beurteilen vermag, dem gegenüber er also zu einer so gearteten Prognose nicht in der Lage ist, ein rite durchgeführtes autogenes Training nicht verfängt, so bedeutet das, daß dieser Fall im Sieb zurückbleibt, d. h. auf jeden Fall zunächst einmal als in Wirklichkeit „schwer" angesehen werden darf.

Das Verfahren der Hypnose, wenn es rein angewandt wird und nicht als Hypnoanalyse ein Aggregat von Hypnose und analytischer Psychotherapie darstellt, ist ebenfalls von pragmatischem Charakter. Auch in Bezug auf die Hypnose muß heute festgestellt werden, daß es keineswegs in systematischer Form entschieden ist, in welchen Fällen die reine Hypnose indiziert ist, deshalb, weil sie faktisch zu heilen vermag. Es ist zu wiederholen, daß wohl von niemand ernsthaft bestritten wird, daß die Heilung von neurotischer Symptomatik, wiederum aller Symptomarten, im Einzelfall auf hypnotischem Wege gelingen kann. Von entscheidender Wichtigkeit aber ist, daß dieses gleiche Verfahren der Hypnose in andern Fällen mit gleicher Symptomatik nicht zum Erfolg führt, ohne daß dieses Nicht-Gelingen etwa auf eine fehlerhafte Anwendung der Hypnose bezogen werden darf. Noch einmal: auch für die Hypnose sei festgestellt, daß es bislang völlig offen ist, in welchen Fällen die Hypnose indiziert ist. Alles spricht dafür, daß wiederum die nun schon mehrfach erwähnte Schwere der zugrundeliegenden Neurosenstruktur entscheidend für Gelingen und Nichtgelingen ist. Woraus folgt, daß bei der durchgängigen Unbekanntheit oder zumindest Ungeläufigkeit der Kriterien für die Schwere einer Neurose über die Konkurrenzfähigkeit des hypnotischen Verfahrens gegenüber dem analytischen noch nichts Verbindliches ausgesagt werden kann. Das Ziel der Verbindlichkeit wird hiermit natürlich in keiner Weise aufgehoben.

Wieder wie schon beim autogenen Training wird es sich also darum handeln, nun mit dem bloßen Feststellen von Heilungserfolgen auf Grund von Hypnose endgültig aufzuhören. Statt dessen werden die betreffenden Fälle mit „gezielter" Anamnese (s. S. 173) angegangen werden müssen. Deren Ergebnis erst wird eine verbindliche Urteilsbildung ermöglichen darüber, in welchen Fällen die Hypnose „kausal", d. h. dauerhaft, zu heilen vermag; und — in welchen anderen Fällen sie deshalb kontraindiziert ist, weil nun voraussehbar

wurde, daß eine Chronifizierung der zugrundeliegenden Neurosenstruktur eintreten muß, auch wenn zunächst einmal ein Heilungserfolg eintritt.

Ob man heute noch in einer aktuellen Abhandlung die in der Literatur immer
wieder genannte Persuasionsmethode, die einst von Dubois entwickelt wurde,
überhaupt erwähnen soll, muß nunmehr als fraglich gelten. Es scheint so zu sein,
als sei der prägnante Name des Autors, die prägnante Bezeichnung für das
Verfahren und die Rückerinnerung an die einstige breite Wirksamkeit Dubois'
in unserer noch weitgehend ungeklärten psychotherapeutischen Situation der
Grund dafür, daß dieses ebenfalls pragmatische Verfahren immer wieder einmal
Erwähnung findet. Aber es mag sein, daß dieser oder jener Praktiker noch in
gleicher oder ähnlicher Weise arbeitet.

Ähnlich steht es, wie es scheint, mit dem sogenannten kathartischen Verfahren im eigentlichen Sinn. Ursprünglich hat es analytischen Charakter gehabt.
Dann aber wandelte sich dieser in einen weitgehend pragmatischen um, bis es
schließlich von Frank in Zürich zu einem tatsächlich analytischen Verfahren
ausgebaut wurde, ohne daß dieser Autor sich in einiger Ausdrücklichkeit auf
eine systematische Neurosenlehre schon damals beziehen konnte. Es blieb bei
einem lockeren Aggregat.

4. Das sogenannte Leib-Seele-Problem. Die Gleichzeitigkeitskorrelation

Es ist unvermeidbar, schon hier in der Einführung von Zeit zu Zeit die Attribute „psychisch" und „körperlich" zu verwenden, zum Teil auch sie miteinander
in Beziehung zu setzen und sie einander gegenüberzustellen. Hieraus ergibt sich,
daß der, der dem Text des Vorliegenden zu folgen bemüht ist, so wie die Dinge
heute liegen, ebenfalls notwendigerweise automatisch seine persönlichen Vorstellungen vom Somatischen, Körperlichen und Psychischen, Seelischen und von
den Beziehungen der beiden zueinander vorschweben hat. Weiter ist gar nicht
zu vermeiden, daß in dem Betreffenden auch die konsekutive Frage mitschwingt,
wie der Verfasser des vorliegenden Lehrbuchs wohl den Leib-Seele-Zusammenhang sieht. Natürlich kann eine Einführung nicht der Ort sein, eine Antwort
zu entwickeln, die so eingehend und differenziert ist, wie die heutige wissen-
schaftlich-didaktische Lage es eigentlich erforderte. Auf den Seiten 272 bis 292
des Anhanges wird sie in einiger Ausdehnung entwickelt werden. Hier sei nur
in apodiktischer Fassung das Resultat als eine Prämisse für alles Folgende angegeben:

Das Leib-Seele-Problem ist ein Scheinproblem, wie der Verfasser mehrfach
darstellte. Er tat das in Übereinstimmung mit nicht allzuvielen Autoren der
heutigen Zeit, unter anderem aber mit Max Planck, der sich vor nicht langem
hierzu in verbindlicher Weise äußerte. Der Leib-Seele-Zusammenhang bedeutet
also kein echtes wissenschaftliches „Problem", obgleich nach ihm gefragt werden
kann. Die Antwort lautet: In Wirklichkeit kann man sehr wohl nach der Beziehung zwischen den psychischen und den physischen Fakten, die Gegenstand
der Wissenschaft geworden sind, fragen. Aber es ergibt sich, daß **eine einfache
funktionale Abhängigkeit** von **Gleichzeitigkeit**scharakter vorliegt. In besonderer
Weise, die im Anhang näher erörtert wird, folgt hieraus in weiterer Konsequenz

die „parallelistische" Formel **oder** die der Wechselbeziehung. Jedenfalls handelt es sich nicht um ein Entweder-Oder. Auf keinen Fall handelt es sich um ein sogenanntes Rätsel, um ein so verstandenes „Problem".

Noch anders ausgedrückt: Selbstverständlich gehört zu allem, was wir als psychisch vorhanden, als psychisches Faktum, feststellen können, ein körperliches Korrelat. Aber — einmal ist es uns des auffälligen Charakters, der Leichtzugänglichkeit wegen, bisher gut gelungen, die psychische Seite der betreffenden Gleichzeitigkeitsgegebenheit zu beobachten, zu bezeichnen und zu beschreiben. Ein anderes Mal gilt das gleiche für die physische „Seite". Deshalb wird manchmal bei der Bemühung um das Ganze und während eingehender Betrachtung des Psychischen das physische Korrelat übersehen und im anderen Falle gerade umgekehrt bei ausdrücklicher Fixierung des Physischen das psychische Korrelat hierzu. Im Grunde also handelt es sich lediglich um eine tatsächliche, praktische Schwierigkeit und eben nicht um ein „Problem". Damit aber ist ja eine Aufgabe gesetzt, nämlich eigentlich die, in jedem Fall das Psychische und sein physisches Korrelat und das Physische und sein eventuelles psychisches Korrelat zu fixieren, zu beobachten, zu bezeichnen, zu beschreiben und Regelhaftes festzustellen. Aber — eine analytische Psychotherapie würde sich grundsätzlich, wie die Ausführungen des Anhangs zeigen, auf das Feststellen von Psychischem beschränken können. Das würde dann möglich sein, wenn sämtliche in Frage kommenden, zugehörigen psychischen Fakten der üblichen, unter anderem auch mikropsychologischen Beobachtung zugänglich wären. Das aber gerade sind sie nicht oder oft wenigstens nur sehr bedingt. Das dazugehörige physische Korrelat dagegen ist oft sehr auffällig, sehr leicht zu beobachten und gut zu beschreiben. Daraus folgt: Praktisch ist es im Stande unserer heutigen Untersuchungsverfahren durchaus angezeigt, mit dem Interesse zu wechseln, damit aber auch mit den Beobachtungsmethoden. Es wäre unpraktisch, „eisern" auf Psychologie, Psycho-logik zu beharren — heute jedenfalls noch. Daher unterwirft man sich vernünftigerweise, verständigerweise bereitwillig dem Gesetz der heutigen Situation und wechselt ab. Man alterniert bei der Betrachtung. Aber man hat dafür zu sorgen, daß das Grundsätzliche ständig wach bleibt. Es dürfen nicht da Probleme gesehen werden, wo sie gar nicht vorliegen. Man muß jeweilig wissen und gegenwärtig haben, wenn man im Einzelfall das physische Korrelat, die physische „Seite" betrachtet, daß im vorgesetzten Fall die psychische „Seite" im Grunde vollabsichtlich außer Betracht bleibt. Und umgekehrt gilt das gleiche. Was hierbei in entscheidender Weise vermieden wird, weil es korrekterweise vermieden werden muß, ist alles Fragen und vermeintliche Antworten in Bezug auf alle „Verursachung" des einen durch das andere, alle „Wirkung" des einen auf das andere, alle „Spiegelung" des einen im anderen usw. usw. Dies alles sind Fehlformeln, die Fehlfragen und höchst überflüssiges Bemühen kennzeichnen.

Es ist dem Verfasser bekannt, daß insbesondere auf die eben erfolgte kurze Darstellung ein nicht unerheblicher Teil der Leser mit hohem Unbehagen reagieren wird. Um dem abzuhelfen, schien es unerläßlich, im Anhang wenigstens Eingehenderes zu erörtern. Aber es sei doch schon hier der Versuch unternommen, wenigstens einen Punkt des fragwürdig und dunkel Erscheinenden sehr direkt anzugehen. Es handelt sich darum, daß manch einer, der sich für analytische Psychotherapie interessiert oder gar begeistert, selbst nicht weiß, daß, wenn er die Gleichzeitigkeitskorrelation als gültige Antwort auf das sogenannte Leib-Seele-Problem ablehnt, er im Grunde eine ganz bestimmte Prämisse mit sich herumträgt, nämlich die: nicht nur zu jedem Psychischen „gehöre" ein physisches Korrelat, nicht zu jedem Physischen, aber zu erheblich weiten Bereichen des Physischen, gehörten psychische Korrelate, sondern — es gebe auch Psychisches ohne physisches Korrelat. Den Gesprächs- und didaktischen Erfahrungen des Verfassers nach liegt diese Prämisse gar nicht so selten vor; aber außerordentlich häufig bleibt sie für ihren Träger völlig dunkel. Also ist sie für ihn auch nicht aussprechbar. Also wird sie zunächst im Gespräch nicht genannt. Also bedarf es oft außerordentlicher Mühe, dem Betreffenden das Vorhandensein dieser Prämisse in ihm aufzuweisen. Es darf wohl die Meinung vertreten werden, daß das Vorliegen dieser mit Recht „idealistisch" genannten Prämisse außerordentlich viel an „Problematischem" offen läßt, was ohne sie grundsätzlich bündig beantwortbar wäre. Auf jeden Fall wird der Kreis des korrekt Untersuchbaren, korrekt Prüfbaren erheblich durch jene Prämisse eingeengt. Es geht aus dem Text des oben und im Anhang Ausgeführten wohl mit Deutlichkeit hervor, daß der Verfasser des vorliegenden Lehrbuchs diese Prämisse für falsch hält. Etwas begründeter ausgedrückt: Er ist der Meinung, daß nichts Stichhaltiges dafür spricht, es gebe in diesem Sinn „selbständiges" Seelisches. Es gibt stets nur gleichzeitig beides, Seelisches und Körperliches „dazu". (Die Umkehrung dieses Satzes ist aber unzulässig!, s. auch S. 292.)

Für den Aufbau einer analytischen Psychotherapie hat solche Lehre von der Gleichzeitigkeitskorrelation eine entscheidende Bedeutung. Zunächst einmal fällt ein sogenanntes Problem und alle damit verbundene untersucherische und denkerische Bemühung und Mühewaltung fort. Man weiß also, daß man einfach nüchtern und realistisch zu fragen und an die Arbeit zu gehen hat. Aber — man hat auch zu wissen, daß solche „nüchterne" Auffassung und Einstellung selbstverständlich die tiefe Ergriffenheit von der Großartigkeit des Gegenstandes in keiner Weise berührt. Wer das etwa doch meint, irrt sich über sich selbst. Dessen Nüchternheit stammt tatsächlich aus anderer Quelle, dessen Kampf gegen jene empfohlene Nüchternheit ebenfalls.

Insbesondere hinsichtlich der später zu behandelnden neurotischen Symptomatik, die ja zunächst der Ausgangspunkt für alle analytische Psychotherapie ist, ist die Antwort: Gleichzeitigkeitskorrelation so bedeutsam, weil damit für den Lernenden von Anfang an die subjektive Schwierigkeit, sich zwischen helleren und dunkleren Tatbeständen bewegen zu müssen, im Ansatz aufgehoben wird. Auch die neurotische Symptomatik erscheint einmal aufdringlich körperlich, ein anderes Mal aufdringlich seelisch. Aus der These der Gleichzeitigkeitskorrelation folgt aber, wenn seelisch bedingt — also nicht primär-organisch (s. wiederum Anhang, S. 286!) —, also analytisch-psychotherapeutisch anzugehen, daß das körperliche Korrelat selbstverständlich jeweilig mitgesetzt und mitgemeint ist. Falls also wegen Dunkelheit der seelischen Seite das Körperliche, in Wirklichkeit nur besonders auffallend, Ausgangspunkt von Untersuchung und Verfahren ist, ist ebenfalls das Seelische per se mitberücksichtigt.

Im Einzelfall unausgesprochen. Wie ersichtlich, handelt es sich also hierbei dauernd um praktische und nicht etwa „theoretisch"-grundsätzliche Fragen. Die grundsätzliche Antwort liegt in der These vom Gleichzeitigkeitskorrelat.

5. Die 3 analytischen Grundverfahren

Es wurde einleitend entwickelt, worum es in der vorliegenden Darstellung gehen soll: um die analytische Psychotherapie in einem ganz bestimmt umrissenen Sinn, abgehoben von allen pragmatischen Verfahren. Ein Verfahren soll dargestellt werden, aber ausdrücklich bezogen auf eine Theorie, die Theorie der Neurose. Diese wird Ausgangspunkt sein. Insofern nicht einfach Psychotherapie, sondern eben analytische Psychotherapie. So wird es nicht als sofort verständlich erscheinen, wenn nunmehr die Überschrift lautet: 3 (drei!) analytische Verfahren. Wie soll dies möglich sein? Auch die Antwort hierauf wird im Augenblick nicht gegeben, sondern erst späterhin (s. S. 252 ff) entwickelt werden. Aber es ist doch wohl gut, wenn von vornherein angekündigt wird, daß der Titel des ganzen Lehrbuches, der ja auf das Vorliegen einer analytischen Psychotherapie hindeutet, ebenso wie alles bisher Ausgeführte, gleich jetzt zu Anfang korrigiert wird. Es wird im weiteren die These breit erörtert werden, daß aus ein- und derselben nunmehr gleich zu entwickelnden Theorie der Neurose, aus ein- und demselben Tatbestand, auf den diese abzielt, zumindest 3 deutlich unterschiedene analytische Verfahrensweisen ableitbar sind. Im Buch des Verfassers „Der gehemmte Mensch", und zwar auf dessen letzter Seite, wurden diese 3 Verfahren erstmalig mit besonderer Bezeichnung genannt. Es handelt sich um ein autonomes, ein nomothetisches und ein esoterisches Verfahren. Diese stimmen annähernd mit der Freudschen Analyse, als Verfahren gemeint, mit der Individualpsychologie und mit der komplexen oder analytischen Psychologie Jungs, ebenso verstanden, überein. Es wird sich zeigen, warum das so sein soll bzw. ist. Und was hier zu Anfang angekündigt werden soll, ist nicht nur, daß es sich um die Darstellung dreier Verfahrensweisen handeln wird, sondern ausdrücklich, daß diese aus der hier vertretenen einen Theorie der Neurose ableitbar sind. Das ist das Entscheidende. Das soll erörtert und damit den Nachuntersuchern zur Überprüfung anheimgestellt werden. Mit solcher Ausdrücklichkeit wird hier darauf hingewiesen, weil die bisher vorliegende Literatur durchgängig, ausdrücklich oder nur implicite vom Standpunkt ausgeht, jene 3 bekanntgewordenen Verfahren seien zwar alle analytisch-psychotherapeutisch, aber jeweils abgeleitet aus einer speziellen Neurosentheorie; und diese Neurosentheorien hätten außerordentlich weitgehend gegensätzlichen Charakter. Manche meinen sogar, „Abgründe" täten sich da wieder und wieder auf; ein Amalgam, eine Synopsis, sei nicht möglich. Hier dagegen wird, wie schon oben gesagt, der Standpunkt vertreten, ein Amalgam sei möglich, eine Synopsis sei möglich, der Gegenstand enthalte lediglich drei Hauptseiten. Aber, scheinbar paradox, wird nunmehr hinzugefügt, daß dennoch auch von dieser Sicht her 3 analytische psychotherapeutische Verfahren nicht nur konsequent ableitbar seien, sondern diese seien auch mit dem schon praktisch Ausgeübten und Bekanntgewordenen identisch. Um es noch einmal zu wiederholen: Es wird hiermit also

unter anderem ausdrücklich bestritten, daß aus dem therapeutischen Erfolg
der 3 in manchen Zügen recht unterschiedlichen Verfahren umgekehrt 3 verschiedene Theorien ein- und desselben Gegenstandes als miteinander konkur-
rierend ableitbar seien. Damit wird aber auch bestritten, daß die Frage, welche
dieser so abzuleitenden Theorien der Neurose verbindlichen Charakter habe,
noch offen sei.

Die hier schon erfolgende Erörterung der eben charakterisierten Merkwürdigkeit erscheint nun auch deshalb wohl notwendig, weil im tatsächlichen Verlauf
der kommenden Darstellung das oben so genannte autonome Verfahren zunächst einmal ganz im Vordergrund stehen wird. Aber nicht nur das, es wird
vielmehr deutlich werden, daß der Verfasser des vorliegenden Lehrbuchs dieses
außerordentlich weitgehend auf die Freudschen Positionen zurückgehende
analytisch-psychotherapeutische Verfahren selbst vertritt und aller konsequenten Nomothetik und Esoterik gegenüber entschiedene Vorbehalte anzumelden geneigt ist. Es möge aber für diejenigen, die vielleicht bereit sind, jetzt
schon ihrerseits Vorbehalte des Gefühls zu haben, zum Trost darauf hingewiesen
sein, daß eben das einschränkende Wort „konsequent" gefallen ist. Das geschah
absichtlich, denn im praktischen internationalen Vollzuge haben sich die hier
zu erörternden 3 Verfahren offenbar schon so weit, eben im Vollzuge, amalga-
miert, daß von „Konsequenz" im eben gemeinten Sinn nur noch selten die
Rede sein kann. Und das wiederum heißt ja, daß der Verfasser meint, die Entwicklung einer analytischen Psychotherapie, enthaltend alle 3 Sichten, und,
wie sich zeigen wird, das Wissen um jene drei Seiten des Gegenstandes, sei auf
der Welt im Augenblick bereits in vollem Gange. Der Verfasser begrüßt dies
und wünscht, seinerseits diese Entwicklung so intensiv wie nur möglich zu
fördern.

Aber — es wird um der notwendigen Fülle und Fruchtbarkeit willen durchaus
wünschenswert sein, wenn zur „Konsequenz" geneigte Psychotherapeuten weiterhin laufend und vernehmlich ihren Beitrag liefern. In der kommenden Erörterung
soll der Versuch unternommen werden, durch die Art der Formulierung die
Akzente so zu setzen, wie sie dieser weiten praktischen Zielgebung entsprechen.

A. Theorie der Neurose

Ausgangspunkt für eine analytische Psychotherapie ist, wie oben schon gesagt,
zunächst die neurotische Symptomatik. Diese stellt die Aufgabe. Das, worauf
sie „aufruht", die neurotische Struktur, die Neurosenstruktur, ist voraufgehend
Gegenstand der empirischen Forschung. Deren Ergebnis wird in einer Theorie
zusammengefaßt. Die Theorie enthält einfache empirische Daten, Fakten, aus
dem betreffenden Bereich. Sie enthält Aussagen über Zusammenhänge, Abhängigkeiten, Korrelationen und Häufigkeiten. Hieraus ergeben sich Aussagen über
Regelhaftes, also regelhafte Vorkommnisse, regelhafte Beziehungen und regelhafte Aufeinanderfolgen. Die letzte Form der Aussage hat formal den Charakter:

Wenn auf diesem Gebiet etwas so und so ist; wenn jetzt und hier dieses und dieses Faktum (im Falle der Psychologie ein subjektives Erleben, im Falle der Neurosenlehre eventuell auch ein korrelatives, visuell-taktil greifbares, also körperliches Geschehen) vorliegt, dann pflegt mit der und der Wahrscheinlichkeit folgendes Weitere einzutreten — unter den und den Bedingungen mitspielender, etwa auslösender Art[1].

Solche Theorie hat also psycho-logischen Charakter (s. u. Z. 25). Zu einem Teil handelt es sich in ihr um Aussagen vom Charakter x = f (y), also um einfache Aussagen über funktionale Abhängigkeiten. In dem Grade, in dem solche Theorie gelungen ist, entspringt ihr die Möglichkeit der Voraussage, der Prognose. Und wenn dies der Fall ist, ergeben sich ebenfalls auf psycho-logischem Wege unter Verwendung der „breiten Erfahrung" (Gehlen) adäquate Verfahrensweisen, falls man eine neurotische Struktur ändern, korrigieren will. Da man sie korrigieren muß, um die neurotische Symptomatik zu beseitigen.

Die eben genannte „breite Erfahrung", auf die sich heute die analytische Psychotherapie mangels einer wissenschaftlich verbindlichen Erkenntnis stützen muß, hat naturgemäß anthropologischen Charakter. D. h., was wir vom Menschen durch unmittelbares Erleben im Laufe unserer persönlichen Entwicklung, einschließlich der von uns erlebten Tradition, erfahren, bildet als Ersatz für die noch fehlende wissenschaftliche Anthropologie den Grundbestand unserer Urteilsbildung. Man kann dies bedauern, aber es handelt sich um ein im Augenblick unkorrigierbares, hinzunehmendes Faktum. Außerordentlich viel von dem, was wir eigentlich exakt wissen sollten, wenn wir analytisch-psychotherapeutisch handeln wollen, steht heute von der Wissenschaft her noch nicht zur Verfügung.

Das Wort Psycho-logik soll bereits von Watson geprägt worden sein. Es wurde vom Verfasser seinerseits als zweckmäßig entwickelt und verwandt. Sein Sinn ergibt sich aus der gesamten hier vorliegenden Darstellung. In Kürze: Ähnlich, analog rationaler, logischer Konsequenz läßt sich im Erlebnisstrom des Menschen eine „Logik" des Erlebens, besonders des emotionalen Erlebens feststellen.

Wiederholung: Ausgangspunkt für eine analytische Psychotherapie ist zunächst die neurotische Symptomatik. Was eben ganz allgemein über eine Theorie der Neurose gesagt wurde, läßt sich sehr konkret in eine Aufeinanderfolge von Fragen gliedern. Dies soll nun unternommen werden:

1. Was ist die neurotische Symptomatik?
2. Was ist ein vollständiges Antriebserleben?
3. Was ist der „Kern" der Neurosenstruktur?
4. Inwiefern gibt es „die" Neurose?
5. Welche Antriebsarten sind bevorzugt an der Neurosenstruktur beteiligt?
6. Welche „äußeren" Faktoren lassen den Kern der Neurosenstruktur entstehen?
7. Welche „inneren" Faktoren begünstigen dieses Entstehen?
8. Wie sieht der Kernvorgang, die Hemmung, im einzelnen aus?
9. Wie sieht die Gehemmtheit aus?

---

[1] Was im oben Gesagten das Wort zunächst bedeuten soll, wurde oben bereits entwickelt (s. S. 2, Zeile 23). Was das Wort Korrelat meint, wurde ebenfalls skizziert (s. S. 12). Die ausführliche Darstellung hiervon ist im Anhang (s. S. 272—292) nachzulesen.

10. Welche Gehemmtheitsfolge tritt zunächst regelmäßig ein?
11. Welche Rolle spielt der regelmäßige circulus vitiosus?
12. Welche weiteren „Schalen“-Phänomene ergänzen die Neurosenstruktur zu einem Ganzen?
13. In welchem Alter entwickelt sich die Neurosenstruktur?
14. Welche Faktoren oder Faktorengruppen lösen neurotische Symptomatik aus?
15. Wie bezieht sich die neurotische Symptomatik im einzelnen auf das vollständige Antriebserleben, aus dem sie hervorgeht?
16. Welche Faktoren sorgen für eine Chronifizierung der neurotischen Symptomatik?

Die Beantwortung der eben hier entwickelten Fragen stellt den Inhalt der hier vertretenen Neurosenlehre dar. Aber deren Entwicklung soll sich nunmehr nicht engstens an das Schema jener Fragen halten, sondern in lebendiger Freiheit davon durchgeführt werden. Es war mit der Aufstellung der 16 Fragen mehr daran gedacht, dem Lernenden eine Hilfe für seine eigene Betrachtung des Ganzen zu geben. Nun wird er sich jene Fragen ständig vorschweben lassen müssen, wenn er den folgenden systematischen Text durchliest und studiert. Es wird sich zeigen, daß sich jede jener Fragen in eine Reihe von weiteren auflöst bzw. weitere zur Konsequenz hat. Die kommende wissenschaftliche Forschung wird an alle diese Fragen anzuknüpfen haben, um einst auch die zu beantworten, die als noch offen angesehen werden müssen.

1. Die neurotische Symptomatik als Antriebssprengstück

Der Ausdruck Sprengstück ist natürlich ein Bild. Es sollte eigentlich vermieden werden, solche Bilder zu verwenden, obgleich sie einleitenderweise und zur Illustration oft höchst fruchtbar sind. Wie sich im folgenden zeigen wird, können solche Bilder, Metaphern, aber nicht immer vermieden werden. Auf ihre eigentlich wissenschaftliche Unerlaubtheit soll daher zwanglos Rücksicht genommen werden. Die Bezeichnung Sprengstück ist also ein Bild, und es soll nunmehr gesagt werden, was gemeint ist:

Haben wir es zum Beispiel mit dem neurotischen Symptom der Angst oder des Angstanfalls zu tun, so kann heute festgestellt werden, daß solche Angst im Gegensatz zur Furcht erlebt wird. Das Furchterleben des Menschen enthält in der Regel Wahrnehmungen des Gegenstandes oder der Situation, auf die sich der Affekt bezieht. Aber auch wenn der Gegenstand oder die Situation nur vorgestellt wird, sind doch eben Vorstellungen vorhanden. Will man also jemand, der weder je ein Angstgefühl, noch gar einen Angstanfall im Sinne der vom Patienten berichteten neurotischen Leidenssymptomatik gehabt hat, einen Eindruck davon vermitteln, wie solch ein Angsterleben „aussieht“, so geht man folgendermaßen vor: Man braucht ihn nur dazu aufzufordern, zunächst einmal aus einem Furchterlebnis, das er ja auf jeden Fall kennt, Wahrnehmungen und Vorstellungen wegzu„denken“, jedenfalls die von einem Gegenstand, auf den sich der Affekt richtet, auf den er sich bezieht. Dann bleibt der Affekt oder, wenn es sich um weniger Bewegtes handelt, die Gestimmtheit, die Stimmung übrig. Und das, was dann übrig bleibt, wenn man aus einem Furchterlebnis Vorstellungen und Wahrnehmungen wegstreicht, ist das, was, in der Regel mit besonderer Intensität, von demjenigen erlebt wird, der als an Angst leidender

Patient, also mit einer neurotischen Symptomatik behaftet, zum Psychotherapeuten kommt[1].

Dieses neurotische Symptom der Angst also wird hier als „Sprengstück" eines vollen Antriebserlebens bezeichnet. Das soll heißen: Irgendwann einmal ging dem Erleben dieser neurotischen Symptomatik ein Antriebserleben voraus, in dem mehr oder weniger intensiv Furcht enthalten war. Darüber wird noch Näheres zu sagen sein. Es wird hinzugefügt, daß dann alles Übrige außer dem Bestandteil der Angst fortfiel. Und auch über den Weg, auf dem dies zu geschehen pflegt, wird Weiteres zu sagen sein.

Ein neues Beispiel: Ein Patient klagt darüber, daß er eines Tages in Gegenwart eines anderen Menschen den Impuls verspürte, diesen aus dem Fenster zu stürzen. Seither leide er ständig unter gleichen oder ähnlichen Impulsen. Er wisse natürlich, wie unsinnig das sei, er habe gar keinen Grund zu solchem Impuls. Ihm erscheine dieser Impuls so unsinnig, daß er oft fürchte, „verrückt" zu werden. Trotz seiner vollen Einsicht aber wiederhole sich dieses äußerst quälende, dranghafte Erleben wieder und wieder. Es verfolge ihn dauernd bei jeder nur möglichen Gelegenheit, neuerdings sogar, ohne daß irgend ein anderer Mensch gegenwärtig sei. Er müsse stundenlang dagegen ankämpfen, stundenlang darüber grübeln, auf welche Weise er verhindern könne, eines Tages durch solchen Drang doch überwältigt zu werden und entsprechend zu handeln.

Wieder wurde dieses neurotische Symptom hier als Beispiel angeführt, weil es auch für den Nichtfachmann und den Nichtpatienten seiner Art nach verhältnismäßig leicht erlebt werden kann, und zwar auf folgende Weise: Fragt man bei einer größeren Gruppe von Menschen an, ob nicht jeder einmal, nachdem er einen Brief in den Briefkasten geworfen hat, den unsinnigen Drang erlebte, noch einmal nachzuprüfen, ob das auch geschehen sei, darüber nachzugrübeln, ob er die Adresse auch nicht vergessen habe oder vergessen habe, die Briefmarke aufzukleben usw., usw., so erhält man von mindestens 9 unter 10 Gefragten die bündige Antwort — übrigens meist lachend —, diese Art von dranghaftem, zwanghaftem Erleben kenne man sehr wohl. Und wenn einmal jemand dieses Briefkastenerlebnis nicht kennt, dann kennt er doch wenigstens den gleichen unsinnigen Drang, zu überprüfen, ob er eine Tür abgeschlossen, den Gashahn abgedreht habe usw., usw. Hier handelt es sich, wie die analytische

---

[1] Es ist dem Verfasser voll bewußt, daß, da die Theorie der Neurose auf Empirie fußt, einer Darstellung der Theorie eigentlich eine Propädeutik in Form einer beschreibenden Darstellung der neurotischen Symptomatik vorausgehen müßte; denn es muß ja vorausgesetzt werden, daß die Lernenden bestenfalls (oder schlechtestenfalls) nur die eine oder andere neurotische Symptomatik aus eigenem Erleben kennen. Beschreibende Worte vermögen hier aber nur sehr wenig zu leisten. Das ist wohl auch der Grund, weshalb eine solche Propädeutik bisher nicht geschrieben wurde. Andererseits aber ist zu bedenken, daß die Patienten ihre Symptomatik zum erheblichen Teil in populären Worten mitteilen, soweit es sich um Innenvorgänge, um Erlebtes, handelt. So beschränkt man sich bisher im allgemeinen auf das Demonstrieren von Patienten und auf die sogenannte klinische Beschreibung, wie sie hinsichtlich der neurotischen Symptomatik ja in den entsprechenden Lehrbüchern ausgedehnt vorliegt. Es kann dem Lernenden heute also nicht erspart werden, seine Vorstellungsfülle hinsichtlich Symptomatik, Klagen, Beschwerden und sprachlicher Richtigstellung durch reichliche Lektüre zu ergänzen. Hier wird daher also lediglich an einzelnen Beispielen erläutert, worum es sich handelt, an Beispielen, die mit hoher Wahrscheinlichkeit auch der Laie und Nicht-Symptomträger aus eigenem Erleben kennt.

Psychotherapie heute weiß, nicht etwa nur um ein Analogon, sondern wirklich um ein — wenn auch kleines und wenig störendes — echtes neurotisches Zwangssymptom. Dessen Sinn ist uns heute verständlich, genau wie die Zwangssymptomatik sonst auch. Charakteristisch ist nun, wie jeder Leser feststellen kann, nicht etwa in erster Linie der Inhalt dessen, was da als Impuls auftritt. Aber daß man in solchem Augenblick genau weiß, daß man den Brief eingeworfen hat, die Adresse aufgeschrieben hat, die Marke aufgeklebt, die Tür abgeschlossen oder den Gashahn abgedreht hat und trotzdem den Impuls zur Wiederholung der Handlung, zur Überprüfung ihres Effekts usw. hat — also etwas offensichtlich und eindeutig Unsinniges —, das ist das Wesentliche und Kennzeichnende. (Im Augenblick und hier ist es nicht von Bedeutung, daß manche Zwangskranke ihre Symptomatik vorübergehend oder einen Teil ihrer Symptomatik auch dauernd als sinnvoll verteidigen.) Von solchem ubiquitären Zwangserleben her kann jedermann, der einige Phantasie besitzt, sich selbst Folgendes ableiten: Er stellt sich die ihm nun als Zwangserlebnisse bekanntgewordenen kleinen Zwänge lebhaft vor. Er vertieft sich einen Augenblick in deren drängenden, erregt drängenden Charakter. Und dann stellt er sich dieses Drängen außerordentlich intensiv vor, ihn bestürmend, ihn aufwühlend, oder wie man das immer nennen mag. Dann ergibt sich ohne weiteres, daß solch ein Mensch, der nunmehr „krank", auf jeden Fall leidend genannt werden muß, oft viele Stunden, manchmal fast alle Stunden des Tages erfüllt ist von solchem Zwangserleben. Sollte es nicht auch für den Laien möglich sein, sich, hier hineinvertiefend, ein Bild von der ungeheuren Qual, die solches Leiden bedeutet, zu machen? Tatsächlich ist dieses Leid oft grausiger als das Ertragenmüssen auch der schlimmsten Schmerzen. Aber dies nur nebenbei.

Auch solch ein neurotisches Zwangserleben soll Antriebssprengstück sein, lautet die These. Was heißt das? — Deren Sinn ist: Einst hat der Betreffende, wenn auch zumeist nur ganz flüchtig, einen Impuls der gleichen Art in einem ganz bestimmten, menschlich sehr verständlichen Zusammenhang erlebt. Früher noch, in der frühen Kindheit, hat er entsprechende Impulse sehr ausgedehnt erlebt. In dieser früheren Zeit ist er sehr weitgehend, wenn auch durchaus in kindlicher Form (!), erfüllt gewesen von Haß gegen irgendwelche Menschen, besonders gegen nächste Angehörige. Und dieses Antriebserleben hat er dann in besonderer, noch zu schildernder Form „verarbeitet", in Wirklichkeit nicht verarbeitet. Späterhin ist infolge dieser besonderen Form der Nichtverarbeitung alles außer dem begrenzten Impulsinhalt aus dem möglichen Erleben und dann auch aus dem tatsächlichen Erleben ausgefallen. Das Impulshafte, das Antriebshafte, das Dranghafte ist nicht nur geblieben, sondern noch intensiviert worden. Und das ergibt dann den eigentlichen Zwangsimpuls. Damit wäre ein zweites Beispiel erörtert, das zeigen soll — nicht etwa „beweisen" soll (!) —, was damit gemeint ist, wenn die These lautet: Die neurotische Symptomatik ist Sprengstück ehemals voll erlebter Antriebe.

Angst ist ein Erlebnis, ein Zwangsimpuls ebenfalls. Hätten alle neurotischen Symptome offensichtlich Erlebnischarakter, so wäre hier eine Hinzufügung nicht nötig. Tatsächlich aber besteht ein erheblicher Teil der neurotischen Symptomatik in „körperlichen" Symptomen. Diese werden ja visuell-taktil registriert,

d. h. durch Hinsehen oder auch Hinhören und eventuell auch durch Betasten. Das Hinsehen wird durch das Betasten kontrolliert, das Getastete durch nachheriges Hinsehen. Dieser sogenannte „Umgang" mit den (körperlichen) Dingen ist das, was eben mit dem Beiwort visuell-taktil gemeint war. Aber auch deutlich „lokalisierbare" Empfindungen, Sensationen werden oft als „doch körperlich" bezeichnet.

Nach den neuesten Forschungen dürfen wir heute annehmen, daß etwa 40% all der körperlichen Leidenssymptome, mit denen Patienten zum Internisten, zum Arzt für innere Krankheiten, kommen, seelisch bedingt sind, obgleich sie „körperlichen" Charakter haben.

Aber zum Beispiel auch das doch körperliche Symptom der seelisch bedingten Impotenz gehört in den Bereich körperlichen Geschehens. Nur ist in diesem Fall die seelische Seite, das seelisch unmittelbar Zugehörige, das gleichzeitige Seelische außerordentlich schwer fixierbar und sprachlich nur sehr schwer zu formulieren. (Das Nähere hierüber findet sich im Anhang auf S. 291.)

Weil nun aber, so verstanden und in diesem Sinne, die gesamte seelisch bedingte körperliche Symptomatik „nichts Neues" ist, sich also grundsätzlich im allgemeinsten nicht von der seelischen Erlebnissymptomatik unterscheidet, darf es mit den angeführten Beispielen der Angst und des Zwanges an dieser Stelle wohl sein Bewenden haben. Auch Angst und Zwang haben ja, wie im Anhang ausführlich erörtert, ihr körperliches Korrelat. Nur kennen wir dies heute erst im allerersten Ansatz oder höchst allgemein, so daß wir kaum bestimmtere Aussagen darüber machen können. Das ist aber auch alles. Um ein echtes „Problem", wie oben (s. S. 10) schon gesagt, handelt es sich n i c h t. Daher gilt also für die körperliche neurotische Symptomatik genau ebenso wie für die seelische, die psychische, der Satz: Die neurotische Symptomatik stellt ein Antriebssprengstück dar. Dies gilt es zunächst zu verstehen und als Voraussetzung für alles Weitere zu fixieren. Das wissenschaftliche Problem für die heutige und die kommende Generation ist also in Wirklichkeit nur das: Welchem vollständigen Antriebserleben entspringen die neurotischen Symptome im einzelnen? Darüber wissen wir heute nur Unzulängliches, aber doch so Ausreichendes, daß die Formulierung jener allgemeinsten These gerechtfertigt ist.

2. Exkurs: Weitere Ausgangspunkte

Schon hier wird bereitwillig zu einem Exkurs übergegangen, weil heute in der Mitte des 20. Jahrhunderts damit gerechnet werden darf, daß ein nicht unerheblicher Teil der Lernbegierigen, die das vorliegende Lehrbuch zur Hand nehmen, durch Gefühle der Unbefriedigtheit gestört sein werden, wenn sie nunmehr gezwungen sind, vom Gesamt der neurotischen Symptomatik und der ärztlichen Aufgabe her zu zentrieren. Gälte dies nicht auch für einen erheblichen Teil der Ärzte selbst, so würde solche Rücksicht nicht zu nehmen sein. Die Psychotherapeutenkongresse, die seit Beginn der 20er Jahre abgehalten wurden, zeigten bisher aber mit voller Eindeutigkeit, daß selbst dann, wenn die Ärzteschaft unter den Teilnehmern an Zahl überwog, ein beinahe leidenschaftliches Interesse allem galt, was nicht so zentriert war, also n i c h t unter den Gesichtspunkt der neurotischen Symptomatik als Aufgabe für den Arzt fiel. Es ist daher auch anzunehmen, daß diejenigen Ärzte, die auf analytisch-psychotherapeutischem Gebiet zu lernen geneigt sind — vielleicht allerdings im Gegensatz zu der an Zahl weit größeren Kollegenschaft, denen die Psychotherapie „nicht liegt" —, fürderhin noch einige Zeit und immer irgendwie mit ihrem Herzen an denjenigen Phänomenen menschlicher Existenz hängen werden, die nicht im eigentlichen Sinne „neurotisch" sind, sondern lediglich das „problematische" Dasein des Menschen charakterisieren. Für alle, die so meinen und fühlen und bewegt sind, sei hier also in Kürze noch einmal festgestellt, daß „an sich" zum ersten Ausgangspunkt aller analytisch-psychotherapeutischen Betrachtungen auch die oben (s. S. 2) schon erwähnten Erscheinungsbereiche, einschließlich der religiösen, gewählt werden könnten, also die abartigen Verhaltensweisen, Lebensformen usw., usw. Die Resultate all solcher Untersuchungen aber würden übereinstimmen, wie die Empirie zeigt; denn außer daß der leidende Patient seine neurotische Symptomatik besitzt, ist er auch durch eine Fülle von weiteren Merkwürdigkeiten charakterisiert, die hinzugehörig sind. Es ist sogar so, daß die Durchforschung nahezu jeden Einzellebens sämtliche möglichen Varianten der Abartigkeit qualitativ deutlich werden läßt. Nur bei flüchtigem Hinsehen, etwa bei üblicher Exploration, üblicher Befragung mit üblichem Zeitaufwand bleibt die Vielfältigkeit und sogar meist Vollständigkei der Erscheinungen unsichtbar.

3. Das Antriebserleben

Es ist jetzt mehrfach vom vollständigen Antriebserleben die Rede gewesen. Und es ist anzunehmen, daß die Hinzufügung des Beiwortes: vollständig nicht sofort verstanden worden ist. Zum Teil liegt das daran, daß auch der Begriff des Antriebserlebens keineswegs so gebräuchlich ist, so häufig in unseren heutigen sprachlichen Äußerungen vorkommt, daß jedermann weiß, worum es sich da handeln soll. Wiederum gilt dies, wie für die Gebildeten, die Intellektuellen sonst, auch sicher für den größten Teil der interessierten Ärzteschaft. Daher kann auf eine wenigstens kurze Erläuterung nicht verzichtet werden.

Das Wort: Antriebserleben hat zweifellos den Charakter einer gewissen Schwerfälligkeit. Es ist ziemlich lang und spricht sich nicht sehr gut aus. Hieraus ergibt sich allein schon sicher ein gewisser empfindungsmäßiger Widerstand dagegen, es zu benutzen. Und das wieder ist ein Teilgrund dafür, daß man für gewöhnlich bei der Gewohnheit bleibt, nicht umständlich, wenn auch präzis, von Antriebserleben zu sprechen, sondern die altehrwürdige Formel „der Antrieb" zu wählen. Leider machen sich diejenigen, die so tun, aber nicht immer klar, daß sie damit eigentlich gegen ein Grundgebot aller modernen exakten Wissenschaftlichkeit verstoßen[1].

Es handelt sich nämlich bei Begriffen wie „der Antrieb" um ursprünglich ganz

---

[1] Hierzu hat sich der Verfasser in verschiedenen Veröffentlichungen, zuletzt eingehender in seinem „Lehrbuch der Traumanalyse", 1949 bei Georg Thieme, Stuttgart, erschienen, vorher aber schon in seiner „Einführung in die Psychoanalyse", 1927 bei Gustav Fischer, Jena, erschienen, unter dem Titel „Die psychoanalytische Terminologie und die Metapher in der Psychologie" (S. 34) geäußert.

primitive Anthropomorphismen. Das soll heißen: Der sprachschöpferische Mensch behandelte Seelisches aus Mangel an exakter mathematischer Ausdrucksfähigkeit einst, als ob es sich um Gegenstände, Figuren oder gar tätig-wirkende Menschen im Raum handle. Dieser kurze Hinweis muß hier genügen. Es wurde also nicht im eigentlichen Sinn Psychologie getrieben, wie dies für eine moderne analytische Psychotherapie zum Beispiel unbedingtes Erfordernis ist, sondern Meta-Psychologie. Dennoch: es würde vielfach ein ganz korrektes psychologisches Benennen, Beschreiben, Aussagen, Folgern usw. sprachlich so schwerfällig werden, daß hier mit voller Bewußtheit der Unzulänglichkeit — falls das Rechte nicht ständig vorschwebte — und voller Absicht jener „übliche" gewohnte Brauch, von Substanzen und Essenzen zu reden, hin und wieder beibehalten wird. Wo es sprachlich und sachlich unbedingt notwendig ist und wo einigermaßen praktikabel, soll dagegen eine psychologische Aussageweise vorherrschen.

Jeder Mensch ist in der Lage, Antriebe in sich zu registrieren. Im Augenblick besteht wohl keine Notwendigkeit, das Erleben von Bedürfnissen hiervon zu unterscheiden. Eine anthropologische Bedürfnispsychologie ist erst im Werden. Mancherlei ist hier in der Wissenschaft noch ungeklärt. So mag der Antrieb für Bedürfnis und Bedürfnis für Antrieb stehen, unbestimmt lassend, was einst hieraus wird. Auf jeden Fall läßt sich der wesentlichste Anteil alles Antriebserlebens als Bedürfnis lesen. Auf jeden Fall auch hat jedes Bedürfniserleben eine Antriebsseite. So soll nunmehr immer beides gemeint sein. Und die Anfangsthese lautet: Jeder Mensch kennt diese Form des Erlebens. Muß hier ein Beispiel genannt werden? Wohl kaum. Aber immerhin doch vielleicht besser, es zu tun: Ein Antriebserleben liegt zum Beispiel vor, wenn ein Mensch Hunger hat und einen Apfel sieht, der ihm grundsätzlich erreichbar wäre. Ist das, was er dann erlebt, nicht sehr intensiv, so spricht man von Impuls. Jedenfalls kann man so definieren. Es gibt da noch kaum eine Verbindlichkeit, sondern nur Vorschläge für eine Konvention. Auf diese Weise entfernt man sich nicht allzu weit vom Üblichen und Gängigen. Die Zahl der Antriebsarten ist noch unbestimmt. Mit gewissem Recht kann man von einer unendlichen Mannigfaltigkeit reden, denn man kann schließlich durchspezialisieren, so weit man will. Übliches vernünftiges Interesse aber begrenzt die Zahl der menschlichen Antriebe. McDougall nannte 18, andere vermehrten die Tafel auf Hunderte. Die Frage ist wissenschaftlich offen, eine Konvention der Interessensbegrenzung noch nicht gefunden. So befindet sich die analytische Psychotherapie in der Lage, für ihre Zwecke auswählen und die bedeutsamen Antriebe bzw. Antriebsgruppen als Gruppen von Antriebserlebnisarten bezeichnen und dadurch hervorheben zu müssen.

Natürlich entwickelt die Psychotherapie damit nicht etwa eine Antriebslehre überhaupt oder gar eine Anthropologie. Keineswegs tut sie das (das kann für manche nicht genug betont werden)! Aber wie die Tafel der neurosenpsychologisch relevanten, bedeutsamen, bevorzugt wirksamen Bedürfnisse, Antriebserlebnisse beschaffen ist, wird im folgenden sofort dargestellt werden. Hier kam es zunächst darauf an, den Bereich etwa zu charakterisieren, auf das Vorhandensein der Erlebniskategorie Antriebserleben bzw. Bedürfniserleben hinzuweisen.

Vorausgesetzt, daß dem Lernenden nunmehr vorschwebt, was ganz allgemein hiermit gemeint ist, kann nun dazu übergegangen werden, die Kategorie als Erlebniskategorie als solche näher zu charakterisieren, d. h. ihre Merkmale, d. h. ihre Bestandteile[1].

Ein vollständiges Antriebserleben hat jeweilig zwei Seiten: eine agonistische und eine antagonistische, könnte man sagen. Wie sieht die agonistische aus? D. h., was kann man bei näherem Zusehen an ihr bemerken? Was „enthält" sie? — Es finden sich da: Wahrnehmungen von Gegenständen oder Vorgängen. Vorstellungen von solchen. Wahrnehmungen allein, dies höchst selten, in der Regel auch Vorstellungen. Im Einzelfall keine Wahrnehmungen, sondern nur Vorstellungen. Oder auch einmal keine Wahrnehmungen und auch zunächst keine Vorstellungen, sondern nur das Weitere und Folgende: Bestimmte Gefühls-töne, bestimmte Empfindungen, zum Teil von Erregungscharakter, bestimmte Erlebnisse vom Charakter der Muskelbewegung, sei es — und nun springen wir plötzlich in unserer psychologischen und sprachlichen Not zum visuell-taktilen Korrelat über (das geschieht hier!) — solche der glatten oder auch der quer gestreiften Muskulatur. So wird das bei unserer Bemühung, unseren Gegenstand zu beschreiben, immer wieder sein. Aber wenn wir wissen, worum es sich da methodologisch handelt, ist es vorläufig, eben für die Mitte des 20. Jahrhunderts, in Ordnung. Intensivieren sich die Gefühls-, Erregungs- und muskulären Emp-findungsbestandteile zu Zusammenfügungen, Aggregaten, Gestalten von jeweils besonderer Individualität, so hat man es mit dem zu tun, was man Affekte nennt. Dann handelt es sich also um ein affektvolles Antriebs- oder Bedürfnis-erleben. Wird es notwendig sein, jetzt nach dem obigen kurz erwähnten Beispiel für „die Wahrnehmung" Apfel oder anderer Mensch oder Tisch oder Himmel zu sagen? Das Gleiche für die betreffenden Vorstellungen? Oder von sich bewe-genden Gegenständen, handelnden Menschen usw., usw. zu sprechen? Wird es notwendig sein, darauf hinzuweisen, daß es ursprüngliche, spontane, originäre, nicht-antwortende Antriebserlebnisse gibt und, unterschieden davon, ant-wortende[2]?

Vielleicht kann das hier aus Raumgründen unterbleiben. Vielleicht ist nun durch Hinweis ausreichend deutlich geworden, was mit Antriebs- und Bedürfnis-erleben gemeint ist und worin es „zerfällt". Dies wäre zunächst der oben agoni-stisch genannte Teil, der, anthropomorphisierend ausgedrückt, „die Initiative hat".

Das vollständige Antriebserleben, das eben als Ganzes für die analytische Psychotherapie von größter Wichtigkeit ist, soll aber darin bestehen, daß jeweils ein antagonistischer Anteil hinzukommt. Wie sieht dieser aus?

Jedes Lebewesen enthält in sich, außer daß es zunächst lebt, steuernde „Instanzen". Repräsentiert das Bedürfnis und Antriebserleben des Menschen zentral die Tatsache, daß er „lebt", dann ist von vornherein zu erwarten, daß er auch Steuerndes erlebt. Die Erfahrung bestätigt diese Erwartung. Es wird Aufgabe einer zukünftigen Anthropologie sein, hier Verbindliches und aus-

---

[1] Unseres Erachtens besteht kein Grund dagegen, hier von Teil und Bestandteil zu sprechen. Aber die Begründung solcher Meinung erfordert eigentlich gesonderte methodo-logische Besinnung und Ausführung.
[2] Diese Bereiche und Unterschiedlichkeiten sind näher erörtert unter den entsprechenden Titeln im „Lehrbuch der Traumanalyse" (s. Abschnitt A: Anthropologische Vorbereitung).

reichend Differenziertes festzustellen. Vorläufig muß es genügen, auf jeden Fall vom analytisch-psychotherapeutischen Bemühen her, die Tatsache, daß es solch Steuerndes „im" Menschen gibt, festzustellen. Es handelt sich dabei um auftauchende Vorstellungen, Gefühle, Empfindungen und wiederum „Muskuläres". Wichtig hierbei ist, daß bei genauer Untersuchung festgestellt werden kann: Jedes Antriebserleben enthält jene beiden Bestandteile. Jedes Antriebserleben enthält auch Steuerndes, Antagonistisches[1].

Und nun: Die neurotische Symptomatik, sei sie psychisch oder physisch, seelisch oder körperlich, besteht in Antriebssprengstücken, Sprengstücken von Bedürfniserlebnissen, die zum ehemals erlebten agonistischen oder antagonistischen Bestandteil oder auch zu beiden gehört haben können. Und dann muß hinzugefügt werden: Von Sprengstück wird deshalb gesprochen, weil es sich bei einer neurotischen Symptomatik sehr wohl nicht nur um dies eine oder andere, sondern jeweils auch nur um einen Wahrnehmungs- oder Vorstellungs- oder Gefühls- oder Empfindungs- oder Erregungs- oder auch „muskulären" Anteil handeln kann. Jedesmal hat solch ein Sprengstück, oft höchst spezifischer Art, gleichzeitig eine körperliche und eine seelische „Seite". Dem Betreffenden bemerkbar und seinem Registrieren zugänglich ist oft nur eine der beiden Seiten[2].

4. Die neurosenpsychologisch bedeutsamen Antriebsarten

Wenn die These zu Recht besteht, daß die die gesamte analytische Psychotherapie zunächst zentrierende neurotische Symptomatik in Sprengstücken ehemals voll erlebter Antriebe und Bedürfnisse besteht, wenn es zutrifft, daß es eine Tafel der menschlichen Antriebe noch nicht gibt, auf jeden Fall aber nur eine begrenzte Gruppe von Antrieben neurosenpsychologisch relevant ist, muß sich das Interesse des Fragenden nun dieser Antriebsgruppe zuwenden. Dabei wird sich erweisen, daß sich das Leben — dies sei zur Freude aller Romantiker gesagt — nicht in Kästchen einfangen läßt. Dies würde „Vergewaltigung" bedeuten, d.h. einfach sachliche Ungerechtigkeit. Es wird sich erweisen, daß, soweit Verfasser es heute überblickt, zwar eine anschauliche Gruppierung benannter Antriebs- und Bedürfnisqualitäten, die neurosenpsychologisch bevorzugt in Frage kommen, möglich ist, aber doch nicht eine ganz strenge. Einiges Bedeutsame wird nicht ohne Weiteres einordnenbar sein. Das Leben, das Lebendige, auch das analytisch-psychotherapeutisch bedeutsame Erleben des Menschen ist mit einer Barockvolute: ∿ und deren besonderer asymmetrischer Kurve zu vergleichen. Anders

---

[1] Auch hierüber Ausführlicheres im „Lehrbuch der Traumanalyse" S. 35 ff.
[2] Hier muß noch einmal festgestellt werden, daß dem Verfasser die eigentliche Notwendigkeit einer Propädeutik auch in Bezug auf das eben Erörterte deutlich ist. Er darf aber darauf hinweisen, daß die sogenannte Lehranalyse gerade deshalb von seiten aller Fachkenner der analytischen Psychotherapie für unabdingbar erklärt wird, weil eine solche Propädeutik regelmäßig, d. h. durch sprachliche Mitteilung, kaum ausreichend zu vermitteln ist. Der Betreffende muß sämtliche Kategorien, um die es sich hier handelt und um die es sich für ihn bei seinen Patienten künftighin handeln wird, genauestens „in" sich selbst registriert und beobachtet haben. Dabei soll schon an dieser Stelle mit voller Ausdrücklichkeit hinzugefügt werden, daß es dann nicht so sehr auf flüchtig intellektuelle oder gar rationale Bekanntschaft ankommt, sondern auf Helligkeit und Intensität des Erlebens, besonders wenn es sich um den Gefühls-, den emotionalen Bereich handelt.

ausgedrückt: Jede Aussage, jedes Schema bedarf seines „hinkenden" Charakters wegen einer Ergänzung. Aber die Barockvolute hat ja dennoch Form, und zwar sehr bestimmte, wenn auch eben gerade keine mathematische mehr. Aber sie hat eben Form, sie hat Grenzen und ist bestimmt. Daher ist auch bestimmte Aussage über das Lebendige, unter anderem über das neurotische Erleben des Menschen, in Grenzen möglich. Diese Aussage soll nun folgen:

Wenn die neurotischen Symptome Antriebssprengstücke sind, so muß es nicht nur vollständige Antriebserlebnisse geben, es muß auch etwas mit ihnen geschehen sein. Damit aus Antriebserlebnissen Antriebssprengstücke werden können, müssen jene in irgendeiner Weise verstümmelbar sein, in irgendeinem Grade also plastisch, formbar, noch allgemeiner ausgedrückt, beeinflußbar.

Weiter: Sollte es ein Stadium dieser Antriebserlebnisse geben, in denen diese bevorzugt plastisch sind, so ist es wahrscheinlich, daß hier jener Kernvorgang der Verstümmelung zunächst einmal einsetzt. Zweifellos aber erfüllen die Antriebserlebnisse des Menschen in frühester Kindheit diese Bedingung.

Um welche Antriebsarten handelt es sich da?

a) Das intentionale Antriebserleben

Von irgendeinem Zeitpunkt an, vorgeburtlich und dann vermehrt nach der Geburt erlebt das Kind Wahrnehmungen. Auf diese antwortet es mit dem Gefühl, zumindest mit Gefühlstönungen. Eine spezielle Art dieses Antwortens nennt man Aufmerksam-sein. Dies aber wiederum besteht in einem Bereich von Erleben, und innerhalb dieses Bereichs spielt das von frühester Zeit an eine Rolle, was man Neugier zu nennen gewohnt ist. Das Wort heißt Neu-Gier, und es erweist sich als durchaus sinnvoll, daß es zu diesem Worte kam.

Aber wirklich Verbindliches wissen wir hierüber noch nicht, obgleich jeder von uns ein vorwissenschaftliches Wissen davon besitzt und es dauernd, als ob auch wissenschaftlich verbindlich, verwertet. Dennoch: Wir alle leben mit solchem „Wissen". Wir sammeln von vornherein Erfahrungen auf diesem Gebiet, unreflektierte zunächst. So entwickelt sich ein Teil dessen, was mit einem guten Wort „breite Erfahrung" genannt wird. So „wissen" wir, daß der Mensch eine Reihe solcher ihn wesentlich charakterisierenden Eigentümlichkeiten hat. Eine davon ist seine Neugier. Auch das Tier ist neugierig. Man könnte die Tiere gewiß nach dem Grade ihrer Neugier ordnen, mehr aber noch danach, welchen wahrgenommenen Bestandteilen der Welt ihre Neugier bevorzugt oder gar nur gilt. Doch der Mensch unterscheidet sich von den ihm zunächst stehenden Anthropoiden unter anderem wesentlich durch die vergleichsweise enorme Differenziertheit seiner neugierigen Zuwendung zur Welt. Diese ist, wie schon gesagt, eine des Gefühls, eine äußerst spezifische. Das Wort „emotionale" Zuwendung soll hier vorläufig als synonym gelten. Entscheidend ist die Feststellung, daß das Wort Neugier korrekt geprägt wurde, daß es sich wirklich um eine Gier handelt. Natürlich ist hier nicht der Ort, durch eigene ausführliche Darstellung eine noch fehlende Anthropologie zu ersetzen. Es muß bei solchen skizzenhaften Hinweisen bleiben. Aber es ist denen zu widersprechen, die der Meinung sind, hier sei noch nicht von Antriebserleben die Rede, also von etwas „Treibendem"

im Erleben. Richtet man seine Aufmerksamkeit auf denjenigen Bereich innerhalb des Ganzen, der eben fixiert wird, so läßt sich feststellen, daß hier zwar
durchaus berechtigter Weise das Wort Neugier zunächst fehlt, daß diese aber
sehr weitgehend in Gefühlstönen besteht, die einen sehr „allgemeinen" Charakter
haben, den des Intentionalen. Es handelt sich da um einen Erlebnisbereich
von allerhöchster Wichtigkeit und Bedeutung, einen Erlebnisbereich, der dies
ist, obgleich er von großer „Feinheit" ist. Es handelt sich um eine allgemeinste
Zuwendung zu allem Wahrgenommenen überhaupt, aber eben doch um eine
Zu-wendung. Husserl war wohl derjenige, der in seiner Abhandlung „Logische
Untersuchungen" vor Jahrzehnten diesen Bereich der Erlebnisphänomene, der
„Phänomene" als erster in voller Breite und Differenziertheit beschrieb. Er tat
das unter (vermeintlich) „logischen" Gesichtspunkten. Aber er tat es. Und er
sprach von „intentionalen" „Akten", von intentionalen Zuwendungen. Im
Wort: intendere liegt seinem Sinn nach zumindest etwas sehr Ähnliches wie im
Worte Zuwendung. Und das Wort Neugier ist lediglich ein naiverer, drama-
tischerer, repräsentativerer Ausdruck. Gespanntheit spielt hier eine Rolle wie
in dem, was man „gespannte" Aufmerksamkeit nennt. Hier haben wir es mit
dem frühesten Antriebserleben zu tun, mit der ersten Form des Antriebserlebens,
die auch neurosenpsychologisch höchst bedeutsam ist, mit einer Form des Bedürfnisses, des Bedürfniserlebens, die menschenwesentlich ist und — gestört
werden kann. Die Welt wird auf diese Weise erstmalig „erobert".

b) Das kaptative, das orale Antriebserleben

Die intentionale Zuwendung zur Welt hat allgemeinsten emotionalen Charakter.
Sie wird in Form eines Bedürfnisses erlebt. „Etwas" treibt den Menschen von
allerfrühester Kindheit an, sich der Welt auf diese Weise zuzuwenden. Es bleibt
nicht hierbei. Ein weiterer allgemeinster Drang schließt sich an, ein Drang, sich
der Welt zu nähern, ein Bedürfnis, die Welt möge sich nähern. Es ist, als ob
das Gefühl dazu dränge, die Welt zu umfassen, die Welt heranzuziehen, sie in
sich aufzunehmen, immer mehr Welt. Seines „allgemeinen" Charakters wegen
kann hier mit gutem Sinn von einem kategorialen Bedürfnis gesprochen werden.
Es gibt dieses etwas speziellere, aber doch in seiner Eigenart sehr bestimmte
gefühlshafte Gerichtetsein auf die Welt, ein Gerichtetsein, das auf jeden Fall
über das bloß Intentionale hinausgeht. Das Merkwürdige des Drängenden, des
„Triebhaften", des Antriebshaften, des intensiven allgemeinsten Bedürfnisses
ist deutlich. Auch dieses Antriebserleben ist zart, fein und zunächst sehr plastisch,
aber dennoch durchaus dranghaft. Es ist not-wendig, aber es ist ebenfalls störbar.

Geht das Kleinkind zu gezielteren Bewegungen über, so haben diese zum
erheblichen Teil und zunehmend den Charakter des Zugreifens. Das Habenwollen steht „dahinter". Lateinisch spricht man hier von capere[1]. Daher die
in der Überschrift gewählte Bezeichnung kaptativ für den in Frage stehenden
Bereich menschlichen Antriebserlebens. Er formt sich im Laufe der Entwicklung,

---

[1] Eine bedeutsame Verifikation des hier Festgestellten scheint uns die Diskussion der
„Gestikulären Laute" durch den Sprachforscher A. Johannesson, Reykjavik („Nature,
Juli 1950) zu ergeben.

er reift. Wie jede Reifung geschieht dies unter Schmerzen, Gestörtheiten, manchmal Verstörtheiten und Rückschlägen. Die Hand wird zum wesentlichen Werkzeug dieses Bedürfnisses. Aber es darf nicht vergessen werden, daß auch der
ganze Körper hier seine Rolle spielt; denn wird ein Stück Welt auf diesem Wege
erobert, so erfolgt dies unter anderem dadurch, daß der Mensch sich auf jenes
Stück Welt mit ganzem Körper legt oder zumindest auf dieses Stück Welt setzt.
So wird die Welt zu einem Teil zum Besitz. Der Mensch ist unter anderem
ein besitzstrebiges Lebewesen, nicht nur ein neu-gieriges. Als Besitz wird
alles erstrebt, d. h. in die Nähe gezogen, was angenehm, lustvoll ist.

Im 1. Lebensjahr geschieht all das eben Charakterisierte im ersten Ansatz,
in den ersten tastenden Versuchen. Gleichzeitig aber vollzieht das Kleinkind
Handlungen speziellerer Art, die das eben allgemein Geschilderte in Spezialform
darstellen. Es greift mit dem Mund zu, es saugt, es schnappt, es beißt[1]. Schließlich greift es mit der Hand nach Gegenständen und steckt diese in den Mund.
Wie selbst Spranger in den letzten Jahren beschreibt, ergibt sich auf diesem
Wege eine „Mundwelt" des Kleinkindes. Und wenn man nach einem Beiwort
sucht, um das eben charakterisierte Verhalten vom Erleben her zu bezeichnen,
drängt sich formal ein Wort auf, dessen Hauptbestandteil den Mund enthält.
Lateinisch heißt der Mund os. So fand Freud, und zwar durch genauestes Hinsehen, bestimmt von der Absicht, neurotische Symptome zu beseitigen, auf
dem Wege mikro-psychologischer Untersuchung das Beiwort oral, das Haupt-
wort Oralität. Ohne die selbstverständlichen formal sprachlichen und formal
begrifflichen Schwierigkeiten, deren Überwindung wohl noch ein weiteres halbes
Jahrhundert in Anspruch nehmen wird, zu verkennen, darf heute schon festgestellt werden, daß die orale Zuwendung zur Welt eine Spezialform der kaptativen darstellt. Wichtig ist die hier gewählte Differenzierung deshalb, weil
nicht so selten eine Störung des allgemeineren, nämlich des Kaptativen erfolgt
und neurosenpsychologisch bedeutsam wird, ohne daß die Spezialform der
Oralität gestört sein muß. Umgekehrt aber ist die Regel, daß eine Störung
der oralen Zuwendung zur Welt die allgemeinere kaptative mit in den Strudel
der Gestörtheit zieht!

Was ist hiermit gemeint? — Etwas populärer ausgedrückt, heißt das etwa:
Jemand, der nicht in der Lage ist, im gewöhnlichen Wortsinn „zuzulangen",
zuzugreifen, sich eines Dinges zu bemächtigen, sich vieler Dinge zu bemächtigen,
in dieser Weise die Welt zu erobern, entwickelt in sich im Laufe der Jahre
— ausgehend von den Primitivverhältnissen der frühen Kindheit, in der alles
zunächst einmal in den Mund gesteckt wurde — eine innere Atmosphäre der
Welt und den Menschen gegenüber, die in sehr allgemeiner Form dafür sorgt,
daß überhaupt nicht „erobert" wird. Damit aber versagt der Betreffende ja,
wie wir alle durch unser eigenes natürliches und durchaus erlaubtes Erleben
feststellen können, grundsätzlich in seiner Beziehung zur Welt und zum Leben
überhaupt. Seine Befindlichkeit in der Welt ist „im Kern" gestört, seine „Daseinsform" verändert, seine „Lebensform" abartig. Er ist nicht nur nicht ein homo

---

[1] In 6 nicht verwandten Sprachen gehören die gemeinsamen Wortstämme den neurosenpsychologisch bevorzugten Antriebsgebieten an, erstaunlich mitgehend wenigstens.

oeconomicus, sondern dies nicht einmal so weit, wie es auch mit Ausnahme allerseltenster Fälle ungestörter Heiligkeit der Mensch jeder beliebigen anderen Lebensform sein muß, um „lebensfähig" zu sein.

Nicht nur der Mund des Kleinkindes wendet sich der Welt erobernd zu. Nicht nur so äußern sich dessen orale Bedürfnisse. In diesen klingt vielmehr noch Weiteres mit, das von erheblicher Mannigfaltigkeit ist. Auch hier handelt es sich um ein Bedürfnisgefüge bereits, um eine Bedürfnisgestalt. Mit voller Absicht wird dies so gesagt, und korrelativ, gleichzeitigkeits-korrelativ (s. wiederum Anhang S. 272—292) funktionieren neben dem Mund noch weitere Körperorgane: Speichel wird abgesondert, der Rachen gerät in Funktion, die Speiseröhre spielt mit, auch der Magen und höchstwahrscheinlich auch jetzt schon der Darmanfang mit Bauchspeicheldrüse und Leber. Die Mundwelt, das Mundwelt-Erleben, das orale Antriebs- und Bedürfniserleben des Menschen ist also von vornherein als Erleben, als psychologische Gegebenheit höchst differenziert und damit auch das gleichzeitigkeitskorrelative Körpergeschehen. Beide sind voneinander daher, deshalb, einfach faktisch untrennbar. Nur, was im Einzelfall, im ganz speziellen Einzelfall, besonders auffällt, scheint der einen oder der anderen Seite anzugehören. Besonders, wenn es sich um Gestörtheiten handelt oder gar um „Sprengstücke", geschieht dies oft in sensationeller Weise. Wer nicht scharf genug hinsieht, bemerkt dann vielleicht nur das Sensationelle oder Auffällige und meint, das Übrige des Ganzen sei „nicht da".

So ergibt sich, daß wir unter dem Titel des Oralen heute einen höchst differenzierten und weiten Bereich vorschweben haben, keineswegs etwa Simples. Und auch dieser immerhin noch spezielle Bereich, wie eben erläutert, dieser spezielle Bereich des Oralen wird eingebettet erlebt in das allgemeinere, kategoriale Erleben des Kaptativen. Rein terminologisch bestünde keine Schwierigkeit, in einer wissenschaftlichen Welt, die diesen eben erörterten Erlebnis-, Handlungs- und Funktionsbereich genauestens kennt, das Fachwort oral allein zu verwenden. Entscheidende Bedingung hierfür wäre, es so, wie hier geschildert, als autochthones Antriebsgebiet zu sehen einschließlich der allgemeinsten bedürfnishaften Zuwendung zur Welt, die hier kaptativ genannt wurde. Die kommende Wissenschaft hat zu entscheiden, ob das Kategoriale daran durch das Beiwort kaptativ einen auszeichnenden Terminus erhalten soll oder nicht.

Der zur Verfügung stehende Raum erlaubt nicht, den eben genannten Bereich nun weiter differenzierend zu beschreiben. Aber es sei für die Interessierten doch darauf hingewiesen, daß das Oral-Kaptative bereits im Bild der Amöbe, die einen Gegenstand umfließt, erscheint, auch in dem des Einzellers, der Nahrung in sich hineinstrudelt, sogar in der Tube des Eileiters, die, wie wir heute wissen, sich gleich einer Seerose, einer Aktinie, aktiv auf den Eierstock zu bewegt, um das ausgestoßene Ei zu „verschlucken". Es sei hingewiesen auf den instinktiven Drang, nicht nur des Menschen, zu umarmen. Es sei erinnert an den einst geläufigen Terminus Kontrektationstrieb. Das Küssen gehört hierher. Aber auch die höchst merkwürdige, rätselhafte Sage von den Mänaden, die unter Führung des Dionysos in die Wälder gingen, die Jungen der wilden Tiere zunächst an die Brust legten und sie dann plötzlich doch zerrissen und auffraßen. Die Penthesilea des Heinrich von Kleist begeht ebenfalls eine ohne die Kenntnis der

Oralität völlig unverständlich bleibende Handlung: Sie packt mit den Zähnen die Leiche des besiegten Achill. Das Problem des Kannibalismus leuchtet auf, der ja sicher nicht nur vom Hunger diktiert wurde.

Das kaptative Erleben und auch das orale wurde als störbar gekennzeichnet, dies als Vorbereitung auf die Einordnung dieses Antriebserlebens in eine Neurosenstrukturlehre. Und wenn man nun meint, einfach davon sprechen zu dürfen, daß das Nehmen repräsentatives Wort innerhalb des kaptativen Bereichs ist, so wird jeder, der sich je mit Menschen nachdenklich auseinandergesetzt hat, wissen, daß das Nehmen, das richtige Nehmen, reifend erlebt sein muß. Er wird wissen, wieviel Unsicherheit der junge Mensch, besonders auch in der Pubertät, hinsichtlich des Nehmens und der dazugehörigen Maßstäbe in sich trägt, oft mit sich herumschleppt. Das Problem des „Nehmens und Gebens" leuchtet damit auf. Von Beginn an erlebt sich der Mensch als zwiespältig, unter anderem auch hinsichtlich des eben erwähnten Problems. Soll er die Welt und die Menschen strömend umfließen, hart zupacken, fest umklammern, total in sich hineinziehen bis zur Auflösung des Gegenstandes? Oder soll er sich an die Welt, an die Menschen verströmen, sich verschenken, sich hergeben? Seit je ist dies ein urtümliches Problem.

Aber es wird sich in der weiteren Darstellung zeigen, daß der hier gewählte, weil sachgerecht, allgemeinste Ansatz mit seiner — man kann beinahe sagen — weltweiten Bezogenheit seinen höchst konkreten Niederschlag dann finden wird, wenn die im eigentlichen Sinn orale neurotische Symptomatik in Frage steht (s. S. 135). Alles, was hier unter neurosenpsychologischem Aspekt erörtert wird, reicht vom allgemeinsten, allgemein Anthropologischen bis zum konkretesten Neurosenpsychologischen. Kein Aspekt kann den andern ersetzen. Jede Betonung nur des einen schränkt das Erkennen und dann auch das analytisch-psychotherapeutische Verhalten sachwidrig ein.

c) Das retentive, anale Antriebserleben

Der Mensch, auch das Kleinkind, wurde eben von der urtümlichen Seite seines kaptativen und oralen Antriebserlebens her charakterisiert. So erobert er die Welt, indem er nicht nur im Gefühl auf sie tendiert, sondern tatsächlich mit Hand, Körper und Mund zupackt. So nimmt er sich die Welt. So nimmt er sie zum Besitz. Er will sie haben, und er ergreift sie. Er be-greift sie zunächst. Aber — „alle Lust will Ewigkeit". So erlebt das Lebewesen Mensch dem eroberten Besitz gegenüber, sobald es ihn also hat, eine neue Tendenz, ein neues Bedürfnis, das, ihn zu be-halten. Wieder eine urtümliche, auf die Welt antwortende Reaktion, ein ebenso ursprüngliches, autochthones Bedürfniserleben „dahinter". Das Umschlossene soll erhalten bleiben, es soll konserviert werden. Das Lebewesen hat seine Substanz vermehrt. Es fürchtet nunmehr den Substanzverlust. Es zieht sich über der neu gewonnenen Substanz zusammen. Es schließt sich nach außen ab. Es gibt nichts her, sondern behält. Hier bietet sich wiederum ein lateinischer Ausdruck an: retinere und damit das Beiwort retentiv; „behaltenwollend" wäre ja schlecht gesagt. Wieder handelt es sich um allgemeinstes, kategoriales Erleben von Antriebs-, von Bedürfnischarakter. Als kategoriales

Erleben geht es allem Weiteren voraus, umgreift es alles Speziellere. Auch dieses Erleben ist anfänglich von gewisser Zartheit, aber doch bald von großer Prägnanz. Schon der Griff des Affenkindes in das Fell der Mutter hat diesen Charakter. Der Säugling, also das durch seine Oralität charakterisierte Kind, packt ebenfalls zu und hält fest. Es ist sehr unwillig, wenn ihm der Gegenstand, den es als Besitz umgreift, genommen werden soll. Heftigste Affekte begleiten eine solche Auseinandersetzung mit der ihrerseits zugreifenden Welt. Welt ist zunächst die Mutter oder eine entsprechende Pflegeperson. Hier können also Störungen einsetzen, wie sie späterhin Gegenstand der Betrachtung sein sollen (s. S. 59). Gestört wird ein sehr allgemeines, sich vielfach äußerndes Bedürfnis. Werkzeug ist wiederum die Hand und im Einzelfall der ganze Körper, der fest auf den Gegenstand, der konserviert, behalten werden soll, gesetzt wird. Wieder die Problematik des Be-sitzens, nunmehr aber nicht die des Nehmens, sondern des Gebens bzw. des Nicht-Hergebens.

Als kategoriales Erleben eines Bedürfnisses ist das retentive Gebiet für das forscherische Bemühen vergleichsweise schwer zugänglich. Viel Emotionales schwingt mit und geht voraus. Aber gerade auf das Emotionale kommt es entscheidend an, auf all das, was vom Antriebserleben noch „vor" dem eigentlichen Impuls liegt, erheblich vor dem Handeln. So blieb dieses reich und weit verzweigte Gebiet des retentiven Erlebens dem Zugriff der Wissenschaft zwar lange entzogen; auffällig aber, sogar sensationell, war eine ganz spezielle Form solchen Erlebens. Die neurotische Symptomatik, und auch die Vorstellungswelt der Träume, sowie die der Psychosen forderten da zur Erhellung auf. Wieder war Freud es, der beim Bemühen, die Neurosenstruktur transparent zu machen und auf sie als Fundierendes die bis dahin rätselhafte neurotische Symptomatik zu beziehen, auf diese ganz spezielle Erscheinungswelt stieß.

Fragt man sich einmal, was der Mensch als erstes von seiner Substanz hergibt, so lautet die Antwort im wörtlichen Wortsinn: seinen Kot. Und das funktionierende Organ ist der After. Die erste wirkliche Leistung, die vom Kleinkind gefordert wird, abgesehen von der Geduld des Warten-Könnens auf Nahrung, ist wiederum der Kot. Man versetze sich in die Kleinstkindperspektive, und man wird finden, daß es ihm, dem erst vor kurzem in die Welt Hineingeborenen, ungeheuer merkwürdig vorkommen muß, wenn sein sonst immer so liebevoller Partner, die Mutter, eines Tages deutlich unzufrieden damit ist, daß es sich einfach strömen, einfach laufen läßt, fallen läßt. Wie merkwürdig, daß die Mutter nunmehr in bestimmter Zeremonie, mit bestimmten Worten und Handlungen, mit bestimmtem Werkzeug die Leistung einer bereitwilligen Hergabe eigener Substanz fordert. Jetzt und hier soll auf einmal Ordnung sein (und nicht mehr Willkür!) im Sinne des bereitwilligen Hergebens. Hier kann das Kleinkind, wie es die Erfahrung sehr bald lehrt, Widerstand leisten, es sogar auf eine Machtprobe ankommen lassen, die Ohnmacht des Erwachsenen erweisen. Es braucht nur den After, den Anus, zu schließen, geschlossen zu halten und auf diese Weise retentiv zu reagieren. Oft geschieht dies, weil ihm nicht genügend Liebessubstanz entgegengeströmt ist und regelmäßig entgegenströmt. Zum Beispiel ist das späterhin der Fall, wenn ein neues Geschwister auftaucht und die Liebe der Mutter sich diesem zuwendet. Ein kurzer, vorwegnehmender

Hinweis: Es gibt die neurotische Symptomatik der Verstopfung, der Obstipation.

Eine wirklich ausreichend differenzierte Darstellung kann und soll hier nicht
gegeben werden. Es muß an anderer Stelle nachgelesen werden[1].

In Analogie zu dem über die Oralität Gesagten wird aber verständlich sein,
daß sich also ein gleichzeitigkeitskorrelatives Gebiet von Organfunktionieren zum
Retentiven ergibt, dessen repräsentativer Träger der After ist. Hieraus leitete
Freud den Begriff des Analen ab. So rechtfertigt sich dieser terminus technicus
als völlig legitim. Nur wenn er nicht in der ganzen Fülle dessen, was er vertritt,
mit der Geläufigkeit der dazugehörigen Vorstellungen verbunden ist, kann er mißverstanden werden. Besonders ist das der Fall, wenn dieser Ausdruck nicht au-
autochthones Antriebs-, Bedürfniserleben abgestellt wird und auch das Allgemeinste des Gebietes, das er vertritt, mitumgreift, nämlich das kategorialf
retentive Erleben. Das Anale und das Retentive korrespondiert also genau so
wie das Orale und das Kaptative. Dieses ging um das Nehmen, jenes geht um
das Hergeben bzw. Nicht-Hergeben. Wie ersichtlich, hat die Aussage hier also
bereits den oben erwähnten Charakter der Barockvolute. (S. 23) Oralität und
Thema des Nehmens ist vergleichsweise einlinig in der Beziehung. Die Analität
und das Hergeben muß ergänzt werden durch die re-aktive Thematik, die antagonistische Thematik des Nicht-Hergebens.

An dieser Stelle muß darauf hingewiesen werden, daß mit hoher Wahrscheinlichkeit eine ins einzelne gehende Untersuchung der korrelativen Darmfunktionen
erweisen wird, daß man im neurosenpsychologischen Zusammenhang von wenigstens 3 Aftern wird sprechen müssen. Insbesondere für die Colitis ulcerosa
scheint dieser Zusammenhang bedeutungsvoll zu sein. Vieles spricht dafür, daß
es am Querdarm und auch am absteigenden Darm Prädilektationsstellen gibt,
die äquivalent wie ein After wirken, nämlich Kontraktionen von länger dauern-
dem spastischen Charakter aufweisen, wenn Retentives im latenten Erleben
des Trägers im Spiel ist. Hier entstehen dann Kotstauungen, wahrscheinlich im
Widerspruch zu sonst weiter ablaufenden Drüsenvorgängen zum Beispiel, die
den Darm „durcheinanderbringen". Neurosenpsychologisch entscheidend ist
der vorliegende Antagonismus von ausstoßenden und zurückhaltenden Funk-
tionsabläufen.

Auf dem Gebiet des Analen aber ergibt sich eine weitere faktische Differenziertheit. Man hat Untersuchungen über das Grundsätzliche einer Körperöffnung
und einer Körperschließung angestellt und vieles Erstaunliche hierüber aussagen können. Und nun zeigt der Tatbestand, daß der After zwar die Funktion
hat, den Kot zurückzuhalten, der Darm diese Funktion aber nur zunächst und
zum Teil hat. Der Magen nimmt die Speisen auf, die Speiseröhre tut dies ebenfalls und nur unter ganz besonderen Umständen erfolgt das Umgekehrte. Der
Darm dagegen hat seiner Eigenart nach die ausdrückliche Funktion des Aus-
stoßens und der After damit eine klare Doppelfunktion. Die Nahrung gehört zunächst der Außenwelt, der Kot der „Innenwelt" an. Daher können die Aussagen
über die Analität, verglichen mit der über die Oralität, nicht einfach paralleli-

---

[1] S. u. a. „Der gehemmte Mensch" S. 292 und all die hierhergehörige, wenn auch leider
völlig verstreute Literatur.

siert werden. Das ist das Charakteristikum alles Lebendigen, auch der beiden Kurven, die die Barockvolute zusammensetzen. Daher (s. S. 23, letzte Z.) jener Hinweis auf dieses Bild. Es bedeutet nur einen Schritt weiter, wenn festgestellt wird, daß in Konsequenz des eben geschilderten Sachverhalts der Kot auch den Charakter des Projektils erhalten kann, das Defäzieren also den des Angriffs, der Aggression. Das populäre Wort: scheißen hat diesen Ursprung. Und daß es als Vulgärwort dient, hat diesen Sinn. Auch daß ein junger Mensch den Götz von Berlichingen sagen ließ, was er sagte, gehört in diesen Zusammenhang, ebenso, daß das betreffende Zitat im Druck in der Regel unvollständig bleibt. Aber vielleicht wird doch der oder jener jetzt bemerken, daß der Inhalt jener freundlichen Aufforderung des Ritters eine Verbindung von Oralität und Analität darstellt.

Damit also gewinnt das Wort anal so, wie es auch gleich zu Anfang von Freud geprägt wurde, einen doppelten Sinn. Man sollte sich daher auch gründlich vergegenwärtigen, daß die kategoriale Bedürfnishaltung des Retentiven zwar den Spezialfall des Anal-Retentiven mit umgreift; aber eine weitere Seite des Analen, die aggressive im Sinne des Kotausstoßens, Kotschleuderns, möglicherweise die Welt und vielleicht auch den anderen Menschen Beschmutzens oder durch Gestank Verletzens gehört nicht in den retentiven Bereich mit hinein. Daraus ergibt sich noch einmal eine gewisse Rechtfertigung dafür, daran zu denken, diesen Begriff des Analen als übergeordneten Gesamtbegriff beizubehalten. Um es zu wiederholen, wäre die Bedingung hierfür die, daß bei Verwendung des Wortes anal an das Kategoriale des Retentiven und seine enorme Bedeutsamkeit stets mitgedacht wird und es nicht bei einer simplen Wortbedeutung bleibt, die nur mit dem Organ als solchem zu tun hat. Besinnt man sich nun auch noch darauf, daß ja tatsächlich ein ausgeprägt retentives substanzverlustängstliches Verhalten der Welt und den Menschen gegenüber tatsächlich feindseligen Charakter haben kann, dann schließt sich der Kreis. Man empfindet deutlich, daß man es mit Lebendigem zu tun hat, wiederum mit einem Gefüge, mit einer Gestalt im Sinne der Gestaltpsychologie. Hier kommt es also durchaus auf Vorstellungsfülle an, wie eigentlich dauernd auf dem hier erörterten Gebiet (s. a. S. 229 Zeile 8). Auf jeden Fall lautet die Aussage also: Das allgemeinste kategoriale Antriebserleben und Bedürfniserleben, das hier retentiv genannt wird, ist ebenfalls von tragendem Charakter für die Entwicklung einer Neurosenstruktur und neurotischer Symptomatik.

Das anale Erleben hat also zum Teil retentiven Charakter. Die Gleichzeitigkeitskorrelation zwischen Seelischem und Körperlichem, zwischen Erlebnissen und körperlichem Funktionieren, sorgt infolge der wechselnden Deutlichkeit für den Beobachter dafür, daß einmal das Anale einmal das Retentive daran für ihn in den Vordergrund tritt. Bleibt der untersuchende Psychologe im Bereich der Psychologie, im Bereich des Erlebens, so verflüchtigen sich ihm die schwer zugänglichen, nur mit besonderem Verfahren mikropsychologisch erfaßbaren Teile dieses Gebiets. Beschränkt er sich dagegen auf ein physiologisches, organologisches Interesse, so entgeht ihm mit Sicherheit Wichtiges im gesamten Bereich. Der analytische Psychotherapeut muß unter allen Umständen ständig beides vorschweben haben, beides als gleichzeitigkeitskorrelativ und korrespondierend, wenn er Neurotisches verstehen will. Unter dieser Bedingung wird es ihm leicht fallen, es als ganz natürliches und selbstverständliches Vorkommnis anzusehen, wenn im Einzelfall ein retentives Erleben nur gerade eben angedeutet sichtbar für ihn ist, statt dessen aber eine Organfunktionsstörung grob und eindeutig. So wird ein visuell-taktiles, organisches Geschehen am deutlich faßbaren Körperorgan wirklich verstehbar. Umgekehrt wird so ermöglicht, vom voluminösen, dramatischen Innenerleben her gesehen, nicht überrascht zu sein, wenn im Körperlichen Merkwürdiges und Abartiges als bloßes Einsprengsel auftritt.

Noch einmal, zugespitzt ausgedrückt und im Beispiel: Beim grob sichtbar sexuell Impotenten kann der Geiz, das Retentive, Spurencharakter haben. Innerhalb eines bewegten, sofort auffallenden depressiven Erlebens kann ebenso eine beinahe unauffällige Darmstörung „eingestreut" sein.

Zugegebenermaßen bereitet das genaue Vorstellen dessen, was hiermit gemeint ist, dem Anfänger zunächst große Schwierigkeiten. Aber es fällt auf, daß auch Bemühte, die sich für fortgeschritten halten, oft erhebliche Schwierigkeiten hiermit haben. Daher sei das Grundsätzliche dieses Zusammenhanges noch ein wenig verdeutlicht:

Es wird noch öfter die Rede davon sein (s. z. B. S. 80), daß auf dem Gebiet des Lebendigen kein Vorgang 100%ig abläuft. Daher unter anderem ist es auch so, daß das „Abfangen" von oral-aggressiven, also im wesentlichen motorischen Tendenzen in der Struktur von Depressiven unvollständig erfolgt. Zumindest bleibt als „Rest" ein amorphes vitales Drängen übrig. Nur das oral-aggressive Erobern der Welt und jedes entsprechende Re-agieren ist gehemmt und kann nicht vollzogen werden. Es ist so sehr gehemmt, daß die Betreffenden, sobald sie vor einer solchen „Aufgabe" stehen, reflektorisch mit Hoffnungslosigkeit reagieren. Ist dies aber so und bleibt jener zunächst amorphe, expansive, vitale Drang bestehen, so sucht dieser nach einem „Ausweg". Häufig sieht dieser folgendermaßen aus: Kann nicht erobert werden, so wird wenigstens die Substanz bewahrt. Hier also wird dann jener amorphe Drang ins Retentive entladen. Ist aber auch dies im Einzelfall gehemmt, nicht mehr in Freiheit, so wird nicht so selten „wenigstens" der Darm in Bewegung gesetzt, d. h. dessen Teilfunktionen werden „sinnvoll" intensiviert. Und das erscheint dann „auf der Oberfläche" als Darmstörung.

Sieht man nun noch einmal das retentive und das anale Gebiet unter dem Stichwort des Besitzes als Gegenstand der Emotionen, der Gefühle, der Affekte, der Impulse und auch der Aktionen, so ist ja deutlich, daß Oralität und Analität ein und denselben Gegenstand haben. Beide Male geht es um den Besitz. Also rechtfertigt es sich, über diese beiden Gebiete als Überschrift das Wort Besitzstreben zu setzen. Dieser Begriff ist dann legitim, wenn man die Erörterung des Verhältnisses von Antrieb, Bedürfnis, Strebung als geklärt und durch Konvention verbindlich voraussetzt. Es wird sich ergeben, daß solche Zusammenfassung zu einem Hauptgebiet seinen guten Sinn hat, unter anderem auch seinen historisch-anthropologischen. Allerdings liegt, von hier aus gesehen, das Gebiet des intentionalen Antriebserlebens exterritorial. Wieder sei an die Barockvolute erinnert.

d) das aggressive, geltungsstrebige Antriebserleben

Leitender Gesichtspunkt war bisher und bleibt: dasjenige menschliche An-
triebs- und Bedürfniserleben zu charakterisieren, das in bevorzugter Weise auf
noch zu bestimmende Art in die Neurosenstruktur einzugehen pflegt und dessen
„Sprengstücke" dann zu neurotischer Symptomatik werden. Es ergab sich, daß
recht allgemeines oder sogar sehr allgemeines Erleben dieser Art gestört wird.
Daher die Rede vom kategorialen Charakter der betreffenden Antriebsgebiete.
Aber nicht wird dadurch aufgehoben, wie sich schon zeigte, daß im Einzelfall
sehr speziell beinhaltete Antriebserlebnisse gestört sein können, und auch nicht,
daß der erste Ansatz solcher Störung sehr speziellen Charakter hat. In solchem
Fall ist der Bereich der anfänglichen Gestörtheit also eng begrenzt. Dieser spezielle Bereich wird dann aber zum Repräsentahten jenes allgemeineren, und es
kommt schließlich zu einer allgemeinsten Gestörtheit.

Das nun zu erörternde Antriebserleben wurde in der Überschrift zunächst
als aggressiv bezeichnet. Es kann hinzugefügt werden: Die Aggression ist
Spezialfall bereits. Das zweite kennzeichnende Wort war geltungsstrebig
und auch dies ist repräsentativer Spezialfall. Jedermann aber weiß heute, wie
sehr das Streben nach Geltung und Macht einst von Adler in seiner Individualpsychologie in den Vordergrund gestellt und verantwortlich gemacht wurde.

Worin besteht nun hier das ganz Allgemeine, das also dem Kaptativen und
dem Retentiven entsprechen würde? — Das Wort Aggression leitet sich her
vom lateinischen adgredi und heißt ursprünglich herangehen. Man möge sich
dabei vergegenwärtigen, daß das Organ also die Beine sind. Aber es ist sofort
ersichtlich, wie oben schon berührt, daß chronologisch ein Herangehen zunächst
einmal beim Säugling mit den Händen und Armen erfolgt, dann mit dem ganzen
Körper, der sich aufrichtet und schließlich erst mit den Beinen. Noch anders
ausgedrückt: Es handelt sich hier um einen kategorialen Antrieb, den man auch,
vom ganz subjektiven Bedürfnis her gesehen, motorischen Entladungsdrang nennen könnte. Speziell wird dieser dann „dazu benutzt", Spielzeug,
Gegenstände, die Angenehmes, Lust zu vermitteln in der Lage sind, zu erreichen
bzw. Hand-lungen zu vollziehen, welche Widerstände beseitigen, die solcher Lust-
gewinnung im Wege stehen. Es muß wohl kaum betont werden, wie erheblich
die innere Differenziertheit des ins Auge gefaßten Erlebnisgebietes ist und wie
weit wir noch davon entfernt sind, hier anthropologisch vollständig und korrekt
zu sehen. Für neurosenpsychologische Zwecke aber genügt wohl der eben ge-
brachte Hinweis. Und es kann jenes adgredi weiter erörtert werden. Der kleine
Mensch bewegt sich also an die Welt heran. Schon auf kaptativ-oralem Gebiet
tut er dies in ausgesprochenster Weise. So fließen die Gebiete ineinander. Und
es zeigt sich, daß beim Herangehen an die Welt, beim Zupacken, beim Heran-
drängen mit dem ganzen Körper, beim Heranlaufen, alles mögliche Unglück
passiert. Der tatsächlichen Wirkung nach ist dieses frühkindliche adgredi dann
zum Teil von zerstörerischem Charakter, ohne daß es auch absichtsvoll so ist.
Das adgredi wird zur Destruktion und Aggression im eigentlichen Sinn. Zunächst faktisch, dann auch vielleicht beabsichtigt.

Ob es auch ein autochthones aggressives Antriebserleben gibt, ob der Mensch wesentlich auch das Bedürfnis erlebt zu zerstören, aggressiv zu sein, muß unseres Erachtens heute noch offen bleiben. Man ist bisher zweifellos zu häufig geneigt gewesen, andersartige und doch nur ähnliche Erscheinungen mit eigentlicher Aggression zu verwechseln. Daher auch ist es vielfach üblich, ohne ausreichende Vorsicht ein ganz ursprüngliches Bedürfnis zu hassen im Menschen vorauszusetzen. Es spricht vieles dafür, daß es dieses, wirklich als originär, ursprünglich verstanden, nicht gibt.

Etwas anderes aber kann jederzeit beobachtet werden: Schon das ganz kleine Kind erlebt, zum Beispiel, wenn es einen Turm aus Bauklötzen umgeworfen hat und bei ähnlichen Gelegenheiten, ein Gefühl großer Beglückung. Es kann festgestellt werden, daß es solche Beglückung, diese Art von Freude am Dasein, immer wieder sucht. Anfänglich hat sein Handeln, wie schon gesagt, dabei destruktive Wirkung. Es wird umgeworfen, es wird zerrissen, zerklopft, überhaupt auseinandergelegt, zerstört. Unter anderem zunächst auch ohne Gefühl des Mitleidens und ohne Rücksicht auf das ganze Schöne oder ein ganzes Lebendiges. Es ist bekannt, wie unbekümmert Kleinkinder zunächst einmal Pflanzen und Tiere behandeln, unbekümmert gegenüber gerade dem, was dann besonders in der Pubertät und im Erleben des Erwachsenen bedeutsam ist, eben Ganzheit, Schönheit, Gestalt, Vollendung, „geprägte Form, die lebend sich entwickelt". Im Falle ausgesprochenen Erlebens solcher Art stellen wir das fest, was wir Triumph nennen. Zunächst ist dieser sicher einfach sachgerichtet. Dann aber schließt sich in der Regel sofort der Blick auf die menschliche Umgebung an, der Zustimmung und Bestätigung fordert. Erhält das Kleinkind diese, so triumphiert es doppelt beglückt. Es erlebt, daß es vor den Menschen etwas gilt. Und so ergibt sich zwanglos eine der Beziehungen zwischen adgredi, Aggression und Geltungsstreben. Die Überschrift über den eben erörterten Bereich erfolgte also unter dem Gesichtspunkt der Verwandtschaft zunächst verschiedenartig erscheinender Antriebsgebiete.

Normalerweise schließt sich an das Erleben solcher destruktiver Triumphe, solcher Aggression, wenn es sich zum Beispiel um das Umwerfen von Erwachsenen handelt, das zu gelingen scheint, ein neues Erleben an: Das Kleinkind baut selbst auf. Es entwickelt Werkfreude. Und es erscheint wiederum nicht abwegig, dieses nunmehr konstruktiv gewordene Bedürfnis, diesen Antrieb, konstruktiv zu sein und nicht im Destruktiven zu verharren, in das hier erörterte Gesamtgebiet hineinzunehmen. Nicht umsonst lautet für den Menschen und nicht nur für den jungen wieder und wieder der Ruf: Heran ans Werk! Werkfreudigkeit kann durchaus als positive Aggression gelesen werden, um so mehr, als sich ein Werken wie jeder Aufbau nicht einfach vorgefundener Elemente des Werkstoffes bedient.

Es bleibt aber, daß urtümliche Reaktion im hier erörterten Erlebnisbereich, Aggression oder gar kondensierte Aggression, nämlich Haß ist, sobald die Welt, der Werkstoff oder der andere Mensch Widerstand leisten. Hierin liegt aber zugleich ein Hinweis darauf, daß mit hoher Wahrscheinlichkeit unterdrücktes adgredi, unterdrückte Werkfreudigkeit, sich zu gestautem Haß zusammenballen muß — wenn nicht in anderer Richtung Entladung möglich ist, zum Beispiel auf irgendeinem Bedürfnisgebiet sonst.

e) Das urethrale Antriebserleben

Es mag demjenigen, der unmittelbare Erfahrung im neurosenpsychologischen Bereich hat, und dem die verschiedenen Erscheinungen nach Gewicht vorschweben, fraglich erscheinen, ob es der Sache nach gerechtfertigt ist, neben die bisher dargestellten Antriebsgebiete in Form eines besonderen Gebiets das urethrale zu setzen. Und man könnte versucht sein, das urethrale Antriebserleben unter die eben erörterte Aggression zu subsumieren. Letztlich aber ist solche Frage, ob so oder anders, doch von sekundärer Bedeutung. Für eine gesonderte Darstellung spricht jedenfalls, daß es auf jeden Fall eine auffällige urethrale Symptomatik im eigentlichen Wortsinn gibt, nämlich eine neurotische Symptomatik, die mit dem Urinieren — daher urethra, Harnröhre, und urethral —, mit dem Harn, mit den Harnleitern und höchstwahrscheinlich auch mit der Funktion der Niere selbst zu tun hat. Gerade auf diese letzten zwischen hypothetisch und gesichert liegenden Tatbestände sei hiermit ausdrücklich hingewiesen.

Der Mensch scheidet eben nicht die Schlacken seines biologischen Daseins wie noch Vogel und Reptil am gleichen Ort als Ganzes aus, sondern nach Kot und Urin getrennt. Er besitzt entsprechende Organe. So ist es, obgleich es auch anders hätte sein und werden können. Überall sind Konstanten einfach hinzunehmen. Die Sache, hier die biologische, speziell die anthropologische, erfordert eine ganz individuelle Differenzierung. So erlebt das Kleinkind den natürlichen Drang, sich urethral zu entleeren. Aber dieser Akt hat seine ganz individuellen Konsequenzen, unter anderem die, daß sich der Junge anders entleert als das Mädchen, während doch beide ihren Kot in gleicher Weise am gleichen Ort mit völlig gleichem Organ entleeren. Hieraus ergeben sich eben anthropologische Konsequenzen, unter anderem menschliche Probleme. Nähere Betrachtung zeigt nämlich, daß neurosenpsychologisch der einfache Akt des Urinierens oder gar der Harnsekretion an Bedeutung zurücktritt gegenüber anderen Erscheinungen, die zunächst einmal zur Prägung des Begriffes urethral durch Freud führten. Der einfache, naive Drang, den Urin laufen zu lassen, dieser Drang, sich seiner eigenen Willkür unbekümmert um zeitliche und räumliche Situation im Vertrauen auf die liebende Zuwendung des oder der anderen Menschen zu überlassen, stößt bald auf mancherlei Widerstände. Die menschlichen Partner wehren sich gegen die Willkür des Säuglings, setzen ihr Widerstand, zumindest Verbote und Androhung von Liebesverlust entgegen — dazu genügt oft bloßer Augenausdruck, bloßer Tonfall der Stimme —, und damit wird der Drang, beliebig zu urinieren, zur Aggression. Diese vollzieht sich genau so, wie unter dem Titel Aggression oben bereits erörtert. So erhält das ursprünglich ganz neutrale urethrale Bedürfnis den Akzent des Aggressiven. So klinkt das urethrale Erlebnisgebiet an das der Aggression an. Faßt man nun aber ins Auge, daß späterhin der Junge dem Mädchen gegenüber mit Stolz erfüllt, „im hohen Bogen" die Richtung des Harnstrahls steuernd, uriniert, hierin Bevorzugung sieht, ersehntes Höher-Hinaus, so ordnet sich, von daher gesehen, das ursprünglich neutrale urethrale Erleben auch dem geltungsstrebigen Bereich an. Steuerndes und gesteuertes Funktionieren bestimmter Organe steht auf diese Weise in engster korrelativer Beziehung zu bestimmten Affektlagen und allgemeinsten kategorialen Bedürfnissen des Menschen. Auf jeden Fall gilt das für die Kindheit und, wie mancherlei Eigentümlichkeiten auch nicht-neurotischer Erwachsener zeigen, besonders aber der Inhalt sehr vieler Träume, vieler psychotischer Phantasien und Handlungen, nachklingend auch für die Erlebniswelt des Erwachsenen. Daß all dies nicht ganz offensichtlich ist, auffällig und daher allgemein bekannt, liegt zu einem Teil daran, daß der Mensch den Urin einfach nicht mag, nichts mit ihm zu tun haben will, sobald er den Körper verlassen hat und dieses Gebiet genau so wie das der Defäkation und auch der Sexualität mit mancherlei Tabu belegt hat.

Es wurde eben bereits kurz darauf hingewiesen, daß das urethrale Erlebnisgebiet vielfältige Verflechtungen mit anderen Erlebnisgebieten eingeht, unter anderem und besonders dann auch mit dem Gebiet sexuellen Erlebens, sexueller Bedürftigkeit und sexuellen Handelns. Aber es wäre ein Trugschluß, daher nun voreilig von „Identität" zu sprechen. Das Bild der Verflechtung ist hier wohl allein angebracht; denn es berücksichtigt den weitgehend autochthonen Charakter dessen, was verflochten wird. Der Bedeutungsakzent des urethralen Geschehens liegt zweifellos auf seiner aggressiven Seite, besonders auf der des Bedürfnisses, frei zu sein von Zwang und, wenn äußerer Zwang vorliegt oder droht, des Antriebs, willkürlich zu sein.

Nun sei noch auf eine weitere Seite des Ganzen hingewiesen, nämlich darauf, daß ja dem Drang zu urinieren, wie oben schon dargestellt, ganz ursprünglich und in der allerfrühesten Kindheit einfach nachgegeben wird. Nicht nur das, das Kleinstkind fühlt sich in der warmen Nässe wie geborgen. Es läßt strömen und, vom Gefühlsbereich her gesehen, kann sogar gesagt werden, es verströme sich im Vertrauen darauf, daß auch dieser Aus-druck seiner Persönlichkeit bejaht werden wird wie sein ganzes lebendiges Dasein sonst. Hat es einmal begriffen, daß der Erwachsene in dunklen Grenzen, aber auf jeden Fall, unter anderem, erfreut ist, wenn es seinen Urin hergibt, so erlangt das Sich-Verströmen unter Umständen, hin und wieder, im Einzelfall, dann den Charakter des Sich-Verschenkens. Der Urin erhält dann den Charakter des Geschenks. Hergeben und Sich-Hingeben fließen so im Gefühl in eins. Die Befriedigung urethraler Bedürfnisse gewinnt, von dieser Seite her gesehen, engste Verwandtschaft zu einem weiteren, dem Menschen wesentlichen Bedürfnisbereich, nämlich dem der Hingabe.

An den aus dem eben Dargestellten folgenden Komplexheitsgrad der hier interessierenden Phänomene wird man sich, sofern man ernsthaft neurosenpsychologisch, unter anderem auch „psychosomatisch" interessiert ist, gewöhnen müssen. Für die trotz lebhaften Interesses etwas Ungeduldigen sei tröstend gesagt, daß die eben dargestellte Komplexität des Sachverhalts praktisch nun aber völlig ausreicht. Dieser Differenziertheitsgrad erlaubt, zu erhellen und auch zu heilen. Die praktisch notwendige Komplizierung hat schließlich doch, und eigentlich nach nicht·so großer Bemühung, ein Ende.

f) Das liebende, sexuelle Antriebserleben

Hier wird sich für den aufmerksam Lesenden sofort die störende Frage ergeben: Soll denn Liebe und Sexualität „dasselbe" sein? Soll sich das sexuelle Erleben zum liebenden ebenso verhalten wie das orale zum kaptativen? — Gewiß nicht. Wieder muß das schon in der Einführung erwähnte Bild der Barockvolute als gutes Bild für das Lebendige erinnert werden. Hier erfährt derjenige sein Recht, der fürchtet, eine moderne Neurosenpsychologie, eine moderne Neurosenlehre, könne absichtlich oder unabsichtlich dazu führen, das Lebendige in Kästchen, in starre Schemata einzufangen. Denn wieder und wieder wechseln die begrifflichen und logischen Kategorien, die verwandt werden müssen, um den Tatbeständen Genüge zu tun. Es gibt da weder eine rein additive noch eine mit einer einfachen geometrischen Figur vergleichbare Zuordnung. Hier „hinkt" alles und doch nicht ganz. Aber damit sei es nun genug.

Stände die Sexualität nicht auch heute noch so weitgehend unter Tabu, wie sie es trotz aller Liberalismen tut, so würde die Überschrift des vorliegenden Kapitels haben lauten können: „Das liebende Antriebserleben" oder auch „Das Liebesstreben"[1].

Dieses Tabu besteht zunächst einfach. Und es sorgt immer wieder dafür, daß auch diejenigen, die ein lebhaftes Interesse an der Aufhellung neurotischen Erlebens oder auch an der Befreiung von Menschen von neurotischer Symptomatik haben, das hintergründige sexuelle Erleben nicht überall da sehen, wo sie es der Sachlage nach eigentlich sollten. Daher muß das Thema Sexualität heute noch a k z e n t u i e r t werden.

Betrachtet man aber nun den gesamten Bereich, der hier ins Auge gefaßt wird, genauer, so ergibt sich ein Aggregat, ein Gefüge, eine mannigfaltige Gestalt, in der, deutlich voneinander abgehoben, eine Reihe von ganz ursprünglichen, daher ableitbaren, originären, autochthonen Bedürfnisarten eine Rolle spielen. Es gibt da e i n f a c h e s Z ä r t l i c h k e i t s b e d ü r f n i s, das sich n i c h t aus Sexualität „ableitet". Es gibt l i e b e n d e, k o n t a k t s u c h e n d e und b e j a h e n d e Z u w e n d u n g im Sinne eines unabdingbaren menschlichen Bedürfnisses, eines Bedürfnisses, das ihn zum zoon politikon macht. Es gibt die allgemeinste Zuwendung zum anderen Menschen, zu seiner „Schönheit", als Schönheit des lebendigen Lebens verstanden, die Eros genannt wird und sowohl von Liebe wie von Sexualität deutlich und entschieden abgehoben werden sollte. Es gibt dann das unmittelbare und drängende und spezifische s e x u e l l e Bedürfnis als solches. Der notwendigen Kürze der Darstellung wegen sei nur auf zweierlei hier wichtige Momente nachdrücklich hingewiesen:

Das sexuelle Erleben, auch im eigentlichen, gewöhnlichen Wortsinn beginnt, wenn auch als Torso, in f r ü h e r Kindheit. Das ist das eine.

Die subjektiv erlebte sexuelle Bedürftigkeit der Menschen hat eine merkwürdig f l a c h e S t r e u u n g s k u r v e; zum zweiten. Das heißt: die normale Schwankungsbreite hinsichtlich sexueller Bedürftigkeit liegt beim Manne etwa zwischen dreimaligem Bedürfnis nach sexueller Befriedigung am Tag und einem

---

[1] Mit solcher Aussage ist übrigens, wenn man sich recht besinnt, nicht etwa der Standpunkt eingenommen, daß das heute noch bestehende Tabu der Sexualität „unberechtigt" sei. Dieser Hinweis muß hier genügen.

Bedürfnis, das nur alle vier Wochen einmal auftritt, und bei der Frau zwischen einmal am Tage und alle zwei, vielleicht auch drei Monate einmal. Hierbei sind die Extreme ausdrücklich als normal anzusehen und nicht als schon pathologisch, etwa im Sinne des Neurotischen.

Diese beiden Fakten müssen jedem, der analytisch-psychotherapeutisch sehen und vorgehen will, ständig als zu berücksichtigen vorschweben.

Geht man nun noch einmal auf die ursprüngliche Fragestellung zurück, nämlich auf die, woher die neurotische Symptomatik stammt, worauf sie aufruht und welche Antriebsarten bevorzugt eine Neurosenstruktur zu bestimmen pflegen, so ergibt sich hinsichtlich des eben erörterten Gebiets das Folgende:

Erosstreben kann gehemmt werden. Aber da es vorwiegend „intensiv" ist, nicht expansiv, nicht aktiv in diesem Sinn, nicht handelnd, nicht zugreifend, nicht „aggressiv", wird es auch nur selten gestört. Es vollzieht sich ja in der Stille des Innern.

Einfach liebende Zuwendung zum anderen Menschen ist vergleichsweise ebenfalls intensiv, obgleich es dem Liebenden schon mehr liegt, nicht nur die Nähe des Anderen aufzusuchen, wie das natürlich auch für den Eros als Bedürfnis und Streben gilt, sondern das Lieben handelnd zu betätigen. Hieraus ergibt sich ohne weiteres nicht nur die Möglichkeit, sondern die Wahrscheinlichkeit von Störungen. Welcher Art diese sind, wird noch erörtert werden. Aber — und dies ist von größter Wichtigkeit — sofern sich Lieben fassen läßt als Sich-Verströmen, Sich-Hergeben, als sich verschenkende Hingabe, besteht, nunmehr von anderer Seite her gesehen, durchaus die Möglichkeit einer Gefährdung solchen Bedürfnisses. Und zwar so: Wer sich hingibt, „gefährdet", wie Klages das völlig richtig gesehen hat, die Erhaltung der eigenen Person. Er sprach daher frühzeitig von der Polarität: Selbsterhaltung ↔ Selbsthingabe. Jeder Mensch hat nämlich in sich, auch der Mann, ein unabdingbares Bedürfnis, sich an das Dasein und Sosein des Anderen oder der Anderen, im Gefühl vertrauend, hinzugeben. Hier liegt ein Tatbestand von größter neurosenpsychologischer (auch praktischer!, s. S. 264) Wichtigkeit vor. Eine genauere Analyse des Bereichs der Hingabe erweist nämlich, daß Hingabesehnsüchte mit Geborgenheitssehnsüchten nächstverwandt sind. Es erweist sich, daß überall da, wo Menschen Geborgenheit suchen (wobei es sich ja um eine situative Charakterisierung handelt, um ein vorschwebendes Bergendes), die Antriebsqualität in dem Bedürfnis besteht, sich vertrauend hingeben zu dürfen, so sein zu dürfen, wie man ist, wie man ursprünglich sein möchte und dann doch sicher zu sein, daß man so bejaht wird, vor Gefahren geschützt ist. Gerade dieser Zusammenhang zeigt, worauf es im einzelnen ankommt, nämlich, so differenziert psychologisch zu sein wie nur möglich, d. h., in diesem Fall die Antriebsqualität, das Bedürfnis als solches zu bezeichnen. Und dann kann man vielleicht auch noch, als zusätzlich von der Seite des Erreichten, zunächst des zu Erreichenden her, charakterisieren. Viele unserer heutigen anthropologischen Begriffe stehen in einem ähnlichen Verhältnis zueinander. Für die Zwecke mikropsychologischer Untersuchung und Feststellung sollten beide oder manchmal auch mehrere Ausdrücke vorschweben; als gleichsam synonym, obgleich die nähere Betrachtung dann zeigt, daß es sich um Varianten einer Charakterisierung handelt, „um" einen zentralen seelischen Tatbestand „herum". Begegnet der Mensch als Kleinkind aber einem menschlichen Partner, der seinerseits Hingabe nicht entgegenzunehmen bereit ist oder sich gar gewalttätig des Hingabebereiten bemächtigt, so kann von solcher Situation her, von solcher besonderen Eigenart der Umwelt, der Peristase, her, eine schwere Störung des ursprünglichen Hingabebedürfnisses zustandekommen. Von daher gesehen, ist dann das einfache Bedürfnis zu lieben, das seinerseits, wie schon dargestellt, nicht zu Konflikten führt, gerade wegen seiner Innerlichkeit, seiner Innigkeit, doch demjenigen Antriebs- und Bedürfniserleben zuzurechnen, das bevorzugt in die Bildung neurotischer Struktur einzugehen pflegt.

Für die sexuellen Bedürfnisse im landesüblichen Sinn nunmehr ist es augenscheinlich, daß sie allein schon der geltenden Tabus wegen von frühester Kindheit an zu Musterbeispielen desjenigen Antriebserlebens werden müssen, das bestimmt ist, stets in irgendeinem Grade und häufig in exzessiver Form gestört zu werden und in Antriebssprengstücke in Form neurotischer Symptomatik überzugehen. Die gesamte psychotherapeutische Literatur, insbesondere die psychoanalytische, legt hierfür Zeugnis ab und ist allein imstande, eine ausreichende Prägnanz und Fülle der Vorstellungen hierüber zu vermitteln.

Es sei hinzugefügt, daß alles, was wir über das frühkindliche Erleben wissen, dafür spricht, daß das unbeeinflußte Kleinkind selbstverständlich zu sexuellen Handlungen und zumindest zu Handlungen mit sexueller Konsequenz für den Erwachsenen übergehen würde. Daher u. a. die Akzentuierung des sexuellen Tabus in der Kinderzeit.

Es wäre nicht sehr sinnvoll, heute schon mit penetranter Ausdrücklichkeit zu diskutieren, ob die eben entwickelte Sechsteilung der neurosenpsychologisch relevanten Antriebsgebiete dem Tatbestand wirklich gerecht wird oder nicht. Wären diese Antriebsgebiete als in Frage kommend und besonders auch ihre Bedeutung für die Symptomatik hinsichtlich Antriebssprengstück allgemein bekannt und ausreichend geläufig, so lägen die Dinge anders. So weit sind wir aber noch nicht. Daher sollte jedes Schema vorläufig eine ausgeprägte Plastizität besitzen. Man sollte sich nicht scheuen, wie hier geschehen, sechs nach nicht immer gleichen Gesichtspunkten, Gewichtsakzenten und tatsächlichen „Seiten" hervorgehobene Antriebsgebiete aneinanderzureihen und, wie oben erst geschehen, ein ganzes Gebiet mit dem Wort: Sexualstreben zu überschreiben, das seines heterogenen Charakters wegen seinerseits wiederum in mehrere, darunter hoch bedeutsame, Antriebsarten aufgespalten werden könnte. Vergegenwärtigt man sich dies mit ausreichender Deutlichkeit, so ist den Bedürfnissen der Wissenschaft und der Praxis vorläufig Genüge getan.

Eine besondere Merkwürdigkeit und gleichzeitig Möglichkeit speziellerer Zuordnung und Anordnung sei hier aber doch hervorgehoben. Betrachtet man nämlich das intentionale Antriebserleben zwar durchaus vom Standpunkt des Bedürfnisses her, läßt man es also als Antrieb und Bedürfnis gelten, berücksichtigt man aber seinen sehr allgemeinen, im Grunde völlig umfassenden Charak-

ter, so scheint eine Sonderstellung gerechtfertigt. Neigt man weiter dazu, das
urethrale Gebiet seines „aggressiven" Gehaltes wegen dem Antriebsgebiet der
Aggression, der Aggressivität ein- und unterzuordnen, so bleibt schließlich:
ein großes erstes Gebiet, die Einstellung des Menschen zum Besitz im antriebshaften Sinn, ein zweites großes Gebiet, das der Aggression und des Geltungsstrebens, und dann als drittes Gebiet das des Liebes- oder des Sexualstrebens.

Fixiert man dieses Gesamt dann, neu und noch einmal gesehen, vorwegnehmend unter dem Gesichtspunkt möglicher Gestörtheit, d. h. also auch dem,
wie sich später zeigen wird, der Bedeutsamkeit für ganz spezielle Konflikte als
„Formen" gestörten Antriebserlebens, so ergibt sich eine Dreiteilung akzen-
tuierter Art: Besitzstreben, Geltungsstreben, Sexualstreben. Damit
werden dann also Gewichtsakzente gesetzt, d. h., es wird auf die Erfahrung
Rücksicht genommen, daß menschliche Konflikte bevorzugt um Besitz, Geltung
und Sexualität herum entstehen und seit den urältesten Zeiten entstanden sind.
Ist dies aber so, so wäre schon von hier aus rein theoretisch zu erwarten, daß
diese ubiquitären, zum Menschen und seinem Zusammenleben wesensmäßig zugehörigen Konfliktlagen in Form von Lösungsversuchen seit je ihren Niederschlag in irgendwelchen Formen objektivierten Geistes gefunden haben.
Die Geschichte des menschlichen Geschlechts erweist die ubiquitäre Realisierung
des eben theoretisch Geforderten. Habsucht und Geiz, Hoffart und Wol-
lust, avaritia, superbia und voluptas haben überall auf der Erde zumindest
eine problematische, wenn nicht, als Laster gesehen, eine repräsentative Rolle
gespielt. Die apostolischen Empfehlungen der Armut, des Gehorsams und
der Keuschheit entsprechen in ihrer Dreiheit jenen urtümlichen Konflikten.
Die Erlebnistatbestände, die uns ihr Gewicht und die Notwendigkeit der Akzentuierung von der Neurosenpsychologie her aufdrängen, korrespondieren also mit
urältestem Ausdruck menschlichen Daseins. So ist es auch kein Wunder, daß,
wie neuerlich wieder von Alois Dempf dargestellt, jene drei Laster die Probleme
darstellen, um die die persönliche und dichterische Auseinandersetzung Dostojewskis kreist. Hier schließt sich in der Moderne der Ring vollwacher, einsichts-
voller Rückbesinnung des Menschen auf sich selbst und auf seine Gründe. Jedenfalls ist das so auf demjenigen Bereich innerhalb der breiten Fundamente seines
Daseins, innerhalb dessen er in exemplarischer Weise zu scheitern pflegt, —
wenn und soweit er das tut.

Wenn es nun also zutreffend sein soll, daß das neurosenpsychologisch relevante
Antriebserleben des Menschen identisch ist mit demjenigen, das zum Beispiel
einen Dichter wie Dostojewski ein Leben lang in bevorzugter Weise beschäftigte,
das identisch ist mit dem, dessen Bewältigung in Form mönchischer Gelöbnisse
auf der ganzen Erde in weitgehend gleicher Art seit je empfohlen wurde, dann
handelt es sich also bei den hier ins Auge gefaßten Gehemmtheiten bzw. beim
zugehörigen Latenten um etwas alle Menschen Angehendes. Mag es da noch
so viele Varianten geben, mag es notwendig sein, diese sauber herauszuarbeiten,
den Charakter der Variante verliert das Herausgehobene damit nicht. Es gibt
also, auf der ganzen Erde verbreitet, ein Gesamt menschlicher Bereitschaften
von hervorgehobenem allgemein verbindlichem Charakter. Also könnte man
hierfür durchaus den Begriff des „Kollektiven" prägen. Allein schon hierfür, für

dieses weite und höchst bedeutsame Gebiet menschlicher Existenz wäre das durchaus zulässig. Es würde sich also um denjenigen Bereich menschlichen Erlebens handeln, der jeden angeht, in jedem nach Bewältigung verlangt und an dem jeder in irgendeinem Grade scheitert. Der Neurotiker scheitert nur in besonders ausgesprochenem Grade. Und daher — vorwegnehmend —: Für jeden Menschen gilt, daß, was er davon „in die Latenz schickt" (s. S. 56), weil er nicht „frei" genug ist, hier Verzicht zu leisten, bestenfalls zu entsagen, den Bereich seiner intensivsten Bedürfnisse betrifft, der dem gleichen im anderen Menschen oder in den anderen Menschen und ihren Ordnungen widerspricht. So hat dieser kollektive Bereich antagonistischen Charakter. Der Tatbestand ist das, was man in der Mathematik „diskret" nennt. Er ist durchaus psychologisch, nämlich antriebs- und bedürfnispsychologisch, faßbar.

Aber es ist zunehmend fraglich, ob man, sofern man Korrektes, Bestimmtes, Unverwechselbares darüber aussagen will, fürderhin anders als in psychologischer Sprache davon reden sollte. Das aber wiederum hieße, jede Metaphorik zu vermeiden, also jede Versubstanziierung, jeden Anthropomorphismus, sei er so verhüllt wie auch immer. Und das hieße, einen Ausdruck, eine Formulierung wie „das kollektive Unbewußte" zu vermeiden. Die Frage also, ob es dieses sogenannte kollektive Unbewußte „gibt", ist zu verneinen; ohne daß dies im geringsten den oben erörterten psychologischen, empirischen Feststellungen widerspräche. Und der Sinn solcher Akribie? Letztlich, wenn auch nicht vorletztlich, verbaut jede Metaphorik, jeder Anthropomorphismus solcher Art den Weg zur weiteren Differenzierung, nicht etwa nur des wissenschaftlichen Aussagens, sondern auch des unbekümmerten, ursprünglichen Erlebens. Es bleibt also dabei: jene drei antinomischen Antriebsgebiete des Menschen sind von allerhöchster allgemeinmenschlicher, aber eben auch neurosenpsychologischer Wichtigkeit.

Daher darf der Lernende unseres Erachtens, auch bei völliger Berücksichtigung der Breite und Differenziertheit menschlichen Seins, als neurosenpsychologisch Interessierter zunächst einmal ruhig als Ansatz und Aspekt und als eine Linie praktischer Bewältigung seiner Aufgabe jene Dreiheit der Antriebsqualitäten unter den Titeln des Besitzstrebens, des Geltungsstrebens und des Sexualstrebens ins Auge fassen. Er darf sein analytisch-psychotherapeutisches Interesse zunächst einmal so zentrieren. So gewinnt er einen festen Standpunkt. Der hat zwar nicht die Aufgabe, für ihn zum eng begrenzten und als ausreichend angesehenen Standort zu werden, aber doch als Standpunkt der therapeutischen Initiative als Ausgang zu dienen. Es wird leichter sein für ihn, im Gewoge des Höchstpersönlichen und Individuellen, das ihm ein Patient entgegenträgt, lebendige Richtung zu halten, einem lebendigen Prozeß der Entwicklung und des Reifens zu assistieren und etwa die Gebiete des Intentionalen und des Urethralen dem hinzuzufügen, als vage mit dem Anspruch allumfassender höchster Mannigfaltigkeit zu beginnen. Täte er dies dagegen, so müßte er womöglich nachträglich die Besitzthematik oder auch die sexuelle sachgerecht zu fixieren suchen. Und diese Reihenfolge wäre sicher verfehlt. Seine Einwirkungsmöglichkeiten auf die Patienten würden unnötig beschränkt bleiben.

5. Die Hemmung als Kernvorgang

Ausgangspunkt und Aufgabe für die analytische Psychotherapie war hier
zunächst die neurotische Symptomatik. Die Aussage lautete, es handle sich
dabei um „Sprengstücke" ehemaliger Antriebserlebnisse. Es wurde Allgemeinstes
über das Antriebserleben und Bedürfniserleben überhaupt ausgesagt. Dann
ergab sich die Frage nach den in der Neurosenstruktur bevorzugt eine Rolle
spielenden Antriebsarten. Deren Darstellung war Kapitel 4 gewidmet. Und nun
erscheint als neue Frage die nach denjenigen Vorgängen oder dem Vorgang, der
schließlich in der Hauptsache dazu führt, daß es zu Antriebssprengstücken =
neurotischer Symptomatik kommt. Es gibt solch einen Vorgang. Er wurde in
der Überschrift als Hemmung bezeichnet. Wie sieht er aus?

Wird diese Frage nunmehr gestellt, so ergibt sich logischer Weise die Voraussetzung, daß den Antrieben und Bedürfnissen etwas Hemmendes gegenübertritt.
Denn nur, wenn das der Fall ist, kann ja ein Vorgang der Hemmung zustandekommen. Also soll auch hier mit einer Darstellung derjenigen Faktoren fortgefahren werden, die einen hemmenden Einfluß auf die oben behandelten Antriebserlebnisse und Bedürfnisse zu haben pflegen, wobei sich dann im Einzelfall
eine neurotische Struktur entwickelt.

a) Härte und Verwöhnung als hemmende Faktoren

Es läßt sich nachweisen, daß Neurosenstrukturen und alles Entsprechende
sich in den ersten fünf Lebensjahren entwickeln. Auch dies darf vorläufig so
formuliert werden, ohne daß damit der weiteren Forschung vorausgegriffen
wird, die sich vielleicht mit einer Reihe von Ausnahmeerscheinungen, aber doch
eben mit Ausnahmeerscheinungen zu beschäftigen haben wird, die den ersten
Ansatz zu einer Neurosenstruktur jenseits des 5. Lebensjahres darstellen.

In einigen Andeutungen wurde oben bereits darauf hingewiesen, daß jene
Gruppen von Antriebserlebnissen gestört werden können, und zwar so, daß sie
in Konflikt mit der Welt der anderen Menschen geraten. Diese Konflikte haben
mannigfachen Charakter: Eine törichte, gefühlskalte, durch ihr eigenes Schicksal
verstörte, von soziologischen unbewältigten Hintergründen (s. a. S. 45) her
erschütterte, unter ökonomisch-politischen Konstellationen leidende, von unerwarteter Krankheit getroffene, am Mann gescheiterte Mutter vermag sich dem
Neugeborenen nicht so zuzuwenden, wie dieses es für seine unbekümmerte,
intentionale Entfaltung unbedingt braucht. Eine so oder so oder ähnlich
geartete Mutter verhält sich beim Stillen, beim Füttern und hinsichtlich
allen Besitzes, den das Kind unbekümmert aufzunehmen, anzunehmen und
zu erobern erlernen sollte, ebenfalls inadäquat. Sie ist zu wenig „dabei", zu wenig
strahlend, zu hastig, kalt, stumpf, gedrückt, heftig, unruhig, ungeduldig usw., usw.
Das gleiche gilt für die Sauberkeitsgewöhnung, unter anderem auch für die
Rücksichtnahme darauf, daß das Kleinkind vertrauend erlernen muß, wie man
gibt, was man gibt, wieviel man gibt, wieviel und wann und wie man geben
sollte. Eine in gleicher oder ähnlicher Weise abartige Mutter läßt das Kind
nicht in der notwendigen Freiheit, nicht motorisch expansiv sein, nicht zunächst
ruhig einmal zerstören, damit es dann desto freier ins Konstruktive hineinwächst.

Sie „bricht" unter Umständen seine Aggression, wenn diese sich im „physiologischen" Trotz zusammenballt. Sie wendet sich gegen das natürlich reifende sexuelle Leben des Kindes. Sie erstickt seine Liebes- und Hingabebereitschaft, seine Bereitschaft zu vertrauen. Und an die Stelle der Mutter kann eine Pflegeperson sonst treten. Die Rolle solcher Mutter übernimmt so und so oft der Vater. So ergibt sich eine Fülle von Varianten, deren gemeinsame Eigentümlichkeit ist: Es kommt nicht zu einer ruhig sich entfaltenden, unbekümmerten Entwicklung, nicht zu altersentsprechenden Reifungsschritten. Die Mutter oder auch analoge Figuren in der Umwelt des Kindes, in dessen Peristase, wirken entgegen der Weichheit, die sie repräsentieren sollten, damit sich auch das Antriebs- und Bedürfniserleben des Kindes fruchtbar, „gesund", wie man gewöhnlich sagt, entwickeln kann, hart.

Aber es kann auch folgendes vor sich gehen: Aus ähnlichen Gründen verhält sich eine ähnliche Mutter, also natürlich nicht jeweilig die gleiche, dem Kleinkind gegenüber ausgesprochen verwöhnend. Sie schafft ihm also einen für seine Entwicklung zu weiten Rahmen. Sie erlaubt ihm ein Expansivsein in einem Grade, den das Kind im Grunde doch nicht verträgt. Es ist ja ein sehr plastisches und hilfloses Lebewesen. Es bedarf der Formung, wenn auch weicher Formung. Erhält es diese nicht, so schlägt es über die Stränge. Aber nach gar nicht so langer Zeit stößt es notwendigerweise mit den sonst gültigen Ordnungen der Menschen, vielleicht repräsentiert durch eine Einzelperson, z. B. einem Kaufmann im Laden oder einer schutzmannähnlichen Figur, zusammen und empfindet die Welt nunmehr als desto härter, ja als erschreckend, unverständlich und unbewältigbar hart. So ergibt sich, allerdings auf einem Umwege, schließlich die gleiche Problematik. Wiederum ist die Zahl der Varianten dieses Vorkommnisses sehr groß, aber doch nicht unübersehbar. Die gesamte neurosen-psychologische Literatur und neuerdings in erstaunlichem Ausmaß die Welt des Films zum Beispiel ist ausgefüllt von lebendiger Schilderung der hier gemeinten Vorkommnisse.

Schwankt die Umwelt des Kleinkindes zwischen Härte und Verwöhnung, kommt also dieser Unsicherheitsfaktor noch hinzu, so verstärkt sich in begreiflicher Weise der „Härte"-Aspekt der Welt für das Kind; auch Unsicherheit bedeutet ja Härte, recht verstanden.

Um wieder einmal den Volutencharakter des Lebendigen heranzuziehen, sei hier hinzugefügt, daß es auch „liebevolle" Formen der Zuwendung einer Mutter, einer Pflegeperson oder anderer entsprechender Figuren dem Kleinkind gegenüber gibt, die in Wirklichkeit ausgesprochenste Härte darstellen. Es muß hier auf unserem Gebiet also dauernd genau und differenzierend hingeschaut werden. Es muß jeweils Bedacht auf psycho-logische Konsequenz gelegt werden. Diese kann im übrigen nur dann gelingen, wenn sich der Beobachter bereitwillig seinen instinktiven Gefühlsreaktionen überläßt und diesen erlaubt, mit der Aktion seines einfachen realistischen, „nüchternen" Verstandes zusammenzuklingen. Bei solcher Sicht ergibt sich dann häufig genug, daß das, was von einer Mutter oder Pflegeperson als „Liebe" vorgetragen wird, einen ganz besonderen Charakter hat, nämlich den, daß Liebe zwar strömend verschenkt wird, aber unter der Bedingung, daß das Kind selbst sich der Umwelt des Erwachsenen bedingungslos fügt. Eine spezielle Variante stellt dann dar, daß die Mutter „moralisch" ist

und dem Kinde frühzeitig durch ihr ganzes Verhalten kundtut, sie werde das
Kind nur dann lieben, wenn es sich den moralischen Maximen der Mutter ein-
schränkungs- und vorbehaltlos unterordnet. Solche „moralisierende Liebe" ist
eher häufig als selten. Sie spielt in der Entwicklungsgeschichte von neurotischen
Strukturen oft eine sehr deutliche, manchmal eine geradezu grausige Rolle.
Für denjenigen, der überhaupt erst einmal darauf aufmerksam geworden ist,
daß es so etwas gibt und daß dieses Etwas: „moralisierende Liebe" von großer
Bedeutung ist, hat der Ausspruch einer solchen Mutter, ihr Kind reagiere schon
„auf ihren bloßen Augenausdruck", den Charakter eines neurosenpsychologischen
Signals.

Die wenigstens ein Stückchen eingehendere Darstellung dieses speziellen Vorkommnisses möge einen Hinweis darauf geben, um welchen Grad an Speziali-
sierung und Komplexität es sich in Wirklichkeit handelt, wenn hier verhältnismäßig einfach von „Härte und Verwöhnung" die Rede ist. Es hat sich gezeigt,
daß besonders der ausgesprochen praktisch Interessierte einer gewissen Zahl
von ordnenden Begriffen bedarf. Im günstigen Fall bedeuten sie für ihn einen
Stützpunkt während seines analytisch-psychotherapeutischen Bemühens. So
darf über diesem Gewinn vernachlässigt werden, daß der eine oder andere Lernende am starren Wortsinn unfruchtbar hängen bleibt.

Nur um einen konkreten Hinweis darauf zu geben, wie es im Einzelfall zu
einem Hartsein einer Mutter kommen kann, d. h., eigentlich genauer ausgedrückt,
woran unter anderem a u c h gedacht werden muß, wenn das Wort „Härte der
Mutter" fällt, sei auf eine sehr bedeutungsvolle, spezielle Situation noch einmal
kurz eingegangen.

Es hat sich gezeigt, daß die primäre „Ursache" für das Entstehen einer neurotischen Struktur a u ß e r o r d e n t l i c h häufig situativ in der Geburt eines
jüngeren Geschwisterchens besteht. Ja, wir wissen heute, daß man die später
zu erörternden hauptsächlichen Neurosenstrukturen (s. S. 103) so weitgehend auf
die Geburt jüngerer Geschwister beziehen darf, daß es erlaubt ist, im Einzelfall
vom Alter des Symptomträgers, in dem das nächste Geschwisterchen geboren
wurde, direkt auf die Art seiner speziellen Neurosenstruktur zu schließen und
umgekehrt. Das läßt sich mit einem außergewöhnlich hohen Grad von Sicherheit
jederzeit demonstrieren. Ist man also durch die spezielle Symptomatik eines
Patienten (hier wird nun einmal vorgegriffen, s. S. 112) bestimmt worden, diese
einer der bekannten Hauptneurosenstrukturen zuzuordnen, so kann man ruhig
die Aussage wagen: In dem und dem zugehörigen Alter muß ein kleines Geschwisterchen geboren worden sein. Solche Aussage ist in erstaunlich hohem
Grade unmittelbar durch Befragung des Betreffenden verifizierbar.

Ein eben geborenes Geschwisterchen zieht die Liebe und Fürsorge der Mutter
automatisch auf sich und vom älteren Kind ab. Das ist eine der Härtevarianten,
um die es hier geht. Aber — man muß selbstverständlich sofort einen Schritt
weitergehen und an die zugehörigen Äquivalente denken; denn die Geburt eines
jüngeren Geschwisterchens kann völlig sinngemäß ersetzt sein durch die schwere
Erkrankung eines älteren Geschwisters. In solchem Fall spielt dieses ja die Rolle
des nachgeborenen Jüngeren. Es zieht nämlich die Liebe und Fürsorge der
Mutter zwangsläufig auf sich.

Oder aber — noch eine Variante — eine Mutter hat sich einen Jungen ge-
wünscht und bringt statt dessen ein Mädchen zur Welt. Häufig erscheint der
Mutter dann das Neugeborene so niedlich, „süß" usw., daß ihr mütterlicher
Instinkt gegenüber dem neugeborenen kleinen Kind überhaupt für einige Zeit
die Enttäuschung überdeckt. Zeigt sich dann aber, etwa am Ende des 1. Jahres
oder erst im 2. oder im 3. oder gar erst im 4. oder 5. für sie mit voller Deutlichkeit, daß das Geschlecht des Kindes nunmehr endgültig, unter Umständen
ganz kraß, zutage tritt, daß zum Beispiel das betreffende Kind Umprägungs-
versuchen der Mutter deutlichen Widerstand entgegensetzt, so erfolgt gar nicht
so selten wiederum ein Sich-Zurückziehen der Mutter, eine Zurücknahme ihrer
bis dahin liebenden Zuwendung. Es ist so, als würde nun erst ihre ehemalige
Wunschphantasie, als sie schwanger war, voll prägnant. In ihrer Phantasie ist
gewissermaßen ein neues Kind, als ob es eben von ihr geboren worden sei, ein
Phantasiekind, aufgetaucht. Sehr häufig fehlt es dann nicht an entsprechenden
Äußerungen der Mutter ihrem eigenen lebenden Kind gegenüber, und dann hat
das betreffende Kind in dieser merkwürdigen Form ein neues Geschwisterchen
erhalten.

Nach Meinung einer modernen Neurosenlehre ist solch ein Vorkommnis von
doch schon ziemlich verwickeltem Charakter nur dann neurosenpsychologisch
relevant, wenn seine Einzelzüge deutlichen, leuchtenden Charakter haben.
Was die Neurosenforschung aber gefunden hat, ist, daß solche „Ursachen",
d. h. in Wirklichkeit peristatische Konditionen, wo sie vorliegen, regelmäßig
von außergewöhnlicher Prägnanz sind, also eindeutig keinen ubiquitären
Charakter haben. Und darauf kommt es hier an. So kann das, was hier Härte
genannt wurde, im ganz konkreten Einzelfall auch aussehen. Und so ist es zu
verstehen, wenn hier in dauernder Wiederholung von „Gebieten" und „allgemeinen Überschriften" usw. die Rede ist. Die typischen vorkommenden Varianten sind aber immerhin verhältnismäßig geringzahlig, daher überschaubar
und erlernbar.

Wer sich über Jahre hinweg mit den unmittelbaren peristatischen Faktoren
der frühen Kindheit beschäftigt, die hier unter den Titeln Härte und Verwöhnung
behandelt wurden und sich sehr genau auf die Erlebniswelt der Beziehungspersonen des Kindes einläßt, bemerkt naturgemäß, daß es hier typische weitere
Hintergründe gibt: Eine Mutter kann plötzlich erkranken. Dann handelt es
sich um einen individuellen Hintergrund — wenn nichts weiter hinzugefügt
wird. Aber sie kann natürlich auch an ihrem persönlichen Schicksal „kranken"
und daher erkranken. Dann meldet sich ein sozialer oder auch politisch-ökonomischer, im ganzen oft als soziologisch bezeichneter Hintergrund. Eines der
auffallendsten Beispiele ist hier: die reiche, „übermütig" und oppositionell
gewordene Bauerstochter, die „höher hinaus" will und in der Stadt einen
Intellektuellen heiratet. Das kann kaum gut gehen, sagen dann die Erfahrenen,
und die analytische Psychotherapie kann bestätigen, daß daran etwas Wahres
ist. Jeder Analytiker macht hier eine Fülle von Erfahrungen, die sich seiner
„breiten Erfahrung" einordnen. Eine systematische Darstellung all des Hierhergehörigen fehlt noch (s. a. die etwas eingehendere Erörterung des Hierhergehörigen im „technischen" Rahmen auf S. 251).

. Es ist nicht so unverständlich, daß die eben erwähnten Hintergründe, von denen wir eines Tages in geklärter Form viel Typisches wissen werden, zunächst einmal für viele Interessierte dadurch deutlich wurden, daß, was in Europa und Amerika etwa im allgemeinen als Härte und als Verwöhnung gilt, in anderen Gebieten der Erde, bei anderen Nationen und Bevölkerungen, keineswegs so angesehen wird. Es ergaben sich hieraus in Verknüpfung mit weiteren Interessensgesichtspunkten vielfach neuere Untersuchungen. Sie schlossen unmittelbar an die schon in früheren Jahrzehnten von psychoanalytisch-ethnologischer Seite erfolgten an. So wurden von englischer Seite her entsprechende Untersuchungen hinsichtlich der Entwicklungspsychologie der Japaner angestellt und das Soziologische schloß sich zwanglos an. Ebenso erfolgten sehr eingehende und zum Teil in ihrer Prägnanz durchaus großartige Untersuchungen und Darstellungen, wie zum Beispiel von Mead über die Samoaner. Diese Hinweise müssen hier genügen. Es kann nicht Aufgabe der vorliegenden Darstellung sein, hier Breites auszuführen.

b) Die genotypische Anlage

In der psychotherapeutischen Literatur wurde von Anfang an, aber zumeist in sehr unbestimmter, wenn auch „hochachtungsvoller" Weise darauf hingewiesen, daß auf dem Gebiet der neurotischen Erscheinungen nicht alles neurosenstrukturell aufzuklären sei. Es gebe da noch einen Bereich, der möglicherweise angeboren, in diesem Sinne „endogen", also vererbt sei. Heute ist aber nach Meinung des Verfassers eine solche Vorsicht und daher Unbestimmtheit nicht mehr am Platz. Genaueste analytische, mikro-psychologische Untersuchung von neurotischen Menschen hat gezeigt, daß eine Reihe von erlebnishaften, also psychologischen — natürlich aber auch gleichzeitig korrelativ-körperlichen, „materiellen" — Gegebenheiten innerhalb des Ganzen neurotischer Strukturen eine Rolle zu spielen pflegen.

Geht man nun, wie es ja selbstverständlich ist, auf neurosenpsychologischem Gebiet zunächst einmal von den peristatischen Faktoren Härte und Verwöhnung aus, wägt man sie hinsichtlich ihrer Bedeutung im ganzen, so ergibt sich, daß die eben erwähnten genotypischen Faktoren erstens vorliegen, zweitens aber gewichtsmäßig lediglich zusätzlichen, begünstigenden Charakter haben. Unter anderem bedeutet diese Feststellung aber, daß im Grenzfall — dieses Thema wird ebenfalls immer wieder innerhalb neurosenpsychologischer Gedankengänge auftauchen (s. a. S. 305) — der genotypische Faktor oder eine Kombination von mehreren tragender Bestandteil im neurotischen Geschehen sein kann. Aber nähere Überlegung zeigt, daß das Neurosenstrukturelle in solchem Fall nicht etwa aufgehoben ist, bedeutungslos ist, sondern „an" ihm alle besonderen Merkwürdigkeiten hängen außer der einen, die ganz speziell durch den genotypischen Faktor ausgemacht ist. Es kommt im Einzelfall also durchaus darauf an, das Genotypische scharf zu umgrenzen und nicht etwa nur deshalb, weil es überhaupt da ist, das Ganze des neurotischen Geschehens mit all seinen Eigentümlichkeiten nun hierauf zu beziehen. Dies also der eigentliche Sinn einer Hervorhebung des Attributes „begünstigend".

a) Die Hypersensibilität.

Ob die Wissenschaft bei diesem Terminus, der vor Jahren vom Verfasser vorgeschlagen wurde, bleiben wird, möge dahingestellt sein. Darauf kommt es hier und heute noch nicht an. Aber daß unter 100 Säuglingen ein bestimmter, wenn auch kleiner Prozentsatz sogar der groben Beobachtung als übermäßig „ansprechbar" auffällt, wird heute kaum noch bestritten. Dies zeigt sich besonders gegenüber den ja experimentell als bedeutungsvoll erwiesenen Vorkommnissen der Lageverschiebung, des Wackelns der Unterlage und abnorm starker oder fremdartiger Laute und Geräusche. Natürlich ist dies nicht alles. Und es muß besonderer wissenschaftlicher Bemühung überlassen bleiben, hier einige Vollständigkeit zu erreichen.

Wieweit die Wissenschaft von dieser originären, genotypischen Empfindsamkeit, „Reizsamkeit" eines Tages eine Erlebnisart durch besonderes Wort abheben wird, die man „Weichheit" nennen kann, muß abgewartet werden. Auf jeden Fall ist durch unmittelbare Beobachtung festzustellen, daß die hypersensiblen, empfindsamen Kinder und Erwachsenen in zwei recht deutlich voneinander unterschiedenen Gruppen vorkommen. Es handelt sich erstens um diejenigen, die auf Reiz hin sofort und heftig muskulär reagieren. Dies wird subjektiv oft als sehr quälende „Gespanntheit" erlebt. Die zweite Gruppe ist im Gegensatz hierzu dadurch gekennzeichnet, daß sie auch heftig reagiert, aber mit ausgesprochenem Erschlaffen weiter muskulärer Bereiche. Sehr wahrscheinlich handelt es sich hier, gleichzeitigkeitskorrelativ gesehen, um Varianten des Funktionierens bestimmter Stammhirnbereiche.

Es wird weiterhin zu untersuchen sein, ob die von Jahn unter dem Titel „physiologische Asthenie" beschriebenen Phänomene hierhergehören. Verfasser neigt auf Grund seiner mikro-psychologischen Untersuchungen dazu, dies anzunehmen und in den Jahnschen Untersuchungen einen äußerst wertvollen gleichzeitigkeitskorrelativen Beitrag zu der von ihm vertretenen Neurosenlehre zu sehen. Denn, wie erörtert, müssen die begünstigenden Faktoren für das Entstehen einer Neurosenstruktur ja zum Bereich einer Neurosenlehre selbstverständlich hinzugerechnet werden.

Die verhältnismäßige Komplexität der Neurose erzeugenden Bedingungen, auch im Hinblick auf die weiter zu erörternden genotypischen Anlagefaktoren, ruft bei manchen Lernenden zu Anfang die Meinung hervor, was von seiten der analytischen Psychotherapie unter dem Titel „Härte — Verwöhnung" als Antwort genannt wird, sei doch wohl „ubiquitär", überall vorkommend. Das Genotypische sei also doch ausschlaggebend. Man meint dann leicht, jedes Kind — „wir alle" wird dann häufig gesagt — stehen unter den gleichen Härte- und Verwöhnungsfaktoren, entwickeln uns in den gleichen doch immer zum Teil ungünstigen Situationen. Demgegenüber möge noch einmal mit voller Entschiedenheit betont werken, daß die Überprüfung der Entwicklungsgeschichte von Hunderten von Neurotikern zumeist schon während der Erhebung einer korrekten, „gezielten" Anamnese ergibt, daß die eruierten peristatischen Faktoren beim Symptomträger außer-gewöhnlich sind. Man kann das auch so

formulieren: Die Symptomträger sind etwa ebenso häufig wie die abartigen
peristatischen Faktoren in der frühen Kindheit. Hier besteht eine weitgehend
zwingende Korrelation. Es erweist sich im Einzelfall der Überprüfung durch
einen Geübten regelmäßig, daß im Gegensatz zu anfänglichen Eindrücken bei
flüchtiger Exploration die eruierbaren peristatischen Daten durchaus schwer-
abwegigen, dramatischen Charakter haben. Das gilt auch dann, wenn solch ein
Drama „atmosphärischen" Charakter besitzt, d. h. wenn das, was man sich
populär unter „dramatisch" vorstellt, vertreten ist durch eine prägnante Akku-
mulation von penetranten Einflüssen.

Es darf angenommen werden, daß eine Fülle in Wirklichkeit hierhergehöriger
Untersuchungen, nunmehr sauber als gleichzeitigkeitskorrelativ gesehen (s. Anh.
S. 272—292), bereits erfolgt sind und unter dem Titel angenommener primärer
Endogeneität veröffentlicht worden sind. Es wäre also eine entsprechende wissen-
schaftliche Aussagekorrektur vorzunehmen.

Eine wahrscheinlich sehr wichtige Differenzierung muß hier abschließend noch
hinzugefügt werden, nämlich die Hervorhebung des Themas: Dysphorie (s. auch:
„Der Gehemmte Mensch", S. 179). Alles, was der Beobachter im analytischen
Umgang mit Patienten über Jahre hinweg festzustellen vermag, zeigt, daß es —
vielleicht eine spezielle Variante der Hypersensibilität — offenbar die Tatsache
einer primären dysphorischen Grundgestimmtheit beim Menschen gibt. In der
Weltliteratur fehlt es ja nicht an Hinweisen darauf, daß, anthropologisch gesprochen, der Mensch das dysphorische Lebewesen kat' exochen ist. Die Richtigkeit solcher Feststellung läßt sich sogar biologisch, teleologisch gut begründen,
nämlich damit, daß der Mensch als, vergleichsweise von der Vitalität her gesehen,
höchst wehrloses Lebewesen einer dauernden inneren unbefriedigten, unbe-
friedeten Gespanntheit bedarf, um so wach zu bleiben, wie er es seiner gefährdeten
Lage nach muß, sofern er nicht als Art untergehen will. Vielleicht ist dies alles
so. Vielleicht handelt es sich hier, zunächst wenigstens, um eine qualitative
Eigentümlichkeit menschlichen Erlebens, eben grundsätzlich von dysphorischen
Gefühls-, Empfindungsanteilen getönt zu sein. Dazu muß dann aber die übliche
und selbstverständliche Streuung gehören (s. wieder: „Der Gehemmte Mensch",
S. 66) und das involviert dann das Vorkommen von Extremvarianten originär-
dysphorischer Art. Wer nun verstanden hat, daß und inwiefern die Hypersensibilität bei der Neurosen-Entstehung als begünstigender Faktor eine Rolle
zu spielen vermag, wird auch sofort überblicken, daß das für die dysphorische
Variante ebenfalls ausgesprochen gilt. Von hier aus gesehen wäre es wiederum
höchst zweckdienlich, die physiologische Untersuchung auf diesem Gebiet
zu intensivieren. Erstens würde dann als Ergebnis die Wohlunterscheidbarkeit
von Sensibilität, Weichheit und Dysphorie herauskommen. Zweitens würde man
aber auch praktisch schließlich feststellen können, ob ein Patient ein primär-
dysphorischer Mensch ist oder nicht. Verfasser hält es für nicht ganz ausgeschlossen, daß der Leptosome, Asthenische zumindest häufiger dysphorisch ist
als der Pykniker, und daß die von Jahn ins Auge gefaßte „physiologische Asthenie"
zu erheblichen Teilen in den körperlichen Korrelaten — nicht „Ursachen!" — zu
dysphorischem Erleben besteht.

β) Die Hypermotorik.

Mikro-psychologische Untersuchung menschlichen Erlebens ergibt, daß „der" Mensch offenbar durch eine Streuungskurve hinsichtlich seines m o t o r i s c h e n E n t l a d u n g s d r a n g e s ausgezeichnet ist. So gibt es also innerhalb solcher Kurve Randständiges und auch Extrem-Randständiges. Die positive Extremvariante wird hier durch das Wort: hypermotorisch charakterisiert. Aber auch da handelt es sich im oben erörterten Sinn, wenn es auf die Erfassung einer Neurosenstruktur ankommt, um einen b e g ü n s t i g e n d e n Faktor.

Obgleich aber auf der Basis einer sachgerechten und daher konditionalen Auffassung nur von einem begünstigenden Faktor die Rede sein darf, sollte nicht verkannt werden, von wie entscheidender Wichtigkeit solch ein einzelner Faktor im Konditionenbündel sein kann. Ist unter. hypermotorisch eine Extremvariante verstanden, so gibt es naturgemäß auch innerhalb dieses Bereichs wiederum Extremfälle. Bei Gelegenheit der Erörterung des „explosiblen Psychopathen" von Kurt Schneider (s. S. 305) wird hierauf zum Beispiel eingegangen. Die Betreffenden neigen also von allerfrühester Kindheit an zu heftigen und nachhaltigen motorischen Äußerungen auf oft leiseste Reize hin, aber eben auch durchgängig ohne solche. Das prädestiniert die Betreffenden natürlich zu Konflikten, und diese sind dann so und so oft Grundbedingung für das Entstehen einer neurotischen Struktur. Auch hier werden eingehende Untersuchungen stattfinden müssen. Hier wird wiederum das Experiment in seine Rechte treten können. Aber es muß hinzugefügt werden, daß es eben auch zum Beispiel eine ü b e r - k o m p e n s i e r e n d e Neigung zu heftigen motorischen Äußerungen gibt, und daher letztlich die ganze persönliche Entwicklungsgeschichte des betreffenden Individuums herangezogen werden muß, wenn ein korrektes Urteil darüber möglich sein soll, ob es sich beim Effekt um Genotypisches oder Erworbenes handelt.

γ) Die Hypersexualität.

In sehr auffallender Weise zeigt sich, daß die Menschen sich außerordentlich durch das Ausmaß ihrer ganz ursprünglichen, „drüsenmäßigen" sexuellen Bedürftigkeit unterscheiden. Die Streuungskurve der sexuellen Bedürfnisse des Menschen ist, wie es scheint, außerordentlich flach. Es sei nur ganz kurz hinzugefügt, daß die sexuelle Bedürftigkeit selbstverständlich zunächst gar nichts damit zu tun hat, wie häufig der Betreffende sein sexuelles Bedürfnis befriedigt, wie häufig er etwa sexuellen Verkehr hat. Sonderbarer und historisch doch wohl verständlicher Weise hat man von sexualwissenschaftlicher Seite her zumindest oft gemeint, die Häufigkeitskurve des sexuellen Verkehrs oder des Onanierens mit der hier ins Auge gefaßten Kurve originärer sexueller Bedürftigkeit gleichsetzen zu dürfen. Es gibt also originär hypersexuelle Menschen, d. h. Extremvarianten sexueller Bedürftigkeit (aber natürlich auch entsprechende Hyposexuelle).

Bezogen auf die Hypersexualität, aber gemeint im Sinne völlig gleicher Bedeutung auch für die Hypersensibilität und die Hypermotorik, muß hinzugefügt werden: Zwar gibt es, wie Verfasser meint, zweifellos angeborene, genotypische, originäre, autochthone, primäre, ursprüngliche Extremvarianten auf diesen drei

Gebieten. Doch wenn sie vorliegen, braucht nicht notwendig Neurosenstruk-turelles daraus zu folgen. Aber der Ausdruck „begünstigend" soll unter anderem sagen, daß in so und so vielen, der Zahl nach noch unbestimmten Fällen dieser Faktor in die Neurosenstruktur, in dieses „Konditionenbündel", Neurosenstruktur genannt, als Kondition „eingeht". Das ist das eine.

Aber! — der analytische Psychotherapeut kann feststellen, daß in so und so vielen Fällen alles dafür spricht, daß die als Faktum beobachtbare Erscheinung der Hypersensibilität oder der Hypermotorik oder der Hypersexualität in Wirklichkeit erworben wurde. Dieser Erwerb ist dann vorwiegend unter dem Titel Überkompensation (s. S. 83) bzw. Ersatzbefriedigung (s. S. 82 und auch das Kapitel „Die Ersatzbefriedigungen" in „Der gehemmte Mensch" S. 81) zu lesen.

Um diese Zusammenhänge und Probleme nun noch etwas zu verdeutlichen, sei das Thema der psychogenen Hypersexualität etwas genauer ins Auge gefaßt: Nach den Untersuchungen von Stieve (der übrigens sonderbarerweise die neurosenpsychologischen Konsequenzen infolge offenbarer Verkennung der Gleichzeitigkeitskorrelation nicht sieht) bewirkt das ununterbrochene Erleben intensivster Furcht, also etwa von Todesfurcht angesichts des sicheren Todes eine Atrophie der Keimdrüsen. Ist das aber so, dann muß entsprechend extreme neurotische Furchtlosigkeit — die in der alt-psychoanalytischen Literatur unter dem Titel „Masochismus" behandelt wurde und wird — korrelativ unter Umständen eine Hypertrophie bzw. Hyperfunktion der Keimdrüsen bewirken. Dürfen wir annehmen, daß sich auch dieser Tatbestand eines Tages histologisch und physiologisch wird nachweisen lassen, so hätte man damit die beiden Seiten einer erworbenen Hypersexualität in der Hand. Die korrespondierenden Tatbestände im Erleben der Patienten sind dem eindringlich forschenden und erfahrenen analytischen Psychotherapeuten schon immer aufgefallen. Es hat da etwas nicht gestimmt mit der angeblichen Hypersexualität. Das Gesamtbild war in solchen Fällen nicht bündig psycho-logisch aufgebaut. Daher die Zweifel am Vorliegen einer „echten" genotypischen Hypersexualität. Konsequenz: Man wird noch genauer, noch differenzierter, noch mehr „analytisch" als bisher untersuchen und abwägen müssen, um eines Tages summarisch und auch im Einzelfall entscheiden zu können, wie es faktisch mit der Hypersexualität als Erscheinung, als äußerem Phänomen steht.

Ist dies alles so, wie eben erörtert, so folgt für jene drei Gebiete der Hypersensibilität, der Hypermotorik und der Hypersexualität das Folgende: Schon das Vorliegen eines dieser drei begünstigenden Faktoren bedeutet für den Träger, daß er mit „gewisser", von der kommenden Wissenschaft noch zu bestimmender Wahrscheinlichkeit neurotisch erkranken wird (wie schon gesagt, „braucht" er aber keineswegs zu erkranken. Innerhalb konditionaler Wissenschaft ist das immer so). Und nun zeigt eine einfache psychologische Überlegung, daß die Kombination von zwei oder gar allen drei Faktoren die Wahrscheinlichkeit neurotischer „Entgleisung" des Trägers außerordentlich erhöht. Fügt man die weitere Überlegung hinzu, daß einfach nach Wahrscheinlichkeit eine Kombination solcher Konditionen, wenn auch selten (entsprechend der Verminderung der Wahrscheinlichkeit für das gemeinsame Auftreten), tatsächlich vorkommen muß, so darf man sich nicht wundern, sondern muß im Gegenteil durchaus erwarten, daß es auch unter den Neurotikern Extremvarianten genotypischer Bedingtheit gibt. Verfasser hat schon verschiedentlich die sehr bestimmte Vermutung ausgesprochen, daß die unter anderem von Luxemburger korrelationsrechnungsmäßig festgestellten rezessiven Erbfaktoren der Schizophrenie, die von jenem Autor ihrer Art nach als unbekannt bezeichnet wurden, tatsächlich die hier eben erörterten sind. Alles Weitere ergibt sich hieraus auf dem Wege einfachen schrittweisen logischen und psychologischen Weiterschließens.

Dem eben Festgestellten gegenüber muß aber nunmehr betont werden, daß das, was in der Literatur außerordentlich häufig als angeblich endogen und neurosenbestimmend dargestellt wird, für den analytischen Psychotherapeuten schon auf Grund weniger Signale als neurosenpsychologisch und erworben durchschaubar ist. Er kennt die entsprechenden „äußeren" Phänomene sehr wohl, aber er kennt auch deren fundierende Struktur und dazu deren Genese. Er erhebt also wohlbegründete Bedenken gegenüber vielen endogenologischen Aussagen, auch dagegen, daß grundsätzlicher Vorurteile wegen nicht weiter untersucht und diskutiert wird, geschweige denn, wie es nach dem Stand unseres heutigen Wissens unbedingt notwendig wäre, zumindest auch analytisch, mikropsychologisch vorgegangen wird.

δ) Die Debilität.

Während Hypersensibilität, Hypermotorik und Hypersexualität ganz fraglos neben der Bereicherung des Erlebens, die sie für den Träger durchaus bedeuten können und im Grunde stets bedeuten, regelmäßig eine schwere Belastung der Persönlichkeitsentfaltung darstellen, gilt das für die ebenfalls variierende Intelligenz bzw. ihr Gegenstück, die Debilität, nicht. Denn — und nur in aller Kürze kann das hier eben gerade gestreift werden — die Debilität „erleichtert" das Leben ihres Trägers unter Umständen in vielfacher Hinsicht. Es kann jedenfalls so sein. Und daher darf der Faktor Debilität als randständige Variante der menschlichen Intelligenz im hier erörterten Zusammenhang nur bedingt genannt werden.

ε) Die Organminderwertigkeit.

Blindsein, Taubsein, Hasenscharte, Wolfsrachen, Schielen, Häß-lich-sein und alles, was hier- her gehört, bedeutet für den Träger selbstverständlich ein Negativum. Zumindest als Kleinkind, das diese Mängel zum ersten Male bemerkt und den Unterschied gegenüber dem mittleren Menschen deutlich erlebt, registriert der Mensch all dies mit dem Gefühl der Insuffizienz und einer völlig natürlichen Furcht. Die gesamte hier dargestellte Neurosenlehre ergibt, daß auch dieser Faktor der Organminderwertigkeit gebührend berücksichtigt werden muß. Auch er stellt eine Gruppe begünstigender Faktoren dar. Das ist ja von Adler, allerdings in zugespitzter Weise, hervorgehoben worden.

Neben diesen offensichtlichen Organminderwertigkeiten gibt es aber selbstverständlich eine heute noch unübersehbare Fülle von verborgeneren. Es ist eine Selbstverständlichkeit, daß die analytische Psychotherapie hierüber nicht etwa hinwegsehen darf. Ja der Verfasser hat bereits vor Jahren ausdrücklich gegenüber den rein psychologischen Auffassungen von psychogenen Organerkrankungen betont, daß es mit Sicherheit auch die folgende Variante gibt. Es kann den Lernenden nicht erspart bleiben zu wissen, daß folgende Möglichkeit besteht:

Ein spezielles Organ kann von Anfang an so „schwach", d. h., nach üblichen Maßstäben gemessen, den Anforderungen des Lebens so wenig gewachsen sein, daß es leicht zu abartigen, unter anderem auch leidschaffenden Fehlfunktionen kommt. Es sei hier unter anderem die sogenannte exsudative Diathese genannt (wenn es sich wirklich um diese handelt und nicht etwa um erworbene, neurotisch verstehbare Fehlreaktionen!). Aber auch alle übrigen Organe können in diesem Sinn minderwertig sein, d. h. höheren Belastungen gegenüber oder im Einzelfall auch den durchschnittlichen Belastungen gegenüber insuffizient. So gibt es zweifellos Menschen, die „infolge" — in Wirklichkeit gleichzeitigkeits-korrelativ — von Ärger, Kummer und ähnlichen Affekten, die im Leben ja normalerweise von Zeit zu Zeit und intensiviert auftreten, mit Organfunktionsstörungen erkranken. Diese sind dann zwar psychogen, nämlich affekt-korrelativ. Aber sie sind nicht psychogen im Sinne neurosenstruktureller Fundiertheit, Verstehbarkeit und ontogenetischer Herkunft. Also — auch das gibt es. Was wir heute aber nicht wissen, ist, wie häufig diese Vorkommnisse sind.

Und was wir heute noch keineswegs auch nur mit einiger Sicherheit feststellen können, ist, ob es sich hier im Einzelfall um Primär-Organisches oder um Neurosenpsychologisches handelt. Wir besitzen die Mittel einer direkten physischen Untersuchung, ob es sich im Einzelfall um solche originäre Abartigkeit im Sinne der extremen Randständigkeit in der Variationskurve der betreffenden Funktionstüchtigkeit handelt, nicht! Der einzige Weg, dies mit angemessener Sicherheit zu eruieren, wird der noch kaum beschrittene sein, das Extremistische, nur physiologisch, d. h. primär organisch (s. wiederum S. 286) oder nur psychologisch zu untersuchen, zu vermeiden und, wie es in wenigen Jahrzehnten wohl zur Selbstverständlichkeit gehören wird, unter allen Umständen beides gleichzeitig zu tun. Alles, was wir bis jetzt darüber Statistisches haben schätzungsweise feststellen können, spricht dafür, daß diese Form des Untersuchens, also gleichzeitig chemisch, physikalisch, morphologisch auf der einen Seite und neurosenpsychologisch gezielt auf der anderen, auch rationell, d. h. finanziell (z. B. für die Kostenträger der Versicherung) das Gebotene ist.

Die eben genauer erörterte Möglichkeit „psychogener", „funktioneller" körperlicher Erkrankung sollte als Auch-Möglichkeit jedem vorschweben, der wohlbegründet mikro-psychologisch an den Einzelfall herangeht (s. a. S. 138).

c) Die Theorie der Retardation

Soweit Verfasser bisher verstanden hat und wie alles oben Dargestellte wohl mit Eindeutigkeit zeigt, unter Berücksichtigung der Großartigkeit und hohen Bedeutsamkeit aller durchaus angezeigten physischen Untersuchungen, muß hier doch festgestellt werden, daß das, was bisher für eine Retardationstheorie der Neurosen, insbesondere qua verzögerter Pubertät angeführt wird, einer zureichenden Begründung entbehrt. Hier konkurriert nach Meinung des Verfassers noch eindeutig eine psycho-logisch gemeinte neurosenstrukturelle Auffassung mit der endogenologischen der Retardation. Diese bedeutet methodologisch, theoretisch die Annahme einer spezifischen causa statt eines strukturierten und in der Zeit entwickelten kausalen Aggregats. In der Wissenschaftsgeschichte hat es diesen Vorgang ja schon immer gegeben, nämlich ein spezifisches Etwas kausal einlinig auf ein ebenso spezifisches anderes Etwas erklärend zu beziehen. Und dann hat sich doch oft genug schließlich herausgestellt, daß solche Einlinigkeit und Spezifität der Zuordnung nicht zu Recht bestand, sondern die differenziert gesehenen Tatbestände eine analytische „Durchleuchtung" notwendig machten. Hierbei ist hervorzuheben, daß das Problematische an der Gegenüberstellung von Retardation auf der einen Seite und erworbener Neurosenstruktur auf der anderen viel mehr methodologischen Charakter hat als etwa empirischen. Nur wird dies häufig verkannt. Das einfach Denkmögliche entspricht nicht immer dem faktisch strukturiert Vorliegenden.

Aber es sei auch hier noch einmal betont: die Notwendigkeit, auch unter dem Gesichtspunkt möglicher „Einlinigkeit" physisch, materiell, und zwar mikromateriell genauestens zu untersuchen und noch unendlich viel mehr und Sichereres, als wir heute festzustellen in der Lage sind, zu eruieren, wird durch all die eben angestellten Überlegungen in keiner Weise bestritten. Im Gegenteil, es wird lediglich für das analytisch mikro-psychologische Vorgehen Gleichberechtigung und Gleichgewichtigkeit gefordert — auch in Form der aufzuwendenden Mittel.

Da hier von der Zukunft der Forschung die Rede ist, möge noch eine weitere Überlegung, die auch den Lernenden, d. h. den Nachwuchs schon angehen sollte, hinzugefügt werden: Wir haben zwei Termini innerhalb des hier ins Auge gefaßten Bereichs zur Verfügung: den Begriff der Konstitution und den der Disposition. Vielleicht sollte es doch gelingen, hier eine verbindliche und sich klar abhebende Konvention zu schaffen. Literarisch meinte das Wort Konstitution ursprünglich — und das war doch wohl gut so und korrekt — per se, d. h. per definitionem das Merkmal der Ererbtheit mit. Damit war also aus dem Bereich der Konstitution das Erworbene per definitionem ausgeschlossen. Als nun die Neurosenpsychologie in die Medizin einbrach und sich mancher anfänglich Begeisterte schließlich gegen deren Thesen zur Wehr setzen zu müssen glaubte, erfolgte eine schleichende Umwandlung des Wortes Konstitution durch Hineinnahme von erworbenen Merkmalen. Das aber bedeutete zweifellos eine Verunklarung. Man hätte an dieser Stelle das ja zur Verfügung stehende Wort Disposition ohne weiteres verwenden können. Man sagte aber offenbar Konstitution, um bei aller vagen Anerkennung dessen, daß es auch Erworbenes gibt, den „eigentlich doch" genotypisch-endogenen Charakter des Behandelten zu retten. Vielleicht wäre es aber doch besser, zur begrifflichen Scheidung zurückzukehren und das Wort Konstitution synonym mit genotypischer Anlage zu verwenden, und wenn man vom Effekt einer Auseinandersetzung solcher Anlage mit der Umwelt, der Peristase, sprechen will, den Terminus Disposition zu verwenden. Dem Verfasser hat sich jedenfalls gezeigt, daß die dauernde doppeldeutige Verwendung des Wortes Konstitution, so wie es heute vielfach gebräuchlich ist, beim Nachwuchs die präzise Verwendung neurosenpsychologischer Erkenntnisse auch da verhindert, wo diese zugegebenermaßen durchaus am Platze sind. Auch wenn es sich st e t s um Aggregate handeln soll, hebt das für die wissenschaftliche Methode nicht die Aufgabe auf, durch eine korrekte Terminologie faktisch Unterschied-liches auch sprachlich zu unterscheiden.

Hier handelt es sich um einen weiten Aufgabenbereich für die Zukunft. Um zu zeigen, was alles dort hineingehört, sei in aller Kürze bemerkt, daß unter den gleichen Gesichtspunkten, wie eben die Retardationstheorie erörtert wurde, auch die hormonalen Interpretationen, die physiologischen (und am Rande dann auch anatomisch-morphologischen) der Vorgänge bei der Schocktherapie und schließlich auch die zum Thema der Leukotomie eines Tages genauestens werden abgehandelt werden müssen. Hinsichtlich der Leukotomie zum Beispiel hat Verfasser vom Jahre 1947 an in mehrfachen Äußerungen, unter anderem auf dem Berliner Neurologen- und Psychiaterkongreß 1948 und dann in einem Vortrag in Marburg des Jahres 1948, den Organologen unter den Kollegen aus-drücklich erklärt, seiner Meinung nach seien die Ergebnisse der Leukotomie die großartigste Verifizierung, die man sich für die von ihm vertretene Neurosen-psychologie nur denken könne. Es sei nur eben in der Wiederholung angedeutet, daß es dabei um das Thema geht: Im Stirnhirn sind die Engramme der Menschen-furcht, der hierher gehörigen Schuldgefühlsreaktionen lokalisiert. Werden diese außer Funktion gesetzt, so verhält sich der Betreffende also anders als bisher, auch neurosenpsychologisch anders, nämlich nunmehr ohne wesentliche An-teile von Menschenfurcht, von positiver und auch negativer Berücksichtigung erworbener sozialer Reaktionen. Auch das muß hier genügen. Es soll einer spä-teren Arbeit über das Thema ,,Analytische Psychotherapie und Psychose" vor-behalten bleiben, ins einzelne zu gehen und mikro-psychologische Angaben zu machen.

d) Die Hemmung selbst als Vorgang

Wirken die beiden eben näher charakterisierten Faktoren der Härte und der Verwöhnung, der Härte allein, der Verwöhnung allein oder eines Gemenges von beiden auf das Antriebs- und Bedürfniserleben des Kleinkindes ein, so reagiert dieses verständlicherweise mit F u r c h t. Die in j e d e m vollständigen Antriebs-erleben beteiligten ant a g o n i s t i s c h e n Tendenzen werden verstärkt. So kann es auch dazu kommen, daß der agonistische Anteil im Einzelfall sehr plötzlich, im allgemeinen aber in allmählicher Entwicklung — infolge der dauernden Wiederholung jener schädlichen Einwirkung — zurückgedrängt wird und schließ-lich bis auf minimale, noch zu charakterisierende Spuren verschwindet. Man könnte fast sagen, in solchem Fall finde eine ,,Über-steuerung" statt.

Aus dem eben Gesagten geht aber hervor, daß es sich beim Vorgang der Hem-mung nur um eine ,,Abdrosselung" handelt, d. h. also, daß die Agonisten in B e r e i t s c h a f t bleiben. Diesen Tatbestand muß man sich von vornherein ver-gegenwärtigen.

Vom Psychologischen her gesehen nimmt der Hemmungsvorgang eine gewisse Zeit in Anspruch. Nur hin und wieder eine minimale; dann erfolgt er also ,,schock-artig". Dann ist das Hemmende im eigentlichen Sinne ,,traumatisch". Dann ,,erzeugt" ein ,,Trauma" den Ansatz einer Neurosenstruktur. Im allgemeinen aber, wie schon gesagt, handelt es sich um ausgedehntere, ,,wogende" Erlebnisse.

Daß wir uns bei deren Schilderung räumlicher Metaphern oder gar auch physiologischer, physischer, korrelativer Hinweise bedienen können, hebt, wie oben schon erörtert (s. S. 11), den psychischen Charakter des ganzen Geschehens nicht auf. Nur wenn wir vorwegnehmend schon an den Effekt des Hemmungsvorgangs, die Gehemmtheit denken, ergibt sich, daß vom rein Psychologischen her, d. h. vom Erleben her, eine Bereitschaft dem Wortsinn nach nicht faßbar ist. Erlebt wird dann eine „Lücke", die das Korrespondierende zur faktischen Bereitschaft darstellt. Dies so zu sehen, hat immer schon eine Schwierigkeit für den Beobachter bedeutet; denn ein bloß nicht-mehr-daseiendes Antriebs- bzw. Bedürfniserleben kann ja nicht mehr als erlebt, was man häufig auch „bewußt" nennt, bezeichnet werden. Was hier nun nicht weiter erörtert werden kann und soll, ist, daß die im eben charakterisierten Tatbestand liegenden „Kompliziertheiten" sich bei näherer Betrachtung überwiegend als terminologischer und logischer Art erweisen und nicht so sehr als solche des Tatbestandes. Um es noch einmal zu wiederholen: Die Tatsache, daß eine seelische Bereitschaft entsteht, eine Möglichkeit und Wahrscheinlichkeit späteren Wiedererlebens der gehemmten Antriebsqualitäten, ist zugegebenermaßen insofern keine eigentlich psychologische Aussage, keine Aussage über Psychisches, als solche Aussagen ja verabredeterweise auf Erlebtes gehen sollen. Daher die scheinbare Rätselhaftigkeit dieses sogenannten unbewußten Bereichs und die scheinbare Fragwürdigkeit all solcher Feststellungen. Was man also über derartige Bereitschaften Physisches aussagt, ist in Wirklichkeit einfach Aussage über die heute noch weitgehend nur vermuteten und im einzelnen nicht sicher gekannten physischen Korrelate zur subjektiv erlebten Lücke für Antriebs- und Bedürfniserleben. Aber das war bereits Vorwegnahme (s. S. 284).

Es bleibt, daß der Hemmungsvorgang eine Variante der Steuerungsvorgänge darstellt, eine ganz bestimmt charakterisierte. Wie oben schon gesagt, handelt es sich gewissermaßen um eine „absolute" Steuerung, den Grenzfall einer Steuerung, eine „Übersteuerung". Das gilt, wenn man berücksichtigt, daß eben nur noch Spuren des ehemaligen agonistischen Antriebserlebens „im Bewußtsein" übrigbleiben. Für manche „strenger" Systematik Bedürftige wirkt diese letzte Feststellung wie die eines „Schönheitsfehlers". Auch hier wieder sei aber an die Barockvolute und ihren „widerspruchsvoll" asymmetrischen Charakter erinnert: ⌒. Also noch einmal: Gesteuert wird im Organismus immer. Auch das Antriebs- und Bedürfniserleben wird stets gesteuert. Eine „Über"-steuerung bedeutet „Drosselung". Diese aber ist nicht „absolute" Aufhebung. Sie ist „bloß" Hemmung: „Etwas", etwas Spurenhaftes bleibt übrig, bleibt bewußt. So sieht das Ganze tatsächlich aus.

6. Die Gehemmtheit und die Gehemmtheiten

Wie eben bereits erörtert, entstehen auf dem Wege der Hemmung Erlebnislücken. Es wurde auch bereits hinzugefügt, daß diese nicht absolut, nicht vollständig sind. Die Überbleibsel, die Relikte, aus den bis dahin voll erlebten Antrieben und Bedürfnissen wurden als „Spuren" charakterisiert. Sie werden uns später noch weiter beschäftigen (s. S. 80).

Hat das ursprüngliche Antriebserleben auch dann, wenn es sehr fein ist, wenn
es nur mit mikropsychologischer Methode registriert werden kann, doch den
Charakter des „Bewußten", des eben durch unmittelbare Beobachtung Fixier-
baren, so besteht keine Schwierigkeit, hierfür auch den Ausdruck „handgreiflich",
lateinisch manifest, zu verwenden. Dieses Beiwort ist in allen möglichen Zusammenhängen üblich und hat neurosenpsychologisch den eben erörterten Sinn.
Es weist also, obgleich ein neues Wort, nicht auf einen neuen Tatbestand hin,
sondern hat synonymen Sinn. Als kontrastierende Bezeichnung gilt ebenso allgemein das Wort latent. Wenn also eine Aussage darüber gemacht werden soll,
was denn nun aus den gehemmten Antrieben „geworden ist", so besteht bisher
eine mehrfache Möglichkeit der Bezeichnung, wie schon gesagt, aber nicht eine
mehrfach verschiedene Aussage. Der Tatbestand ist wohl deutlich geworden.
Mit Worten charakterisieren läßt er sich so, daß man je nach begleitenden, aber
nicht dominierenden Gesichtspunkten von „in Bereitschaft", „unbewußt",
„latent" spricht. Es muß späterer systematischer und terminologischer Bemühung überlassen bleiben, hier, wenn nötig, bessere Ordnung zu schaffen. Zum
großen Teil handelt es sich lediglich um verschiedene Bilder, verschiedene Metaphern für ein- und dasselbe nicht ganz einfach durch Worte Charakterisierbare.

Was nun aber für den praktisch analytisch-psychotherapeutischen Gebrauch
genauer geschildert werden muß, sind die nach Obigem naturgemäß entstehenden
verschiedenartigen Gehemmtheiten. Dabei ist zu berücksichtigen, daß es sich
ja um Lücken im Erleben handelt, wie bereits dargestellt, also um ein Ausfallen bzw. sehr weitgehendes Ausfallen ganz bestimmter Antriebserlebnisse.
Spezielle Bedürfnisse melden sich nicht mehr oder, wie schon mehrfach gesagt,
nur in allervagsten Spuren. Diese sind auf jeden Fall nur mit außergewöhnlicher
Beobachtungsmethode zu registrieren. Man nennt diese mit Recht die analytische. Weiteres hierüber auf den Seiten 201—213. Es stehen nunmehr also die
verschiedenartigen Lücken zur Diskussion.

a) Die intentionale Gehemmtheit

Fällt aus dem Erleben eines Menschen das intentionale Antriebserleben aus,
so handelt es sich im wesentlichen um ein Fortfallen der oben (S. 24) näher
charakterisierten Gefühle und Gefühlstöne allgemeinster Art der Welt und insbesondere den Menschen gegenüber. Schon das erste Anklingen solcher gefühlshafter Zuwendung wird unterbrochen, kupiert. Die Welt bleibt „blaß". Der
elementarste Kontakt den menschlichen Partnern gegenüber ist schon in statu
nascendi weitgehend unterbunden. Unter der Voraussetzung, daß man den
Unterschied zwischen Perzipieren und Apperzipieren machen darf, daß eine
Wahrnehmung außer ihrer sensorischen Qualität, falls sie „wirklich" Wahrnehmung ist, auch immer einen gefühlhaften Bestandteil enthält, also selbst ein
Aggregat darstellt, darf man auch davon sprechen, daß die Welt und die Menschen
vom intentional Gehemmten in weiteren oder engeren Bereichen nur perzipiert
und nicht apperzipiert werden. Es kommt noch etwas hinzu, nämlich, daß es sich
bei der Gehemmtheit ja um einen lebendigen Vorgang handelt, daß Antriebserleben ja nicht „ausgelöscht", „abgetötet", sondern nur „gedrosselt" wird.

Der lebendige Vorgang des Hemmens und auch die lebendig gebliebene Gehemmtheit ist also plastisch, mechanisch ausgedrückt: prinzipiell reversibel. D. h. immer dann, wenn im späteren Erleben die intentionalen Gefühlskategorien sich auf Grund irgendwelcher Umstände intensivieren, können Härtefaktoren, die den oben geschilderten entsprechen, neuerlich gewonnene Intensität intentionaler Zuwendung wiederum drosseln. Effekt eines solchen Vorgangs wäre dann im subjektiven Erleben das manchmal ganz klar „empfundene", registrierte Blaßwerden der Welt bzw. die spürbare Aufhebung bis dahin deutlich erlebter Beziehung zu den Menschen. Der Kontakt geht also neuerlich verloren bzw. die Intensität des Kontakthabens schwankt spürbar. Nicht so selten hat dieses Schwanken, diese Labilität wegen ihres ungewohnten, unvertrauten, daher unheimlichen Charakters eine schwere Beunruhigung zur Folge. Dann wird vom Betroffenen oft von „Fremdheitsgefühlen", von einer „Wand" zwischen ihm und der Welt gesprochen. Aber — nur manchmal ist das so, nur manchmal wird die Hemmung zum Symptom. So und so oft bleibt sie, als Lücke, unregistriert.

Für gewöhnlich durchsetzt solche „Kontaktgestörtheit" seit je, d. h. seit der allerfrühesten Kindheit die vorhandene Art, das Erleben des betreffenden Trägers. Sie ist „diffus", wird also nicht oder doch höchstens von Zeit zu Zeit ganz vage bemerkt. Für den Träger selbst erfolgt ein Bemerken seiner besonderen Zuständlichkeit, seiner besonderen Befindlichkeit in der Welt, seiner besonderen Form des Da-seins in diesen Fällen immer nur im Rückblick von erreichter höherer Intensität des Kontakts her. Er „mißt" dann an Erinnerungen, die vorschweben. Erkennt man in solcher intentionalen Zuwendung, besonders zur Menschenwelt, den allgemeinen Hintergrund jeder sozialen Beziehung, so läßt sich sagen, daß dieser emotionale Fond gewissermaßen Reserve aller vordergründlichen Schwankungen affektiver Art in den Beziehungen zu den Menschen ist. Damit ist gleichzeitig festgestellt, daß das Fehlen solchen stabilisierenden intentionalen Kontakts eine ausgesprochene Labilität der Einstellung zu der Menschenwelt zur Folge haben muß. Hieraus ergeben sich eine Fülle weiterer Konsequenzen hinsichtlich Erleben und Verhalten der betreffenden Gestörten.

Im tiefsten Grunde erlebt der Betreffende den anderen Menschen nie in unbekümmerter, ursprünglicher reiner Anschauung und ursprünglicher, einfacher emotionaler Zuwendung. Er lebt grundsätzlich an ihm vorbei. Er fürchtet ihn, wie schon gesagt, einschränkungslos und unaufhebbar. Er ist nicht etwa hoffnungslos dem anderen gegenüber, sondern befindet sich gewissermaßen in einem Stadium, in dem es so etwas wie Hoffnung auf einen anderen Menschen noch gar nicht gibt. Aber das wird eben nur in Ausnahmsituationen manifest. Auf jeden Fall ist diese Merkwürdigkeit des eigenen Daseins unter den Menschen jedem gewöhnlichen Registrieren unzugänglich. Der Betreffende kennt die „Farbe" unbekümmerter, primärer, quasi erwartungsvoller Zuwendung überhaupt nicht. Natürlich ist dies keine Basis für den notwendigen Umgang mit den Menschen, der sich dem Betreffenden ja aufdrängt, ob er will oder nicht. So muß er sekundär „Kontakt" entwickeln. Was herauskommt, ist „bodenlos". Ganz dunkel wird dies manchmal gespürt, ständig gespürt, von Zeit zu Zeit deutlicher gespürt. Um so selbstverständlicher wird der Betreffende trotz solcher Distanz gegenüber den Menschen, gegenüber dem Dasein unter den Menschen dafür sorgen, daß er übliche Umgangsformen erwirbt und alles „richtig macht". Alles ausdrücklich Erlernbare wird er unter Umständen ganz besonders gut erlernen und deshalb auch für erheblich intuitiv begabte andere Menschen undurchschaubar bleiben, über lange Zeiträume hinweg zumindest. Und dieses Bild entspricht dann weitgehend dem, was von Kretschmer unter dem Titel „asthenischer Charakter" in lebendig biographischer Form beschrieben worden ist. Es wird zu den Aufgaben des nächsten Jahrzehnts gehören, unter anderem die Kretschmerschen Positionen mit den hier vertretenen neurosenpsychologischen „am Fall" genauestens aufeinander zu beziehen und zu vergleichen.

Setzt man eine solche intentionale Gestörtheit voraus, eben einschließlich aller ihrer „Seiten", so ergibt sich mit hoher Wahrscheinlichkeit eine konsekutive „Denk"störung. Diese wiederum besteht, wie wir heute wohl annehmen dürfen, gleichzeitig korrelativ in einer Unterentwicklung der Sprachmuskulatur auf Grund einer Unterentwicklung ihrer feinsten Bewegungen. Auf diesem Wege wäre das Entstehen, also die Früherwerbung einer nicht angeborenen Debilität zu erklären. Es würde sich hier also um eine Pseudo-Debilität (vorausgesetzt, die Debilität ist vorher durch Erbbedingtheit genotypisch definiert worden) auf intentionaler Basis handeln.

b) Die kaptative und die orale Gehemmtheit

Die allgemeinen strukturellen Züge der Gehemmtheit wurden am eben erörterten Beispiel der intentionalen Gehemmtheit zunächst einmal deutlich. So kann zur unmittelbaren Schilderung der kaptativen und dann auch der oralen übergegangen werden. Hier handelt es sich dann darum, daß der Betreffende, also der kaptativ Gehemmte nicht zupacken, aber gewissermaßen „vorher" schon gar nicht erst „haben wollen" kann. Die allgemeinste Kategorie des Besitz-„hungers" ist in ihm gedrosselt. Überall da, wo der mittlere Mensch, die „gute" Norm des Menschen, lebendig und unbekümmert ein Habenwollen erlebt, ein allgemeinstes „Begehren", klingen im kaptativ Gehemmten nur vage Gefühlstöne an. Zumindest aber widerspricht sein lückenhaftes Erleben auf diesem Gebiet seiner eigenen persönlichen Norm.

Eine Einfügung: Es soll hier nicht in Breite wiederholt werden, was im Buch „Der gehemmte Mensch" unter dem Titel „Die Streuung" (S. 66) behandelt wurde. Der verfügbare Raum läßt dies nicht zu, obgleich es sich hier um das sehr wichtige Thema der individuellen im Gegensatz zur mittleren Norm handelt. Es muß bei Andeutungen bleiben. Die Hauptaussage hier lautet: Selbstverständlich hat die mittlere, sogenannte „gute" Norm des Menschen für den einzelnen nicht etwa „normativen", d. h. wertgültigen, übergeordnet werthaften Charakter. Aber für den „mittleren" Träger neurotischer Symptomatik besteht dieser „normative" Sinn der „guten" Norm deshalb, weil der mittlere Mensch naturgemäß dem Mittleren zuzuordnen ist. Wir werden besonders auf dem Gebiet der analytischen Psychotherapie nicht darum herumkommen, einerseits dauernd auf das Mittlere, den mittleren Menschen zu beziehen und doch sofort bereit zu sein, solche „Norm" zu relativieren.

Der kaptativ Gehemmte ist also „manifest" „in seinem Bewußtsein", in seinem Erleben, ganz allgemein unbegehrlicher, als er es sein würde, wenn er keine

Symptome hätte. Diese Relation muß ausdrücklich beachtet und gemerkt werden; denn sie ist für jedes analytisch-psychotherapeutische Verfahren von größter Bedeutung. Es werden da nämlich zwei Bilder ein- und desselben Menschen gegenübergestellt. Einmal handelt es sich um den Menschen, der heute Symptome hat und unter ihnen leidet und außerdem, wie man nun endgültig weiß, sonst nicht etwa „normal" ist, sondern im Einzelfall wie hier eine kaptative Gehemmtheit aufweist. Das andere Bild betrifft denselben Menschen, nunmehr ohne Symptomatik vorgestellt, daher aber auch mit korrigierter kaptativer Gehemmtheit, d. h. in irgendwelchen Grenzen manifest gewordenem kaptativem Erleben.

Das „Schauen" der ganz individuellen Idee des einzelnen Patienten spielt daher im „analytischen" Verfahren eine wesentliche Rolle.

Von solcher allgemeinsten kaptativen Gehemmtheit aus gesehen, in der also eine Hemmung kategorialer Emotionen den wesentlichen Bestandteil darstellt, kann man nun weiterhin sehr gut davon sprechen, daß der Betreffende die Welt nicht erobern kann, nicht zupacken kann, nicht fordern kann, nicht Ansprüche anmelden kann usw., usw. Anders ausgedrückt: Er ist bescheidener, als zu seiner Norm gehört. Er fügt sich bereitwilliger ihm aufgedrungenen Einschränkungen. Er bleibt im Gewohnten bereitwillig stecken. Er breitet sich nicht in die Welt hinein aus. Wiederum usw., usw. Ein Stück Menschenfurcht ist in ihm „inkarniert", ihm in Fleisch und Blut übergegangen. Denn mit höchster Wahrscheinlichkeit erwarb er seine kaptative Gehemmtheit aus Furcht vor Härte, vielleicht nach anfänglicher oraler und kaptativer Verwöhntheit, aus Schreck über die „fernere" Menschenwelt, die offensichtlich nicht bereit war, die Verwöhnung fortzusetzen.

Die orale Gehemmtheit muß nach Obigem (S. 25) als Spezialfall der kaptativen angesehen werden. So vermag ihr Träger nun im wörtlichen Sinn zum Beispiel nicht an der Tafel zuzugreifen, auch dann, wenn der mittlere Mensch es ohne weiteres tun würde, wenn die Situation es also durchaus erlaubte. Unter Umständen hat der Betreffende einfach keinen Hunger (s. a. das Thema „Magersucht" S. 293), wie er subjektiv erlebt, oder auch er „sieht" etwas Eßbares selbst dann nicht, wenn jeder mittlere Mensch es in gleicher Situation und in gleicher Lage sehen würde. Damit greift dann — und dieser Tatbestand ist wieder von größter Wichtigkeit — die orale Gehemmtheit in solchem Fall auf das intentionale Gebiet über. Eine intentionale Lücke wird zur Folgeerscheinung einer oralen. Es entsteht somit das Problem, was wem vorausgeht. Die Antwort muß stets individuell lauten, denn, wie oben dargestellt (s. S. 24 u. 25), erfolgt der erste Ansatz zur Gestörtheit in der Regel in beiden Fällen, hinsichtlich der Intentionalität ebenso wie der Oralität, im ersten Lebensjahr. In diesem steht sowohl die intentionale wie die orale Eroberung der Welt annähernd gleichgewichtig im Mittelpunkt des Erlebens. Aber — hier wird neuerliche, forschende Überprüfung vielleicht Differenzierteres ergeben.

c) Die retentive und die anale Gehemmtheit

Nach eingehendem Bemühen ist es nicht schwer, in sich selbst und auf dem Wege des Analogieschlusses über das Ausdruckserleben der anderen Menschen ein Bild vom oralen und auch vom kaptativen Erleben zu gewinnen. Dabei wird ohne weiteres deutlich, daß das Erleben oraler Bedürfnisse expansiven Charakter hat. Das Kaptative und das Orale geht vom Träger aus auf die Welt zu. Daher ist der Tatbestand der Hemmung und dann der Gehemmtheit ebenfalls geradlinig vorstellbar. Expansion wird behindert, eingeschränkt, wie schon mehrfach ausgedrückt „gedrosselt". Geht man nunmehr aber zum Thema der retentiven Gehemmtheit über, so entsteht für viele eine Schwierigkeit des Vorstellens und damit auch eine des Auffindens in sich selbst und in anderen. Im retentiven Erleben bleibt der Mensch nämlich zunächst einmal bei sich selbst. Er dehnt sich nicht auf die Welt hin aus, obgleich er sich in Kontakt mit ihr befindet. (Nur insofern ist er „expansiv".) Er befindet sich gewissermaßen in Verteidigung. Soweit die Welt etwas von ihm will — die Welt also „will" — re-agiert er und sein Reagieren besteht darin, daß er seine Substanz, die erworbene und die ihm mitgegebene, zusammenhält und — auf die fordernde Welt bezogen — zurückhält. Solange er sich lediglich vom Zentrum seines Innern nach der Peripherie seiner Person zu bewegt, die ganze Substanz seiner Person also intendiert, ist er innerhalb seines persönlichen Bereichs expansiv, wie man zur Not sagen könnte. Also ist das retentive Antriebserleben, verglichen mit dem kaptativen, mit einigen Zügen versehen, die jenes nicht besitzt. Also kann auch das an der kaptativen Gehemmtheit (wie schon an der intentionalen) erworbene Strukturbild der Gehemmtheit nicht ohne weiteres und ganz einfach auf das retentive Gebiet übertragen werden. Hieraus ergibt sich die von manchem, wie schon gesagt, dunkel gespürte gewisse Hilflosigkeit beim Versuch, sich das hier Gemeinte vorschweben zu lassen. Hin und wieder leitet sich hieraus ein erster, scheinbar theoretischer Widerstand gegen die analytisch-psychotherapeutischen Positionen ab. Man sollte dies immerhin wissen, und es wird sicher manchem Lernenden dienen, wenn er auf den wirklichen Sinn solcher „Subjektivierung" einer bei ihm auftauchenden Schwierigkeit hingewiesen wird. Die retentive Gehemmtheit ist also schwerer „verstehbar". Sie erfordert also etwas ausdrücklicheres Bemühen.

Das retentive Erleben enthält der Welt und den Menschen gegenüber ein Nein. Die Hemmung eines solchen Nein bedeutet also ein Ja. Dies ist in Kürze die Formel für die Aufhebung jener oft gespürten theoretischen Schwierigkeit.

Erstmalig tritt hier deutlich ein Zug aller „analytischen" Psychologie hervor, nämlich der, daß ihre Psycho-logik oft wie ein Rösselsprung, wie der Zug des Springers auf dem Schachbrett, erfolgt, im Gegensatz zu den Zügen der übrigen Figuren. Es ist also zugegebenermaßen nicht so ganz einfach, bei jeder Gelegenheit, wo es notwendig ist, solchen Rösselsprung psychologischen Verstehens zu vollziehen.

Eine Lücke hinsichtlich des retentiven Erlebens bedeutet also, daß der Betreffende „aus" Gehemmtheit „strömt". Noch einmal sei solche paradox erscheinende Formel gewählt, um deutlich zu machen, worum es geht. Ein retentiv Gehemmter ist als mittlerer Mensch im Vergleich zur mittleren Norm auf diesem Gebiet opferbereiter, gebebereiter, schenkbereiter, bereiter, sich zu verströmen, sich zu verlieren, als es zur Norm gehört — und im Einzelfall widerspricht dies lediglich seiner individuellen Norm. Dabei ist zu beachten, daß seine Lücke im Erleben nicht etwa ausgefüllt ist, sondern: in Konsequenz seiner retentiven Lücke wird er „expansiv" im Geben. Im subjektiven Erleben also bemerkt er durchgängig die nur mikro-psychologisch erfaßbare Lücke nicht, sondern lediglich eine ihn oft geradezu beglückende Bereitschaft zu opfern, mit-zu-teilen, zu schenken usw., usw. Subjektiv erlebt er nicht einen Verlust seiner Substanz wie auch immer, sondern ein durchaus angenehmes, manchmal lustvolles oder sogar auch im echten Sinn subjektiv beglückendes Für-andere-Dasein. Daß dies, wie man es ausdrücken kann, erkauft wird mit eben jenem im Hintergrund Vorhandensein einer Lücke eigentlich zu ihm gehörigen retentiven Erlebens, bleibt oft über lange Zeit, manchmal über ein ganzes Leben hinweg, verborgen. Nur die neurotische Leidenssymptomatik verrät in solchem Fall in aufdringlicher Weise, daß da etwas nicht in Ordnung ist. Die nähere Betrachtung eines solchen Lebens, das zunächst einmal im sozialen Sinn als ganz besonders fruchtbar erscheinen kann, also nicht nur subjektiv beglückend für den Träger, zeigt dann, daß der Betreffende auf dem Umweg über sein neurotisches Leiden seiner Mitwelt das wieder nimmt, was er ihr durch sein „inadäquates", übermäßiges Schenken zunächst gibt. Im Überblick eines solchen Lebens darf im allgemeinen gesagt werden: Es wäre keineswegs nur für den Betreffenden, sondern auch für seine Mitmenschen besser, ökonomischer, fruchtbarer, wenn er weniger, zögernder gäbe, d. h. bedingt und eingeschränkt, dann wäre er zu seiner Person gehörig retentiver. Man kann das so ausdrücken: Der auf jeden Fall unfruchtbare Verlust an Kraft und menschlicher Intensität, den die „innere Reibung" im Betreffenden, im retentiv Gehemmten hervorruft, wäre dann vermieden. Hier handelt es sich um eine ausgesprochen dialektische Betrachtung unter dem Gesichtspunkt eines Lebensganzen, auch eines sozialen Ganzen. Noch einmal eine kurze Formel, die aber nunmehr wohl ausreichend erläutert ist: Der retentiv Gehemmte kann nicht nein sagen, wo, wie und wem gegenüber auch immer.

Wie oben schon dargestellt, insolviert das Wort anal, die Rede von der Analität, mehr als den retentiven Bereich. Ein Zug im analen Erleben ist das Retentive. Auf analem Gebiet wird das retentive Erleben erstmalig in prägnanter und repräsentativer Form deutlich. Das rechtfertigt das Sprechen vom Analen auch dann, wenn man nur das Retentive damit meint. Das Retentive ist als kategoriales Erleben umfassender als das anale. Das Anale, vom Organ her gesehen, d. h. nicht nur vom After aus, auch vom Darm her, umfaßt mehr Seiten als die retentive. Wiederum soll zugegeben werden, daß sich für den Lernenden hier eine Schwierigkeit des Überblicks ergibt. Aber das analytisch-psychotherapeutische Wissen wäre ja sehr merkwürdig beschaffen, wenn es dem Interessierten einfach zufiele. So enthält die anale Gehemmtheit also, vom Retentiven her gesehen, zunächst einmal das Moment: Darminhalt „kann" nicht zurückgehalten werden, so, wie das zumindest auf dem Gebiet der Domestikation, der Sauberkeitsgewöhnung als „Dressur"-Ergebnis üblich ist.

Die Erlebnisseite, die psychische Seite der eben ins Auge gefaßten analen Gehemmtheit besteht höchstwahrscheinlich in einer Gestimmtheit. Dagegen wird die physische Seite hin und wieder sehr deutlich in Form eines einfachen Durchfalls bzw. einer analen Inkontinenz, d. h. einer Unfähigkeit, den Kot zurückzuhalten (zum Beispiel beim Erwachsenen in einer Konfliktsituation eines Nachts einmal).

Da aber zum analen Erleben und korrelativ zu den analen Vorgängen weitere
Eigentümlichkeiten gehören und auch diese durch Gehemmtheit vom Erleben abgedrosselt sein können, seien sie hier erwähnt. Es handelt sich da unter anderem
um die schon oben (S. 31) besprochene aggressive Seite des analen Erlebens.
Auch diese kann gehemmt sein, d. h. alle anal getönten Aggressionen, die etwa
unter den Titel des Zitats des Götz von Berlichingen und unter die Vulgärformel
„ick wer dir was scheißen" fallen, sind in solchem Fall tabuiert, werden also
unter diesen Bildern mit den dazugehörigen Sensationen und Gefühlstönen
nicht erlebt, obgleich sie „eigentlich" zur Person des Betreffenden gehören
würden. In Kürze kann das hin und wieder sehr einfach so formuliert werden,
und nun gewissermaßen halb scherzhaft: Unter Umständen kann der Träger
solcher analen Gehemmtheit nie und nirgendwo und niemand gegenüber und
in keiner Situation vulgär sein. Darin also bestände dann in solchem Fall die
eigentliche, anale Lücke.

Aber das sind nicht alle Seiten der Analität, die auch gehemmt sein können.
Es ist einfach ein Faktum, daß zurückgehaltener Kot beim Durchtreten durch
den After oft lustvolle Empfindungen hervorruft. Es ist eine Tatsache, deren
Streuung (s. „Der gehemmte Mensch" S. 66) uns heute noch unbekannt ist,
daß manche Menschen, insbesondere auch Frauen, das Eindringen eines Gegenstandes in den After als lustvoll empfinden. So kann es im Einzelfall zu einem
vom After ausgehenden sexuellen Orgasmus kommen. Es handelt sich da vermutlich um originäre Korrelationen. Im Einzelfall aber mag solche Koppelung
auch erworben sein (s. „Der gehemmte Mensch" S. 54). Gehemmtheit in
dieser Hinsicht würde also bedeuten, daß eigentlich zum Träger zugehörige
Organlust-Erlebnisse latent bleiben, also zwar in Bereitschaft sind und eigentlich jederzeit ins Bewußtsein des Betreffenden einbrechen könnten, das aber nicht
tun. Die Träume des Betreffenden enthalten dann aber solch häufig Erleben.

Das hier eben Dargestellte ist unvollständig. Die psychotherapeutische Literatur enthält, wenn auch verstreut, eine Fülle von Weiterem.

Besinnt man sich nun noch einmal darauf, daß zur Gehemmtheit auf reten
tivem Gebiet ja genau ebenso wie auf aggressivem und sexuellem, auf oralem
und kaptativem die entsprechende Bereitschaft gehört, besinnt man sich darauf,
daß sehr verständlicherweise diese latenten Emotionen die Tendenz haben müssen
ins Wacherleben, zumindest in Form wacher Phantasie durchzubrechen, so ergibt
sich ein neuer Gegenstand des Interesses. Gerade von hier aus gesehen ist es
alles andere eher als erstaunlich, daß die Formulierungen solcher Bereitschaften,
ihre Objektivierungen in sprachlicher Fassung, zum Beispiel also in Mythen,
seit je in der Geschichte der Menschheit auftauchten. Das muß ja so sein. Das
wäre auch theoretisch zu erwarten, wenn man nicht bereits Kenntnis davon
hätte. So muß unter anderem auch das Orale und das exzessiv Orale, die Habgier,
irgendwo in repräsentativer Form als Phantasiegebilde erscheinen. Das gleiche
gilt für das Retentive und das Anale. Das ganz Irdische, das gewissermaßen
Erdige, als ob die Erde das Bergende sei und in ihr verborgen das Geborgene
zurückgehalten, bewacht würde, bewacht von Wesen, die die ungeheure Macht
haben, der Riesengröße der Erde entsprechend, auch Riesiges zu bewahren,
Mächtiges, Chaotisches, Wüstes, Ungeformtes, kaum Brauchbares und doch

Wertvolles zugleich, muß in repräsentativen Figuren in der Erlebniswelt der Menschen vorkommen. Das ist auch der Fall: Die Phantasie der Menschen erschuf einst, als man sich nicht mehr vollständig vage und chaotisch, sondern in umschriebeneren, deutlicheren Gestalten vorschweben ließ, was da bedeutsam schien, den sogenannten „chthonischen" Bereich. Sie erschuf das Reich des Plutonischen. Die subjektiv erfahrene antinomische Wirklichkeit unter den Menschen, auch unter den allernächsten, forderte geradezu, daß es in riesiger Form übergeordnet Gleiches geben müsse. So gehört also zur ubiquitären, „kollektiven" Gehemmtheit der Menschen, z. B. auch auf retentivem und analem Gebiet, der mythische Bereich, und zwar wohl zu verstehen, unmittelbar hinzu.

d) Die aggressive Gehemmtheit, die Gehemmtheit des Geltungsstrebens

Manch ein Sprachempfindlicher wird einwenden, der eigentliche Wortsinn von aggressiver Gehemmtheit sei, die Gehemmtheit als solche sei aggressiv. Wenn solche Einwände des Sprachgefühls nicht tatsächlich hin und wieder, wie die Erfahrung zeigt, die Rolle eines Störungsfaktors beim Lernen spielten, wäre es nicht nötig gewesen, hierauf einzugehen. Aber es mag wohl genügen, auf die sprachliche Inkorrektheit solcher Wendung bereitwillig hingewiesen zu haben. Gemeint ist hier also die Gehemmtheit aggressiven Antriebserlebens. Diese nun näher zu erläutern erscheint überflüssig. Es wird kaum jemand schwer fallen, sich die entsprechende Lücke vorzustellen und nach Situation und Partnerschaft zu variieren.

Wer hier verstanden hat, wird nicht mehr erstaunt sein, wenn in irgendeinem Zusammenhang, beim Versuch einen Menschen zu charakterisieren, das Wort „Bescheidenheitsstruktur" (M. Seiff) fällt. Denn derjenige, der durch eine ausgesprochene Hemmung seiner Aggressivität und seines Geltungsstrebens ausgezeichnet ist, muß ja für den Spürsinn eines guten psychologischen Beobachters als inadäquat bescheiden auffallen. Das Wort inadäquat weist dann darauf hin, daß man von dem Betreffenden bei Gelegenheit recht Andersartiges zu erwarten haben wird. Ähnlich steht es mit dem Ausdruck „böse" Demut (G. Bondy). Es handelt sich da um eine gute sprachliche Bezeichnung derjenigen Charaktereigentümlichkeit, die zustande kommt, wenn jemand, hinsichtlich seiner Aggressionen und seines Geltungsstrebens gehemmt, „äußerlich" das Bild eines Demütigen darbietet. Das hinzugefügte Attribut „böse" soll dann sagen, daß „hinter" der Demut deren Gegenteil „lauert". D. h., für den „intuitiv" Begabten (s. a. S. 74) wird spürbar, daß solche Demut im Einzelfall nicht „rein" ist, sondern ihr Widersprechendes da und dort für das „Gefühl" bemerkbar aufblitzt. So könnten wir die Zahl der mehr oder weniger populär charakterisierenden Begriffe weiter und weiter vermehren. Es darf aber angenommen werden, daß derjenige, der verstanden hat, worum es sich hier im Kern handelt, nämlich um Aggressionsgehemmtheit mit allem Dazugehörigen, in „biographischen" Formulierungen das ihm geläufige Allgemeine rasch wiedererkennen wird.

Es sei vorsichtigerweise an dieser Stelle aber noch einmal hervorgehoben, daß sämtliche Erscheinungsbilder dieser Art, nämlich das Äußere von Bescheidenheit, Demut usw., usw. auch originär, autochthon, ganz ursprünglich vorkommen. Das ergibt sich aus der Selbstverständlichkeit, daß im Lebendigen alles Eigen-

tümliche streut. Damit der analytische Psychotherapeut nun nicht angewiesen
ist auf das, was eben intuitives Erfassen von Hintergründigem genannt wurde,
ist es notwendig, daß er es erlernt, den Entwicklungsgang zu solcher Eigentümlichkeit hin genauestens, d. h. analytisch-mikropsychologisch zu untersuchen.
Von da her dann kann ihm, abgesehen von der Tatsache, daß er es mit einem
Symptomträger zu tun hat, also mit einem, der „Hintergründiges" signalisiert,
die Genese den Beleg für das geahnt Abartige liefern.

Von größter Wichtigkeit aber ist hier die Rückbesinnung auf die oben erwähnte Tatsache, daß Grundlage unbekümmerten Konstruktiv-sein-
Könnens ein ausreichendes Erlebthaben destruktiver Tendenzen in der entsprechenden Kindheitsphase ist. Aber nicht nur das — so kann jetzt hinzugefügt
werden —, auch der Erwachsene bedarf eines ausreichenden Maßes an aggressivem Erleben und sogar Handeln, um auf konstruktivem Gebiet, auf dem Gebiet
ruhigen, humanen, leidenschaftlichen Aufbauwillens wirklich fruchtbar zu
sein. Ja, man darf wohl hinzufügen, daß korrelativ sogar die physische Gesundheit des Menschen davon abhängig ist, daß er sich in ausreichender Weise über
die Welt und an der Welt ärgert. Hauptsache ist aber im Augenblick, daß das
konstruktive Fruchtbarwerden eines Menschen, wenn auch in individueller Weise
von destruktiver Ungehemmtheit abhängig ist. D. h. also, auch eine konsekutive
Gehemmtheit konstruktiv-schöpferischen Erlebens ist so und so oft Repräsentant gehemmter Aggressivität.

Hierzu eine ganz praktische konkrete Bemerkung: Da die zumindest neurotoide Gehemmtheit aggressiver Tendenzen (s. S. 33), wie das Quantitative
hier vorwegnehmend bezeichnet werden soll, ubiquitär ist, d. h. allgemein verbreitet (und offensichtlich nur bei vereinzelten primitiven Stämmen ausgesprochen
„freigelassen"), sind manche Analysanden darüber erstaunt, wenn ihnen mitgeteilt wird, daß der Mensch im Mittel nur dann wirklich leben kann, wenn er
vorher ein ausreichendes Maß seiner ihm zugehörigen Aggressivität manifest
entwickelt hat. Insbesondere pflegen sie angesichts der höchst verbreiteten
„kitschigen" Literatur (das gerade deren Sinn!) erstaunt und zunächst unangenehm berührt zu sein, wenn sie erfahren, daß die normal liebende Mutter gerade
dadurch charakterisiert ist, daß sie sich von Zeit zu Zeit eine gewisse Portion
aggressiver Tendenzen gegenüber ihren Kindern unbekümmert erlaubt und nicht,
wie es in jener Literatur steht (Marlitt und Courths-Maler als Musterbeispiele),
immer nur liebt.

Von hier aus ist auch ein wesentlicher Bereich des hinter Impotenz und
Frigidität stehenden Erlebens zu verstehen. Die neurosenpsychologische Aussage muß hier also lauten: Der Mensch „braucht", um „gesund" zu sein, und
letztlich damit auch dem anderen ein liebevoller und beglückender Partner,
ein zu ihm gehöriges Maß an manifester Aggression dem anderen gegenüber.
Er muß sich von Zeit zu Zeit unbekümmert über den anderen ärgern können,
um nicht dauernd an ihm Ärgernis nehmen zu müssen. Der Erlebnishintergrund
von Impotenz und Frigidität ist, vom Träger regelmäßig natürlich unbemerkt,
außerordentlich häufig eine Stimmung des „Ärgernis-Nehmens" am anderen.
Hier also zeigt sich bei mikro-psychologischer Betrachtung mit voller Deutlichkeit die Bedeutung der Aggressionsgehemmtheit.

Unter anderem folgt hieraus, daß ein „übermäßiges" Friedlichsein gegen die Natur des mittleren Menschen geht; was zukünftige Politiker als Beitrag zu ihrer Bemühung den Einsichten der analytischen Psychotherapie zu entnehmen haben werden, wenn sie nicht in immer erneuter Folge erleben wollen, daß ein anfänglich idealistisch und „gut" gemeintes politisches System auf „restaurativem" Wege zum Gegenteil des ursprünglichen Ideals erstarrt.

Wie die oben breiter dargestellte Beziehung zwischen adgredi, eigentlicher Aggressivität und Geltungsstrebigkeit zeigt, leitet sich eine Gehemmtheit des Geltungsstrebens gleichsinnig ab. Wiederum ist die anthropologische Aussage sicher erlaubt, daß der Mensch nur im seltensten Einzelfall ohne die Produktion neurotischer Symptomatik, mit all ihren Folgen auch für die andern, zu existieren vermag, wenn er nicht ein ausreichendes Maß an Geltungsfreude, an Geltungsfreudigkeit zur Verfügung hat. Es gehört zur menschlichen Natur, wie die gesamte Geschichte und auch alle ethnologischen Erfahrungen zeigen, geliebt, bestätigt und in Grenzen sogar bewundert werden zu wollen. Es bedeutet nicht nur Lust, sondern wirkliches Glück, im Bestätigtsein durch die soziale Umwelt ruhen zu dürfen. Der Mensch bedarf als zoon politikon der Geltung nicht nur vor sich selbst als Werkschöpfer zum Beispiel, sondern auch vor den anderen. Gehemmtheit des Geltungsstrebens besagt also, daß der Betreffende hierin als mittlerer Mensch von der mittleren Norm abweicht; bzw. als Randständiger in der Streuungskurve des originären Geltungsstrebens von seiner eigenen individuellen Norm[1]. Dabei braucht das, was da in Form einer Lücke erscheint bzw. eben gerade nicht erscheint, also in der Latenz vorhanden ist, aber keineswegs etwa lärmend, voluminös zu sein. Die Gehemmtheit des Geltungsstrebens kann einfach darin bestehen, daß der Betreffende nicht fähig ist, seine „Würde" zu wahren, nicht fähig ist, sich im Zustand der Würde, unter anderem auch des ruhigen Würdevoll-seins, wohl zu fühlen. In einem neuen und weiteren Sinn also zeichnet sich der geltungsstrebig Gehemmte durch eine besondere Form der Bescheidenheit aus. Manchmal äußern die Betreffenden ganz deutlich ein Unbehagen gegenüber der Vorstellung, sie könnten irgendwann einmal in die Lage kommen, mit Würde auftreten zu sollen, würdevoll sein zu sollen.

Wiederum kann dieses Erleben so sein, daß der Betreffende zu seiner Abneigung gegen das Würde-Haben „steht", diese Abneigung vielleicht sogar als Ideal ausdrücklich bejaht oder sogar als Ideologie ausgebaut hat. In den allermeisten Fällen aber sagt dem Betreffenden ein tiefes Gefühl, daß er dabei eine Stimme der Kritik in sich übertönt, sie nicht hören will und daß ihm letztlich die Herkunft und die Gültigkeit seiner Abneigung gegen das Thema Würde in der Welt doch dunkel ist. Daher äußern diese Menschen ihre Abneigung nicht so selten mit einer Tönung humorvoll oder ängstlich erlebter Hilflosigkeit.

Es ist anzunehmen, daß diejenigen, die mit der eben erfolgten Erörterung verstehend und bereitwillig zustimmend mitgegangen sind, während solcher Vertiefung in diese Erlebnisgebiete des Menschen in bestimmter Hinsicht den Faden verloren haben werden. Denn diese Erlebnisgebiete pflegen zu wesentlichen

---

[1] Es muß also im Einzelfall mikropsychologisch, analytisch untersucht werden, ob der Betreffende, um seine neurotische Symptomatik zu verlieren, ein im Mittel geltungsstrebiger Mensch werden muß oder gar ein außergewöhnlich geltungsfreudiger.

Teilen im Halbschatten zu liegen. Es ist anzunehmen, daß ein Teil der Lesenden
hier im Innern mehr oder weniger ausdrücklich stutzen wird, unter dem Eindruck
stehend, hier werde unter dem Titel der Gehemmtheit, also der der Aggression
und des Geltungsbedürfnisses, mehr zusammengefaßt, als eigentlich erlaubt sei.
Zu oft werde hier unter üblichen Worten neuerlich als Gehemmtheit verstanden,
was sonst und mit Recht nicht neurosenpsychologisch gesehen werde. Aber es
wird wohl genügen, jetzt darauf hinzuweisen, daß als Ausgangspunkt der hier
erfolgten Darstellung zwar nur zunächst, aber doch ausdrücklich die neurotische
Symptomatik gewählt wurde. Es geht hier um analytische Psychotherapie als
Verfahren und nicht um Anthropologie überhaupt. Es geht also um Tiefen-
psychologisches und nicht um Psychologie überhaupt. Im so abgegrenzten Bereich
gilt all das eben Dargestellte. Was davon für ,,den'' Menschen gilt, d. h. für die
Überzahl aller Menschen, die keine neurotische Symptomatik haben, bedarf
einer weiteren Erörterung. Aber — bei Gelegenheit der eben erfolgten speziellen
Erörterung soll doch vorwegnehmend gesagt werden, daß all die eben dargestellten Erlebnistatbestände qualitativ ubiquitär sind, d. h. für alle Menschen
gelten.

Ausgeprägtere Formen geltungsstrebiger Gehemmtheit sind Eigentümlichkeit
der Symptomträger; aber es muß nun noch hinzugefügt werden, daß es einen
(noch nicht ganz scharf bestimmten) Kreis von Menschen gibt, die keine Symptomträger sind und doch zum Beispiel Züge ausgeprägter aggressiver und
geltungsstrebiger Gehemmtheit aufweisen, ohne daß sie damit einfach ,,normal''
genannt werden können. Für analytisch-psychotherapeutische Gesichtspunkte allerdings, wenn diese immer ganz wach und bewußt wären, darf zunächst vereinfachend gesagt werden: Erheblichere geltungsstrebige Gehemmtheit
ist regelmäßig (also nicht gesetzmäßig) mit neurotischer Symptomatik vergesell-
schaftet. Die neurotische Symptomatik als Sprengstück ruht im Einzelfall unter
anderem auch einer aggressiven und geltungsstrebigen Gehemmtheit auf.

Der überwiegende Teil all des hier Dargestellten wurde und wird erörtert,
ohne den Unterschied der Geschlechter zu berücksichtigen. Insofern handelt es
sich hier nur um Grundzüge einer Neurosenlehre. Besonders in der psychoanalytischen, aber auch in der individualpsychologischen und komplexpsycho-
logischen Literatur finden sich eine Fülle von Ausführungen zu diesem Thema.
So sei nun einmal ausdrücklich auf die hierhergehörigen natürlichen Varianten
hingewiesen. Erwirbt ein Mann als Kind eine Gehemmtheit seiner Aggressionen,
seines Geltungsstrebens, so wird er weich, gefügig[1]. Unter Berücksichtigung
der Tatsache, daß das motorische Element innerhalb des gesamten Antriebs-
und Bedürfniserlebens des Menschen eine dominierende Rolle spielt, und also
von der Motorik her eine Neurosenlehre außerordentlich weitgehend entwickelt
werden kann, ist abzuleiten, daß neurotische Männer ganz allgemein, welche
besondere Struktur sie auch haben mögen, durch weiche Gefügigkeit ausgezeichnet
sein müssen. Ebenso aber, gleichsinnig, ist aus der hier vertretenen Neurosenlehre
folgerichtig zu entnehmen, daß die Frau, soweit sie Neurotikerin ist, in der Regel
nicht durch weiche, gefügige Züge ausgezeichnet sein wird. Im Gegenteil. Ver-

---

[1] Im Gegensatz zur primären, auf S. 47 behandelten Weichheit.

gröbert, repräsentativ läßt sich sagen, daß die Frau zwar als erstes Liebesobjekt die Mutter hat und nicht den Vater, daß sie dann aber in ganz besonderer und betonter Weise am Mann hinsichtlich ihrer Liebesfähigkeit, ihres Kontaktes den Menschen gegenüber zu scheitern pflegt. Auch ihre soziologische Lage, jedenfalls in den sozialen Ordnungen Europas, sorgt dafür, daß sie, statt manifest weich, gefügig zu werden, eine durchgängige Neigung zur Überkompensation entwickelt, also zu motorischer Propulsion, sei diese nur in ihr Leben eingestreut, sei es so, daß die Atmosphäre ihres Daseins durchgängig hiervon bestimmt wird. Vergleichsweise also weist die neurotische Frau Züge auf, die „von Natur" den Mann zu kennzeichnen pflegen. Im sexuellen Bild hieße das dann, die neurotische Frau ist gegenüber der bloß neurotoiden, durchschnittlichen durch „männliche" Attribute ausgezeichnet. Sie fällt auf durch, „sexualistisch" ausgedrückt, „phallische" Eigentümlichkeiten. Der Inhalt ihrer Träume unterstreicht dies noch in deutlichster Weise. Vom Traumerleben her gesehen, das, wie unter anderem im „Lehrbuch der Traumanalyse" des Verfassers genauer ausgeführt, völlig verständlicherweise sexueller ist als das Wacherleben, erhält der „phallische" Charakter jener Männlichkeitsmerkmale der neurotischen Frau noch einmal eine Unterstreichung. Was in all diesen Fällen gehemmt ist, sind vorwiegend die „natürlichen" Hingabetendenzen der Frau, aber auch auf dem tiefenpsychologisch üblichen Wege des Rösselsprungs sind korrespondierende „aggressive" Tendenzen gehemmt. Bei diesen handelt es sich um den Teil an natürlicher „Aggression", den jede gesunde Frau genau ebenso wie der Mann besitzt und der keineswegs etwa als männlich bezeichnet werden darf. Gerade diese ganz natürlichen auf Selbstbehauptung, Selbstdurchsetzung, Würde usw. bezogenen expansiven Antriebsqualitäten im Erleben der ganz gesunden Frau sind bei der neurotischen in die Latenz geschickt worden. Das aber wiederum involviert ein partielles so oder so geartetes Durchbrechen am falschen Ort zur falschen Zeit. Und dies erst ist das, was man, wohl verstanden, mit gutem Recht im kennzeichnenden Jargon „phallisch" nennt.

e) Die urethrale Gehemmtheit

Entsprechend dem oben Dargestellten muß es sich hier im wesentlichen um einen Beitrag zur Gehemmtheit aggressiver Tendenzen im weitesten Sinn handeln. Die Akzente liegen hier auf den Themen Willkür und Ehrgeiz. Die Träger solcher Gehemmtheit wären also Menschen, die nicht in der Lage sind, ihrer Totalperson entsprechend impulsiv zu sein. Impulsivität bedeutet ja, daß der Betreffende zwar nicht propulsiv alle Schranken durchbricht, aber doch imstande ist, unbekümmert, im Augenblick unabhängig von besonderer Rücksichtnahme auf Ort und Zeit, sein Inneres nach außen zu kehren, im Aus-druck „sprühend" zu sein, im Handeln rasch, vielleicht „im hohen Bogen" zu handeln oder wie man dies auch immer in üblicher Redeweise charakterisieren mag. Das also können die speziell urethral Gehemmten unter anderem nicht. Insofern sind sie unfrei. So ist häufig auch eine entsprechende Ehrgeizhaltung latent. Eine Seite des Ehrgeizig-seins kann ja im propulsiven Geltenwollen bestehen, in besonderen Formen „steiler", strammer Haltung, steil nach oben. Es wird sich bei der näheren Erörterung von Relikten der in die Latenz gegangenen Antriebsqualität (s. S. 35, Zeile 6 v. u.) zeigen, wie diese besondere Form von Ehrgeiz im einzelnen aussieht.

Aber zum urethralen Gebiet gehört ja auch das propulsive Strömenlassen, Laufenlassen. Die besondere Art des Vertrauens, die notwendig ist, damit das Kleinkind einfach laufen läßt, hat den Charakter der Hingabe, nämlich einer Hingabe, die sicher ist, daß der Liebe und der Bestätigungsbereitschaft der Umwelt vertraut werden darf. Gehemmtheit bedeutet hier also Unfähigkeit, solche Art von Unbekümmertheit manifest zu erleben. Der Betreffende also z. B. trägt Züge von „Geradheit", deren Bild nun wiederum das Merkmal des „Emporsteilens" besitzt. In Gedichten und Prosawerken der 20er Jahre fand dieser Ausdruck Eingang, wurde vielfach verwandt und war Charakteristikum einer Generation, die hin- und herschwankte zwischen Hoffnungslosigkeit und tastendem Vertrauen im Sinne der Weltfrömmigkeit, unsicher und daher geraffter, als es ein ruhig ausgeglichenes Vertrauen für nötig gehalten hätte. Daher auch damals das unbehagliche Reagieren eines anderen Teils der Jugend auf solche dichterische Wortwahl. Wer sich dieser Episode erinnert, wird nunmehr wissen, worum es sich bei dieser Seite urethraler Gehemmtheit handelt.

Natürlich aber besteht die urethrale Gehemmtheit unter anderem auch so und so oft wortwörtlich in einer Unfähigkeit, im üblichen Sinn zu urinieren. Ein Musterbeispiel: die Unfähigkeit, in Gegenwart anderer zu urinieren. Hier erscheint die Gehemmtheit als neurotisches Symptom. Entscheidend aber ist, daß es sich in solchem Fall nur ganz selten eben um diese wortwörtlich zu verstehende „Gehemmtheit" der Organfunktion handelt, sondern im allgemeinen um eine Gehemmtheit der gesamten urethralen Kategorie, also auch des vorher Geschilderten. Dann ist die neurotische Störung des urethralen Funktionierens zwar neurotisches Symptom, gleichzeitig aber lediglich „Symptom" für etwas charakterologisch viel Breiteres. Dann hat die sehr auffällige neurotische Symptomatik den Stellenwert eines Signals für Allgemeinstes. Es besteht kein Grund, hier eine sehr große Breite des Kategorialen anzunehmen und vorzustellen, so daß man, ohne damit Gekünsteltes zu sagen, feststellen darf, daß im Einzelfall das „Dasein", die Existenz, d. h. die Antwort auf die Welt überhaupt des betreffenden Gehemmten, urethralen Charakter hat. Die Welt wird von dem Träger dieser speziellen Art von Gehemmtheit unbewußt so apperzipiert, als sei sie nur durch impulsiven Stoß, durch sprühendes emotionales Strahlen zu bewältigen, auf keinen Fall aber in ruhiger behäbiger Breite des Sich-Ergießens. Im „subjektiven", bewußten Erleben aber zeichnet sich der so Geartete durch eine ganz spezielle Form der Schüchternheit aus. Diese also ist in solchem Fall durch „Analysieren" zu entdecken. Diese ist der eigentliche, „wahre" Grund für ein urethrales Symptom. Das muß der analytische Psychotherapeut wissen, will er seinen Erfolg nicht in Frage stellen.

f) Die Gehemmtheit im Liebesbereich, die sexuelle Gehemmtheit

Bevor auf die Gehemmtheiten dieses Bereichs näher eingegangen wird, empfiehlt es sich, sich noch einmal auf folgendes zu besinnen: Die Menschen sind hin-

sichtlich ihrer originären, autochthonen, ursprünglichen, konstitutiven, genotypischen, zärtlichen Liebes- und sexuellen Bedürfnisse individuell sehr verschieden geartet. Das gilt für sämtliche „Erscheinungsformen", d. h. Antriebs-
und Bedürfnisarten dieses Bereichs. Es ist also zweierlei zu beachten. Zweierlei
muß dem analytischen Psychotherapeuten dauernd vorschweben: Erstens der
Streuungscharakter jeder Qualität dieses Bereichs, zweitens aber auch, daß es
sich um ihrerseits deutlich voneinander unterscheidbare autochthone, nicht ableitbare spezielle Bedürfnisarten handelt, nämlich um zärtliche, liebend-hingebende,
„erotische" und dann auch entscheidend wichtige, im landesüblichen Sinne sexuelle
Bedürfnisse. Diese treten zwar so und so oft, instinktiv oder erworben, gekoppelt
auf; aber sie kommen eben auch deutlich voneinander abgehoben, solitär vor.

Ist dies korrekt gesehen, so ergibt sich mit Selbstverständlichkeit: Nahezu
jeder Grad von Gehemmtheit auf diesem Gebiet, also hinsichtlich jeden Einzel-
bedürfnisses, kommt vor und muß, von außen her gesehen, der entsprechenden
originären Variante täuschend ähnlich sehen. Weil dies so ist, ist es im Laufe
der Wissenschaftsgeschichte so schwierig gewesen, hier Strukturiertes von Ein-
fachem deutlich zu unterscheiden. Vom subjektiven Erleben und Sich-Verhalten
her gesehen bieten die betreffenden Erscheinungen das gleiche Bild. Um es an
einem drastischen Einzelbeispiel zu illustrieren: Der originär ausgesprochen
Hypersexuelle kann im Einzelfall so schwer gehemmt sein, daß das Resultat
in eindeutiger, subjektiv unbezweifelbarer „Schwäche" der sexuellen Begehrlichkeit, Appetenz, besteht. Von außen her gesehen ist also nicht zu entscheiden,
worum es sich hier eigentlich handelt. Nur die mikro-psychologische Analyse
(natürlich mit Hilfe des angegebenen Verfahrens, s. S. 201) vermag hier aufzuhellen. Immer wieder wird die Genese der betreffenden Eigentümlichkeit ausführlich herangezogen werden müssen, um ein wirklich begründetes Urteil zu
ermöglichen.

Hieraus aber folgt, daß es die neurosenstrukturell verstehbaren, erklärbaren
Erscheinungen eben auch gibt. Und um diese soll es sich nunmehr handeln.

Sie tragen das Merkmal der Lücke bzw. der mangelnden Intensität — wiederum
relativ zur Totalperson des Trägers. Zärtlichkeit, Liebesbedürfnis, sexuelles
Bedürfnis tritt dann nicht auf (oder nur in Andeutungen), wenn der Betreffende
„eigentlich" intensiv erleben sollte. Es ist dabei zu beachten, daß zwar die oben
genannten Attribute ein- und denselben Tatbestand (von originär bis genotypisch) treffen sollen, also synonym gemeint sind, nun aber die autochthonen
Bedürfnisqualitäten der Zärtlichkeit, der Liebe und der Sexualität aneinander-
gereiht behandelt werden. Im Augenblick soll Summarisches ausgesagt werden.
Nur Hinweise sollen hier gegeben werden, weil sich eine Einzelschilderung nun
wohl erübrigt.

Es sei hinzugefügt, daß es auch erworbene Erosgehemmtheit gibt, d. h.
Menschen, die im Widerspruch zu ihrer eigenen innersten Natur auf dem oben
dargestellten Wege neurotischer Entwicklung „verlernt" haben, der Schönheit
des Lebendigen positives Gefühl entgegenzubringen. Anthropologisch, sozial,
pädagogisch mag sich dieses Phänomen noch als höchstbedeutsam erweisen;
im eigentlichen neurosenpsychologischen, psychotherapeutischen Zusammenhang
aber gilt dies nicht.

Vorsichtshalber sei aber doch noch darauf hingewiesen, daß das sexuelle
Erleben Gefüge und Aufeinanderfolge ist. Es handelt sich da um ein sehr
mannigfaltiges Gebilde. Sogar der Akt des Koitus selbst stellt zu erheblichen
Teilen eine recht differenzierte instinktive Abfolge dar. Gehemmtheit muß
ja keineswegs immer einen ganzen Bereich betreffen. Sie kann jeweils nur in
Einzelzügen bestehen. Das hieße also, jedes einzelne „Element", zum Beispiel
des sexuellen Erlebens, kann getroffen sein, im Einzelfall isoliert und dadurch
auffallend. Es können die Wahrnehmungsanteile gehemmt sein, oder die Vorstellungen, oder die Empfindungen, oder die Erregungen, oder die Gefühlstöne.
Der sexuelle Impuls kann ausfallen oder stark gemindert sein. Aber es kann
sich auch bei vorhandenem Impuls um eine intensive Gehemmtheit der sonst
selbstverständlichen konsekutiven motorischen Betätigung handeln und wiederum im Spezialfall etwa um eine Gehemmtheit der sexuellen Initiative in Sinne
einer Behinderung der sprachlichen Äußerung, d. h. des sprachlichen Ausdrucks
des sexuellen Begehrens. So ergibt sich eine außerordentliche Fülle von Varianten.
Alles kann isoliert vorkommen. Alles kann mit allem verbunden ein Aggregat
bilden. So kann auch im Einzelfall isoliert der Orgasmus fehlen; dies dann einzige
vorhandene „Lücke". Daher ist auch kein praktisch tätiger analytischer Psychotherapeut erstaunt, wenn er nach jahrzehntelanger Arbeit auf diesem Gebiet
bei irgendeinem Patienten auf eine weder ihm selbst aus eigener Erfahrung
noch aus der Literatur bekannt gewordene Eigentümlichkeit sexueller Art stößt.
Einst wird ein „Handbuch der analytischen Psychotherapie" einen geordneten
Überblick über all das ermöglichen, was heute noch über Tausende von Seiten
verstreut, und durchaus ungleichwertig belegt, nachgelesen werden muß.

7. Die „minderwertigen Funktionen"

Wenn die neurotische Symptomatik Sprengstück ehemals voll erlebter Antriebe und Bedürfnisse ist, wenn das Antriebserleben so, wie oben dargestellt,
strukturiert ist, wenn die neurosenstrukturell bevorzugten Antriebsarten die
oben behandelten sind und wenn die Gehemmtheiten daher wie oben erörtert
aussehen, dann müssen sich die von Jung neurosenpsychologisch verantwortlich
gemachten „minderwertigen Funktionen" im oben Dargestellten wiederfinden
lassen. Sonst bliebe nur die Möglichkeit, daß Freud falsch oder grob unvollständig gesehen hat oder auch Adler oder auch Jung. Hier wird aber, wie
schon im Vorwort gesagt, der Standpunkt vertreten, daß es sich um solche
Gegensätzlichkeiten auf keinen Fall handelt. Also müßte sich die Tafel der
minderwertigen Funktionen ins Psychologische, ins Erlebnishafte transponiert,
auch antriebspsychologisch formulieren lassen. Die These Jungs lautet etwa
folgendermaßen: Der Neurotiker zeichnet sich nicht nur durch seine neurotische
Symptomatik aus, sondern auch dadurch, daß eine Reihe von „Funktionen" bei
ihm „minderwertig" sind. Nach allem Dargestellten darf wohl an die Stelle
des Wortes minderwertig als gleichsinnig gesetzt werden: unterentwickelt, zu-
rückgeblieben, weitgehend latent. Ist dies erlaubt, so würden die von Jung
angeführten Funktionen des Denkens, des Empfindens, des Fühlens und

des Intuierens beim Neurotiker also wechselnd in Form verschiedener Varianten, in verschiedenen Kombinationen, als latent anzusehen sein. Minderwertig wäre auch etwa mit lückenhaft gleichzusetzen. Da, wo der Betreffende eigentlich seiner Totalperson nach denken, empfinden, fühlen oder (und) intuieren „müßte", tut er es nicht. Aber es ist offensichtlich, daß zunächst einmal keines der verwandten Attribute, um jene vier Funktionen zu charakterisieren, deren Störung neurosenpsychologisch valent sein soll, antriebshaften Charakter hat. Also wäre zu fragen, auf welche empirischen Daten denn mit den Worten: denken, empfinden, fühlen und intuieren abgezielt wird. Vielleicht erlaubt die Entwicklung deutlicher Vorstellungen hiervon, im Sinne einer Vorstellung von Erlebtem, zunächst einmal wenigstens einen Vergleich mit den hier hervorgehobenen Antriebs- und Bedürfnisbereichen.

a) Die minderwertige Fühlfunktion

Den direktesten Zusammenhang vermittelt nach allem oben Dargestellten wohl die Funktion des Fühlens. Vielerlei empirische Hinweise auf das Erleben und Leben der Betreffenden, die durch eine minderwertige Gefühlsfunktion ausgezeichnet sein sollen, zeigen, daß es sich dabei im wesentlichen um denjenigen Bereich handelt, der hier unter dem Titel: Hingabe erörtert worden ist. Das Wort Hingabe geht ja in ausgeprägtester Weise auf Gefühlshaftes, auf Gefühle „weicherer" Art, wie man sehr wohl sagen kann. Es geht um die Bereiche der Ergriffenheit, der Innigkeit, der liebevollen Zuwendung. Gehemmtheit dieser Erlebnisbereiche, dieser Ausschnitte aus dem „Gefühlsspektrum" des Menschen wären also weitgehend identisch mit dem, was von Jungscher Seite als minderwertige Gefühlsfunktion bezeichnet worden ist.

Unter der Voraussetzung, daß es zwar auch harte Frauen und weiche Männer gibt, daß aber im Mittel die Frauen weicher als die Männer sind, kann also sehr wohl statt von minderwertiger Fühlfunktion auch von nicht-entwickelter „Weiblichkeit" gesprochen werden.

Eine Variante solcher Weiblichkeit ist dann die pflegerische, die mütterliche.

Und nun wieder einer der analytisch-mikropsychologischen „Rösselsprünge" (s. a. S. 97):

Eine Frau hat als kleines Mädchen aus Furcht vor dem jähzornigen, sie nicht bestätigenden Vater eine Hemmung ihrer weichen, hingebenden Gefühlsbedürfnisse erlitten. Diese sind latent geworden. Ihre Weiblichkeit ist also un- oder zumindest unterentwickelt. Aber mit hoher Wahrscheinlichkeit ist noch etwas weiteres geschehen: Sie hat sich der eigenen Mutter extrem zugewandt. Sie ist mit diesen extremen Bedürfnissen im späteren Leben gescheitert. Sie hat auch diese „verdrängt". Wird solche Hemmung aufgehoben, so wird Weiblichkeit und Sehnsucht nach einer bergenden Mutter manifest. Die eine bleibt. Die andere wird „vom Leben" korrigiert. Ein typischer Tatbestand.

b) Die minderwertige Empfindungsfunktion

Bei manchen Trägern neurotischer Symptomatik fällt auf, daß sie eine merkwürdig „schwache" oder lückenhafte Beziehung zur getasteten oder auch ge-

sehenen und gehörten Welt haben. Nicht ohne Grund ist das Tasten, das, was
oben einmal zur Verwendung des Wortes „manual" führte (S. 33), hier repräsentativ. Der Kontakt — dies Wort kommt von tangere, berühren her — mit
den realen Dingen der Welt ist herabgesetzt, gelockert, manchmal gestört bis
zu weitgehendem Aufgehobensein. Dieses wiederum kann darin bestehen, daß
es zum eigentlichen Berührungsversuch im wörtlichen Sinn gar nicht mehr
kommt oder wenigstens sehr unvollständig, so daß Empfindungen, Sensationen,
insbesondere auf dem Gebiet des Getastes nur spärlich, vage, unsicher sind.
So äußert sich manchmal die oben geschilderte Gehemmtheit intentionalen
Erlebens. Hier geht das bloß Gefühlshafte, Emotionale in den Vollzug über, in
ein adgredi, nun nicht mit dem ganzen Körper oder durch Bewegung der Beine,
sondern zunächst mit der Hand, die ja vorzugsweise — aber nicht nur — zu
tasten pflegt. Das Entscheidende ist in der Konsequenz hin und wieder eine
grobe Ungeschicklichkeit im Umgang mit den Dingen, ein Unvermögen,
überall da, wo es auf Geübtheit des Umgangs mit den Dingen ankommt. Und
das Ganze ist ursprünglich hervorgerufen durch intentionale, dann aber auch
durch Gestörtheit der Aggression im oben entwickelten allgemeinsten kategorialen
Wortsinn. Daß dann Sensationen, Empfindungen ausfallen, ist manchmal auffällige Folgeerscheinung. So ergibt sich auch die Möglichkeit, von da her zu
charakterisieren, in solchem Fall von der „minderwertigen Empfindungsfunktion"
zu sprechen. Es wäre hier also eigentlich nur zu fragen, ob tatsächlich, wie hier
dargestellt, zentral die intentionale Gestörtheit vorliegt und die Empfindungs-
störung verstehbare und so erklärbare Folgeerscheinung ist. Dann müßte ja
wohl auch sprachlich und begrifflich, semantisch der Akzent auf der intentionalen
Gestörtheit liegen, der Begriff des Intentionalen also dominieren. Hier werden
weiter Forschung und Nachdenken anzusetzen haben.

An dieser Stelle mag, stellvertretend für viele andere, eingeschaltet werden,
daß außer der möglichsten Vermeidung von Metaphern und „nonischen" Begriffen
(s. a. S. 290) auch die Sparsamkeit in der Verwendung neuer Worte wissenschaftliches Gebot der Stunde ist. Daher ist hier nicht die Frage, ob es eine minderwertige Empfindungsfunktion gibt, sondern — ob es angezeigt ist, dieses Wort,
diesen Terminus neben den unbedingt notwendigen einzuführen.

c) Die minderwertige Denkfunktion

Manches in der Jungschen Literatur spricht dafür, daß die Funktion des
Denkens unter folgendem Gesichtspunkt ins Auge gefaßt wurde:

Auffällig zunächst ist innerhalb des neurotischen Bereichs hinsichtlich des
„Denkens"[1] der grübelnde Mensch.

Wie sich noch zeigen wird, leitet sich dieses Grübeln im wesentlichen aus
einer motorischen Aggressions-Gehemmtheit her. Das möge einmal vorläufig
hingenommen werden. Der in diesem Sinn übermäßig und offensichtlich im
Widerspruch zu seiner Totalperson „denkende", reflektierende Mensch, für den
die englische Sprache den besonderen Ausdruck self-conscious hat, ist also eine
typische Erscheinungsform des Neurotikers — vorwegnehmend sei festgestellt des

---

[1] S. a., wie Descartes sein „cogito" erläutert. Danach ist es eigentlich nicht erlaubt,
dieses Wort mit „Denken" zu übersetzen. Es muß in moderner Sprache „Erleben" heißen.

zwangsneurotisch strukturierten Menschen. So fällt jedenfalls innerhalb des neurosenpsychologischen Bereichs, um den es hier ja geht, ein sogenanntes „Denken" auf, nämlich als besonders geartetes Funktionieren, als spezifische Funktion.

Von hier aus gesehen, nachdem diese besondere Funktion einmal durch Auffälligkeit im Einzelfall deutlich geworden ist, zeigt der Überblick über die neurotischen Menschen, die Träger also von neurotischen Symptomen, zunächst, daß es auch einen Gegentypus gewissermaßen gibt, der offensichtlich zu wenig denkt. Dem Grübler steht der Gedankenlose, propulsiv Handelnde gegenüber. Bei diesem ist, eine neurotische Struktur, also eine Gestörtheit vorausgesetzt, das Denken „minderwertig". Denken, Planen, Vorausschauen, Genau-Hinsehen, die „Realität-Prüfen" gehört nicht in den Bereich des Erlebens so gearteter Menschen. Sehr häufig handeln sie, bevor sie denken. Sie sprechen auch, bevor sie denken. Sie planen nicht, aber sie sind aktiv, eben ohne zu planen. Ihre Ratio funktioniert nicht, jedenfalls nicht da, wo es auf längere Sicht unbedingt im eigenen Interesse läge. Die Belange der anderen Menschen mögen dabei ruhig zunächst im Hintergrund bleiben.

Die Betreffenden gehen entsprechend auch mit ihrem Wortschatz um. Da, wo es sich lediglich um Ähnlichkeit handelt, verwenden sie Worte, als ob es um Identität ginge. Hin und wieder kann man wohl sagen, sie treiben mit den Worten Schindluder. Sie benehmen sich in ihren sprachlichen Äußerungen, beim Verstehen sprachlicher Äußerungen und im Handeln wie Till Eulenspiegel.

Zweifellos also gibt es diesen Typ des Neurotikers. Es gibt also eine „minderwertige Denkfunktion". Im eben geschilderten Typus wird sie deutlich. Das prüfende Denken tritt im Verhältnis zu den Anlagen, zur Totalperson zurück. Es wäre also zu fragen, welche Genese dieses Zurücktreten des Denkens, dieses Latentbleiben des Denkens, der Realitätsprüfung eigentlich hat. Vielleicht stößt man auch hier auf antriebspsychologisch faßbare Quellen. Und das ist der Fall: Die Betreffenden sind zutiefst von einer fast reflektorisch gewordenen Mißtrauenshaltung den Menschen gegenüber erfüllt. Sie fühlen sich nicht als das bestätigt, was sie im Grunde sind. Deshalb gehen sie unter anderem wie ein Clown mit dem Denken um. Sie fürchten[1] die Klarheit, das korrekte ruhige Prüfen, weil sie Enttäuschung fürchten. Sie fürchten, daß die Welt der Dinge sie zwingen könnte, der Menschenwelt zu widersprechen. Auf diesem Wege etwa — es wäre viel Genetisches hinzuzufügen — entwickelt sich „das Rationale in Latenz", die dann offensichtlich minderwertige Denkfunktion. Hier wird besonders deutlich, warum es, wie hier vertreten, vorzuziehen ist, antriebs- und bedürfnispsychologisch zu zentrieren, die Neurosenstruktur von diesen Erlebniskategorien her zu sehen und nicht von vergleichsweise sekundären, oberflächlicher liegenden.

Vorwegnehmend sei bemerkt: so sieht die „hysterische" Struktur aus![2]

---

[1] Natürlich latent, ohne davon zu wissen, ohne daß man sie explorierend danach fragen kann, eine Antwort erwartend. Diese muß ja negativ ausfallen. Es muß also analysiert werden, wenn man solch Fürchten feststellen will. Freud sprach auch davon: „Die Angst muß in die Analyse kommen."

[2] So sollte man also auch fürderhin die Hysterie, die hysterische Struktur „lesen". Das in der Beobachtung und bloßen Exploration Auffallende ist damit verglichen Beiwerk, d. h. psycho-logische Konsequenz.

d) Die minderwertige intuitive Funktion

Das Gefühl des Menschen wendet sich, zunächst einmal wenigstens, dem Augenscheinlichen, dem Offensichtlichen zu, auch vielleicht einem ebenso vorschwebenden ideellen Gegenstand. Die Empfindung richtet sich ausgesprochen auf die Realität, das Denken im Sinne des Rationalen ebenso. Aber vieles in der Welt ist lediglich Vordergrund. Das Hintergründige klingt lediglich an, klingt hindurch, signalisiert sich; wie man dies auch immer bezeichnen mag. Sinn und Gehalt, Möglichkeit und Idee werden „geahndet", wie man das einst ausdrückte, werden „intuitiv" erfaßt, wie man moderner Weise sagen kann. In unserer Sprache: Das anschauliche Denken vermittelt oft Wahrheiten, die dem rationalen Zugriff dann doch und manchmal lange Zeit entzogen bleiben. Das anschauliche Denken, das Fühldenken, ist gesättigt mit Emotionalität. Dieses Anschauen geht bevorzugt auf das Hintergründige. Wenn oben ausdrücklich davon gesprochen wurde, der Mensch sei ein neugieriges Wesen (S. 24), so hätte eine andere anthropologische Formel auch lauten können: Der Mensch geht angeborener und hervorgehobener Weise auf den „Hintergrund" der realen Dinge. Für den Schimpansen ist ein Gegenstand wie der Mond unter Umständen wohl auch von Interesse, aber er bleibt helles, im Augenblick überraschendes vordergründliches Etwas. Der Mensch dagegen, auch das Kleinkind, antwortet mit spezielleren, nachhaltigeren, besinnlicheren Gefühlstönen. Er stellt an diesen Teil der Welt und an die ganze Welt in Form eines Gefühlstones eine Frage.

Im Erleben des Eros gibt er sich selbst eine mögliche Antwort, nämlich die: es ist wohl geordnet. Ich darf vertrauen, hingebungsvoll, glücklich sein.

Dennoch bleibt auch die Frage wach: Woher? Woher gerade so? Was verändert das Sich-Verändernde?

Die charakterologische Kennzeichnung „oberflächlich" im Gegensatz zu „tief" berührt ebenfalls den hier ins Auge gefaßten Bereich menschlichen Erlebens. Wiederum handelt es sich im wesentlichen um ganz spezifische Gefühlsbereiche, Bereiche aus dem Gefühlsspektrum des Menschen. Jedoch ergibt sich hier bei näherem Hinsehen eine ähnliche Merkwürdigkeit der Beziehung wie zwischen der zwangsneurotischen und der hysterischen Struktur (dies sei vorwegnehmend einmal so gesagt). Unter den neurotischen Menschen fällt eine Gruppe auf mit ausgesprochenster „clairvoyance", eine andere mit ebenso ausgesprochener Unfähigkeit hierzu. Der mittlere Mensch variiert, aber nicht so extrem. Antriebspsychologisch würde es sich also, wenn eine minderwertige intuitive Funktion vorliegt, um das Latentsein bestimmter Gefühlsqualitäten handeln. In solchem Fall also bestände das „Gesunde", also die Aufhebung der Gehemmtheit in einer neuerlichen Einordnung dieser bestimmten gefühlshaften Möglichkeiten in das Ganze einer bis dahin neurotischen Persönlichkeit.

Aber es muß nach den Veröffentlichungen aus dem Jungschen Bereich wohl angenommen werden, daß das Leitbild des Interesses für das intuitive Erleben jene quasi überdimensionale intuitive Fähigkeit ist. Sei diese in einem Menschen latent, so resultiere eine Variante neurotischen Erlebens. An dieser Stelle entstünde also eine neurosenpsychologische Frage, nämlich die: Ist das Fehlen ausdrück-

licherer, intensiverer intuitiver Erlebnisse pathognomonisch? D. h.: Haben
Träger neurotischer Symptomatik in irgendeiner Weise bevorzugt dieses Merk-
mal minderwertiger intuitiver Funktion? Oder, anders ausgedrückt, schwebt
den betreffenden Autoren folgender Zusammenhang vor: Symptomlosigkeit,
Fortfall neurotischer Symptome dann, wenn deren Träger im Gegensatz zum
Vorher nun als geheilter Mensch unter anderem auch äußerst intensive intuitive
Erlebnisse hat? Hier bleiben also Fragen offen, und es wird Aufgabe der For-
schung sein, Näheres, Präziseres und schließlich Verbindliches auszusagen. Im
Augenblick scheint eine eindeutige Zuordnung des intuitiven Bereichs zu einer
antriebspsychologischen Auffassung der Neurosenstruktur noch nicht möglich.

8. Das introvertierte bzw. extravertierte Erleben, von der Gehemmtheit her gesehen

Denkt man sich die Menschen in die Lage versetzt, nach Belieben ihren Neigungen zu folgen, so ist anzunehmen, daß eine Eigentümlichkeit ihres Daseins
und Soseins in deutlichster Streuung sichtbar werden würde, nämlich die, sehr
tätig zu sein oder ausgesprochen ruhig im Motorischen. Vorsichtigerweise
sollte man wohl so beginnen. Es wird noch einiger Arbeit bedürfen, all das, was
hinter diesem zunächst noch Äußeren steht, mit voller Deutlichkeit zu erhellen.
Als oben (S. 46) die anlagemäßigen, genotypischen, begünstigenden Faktoren für
das Entstehen von Gehemmtheit und Neurosenstruktur erörtert wurden, ergab
sich die Notwendigkeit, hierunter auch die Hypermotorik zu nennen. Ihr
wurde die Hypersensibilität gegenübergestellt, ebenfalls als ererbte Anlage
aufgefaßt. Denkt man nun aber nur einfach an die „physiologische" Breite, also
an die Streuung des motorischen Entladungsbedürfnisses überhaupt, jenseits
von deren einem Rand die eigentliche Hypermotorik liegt, so ergibt sich
auf jeden Fall eine originäre Differenz zwischen den randständigen Typen,
nämlich zwischen Menschen, die zwar keinen „übermäßigen", aber doch einen
randständig starken motorischen Entladungsdrang haben und den anderen, die
damit verglichen motorisch ausgesprochen ruhig sind. Wahrscheinlich sind diese
es, an die in der Regel gedacht wird, wenn das Stichwort phlegmatisch fällt.
Jene lebhaft motorischen Menschen könnten also unter anderem auch durchaus
im wörtlichen Sinn als extravertiert bezeichnet werden. Die anderen wären
aber damit noch lange nicht „introvertiert", sondern bloß motorisch ruhig.

Läßt man sich nun die Streuung der Sensibilität, der Ansprechbarkeit, zunächst
geleitet von den auffallenden Formen der Hypersensibilität vorschweben, so
ergibt sich ein Gegensatz zwischen den sehr lebhaft auf irgendwelche Reize
Reagierenden und den im Gegensatz dazu vergleichsweise „Stumpfen". Gehört
ein Mensch aber zur Gruppe der, wenn auch nicht Hypersensiblen, so doch
Randständigen, also Hochsensiblen, so leuchtet es ein, daß die Betreffenden,
wenn es sich um eine genotypische Anlage handelt, d. h., wenn sie bereits im
ersten Lebensjahr so reagieren, wie das mit einiger Wahrscheinlichkeit ein Leben
lang bei ihnen der Fall sein wird, eine ganz ursprüngliche Neigung haben werden,
die Reize, die die Welt aussendet, zu meiden und sich auf sich selbst zurückzuziehen. Dabei wird sie innerlich solche Auseinandersetzung mit der Welt

naturgemäß lebhaft beschäftigen. Sie sind ja nicht stumpf, sondern im Gegenteil höchst bewegt. Diese Gruppe von Menschen ist also in ausgesprochenster Weise nicht extravertiert, sondern introvertiert, d. h. ihrem Innenleben oft in durchaus beunruhigter oder gar gequälter Weise zugewendet, im eigentlichen Wortsinn also intro-vertiert. Das muß ja psycho-logischer Weise so sein.

Darf das eben Gesagte als zutreffend unterstellt werden, so ergibt sich hier bereits bei dem Versuch, die „Lebensform" der äußerlich extravertierten bzw. introvertierten Menschen zu erhellen, daß auf jeden Fall zwei markante Typen zu ganz verschiedenen Erscheinungsbereichen hinzugehören. Diese sind nicht ohne weiteres miteinander vergleichbar. Denn einmal handelt es sich um eine ganz ursprüngliche, einfach strukturierte Variante der Motorik, des motorischen Entladungsbedürfnisses, ein anderes Mal um eine Variante von etwas komplexerer Struktur der Sensibilität. Auf jeden Fall also handelt es sich nicht um ein „echtes" Gegensatzpaar und das, obgleich die prägnanten Erscheinungen bzw. Lebensformen als so vorhanden keineswegs bestritten werden können. Nur muß das „Innere", das Psychische daran, das Erlebnishafte unter heterogenen Gesichtspunkten erfaßt werden. Daher eine gewisse erste Schwierigkeit hinsichtlich jener lapidaren Gegenüberstellung von extravertiert und introvertiert.

Wie ersichtlich ist, steht die Gruppe der eben charakterisierten Introvertierten, im deutlichen Gegensatz zu der der vorher geschilderten Extravertierten, dem Phänomen der Gehemmtheit zumindest nahe. Denn es wurde von den Introvertierten ja ableitend gesagt, sie zögen sich ihrer Reizempfindlichkeit, ihrer „Reizsamkeit" wegen auf sich selbst zurück, d. h., anders ausgedrückt, sie „verzichteten" auf eine expansive Lebensform, darauf, mit der Welt ins Handgemenge zu geraten, also im wesentlichen auf alle diejenigen Antriebskategorien, die mit adgredi zusammenhängen, „aggressiven" Charakter haben. Dann wäre also die eben hier ins Auge gefaßte Introvertiertheit eine Erscheinungsweise von Gehemmtheit überhaupt. Denn es ist ja offensichtlich, daß zum Beispiel auch orale und sexuelle Gehemmtheiten ihres in die Latenz gegangenen „aggressiven" Anteils wegen ebenfalls zum Phänomen der Introvertiertheit beitragen können. Die hier vertretene Neurosenlehre sieht dieses Phänomen weitgehend so, aber es muß vorläufig unbestimmt bleiben, wie groß die Zahl dieser Introvertiertheiten nun eigentlich ist.

Ein besonderes Merkmal der Struktur solcher mit Gehemmtheit Hand in Hand gehenden Introvertiertheit wurde bereits genannt, das einer gewissen Komplexität gegenüber der großen Einfachheit einer lebhaft motorischen und dabei ganz ursprünglichen Extravertiertheit. So liegt es nahe, sich zu fragen, ob es nicht doch vielleicht eine Gruppe von Menschen gibt, die aus ebenso naiver, ganz ursprünglicher und einfacher Neigung, ohne phlegmatisch zu sein, der vergleichsweise stillen Bewegtheit ihres Inneren, ihrer Gefühlswelt besonders, zugewendet ist. Das wären dann die naiv kontemplativen Menschen, in deren Erleben also Gehemmtheiten keine Rolle spielen würden. Diese kontemplativen Introvertierten also wären das eigentliche Gegenstück zu den ebenso extravertierten Motorischen. Und hier klingt das Thema vita contemplativa — vita activa, gemeint als ursprünglich ungebrochene Befindlichkeit in der Welt, an (s. a. „Der gehemmte Mensch" S. 193).

Geht man nun aber noch einen psycho-logischen Schritt weiter, indem man sich fragt, ob diejenige Gruppe von Menschen, die eine mehr oder weniger deutliche, durch Gehemmtheit charakterisierte Introvertiertheit aufweist, wohl auf längere Dauer so bleiben kann und wird, wie sie ist, so zeigt die Erfahrung, daß ein nicht unerheblicher Teil dieser Menschen doch zutiefst beunruhigt ist. Sie spüren den sentimentalischen Charakter ihrer Introvertiertheit, den Anteil von Gehemmtheit darin, empfinden sich selbst als minderwertig und stürzen auf ihrer Flucht vor der Welt und den Menschen nach vorn. Sie überkompensieren, da ihnen nur in den allerseltensten Fällen ein einfaches Kompensieren gelingt. Sie werden also reaktiv aktiv, reaktiv extravertiert. Das äußere Erscheinungsbild sieht dem des naiv Extravertierten außerordentlich ähnlich. Nur eine eingehende Strukturanalyse und besonders auch eine der Entwicklungsgeschichte des Betreffenden vermag hier die rechten Gewichte und Akzente zu setzen. Es handelt sich dann eben doch oft um eine Pseudo-Extravertiertheit.

Hieraus aber ergibt sich, daß die Gegenüberstellung jener beiden Menschentypen der Extravertierten und der Introvertierten nur bedingt fruchtbar ist. Es muß zuviel hinzugefügt werden, wenn man sich dieser charakterisierenden Worte bedient. Es ist zu sehr ein Außen, um das es sich da handelt und das Innere entspricht zu verschiedenen Kategorien. Zu verschieden ist die Herkunft jener äußerlich oft sehr prägnanten Erscheinungen. Aber von einer Antriebspsychologie her sind diese Gebilde und menschlichen Erscheinungsformen durchaus und letztlich zu erhellen. Nur wäre es eine Schiefheit, hier einfach neurosenpsychologisch zu lesen. Denn wie die obige Darstellung zeigt, handelt es sich ja zum Teil um Erlebnisarten, die auch nicht einmal qualitativ etwas mit dem Bereich der Gehemmtheitsphänomene zu tun haben. „Artiges" und Abartiges geht da durcheinender. Die Gesichtspunkte überkreuzen sich. Nur ein Teil der Menschen, die unter dem Gesichtspunkt der Introvertiertheit und Extravertiertheit voneinander unterschieden werden können, ist neurosenstrukturell charakterisiert. Also wird man auch umgekehrt sagen dürfen: Vom Interesse an der Neurose und deren Struktur her ist eine eindeutige, einfache Zuordnung der äußeren Phänomene, aber auch der inneren dann, der Introvertiertheit und Extravertiertheit nicht angemessen. Es ergibt sich also auch keine einfache Korrelation zwischen neurotischer Symptomatik und Introvertiertheit bzw. Extravertiertheit. Dieser Gegensatz, als Problem gesehen, fällt nur ganz begrenzt mit dem Problem der neurotischen Symptomatik zusammen. Und daraus folgt, wie hier vorwegnehmend bemerkt werden soll, daß auch für die analytische Psychotherapie das Problem der Introvertiertheit und Extravertiertheit bzw. ihres Gegensatzes nur ganz bedingt relevant ist. Auf keinen Fall können Extravertiertheit und Introvertiertheit als solche wesentlich zum therapeutischen Ziel werden. Diese beiden Erlebnisweisen sind den psychotherapeutischen Zielen nur windschief zuzuordnen.

Aber — es wird sich zeigen (s. S. 255), daß die oben (S. 13) schon erwähnte „esoterische" Form der analytischen Psychotherapie sehr viel mehr mit dem zielsetzenden Thema der Introvertiertheit zu tun hat als die autonome. Nur für diese also gilt weitgehend das oben Abgeleitete.

9. Die Folgeerscheinungen der Gehemmtheit

Im Hinblick auf die analytisch-psychotherapeutische Aufgabe, die noch näher und von verschiedenen Seiten zu charakterisieren sein wird, wäre die Sachlage sehr einfach, wenn mit der Charakterisierung der Gehemmtheit und der Gehemmtheiten abgeschlossen werden könnte. Aber es wurde ja ausdrücklich vom „Kern" der Neurosenstruktur gesprochen, und obgleich es sich nur um ein Bild dabei handelt, war ja mitgesagt, daß es also auch eine „Schale" geben soll. Unter engstem therapeutischen Gesichtspunkt wäre es nunmehr, also bei Zentrierung auf Gehemmtheit, einfach gewesen, das Ziel und die Aufgabe zu bestimmen, nämlich als Aufhebung der Gehemmtheiten; denn, wenn die neurotische Symptomatik Sprengstück ehemals voll erlebten Antriebserlebens ist und dieses durch den Hemmungsvorgang „verstümmelt" wird, dann müßte ja die Aufhebung von Gehemmtheiten zum Fortfall der Symptomatik führen. Dieser simple Zusammenhang wird durch vielerlei Literatur, auch durch die ursprünglichste Freuds nahegelegt. Mehr aber ist auch nicht geschehen, und es wird darüber noch mancherlei Einzelnes zu sagen sein (s. S. 201—251). Dabei wird sich dann aber auch zeigen, daß man in gewissen Grenzen und in gewissem Sinn schließlich doch ruhig wieder sagen darf, es komme in der analytischen Psychotherapie, auf jeden Fall in der oben schon als „autonom" bezeichneten (s. S. 13, Zeile 25) auf die Aufhebung der Gehemmtheiten an. Die gesamte folgende Darstellung wird nun zeigen, was hiermit gemeint ist und wie sich das anfänglich wohl manchmal widersprüchlich Erscheinende in klare Ordnung und Zuordnung auflöst.

Worin also besteht die „Schale" der Neurosenstruktur?

Einfaches, auf „breite", persönliche Erfahrung gestütztes Nachdenken zeigt, daß das Vorliegen von Gehemmtheiten, von Lücken des Erlebens eine Reihe von weiteren psycho-logischen Konsequenzen haben muß. (D. h.: nur in seltensten Fällen kommt es zu Ausnahmen, bleibt es also bei „ausgestanzter" Gehemmtheit.)

a) Die Bequemlichkeit

Das gehemmte Kleinkind ist auf jeden Fall weniger expansiv als das ungehemmte. Auch hier ist aber wie stets die Streuung expansiver Eigentümlichkeiten, und zwar der originären, zu berücksichtigen. Noch einmal sei gesagt, daß also beim Menschen wohl jeder Grad an expansiven Bedürfnissen und Verhaltensweisen vorkommt. Die hierher gehörige Streuungskurve mit den entsprechenden Häufigkeitsangaben fehlt uns bisher. Wir kennen die Verbreitetheit der originären, ursprünglichen, genotypischen, in diesem Sinne „konstitutionellen" Expansionsbedürfnisse des Menschen noch nicht. So muß im Einzelfall untersucht werden. Und da eben findet sich wiederum eine Streuungskurve der bloß faktischen, tatsächlichen, größeren oder geringeren Expansionstendenz. Denkt man nun an den motorischen Anteil innerhalb des hier erörterten Antriebsbereichs, an die Irgendwie-Beteiligtheit der „Aggression" in jedem Antriebserleben, so handelt es sich also um das mehr oder weniger ausgeprägte Bedürfnis, sich motorisch zu entladen; kürzer ausgedrückt, um mehr oder weniger Motorisches, man kann auch sagen Aktivität. Umgekehrt formuliert: Die gehemmten Kleinkinder zeichnen sich durch „Stille", Passivität aus — relativ zur mittleren Norm im allgemeinen, im besonderen Fall aber lediglich bezogen auf die persönliche, individuelle Norm (s. nunmehr auch S. 246). Diese Unterschiedlichkeit, diese Schwierigkeit beim Versuch, zutreffend zu urteilen, ist unaufhebbar, sollte also stets gegenwärtig sein. In dieser spezialisiert und differenziert vorzustellenden Weise ist das gehemmte Kind also vergleichsweise passiv. Es handelt sich da um einen eigentlich ganz selbstverständlichen „Effekt" des Gehemmtseins.

Wenn es nun zutreffend gesehen ist, daß der Erwerb von Gehemmtheiten konfliktsgeboren ist, entsprungen den antinomischen Verhältnissen unter den Menschen, seien sie soziologischer, familiärer oder nur zweiseitiger Art, wenn es zutrifft, daß die Menschen insgesamt ständig unter dem „Druck" dieser zwischenmenschlichen Antinomik (s. a. „Der gehemmte Mensch" S. 113 und „Lehrbuch der Traumanalyse S. 26) ihres Antriebs- und Bedürfniserlebens stehen, so muß es konsequenterweise Menschen geben, nicht eigentlich häufig, aber doch regelmäßig, die sich betont nach Ruhe, d. h. Konfliktlosigkeit sehnen. Hier handelt es sich um ein typisches Vorkommnis, um eine Erscheinung regelhafter Art. Wenn das aber nun wiederum so ist, wenn bestimmte Mütter, Pflegepersonen, Tanten, Großmütter, dann auch Lehrer besonders usw. in dieser Weise „ruhebedürftig" sind, so muß auch das gehemmte und daher passive Kind auf solche Repräsentanten der Ruhebedürftigkeit stoßen. Und wie sieht das dann praktisch aus? — Das passive Kleinkind fühlt sich bestätigt in einer Eigentümlichkeit, die „im Grunde" abartig, „schädlich" ist. Schädlich nämlich deshalb, weil damit für dieses Kind die Wahrscheinlichkeit späterer neurotischer Symptomatik verbunden ist. Zunächst aber wird es gegenüber der rumorenden Masse der übrigen Kinder in seiner Passivität bestätigt. Es gewöhnt sich daran. Es erlebt den Genuß dieses besonderen Bestätigt- oder gar Geliebtwerdens als Äquivalent, als Ausgleich für sein „eigentliches", d. h. expansives Dasein.

In dem Maße, in dem ein solches Kind sich in weitere Folgeerscheinungen seiner Gehemmtheit verwickelt, in diesem Maß vertieft sich dann auch sein Angewiesensein auf den „Genuß" seiner Passivität, seiner Bequemlichkeit, wie man das auch ausdrücken kann. Es wird unter Umständen im Einzelfall bequemlichkeitssüchtig.

Aus dem eben Geschilderten ergibt sicht ein weiterer Zug, der das gehemmte Kind regelmäßig charakterisiert. Zutiefst, vom Selbst, vom Instinkt her gesehen, spürt es dunkel, aber deshalb nicht weniger prägnant seine Gehemmtheit und auch die „Ungerechtfertigtheit", den drohenden Charakter seiner Passivität, seiner Bequemlichkeit. Es fühlt sich gegenüber den ungehemmten, „aktiven" Kindern und auch Erwachsenen, auf deren Daseinsform es mit erstaunlicher Präzision verstehend reagiert, zutiefst minderwertig. Es „fühlt" seine Unterlegenheit, die, wie es in der Tiefe „weiß", auf „Entmutigung" zurückgeht (Adler). Und ist in seine Struktur das Faktum objektiver „Organminderwertigkeit" (Adler) (s. a. S. 51) eingegangen, so wird das auf diese bereits bezogene Minderwertigkeitsgefühl durch das eben erörterte gleichsinnig verstärkt.

Es soll nicht hier, sondern im „technischen" Teil der vorliegenden Darstellung (s. S. 240) des Näheren auf die nun zwangsläufig folgenden weiteren Konse-

quenzen in Form von mangelhafter Arbeitstechnik, mangelnden Kenntnissen, mangelnder Menschenkenntnis eingegangen werden.

Aber es sei an dieser Stelle wiederum einmal der Tatbestand des circulus
vitiosus, der das gesamte Neurosengebiet durchsetzt, erwähnt. Es ist nämlich
repräsentativ für dieses allgemeinste, höchst wichtige Vorkommnis, in welcher
Weise einmal vorhandene Minderwertigkeitserlebnisse ihrerseits nun wieder die
zugrundeliegende Gehemmtheit verstärken und im Erleben dann doch über-
tönen. So ergeben sich Struktur,,schichten". Daß dies so ist, ist der Grund
dafür, daß es zu Beginn der Erforschung dieser Bereiche nicht so ganz einfach
war und auch für den Lernenden zu Anfang nicht ganz einfach ist, die Einzel-
vorkommnisse scharf abgehoben zu sehen und ihre wechselseitigen Beziehungen
zu überblicken. Aber das gilt ja für alles Dialektische überhaupt.

b) Die Riesenansprüche

Auch hier sei nur kurz skizziert:

Nicht einmal physikalische und chemische Vorgänge verlaufen hundertprozentig. Die Lebensvorgänge zeichnen sich stets durch verwischte Ränder,
durch ein Mehr oder Weniger aus. D. h., alle Urteile und Aussagen über sie haben
den Charakter der Annäherung, der Regel, der bloßen Wahrscheinlichkeit gegenüber dem ,,strengen" Gesetz. Praktisch aber wird ständig unter Voraussetzung
ganz bestimmter konkreter Maßstäbe geurteilt und gehandelt und damit trotz
,,Fließens der Wahrscheinlichkeiten" eine bestimmte Wahrscheinlichkeit
fixiert.

Immerhin sind unter anderem aber auch diejenigen Prozente des Geschehens
zu berücksichtigen, die aus dem Hundert herausfallen. Auf neurosenpsychologischem Gebiet ergibt sich, daß Gehemmtheiten nicht hundertprozentig zustandekommen, sondern daß Relikte entstehen, Überbleibsel. Gefühlshafte, emotionale
und doch in sich mikro-strukturierte, also gestaltete ,,Reste" der latent gewordenen Antriebs- und Bedürfniserlebnisse bleiben im Erleben auch nach
Eintritt der Hemmung erhalten. Es handelt sich um spezialisierte Gefühlstöne
dabei, die hier ,,Haltungen" genannt werden sollen (s. a. ,,Der gehemmte Mensch"
S. 61). Deren Vorhandensein ist durch einfache Befragung auf keinen
Fall festzustellen. Sie sind nicht durch bloße Exploration zu erweisen. Nur im
eignen, mikropsychologischen, analytischen Erleben findet man sie zunächst
in der eignen (Lehr-)Analyse. Daher auch unter anderem deren Notwendigkeit.
Es gibt also kaptative und orale, retentive und anale, aggressive, urethrale,
Zärtlichkeits-, Hingabe- und sexuelle Haltungen. Statt von ,,Haltungen"
könnte man auch von ,,Antriebsresiduen" sprechen. Sie sind den ,,Übersprung-
bewegungen" der Tierpsychologie nächstverwandt, aber erworben. Das intentionale Erlebnisgebiet ist selbst schon so weit Haltung, daß das Mikro-Phänomen
von der Makro-Variante kaum unterscheidbar ist.

,,Hinter" diesen Haltungen, die, wie eben dargestellt, spezielle, spezifisch
geartete Gefühlshaftigkeiten sind, mit einer ihnen ,,innewohnenden" Pene-
tranz und Zielgerichtetheit sondergleichen — das charakterisiert sie
vornehmlich! —, steht also jeweilig ein ganz bestimmter Mensch mit all dem

„Drängenden" des Latent-Gewordenen. Das Latente, Unbewußte besteht ja in Möglichkeiten, Bereitschaften. Bereit-liegen in den hier erörterten Erlebniszusammenhängen heißt aber, wie oben näher geschildert, Gestaltet-sein, „Volumen"-haben, Geladen-sein. So ergibt sich wiederum eine Konsequenz solchen Da-seins, solcher Form des Lebendig-seins: daß die Haltungen ständig „bereit" sind, in geprägtere Form überzugehen. (Dies sind im wesentlichen die Adler'schen „Leitlinien".) Tun sie das, so kristallisieren sich Vorstellungen an, und es kommt zunächst zu den vagen, ebenso wie die Haltungen im Bewußtsein flottierenden Tagträumen.

Die „intensive" Gerichtetheit der Haltungen sorgt dafür, daß die Tagträume sich wenigstens zu einem Teil in Hoffnungen und Erwartungen umformen. Auch diese liegen am Rande, im „Schatten" des Bewußtseins, sind also nicht jeder beliebigen Selbstreflexion ohne weiteres zugänglich. Auch sie haben Mikrocharakter und können nur auf „analytischem" Wege gefunden werden. Sie stellen gewissermaßen in die Zukunft projiziertes, in vorgestellten Effekten objektiviertes Antriebserleben dar. Das ganze Volumen latenter, d. h., recht verstanden, infantiler Bedürftigkeit gibt auch diesen Erwartungen nicht nur ihren penetranten, sondern auch ihren illusionären Charakter. Haltungen werden zu Riesenerwartungen zunächst.

Stößt der Betreffende dann mit seinen Illusionen auf den Widerstand, die Härte der Welt, erfährt er Niederlagen, so können solche Erwartungen wieder in Form neuer Gehemmtheit in die Latenz zurücksinken. Aber so und so oft und immer in irgendeinem Grade versteifen sich solche Erwartungen zu ebenfalls illusionären Ansprüchen, zu Riesenansprüchen.

Wiederum empfindet der Träger solcher Erlebnisphänomene zutiefst, vom Selbst her, vom „Tiefeninstinkt" her deren illusionären Charakter als Unzulänglichkeit der eigenen Person. Entsprechend dem vagen Charakter der Phänomene ist auch das auf sie bezogene Minderwertigkeitsgefühl flottierend und vage, deshalb aber nicht weniger prägnant. Es vermehrt den Bereich der Minderwertigkeitsgefühle anderer Herkunft oft um ein beträchtliches Stück.

Wiederum sorgt ein Zirkelerleben, ein circulus vitiosus des Erlebens, dafür, daß ursprüngliche Gehemmtheit intensiviert wird. Das Ganze wird zu einem dialektischen Gefüge.

10. Gehemmtheit und Folgeerscheinungen als Trias

Hat man sich einmal mit dem differenzierten Gefüge, mit dem vielfachen Ineinander-verschlungen-sein der Faktoren, mit den vielfachen wechselseitigen Verstärkungen vertraut gemacht, die in der Neurosenstruktur eine Rolle spielen, und hat man ein anfängliches Gefühl der Verwirrung über der Tatsache verloren, daß es doch eine übersehbare Fülle ist, um die es sich da handelt, so wird man geneigt sein, im Schema zu resumieren. Der Fülle des Lebendigen ist nun Genüge getan. Der praktische Vollzug analytischer Psychotherapie erfordert, besonders für den Anfänger, vereinfachende Schemata des Überblicks. Ein solches ergibt sich durch die Zusammenstellung von Kern und Schale der Neurosenstruktur,

von Gehemmtheit, Bequemlichkeit und Riesenansprüchen. Von den
Worten und ihrer wörtlichen Bedeutung her gesehen wäre es eine Vergewalti-
gung des Lebendigen, sie zu benutzen. Vom vorher erörterten differenzierten
Leben her gesehen aber und, so in aller Fülle recht verstanden, dient ein solches
Begriffsschema dem praktischen Vollzuge. Nun darf sich das Bemerken der
Repräsentanten einer solchen Trias im Erleben der Einzelmenschen, der Patienten also, ruhig wiederholen; denn nun handelt es sich nicht mehr um eine
„dogmatische" Dreiteilung, sondern um ein einfaches Hilfsmittel für die Praxis.
Der Anfänger darf ruhig von der Voraussetzung ausgehen, er habe bei seinen
Patienten nach den Vertretern jener Trias zu suchen. Er darf durchaus voraussetzen, bei scharfem, mikropsychologischem Hinsehen, Hinhören werde er sie
finden. Er sollte nicht vorzeitig unruhig werden, es vielleicht sogar langweilig
finden, so zu suchen, „immer dasselbe" „Schematische" zu suchen. Er sollte
heute geduldig hierbei verweilen und eigner gereifter Erfahrung überlassen,
weiter zu differenzieren, Weiteres zu entdecken.

Erst bei solchem genauen mikro-psychologischen Suchen wird ihm deutlich
werden, was der eigentliche Sinn dessen ist, daß vom Verfasser immer wieder
betont wurde und wird, es handle sich bei jener Trias um eine Zusammenstellung von Hauptgebieten; es handle sich bei solcher Ordnung durch hervorgehobene Bezeichnungen um das Anlegen von Erinnerungsstützen. Auch hier
wird er also auf eine Fülle von Varianten stoßen, die ihrerseits sehr wohl durch
Kennworte bezeichnet werden könnten, aber doch immerhin konsekutive Bedeutung haben, also Folgeerscheinungen von Folgeerscheinungen sind. Tröstlich
dabei ist dann wiederum, daß eine anfänglich schier unübersehbar erscheinende
Mannigfaltigkeit sich dann doch als nicht so differenziert erweist, wie zu befürchten.
Es sei als Beispiel für solche Variante, d. h. Ergebnis, jener Trias hervorgehoben,
daß neurotische Menschen außerordentlich häufig dadurch charakterisiert sind,
daß sie mit ihrer „Freizeit" nichts „anzufangen" vermögen. Feiertage, Sonn-
tage, Ferien sind ihnen „schrecklich". Sie sind dann unruhig oder deprimiert.
Im Grunde heißt das, ihr gesamtes Antriebsleben ist unentwickelt. Da wo es
in Freiheit, in Spiel übergehen könnte, wird es in statu nascendi bereits durch
antagonistische Furcht- oder Schuldgefühle erstickt. Unruhe, manchmal Lange-
weile genannt, ist das einzige, was das Bewußtsein dann erfüllt. Eine Spezialform: Da Aggressionen in die Latenz geschickt wurden, das natürliche frühkindliche destruktive Erleben als Phase nicht ausreichend zur Entfaltung kam, ist
auch das spätere konstruktive Erlebenkönnen gelähmt. In diesem besonderen
Sinn dann also ist freie Entfaltung der Kräfte nicht möglich, auch da nicht, wo
äußere Freiheit Gelegenheit dazu bietet. Ein solches Lebensbild kann dann
auch dazu herausfordern, den Betreffenden als „nicht-plastisch" zu charakterisieren. Er vermag nicht in Unbekümmertheit von einem Gegenstand seines Interesses zum anderen überzuwechseln. Er hat nicht, wie das normalerweise der
Fall ist, mehrere Eisen im Feuer. Künkel hat das einmal sehr gut im Beispiel
beschrieben, nämlich in dem eines Sonntagsausflugs, der verregnet. In solchem
Fall weiß der neurotische Mensch dann auf einmal nichts mehr mit sich anzufangen, so als ob Sonnenschein zu den Grundbedingungen seines Daseins, zumindest an diesem Feiertag, gehörte (Riesenansprüche!) usw., usw. Praktisch

ergibt sich hieraus also, daß der analytische Psychotherapeut auch unter anderem auf das Freizeitgebaren, die Freizeitgestaltung seiner Patienten sehr genau zu achten hat und versuchen muß, sie unter dem Titel: Kern all des Abartigen ist Antriebsgehemmtheit, transparent zu machen.

Eben fiel wieder einmal das Wort Riesenanspruch. So sei im unmittelbaren Anschluß hieran auf ein weiteres Vorkommnis hingewiesen, das durchaus mit Recht als für den Neurotiker ubiquitär erkannt worden ist und, vom Antriebspsychologischen her gesehen, eine erhebliche Rolle in der Jungschen Kasuistik und der seiner Schüler spielt. Dort tritt, obgleich dieser Tatbestand ursprünglich ganz ausgesprochen psychoanalytisches Wissensgut war, das Wort „Mutterfixierung" wieder und wieder auf. Was hat dieser Begriff mit dem Thema Riesenanspruch und, wie hinzugefügt werden soll, mit dem Thema Bequemlichkeit zu tun? — Die Antwort muß lauten: Der Antriebsgehemmte ist, je „schwerer" seine Neurosenstruktur ist, desto mehr hingabegestört. Ausgesprochene Hingabetendenzen, Sehnsüchte, bestätigt zu werden, in diesem Sinn Geborgenheit zu finden, liegen bei ihm in Bereitschaft, sind latent und tönen in Form von gefühlshaften „Haltungen" sein Erleben. Der Mutter oder einer entsprechenden Pflegeperson galten ursprünglich wenigstens die voll erlebten Ansätze zu solcher Hingabe und Geborgenheitssehnsucht. Die Vorstellungsmerkmale der Mutter bzw. jener Pflegeperson selbst befinden sich ebenfalls als Engramm in der Latenz[1]. In diesem Sinn ist der Betreffende entgegen seinem bewußten Erleben oft an das Bild „der" Mutter sehnsüchtig fixiert. Er fühlt sich also (zumindest potentiell) stets verlassen; denn kein „späterer" Mensch, auch nicht der liebevollste Liebespartner vermag die Mutter zu ersetzen. Das bedeutet wiederum Isolierung. Das bedeutet betonte Unruhe, wenn sonntägliche Stille herrscht, d. h. dem Neurotiker droht. So liegen die Zusammenhänge, die man auch im Einzelfall als Mikrodaten des Erlebens entdecken lernen kann, und zwar dann als den eigentlichen, gesuchten Hintergrund des gesamten abartigen Erlebens und Sich-Verhaltens.

Mit einem Hinüberblicken zur pragmatischen Psychotherapie sei festgestellt, daß ein analytisch-psychotherapeutisches Verfahren oft mit sehr geringem Zeitaufwand ganz unmittelbar dadurch wirksam zu werden vermag, daß man grobe Bestandteile solcher Mutterfixierung im Patienten rasch entdeckt und direkt zur Sprache bringt.

11. Die Überkompensation

Im Sinne der oben mehrfach erwähnten Barockvolute sei nunmehr eine weitere Folgeerscheinung dem eben Dargestellten hinzugefügt: Die Überkompensation.

Wer Minderwertigkeitsgefühle hat und doch ein Reservoir von Bereitschaften, die durchaus dynamisch verstanden werden dürfen, also als Vertreter kraftvoller Möglichkeiten, wird naturgemäß unter anderem und häufig genug den „verzweifelten" Versuch machen, mit abrupten Mitteln das Unzulängliche zu kompensieren. Ein unbekümmerter Rückgriff auf ehemals voll erlebtes Antriebserleben ist dem Betreffenden ja nicht möglich. Das war die Voraussetzung. Die

---

[1] Als „Auslöseschema" im Sinne der Tierpsychologie. Es wird noch zu entscheiden sein, ob die „Archetypen" (Jung) hiermit „identisch" sind oder nicht.

„alten" Antriebe und Bedürfnisse also können weder registriert noch korrigiert werden. Sie sind dem Zugriff der späteren erwachsenen Persönlichkeit entzogen Ein Zurück gibt es also nicht. Es bleibt nur das Vorwärts, die „Flucht nach vorn" Daher kommt es nicht zu einer Kompensation im Sinne irgendeiner Abrundung, einer Ausgewogenheit, sondern zu einem Mehr, zu einem Überschießenden, zur Überkompensation. Ein solcher Mensch „will", im Bilde gesprochen, „oben" sein. Er fühlt sich ja unterlegen. Es war also durchaus korrekt, wenn Adler diesen Zug am neurotischen Menschen hervorhob. Es wäre korrekt gewesen, wenn er ihn lediglich hervorgehoben hätte als Hinzutat zu dem, was Freud ursprünglich darstellte. Auch diese Ergänzung der Freudschen Positionen durch Adler scheint unter dem Gesamttitel „dynamische Psychiatrie" (s. S. 3 unten) in den angloamerikanischen Ländern in den allgemeinen Wissensbestand übergegangen zu sein. Das Wort „Minderwertigkeitskomplex" und auch das der „Überkompensation" hat sich, wie man weiß, aus einem terminus technicus in einen allgemein gebräuchlichen Begriff verwandelt.

12. Die Rationalisierung der neurotischen Züge
Die neurotische Ideologie

Gehemmtheit wird als Mangel gespürt, Passivität ebenfalls, illusionärer Anspruch dem Leben gegenüber nicht minder. Was läge näher für den Träger dieser Eigentümlichkeiten, als die Welt daraufhin zu untersuchen, ob nicht irgendetwas, von ihr, der Welt, her gesehen, dafür spricht, daß jene Eigentümlichkeiten nicht Mangel, sondern vielleicht sogar Vorzug sind.

Vielleicht legt eine Betrachtung der Welt als Ganzer, eine Kosmologie nahe, den Tagtraum zum Beispiel als „Traum" dem schöpferischen Urbeginn der Welt zu vergleichen?

Vielleicht ergibt die Betrachtung der Geschichte der Menschheit an irgendeinem Punkt, in irgendeinem Bereich, daß produktiv und kulturgestaltend immer derjenige, oder diejenige Gruppe unter den Menschen, war, die maximale Forderungen, also Riesenansprüche an das Kommende, und an das Werdende bereits stellte?

Vielleicht ergibt eine Theo-logie, daß ein Gott oder Gott es als wertvoll befand, das sexuelle Bedürfnis zu verurteilen und daher zu meiden?

Viele Stellen der Weltliteratur lassen sich von dem, der so, in dieser Richtung sucht, zur Rechtfertigung eigener Eigentümlichkeiten heranziehen. Der Verstand, die ratio, findet dann, daß die Welt „im Grunde" so und so ist, daß die Geschichte der Menschheit diesen und diesen „Gesetzen" unterworfen ist, daß eine Wertphilosophie zu diesen und diesen Schlüssen gelangt, sie evident, verbindlich zu machen vermag — und das eigene gespürte Unvermögen findet seine Rechtfertigung im Rationalen[1]. So können kleine bedeutungslose Eigen-

---

[1] Sonderbarerweise gibt es immer noch Menschen, auch Wissenschaftler, die die (natürlich) rationalen Aussagen über Erlebtes, zum Beispiel also auch über Gefühle, mit Rationalisierungen bzw. Rationalismen verwechseln, während es sich in Wirklichkeit im Falle des Unvermögens darum handelt, daß jemand bestimmte Gefühlsarten vielleicht deshalb

tümlichkeiten eines Menschen sekundär von Unwert zu Wert umgeprägt werden, aber auch gröbere Mängel. Unter dem Gesichtspunkt einer „Ideologie" geschieht dies dann. Nicht ein Ideal wird also „naiv" entwickelt, auf geradem Wege, aus ursprünglichen seelischen und geistigen Bereichen, Bedürfnissen heraus, sondern ein Rationalisierungsvorgang wird in den Dienst eines Ressentiments gestellt und in eine „Ideologie" umgeprägt.

Sind solche Ideologien auch Folgeerscheinungen der Gehemmtheit, wenn auch nicht ganz unmittelbare, so ergibt sich, vom therapeutischen Gesichtspunkt her gesehen, daß eine Aufhebung der zugrundeliegenden Gehemmtheiten, die ja doch auf jeden Fall statthaben muß, nur eintreten kann, wenn vorher zumindest eine Usurierung, eine Anätzung gewissermaßen, solcher Ideologie erfolgt. Daß das Wort „vorher" nicht plump zeitlich gemeint ist, wird sich bei Erörterung der hierhergehörigen analytisch-psychotherapeutischen Zusammenhänge des Näheren zeigen (s. S. 239).

13. Die neurotoide Struktur

Im bisherigen Verlauf der Darstellung wurden ganz bestimmte Faktoren und Zusammenhänge für das Entstehen einer Neurose, einer neurotischen Struktur, verantwortlich gemacht. Dabei fielen nur hin und wieder Worte wie „intensiv", „Intensivierung", „stark", „Verstärkung" usw.; nur am Rande wurde Quantitatives gestreift. Ausgangspunkt aber war die neurotische Symptomatik. Und alle genannten Faktoren und Zusammenhänge bezogen sich auf deren Fundament, Untergrund, auf das, worauf sie aufzuruhen pflegt. So könnte man etwa, populär ausgedrückt, sagen: Wer eine neurotische Symptomatik „zustandebringt", „hat es in sich", d. h., es muß schon „allerhand", also Quantitatives geschehen sein, damit sich eine Struktur entwickeln kann, die in der Lage ist, eine neurotische Symptomatik, also etwas Hervorgehobenes, Deutliches, vergleichsweise Grobes aus sich hervorzubringen. Damit aber erhebt sich die Frage, ob die beteiligten Faktoren, welcher Art sie auch immer seien, nicht quantitativ auch so geringfügig sein können, daß keine neurotische Symptomatik zu entstehen vermag. (Wie, unter welchen weiteren Um-ständen Symptomatik entsteht, wird noch breit zu erörtern sein, s. S. 92 ff.) Die Tatsachen entsprechen solcher Möglichkeit, nämlich, daß keine Symptomatik entsteht. Sämtliche neurosenstrukturellen Faktoren und Zusammenhänge sind ubiquitär, d. h., jeder Mensch erwirbt in irgendwelchen Graden und Akzentuierungen Strukturbestandteile, die mit den oben dargestellten identisch sind. Qualitativ ist das so. Jeder Mensch enthält also Gehemmtheiten und ihre Folgezustände. Qualitativ ist also jeder Mensch „neurotisch". Und hier entscheidet nun das Sprachgefühl, das die Aufgabe hat, Wirrnis der Mitteilung und der Kommunikation der Menschen durch das Wort so weit nur möglich zu vermeiden, es müsse sich doch ein Wort finden lassen, das an dieser Stelle das ominöse Wort: neurotisch ersetzt. Dieses wird

---

nicht „sieht", weil sie nicht zu seinem Erlebnisbestand gehören. Dann aber sollte man von Intellektualismus sprechen. In etwas älterer Sprache ausgedrückt von jemand, der „Imponderabilien" vernachlässigt. Echte Rationalisierungen sind also die oben kurz erörterten Tatbestände.

nämlich stets quantitativ verstanden, ist immer voluminös gemeint. Einmal bekannt geworden, hat es diesen Charakter angenommen, unvermeidbar und nicht mehr rückgängig zu machen. Also ist, um das Qualitative, Ubiquitäre, stets und ständig und überall Vorkommende, aber Harmlose (qua Symptomatik und sonstiger Bedeutung) zu bezeichnen, dringend ein neues Wort notwendig. Es bietet sich das Wort neurotoid an. Man hätte nunmehr also davon zu sprechen, daß alle Menschen eine neurotoide Struktur haben, d. h. in ihrer Gesamtstruktur qualitative neurotische Bestandteile. Alle Menschen sind also auf keinen Fall „Neurotiker“. Es war ein paar Jahrzehnte lang ein vielfach kolportiertes Mißverständnis, als müsse man sämtliche Menschen als Neurotiker ansehen. Gewöhnt man sich nunmehr aber daran, den Begriff des Neurotoiden von dem des Neurotischen sorgfältig abzuheben, so entfällt solch ein Mißverstehen.

Aber es bleibt dann doch natürlich das interessierende, wenn auch in keiner Weise „aufwühlende“ oder gar „gefährliche“, im eigentlichen Sinn „problematische“ Faktum der Ubiquität des Neurotoiden und damit auch der Gehemmtheit übrig. Von hier aus greift ein ärztliches Thema auf weite nichtärztliche Bereiche über. Wenn auch nicht das Thema der Neurose, aber doch das des Neurotoiden, erobert sich damit seinen Platz im Bereich jeder künftigen Anthropologie. Es ist anzunehmen, daß jede psychologische Anthropologie von daher, zumindest fürderhin, die Notwendigkeit beziehen wird, antriebs- und bedürfnispsychologisch zu zentrieren. Sie sollte das aber heute nicht mehr in Auseinandersetzung mit halbwahren Positionen der Jahrhundertwende oder der ersten beiden Dezennien des 20. Jahrhunderts tun. Wir sind inzwischen weitergekommen.

14. Die „Schwere“ der Neurose

Wieder taucht dieses quantitative Moment auf. Es erhebt sich die Frage, ob es nicht, wenn es neurotoide Strukturen geben soll und diese sogar ubiquitär sind, d. h. allgemein verbreitet, nach der anderen Seite hin auch ganz besonders „intensive“, „starke“, „schwere“ Neurosenstrukturen gibt.

Zunächst einmal lernt der Fachmann, aber auch wohl jeder Laie Menschen kennen, die eine äußerst lärmende, quälende neurotische Symptomatik haben, und wiederum andere, bei denen zwar eine neurotische Symptomatik vorhanden ist, aber eine wenig auffallende, wenig quälende. Der aufmerksame Beobachter wird auch hin und wieder feststellen, daß Menschen sich durch Charakterzüge auszeichnen, die man als Fehlhaltungen und Neigung zu Fehlhandlungen besonders auffällig bei Symptomträgern findet; diese Menschen aber haben keine neurotische Symptomatik. (s. auch u. S. 117.) Das also gibt es ebenfalls. Also entsteht, von hier aus gesehen, von der Erfahrung aus, zunächst das Problem der „Schwere“ der Symptomatik. Diese ist eben einmal lärmend und im entgegengesetzten Grenzfall „überhaupt nicht vorhanden“, d. h. auf ein Minimum reduziert. Genaue Überprüfung hat aber ergeben, daß der lärmende Charakter der Symptomatik auf keinen Fall für die „Schwere“ einer Neurosenstruktur spricht. Diese wird ja schon einfach daran gemessen, welchen

Widerstand sie den angewandten Heilverfahren entgegensetzt. Und da hat sich eben gezeigt, daß, im großen Überblick gesehen, die lärmendsten Symptome manchmal ausgesprochen nur auf beinahe neurotoidem Untergrund aufruhen.

Durch diese Merkwürdigkeit des Bereichs der Neurosen haben sich anfänglich sehr viele Untersucher irreführen lassen. Es erschien zunächst als zu selbstverständlich, daß eine lärmende, höchst quälende Symptomatik auch einen entsprechend gewichtigen Unterbau haben müsse. Aber das war eben, wie schon gesagt, ein Irrtum. Eine der Folgeerscheinungen hiervon wiederum: Die betreffenden Untersucher stellten fest — insgesamt —, daß alle möglichen psychotherapeutischen Verfahren in solchen lärmenden Fällen Heilung zu bringen vermochten, und zwar sogar dauernd. So schien es, als müßten und dürften sämtliche Verfahren, die überhaupt zu heilen vermögen, als gleichgewichtig und gleichwertig nebeneinander gestellt werden. Nach allem, was wir heute wissen, ist das aber keineswegs der Fall, wie später noch sehr viel genauer erörtert werden soll (s. S. 261). Grund hierfür: die „Schwere" einer Neurose besteht in der „Schwere" der neurotischen Struktur und nicht im lärmenden Charakter der zugehörigen Symptomatik.

Worin aber besteht nun die „Schwere einer Neurose" in Wirklichkeit?

Aus dem oben Dargestellten leitet sich ja unmittelbar folgendes ab:

1. kann eine Gehemmtheit verschieden intensiv sein;
2. kann sie ausgebreitete Folgeerscheinungen haben oder weniger ausgebreitete;
3. können die Folgeerscheinungen ihrerseits Gewicht haben oder auch nicht.

Als Letztes wurde da die ideologische Verankerung genannt. Diese also kann im Einzelfall sehr ausgeprägt sein, im anderen Fall geringfügig an Bedeutung.

Hat ein Mensch ein ganzes Leben, ein ganzes Schicksal, mit den Mitteln einer neurotischen Struktur aufgebaut, hat er Beziehungen zu bestimmten Mitmenschen stabilisiert, womöglich sogar juristisch verbindliche „einklagbare", so ergibt sich eine nochmalige „Verhärtung", „Sklerosierung" und nunmehr „Erstarrung" des ganzes Gebildes. Hierin liegt dann oft die wirkliche Schwere eines Falles. Daraus aber leitet sich nun wiederum unmittelbar alles Praktische hinsichtlich eines analytisch-psychotherapeutischen Verfahrens ab, so, wie es später erörtert werden soll.

Berücksichtigt man im hier erörterten Zusammenhang ganz ausdrücklich, daß gegenüber der ursprünglichen Gehemmtheit deren Folgeerscheinungen zu beachten und einzuordnen sind, so ergibt sich eine Gruppe von Varianten:

a) leicht gehemmt mit leichten Folgeerscheinungen,
b) leicht gehemmt mit schweren Folgeerscheinungen,
c) schwer gehemmt mit leichten Folgeerscheinungen,
d) schwer gehemmt mit schweren Folgeerscheinungen.

Dies der Strukturunterschied schwerer und leichter Fälle. Ein entscheidendes Kriterium dafür, ob der eine oder der andre vorliegt, ergibt sich aus dem Gewicht der Versuchungs- bzw. Versagungssituation, in der die Symptomatik ausbricht (s. S. 92).

Hier ist folgende Überlegung anzufügen: Wenn ein Mensch in früher Kindheit bereits eine schwer-neurotische Struktur erwirbt — dazu würde ja das Vor-

handensein sehr intensiver Gehemmtheiten ausreichen —, dann besteht die
Wahrscheinlichkeit, daß sich vor der Pubertät bereits auffallende Symptome
zeigen. Die erste depressive Symptomatik tritt im 3. Jahr auf, die erste zwangsneurotische im 6. und 7. Jahr, die erste hysterische etwa im 10.—12. Jahr.
Das ergibt gezielte Befragung. Diese Symptomatik sieht etwas anders aus als
die spätere „eigentliche" nach der Pubertät. Aber sie ist ihr doch sehr ähnlich.
Und nun ist es psycho-logisch durchaus verständlich, daß im Falle einer ausgeprägt schweren Neurosenstruktur diese „primordiale" Symptomatik, die
häufig im Kleid einer Marotte erscheint und vom Kind und von den Eltern daher
verkannt wird, in der Pubertät bestehen bleibt. Es wird aber zu überprüfen sein,
wie häufig die Ausnahmen hiervon sind. Verfasser kann jedoch nur davor warnen
zu meinen, daß gerade dieses Phänomen durch kurze Exploration eruiert werden
könnte. Hier ist allersorgfältigste gezielte mikro-psychologische Untersuchung
von erheblichem Zeitaufwand notwendig. Nur so kann das eben Erörterte gesehen
werden. Also noch einmal: Bei allerschwersten Neurosen peristiert die Primordialsymptomatik in der Pubertät, d. h. also, bei mittelschweren Neurosenstrukturen
ist dies nicht so. Vielmehr saugt hier die magmatische Chaotik üblichen Pubertäts-
erlebens (wenigstens in Europa) häufig eine Primordialsymptomatik auf. D. h.,
die oft enorme Verlebendigung hoffnungsvoll beglückenden Gefühlserlebens trotz
konkurrierender negativer Gefühlsgespanntheiten bedeutet so weitgehend ein allgemeineres Expansivwerden, daß damit erhebliche Anteile latenter Antriebs- und
Bedürfnisqualitäten „verarbeitet" werden. Umgekehrt aber: Vermag solch
Pubertätserleben einschließlich tiefer Verliebtheit und beglückender sexueller
Erregtheit und Betätigung dies nicht zu erreichen, so persistiert eben die Primordialsymptomatik. Also ist dieses Persistieren im allgemeinen ein Kriterium für
allerschwerste Neurosenstruktur. Diese Feststellung ist insofern von größter
Wichtigkeit, als im vorliegenden Buch ja vielfach auf die Chronifizierung einer
neurotischen Symptomatik, d. h. auf ihre lange Dauer hingewiesen wird, wenn es
sich darum handelt, indikatorisch oder prognostisch zu urteilen, d. h. die Schwere
eines Falles zu beurteilen. Sobald man mit Patienten zu tun hat, die das 25. Jahr
noch nicht erreicht haben, also zum Beispiel zwischen dem 20. und 25. Jahr
zum analytischen Psychotherapeuten kommen, kann aus rein zeitquantitativen
Gründen der Beginn der Symptomatik noch gar nicht so „furchtbar lange"
zurückliegen. Also wird man zunächst — gedankenloserweise — geneigt sein, bei
allen jungen Menschen keine Chronizität zu konstatieren, also auch keine schweren
Neurosen, also die Sache leicht nehmen und die Prognose für günstig halten.
Hier nun muß die Primordialsymptomatik genauestens eruiert und in die Pubertät hinein verfolgt werden. Ist dann ein Persistieren festzustellen, so ist der
betreffende Patient, obgleich er ein junger Mensch ist, also zunächst nicht
chronisch krank zu sein scheint, eben doch als schwerer Fall anzusehen. Hier
ist also die Chronizität einfach nicht so leicht feststellbar wie im Falle von sehr
viel älteren Menschen. Auch diese irren ja in der Rückerinnerung eher häufig
als selten. Aber man hat sich bei ihnen im wesentlichen nur um die im Augenblick
vorliegende Symptomatik hinsichtlich ihres wirklich ersten Auftretens zu kümmern. Bei jungen Patienten dagegen ist, wie nunmehr deutlich geworden, das
Feststellen der tatsächlich vorliegenden Chronizität erheblich schwieriger. All

dies wird der ärztliche Praktiker in seinen vielfachen Varianten genau kennen lernen müssen — einfach deshalb, weil er nur so davor bewahrt werden kann, nun seinerseits an einer weiteren, den Patienten und seine Umwelt schwer schädigenden Chronifizierung dadurch mitzuwirken, daß er einen schon chronischen Fall so angeht, als ob es ein leichter wäre.

Dazu muß er aber unbedingt diejenigen besonderen Situationen „genauestens kennen, die hier „Schicksalseinbrüche" genannt werden (s. S. 97)!

15. Die Spontanheilung

Hat die „Schwere" der Neurose, einer neurotischen Struktur zur Diskussion gestanden, so ergibt sich naturgemäß die Frage, ob es nicht auch Fälle gibt, deren Symptomatik spontan abheilt. Diese müßten ja die „leichtesten" Fälle sein. Sie wären noch neurotisch, denn sie produzieren Symptome. Sie sind also nicht nur neurotoid. Daß hier überall fließende Übergänge vorliegen, gehört zur Sache. Es gehört weiterhin dazu, daß es Fälle geben muß, die während eines psychotherapeutischen Verfahrens abheilen, ohne daß dieses Verfahren dafür verantwortlich ist. So ergibt sich von den verschiedensten Seiten her ein Interesse daran, die Spontanheilungsfälle ihrer Eigenart nach näher zu untersuchen; allein schon, um von ihnen dann desto deutlicher die auf Grund von Verfahren heilenden abzuheben. Aus dem eben Gesagten geht aber hervor, daß der Psychotherapeut und auch der Arzt hiervon nur in Ausnahmefällen unmittelbare Kenntnis erlangen wird. Daher muß auch vorläufig dahingestellt bleiben, wie häufig neurotisch erkrankte Menschen spontan, also ohne Hilfe gesunden.

Wie erlangen wir nun Zugang zu diesen höchst interessierenden Phänomen? — Im Laufe der Jahre ergibt sich für jeden analytischen Psychotherapeuten ein recht bestimmtes Bild hiervon. Denn die Patienten berichten vielfach von früheren Erkrankungen, die abheilten, ohne daß eine Hilfe in Anspruch genommen wurde. Auch allein schon ausführliche Anamnesen vermitteln ein solches Bild. Zur Illustration möge mit einem drastischen Beispiel begonnen werden:

Ein analytischer Psychotherapeut berichtet von einem jungen Mädchen, das vor Jahren an einer lärmenden Zwangsneurose erkrankt war. Bei Beginn der Behandlung lag eine extrem chronifizierte Neurose vor. Nach etwa 200stündiger analytischer Behandlung besteht die Symptomatik noch. Die Patientin verläßt ungeheilt den Ort. Sie ist aus äußeren Gründen gezwungen, dies zu tun. Nach Jahren meldet sich ein zweiter analytischer Psychotherapeut zum Wort und berichtet über den Fall, den er vor gar nicht langer Zeit zu behandeln begann. Nur einige Dutzend Stunden vergingen, ausgedehnt über einen längeren Zeitraum, und die Symptomatik verschwand. Der zweite Psychotherapeut vertritt eine andere „Schulmeinung" als der erste. Es entsteht eine lebhafte Diskussion. Dabei bemerkt ein Zuhörer, der ebenfalls seit Jahren analytischer Psychotherapeut ist, und keiner der beiden Schulen angehört, aber viele Positionen beider Schulen als korrekt anerkennt, daß während der zweiten analytischen psychotherapeutischen Behandlung die Mutter der Patientin starb. Sie hinterließ der Patientin ein Vermögen, das diese instand setzte, ihren bisherigen Beruf aufzugeben und damit eine Reihe von Situationen zu meiden, auf die sich seit je die Zwangssymptomatik bezogen hatte. Eine neuerliche Aufnahme der Diskussion ergibt, daß das erste Auftreten der lärmenden Zwangssymptomatik der Patientin unmittelbar an einen Streit der Patientin mit der Mutter anknüpfte, die das vom Vater ererbte Vermögen der Patientin verwaltete und sich nach mittleren Maßstäben unrechtmäßigerweise so verhielt, als gehöre ihr das von der Patientin ererbte Vermögen. Es zeigte sich weiterhin, daß die Patientin von der Mutter seit je, schon seit ihrem 2. Jahr, hinsichtlich ihres Besitz- und Geltungsstrebens „vergewaltigt" und auf diesem Wege „masochistisch", d. h. übergefügig geworden war. Daher hatte die Patientin im Sinne der oben entwickelten Neurosenlehre nie gewagt, gegen die Übergriffe der Mutter zu protestieren, auch nicht in der Versuchungs- und Versagungssituation, die kurz vor Beginn ihrer lärmenden Symptomatik durch den potentiellen Finanzstreit mit der Mutter entstand. In Wirklichkeit also hatte der Fortfall der Mutter eine Spontanheilung hervorgerufen. Der Streit der Schulen war verfehlt. — Aber es handelt sich hier natürlich nur um eine grobe Skizze. Doch ist der Vorgang durchaus typisch.

Ein weiteres Beispiel: Eine im sexuellen Sinn temperamentvolle Frau mittleren Alters, Mutter eines 17jährigen Jungen, wird von ihrem Mann hintergangen. Der Mann wendet seine Sexualität anderen Frauen zu. Die Frau selbst erträgt dies, ohne eine neurotische Symptomatik zu entwickeln. Eines Tages reist sie mit ihrem Sohn in ein Bad. Dieser wendet sich heimlich einem jungen Mädchen zu. Als die Mutter davon erfährt, entwickelt sie eine Angstsymptomatik (der Fall wird auf S. 99 in anderem Zusammenhang unter Betonung anderer und weiterer Details noch einmal skizziert).

In dieser Situation bestehen für die Mutter mehrere Möglichkeiten: Sie kann den Sohn zurückerobern und wird dann symptomfrei. Aber der Sohn erkrankt dann vielleicht. Sie kann auch unter Verkennung ihrer eigenen Lage, ihrer eigenen „Konstanten", jene Beziehung des Sohnes dulden. Dann chronifiziert sich unter Umständen ihre Symptomatik. Aber es besteht auch die Möglichkeit, daß sie allmählich voll bewußt zu trauern beginnt, sich an das Dasein des jungen Mädchens gewöhnt, resigniert oder entsagt, bewußte „Trauerarbeit" (Radò) leistet und auf diesem Wege ihre Symptomatik spontan verliert. All dies und ähnliches kommt im realen Leben fortwährend vor. Wir wissen, wie schon gesagt, heute nur noch nicht, wie häufig diese Vorkommnisse sind.

Eine weitere Möglichkeit der Spontanheilung:

Eine Neurosenstruktur entwickelt sich in den ersten 5 Lebensjahren. Das betreffende Kind tritt also mit neurotischen Fehlhaltungen und Fehlverhaltungsweisen in die Schulzeit ein. Eine neurotische Symptomatik würde sich vielleicht erst sehr viel später, ganz im Sinne all des oben Dargestellten in einer Versuchungs- oder Versagungssituation melden. Aber nun kann auch folgendes eintreten: Das betreffende Kind findet zwischen dem 6. und 14. Lebensjahr einen Menschen, handle es sich um einen Kameraden oder auch um eine Erziehungsperson, der ihm all das an Bestätigung und Liebe gibt, was es braucht, um sich selbst und der Welt wieder vertrauen zu können. Auch solche „biographische" Schilderung ist ja möglich. Dann korrigiert das Kind seine Fehlhaltungen und auch sein Fehlverhalten. Die üblichen circuli vitiosi treten nicht ein. In kommenden Versuchungs- und Versagungssituationen, die ja auch für den neurotoiden Bestandteil des Kindes gelten, erfolgt keine Produktion von Symptomatik. Auch hier wissen wir wieder nicht, wie häufig diese Vorkommnisse sind. Die Schwierigkeiten solcher Feststellung sind ja von vornherein klar.

Folgt hieraus aber nun, daß „Liebe" statt Psychotherapie als Remedium zu gelten habe? — Zweifellos nicht! Das für denjenigen zu begründen, der hierin keine Utopie sieht, bedürfte besonderer und ausgedehnter Darlegung. Aber es sei darauf hingewiesen, daß die oft statt einer Psychotherapie vorgeschlagene „Liebe" fast immer gewalttätigen Charakter hat. Und doch muß hinzugefügt werden: Im Einzelfall kann auch solche, in Wirklichkeit einengende Liebe Erfolg haben (s. a. das auf S. 252 f über das nomothetische Verfahren Gesagte).

Aus dem eben Entwickelten geht hervor, daß es für das Vorkommnis der Spontanheilung eine Fülle von Varianten gibt. Sie sich vorschweben zu lassen und zu verdeutlichen, ist nach allem von großem Nutzen. Hierbei handelt es sich um eine echte Vertiefung neurosenpsychologischer Erkenntnis und Einsicht in die Verfahren.

Jetzt sei noch eine weitere Möglichkeit erwähnt: In seiner durch das Vorliegen einer neurotischen Symptomatik bedingten Not kann ein Mensch auch einmal auf den Gedanken kommen, ein bis dahin vernachlässigtes Talent zu üben. Auf diesem Wege kann eine Interessenserweiterung zustande kommen, die genügend an vitaler Energie aufzusaugen vermag, um die neurotische Symptomatik in sich zerfallen zu lassen (s. a. S. 255 das über das esoterische Verfahren Gesagte).

Auch die Varianten der Spontanheilung werden in monographischer Form gesammelt werden müssen. Aber nur auf dem Wege über die Anwendung einer modernen, „gezielten" Anamnese (s. S. 173) wird solch ein Unternehmen gelingen können.

Als grob vereinfachter, aber wohl doch zweckdienlicher Hinweis möge schematisierend hinzugefügt werden:

Leichte Gehemmtheit, verbunden mit leichten Folgeerscheinungen, begünstigt Spontanheilungen. Leichte Gehemmtheit mit schweren Folgeerscheinungen verhindert sie mit hoher Wahrscheinlichkeit. Schwere Gehemmtheit mit leichten Folgeerscheinungen mag auch einmal zu spontanem Abheilen führen. Schwere Gehemmtheit mit schweren Folgeerscheinungen bleibt gegenüber allen günstigen Einflüssen des Lebens refraktär.

Wenn all dies so liegt, zwar nicht unübersehbar, aber doch recht komplex, so wird ohne weiteres verständlich, daß über lange Zeit hinweg ein Meinungswirrwarr entstehen und sich erhalten mußte. Erst die deutliche Herausarbeitung der unterscheidenden Merkmale hinsichtlich der „leichten" und „schweren" Neurosen (s. S. 86) ermöglichte es neuerdings, mit einer Klärung zu beginnen. In diesem Zusammenhang wird eines Tages auch entschieden werden, ob die von I. H. Schultz empfohlene speziellere Gruppierung nach Fremd-, Rand-, Schicht- und Kernneurosen den Tatbeständen gerechter wird als die einfacher strukturierte, von „leicht" zu „schwer" gleitende.

16. Die Auslösung der Symptomatik. Die Versuchungs-
und Versagungssituationen

Auch heute noch wird hin und wieder sogar von Fachleuten nach ,,der"
,,Ursache" ,,der" Neurose gefragt. Eigentlich sollte dies gar nicht mehr möglich
sein, denn die wissenschaftliche Welt denkt heute grundsätzlich konditional.
Man weiß jetzt, daß eine Fülle von Antworten auf naive Fragen in Aussagen
bestehen müssen, die eine Streuung berücksichtigen, in denen von Häufigkeit und Häufigkeitszuordnungen die Rede sein muß. Wir haben es ganz
allgemein mit ,,Mehr-Körper-Problemen" zu tun. Das Zeitalter der magisch-
anthropomorph gesehenen ,,causa efficiens" ist vorüber. Wir differenzieren und
haben daher ,,Konditionenbündel" vor uns. Also ist auch auf dem Boden der
analytischen Psychotherapie, der Neurosenlehre, entsprechend vorzugehen und
zu ,,denken". In Wirklichkeit handelt es sich aber gar nicht um eine neue ,,Denk"-
methode, sondern um die Anwendung ,,alten" Denkens in korrekter Weise auf
einen tatsächlich komplexen Gegenstand, dessen einfachste, grobe Züge wir
nunmehr ausreichend kennen. Übertragen auf das Gebiet der analytischen
Psychotherapie heißt das also formell, wie man das nennt: wir haben es mit
einer Gruppe von sogenannten Ursachen zu tun. So können wir folgendermaßen einteilen, wie wir es im ganzen der bisherigen Darstellung auch taten:

1. In der frühen Kindheit — in den ersten 5 Lebensjahren in der Hauptsache
(s. S. 42 ff) — wirken die peristatischen Faktoren ,,Härte und Verwöhnung"
auf das Kleinkind ein. Vernachlässigt man im Augenblick die oben auf S. 46f
dargestellten genotypischen, begünstigenden Faktoren, so kann man hierin, in
den peristatischen Bedingungen, insgesamt als Gruppe gesehen, die erste Ursache,
die ,,Primärursache" der Neurosenbildung erblicken.

2. Eine zweite Gruppe von Faktoren, Bedingungen, Konditionen ,,sorgt dafür",
daß eine vollständige Neurosenstruktur zustandekommt. Hier wären besonders
die oben (S. 80) charakterisierten circuli vitiosi hervorzuheben. Im ganzen
handelt es sich um die ,,stabilisierende" ,,Ursache".

3. Der nunmehr neurotische, im Kern also gehemmte Mensch trifft neuerlich
mit peristatischen Faktoren, mit einem äußeren Schicksal zusammen. Ein inneres
Schicksal hat einen Lebensaufbau zur Folge gehabt, und nunmehr tritt in bestimmten Situationen zusätzlich äußeres Schicksal von besonderem Charakter
an den neurotischen Menschen heran. In solchen Situationen erkrankt er. Hier
handelt es sich also nach allem vorher Gesagten um ,,auslösende Ursachen".
Diese werden im folgenden zu erörtern sein.

4. Vorwegnehmend sei hier aber bereits auf diejenigen Faktoren hingewiesen,
die, nachdem die neurotische Symptomatik ,,ausgebrochen" ist, dafür sorgen
(falls), daß diese bestehen bleibt, sich erhält, chronisch wird. Am Rande ist
hiervon bereits die Rede gewesen. Denn lebendige Schilderung muß sich auf die
Gesamtgestalt des neurotischen Menschen und seines Lebens beziehen. Daher
ist sie genötigt, wieder und wieder ,,Weiteres" mitzuberücksichtigen. Als vierte
Ursachengruppe also muß die ,,chronifizierende" genannt werden.

Damit also wären in einem ersten Überblick und mit voller Ausdrücklichkeit
4 Konditionengruppen als voneinander verschiedene Ursachen hervorgehoben.

Dieser letzte Ausdruck ist deshalb von Wichtigkeit, weil, wie die Gesamtdarstellung zeigt, natürlich weitere Faktoren und Faktorengruppen, allerdings nur zusätzlich unter dem Sondertitel „Ursache", hinzugefügt werden könnten. Es ist eine Frage der Zweckmäßigkeit, an welchen Stellen man sich bei der Differenzierung begrenzt. Um es noch einmal zu wiederholen: es wurde also nunmehr, wieder lapidar ausgedrückt, eine Initial- oder Primärursache fixiert. Es wurde eine stabilisierende Ursache charakterisiert. Als Drittes wurde die Darstellung einer auslösenden Ursache angekündigt, und viertens wurde auf eine chronifizierende vorwegnehmend hingewiesen. Es muß der kommenden Wissenschaft überlassen bleiben zu entscheiden, ob sie geneigt ist, sich dieser Einteilung fürderhin zu bedienen. Zur nochmaligen sprachlichen, begrifflichen Verdeutlichung: Die Attribute würden dann heißen: initial, stabilisierend, auslösend und chronifizierend. Für praktische Zwecke ist hierin, in solchem Grade der Differenzierung, jetzt, im Augenblick, in der Mitte des 20. Jahrhunderts, ein wesentlicher Fortschritt zu sehen.

Welches also sind die auslösenden Ursachen, also diejenigen Faktoren, die bei vorhandener kompletter Neurosenstruktur eine neurotische Symptomatik hervorzurufen imstande sind?

Aus der Frage allein schon ergibt sich die mitspielende Voraussetzung, daß die Erfahrung lehrt: Eine wie oben geschilderte vollständige Neurosenstruktur — und nicht nur eine neurotoide — kann grundsätzlich, im Grenzfall, ein Leben lang erhalten bleiben, ohne daß je eine Exazerbation neurotischer Symptomatik erfolgte. Das entspräche etwa der Aussage: Der Struktur nach kann es Himmelskörper geben, Sonnen, die keine Protuberanzen aufweisen. Dies für den astronomisch Interessierten. Noch weiter einen Augenblick im Bild verbleibend: Eine Neurosenstruktur kann so stabil, so „fest gefügt", so „kompakt", so „in sich ausgewogen" sein; die Welt, in der der betreffende Neurotiker lebt, kann zufällig, d. h. im seltensten Grenzfall so geartet sein; das Schicksal des Betreffenden kann so „blande", „glücklich" verlaufen, daß die latenten Antriebe und Bedürfnisse nie manifest werden. (Hier muß leise einschränkend hinzugefügt werden: 1. nie in vollständiger Gänze, also als Wiederholung des ehemals voll erlebten Antriebserlebens; 2. nie als „Sprengstück", 3. aber doch in Form von „Haltungen".) D. h. also, es gibt Neurotiker ohne Symptomatik. Nur „praktisch" ist es so, d. h. in der überwiegenden Zahl aller Fälle, daß der Neurotiker im Laufe seines Lebens, auf auslösende Faktoren „antwortend", eine neurotische Symptomatik entwickelt. Wie sehen diese auslösenden Faktoren aus?

Schon theoretisch ist leicht einzusehen, daß ein gehemmter Mensch von Zeit zu Zeit in Situationen geraten wird, die von denen, in denen er ursprünglich seine Gehemmtheiten entwickelte, grob unterschieden sind. Er stand ja, wie oben geschildert, unter Härte. Er wurde in seiner expansiven Selbstentfaltung eingeschränkt. Er drosselte seine Antriebe und Bedürfnisse ab; unter dem Einfluß von Härte oder auch, wie dargestellt wurde, mittelbar über phasenhafte Verwöhnungssituationen hinweg. Das grobe Gegenteil von Härte wäre also eine besonders „weiche" Situation. Diese würde ein neurotisches Gefüge ja „lockern".

Beispiele:

Ist ein neurotischer Mensch bevorzugt intentional gehemmt, so bedeutet

eine außergewöhnlich vertrauenswürdige Peristase, bestehend in einem oder
mehreren Menschen, die ganz besonders wohlwollend, geduldig, zuverlässig,
,,bergend" sind, für seine latenten intentionalen Tendenzen einen Anreiz, nun
doch einmal, probeweise gewissermaßen, manifest zu werden. Eine solche Umgebung ist eben weniger zu fürchten, ruft weniger reflektorische Schuldgefühle
hervor. Die latenten Antriebe und Bedürfnisse stehen in solcher Situation in
Versuchung ,,durchzubrechen". So ist es bei Freud bereits zur Begriffsbildung: ,,Versuchungssituation" gekommen. Zweifellos handelt es sich hier
um einen außergewöhnlich treffenden Ausdruck. Er sollte beibehalten werden.

Gerät ein kaptativ gehemmter Mensch in eine Situation, wie oben strukturiert,
in der er infolge besonders günstiger Bedingungen ruhig kaptativ sein könnte,
so besteht wiederum die Versuchung für ihn, mit kaptativen Erlebnissen ,,los-
zulegen". Für die orale Variante des Kaptativen gilt das gleiche. Im groben
Beispiel: Es kann jemand in die allernächste Nähe von Küchen, Speisekammern
usw. geraten, so daß er auf einmal Gelegenheit hätte, wenn er nicht neurotisch
wäre, tüchtig zuzulangen, ohne dadurch etwa gefährdet zu sein, selbst dann
nicht, wenn er mal die Grenzen überschritte. Die Welt, die Ordnungen der Menschen sind so gebaut, daß sie auf die Neigung des Menschen, hin und wieder
maßlos zu sein, Rücksicht nehmen. ,,Unter der Hand" läßt die Welt manches
geschehen, was sie offiziell verdammt. Wer analytische Psychotherapie treiben
will, muß wissen, daß es auch diese ganz spezielle Situation der oralen Versuchungssituation im eigentlichen, wörtlichen Sinn gibt. Es braucht nur hinzugefügt zu werden, daß diese besondere Situation vergleichsweise selten vorkommt, so wie das für ähnlich hochspezialisierte Phänomene auch sonst gilt.

In kaptative Versuchungssituation gerät (und erkrankt darin) ein Bank-
angestellter z. B. oder überhaupt jemand, der mit fremdem Eigentum zu tun hat.

Es wird nun wohl kaum noch notwendig sein, sämtliche weiteren Arten von
Versuchungssituationen durchzugehen. Es gibt Lebenslagen, in denen der mitt-
lere Mensch erlaubterweise höchst sparsam ist, die also seinen retentiven
Bedürfnissen entgegenkommen. Ein Puritaner darf sparsam sein, er soll es sogar.
Ein guter Hausvater darf das sein, soll es sein, usw., usw. Unsere gesamte Roman-
literatur wimmelt von solchen Beispielen. Der in retentiver Hinsicht neurotische
Mensch, also ein Mensch mit gehemmten retentiven Tendenzen, im ,,bewußten"
Erleben also ein Mensch, der im Verhältnis zu seiner Totalperson übermäßig
gebebereit ist, wird in einer entsprechenden Versuchungssituation — von ihm
aus gesehen — ,,in Gefahr" stehen, nun nicht nur einfach sparsam zu sein,
sondern infantilerweise mit Geizimpulsen wiederum ,,loszulegen". So sieht in
solcher Situation der speziell geartete neurotische Mensch, der retentiv ,,Stigma-
tisierte" aus. (Wir befinden uns auf neurosen-psychologischem Boden, sei ange-
merkt, und handelt es sich hier nicht um allgemeine breite Anthropologie.) Es
muß hier wieder im Rösselsprung gedacht, vorgestellt werden. Es ist unerläßlich,
nun weiter so zu ,,überlegen": Ein Antrieb, hier der retentive, muß als gehemmt,
also als nicht vorhanden, vorgestellt werden. Die entsprechende Lücke muß
deutlich vorschweben. Das ,,Nicht" daran erhält zunächst einen Akzent. Was
nicht da ist, wird gewissermaßen ,,nebenbei" bemerkt, nebenbei vorgestellt.

Das alles muß der Lernende so selbstverständlich gegenwärtig haben, wie er in der Anatomie und Histologie etwa mit dem Vorhandensein von Zellen und Zellgrenzen rechnet; und nicht etwa plötzlich offenläßt, ob das, was er beobachtet und ins Auge fassen soll, nicht vielleicht „diffus", ein Kontinuum ist.

Der Mensch mit dieser Lücke — man kann zum Zweck der Veranschaulichung ruhig im Scherz sagen: solch einer Lücke, daran ein Mensch hängend — tritt nunmehr in eine bestimmte Situation ein, nämlich in eine solche, in der der mittlere Mensch oder auch dieser den Anlagen nach spezielle Mensch, sofern er keine Symptome hat, unbekümmert retentiv sein würde. Und nun geht es im dramatisch vorgestellten Bild des Inneren eines solchen Menschen so weiter: In solcher Situation reizt die Möglichkeit das latente, hier retentive Bedürfnis, manifest zu werden. Das ist dann die Versuchungssituation genannte Lebenslage. Die Aussage lautet: In solcher Situation pflegt der retentiv Gehemmte im allgemeinen zu erkranken, d. h. ein Bruchstück, ein Sprengstück seines ehemals voll erlebten retentiven Antriebserlebens bricht ins Bewußtsein durch. So gesehen, sind neurotische Symptome „Durchbrüche".

Da „hinter" einem solchen „verengten" Antriebserleben die Masse alles zugehörigen Lebensdranges steht, erfährt das Sprengstück verständlicherweise eine Intensivierung. Das Sprengstück hat daher eine „Leuchtkraft", etwas Dranghaftes, „Wildes", Lärmendes, Aufdringliches, Eruptives, Vulkanisches, was es im Rahmen des ehemals voll erlebten Antriebserlebens nicht haben würde. Auch im Rahmen eines wiederum, aber nunmehr eingeordneten vollen Antriebserlebens würde der gleiche Bestandteil, nämlich der, der dem Sprengstück entspräche, nicht „lärmen". So also kommt der hervorgehobene, auffallende Charakter der neurotischen Symptomatik zustande. (Irfolge dieser vielfachen Gegensätzlichkeiten und damit verbundenen Dunkelheiten = Helligkeitsunterschieden blieb die neurotische Symptomatik bis Freud nahezu undurchschaut.)

Ein Aggressionsgehemmter gerät in die Versuchungssituation (im obigen Sinn strukturiert), loszuschlagen. Der Zärtlichkeitsgehemmte, der sexuell Gehemmte in ganz analoger Weise, „tätlich" zu werden. Und auch der Hingabegehemmte, der, dessen Gefühlsfunktion infantil, d. h. minderwertig geblieben ist, gerät z. B. an einen Lebenspartner, gerät in eine soziologische Gruppe hinein, im Beruf etwa, in der er einfach zweckmäßigerweise hingebend sein sollte, — „dienen können sollte" heißt dann die Formel — und — kann das alles nicht. Auf jeden Fall kann er es nicht in gereifter, angepaßter Form. Ein Sprengstück allein bricht durch.

In all diesen Fällen gerät ein bis dahin latentes Antriebs-, Bedürfniserleben „in Versuchung", nun doch manifest zu werden. Bisher hatte die auslösende Situation also folgende Struktur: Umweltfaktoren, zum Beispiel Menschen oder Menschengruppen, bilden für das Latente einen Anreiz, manifest zu werden. Solche Beziehung ist einlinig, obgleich sie, wie auf retentivem Gebiet zum Beispiel, in sich einige Winkligkeiten hat.

Sehen alle „auslösenden" Situationen, „Ursachen" so aus? Liegen die Dinge immer so einfach? Gewiß nicht. Eine andere Form der auslösenden Situation bietet folgendes Bild:

Ein neurotisch strukturierter Mensch lebt symptomlos dahin. Vom Gesichtspunkt der neurotischen Symptomatik aus also müßte er als „potentieller" Neurotiker bezeichnet werden. Aber das ist ja Definitionsfrage, also Konvention. Nun verdichtet sich eines Tages sein äußeres Schicksal. Die Situation der Härte, in der seine neurotische Struktur ihren ersten Ansatz entwickelte, wiederholt sich. Ein Schicksalsschlag trifft ihn, also jetzt nichts „Positives", sondern etwas Negatives. Er hat kein „Glück" mehr. Er gerät in eine „Sackgasse". Er hat sich infolge seines neurotischen Verhaltens vielleicht sein „problematisches" Leben weitgehend selbst aufgebaut[1].

Der betreffende neurotisch strukturierte Mensch begegnet also neuerlich Härtefaktoren. Er stößt auf verständnislose Menschen, einen „ungeeigneten" Lebenspartner oder zufällig auf abnorm harte Vorgesetzte und deren manchmal soziologisch bedingten, historisch bedingten Hintergrund. Er hat mit einem Untergebenen zu tun, den er nicht entlassen kann, auf den er oft infolge seines eigenen mangelnden Könnens (s. S. 80 o.) weitgehend angewiesen ist. Er gerät an einen Lebenspartner, der weich erschien und sich dann als „hart" entpuppt. Er verliert Besitz, zum Beispiel auch Geld, ohne daß er daran schuld ist oder auch wiederum so, daß er es selbst durch eigenes Fehlverhalten verschuldete. Oder auch ein anderer gewinnt in seiner nächsten Nähe sehr viel und er ist doppelt bedrückt. Ein anderer wird an ihm vorbeibefördert. Oder er hat das Pech, daß ein ihm Vor-gesetzter ausfällt und er plötzlich einer „Meute" von Untergebenen gegenübersteht. Er verliert einen Lebenspartner, an den er sich so gewöhnt hatte, als ob ein Verlust ausgeschlossen wäre. Er muß plötzlich einsam sein können, ohne sich anderen Menschen rasch genug anschließen zu können usw. usw. Das Leben versagt ihm also Stetigkeit, Konstanz, Dauer, Geborgenheit im Bisherigen. So fand Freud den Ausdruck Versagungssituation. Der Betreffende, der als Neurotiker, als Träger einer neurotischen Struktur ja nicht plastisch ist, sondern starr (s. S. 82, Zeile 8 v. u.), vermag einen adäquaten Anpassungsprozeß, eine entsprechende Wandlung der eigenen Person — falls das Schicksal eben als Schicksal unabänderlich ist — nicht zu vollziehen. Als Neurotiker hat er nicht mehrere Eisen im Feuer, sondern nur eines. Es gibt für ihn keine ausreichende Zahl erfüllender Ersatzbefriedigungen (s. a. „Der gehemmte Mensch" S. 81). Gehemmtheiten und Isoliertheit versperren ihm den Weg dazu. Er gerät unter „Innendruck". Seine expansive Lebenskraft, sein Lebenshunger, staut sich an. Seine bisherigen intentionalen Zuwendungen zur Welt oder seine kaptativen und oralen, seine retentiven und analen, seine Zärtlichkeits-, seine Liebes- und seine sexuellen Gewohnheiten — all dies oder das eine oder das andere in verschiedenster Zuordnung — weiterhin erfüllt zu erleben, versagt ihm das Schicksal. Und das abrupt und entscheidend, für ihn endgültig, so, wie er eben ist. Für den unneurotischen Menschen gäbe es jene eben erwähnten Ersatzbefriedigungen welcher Art auch immer, zum Beispiel wenigstens solche der Freizeitausfüllung

---

[1] Diese Thematik war der Hauptinhalt eines 1931 bei Gustav Fischer, Jena, erschienenen Buches des Verfassers „Schicksal und Neurose". Es kam ihm damals darauf an, entgegen der alleinigen und daher Überbetonung der initialen, der Primärursache durch die Psychoanalyse Freuds die weiteren Ursachearten zunächst einmal zu unterstreichen. Akzente sollten nunmehr sachgerecht gesetzt werden, Gewichte waren richtiger zu verteilen. Die auslösenden Ursachen in Form der damals vielfach so genannten „aktuellen Situation" waren hervorzuheben. Schon eine Versuchungssituation kann ein weitgehend „provoziertes" „Schicksal" sein. Aber es kann sich auch um „rein Äußerliches", Zufälliges handeln.

(s. S. 82, Zeile 28). Für den neurotischen Menschen gibt es diese in bezeichnender Weise nicht. Hinsichtlich der unmittelbaren Schicksalsverkettung, der entscheidenden Sackgasse, in die er geraten ist, zum Beispiel hervorgerufen durch den Tod eines Partners, gibt es keinen Ausweg. Hier besteht also in ausgesprochenster Weise k e i n e Versuchungssituation für den nunmehr zwangsläufig zur Inaktivität, zur Latenz verurteilten Antrieb. Normalerweise aber wären weitere Bedürfnisbefriedigungen nunmehr aufzugreifen. Für diese weiteren Bedürfnisse, die als Möglichkeit der Befriedigung in dem Betreffenden vorhanden sind, bildet die Versagungssituation daher gleichzeitig eine Versuchung, durchzubrechen. Von dieser Seite her gesehen also stellt jede Versagungssituation eine Versuchungssituation dar.

Noch einmal, und wiederum handelt es sich um eine Angelegenheit psychologischen Rösselsprungs —: Für einen speziellen Antrieb, für ein spezielles Bedürfnis, das bis dahin befriedigt werden konnte, fehlt infolge Schicksalseinbruches, infolge Geratens in eine Sackgasse des Schicksals die Möglichkeit voll erlebten, bewußten Erfülltseins. Das ist das eine. Exzentrisch hierzu, abseits hiervon, im weiteren Bereich der Persönlichkeit geht aber unter Voraussetzung einer kompletten Neurosenstruktur folgendes vor sich: Der differenzierten Versagungssituation könnte immerhin ausgewichen werden durch Rückgriff auf weitere befriedigende Erlebnismöglichkeiten. Für den Nichtneurotiker wäre das so, würde dies gelten. Dem Neurotiker aber sind die Zugänge zu solchem „weiteren" Erleben ebenfalls versperrt; dies nun aus inneren Gründen, aus neurosenstrukturellen Gründen. Diese neurosenstrukturelle Problematik ist dann aber identisch mit der oben schon geschilderten innerhalb von Versuchungssituationen. So korrespondieren also Versuchungs- und Versagungssituationen in ähnlicher Weise wie Härte und Verwöhnung. Was dem Wortsinn nach höchst gegensätzlich erscheint, überdeckt sich dem tatsächlichen Sinn nach weitgehend. Daher auch ist es erlaubt, ähnlich wie die Formel „Härte und Verwöhnung" die andere zu verwenden: „Versuchungs- und Versagungssituation", um nunmehr die „auslösende Ursache" zu charakterisieren.

Insgesamt ergibt sich aus dem bisher und gerade eben Dargestellten noch einmal für das Thema „Schwere" folgende Konsequenz:

Wenn alle die genannten „Schicksale", Schicksalseinbrüche, „Sackgassen" (s. wörtlicher Wortsinn) im Einzelfall die Bedingung dafür darstellen, daß überhaupt eine neurotische Symptomatik ausbricht, so gilt umgekehrt der Schluß: Alle diejenigen Fälle, in denen ein grober Schicksals„einbruch" vorliegt, sind „leichte" Fälle. Handelt es sich um mittlere Schicksalswendungen (s. a. S. 100), die die Bedeutung von Versuchungs- und Versagungssituationen haben, so ist das der übliche Erkrankungshergang. Fehlen eigentliche Schicksalswendungen und bricht doch Symptomatik aus, so liegt ein „schwerer" Fall vor. (Die speziellen Fragen an den Patienten s. auf S. 179!) Für die kommende analytisch-psychotherapeutische Entwicklung sind diese Aussagen von allergrößter Wichtigkeit. Hier liegen also die Kriterien für die Beurteilung der Schwere eines Einzelfalles. Diese Kriterien kennenzulernen, wird, wie späterhin noch etwas eingehender zu erörtern sein wird, für den Praktiker, d. h. denjenigen, der nicht in der Lage ist, eine ausgedehnte analytische Psychotherapie zu verwenden, die Hauptaufgabe sein (s. Anhang, S. 319 f). Nur, wenn er eine Fülle von Vorstellungen über diese Vorkommnisse, Fakten, Konditionen beherrscht, wird er in der Lage sein, unter seinen Patienten, die er nach sorgfältiger neurologischer und internistischer Untersuchung für psychogen erkrankt halten muß, diejenigen auszusuchen, gegenüber denen er es verantworten kann, mit pragmatischer oder gezielter analytischer Psychotherapie (die dann also nur kurze Zeit in Anspruch nehmen wird) vorzugehen. Anders ausgedrückt, auf diesem Wege allein wird es ihm möglich sein, sich nun nicht mehr an der bisher üblichen Chronifizierung von Neurosen infolge mangelnder Kenntnisse, d. h. infolge der Unfähigkeit, schwere von leichten Fällen zu unterscheiden, zu beteiligen. Diese Aufgabe ist die kommende Aufgabe der Ärztewelt, also all derjenigen, zu denen der neurotische Patient mit hoher Wahrscheinlichkeit zunächst hilfesuchend kommt. Was auf diesem Wege an adäquater „Behandlung" der Neurosen geleistet werden kann, übertrifft vorauszusehenderweise quantitativ in kaum überschätzbarem Grade alles, was auch die bemühteste analytische Psychotherapie im nachhinein zu leisten vermag. In dieser Hinsicht wird die psychotherapeutische Welt eines Tages sehr, sehr anders aussehen, als das heute der Fall ist.

Wie verhüllt manchmal Versuchungs- und Versagungssituationen sind, möge folgendes Beispiel illustrieren. Es wird hier in unmittelbarer Anlehnung an einen von Alexander und French in ihrem Buch „Psychoanalytic Therapy" (The Ronald Press Company, New York 1946) dargestellten Fall eine besonders in Kriegszeiten gehäuft auftretende Neurosenform, die „Unfallneurose" ihrem höchstwahrscheinlichen Hintergrund nach geschildert: Der Vorgang sieht zunächst so aus: Ein Flieger will in einer Staffel ehrgeizig die Spitze halten, ein alltäglicher Vorgang. Dabei drängt sich ein ihm befreundeter anderer vor. Dieser wird von Flak getroffen und stürzt ab. Der erste erkrankt mit einer neurotischen Symptomatik. Diese blieb früher völlig unverständlich; denn man konnte sich das Zustandekommen einer solchen abartigen Reaktion in keiner Weise erklären. Den Unfall als solchen verantwortlich zu machen, war ja nicht stichhaltig. Also verfiel man auf die endogenologische Theorie des Psychopathen, der diesen Unfall erlebt habe und daher so abartig reagiere, oder man bemerkte späterhin, daß der Betreffende offensichtlich ein Interesse an der Aufrechterhaltung seiner Symptomatik zum Zwecke der Vermeidung irgendwelcher Unbequemlichkeiten hatte und vermeinte nun, in dieser Zwecksetzung, Finalisierung die Ursache sehen zu sollen. Oder auch, durch kathartische Eruptionen solcher Unfallneurotiker im hypnotischen Zustand etwa verführt, meinte man, der Betreffende habe die Erinnerung an den schrecklichen Unfall ganz oder zum Teil verdrängt und die Ekphorierung der vollständigen Erinnerung sei das Wesentliche am etwa eintretenden Heilungserfolg. Also sei immerhin der erschütternde Unfall die eigentliche Ursache (s. a. S. 92). Seit man aber mit neueren Mitteln auf Grund differenzierterer, neurosenpsychologischer Einsichten an solche Fälle „gezielt" heranging, ergab sich doch zunehmend ein erheblich anderes Bild. Dieses ist nunmehr nach einer wissenschaftlichen Entwicklung von wohl zwei Jahrzehnten sehr viel klarer geworden, sehr viel weniger „Wunderbares", „Rätselhaftes" enthaltend. Es stellt sich da z. B. heraus, daß der neurotisch erkrankende Flieger solch einen Vorgang des Konkurrierens mit Unklarheit, wer mit wem eigentlich konkurriert —

das gerade ist in solchem Fall ja äußerst schwer unterscheidbar und nur bei allerkorrektester Analyse möglich — aus inneren Gründen selbst provoziert hat. Er erkrankt nicht „infolge" des Unfalls, sondern lediglich aus Anlaß des Unfalles. Es erweist sich zum Beispiel, daß für ihn eine ausgesprochene Versuchungssituation bestand, den konkurrierenden anderen Flieger zu schädigen. Ist die Folge dann etwa der Tod des anderen, und zwar so, daß er äußerlich auf Grund üblicher Untersuchung in keiner Weise haftbar gemacht werden kann, so erlebt er also, da er ja selbst am Leben bleibt, daß die Entladung bis dahin latenter schwerster Aggressionen zur Vernichtung oder zumindest schwerster Schädigung eines anderen Menschen führen kann, ohne daß die eintretenden Folgen ihn unzweideutig an einer Wiederholung zu hindern in der Lage wären. Er erlebt also, daß er von nun ab dauernd in Gefahr steht, infolge einer natürlichen Lockerung seines neurotischen Gefüges einen solchen Vernichtungsakt einem anderen gegenüber neuerlich zu wiederholen. Diese Gefahr wird von der Zukunft gefürchtet. Diese abzuwehren gelingt dem Neurotiker mit den üblichen Mitteln vollbewußter Verarbeitung nicht. Daher setzt bei dem Betreffenden eine neurotische Symptomatik ein, die diesen für den Betreffenden quasi lebensnotwendigen Abwehrkampf für ihn übernimmt. Und weil dies so ist, persistiert eine solche neurotische Symptomatik soundso oft, und sie persistiert dann mit Sicherheit, wenn es sich um eine schwere Neurose handelt, d. h. um eine Gesamtstruktur, die in sich die Wahrscheinlichkeit von immer wieder erfolgenden Exazerbationen enthält. Vielleicht vermittelt die eben gegebene, wenn auch skizzenhafte Schilderung ein Bild davon, warum in solchem Fall durch das, was man eine übliche Untersuchung nennt, die zugehörige eigentliche „auslösende Ursache", d. h. die betreffende Versuchungssituation nicht deutlich werden kann.

Es darf hier hinzugefügt werden, daß die im Augenblick ja massenhaft erscheinenden Filme, die neurosenpsychologische Probleme behandeln, fast durchgängig am Typischen vorbeigehen. Sie zeichnen sich nahezu sämtlich (zum Beispiel mit Ausnahme des im übrigen künstlerisch wertlosen Films „Die Madonna der sieben Monde") durch eine völlige Verkennung bzw. Fehldarstellung der auslösenden Versuchungs- und Versagungssituationen aus. Hier ist noch alles Psychologische schief und krumm. Und es wird einer erheblichen Entwicklung bedürfen, wenn das Filmpublikum auf dem Wege über diese Art von Filmen wirklich sachgerecht aufgeklärt werden soll. Dabei muß betont werden, daß hier keineswegs etwa im eigentlichen Sinn an sogenannte „wissenschaftliche" Maßstäbe gedacht wird, sondern wirklich nur an korrekte Psychologie, Charakterologie, Anthropologie, Biographie.

Hiermit soll auf keinen Fall den Bemühungen des Films widersprochen werden oder auch überkritisch vorgegangen werden; denn an einigen, wenn heute auch noch seltenen Stellen leuchten Versuchungs- und Versagungssituationen von einfacherer Art im Film deutlich auf. In der Praxis des analytischen Psychotherapeuten sieht das etwa so aus: Eine Frau, Ende 30, verheiratet, mit Kindern, kommt in die Konsultation. Sie klagt über Angstanfälle. Befragt, wann diese zuerst auftraten, macht sie eine bestimmte zeitliche Angabe. Das Vorhergehen von irgend etwas, was „Schicksalseinbruch" genannt werden könnte, wird bestritten. Nach eindringlicher, „gezielter" Befragung (s. S. 179) aber ergibt sich, daß der erste Angstanfall schon früher auftrat und daß diesem folgendes vorausging: Sie selbst ist im sexuellen Zusammenleben mit ihrem Mann unbefriedigt. Sie hat ihn aus äußeren Gründen geheiratet. Eine sie tief ergreifende Liebe ging voraus. Auf deren Realisierung hat sie, wiederum aus äußeren Gründen, verzichtet. Und nun, kurz vor ihrem ersten Angstanfall, ist ihr Sohn, der 16 Jahre alt wurde, entgegen ihren Ratschlägen, die sie sorgfältig über Jahre erteilt hatte und deren Inhalt war — sich selbst und ihren modus vivendi rechtfertigend —: „Laß dich nicht auf Ergriffenheit in der Liebe ein. Es kommt nichts dabei heraus. Nimm dir ein Beispiel an mir. Ich habe es ebenso gemacht, und es ist mir gut dabei ergangen", „ausgebrochen" und hat sich heimlich einem Mädchen zugewandt, in das er sich verliebte. Als die Mutter das entdeckt, den Sohn verliert, ohne selbst einen Ersatz zu haben, drohen in ihr selbst Sehnsüchte gleicher Art durchzubrechen. Sie befindet sich mit dem Sohn in einem Bad. Der Mann ist daheimgeblieben. Von ihrem ursprünglichen Antrieb, einem aus Zärtlichkeit, Hingabetendenzen und sexueller Bedürftigkeit gespeisten Verlangen (s. a. S. 123) setzt sich nur der Furchtanteil in Form von gegenstandsloser Angst durch. Sie erkrankt.

In gleicher Weise ließe sich ein simples Beispiel an das andere reihen. Der eben geschilderte Fall ist durchaus repräsentativ. Wer solche Struktur, solche Hintergrundsstruktur neurotischer Erkrankung, einmal voll verstanden und sich auch nur annähernd davon überzeugt hat, daß neurotische Ersterkrankungen völlig regelmäßig auf solcher Basis, also wie in diesem Fall in Versuchungs- und Versagungssituationen auszubrechen pflegen, wird nunmehr in der Lage sein, das Entsprechende bei seinen Patienten zu eruieren. Und so simpel strukturiert sollten zunächst auch die Filme sein, dann wären sie wenigstens sachgerecht.

Aus all dem oben über die Versuchungs- und Versagungssituation Gesagten folgt ganz offensichtlich, daß diese Thematik in kommender Zeit einer ausdrücklichen monographischen Bearbeitung bedürfen wird. Dies um so mehr, als die praktische Ärzteschaft einschließlich der internistischen und neurologischen Spezialisten gerade diese Situationen um der differentiellen Indikation willen, um der Abhebung der leichten von den schweren Fällen willen unbedingt in großer Fülle und Differenziertheit wird kennen lernen müssen. Aber es ergibt sich auch, daß nur derjenige diese monographische Arbeit wird leisten können, der analytisch-psychotherapeutisch voll durchgeschult ist, d. h., das analytische Verfahren tadellos beherrscht und, auf diesem aufgebaut, auch die auf den Seiten 173 ff behandelte „gezielte" Anamnese.

Die Schicksalseinbrüche und Sackgassen des Lebens haben im Zusammenhang mit der Frage nach den Situationen, in denen neurotische Symptome aufzutreten pflegen, repräsentative Bedeutung. Sie stellen daher auch die vergröberten Muster von Allgemeinerem dar. Wer ihre Struktur zu durchschauen gelernt hat, wird dann auch das Leben als Ganzes unter dem Gesichtspunkt der Versuchungs- und Versagungssituationen betrachten können. An ihm erscheinen, abgehoben aus seinem stetigen Verlauf, eine Reihe von Phasen, in denen sich die Versuchungs- und Versagungsproblematik verdichtet. Es gibt im Leben eine Reihe von typischen Schwellensituationen, die hierher gehören. Auch das normale Abstillen ist z. B. eine solche Situation. Die Sauberkeitsgewöhnung ist eine weitere.

Die Geburt eines Geschwisterchens eine dritte. Das Erleben des Kindergartens und später dann der Schule stellt eine neue dar. Die Examina gehören hierher. Das erste Sexualerleben schließt sich an und hat naturgemäß eine besonders gewichtige Bedeutung als symptomauslösende Situation. Die endgültige Berufswahl, die Eheschließung, das Geborenwerden von Kindern, die Erreichung der Lebensmitte und schließlich das Klimakterium werden zu Schwellensituationen, in denen die Gereiftheit des Menschen auf die Probe gestellt wird. Eine Form seines Gereiftseins, wenn sich dieses bewährt, besteht im Stabilbleiben seiner Struktur, d. h. in unserem Zusammenhang im Nichtauftreten einer neurotischen Symptomatik. Wer das eben Dargestellte als Ganzes überblickt, wird sofort sehen, daß es gegenüber der Fülle des Lebendigen pedantisch wäre, nunmehr weitere Schwellensituationen als gesonderte Phänomene hervorzuheben, denn es ist zu selbstverständlich, daß es noch eine Fülle von Varianten gibt, denen gegenüber die Aufgabe besteht, sie in Form geordneter Beispiele darzustellen. Man wird sich also die dazugehörigen Begriffe der Schwellensituationen und der Reifungsschritte merken müssen, aber doch lediglich als allgemeinsten Hinweis auf eben jene vielen Varianten, mit denen der analytische Psychotherapeut dauernd zu tun hat. Das allgemeinste Thema hierbei bleibt also, wie schon gesagt, daß es sich der Struktur nach, neurosenpsychologisch gesehen, stets um Versuchungs- und Versagungssituationen handelt. Die von der Philosophie vielfach erwähnten Grenzsituationen sind Varianten jener Schwellensituationen. Der neurotische, aber auch der neurotoide Mensch wird hier entscheidend in Frage gestellt.

17. Die „Mechanisierungen"

Stellt man sich im Überblick all die Folgeerscheinungen einer ursprünglichen Gehemmtheit zusammen und sieht man in ihnen einen wesentlichen Anteil der chronifizierenden Faktoren, so fällt einem im Laufe der Zeit doch auf, daß sich noch etwas Weiteres hier hineinmengt:

Es ist zum Beispiel eine Tatsache, daß eher häufig als selten ein neurotischer Mensch, der mit dem Symptom des Errötens reagiert, dieses Symptom in allen Versuchungs- und Versagungssituationen wiederholt. Das geschieht in einer für den Betreffenden neurosenstrukturell charakteristischen Weise. Die Folgeerscheinungen ursprünglicher Gehemmtheit tragen dann dazu bei, das Auftreten dieser Symptomatik immer wieder zu provozieren. Ein ganzes neurotisches Schicksal trägt die Symptomatik. Aber der Betreffende reagiert nun außerdem auch auf sein Symptom, und ein sekundärer Prozeß kommt in Gang. Das Auftreten der Symptomatik wird gefürchtet. Vielleicht glaubt ihr Träger anfänglich, das Symptom werde sich nicht wiederholen. Dann erlebt er aber, daß er sich geirrt hat, ohne naturgemäß, wie aus allem oben Dargestellten folgt, die „Gründe", die Ursachen für solche Wiederholung auffinden zu können. Je leidvoller für ihn diese Symptomatik ist, desto mehr fürchtet er sie, und im Laufe der Zeit gewöhnt er sich daran anzunehmen, daß die Symptomatik unvermeidbar immer wieder auftreten wird. Er beginnt also, sich mit einem kommenden Wiederauftreten zu beschäftigen. Er nimmt die Symptomatik in seiner Phantasie vorweg. Und nun das Eigentümliche: Dieses vorwegnehmende Phantasieren erreicht oft eine Intensität des Vorstellens, die ihrerseits mit dem Hervorrufen des Symptoms identisch ist. Dann „bildet sich" der Patient seine Symptomatik tatsächlich „ein". Entscheidend hierbei aber ist, daß die Symptomatik ihn zunächst einmal überfällt. Das ist die Regel. Die Ausnahme ist, daß der Betreffende eine Symptomatik befürchtet und vorwegnimmt, die er noch nicht an sich kennenlernte (s. a. S. 139). Erlebt ein Patient nun auf diesem Wege eine Bestätigung seiner Befürchtung, ohne auf dem Stande des heute allgemein verbreiteten Wissens diesen Mechanismus der „Einbildung" durchschauen zu können, nämlich, daß er selbst nunmehr ein zusätzliches Auftreten der Symptomatik provoziert, so steigert sich natürlich allmählich die Wahrscheinlichkeit eines solchen Rückfalls. Es hat sich eine Gewohnheit gebildet. Unabsichtlich „übt" der Patient sein Symptom, und dieses Üben hat den gleichen Erfolg wie im Leben sonst auch. Es entwickeln sich nämlich weiterhin Vollzugszwänge. D. h., das, was jemand einmal geübt hat, kann er auch dann nicht mehr vermeiden, wenn er es durchaus möchte.

Was folgt hieraus? Doch auf jeden Fall, daß man den neurotischen Untergrund solcher Symptomatik im Einzelfall sehr wohl beseitigen könnte — wenn dieses gelingt —, ohne daß die betreffende Symptomatik dann fortfällt. Auf diesem Wege also entsteht eine besondere Art von Chronifizierung. Auch diese muß man kennen. Auf sie muß man vorbereitet sein, wenn die Gewichte recht verteilt werden sollen. Was uns heute jedoch noch fehlt, ist eine korrekte Statistik dieser Zusammenhänge. Das soll heißen: Wir wissen heute noch nicht, wie häufig das eben geschilderte Phänomen vorkommt. Wir wissen noch nicht, ob es Kriterien gibt, die erlauben, im Einzelfall unmittelbar zu entscheiden, von welcher Bedeutung im Ganzen dieser besondere chronifizierende Faktor ist. Auch hier liegt noch eine wissenschaftliche Aufgabe vor uns.

Ist dies aber so, so kann zunächst einmal folgendes als gesichert festgestellt werden: Diese Art der Chronifizierung gibt es auch. Qualitativ konkurriert sie mit den übrigen Arten der Chronifizierung. Sie hat „mechanischen" Charakter, verglichen mit dem psychologisch Sinnvollen der übrigen chronifizierenden Vorgänge. Es bilden sich „Automatismen" aus. Die eben erwähnten Vollzugszwänge haben diesen Charakter. „Bedingte" Reflexe sind entscheidend beteiligt.

So ist es sehr verständlich, daß eine ganze Reihe von Autoren diese Seite der Sache verhältnismäßig früh durchschauten. Es ist daher auch sehr verständlich, daß man „übende" Verfahren entwickelte, die bestimmt waren, unmittelbar gegen die vorhandenen Gewohnheiten, „Geübtheiten" eingesetzt zu werden. Nach allem oben Dargestellten muß die Anwendung eines solchen Verfahrens bei hierhergehörigen Fällen in irgendeinem Grade von Erfolg gekrönt sein. Aber es ist wohl klar, daß hiermit heute zunächst nur etwas Qualitatives festgestellt ist, und daß es durchaus verfehlt wäre, wegen des Auch-Vorkommens solcher Gewohnheiten, Geübtheiten, die dazugehörigen pragmatischen Verfahren so anzuwenden, als ob in jedem Fall von neurotischer Symptomatik solche Vollzugszwänge vorlägen oder auch als ob ihnen überall da, wo sie qualitativ vorliegen, eine erhebliche Quantität zukomme. Was wir heute korrekt überblicken, ist bisher nur Qualitatives. Alle quantitativen Feststellungen sind noch vage. Jede dogmatische Form des Voraussetzens sollte heute also noch vermieden werden. Insbesondere sollte mit Hilfe der auf den Seiten 173—182 beschriebenen gezielten Anamnese dafür gesorgt werden, die anfallenden Symptomträger auch in dieser Hinsicht genauer voneinander zu unterscheiden, als das bisher fast durchgängig geschah.

Ist man nun einmal auf diesen merkwürdigen, zusätzlichen Faktor im Chronifizierungsprozeß von neurotischen Symptomen aufmerksam geworden, so wird man ihn an den verschiedensten Stellen unseres Gebietes für sich sichtbar machen können bzw. vermuten dürfen. Alles spricht z. B. dafür, daß solche Form des unfreiwilligen Übens einer Symptomatik in allen chronisch werdenden Angstneurosen — neben den übrigen chronifizierenden Faktoren! — eine Rolle spielt. Für die Phobien, insbesondere für die Agoraphobie, gilt das gleiche. Ja, im Chronischwerden von Zwangssymptomen steckt höchstwahrscheinlich soundso oft auch dieses Element. Es sei hinzugefügt, daß das gleiche für das Stottern gilt. Eine Fülle von Organfunktionsstörungen schließen sich an. D. h. also: Ein auf die neurosenstrukturellen Bestandteile bezogenes analytisch-psychotherapeutisches Verfahren wird in Zukunft wahrscheinlich soundso oft durch ein pragmatisch-übendes ergänzt werden müssen. Schon heute kann man dies mit großer Sicherheit von der Mehrzahl der Stotterfälle behaupten. Es ist keineswegs das erstemal, daß dies festgestellt wird. Gegenüber der bis heute häufig geäußerten Zwiespältigkeit der Auffassung, gegenüber dem fast durchgängig noch konkurrierenden Charakter analytischer und pragmatischer Empfehlungen bedeutet es zweifellos einen Fortschritt, wenn die vermutete Gegensätzlichkeit nunmehr als höchst bedingt anerkannt werden muß. Es bedeutet einen Fortschritt, daß wir heute wissen: im Einzelfall ist beides nicht so selten innig verflochten und damit im eigentlichen, psychologischen Sinn (allerdings erst im nachhinein!) Verstehbares festgestellt. Es wird aber gleichzeitig davor gewarnt, die mechanische Konzeption zu überwerten, und diese Warnung wurde begründet. Da die pragmatische Konzeption und das pragmatische Verfahren, verglichen mit dem analytischen Aspekt, auf jeden Fall leicht zugänglich sind, da dieser heute noch immer außerordentlich weitgehend vernachlässigt wird, muß im Augenblick noch eine Akzentuierung der analytischen Gesichtspunkte erfolgen. Alles Weitere muß der Zukunft überlassen bleiben. Hier wird die nächste Generation sehr viel und gute Arbeit leisten können und müssen. Dem Verfasser der vorliegenden Darstellung lag daher ausdrücklich daran, dieses merkwürdige zusätzliche Moment auch im analytisch-psychotherapeutischen Zusammenhang hervorzuheben[1].

18. Die 4 Hauptneurosenstrukturen

Bevor man den Versuch macht, sich heute bereits ein geordnetes Bild der neurotischen Symptomatik zu machen, eine Tafel der neurotischen Symptomatik zu entwickeln, empfiehlt es sich, im Überblick über das bisher Dargestellte die

---

[1] Das war der Grund, warum Verfasser diese Mechanisierungen in seiner 1927 erschienenen „Einführung in die Psychoanalyse" (Verlag von Gustav Fischer, Jena) bereits auf einer Strukturtafel (s. S. 11, Schema I) angab.

Frage aufzuwerfen, ob es bei dem Thema „die" Neurosenstruktur bleiben soll. Wenn dies bejaht würde, ergäbe sich eine gewissermaßen plötzliche Aufsplitterung eines bisher Einfachen, nämlich „der" Neurosenstruktur, in eine schier unübersehbare Vielfalt, die Symptomatik. Man hätte also auch, wenn es auf Diagnose ankommt, von der oft sehr individuellen neurotischen Symptomatik her vorgehen können. Weitgehend ist das auch geschehen. Man hat also mit den Klagen der Patienten auch wissenschaftlich begonnen.

Inzwischen aber, d. h. im Laufe des letzten Jahrzehnts hat sich der unzweckmäßige Charakter einer solchen neurosenpsychologischen Diagnosenbildung ergeben; denn eine Klage, ein Leiden unter etwas weist ja, falls als psychogen festgestellt, nur auf den Hintergrund einer Neurose überhaupt hin. Demgegenüber ergibt die oben (S. 24 ff) bereits als phasenhaft dargestellte Chronologie der Neurosenentstehung den Ansatz eines Ordnungsgesichtspunktes. Das ist auch dann der Fall, wenn man die zeitliche „Überschneidung" der verschiedenen Antriebsansätze berücksichtigt und daß es sich im ganzen doch weitgehend um Akzentuierung, um Gesichtspunkte der Bevorzugtheit handelt. So hob sich allmählich folgendes heraus:

a) Die schizoide Struktur

Es gibt eine Neurosenstruktur, in der der Bedeutungsakzent weitgehend auf der intentionalen Gehemmtheit ruht. Der Träger solcher Struktur ist erstens durch eine außerordentlich tiefgehende Kontaktgestörtheit ausgezeichnet. Seine Beziehung zur Welt, insbesondere zur Welt der Menschen, ist zentral gelockert. Infolge dieser Vagheit, Diffusheit seiner zentralen Zwischenmenschlichkeit, dieser Unfähigkeit zu mutuellem Erleben, Unfähigkeit zu ursprünglicher Kommunikation lebt er an seinem ursprünglichen Leben weitgehend vorbei. Sein späterhin nie mehr mit einiger Wachheit erlebtes Mißtrauen, das diesen Namen deshalb im üblichen Sinn eigentlich gar nicht mehr verdient, hält ihn reflektorisch, erworben-reflektorisch, wie instinktiv, den Mitmenschen gegenüber in der Distanz. Seine Sthenie wird durch den Prozeß dieser Distanzierung, durch das dauernde Abstandhalten nicht etwa aufgezehrt. Auch dann ist das nicht der Fall, wenn diese Kraft verhältnismäßig gering ist, der Betreffende also — physiologisch wenigstens —, ein A-stheniker ist. So stehen ihm für seine weitere Entwicklung Kräfte zur Verfügung. Diese bringt er sekundär, quasi-mechanisch unter. Im groben Sinn vermeidet er nicht den „Umgang" mit der Welt. Er erlernt ihn oft außerordentlich gut, „glatt". Aber das Ganze ist, von den intentionalen Emotionen her gesehen, letztlich fundamentlos. Die Bereitschaft, sich ganz auf Latenz zurückzuziehen, die gelockerte Beziehung zur Welt in schroffer Distanz, in „Objektverlust" überzuführen, ist stets vorhanden — aber untergründlich, selbstverständlich nicht auf Anhieb „sichtbar". Und nun bringt es natürlicher-, psychologischerweise die Lockerkeit des zentralen Gefüges solcher Persönlichkeit mit sich, daß alle sekundären und tertiären, wenn auch noch so „lebhaften" — deshalb aber noch lange nicht wirklich lebendigen — Beziehungen zu den Menschen unverbindlich sind. Alles kann so oder auch anders oder auch ganz entgegengesetzt sein. Zutiefst bestehende Unsicherheit hinsichtlich der

„wahren" Beziehungen zur menschlichen Mitwelt charakterisieren den intentional Gestörten. Die ausgebreitete Latenz seiner Antriebe und Bedürfnisse bedingt eine Vertiefung seiner allgemein menschlichen Zwiespältigkeit den Menschen gegenüber. Seine Erlebnisart des anderen ist also ausgesprochen „gespalten". Und wenn man die latenten Anteile, die ja „hinter" der Gespaltenheit stehen, ausdrücklich ins Auge faßt und von da her sprachlich charakterisiert, so sind die Betreffenden ausgesprochen ambi-valent. In den oben geschilderten Versuchungs- und Versagungssituationen also neigt der so charakterisierte schizoide Mensch zum abrupten Auseinanderklaffen gegensätzlicher Haltungen und dann auch Handlungen ein- und demselben Menschen gegenüber. Das dann als spezielle, repräsentative Variante des Erlebens.

Aber es muß hinzugefügt werden, daß ein Mensch mit so gearteter schizoider Struktur in Versuchungs- und Versagungssituationen, besonders dann, wenn sie überraschend und gewichtig, d. h. also „traumatisch" sind, keineswegs seine Latenz der Antriebe und Bedürfnisse ebenso plötzlich in manifestes Erleben verwandeln kann. Das gerade ist ihm qua Gehemmtheit versperrt. Hier hat er, durch analytisches Verfahren feststellbare schwerste Lücken. Hier erfolgen die Durchbrüche nicht in Form der vergleichsweise harmlosen neurotischen Symptomatik. Hier gibt es nur die Möglichkeit explosiven Durchbruchs, dem regelmäßig der „Versuch" vorausgeht, die intentionale Distanz zu verstärken. In Grenzen gelingt dieser Versuch soundso oft. Also ist das Explosive dann eingebettet in extrem intentionalen Objekt-verlust.

b) Die depressive Struktur

Hat ein Mensch als Kleinkind in einer Situation der Umwelthärte keine wesentlichen intentionalen Gestörtheiten erworben, sondern liegen diese „später", auf oral-aggressivem Gebiet, so charakterisiert ihn ebenfalls eine erhebliche Distanziertheit gegenüber den Menschen, aber folgendermaßen: Die Mitwelt ist für den Betreffenden „dämonisiert". Seine eigenen latenten, „schweren" oral-aggressiven Tendenzen hat er in die Welt projiziert. Er apperzipiert seine Mitmenschen gewissermaßen als fressende Ungeheuer, als Wölfe, und, wenn es sich um einen Mann handelt, die Frau als verschlingende Magna Mater. So tief ist dieses Bild der Menschenwelt in ihm verankert, in-karniert, daß er im erworbenen Instinkt mit völliger Hoffnungslosigkeit immer dann reagiert, wenn eine Schicksalsbegegnung auch nur andeutungsweise zu zeigen scheint, daß alle Anstrengung, sich erobernd zu behaupten, fruchtlos sein wird. Auf jede Versuchungs- und Versagungssituation — auch der einzelne Mensch, der Lebenspartner, kann diesen Charakter ja haben, wie dargestellt wurde — reagiert der Betreffende mit schwersten, in der Latenz gestauten oral-aggressiven Tendenzen; auf der Oberfläche entsprechend mit weicher Gefügigkeit, Nachgiebigkeit, Opferbereitschaft, Verzichtsbereitschaft usw. (Diese Eigentümlichkeit ist für den hellsichtigen Beobachter oft unmittelbar ablesbar.) Es kommt gar nicht erst zu eigentlichen expansiven Impulsen, sondern im ersten Ansatz des statu nascendi bereits werden jene abgedrosselt. Der Betreffende ist also alles eher

als aktiv. Er zeichnet sich durch passives Erleben aus. Manchmal wird ihm diese
Passivität als subjektives Empfinden der Gehemmtheit deutlich.

Das eben Erörterte sei noch einmal in anderer Form mit Hinzufügung weiterer
Daten dargestellt:

Die depressive Struktur ist im wesentlichen gekennzeichnet durch die Latenz
schwerer oral-aggressiver Impulse. Der Betreffende ist also, wie man das auf
der Basis ausreichender Kenntnis der Tatbestände nunmehr ruhig ausdrücken
darf, ein „latenter Raubmörder". Im Rahmen der vorliegenden Darstellung darf
wohl darauf verzichtet werden, dies nun noch durch weitere Erörterung zu verdeutlichen. Es darf angenommen werden, daß derjenige, der alles bisher Gesagte
in etwa überblickt und erinnert, wenigstens im Ansatz verstehen wird, daß solche
Formel alles andere eher als „an den Haaren herbeigezogen" ist.

Und nun möge auch noch einmal auf die Entsprechung bei der schizoiden
Struktur hingewiesen werden. „Lauert" „hinter" dem Depressiven der Raubmörder, d. h. würde der Betreffende sofort zum Raubmörder werden, wenn es
gelänge, auf irgendeinem künstlichen Weg plötzlich seine Verdrängungsdecke zu
beseitigen, so würde entsprechend der Schizoide zum blinden „Totschläger",
also zum bloß Extrem-Aggressiven — ohne den oralen Beitrag.

Vielleicht ist es gut, nachdem so starke charakterisierende Worte verwandt
worden sind, darüber hinaus nun noch einmal kontrastierend das mechanische
Bild des gleichen Tatbestandes zu erörtern. Man darf sehr wohl sagen, daß der
Depressiv-Strukturelle auf eine Versuchungs- oder Versagungssituation mit so-
fortiger blitzartiger „Über-steuerung" antwortet. Physiologisch gesehen, handelt
es sich höchstwahrscheinlich um eine in Form einer spezifischen „Gestalt" erfolgenden blitzartigen muskulären Erschlaffung. So wird es Aufgabe zukünftiger
Untersucher sein, festzustellen, was darüber hinaus an abartigem Funktionieren
von glatter Muskulatur und Drüsengewebe etwa gleichzeitig erfolgt. Und dann
wird sich mit höchster Wahrscheinlichkeit herausstellen, daß die schon hier und
dort, hin und wieder bei Depressiven festgestellten abnormen physiologischen
Fakten mit den eben erörterten identisch sind. Man hätte dann also die Gleichzeitigkeitskorrelate (s. Anhang S. 272) des subjektiven depressiven Erlebens
gefunden. Für diejenigen, deren Interesse auf den zentralnervösen Anteil jener
Korrelatgestalten gerichtet ist, möge hinzugefügt werden, daß die speziellen
morphologisch-physiologischen Korrelationen Vagus-Flucht und Sympathikus-
Aggression wahrscheinlich hierhergehören. Vielleicht wird man auch so formulieren müssen entsprechend tierpsychologischer Auffassung: Sympathikus — Eroberung, Kampf, Selbstbehauptung, Parasympathikus — Absinken, Aufgeben
usw.

Wiederum eine weitere Seite desselben: Der depressiv Strukturierte ist aus
inneren Gründen in Versuchungs- und Versagungssituationen wehrlos. Ist er
das aber, so folgt daraus auf einfach psycho-logischem Wege, daß er die Welt,
den anderen Menschen besonders, der ja, verglichen mit ihm, ein wehrhaft
expansives Lebewesen ist, als böse, „dämonisch" apperzipiert und interpretiert
(s. schon oben S. 216). Man hat daher hinsichtlich dieses besonderen menschlichen
Erlebens oft den Ausdruck „Projektion" verwandt. Man spricht dann davon,
der Betreffende projiziere seine eigenen latenten allerschwersten Aggressionen

in die Welt, besonders in den anderen Menschen, hinein; er „dämonisiere" sie also. Unter den oben entwickelten Voraussetzungen handelt es sich also um eine durchaus korrekte Charakterisierung.

Es bleibt lediglich die Frage, wieviele der verschiedenen Seiten ein und desselben, hier also des Depressiven, des depressiv Strukturierten, man meint, durch besondere Bezeichnung hervorheben zu sollen. Nicht aber handelt es sich fürderhin darum, zu entscheiden, ob die eine oder die andere Formulierung, die eine oder andere Charakterisierung des ursprünglich beobachteten Tatbestandes wahr oder falsch ist.

Je nachdem man also die verschiedenen Seiten und unmittelbaren Folgeerscheinungen depressiver Struktur mitberücksichtigt, gelangt man zu mehr oder weniger populär-biographischen Schilderungen. Es sei eine davon gegeben: Der Träger einer depressiven Struktur mußte sich als Kind versagenden Eltern fügen, weil er auf sie angewiesen war. Als Erwachsener verhält er sich dann im Sinne unbedingter Reflexe fernerhin so, und dies wiederum vollzieht sich im Rahmen einer erworbenen Gestalt von weiteren bedingten Reflexen.

Noch eine „Formel" sei hier erörtert, die frühzeitig bei Freud auftrat und heftigen Anstoß erregte. Ja man kann ruhig sagen, daß diese Formel auch heute noch nur von wenigen verstanden wird. Kaum jemand ist in der Lage, sie sachgerecht zu verteidigen. Es handelt sich um die These, und zwar eine These, die durchaus ernst genommen werden will: Selbstmordtendenzen hat nur derjenige, der „eigentlich" jemand durchaus ermorden möchte. Die Beziehung solcher Tendenz zum Thema depressive Struktur ist von vornherein klar. Wir finden eben regelmäßig, wenigstens phasenweise, Selbstmordtendenzen bei jedem Menschen mit ausgeprägterer depressiver Struktur oder wenigstens den entsprechenden Bestandteilen, neben vielleicht einer hysterischen Struktur, die ihrerseits im Vordergrund steht. Aber das Transparentmachen der Einzelheiten dieses Zusammenhanges ist ein Musterbeispiel für den „Rösselsprung"-Charakter tiefenpsychologischer Psycho-logik. Das Verstehen und Bejahen jener Formel setzt eben eine Reihe von neurosenpsychologischen Thesen voraus: Die depressive Struktur soll dadurch ausgezeichnet sein, daß schwer aggressive, ganz besonders auch oral-aggressive Tendenzen in dem Betreffenden latent liegen. Die Depression als solche erweist sich als „schwebender" Antagonismus zwischen oral-aggressiven Agonismen und furcht- und schuldgefühlshaften Antagonismen. Quälende, und zwar bis zur Unerträglichkeit quälende depressive Gefühle mit mehr oder weniger dysphorischem Einschlag sind es, die den Träger bestimmen, an ein Verlassen des Lebens durch Selbstmord zu denken. Und nun läßt sich wieder und wieder nachweisen, so weitgehend, daß jene Allgemeinformel ruhig ausgesprochen werden darf, daß die latenten und in der Latenz bleibenden oral-aggressiven Tendenzen ganz bestimmten Personen, Personen der Umgebung des Betreffenden, Beziehungspersonen, gelten. Vom Latenten her gesehen also, „möchte" der Betreffende jene Beziehungsperson beseitigen, töten. Das kann er infolge seiner reflektorischen Furcht- und Schuldgefühle nicht. Also könnte man auch so formulieren: Wenn die betreffende Beziehungsperson (die im allgemeinen sogar verhältnismäßig leicht aufzufinden ist, wenn man diese Tatbestände einmal kennengelernt hat) nicht da wäre, dann würde der Betreffende frei sein, auch befreit von seinen latenten oral-aggressiven Tendenzen, d. h. der „Versuchung", diese zu mobilisieren. Scheidet eine solche Beziehungsperson einmal zufällig oder auf instinktives Ahnen hin aus der Umwelt des bis dahin Depressiven aus, so erfolgt oft ein ganz plötzliches Nachlassen der Selbstmordtendenzen und auch der zugrundeliegenden depressiven Stimmung. Das wäre dann die Sonderform einer Spontanheilung (s. S. 89). Verschwindet dagegen die betreffende Beziehungsperson nicht so bald aus dem Bereich des Patienten, so kommt es für den analytischen Psychotherapeuten, der mit ihm zu tun hat, wie ersichtlich in allererster Linie darauf an, das Problem so zu sehen, wie es liegt und danach im Einzelfall, in psycho-logischer Konsequenz sein Verfahren zu entwickeln. Ist der betreffende Patient bisher symptomfrei gewesen, so kann unter Umständen ein direktes Ansprechen auf diese Problematik und eine ebenso direkte Beratung einen raschen Erfolg zeigen, so und so oft sogar einen dauernden. Dann bedeutet ein korrektes analytisches Vorgehen also tatsächlich das oft weitaus „kürzeste", d. h. den geringsten Zeitaufwand erfordernde Mittel zur Restitution. Bei diesen Überlegungen klingen also außer dem Thema Spontanheilung auch die Themen „Schwere" der neurotischen Struktur, Chronizität bzw. Nicht-Chronizität (s. a. S. 86) und Konkurrenzfähigkeit der analytischen Psychotherapie — die also auch hier keine „spezielle Kurztherapie" etwa ist — mit den pragmatischen Verfahren (s. a. S. 261) an. Es wäre völlig verfehlt, in solchem Fall, vom Symptom her, sofort und entschieden an die Notwendigkeit eines „langen" analytischen Verfahrens zu denken und dann auch noch dieses allein eine „regelrechte" „Analyse" zu nennen. Das muß ausdrücklichst betont werden.

c) Die zwangsneurotische Struktur

Werden von einem Kleinkind die Phasen der intentionalen, oralen und oral-aggressiven Bewältigung der Welt vergleichsweise störungslos durchlaufen, stößt es dann aber auf Härte hinsichtlich der eigentlichen motorischen Entfaltung, des adgredi (s. a. S. 33), so ergibt sich bevorzugt eine ausgesprochene Latenz der motorischen Aggression. Impulse treten zwar lebhaft auf, wenigstens zunächst, also z. B. im 6. und 7. Jahre noch. Eine lebhafte Bereitschaft zum Handeln, und zwar am rechten Ort, zur rechten Zeit, in rechter Weise dagegen kommt nicht zustande. Das Handgemenge, die manuelle Aggression wird ausgesprochen vermieden.

Wenn im Augenblick in dieser Weise dramatisiert dargestellt wird, ist es wohl am Platz, darauf hinzuweisen, daß es sich hier um keine normal-anthropologische Darstellung handelt. Denn all das mit den Worten der Dramatik Dargestellte hat hier natürlich neurosenpsychologische Bedeutung, also weitgehend die des reflexhaften, instinkthaften Reagierens. Um anschauliche Gefühls- und Denkvollzüge handelt es sich. Der so struktuierte Neurotiker ist daher auch mit Recht als „Vermeider" (Johanna Dürck) bezeichnet worden. Er vermeidet nämlich vergleichsweise offensichtlich. (Der depressiv Strukturierte dagegen und mehr noch der intentional Gestörte vermeiden zwar auch, ja noch wesentlich mehr, aber in sehr viel verborgenerer Weise.) Aus den eben geschilderten Struktureigentümlichkeiten folgt, daß Durchbrüche der Betreffenden im allgemeinen

einen dranghaft-motorischen Charakter haben müssen. Das aber zeichnet die zwangsneurotische Symptomatik aus. So ist es angebracht, die eben charakterisierte Neurosenstruktur als zwangsneurotisch zu bezeichnen.

Es sei aber nicht versäumt, darauf hinzuweisen, daß hier auch anale Züge eine Rolle spielen. Der zwangsneurotisch Strukturierte „hat es" mit dem Schmutz. Er reagiert überempfindlich darauf und neigt zu betonter Sauberkeit und Ordnung.

d) Die hysterische Struktur

Durchläuft ein Kleinkind auch die Phase des adgredi, die Entwicklung seiner genotypischen Entladungsbereitschaft, seiner persönlichkeitsadäquaten Motorik ohne wesentliche Gestörtheit — also ohne mehr als einfach neurotoide Gestörtheit —, so besteht die Möglichkeit einer Einschränkung seiner Motorik also nicht mehr. Im 3. Jahr etwa komplettiert es seine motorische Entfaltung in die Welt hinein durch Erlernen vielfacher Maßstäbe. Schließlich kann es sogar adäquat trotzen, d. h. eben auch, anklingende Trotzhaltungen in natürliche Aktivität verwandeln. Dann bleibt ihm eigentlich nur noch übrig, auf die Härte der Welt, auf nicht-bestätigende, versagende, lieblose, heftige, chaotische, widerspruchsvolle Beziehungspersonen, besonders Mutter und Vater, mit „Verweigerung" der nächsten Reifungsschritte zu reagieren.

Der wesentlichste Reifungsschritt hier besteht in der Auflösung einer magischen Auffassung der Welt, einer Korrektur des bisher weitgehend märchenhaften und der Entwicklung eines korrekten, sachgerechten, rationalen Weltbildes auf dem Wege der „Realitätsprüfung", wie Freud diesen Vollzug bezeichnet hat. In dieser Phase des 4. und besonders des 5. Jahres wird dann normalerweise geprüft, wie die Welt wirklich ist, wie die Menschen wirklich sind, Und, soll's der Teufel holen, es wird auch geprüft, was es mit der Sexualität, mit der Herkunft der Kinder, mit der Beziehung zwischen Sexualität und Herkunft der Kinder, mit den Genitalien und den genitalen Erregungen auf sich hat. Das wird im „gesunden" Fall resolut unternommen, resolut, also nicht gehemmt bzw. nicht schon gehemmt.

Eine weitere Seite: Besonders mit der Sprache wird nunmehr korrekt, mit ausgesprochenem Bedürfnis nach Korrektheit und Sinn für Korrektheit umgegangen. Was bloß ähnlich ist, wird als ähnlich bezeichnet, und es werden Worte verwandt, die genügend unterscheiden. Ähnlichkeit wird nicht mehr mit Identität verwechselt. Nur am Rande bleibt ein Reservat des Ahnens, des Respektes vor dem Nicht-Bezeichenbaren, Nicht-Ergründbaren, Wirklich-Geheimnisvollen. Wohl abgewogen vollzieht sich dies normalerweise. Das Rationale erstickt nicht das Intuitive (s. a. S. 74). Aber das Rationale wird prägnant im Sinne des großen Kurvenanteils einer Barockvolute. Fehlentwicklung bedeutet es hier lediglich, wenn die kleine Kurve verkümmert oder überhaupt versiegt. Das wäre dann das Entstehen einer „minderwertigen" intuitiven Funktion auf Grund einer harten oder verwöhnenden Umwelt.

Im Falle der gestörten Entwicklung aber bleibt „Frühkindliches", „Infantiles" voll erhalten. Nicht eine Barockvolute entsteht, sondern eine Kurve, deren beide Teile gleich ausschwingen bzw. gerade nicht schwingen, sondern mechanisch

aneinandergesetzt sind. Dann entsteht wiederum eine besondere Form von
Zwiespalt, von Konkurrenz fundamentaler Bedürfnisse, ohne die Möglichkeit
wirklichen organischen Ausgleichs. Die Ratio, die „exakte Phantasie" im Sinne
Goethes kommt zu kurz. Die schwebende, wenn auch urtümlich produktive
Phantasie durchsetzt das planende, ordnende, apollinische Verhalten der Welt gegen-
über auch dort, wo es eindeutig auf Struktur, Ordnung und korrekte, sachgerechte
Vorwegnahme ankommt. Die Sprache wird also z. B. willkürlich verwandt.
Es wird Schindluder mit ihr getrieben. Eulenspiegelei und Clownerie beherrschen
Erleben, Ausdruck und Handeln. Der Betreffende hat keinen eigenen Boden
in sich; wenn, dann einen doppelten. In diesem Sinne ist er „substanzlos". Aber er
ist dennoch motorisch. Also handelt er, auf gut verstehbare Weise, nun in fremdem Gewande. Er spielt oft die Rolle eines andren. Er entwickelt also die
Züge der Hysterie. Daher ist es gerechtfertigt, die entsprechende Neurosenstruktur als hysterisch zu bezeichnen. Das sollte fürderhin auch dann geschehen, wenn die bisherigen tastenden Versuche hinsichtlich dieses neurosenpsychologischen Bereiches sehr unsicher zwischen mechanisch-organologischer
Interpretation und populär-biographischer, aber oberflächenhafter hin und her
schwankten. Abgekürzt und lapidar ausgedrückt, könnte man zunächst einmal
die hysterische Struktur als planlos-aktiv, die zwangsneurotische als planlos-
passiv bezeichnen.

e) Die neurasthenische Struktur

Es wird sicher überraschen, nachdem oben in der Überschrift des vorliegenden
Kapitels von 4 Neurosenstrukturen gesprochen wurde, daß nunmehr eine 5.
hinzugefügt wird. Als Entschuldigung muß gelten, wie schon oft gesagt: das
Lebendige hat diesen merkwürdigen Charakter der Barockvolute. Es ist nicht
einfach dichotomisch oder trichotomisch usw., nicht symmetrisch; und doch nicht
vage oder chaotisch oder sonstwie „beliebig". Es hat sich nämlich ergeben, daß
die diagnostische Charakteristik unter dem Titel der schizoiden, der depressiven,
der zwangsneurotischen und der hysterischen Struktur hin und wieder nicht
ausreicht. Es muß sogar hinzugefügt werden, daß es eine überraschende Fülle
von „Mischstrukturen" gibt, die einer Einordnung unter dem Gesichtspunkt
der obigen 4 Neurosenstrukturen widersprechen. Genaueres Hinsehen zeigt dann,
daß in den betreffenden Fällen, wie sich noch zeigen wird, nicht nur Symptomarten verschiedenster Herkunft gleichzeitig und nebeneinander vorliegen, ein
Syndrom bilden, sondern auch die strukturellen Eigentümlichkeiten aller 4
oben genannten Strukturen miteinander ein Aggregat bilden. Es kommt hier
dann zu annähernd gleichen Gewichten. Die Betreffenden haben zwangsneurotische und hysterische und depressive Züge. Das in der Hauptsache. Und dann
spielen intentionale Gestörtheiten von verschiedengradiger Valenz hinein. Die
Ansätze, d. h. die initialen Ursachen verteilen sich also annähernd gleichmäßig
auf die ersten 5 Lebensjahre, nur die intentionalen treten relativ zurück, sind
aber hin und wieder recht deutlich. Und die Symptomatik stimmt mit dem
überein, was in breitester klinischer Schilderung seit je als „neurasthenisch"
bezeichnet wurde. Nur daß hier in der vorliegenden Darstellung psychologisch
interpretiert wird. Der Verfasser meint, durchaus sachgerechterweise, dies ge-

schehe unter Verzicht auf die vielfältigen einst, und dann in häufiger Wiederholung, erfolgten spekulativ-organischen, endogenologischen Hypothesen. Es bleibt, daß die neurasthenische Symptomatik, das neurasthenische Syndrom auf jeden Fall so häufig ist, daß es praktisch wohl am besten ist, wenn man am Rande eine 5., die neurasthenische Neurosenstruktur den 4 Hauptstrukturen hinzufügt; als Reserve gewissermaßen.

Wie sich aus allem oben Dargestellten ergibt, ist es durchaus möglich, die 4 Hauptstrukturen von verschiedenen Seiten her zu charakterisieren. So sei noch einmal unter dem Gesichtspunkt der „Zuwendung" zu den anderen Menschen eine Charakterisierung vorgenommen:

Der Schizoide fürchtet Kontakt überhaupt.

Der Depressive fürchtet die Hingabe, als ob sie Hergabe sei und man dabei gefressen werde.

Der Zwangsneurotische fürchtet, daß Zärt-lichkeit von ihm verlangt werden könnte; denn seine unbewältigte latent gewordene Aggressivität hat ihm die Fähigkeit zu souveräner Zärtlichkeit genommen.

Der Hysterische, besonders die Hysterische, fürchtet infolge völliger Unausgereiftheit die Sexualität als Plattform chronologisch notwendiger zwischenmenschlicher Bewährung. (Er hat die „genitale Stufe" nicht erreicht; Freud.)

Auch vom „Forderungscharakter" der Umwelt her gesehen, lassen sich die 4 Strukturen bzw. ihre Träger hinsichtlich ihres Erlebens deutlich voneinander abgehoben charakterisieren:

Der Schizoide reagiert auf die Forderungen der Umwelt instinktiv, und zwar blitzartig so, daß er sich gegen diese zur Wehr setzt, bevor diese überhaupt subjektiv drückenden Charakter für ihn gewinnen können. Daher aber wird er dann unter Umständen phasenweise von seiner „eigentlichen" Auffassung der Umwelt „überfallen".

Der Depressive wird von den Forderungen der Umwelt erdrückt und registriert sie daher kaum. Er empfindet sie lediglich als eine dumpf drohende Last.

Der Zwanghafte reagiert auf den Forderungscharakter der Umwelt gespannt aufmerksam. Er versucht, ihn zu bewältigen, spürt aber dauernd in grober Form Gegentendenzen.

Der Hysterische setzt sich sofort mit den deutlich erlebten Forderungen der Umwelt heftig auseinander und überrennt sie durch naturgemäß inadäquates, höchst expansives Handeln.

All dies sind natürlich grobe Annäherungsformulierungen, immerhin für abgekürzte Charakteristik praktisch durchaus brauchbar. So kann man auch den Hysterischen als bewußt gefügig bezeichnen (er vergißt sporadisch, warum).

Der Zwangsneurotische ist halbbewußt gefügig (er vergißt in der Regel, warum).

Der Depressive ist instinktiv gefügig (er braucht daher nicht zu vergessen, warum).

Der Schizoide braucht gar nicht mehr im eigentlichen Sinn gefügig zu sein.

Noch eine Charakterisierung der 4 Strukturen, diesmal vom „Mißtrauen" her:

Der Schizoide nimmt jede Enttäuschung reflektorisch vorweg. Für ihn ist das Mißtrauen reflektorische Lebensform.

Der Depressive reagiert erst auf faktische Enttäuschung hin. Er „beantwortet" diese sehr heftig. Aber er erlebt sie nicht.

Der Zwangsneurotische erlebt ein deutliches, aber unentschiedenes ambivalentes Mißtrauen.

Der Hysterische spürt sein Mißtrauen mit voller Deutlichkeit. Das läßt aber die Möglichkeit offen, daß er das Gespürte nicht immer oder auch nur sehr selten registriert. Typische Genese bei der Frau: Die am Vater Enttäuschte. Weiterhin: Diejenige, die in Konsequenz ihrer Mißtrauenshaltung unsinnig Handelnde und daher dann am Mann Enttäuschte.

Wenn man einmal äußerste Kurzformeln verwenden will:

schizoid = blitzartig vorweg

depressiv = blitzartg nachhinein

zwangsneurotisch = schwebend währenddessen

hysterisch = dauernd bewußt, aber nicht immer reflektiert.

Ganz praktisch: Ein Arzt, der auf Grund spezieller Symptomatik Anlaß hat, eine spezifische Struktur zu vermuten, kann nunmehr wissen, was strukturell und sogar genetisch, wenn auch anfänglich verborgen, dahinter zu stehen pflegt. Wenn er Wert darauf legt, daß ihm repräsentative Einzelworte einfallen, darf er bei schizoid an mißtrauisch, bei depressiv an hoffnungslos, bei zwangsneurotisch an schuldgefühlhaft und bei hysterisch an schüchtern denken. Aber er muß eben wissen, daß all dies in tiefster Tiefe „sitzt".

19. Die neurotische Symptomatik

Die bisher erläuterten Aussagen seien noch einmal kurz zusammengestellt:

a) Die neurotische Symptomatik ist Sprengstück eines vollständigen Antriebserlebens.

b) Es gibt die Neurose.

c) „Kern" der Neurosenstruktur ist die Gehemmtheit.

d) Bevorzugt gehemmt sind 3 Antriebsgebiete[1].

e) Die „Schale" besteht aus Folgeerscheinungen der Gehemmtheit.

f) Es ergeben sich 4 bzw. 5 Hauptneurosenstrukturen.

g) In Versuchungs- und Versagungssituationen „brechen" die bis dahin gehemmten, latenten Antriebe und Bedürfnisse „durch".

Es gilt also nunmehr, die neurotische Symptomatik als Sprengstück ehemals voll erlebter Antriebe und Bedürfnisse zu entwickeln. Das klingt zunächst so, als handle es sich hier um eine spekulativ-theoretische Ableitung vom „grünen Tisch" her. Daher sei schon hier bemerkt, daß es sich in Wirklichkeit um die Entwicklung einer Theorie handelt, d. h. um eine Darstellung des Allgemeineren auf Grund einer außerordentlich breiten überprüften Empirie.

Vom Interesse her gesehen, besteht die Wichtigkeit des nun Folgenden darin, daß derjenige, der es gelernt hat, die Symptomatik zu durchschauen, tatsächlich

---

[1] „Gebiete", also mit unscharfen Rändern!

in der Lage ist, von ihr aus auf Antriebshintergründe zu schließen. Ist das aber der Fall, so ergibt sich für die Praxis der analytischen Psychotherapie geradezu eine Notwendigkeit solcher Ableitung. Es geht einfach um weitere Transparenz und Vertiefung.

Diese fundierende Empirie besteht aus:

a) den in der gesamten heute etwa 50000 Seiten umfassenden psychotherapeutischen Literatur mitgeteilten Einzelfakten. Diese sind zum Beispiel im Buch von Flanders Dunbar, „Emotions and Bodily Changes" (Columbia Univ. Press, New York) systematisch im Überblick dargestellt. Dessen Titel aber zeigt bereits, daß es sich eben um bodily, also „körperliche" Veränderungen[1] handelt, die seelischen also zumindest zurücktreten. Weiterhin ist zu nennen das Buch von E. Weiß and English. „Psychosomatic Medicine" (W. B. Saunders Comp., Philadelphia and London). Wiederum ist dem Titel nach im wesentlichen von somatischen, also „körperlichen" Symptomen die Rede (s. dazu S. 291). Es sei hinzugefügt, daß diese Bücher beide, wie die überwiegende Literatur sonst, die korrelativ zur Symptomatik zugeordneten Versuchungs- und Versagungssituationen enthalten, nicht aber eine ausgeführte Neurosenlehre. Das ist nicht durchaus und nur so, aber doch in sehr auffallender, prägnanter Weise![2]

b) den etwa 300 Fällen, die der Verfasser selbst im Laufe von nunmehr fast 3 Jahrzehnten analytisch-psychotherapeutisch anging.

c) etwa 200 Fällen, die der Verfasser, seine eigene Theorie überprüfend, mit sogenannter „gezielter" Anamnese explorierte (s. S. 173).

d) weiteren etwa 300 Fällen, die der Verfasser in Demonstrationen des „Zentralinstituts für psychogene Erkrankungen" der Versicherungsanstalt Berlin und davor schon in dem von ihm 1945 gegründeten „Institut für Psychopathologie und Psychotherapie" selbst vorstellte.

e) Hunderte von Fällen, die der Verfasser auf dem Wege der sogenannten Kontrollanalyse und in Seminaren und Colloquien durch Referat von Mitarbeitern und hinzugesellten Psychotherapeuten kennenlernte.

f) den etwa 300 Fällen, die dem Verfasser kontrollierender Weise als Leiter obiger Institute in Form ausführlicher Berichte, d. h. psychotherapeutischer Krankengeschichten, zugänglich wurden.

Die Zeitumstände zunächst des Dritten Reichs, das eine Sammlung und Zusammenstellung dieses Materials nicht zuließ, und dann der Nachkriegszeit, in der anfänglich nicht einmal Papier und Tinte ausreichend vorhanden waren, verhinderten eine wissenschaftsgerechte ausdrückliche Unterbauung. So resümiert der Verfasser auf Grund der in ihm angesammelten und nunmehr vorschwebenden Kasuistik.

Die These von der neurotischen Symptomatik als Sprengstück ehemals voll erlebter Antriebe ist also theoretischer Bestandteil einer Neurosenlehre, gegründet auf die eben angegebenen Fakten und deren Verarbeitung. Da erhebt sich als erstes die folgende Frage: Woher kommt es, daß in Versuchungs- und Versagungssituationen, wie sie oben eingehend charakterisiert wurden, nicht die vollen Antriebe und Bedürfnisse als Erlebnis auftreten?

---

[1] s. Gleichzeitigkeitskorrelation, S. 272.

[2] Das von Fr. Alexander 1949 veröffentlichte Buch: „Fundamentals of Psychoanalysis" London, Georg Allan gibt eine Neurosenlehre als Ganzes.

Hierzu ist zunächst folgende Überlegung notwendig:

Tatsächlich geschieht dies, nämlich das neuerliche, volle Auftreten von Antrieben und Bedürfnissen, fortwährend. Aber dieses Phänomen ist unauffällig, also nicht abartig. Hin und wieder bemerkt der betreffende Mensch, begabt mit einer qualitativ neurotischen Struktur, überrascht, daß er „auf einmal" Antriebe und Bedürfnisse erlebt, die ihm von sich selbst bisher nicht bekannt waren. So meint er wenigstens häufig, und es ist daher biographisch oft von diesen Phänomenen gesprochen worden. In besonderen Situationen, in „Grenzsituationen", hat man dann zum Beispiel gesagt, bemerke der Betreffende oder seine Umgebung, daß er „ein ganz anderer Mensch" ist, als man das bisher von ihm dachte. Solche „Wandlungen" der Persönlichkeit, eines Charakters, nämlich dann, wenn das Handeln des Betreffenden auffällig verändert ist, sind vielfach zum Gegenstand der Literatur geworden. Charakteristisch ist, daß die Betreffenden sich nicht an die ehemals voll erlebten Antriebe der gleichen Art zu erinnern vermögen.

Daß dies dagegen heute hin und wieder wenigstens vorkommt, rührt daher, daß Freud in seinem großen genialen Wurf in drastischer Weise die Aufmerksamkeit auf die Beziehung zwischen früher Kindheit und späterem Erleben hinlenkte. Aber soundso oft „nützt" auch dies nichts. Das ehemals voll Erlebte bleibt vergessen und ist nur auf dem hier später zu schildernden Wege „analytischen" Vorgehens zu ekphorieren, d. h. ans Tageslicht, in das „Bewußtsein", in die Erinnerung hinein zu „befördern". So etwa ist die Lage heute. Festzustellen, was weiter daraus werden wird, muß dem Nachdenken und der Erfahrung der kommenden Generation überlassen bleiben.

Fortwährend also erleben die Menschen „neue", ihnen bis dahin unbekannte Antriebe und Bedürfnisse. Es wird allmählich Allgemeingut der Gebildeten, der „Intellektuellen" werden, die auf den Seiten 92—100 schon dargestellten typischen zugehörigen Versuchungs- und Versagungssituationen, die „Schwellensituationen" ausdrücklich zu bemerken. Dies wird der humanen Reifung der Menschen sehr dienlich sein. Die geistige Existenz des Menschen besteht unter anderem darin, daß er „historisches" Wesen ist. Goethe zum Beispiel war dies in ausgesprochenster Weise, aber er hat offenbar ein Leben lang nur einen Teil solcher Einsichten mitgeteilt und sehr viel von Einsichten ausdrücklich und vollabsichtlich in Schweigen gehüllt. So kommt es auch auf das Rückerinnern der ehemals bereits erlebten kindlichen Antriebe und Bedürfnisse an.

Was ist hiermit unter anderem auch noch festgestellt? (Unser Ausgangspunkt ist ja neurosenpsychologischer Natur.) — Den Betreffenden „erspart" das neuerliche Auftreten voll erlebter Antriebe und Bedürfnisse eine neurotische „Erkrankung". Neurotische Symptome treten daher nicht auf. Es kommt gewissermaßen zu einer Art „Spontanheilung", jetzt bloß von der Struktur her gesehen. Es war da eine bedrohliche Entwicklung im Gange, es hatte sich nicht nur eine neurotoide, sondern eine neurotische Struktur angesammelt. Und nun kommt es glücklicherweise doch zu einem vollen, d. h. zumindest ausreichenden Erleben der zur Totalperson des Betreffenden gehörenden Antriebe und Bedürfnisse und daher nicht zu einer neurotischen Symptomatik.

Und nun:

Hält dagegen die „Decke" von Hemmung und Verdrängung „dicht", weitgehend wenigstens, so entlädt sich die gesammelte, gestaute Antriebsbereitschaft des Betreffenden wenigstens in einen Teil des ehemals voll erlebten Antriebes. Dieser merkwürdige Vorgang einer Intensivierung von Antriebsbestandteilen, sobald diese isoliert aus der Latenz hervorzubrechen drohen bzw. hervorbrechen, ist, vom Erlebnis her gesehen, zunächst einfach als auffallende Eigentümlichkeit hinzunehmen. Von der Funktionsstörung eines Organs her aber entsteht die Frage, was sich da eigentlich „energetisch" vollzieht. Und wenn man vorsichtig sein will, so wird man sich zunächst auf die Frage beschränken, was denn da physiologisch vor sich geht. Die Antwort möge versucht werden. Wahrscheinlich handelt es sich hier um folgenden Tatbestand: Der lebendige Körper ist jederzeit aktionsbereit. Solche allgemeinsten Bereitschaften bestehen unter anderem in einem breiten Dauererregungszustand von Stammhirnteilen. Jeder einzelne Antriebsbestandteil, „körperlich" gesehen, ist also einem größeren Ganzen jeweils eingelagert. Durchbricht er nun isoliert die Gehemmtheitsdecke, ergibt sich also eine relative Behinderung eines Gesamtablaufs, so flutet die allgemeine Bereitschaft als physiologisches Geschehen in den Teilablauf ein. Auf diese Weise verlöre das merkwürdige Faktum der auffällig gesteigerten Intensität isoliert durchbrechender Antriebsbestandteile seinen rätselhaften Charakter (es gibt entsprechende Versuche innerhalb der experimentellen Psychologie, von Levin etwa, die hier Beispiele liefern).

Nach all dem oben Dargestellten ist dieser Hergang ja keineswegs unverständlich oder unerwartetes Phänomen; denn wenn es gerechtfertigt war, das volle Antriebserleben des Menschen so wie oben, s. S. 20, zu schildern, als so differenziert, so zusammengesetzt, dann spricht alles, was wir vom Lebendigen heute wissen, dafür, daß in Versuchungs- und Versagungssituationen dieser oder jener Bestandteil latent bleiben wird. Einmal wird es sich darum handeln, daß Vorstellungen besonders verpönt sind bzw. waren. Das gilt besonders für die hysterische Struktur. Ein andermal wird das Motorische als solches besonders unter Tabu stehen. Dies gilt für die zwangsneurotische Struktur. Ein drittesmal wird schon spezieller die Kategorie des Oralen und dazu des Oral-Kaptativen exzessiv gehemmt sein. Das entspräche strukturell der depressiven Struktur. In einem vierten Fall wird das „Hinsehen" auf die Welt, die eigentliche und ausdrückliche Apperzeption, statt der bloßen Perzeption, schon als ungeheuer gefährlich erscheinen, demjenigen nämlich, bei dem es sich um eine schizoide Struktur handelt. Aus den oben in Breite dargestellten Struktureigentümlichkeiten (s. u. a. S. 22, Abs. 2) folgt also, daß einmal dieser, einmal ein anderer Bestandteil des voll erlebten Antriebs dem Innendruck entladungsbereiter, „gereizter" Tendenzen nicht nachgeben wird. Hier, in diesem Teilbereich, bleibt also die ehemalige Lücke bestehen, sei es eine vorstellungshafte, oder eine motorische oder eine emotionale oder eine der Empfindung usw. Ist dies aber schon rein theoretisch höchstwahrscheinlich, so wird es eine Reihe von Varianten geben, die nicht nur ganz individuellen Charakters sind, sondern die Kombinationen von „Elementen" darstellen. Obgleich also „alles" einzelne vorkommen kann, auch das Spezialisierteste, gibt es doch Typisches, gibt es typische Kombinationen, typische Symptomaggregate, Syndrome, die den oben in verschiedenster Weise geschilderten strukturellen Aggregaten entsprechen.

Umgekehrt also gibt es im Gefüge einer jeden Neurosenstruktur „schwache" Stellen, d. h. „Orte" von geringerer Gehemmtheit. An diesen bricht der Antrieb, das Bedürfnis durch. D. h. also, im Bewußtsein erscheint nunmehr manifest der betreffende Bestandteil. Und daß dies so ist, liegt an der teilweise höchst individuellen zum andern Teil strukturtypischen Entwicklungsgeschichte.

Es sei daran erinnert und betont, daß es sich demgemäß also auch um Furcht‌anteile und Schuldgefühlsanteile, um Anteile des Antagonistischen, des Steuernden, also der „Abwehr" handeln kann. Auf der im folgenden dargestellten Tafel der neurotischen Symptomatik wird dies deutlich werden.

Von allergrößter Wichtigkeit für das Verstehen der gesamten vorliegenden Darstellung ist es nun, daß weiterhin folgendes dauernd gegenwärtig bleibt: Schon in der Einführung, S. 10, wurde vorwegnehmend auf die hohe Bedeutsamkeit hingewiesen, die der Tatbestand der Gleichzeitigkeitskorrelation (s. Anhang S. 272) für die gesamte analytische Psychotherapie hat. Wer hier mit vagen Vorstellungen vom Tatbestand zu arbeiten sucht, wer hier die Fakten nicht in voller Luzidität vorschweben hat — Fakten übrigens, die im einzelnen jeder Mediziner ganz genau kennt —, muß auch praktisch, wenn auch nicht scheitern, so doch außerordentlich behindert sein. Es handelt sich also darum, hier noch einmal von Anfang an klarzustellen, daß selbstverständlich jeder Antriebsdurchbruch eine seelische und auch eine körperliche „Seite" hat. Noch einmal sei gesagt: Die Tatsache, daß wir mit unseren heutigen noch immer recht simplen Mitteln der Beobachtung und Untersuchung im Einzelfall oft nur die eine oder die andere Seite festzustellen in der Lage sind, hat nur mit unserem Unvermögen und nichts mit den Tatbeständen zu tun. Der Tatbestand ist per se stets ein doppelter, eben ein gleichzeitigkeitskorrelativer. Aber auffällig ist im Einzelfall sehr häufig nur das eine oder das andere Korrelat. D. h., eigentlich müßte jeder Antriebsdurchbruch, jedes als neurotisches Sympton, also verstümmelterweise, manifest werdende Bedürfnis in seelischen und körperlichen Fakten faßbar sein. Nur praktisch ist das heute noch nicht immer möglich. Aber eine Darstellung in Form einer Tafel der neurotischen Symptomatik muß zumindest — und sogar erlaubterweise — den Raum für beide Korrelate enthalten.

Damit ergibt sich unter anderem hinsichtlich der sogenannten und heute oft recht laut als Neuigkeit vertretenen psychosomatischen Medizin etwas recht Merkwürdiges. Es handelt sich in Wirklichkeit gar nicht um etwas Neues, geschweige denn um eine „neue Art" von Medizin, sondern lediglich darum, daß man nun — endlich — in ausreichender Weise auf Tatbestände und Zusammenhänge aufmerksam geworden ist, die sich dem wissenschaftlichen Zugriff bisher weitgehend entzogen. Da es nun aber bereits seit über einem halben Jahrhundert eine im Ausbau befindliche und immerhin ganz gut ausgereifte Neurosenlehre gibt, sollte es sich wissenschaftlich um deren Einbau in die Medizin handeln. Nur wer heute noch unsicher hinsichtlich der Verbindlichkeit einer modernen Neurosenlehre ist, wer also etwa noch befangen ist in der Einseitigkeit der einen oder anderen Schulmeinung, wird dazu neigen, den hier erörterten wissenschafts‌historischen Vorgang so zu sehen, als tauche nunmehr innerhalb oder gar gegenüber der hergebrachten Medizin eine psychosomatische auf. Nicht das ist in Wirklichkeit der Fall, sondern eine Reihe von körperlichen abartigen, schädlichen oder nur leidvollen Erscheinungen, für die der Arzt zuständig ist, hat sich als seelisch bedingt, also neurosenpsychologisch zu interpretieren, erwiesen. Die Neurosenlehre erobert faktisch weite Bereiche der Medizin, etwa 40 % der internen Medizin, etwa 25 % der allgemeinen. Und das ist, wie man zugeben muß, ein wirklich erschütternder, großartiger und wie alles Großartige, beunruhigender Vorgang. Es ist verständlich, daß manche hierauf, besonders wenn ihre Jugend in eine Zeit unbestrittener „Endogenologie" gefallen ist und sie an deren Entwicklung begeistert beteiligt waren, erschüttert im Sinne ausgesprochener Unbehaglichkeit reagieren. Aber man sollte sich unter dem Aspekt der Jahrhunderte, die wir heute zu überblicken in der Lage sind, auch der Jahrhunderte wissenschaftlicher Entwicklung, zusammenraffen, geistige Distanz wahren und nicht unter dem Titel einer angeblich neuen Wissenschaft, genannt Psychosomatik, ein Ereignis für sich selbst und andere verdunkeln, das sich tatsächlich vollzieht und wert ist, in voller Helligkeit und Klarheit bejaht zu werden: den Einbruch der Neurosenpsychologie in die Medizin. Eine Selbstverständlichkeit und daher eigentlich gar nicht zu diskutierende, geschweige denn mit einem Sonderwort zu bezeichnende Seite ist, daß es sich dabei um Psycho-somatisches handelt. Es kommt also darauf an, zum Beispiel Freud gegenüber nicht nur Ausdrücke größter Hochachtung zu verwenden, die ja nur wenig verpflichtenden Charakter zu haben brauchen, sondern konsequent und realistisch, auf der von ihm zuerst gesehenen Empirie aufbauend, eine zunehmend klarer werdende Neurosenstrukturlehre in die Medizin als gleichwertig neben die Lehre von den primärorganischen Vorkommnissen einzubauen. Einen Versuch dieser Art stellt das Vorliegende dar.

Noch einmal: Entweder ist es berechtigt zu sagen, daß eine moderne Neurosenlehre zu etwa $^2/_3$ empirische Positionen Freuds enthalten muß, dies zum mindesten; dann sollten auch alle entsprechenden kasuistischen Darstellungen hierauf konkret Bezug nehmen. Oder man verwirft die Auffassung, daß auch nur soviel Empirie von Freud korrekt gesehen wurde und von seinen Schülern wird; dann sollte man das ebenso konkret und ausdrücklich betonen. Was also heute bereits eigentlich nicht mehr zulässig ist, wäre eine allgemeine „biographische" Ausdrucksweise, die zum Beispiel von Behinderung des Ausdrucks, des Sich-Ausdrückens spricht (etwa beim Versuch, Ulcuskranke zu charakterisieren). Wir sind ja heute in der Lage, Angaben darüber zu machen, was denn an Antriebserleben und Bedürfniserleben in solchem Fall ganz konkret behindert, d. h. gehemmt ist, was also nicht „ausgedrückt" wird. Man wird sich doch allmählich für oder ausdrücklich gegen eine moderne Neurosenlehre entscheiden müssen, für oder gegen „das gute Alte"; aber natürlich nicht für oder gegen das Ganze jenes „Alten".

20. Der symptomlose Neurotiker

Erhebliche Teile der vorliegenden Darstellung kreisen um das Thema „Schwere" der Neurose. Die Gründe hierfür wurden in immer neuen Zusammenhängen erörtert. Entscheidend ist, daß wir uns heute auf psychotherapeutischem Gebiet noch weitgehend in einer Lage befinden, die etwa mit der zu vergleichen wäre, in der die Ärztewelt noch meinte, alles mögliche tun zu dürfen und zu sollen, weil noch ungeklärt schien, ob die Lues nun wirklich ein einheitliches Krankheitsbild sei oder nicht. Daher die heute noch übliche Chronifizierung der Neurosen. Daher die unbedingte Notwendigkeit, hier soweit Klarheit zu schaffen, daß 1. neurotische Erkrankungen rechtzeitig als solche erkannt werden, 2. aber auch, daß die Schwere des Einzelfalles korrekt beurteilt wird.

In den Rahmen der hierhergehörigen Überlegungen gehört nun nicht nur die Tatsache der Spontanheilung, wie sie oben erörtert wurde, sondern auch die Tatsache, daß es symptomlose und doch schwere Neurotiker gibt. Es soll daher noch einmal vom Symptom, bzw. von der Symptomlosigkeit her fixiert werden. Als Hauptgesichtspunkt muß da erwogen werden, daß die neurotischen Strukturen nicht nur in den ersten fünf Lebensjahren zu entstehen pflegen, sondern bis zum Ausbruch der Symptomatik auch ständig vorhanden sind. Bedenkt man, daß, wie auf Seite 312 im Rahmen der Statistik noch weiter zu erörtern sein wird, wohl 30% aller neurotischen Ersterkrankungen nach dem 25. Lebensjahr auftreten, so besagt das ja, daß die neurotischen Strukturen in einem so hohen Prozentsatz mindestens 10 Jahre nach der Pubertät zu bestehen pflegen, ohne daß es zu Symptomen kommt.

Hierbei erhebt sich die Frage, ob diese Merkwürdigkeit des Neurosengebiets darauf zurückgeht, daß in den betreffenden Fällen entscheidende Versuchungs- und Versagungssituationen (siehe Seite 92 ff) so lange auf sich warten lassen, oder ob die üblichen Situationen dieser Art, weil es sich um eine „leichte" Struktur handelt, zur Symptomauslösung nicht ausreichen. Diese Frage kann, bezogen auf die der Häufigkeit, heute noch nicht beantwortet werden.

Es gibt auf jeden Fall „schwere" Neurotiker, die ein Leben lang keine neurotische Symptomatik produzieren. Es ist zweckmäßig, sich auch dieses Bild vorschweben zu lassen, wenn man deutliche Eindrücke davon gewinnen will, worin denn eigentlich die Schwere einer Neurose besteht.

Es handelt sich beim Neurotiker um einen im Kern gehemmten Menschen, und, wie das ausdrücklich dargestellt wurde, ist dieser außerdem mit einiger Wahrscheinlichkeit „bequem" und erfüllt von „Riesenansprüchen". Daraus ergibt sich im Zusammenspiel mit „Überkompensationen", „ideologischem Überbauen" und weiteren Folgeerscheinungen der ursprünglichen Gehemmtheit ein anormales Erleben und Leben. So steht der Betreffende auch unter „Leitlinien", wie das oben (Seite 81) erörtert wurde. Sein Unbewußtes ist „dennoch-wirksam". Er „agiert" also, d. h. er wird getrieben von seinen aus der Latenz eben in jener besonderen Form der „Haltungen" herausragenden Antrieben und Bedürfnissen. Er plant in der Helle seines Bewußtseins alles mögliche und „arrangiert" in seinem Leben dann doch das Entgegengesetzte. Er prallt zwar von Zeit zu Zeit mit dem Schicksal, mit seiner Umwelt zusammen, aber er weicht dann in verstärkte Gehemmtheiten aus. Und die Dinge liegen im Falle des symptomlos Bleibenden so, daß die Gehemmtheits„decke" „hält". So kann es dazu kommen und kommt es häufig dazu, daß der Neurotiker „in die Ecke gedrängt" wird. Auch in der Form des „stillen Kindes" kann das schon so sein. Als „Aschenputtel" wird diese Linie fortgesetzt. Diese Verhältnisse werden noch sehr viel genauer untersucht werden müssen, als das bisher geschehen ist. Daß es bisher nicht geschah, liegt naturgemäß einfach daran, daß der Symptomlose nicht zum Arzt kommt. Außerdem verhält es sich natürlich auch so, daß die allernächsten Beziehungspersonen, die von der Gehemmtheit des Betreffenden auf jeden Fall profitieren, dessen Neurose nicht „sehen", auf keinen Fall aber die Schwere der Neurose. So ist es von alters her gewesen, und je mehr die soziologischen Gegebenheiten dadurch charakterisiert waren, daß Machthaber Unterworfene ausnutzten, desto weniger war es jenen möglich, von sich selbst Abstand zu nehmen und im Unterworfenen den Gehemmten, den Neurotiker zu erkennen.

Hier darf vielleicht eingefügt werden, daß in den Anfangszeiten der Psychoanalyse wohl nicht so selten begeisterte Analytiker mit ihren Analyseversuchen deshalb scheiterten, weil sie nicht in der Lage waren, diese Zusammenhänge zu durchschauen. Liest man z. B. eine Arbeit von Jaspers über die Zwangsneurose aus dem Jahre 1910, so wird sehr deutlich, daß er damals offenbar stark von den Freudschen Mitteilungen ergriffen war, mit seinem Analyseversuch an einer Zwangsneurose aber deshalb scheiterte, weil er die Beziehungspersonen des Kranken allzusehr mit Respekt bedachte. Das geht unter anderem daraus hervor, wie die Betreffenden — Würdenträger müßte man eigentlich sagen — angesprochen wurden. Man darf das vielleicht so formulieren: Ein Psychotherapeut, der den Versuch macht, die Zwangsneurose eines jungen Menschen zu beseitigen, und es dennoch für erlaubt hält, die Peristase des Patienten in Gestalt etwa seiner Mutter betont als „gnädige Frau" anzureden, wird mit hoher Wahrscheinlichkeit scheitern. Umgekehrt ist es ja zu einem selbstverständlichen Usus der Analytiker geworden, in der Unterhaltung mit dem Patienten und besonders auch mit dessen Angehörigen sehr rasch zu Redeformen überzugehen, die man für gewöhnlich „vertraulich" nennt und die sonst im ersten Gespräch mit Patienten und besonders Angehörigen nicht üblich sind. Völlig korrekterweise spricht man als Analytiker nicht von der „Gattin" eines Patienten, sondern von dessen Frau. Und wenn der Patient oder auch der konsultierende Angehörige den Vornamen des andern verwendet, wenn er von ihm spricht, dann greift der Analytiker den Vornamen auf und spricht ebenfalls so weiter, als kennte er die betreffenden Personen schon seit langer Zeit. Die respektvollen Anreden also sind im Sprechzimmer des Analytikers im allgemeinen nicht am Platze; aber sie werden selbstverständlich immer dann verwandt, wenn es gilt, den Angehörigen vollabsichtlich in Distanz zu halten. So darf das eben Gesagte also nicht mißverstanden werden. Im Einzelfall ist sogar betontes Verwenden von Titeln oder titelhaften Anreden notwendig. Nur im allgemeinen ist üblicher Respekt vor soziologisch bedingten Ordnungen der Macht und der Würde unsachgemäß. So kommt es und kam es besonders in der Vergangenheit dazu, daß ein Analytiker infolge „Voreingenommenheit" z. B. die Aschenputtelsituation eines Patienten nicht bemerkt.

So kommt es auch, daß die Umgebung des Patienten solche Lage ebenfalls, manchmal über Jahrzehnte hinweg, nicht registriert oder gar positiv berücksichtigt. Auch aus diesem Grunde also bleiben schwere Neurotiker, die keine Symptome produzieren, oft über sehr lange Zeit hinweg unerkannt.

Auf dem oben erörterten Hintergrunde erst wird dann vollends deutlich, welche Rolle im Leben eines schweren, aber symptomlosen Neurotikers eine Reihe von

Faktoren spielen, die nunmehr ausdrücklich genannt werden sollen, über deren Häufigkeit und Gewicht aber heute ebenfalls noch nichts Sicheres ausgesagt werden kann. Auch der Gesamtüberblick über viele Patienten ermöglicht noch nicht zu entscheiden, welche Art Faktor hier am häufigsten mitspielt. So seien einige unter diesen Faktoren genannt, ohne daß ihre Anordnung auch etwas darüber aussagen soll, von welcher Wichtigkeit oder Häufigkeit sie sind.

Es kann vorkommen, daß ein schwer neurotischer junger Mensch im Sinne der oben (S. 84) behandelten ideologischen Rationalisierung eine äußerst solide gebaute, dogmatische Überzeugung entwickelt. Diese kann sich an kirchliche Dogmen anlehnen oder auch aus diesen bestehen. Sie kann aber auch einen mehr privaten Charakter haben, vielleicht in Anlehnung an weltanschauliche oder politische Wertsetzungen nichtkirchlicher Art. Es gibt da eine Unmenge von Varianten. Alles eigentlich, was für den Menschen „höheren" Wert darstellt, kann hier in Form weltanschaulicher Überzeugung eine entscheidende Rolle spielen. Daher auch sind oft die Träger solcher Überzeugung, wenn sie mit Symptomen zum Psychotherapeuten kommen, so schwer zugänglich. Hieran muß von der anderen, der therapeutischen Seite also, gedacht werden. Es ist daher auch sinngemäß, daß der Symptomlose sich „mit Hilfe" solcher solide gebauten Überzeugungen, solcher Ideologien gegen den Ausbruch der Symptomatik „schützt". Oft gelingt ihm das, wie schon gesagt wurde, über Jahre hinweg, manchmal ein ganzes Leben lang, wenn dies auch selten ist.

Gerade von der prägnanten Vorstellung solcher Lebensabläufe aus kann noch einmal deutlich werden, worin eigentlich die Schwere einer Neurose besteht, und besonders, warum sie nicht durch das Vorhandensein einer Symptomatik oder gar einer lärmenden charakterisiert ist. Erst wenn man als Lehrender vor die Aufgabe gestellt ist, auf diesem Wege einmal ganz von der Symptomatik abzusehen, sie auszuklammern, und sich dann doch einen ausgeprägten Neurotiker mit allen charakteristischen Einzelheiten vorschweben zu lassen, wird das Bild der Schwere ganz deutlich.

Hat man nun ein „Gefühl" dafür bekommen, welch enormes Gewicht im Einzelfall eine solide gebaute weltanschauliche Überzeugung im Rahmen neurotischen Erlebens haben kann, so wird mancherlei Weiteres klar. In einem späteren Kapitel wird das schon oben (S. 13) erwähnte nomothetische Verfahren breit geschildert werden. Dabei wird deutlich werden, daß es gewissermaßen darin besteht, den mit Symptomen erkrankten Neurotiker in einen symptomlosen Neurotiker zurückzuverwandeln. Unter Umständen bleibt also auch ein ausgesprochen schwerer Neurotiker übrig. Auf der anderen Seite wird für den „autonom" eingestellten analytischen Psychotherapeuten deutlich werden können, wie sehr es oft auf den Abbau und die Korrektur neurotisch-ideologischer Persönlichkeitsbestandteile ankommen muß.

Ist das Lebensbild derartig schwerer, aber symptomloser Neurotiker lebendig geworden, so werden nun eine Reihe von weiteren Faktoren, die geeignet sind — wie man das dann ausdrücken könnte —, den Ausbruch einer neurotischen Symptomatik trotz vorliegender „schwerer" Neurosenstruktur zu verhindern, hinsichtlich ihres Gewichts verständlich werden. Hat jemand nämlich irgendein außergewöhnliches Talent, z. B. bestehend aus einer Kombination von Faktoren, die hohe musikalische Talente auszuzeichnen pflegen, so kann es ihm gelingen, wie vom Korken dieser Talente in der Schwebe gehalten und am Untergehen verhindert, einen Symptomausbruch zu vermeiden. Manchmal, wenn auch sehr selten, genügt da ein Teiltalent sogar, etwa ein absolutes Gehör, vielleicht kombiniert mit gutem Erinnerungsvermögen für Musikalisches, usw. usw. Auch derartige Lebensbilder wird man einst sammeln und transparent darstellen müssen. Schon heute aber sollten sie dem analytischen Psychotherapeuten als Auch-Möglichkeit vorschweben — wiederum ganz abgehoben von Extremvarianten —, damit desto deutlicher wird, was „Schwere" der Neurose heißt.

Im entsprechenden Einzelfall kann eine extreme Begabung ersetzt werden durch körperliche Schönheit oder auch durch Reichtum. Aber hier hat sich nun doch der Sinn einer Anordnung eingeschlichen. Das ist so zu verstehen: Nur sehr selten wird vorhandener Reichtum einen Menschen mit schwerer Neurosenstruktur vor dem Ausbruch einer Symptomatik bewahren können. (In Parenthese sei bemerkt, daß solch Reichtum auch einmal in einer ungeheuer vitalen und dabei äußerst gütigen Mutter bestehen kann.) Nur in seltenen Fällen wird den selben, in Wirklichkeit tragischen Dienst vorhandene körperliche Schönheit leisten können. Eher kann schon ein übernormales Talent eine solche Rolle spielen. Und am ehesten vermag dies eine sehr solide gebaute ideologische Überzeugung zu übernehmen. Etwa diese Anordnung gewichtsmäßiger Art vermittelt der Überblick über einige hundert mikropsychologisch gesehene Menschenleben. Vieles, fast alles Systematische ist hier bisher noch ungeschrieben. Eine Menge von Darstellungen wird in Zukunft weitere Klarheit und Vorstellungsfülle schaffen. Auf diese kommt es praktisch entscheidend an. Daher werden auch diese Darstellungen dann nicht ausreichen. Leuchtkraft, Mannigfaltigkeit und Präzision des Vorschwebenden sind nur durch eigenes Erleben im ersten Ansatz zu erwerben.

Aber eine weitere Bedingung wird dann auch erfüllt sein müssen, mehr als sie heute, gegenüber den zwanziger Jahren etwa, schon erfüllt ist oder gar gegenüber der Jahrhundertwende, nämlich die, daß man in wissenschaftlich psychotherapeutischen Darstellungen sehr viel „indiskreter" wird sein dürfen als bisher. Das sei hier einmal mit voller Bestimmtheit ausgesprochen. Diese Feststellung hat für alle die vielen Orte des vorliegenden Buches zu gelten, an denen sich manch ein Leser die Frage vorgelegt haben wird und noch vorlegen wird, warum all das denn nicht schon längst durch reiche Kasuistik belegt worden ist. Und noch ein Wort hierzu wiederum: Von einem im übrigen nicht näher charakterisierten Patienten kann man sehr wohl auch intimste sexuelle Fragen im Druck mitteilen. Was aber um der durchaus notwendigen Vollständigkeit willen, um der „Beweis"kraft willen, von neurotischen Patienten dargestellt werden müßte — auch von deren Umgebung! —, übersteigt fast durchgängig noch das heute erträgliche Maß. Dennoch — es ist anzunehmen, daß mit der ständig zunehmenden Infiltrierung des Bewußtseins der Gebildeten mit analytisch-mikropsychologischem Erfahrungsgut und Wissen eine gesellschaftliche Atmosphäre entstehen wird, die es erlaubt, ehemals als Indiskretion Geltendes nunmehr doch in nüchterner Klarheit auszusprechen. Es wird sich die Wahrheit durchsetzen, daß jeder Mensch eine neurotoide Struktur besitzt und damit auch alle die zugehörigen „Schwächen", „Fehler" und „negativen" Seiten seines Daseins.

21. Die Antriebsbestandteile und die Symptomatik

Man sollte sich nicht an dem Ausdruck „Bestandteile" stoßen. Leider geschieht das in tendenziöser Weise heute immer noch. Die Lernenden werden häufig darüber informiert, daß man ihnen etwas von „Elementen" berichten wird. Es ist dann die Rede von Summen und Additivem und, appellierend an die Gefühlsbedürfnisse der Lernenden, wird gegenübergestellt, eine Melodie sei etwas anderes als eine Summe von Tönen. So wird derjenige, der sich noch nicht sehr viel mit dieser Materie beschäftigt hat, immer dann, wenn weiche Sehnsüchte in ihm lebendig sind, mehr oder weniger begeistert an das Wort Melodie, an Worte wie Gestalt, Ganzheit usw. anknüpfen, die Elemente dagegen, die Teile, das Zerteilende, „Zerstörende" zu verachten bereit sein[1].

Aber es ist wohl an der Zeit, diesen dialektischen, einst gegenüber der Jahrhundertwende sehr gut verständlichen Angriff abzuwehren; denn es haben heute wohl alle begriffen, daß eben eine Melodie nicht eine „Summe" von Tönen ist. Dies so auszudrücken, war ja von vornherein unsinnig und ist eigentlich ernsthaft kaum je so gemeint gewesen. Aber damit sei es genug. Denn wo Mannigfaltigkeiten vorliegen, auch wenn sie echte Gefüge, Gestalten sind, ist die Beziehung zwischen all dem, was die Mannigfaltigkeit ausmacht, ebenso wichtig wie das Aufeinander-Bezogene selbst. Nur war und ist die Beziehung selbst sehr viel schwerer registrierbar als das Bezogene. Daher wurde das Bezogene historisch zuerst erörtert. Dies sind die „angefeindeten" Elemente. Die „Beziehung", in der großen Masse also das Emotionale, „Mitschwingende" war sehr viel schwerer faßbar, fixierbar, bezeichenbar und mitteilbar, d. h. aufweisbar, als vorhanden „beweisbar". Solche allgemeinste Vorbereitung wäre überflüssig — und wird es einst selbstverständlich sein —, wenn nicht tatsächlich hierüber und hierum noch, gelinde gesagt, einiges lebhafte, affektive Gewoge in der Wissenschaft und im „Lehr-Betrieb" vorläge.

Antriebserlebnisse sind Gestalten, Gefüge. Im Grenzfall ist alles, was sie zusammensetzt, von allem anderen abhängig, sogar im mathematischen Sinn funktional abhängig. Es gibt da unabhängige Variable und abhängige. Und im Lebendigen ist die unabhängige Variable natürlich nur relativ unabhängig. Der unmittelbare Augenschein teilt das ja mit.

Wenn die oben entwickelte Neurosenlehre zu Recht bestehen soll, gültig sein soll, d. h. den Tatbeständen entsprechend, so folgt daraus, daß ntriebssprengstücke mit hoher Wahrscheinlichkeit aus Bestandteilen voll erlebter Bedürfnisse bestehen müssen. Es wäre sehr unwahrscheinlich, daß es nicht so wäre. Umgekehrt: Man kann nicht eine Psychogeneität auch von „körperlichen" Symptomen annehmen, schon vorher eine Neurosenlehre der seelischen entwickeln und dann doch „hinter" dem „Körperlichen" etwas anderes vermuten. Entweder — oder!

Und nun muß hinzugefügt werden: Tatsächlich zeigt die von den Patienten berichtete neurotische Symptomatik, daß es auch so ist. Das sollte vorläufig genügen. Aber wie verhält es sich nun im einzelnen?

Vorläufig, d. h. jetzt in der Mitte des 20. Jahrhunderts empfiehlt es sich — eine

---

[1] S. aber neuerdings Maria Krudewig: „Entwurf einer Elementarstrukturlehre des Bewußtseins", Köln, 1949.

Zweckmäßigkeitsfrage —, „innerhalb" voller Antriebserlebnisse die folgenden „Teile" zu unterscheiden; und wir wiederholen daher (s. S. 20):

1. Wahrnehmungsmäßiges;
2. Vorstellungsmäßiges;
3. Emotionales;
4. Erregungsartiges;
5. Motorisches;
6. Furchtartiges. Dieses wiederum entsprechend unterteilt.

Fragen wir uns nun, welche neurotischen Phänomene —Symptome sind gemeint — hierhergehören, hier zuzuordnen sind — etwa!

Es ergibt sich: (siehe Talel I, S. 124 u. 125).

Das dort entwickelte Schema stellt, wie sofort offensichtlich, ein stümperhaftes Gebilde dar. Vielleicht handelt es sich um das, was man eine „erste Annäherung" nennt, also etwa, um im Vergleich zu sprechen, um die Feststellung, die Zahl π habe die Größe 3,1. Es wird nicht ganz einfach nur gesagt, sie habe die Größe 3, aber nur eine Dezimale wird entwickelt. Und der, der dies vollzieht, weiß, daß es sich vermutlich um einen nicht-periodischen Bruch handelt, der dann folgt. Das sagt ihm im Hinblick auf Kreis und Radius der instinktive Augenschein. Dennoch ist er nicht in der Lage, die nächsten Dezimalstellen zu entwickeln. Dennoch ist er nicht in der Lage zu verhindern, daß sich weitere Jahrhunderte darum bemühen, auf rechnerischem Wege doch vielleicht eine Periodizität festzustellen. Er begnügt sich also vollbewußt mit einem Stammeln. Aber er ist der Meinung, daß im gegebenen Zeitpunkt bestimmte Grade der Reifung erreicht sind, die es erlauben, sich zu einem Urteil, einer Aussage zu entschließen. Angesichts und im vollen Bewußtsein der Unzulänglichkeit muß begonnen werden, auch dann, wenn diejenigen, die das Ganze überhaupt nicht überblicken oder ängstlich sind, zetern. So etwa muß begonnen werden. So etwa muß und wird es weitergehen. So etwa wird Klarheit entstehen und nur so. Und fruchtbare, chaotisch aufgerührte Bewegtheit wird ausreichend dafür sorgen, daß nicht allzufrüh Erstarrung entsteht.

Im einzelnen: Die Fragezeichen, zum Beispiel hinter Großhirnfunktionieren, sind vollabsichtlich gesetzt; nicht aus Schüchternheit, sondern aus dem Wissen um faktische Unzulänglichkeit, die im Augenblick nicht aufgehoben werden kann, obgleich manche Ansätze zur korrekten Ergänzung bereits vorliegen. Aber ein Geographiebuch wird auch nicht deshalb als unwissenschaftlich verworfen, weil seine Karten weiße Flecke enthalten. Wichtig ist, daß das Wort lautet Großhirnfunktionieren und nicht etwa Großhirn; denn das Wort Großhirn hat anatomisch-morphologische Bedeutung. Das materielle Korrelat zum betreffenden Erlebnis aber besteht in einem Funktionieren von etwas Körperlichem, Lokalisiertem. Nur ist dieses Funktionieren, dieser Vorgang, wiederum ein Gefüge. Bestimmte Teile gehören hinzu. Ohne diese ist das Ganze nicht das, worum es sich handelt. Aber die Teile kennen wir nicht vollständig. Wir ahnen mehr, als wir wissen, daß Exkretionsvorgänge oder auch Inkretionsvorgänge dabei beteiligt sind. Manches spricht auch dafür, daß Zwischenhirn gesagt werden muß, Umgebung des 3. Ventrikels oder Thalamus statt Großhirn. Es kann nicht die Aufgabe der vorliegenden Darstellung sein, hier Stellung zu nehmen, einen Standpunkt zu beziehen. Wie das Gesamt der Darstellung zeigt, ist das auch

Tafel I

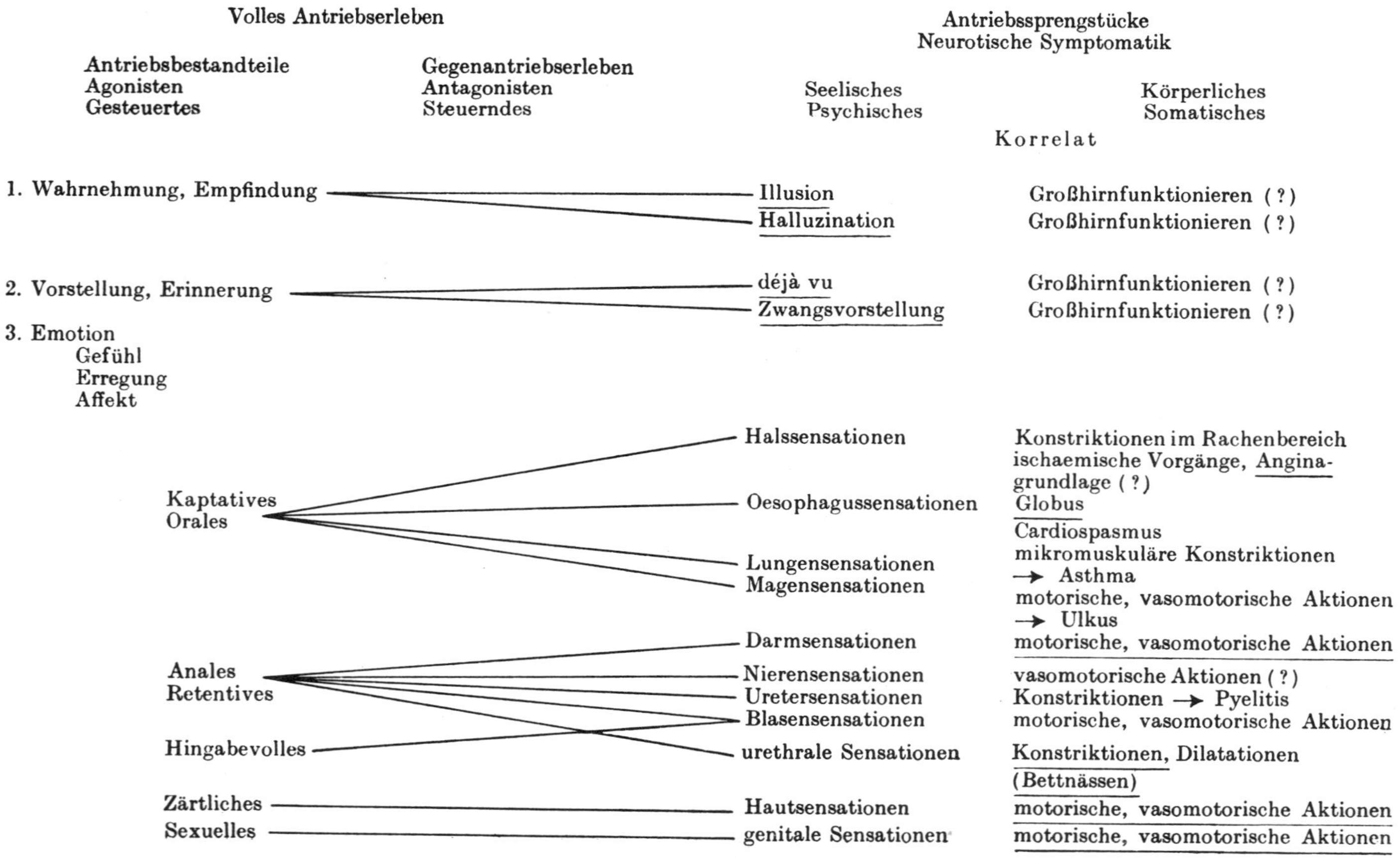

Volles Antriebserleben

Antriebsbestandteile   Gegenantriebserleben
Agonisten   Antagonisten
Gesteuertes   Steuerndes

Antriebssprengstücke
Neurotische Symptomatik

Seelisches   Körperliches
Psychisches   Somatisches

Korrelat

1. Wahrnehmung, Empfindung

Illusion   Großhirnfunktionieren (?)
Halluzination   Großhirnfunktionieren (?)

2. Vorstellung, Erinnerung

déjà vu   Großhirnfunktionieren (?)
Zwangsvorstellung   Großhirnfunktionieren (?)

3. Emotion
    Gefühl
    Erregung
    Affekt

Kaptatives   Halssensationen   Konstriktionen im Rachenbereich
Orales   ischaemische Vorgänge, Angina-
                                   grundlage (?)
       Oesophagussensationen   Globus
                                   Cardiospasmus

Lungensensationen   mikromuskuläre Konstriktionen
Magensensationen   → Asthma
                           motorische, vasomotorische Aktionen
                           → Ulkus
                           motorische, vasomotorische Aktionen

Anales   Darmsensationen   vasomotorische Aktionen (?)
Retentives   Nierensensationen   Konstriktionen → Pyelitis
          Uretersensationen   motorische, vasomotorische Aktionen
          Blasensensationen   Konstriktionen, Dilatationen

Hingabevolles   urethrale Sensationen   (Bettnässen)

Zärtliches   Hautsensationen   motorische, vasomotorische Aktionen
Sexuelles   genitale Sensationen   motorische, vasomotorische Aktionen

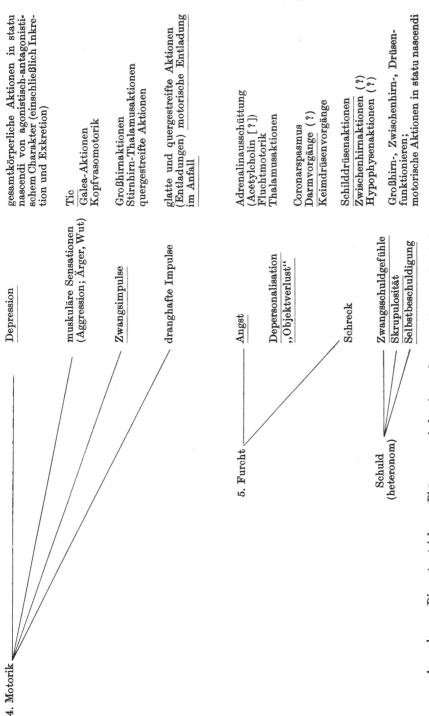

Anmerkung: Die unterstrichenen Phänomene sind — im gröbsten gesehen — das Auffallendste, also das, was im allgemeinen als Symptomatik bemerkt wird.

keineswegs notwendig. Es genügt, daß auf die körperlichen Korrelate als selbstverständlich vorhanden hingewiesen wird.

Es ist bedeutsam und notwendig hinzuzufügen, daß diese körperlichen Gegebenheiten zu einem Teil ihrerseits kein seelisches Korrelat haben. Es wird also
künftighin darauf ankommen, hier korrekt einanderzuzuordnen (wie schon oft
bemerkt: ohne daß man hier „Problematisches", „Rätselhaftes", „Geheim-
nisvolles" in Angriff nimmt, um das dann immer nur einige „Zauberer"
„wissen", angeblich wissen, zu wissen vorgeben; zumindest aber doch ein
„Ahnen", also doch ein „Teilhaben" vorgeben, usw., usw.).

Nicht einmal hinsichtlich der uns heute bekannten neurotischen Symptomatik
ist die obige Aufstellung auch nur annähernd vollständig. Auch dies als Aufgabe
liegt außerhalb der vorliegenden Darstellung. Denn: es gibt die Neurose. Es gibt
4 bzw. 5 Hauptneurosenstrukturen. Es gibt eine gut charakterisierbare, durchaus
begrenzte Gruppe neurosenpsychologisch bevorzugter Antriebs- und Bedürfnisarten. Es gibt einen Kernvorgang, der die Neurosenstruktur zustandekommen
läßt. Für jede analytische Psychotherapie ist dies das Entscheidende; denn damit gewinnt die unendliche Verschiedenartigkeit der neurotischen Symptomatik
eine sekundäre Bedeutung. Das sollte man stets gegenwärtig haben. Die
Individualpsychologie Adlers hat daraus, wie Verfasser meint etwas voreilig,
bereits die Konsequenzen gezogen. Die Individualpsychologie hat es z. B. unterlassen, zu untersuchen, woher ein Waschzwang rührt. Statt dessen beschränkte
sie sich, ohne das zu bemerken, auf das, was der Betreffende aus dem vorhandenen Waschzwang weiter „macht" (s. a. S. 145). Alle diejenigen, die „den
ganzen Menschen" behandeln und sich daher nur bedingt um die besondere Art
seiner Symptomatik bemühen, tun das gleiche noch. Aber: Die gesamte folgende
Darstellung wird zeigen, in welchem Maße es für die analytisch-psychotherapeutische Praxis dennoch sehr wohl darauf ankommt, die spezielle Symptomatik
und die eben erörterten Zusammenhänge, also auch das eben dargestellte Schema
zu berücksichtigen.

22. Die Neurosenstrukturen und die neurotische Symptomatik

a) Symptomqualität und Antriebselement

Die auf der Tafel S. 124 eingefügten Linien erweiterten den Gehalt des dortigen
Schemas bereits in Richtung auf speziellere Zuordnungen. Zunächst war jenes
Schema ja von additivem Charakter, d. h. die einzelnen neurotischen Symptome
wurden ihrem Hauptanteil nach fixiert, und dieser Anteil, etwa die Angst, wurde
darauf dem vollen Antriebserleben zugeordnet, d. h. im Falle der Angst dem
Furchtanteil (s. S. 123). Und das dazugehörige körperliche Korrelat wurde an-
gegeben. So weit sind wir heute eben und noch nicht weiter. Die daraus folgenden
Fragestellungen und Forschungsaufgaben ergeben sich ja von selbst. Anders
ausgedrückt: Jene Tafel enthält die konkreten empirischen Angaben über die
Zuordnung der kaum übersehbaren neurotischen Symptomatik zum voll erlebten
Antrieb. Wie vorausentwickelt, korrespondiert das jeweilige neurotische Sym-
ptom quasi elementar oder auch als Aggregat mit einem Antriebsanteil. Eine

solche Aufstellung vermittelt also sowohl einen allgemeinsten Überblick wie die ganz speziellen Zuordnungen.

Manchem Leser wird nun aufgefallen sein, daß diese Überschau eine ganz bestimmte·Art neurotischer Symptomatik nicht enthält, und zwar eine, die einst in den Anfängen der Neurosenforschung, also bei Freud besonders, eine hervorragende Rolle spielte. Von Antriebsentsprechungen war damals nämlich nur ganz eingeschränkt die Rede. Überwiegend wurde die neurotische Symptomatik „symbolisch" aufgefaßt. Es schwebte vor: Gedanken, Vorstellungen „setzten sich um" in Körperliches. So kam anfänglich eine „energetische" Interpretation zustande. Eine allgemeinste Energie, in Analogie zur vorschwebenden materiellen, physikalischen, wurde einmal als so, einmal als anders erscheinend gedacht. Das war die Libido, wie sie dann auch in diesem engeren Sinn von Jung zunächst verstanden wurde. Daß es sich um eine sexuelle Energie handle, daß diese Energie sexuell „sei", war tatsächlich eine weitere Hinzufügung. Es hätte auch anders sein können, und Freud hat sich oft dagegen zur Wehr gesetzt, wenn auch nicht immer, diese ihm vorschwebende Energie als möglicherweise nicht-sexuell anzuerkennen.

Aber dies sind weitgehend längst überholte Überlegungen. Nur das Fruchtbarbleiben der Wissenschaft wird dadurch erhalten werden müssen, daß die zugehörigen Fragestellungen nicht etwa völlig zum Schweigen gebracht werden. Es ist da noch weiter zu fragen; aber es wäre zu wünschen, daß dies fürderhin mit modernen, methodologisch und logisch korrekten Mitteln geschieht.

Immerhin bleibt auch heute die durchaus bedeutsame Frage: Wie steht es denn mit der symbolischen Interpretation der neurotischen Symptomatik?

Die Antwort hierauf soll nunmehr gegeben werden: Das vollständige Antriebserleben enthält, wie oben (S. 123) entwickelt wurde, unter anderem Vorstellungsbestandteile. Aus dem Dunkel der menschlichen Existenz auftauchende Antriebserlebnisse und Bedürfnisse und auch die antwortenden ekphorieren zum Teil Erfahrungen. Diese bestehen aus Erinnerungen. Erinnerungen haben vorwiegend Vorstellungscharakter. In einem vollständigen Antriebserleben kann also unter anderem auch das eine Rolle spielen, was man durch Miterleben vom Erleben anderer Menschen in sich aufgenommen hat. Jeder Mensch entwickelt eine Fülle von Vorstellungen, deren Inhalt das ist, was er an anderen Menschen beobachtet hat. Er besitzt also einen Erfahrungsschatz darüber, wie andere Menschen, die Mutter, die Eltern, die Geschwister und Fernerstehende auf den Gebieten des Besitzstrebens, des Geltungsstrebens und des Sexualstrebens erlebt und gehandelt haben. Jeder von uns besitzt einen Schatz von bereitliegenden Vorstellungen, wie die betreffenden Beziehungspersonen beglückt oder leidend, erfolgreich oder scheiternd, sehnsüchtig oder resigniert, in zwischenmenschliche Antinomik verwickelt oder unbekümmert „mit dem Leben fertig wurden". Solche Eindrücke pflegen sich in der Erinnerung oft tief zu verankern. Der Mensch lebt zu einem Teil nicht nur mit den persönlichen Erfahrungen, sondern mit den individuellen seines Umgangs und seines Miterlebens mit seiner menschlichen Umwelt. Nicht nur das, er lebt zum erheblichen Teil mit dem, was der objektivierte Geist (s. S. 130) ihm vom Erleben und der Bewältigung des Lebens früherer Generationen mitteilt. All dies ist in Form von Vorstellungen in ihm bereitliegend, verführerisch, anspornend, warnend oder auch fürchterlich. Dieser Vorstellungsbereich also gehört zum vollständigen Antriebserleben in irgendwelchem Ausmaß, wenn auch manchmal nur in Spuren, in Andeutungen hinzu. Aber selbst wenn es sich um Andeutungen, nur um Signale dabei handelt, haben diese Vorstellungsbestandteile doch unter Umständen ausgesprochen repräsentative Bedeutung. Voluminöses, Heftiges, Dramatisches, Groß-artiges steht oft genug dahinter. Auch dies also kann „durchbrechen". Eine bisher vorhandene Lücke im Antriebserleben kann in Versuchungs- und Versagungs-situationen plötzlich ausgefüllt werden, und zwar im Einzelfall nur von Vor-stellungsbestandteilen solcher Art.

Und nun muß man sich ein weiteres Faktum mit großer Deutlichkeit vergegen-wärtigen:

Das lebhafte Vorstellen einer Empfindung, einer Sensation, zum Beispiel der des Herzklopfens oder eines Gefüges von Sensationen, wie es der Zustand vor dem Weinen darstellt, ist tatsächlich identisch mit „Innervationsvorgängen" (so müssen wir uns das heute vorstellen), die Herzklopfen und Weinen sind. Auf diesem Wege werden Vorstellungen hinsichtlich ihrer emotionalen Erregung und „muskulären" Bestandteile hin und wieder wenigstens zu Sprengstücken ehe-mals voll erlebten Antriebserlebens. Und das, was dann auf der Oberfläche des Bewußtseins erscheint, ist diejenige „hysterische Symptomatik", die einst ihres sensationellen Charakters wegen die Aufmerksamkeit der Forschenden auf sich lenkte und den Forscherdrang zunächst einmal beschäftigte. So wurde das „symbolische", meist „körperliche" neurotische Symptom zum vorwiegenden Ausgangspunkt der gesamten Neurosenforschung. Das können wir heute in der eben dargestellten Form rückblickend so sagen. Diese Art der neurotischen Sym-ptomatik gibt es daher auch. Es soll aber mit voller Ausdrücklichkeit hinzugefügt werden, daß diese Symptomart ausgesprochen selten ist, fast nur bei soge-nannten „primitiven" Naturen vorkommt, bevorzugt in kleinstädtischer und ländlicher Umgebung. Daraus folgt, daß es heute auf keinen Fall mehr erlaubt ist, unter Voraussetzung dieser besonderen Art von Strukturierung etwa die gesamte körperliche, psychosomatische Symptomatik angehen und interpretieren zu wollen. Um es zu wiederholen: Diese Art von Symptomatik gibt es eben nur auch. Die Psychosomatik deshalb unter diesem Wort hervorzuheben, weil man meint, die dazugehörige körperliche Symptomatik der internen Medizin sei auch nur vorwiegend so zu verstehen, ist nach allen heutigen Erfahrungen irrwegig.

Abgehoben hiervon ist also nun eine durchaus andersartige Fragestellung zu erörtern, nämlich: Wie ordnet sich die neurotische Symptomatik insgesamt (im Mittel!) der hier entwickelten Neurosenstruktur bzw. den hier entwickelten Hauptneurosenstrukturen zu?

b) Das menschliche Dasein und die neurotische Symptomatik

Es ist eine merkwürdige Tatsache der augenblicklichen wissenschaftlichen Situation, daß sich offenbar nicht nur in Europa und auch in Deutschland, sondern ebenfalls in der anglo-amerikanischen Welt unter den etwa 700 bis

800 Fachleuten auf psychotherapeutischem Gebiet (um 9000 Psychiater handelt
es sich wohl im ganzen) niemand recht dazu entschließen kann, neurosenpsychologisch Farbe zu bekennen. Natürlich liegen spezielle Neurosentheorien vor.
So zum Beispiel eine umfangreiche Darstellung von Otto Fenichel, „The
psychoanalytic theory of neurosis", erschienen bei Kegan Paul, Trench, Trubner & Co., Ltd., London, 1945, auf psychoanalytischer Seite[1]. Auch Andeutungen individualpsychologischer und komplexpsychologischer Systematik finden
sich. Im ganzen gesehen, aber stellt die überwiegende Masse aller Darstellungen
die oben eingehend behandelten Versuchungs- und Versagungssituationen dar,
ohne daß die betreffenden Autoren ganz genau zu wissen scheinen, daß es sich
hier lediglich um auslösende Faktoren handelt. Aber man möge das eben
Gesagte nicht besonders kritisch nehmen; denn es läßt sich vieles herausheben,
was dem eben geäußerten Résumé widerspricht. Daher wird hier auch wiederholt betont, daß es im großen und ganzen so ist. Gewiß, die analytische Psychotherapie ist eine immer noch sehr junge Wissenschaft, aber Verfasser vertritt
die Meinung, daß sie doch tatsächlich, gewissermaßen apokryph einen Reifegrad
erreicht hat, der seinen Ausdruck in einer entsprechenden Literatur bisher nicht
fand. Und das, obgleich allgemein die Überzeugung mitschwingt, und zwar, wie
hier dauernd dargestellt, die völlig gerechtfertigte, daß es die Neurose gibt
und auch, wie oben entwickelt, eine Reihe voneinander gut abzugrenzender
Neurosenformen. Die neurotische Symptomatik wird auch hierauf bezogen, aber
sehr viel mehr implizit als ausdrücklich. So haben die Endogenologen, die Konstitutionstheoretiker noch Gelegenheit, sich hier einzuschalten und ihre eigenen
Theorien zu entwickeln (s. Anhang S. 272 ff), oder auch besteht für die Internisten
die Möglichkeit, den unten S. 139 entwickelten, nur auch-möglichen Tatbestand
der „symbolischen" „Darstellung" extrem hervorzuheben oder gar zum allgemeingültigen zu machen. Daher rührt es wohl auch, daß die im Jahre 1938
vom Verfasser in einem Vortrag in der Berliner Charité entwickelte und von
R. Siebeck 1939 unterstützte Theorie der neurotischen Symptomatik nahezu
unter den Tisch fiel. Dieser Faden soll nun also neuerlich wieder aufgenommen
werden. Es soll Ernst gemacht werden damit, daß es die Neurose gibt — erstens,
weiterhin damit, daß die neurotische Symptomatik auf deren Struktur zu beziehen ist, wirklich und ausdrücklich, im strengen Sinn. Es soll keineswegs
behauptet werden, daß hiermit nun Endgültiges gegeben ist; aber immerhin
doch, daß damit der Kern des Ganzen korrekt getroffen ist. Und alles, was als
gegenteilig erscheinend gesagt werden kann und mit Recht gesagt werden wird,
hat doch nur den Charakter der Hinzufügung, der Ergänzung.

Dabei erlaubt sich der Verfasser der vorliegenden Darstellung den ausdrücklichen Hinweis darauf, daß er gespannt darauf ist, ob — nicht etwa eine Neurosenlehre von anderem Gesichtspunkt als dem des Antriebs- und Bedürfniserlebens
her möglich ist — aber ob den von ihm genannten Antriebsarten weitere werden
hinzugefügt werden müssen.

Auch liegt es wissenschaftstheoretisch ausdrücklich so, daß zu erörtern sein
wird, ob wir weiter wie bisher an der Grundthese Freuds, die ersten entschei-

---

[1] Hier ist noch einmal auf das neueste Buch von Fr. Alexander, Chikago, hinzuweisen
(s. S. 113 Anm.).

denden Ansätze zur Ausbildung einer Neurosenstruktur lägen in den ersten
5 Lebensjahren, festhalten sollen. In neuerer Zeit besonders tauchen angedeutete
Theorien häufig in polemischer Form auf, die besagen, nicht in den ersten 5 Lebensjahren entwickelte sich die Neurosenstruktur, sondern im wesentlichen in der
Pubertät oder kurz danach (s. a. S. 52).

Weiter: Es wird von einem der betreffenden Autoren, die zum Teil „östlich"
orientiert sind, also den anglo-amerikanischen Wissenschaftsbereich für höchst
anfechtbar halten, vorausgesagt, es werde sich nachweisen lassen, daß die Neurosenstruktur soziologisch, anders ausgedrückt: politisch-ökonomisch bedingt ist.
Extremformel: In einem kommunistischen Wirtschafts- und Staatsgebilde, ja
bereits in einem gereiften sozialistischen gibt es keine Neurosen mehr. Die betreffenden Autoren fügen dann höchstens hinzu: Auf jeden Fall werde die neurotische Symptomatik in so gereiften wirtschaftlichen und politischen Sozial-
gebilden zur seltenen Ausnahme werden. Hier müssen wir einfach abwarten;
denn es wird von der betreffenden Seite zugegeben, daß eine eingehend belegte
Untersuchung hierüber bisher nicht stattfand. Wir wissen also nichts über die tatsächliche Häufigkeit neurotischer Symptomatik und Neurosenstruktur genannter
Vorkommnisse im sozialistischen Staat.

Im übrigen wird die vorliegende Darstellung im einzelnen mit voller Ausdrücklichkeit zeigen, daß die unmittelbare Peristase, also die allernächsten Beziehungspersonen des Kleinkindes, seien es Mütter, Pflegepersonen, Väter oder
auch Geschwister (bzw. deren Ersatzfiguren) die Konditionen, die konditionalen
Faktoren sind, die als primäre „Ursache" der Neurosenentstehung angesehen
werden müssen. Aber es wird überall mit großer Ausdrücklichkeit gezeigt werden
müssen, und es wurde bereits gezeigt, daß die hier unter dem Titel Härte
und Verwöhnung genannten Faktorengruppen bzw. das entsprechende Verhalten
der betreffenden Personen ihrerseits häufig einen ganz speziellen „Hintergrund"
haben. Dabei handelt es sich dann oft um ausgesprochen soziologische und,
unter besonderen Gesichtspunkten gesehen, politisch-ökonomische Aggregate. D. h. also, und das soll hier noch einmal mit unmißverständlicher Ausdrücklichkeit gesagt werden: Politisch-ökonomische „Gestalten", ganz spezielle Formen historisch gewordener sozialer Gebilde stellen den „eigentlichen" Hintergrund zur Neurosenentwicklung dar. Es muß aber unbedingt hinzugefügt
werden, daß es sich hier lediglich um sehr häufige und sehr prägnante Hinter-
grundarten handelt. Im übrigen aber ist die „Natur"[1] „des" Menschen, sei es
der Frau oder des Mannes, das „formende Prinzip". Wir müssen auf unserem
Gebiet nun einmal konditional „denken". Es handelt sich um Konditionenbündel
und nicht um simple Ursachen. Der Mensch baut die Natur um, er schließt sich
zu Gruppen zusammen. Die Gruppen und auch der einzelne reagieren auf die
veränderte Natur. „Der" Mensch tut das. Und weil es „den" Menschen gibt,
deshalb gibt es Regeln der Entwicklung, Regeln des Umbaues, des Aufbaues
und auch der Entwicklung sozialer Gruppen, bestehen diese nun aus zwei Menschen, aus mehreren Menschen, genannt Familie, oder aus sehr viel mehr Men-

---

[1] Es gehört mit zur „Natur" des Menschen, daß er Kultur schafft. Es gehört weiterhin
dazu, daß er auf geschaffene Kultur reagiert. So ist der „natürliche" Mensch ganz selbstverständlich ein natürliches Kulturwesen.

schen. Es gibt also, um die Jahrhundertwende noch so genannte, „Gesetze"
politisch-ökonomischer Art. Der Verlauf ist stets dialektisch. Der Mensch als
ökonomisches Wesen baut an einer Welt, die ihm keine absolute Freiheit mehr
läßt, weitere Interessen, weitere Werterlebnisse gefühlshafter und geistiger Art
in ihr beliebig zu verwirklichen. Infolgedessen ist das Ökonomische in erheblichem Maße unabhängige Variable und das Geistige abhängige Variable. Daraus
ergibt sich nichts, was gegen die geistige Autonomie der menschlichen Natur
spricht. Daß der Mensch dann gewordene politisch-ökonomische „Formen" „ver-
logenerweise" seit je aus tiefer Hilflosigkeit, von zentralen menschenwesentlichen
Ressentiments her, umgedeutet hat und daher das Geistige ungebührlich
akzentuierte, unter anderem in metaphysischer Form, ist zweifelsfreie Tatsache.
Aber keineswegs geht daraus die absolute Prädominanz des Ökonomischen überhaupt hervor, ebensowenig wie aus dem autochthonen Charakter des geistigen
Bereichs im Menschen die Prädominanz eben des Geistes. Man wird sich an diese
Mehrfach-Bedingtheit gewöhnen müssen. Und man wird sich daran gewöhnen
müssen, auch hier in Streuungskurven und Häufigkeitszuordnungen zu denken.
Wer das nicht tut, bleibt hinter dem, was man heute mit Sicherheit wissen kann,
einfach zurück.

Hervorzuheben in diesem Zusammenhang, um den Tatsachen unter neurosenpsychologischen, analytisch-psychotherapeutischen Gesichtspunkten wirklich gerecht zu werden, ist eine Reihe von Faktoren, die innerhalb dieses weiten Rahmens
eine akzentuierte und ausdrücklich hervorzuhebende Rolle spielen.

Erstens ist der Mensch ein Lebewesen, das seinen Tod voraussieht und darauf
reagiert. Der Mensch reagiert auf alle Äquivalente des Todes in Form jeder Art
von Vergänglichkeit. Unter anderem reagiert er auf die Vergänglichkeit
eigener intensiver Liebesgefühle. Das tut er in zweierlei Form: Er ist wieder und
wieder erschüttert über die Vergänglichkeit der Liebeszuwendung eines Partners
ihm gegenüber, und er ist zutiefst erschüttert auch über die Vergänglichkeit
seiner eigenen liebevollen Zuwendung. Wenn einst im alten Rom der Satz galt:
„Post coitum omne animal triste", so war das eine zeitgemäße, von heute her
gesehen, primitive Verballhornung eines anthropologischen Tatbestandes. Das
abrupte Nachlassen sexueller Appetenz nach erfolgtem Orgasmus war in Wirklichkeit für den damaligen Menschen Repräsentant der Vergänglichkeit, auch
der Vergänglichkeit auf dem für den Menschen noch äußerst schwer zu erfassenden
Bereich gefühlshafter Beziehung zum Partner. Erst eigentlich in der Zeit des
Minnesangs wurde die Liebe als Liebe entdeckt und deutlich vom Sexus abgehoben. Noch im Platonischen Gastmahl fließt, unausreichend geschieden, sexuelle
Begehrlichkeit ins Erleben des quasi geistigen Eros hinein (s. a. „Der gehemmte
Mensch" S. 33). So steht der Mensch qualitativ erschüttert, aber in der mittleren Norm keineswegs dauernd im populären Sinn etwa wirklich „erschüttert"
in der Welt, vor der Welt, vor dem dunklen Hintergrund der Welt, vor der
Unendlichkeit. So ist er von da her, „von Natur", ganz selbstverständlich, auch
wenn ein zivilisatorischer Optimismus das heute im Überschwang seiner physikalischen, chemischen und ökonomischen Möglichkeiten nicht wahrhaben will,
„unruhig". Dies führte zu der Formel, der Mensch sei anthropologisch charakterisiert durch die „Unruhe zu Gott" (Augustin und auch Willibrord Verkade,

„Die Unruhe zu Gott", Erinnerungen eines Malermönches, Verlag Herder & Co.,
Freiburg i. B., 1920). Aber er ist das eben nicht nur und gewöhnlich keineswegs
etwa überwiegend. „Der" Mensch ist kein Werther und auch kein Hamlet.
Aber er ist beides auch. So gesehen ist das Zentrum, aber eben nur das punk-
tuelle, seines Daseins Angst, Urangst. Diese durchflutet zwar nicht, aber sie
tönt sein gesamtes Lebensgefühl. Auch die Unruhe seiner liebenden Zuwendung
zu anderen Menschen, seiner zärtlichen Zuwendung zum Liebespartner, sogar
seiner sexuellen zum Partner, der ihn erregt, ist von daher mitbestimmt. Ist
seine Zuwendung im Einzelfall vorwiegend hierdurch bestimmt, erschüttert ihn
dauernd Unruhe, so ergibt sich die Figur des Don Juan, d. h. diejenige Variante,
die der Musik Mozarts entspricht und nicht etwa dem, was sich der Haltlose
und Hilflose vorstellt, wenn er, durch das Dekameron angeregt, Dirnen aufsucht
oder gar wie in einem neueren Film „Die lustige Witwe" die Mädchen im „Maxim"
mit Gegenständen möglicher liebevoller Zuwendung verwechselt.

In dem eben geschilderten Rahmen ist der Mensch außerdem den ganz unmittelbaren einfachen Aufgaben, die ihm das Leben stellt, nicht gewachsen.
Er kann zwar Brücken bauen, die mit einiger Wahrscheinlichkeit unter ihrer
Last nicht zusammenbrechen. Aber er kann nicht etwa Kriege führen oder eine
stabile Wirtschaft optimal gestalten. Die Generäle und Bankiers können innerhalb ihres Bereichs etwa das leisten, was der geniale Brückenbauer bestenfalls
leisten kann, und das ist für Krieg und Wirtschaft zu wenig. So ist auch der
einzelne Mensch innerhalb seines engeren bürgerlichen Rahmens dauernd vor
Aufgaben gestellt, die er nicht zu bewältigen vermag. Sein Denkvermögen und
seine von Goethe so genannte exakte Phantasie, seine Fähigkeit, vorweg mit
einiger Korrektheit zu planen, ist durchaus begrenzt. Daher zittert der mittlere
Mensch, wenn er ehrlich ist, bei dem Gedanken, vor solche Aufgaben wirklich
selbständig gestellt zu sein. Prägt sich diese Ängstlichkeit in seinem „Erleben
und Verhalten deutlicher aus, so stellt er den „Philister" dar, und wenn der
Beunruhigte diesen in allen seinen mannigfaltigen Formen betrachtet, etwa,
wie Gogol das tat, so fühlt er sich gedrängt, aufzuschreien und in den „toten
Seelen" ein Bild dieses Menschen anklagend und, an eine Hilfe von irgendwoher
appellierend, darzustellen. So ergibt sich ein starker Drang des mittleren Menschen, sich anzulehnen an das Tradierte, an die Konvention. Er tut das, weil
diese Gebilde, dieses Gesamt des objektivierten Geistes wenigstens eine gewisse
Garantie dafür sind, daß auch das einzelne praktische Leben gelingen könne,
nämlich da, wo es so schwer überschaubar und voraussehbar ist. Ähnlich wie sich
ein künstlerischer Stil, zum Beispiel ein Baustil, daraus ergibt, daß im Laufe
von Jahrzehnten, vielleicht von einem Jahrhundert, von den unproduktiven
mittleren Menschen, die aber doch durch Augenschein die Möglichkeit negativer
Kritik besitzen, alles Nicht-Gelungene vernachlässigt und zerstört wird, zumindest dem Verfall überlassen, so daß schließlich das positiv Bewertete übrig bleibt,
entwickelt sich unter anderem auch aus den urtümlichen antinomischen Kämpfen
der Menschen Brauch und Tabu. Solche Tradition, solches Tradierte, solche
„Konvention", die erst späterhin fälschlich als „contract" interpretiert wurde,
enthält also für den mittleren Menschen einige Sicherheit, angelehnterweise das
Leben bewältigen zu können. So bricht dann nur der Hilflose und auch der

schöpferisch Voraussehende aus. Beide gleichen einander in der äußeren Erscheinung so weitgehend, daß im säkulären Augenblick kaum je mit Sicherheit entschieden wird, zu welcher Kategorie der Betreffende eigentlich gehört. Anders ausgedrückt: Die mangelhafte Denkfähigkeit und die unzureichende exakte Phantasie des mittleren Menschen sorgt dafür — auch in einer vollendeten sozialistischen Ordnung wird das so sein —, daß das individuelle Leben einzelner ebenso sicher und häufig mißlingt wie das von Zweiergruppen und Familien. Und dann entsteht unter anderem für das Kleinkind Härte und Verwöhnung. So kehrt der Blick vom umfassendsten Ganzen her zurück zur analytisch-psychotherapeutischen Problematik. In jenem eben skizzierten großen Rahmen sind also die Faktoren Härte und Verwöhnung zu sehen. Es sei noch einmal wiederholt: Der große Rahmen ist die unabhängige Variable. Abhängigere Variable sind die politisch-ökonomischen Gestalten. Abhängige Variable ist das Familienleben, die Peristase des Kleinkindes. So etwa muß Zuordnung und Gewicht gesehen werden.

Aber — ceteris paribus, d. h. im einmal gegebenen örtlichen und säkularen Rahmen, kann wohl jeweilig für eine Generation die Peristase des Kleinkindes, seine unmittelbare Umwelt als das Movens hervorgehoben, ins Auge gefaßt werden. Was eine Mutter z. B. hier und jetzt an Abartigem tut, ist gewichtsmäßig ausschlaggebend — trotz der Variabilität des Hintergrundes. Also gilt auch die hier vertretene Neurosenlehre praktisch unabhängig vom allgemeinsten Soziologischen. Die notwendige Bezugnahme muß ja sowieso alle 10 Jahre einmal neu vollzogen werden (s. a. S. 161).

c) Die neurotischen Symptomarten und die bevorzugten Antriebs- und Bedürfnisbereiche

Die erste Aufgabe, die in Angriff zu nehmen war, bestand darin, ein vollständiges Antriebserleben als Aggregat zu sehen und daher auch seine Merkmale, „Elemente" noch einmal ausdrücklich zu fixieren. Nicht nur das, sondern dann auch im Fortschreiten auf analytisch-psychotherapeutisches Vorgehen hin diese Symptomarten auf jenes Antriebserleben zu beziehen. Denn jene sind ja zunächst einmal Ausgangspunkt für alles hier Dargestellte.

Ein solches Schema der Antriebs- bzw. Bedürfnisstruktur ist aber nun natürlich von allgemeinstem Charakter. Alle Antriebserlebnisse und Bedürfniserlebnisse sind so strukturiert. Aber nicht alle möglichen menschlichen Antriebe und Bedürfnisse sind neurosenpsychologisch relevant, nicht einmal für die neurotoiden Strukturen bedeutsam. Es hat sich tatsächlich herausgestellt, daß die oben entwickelten speziellen Antriebsarten bevorzugt in Neurosenstrukturen einzugehen pflegen. Also muß nunmehr spezifiziert werden. D. h., nimmt man die Korrelation: neurotisches Symptom — Neurosenstruktur ernst, hält man sich nunmehr an das von Leibniz Genannte und von Freud dann ausdrücklich gegen Ende des 19. Jahrhunderts Festgestellte, so ergibt sich die Notwendigkeit eines spezialisierten Schemas. Die Symptomarten gehören weitaus in der Mehrzahl zu bestimmten Antriebs- und Bedürfniserlebnissen. Sie sind, wie vielfach wiederholt wurde, Sprengstücke ehemals vollerlebten Antriebserlebens spezieller

Art. Danach müssen sie also den oben angeführten Antriebsgebieten (S. 23) entsprechen, d. h. Ausschnitte davon sein. Sie müssen das sein, was vom voll erlebten Bedürfnis in bestimmter Situation aus der Latenz, aus dem Zustand der Bereitschaft ins Bewußtsein „durchbricht", manifest wird. Leitender Gesichtspunkt also sind nunmehr die neurosenpsychologisch bevorzugten Antriebsgebiete. Auch hierzu wird daher im folgenden ein Übersichtsschema entwickelt.

Es sei mehrerlei hinzugefügt: Erstens, daß es sich im Augenblick hier wirklich nur um ein Schema handeln kann. Ob dem Verfasser auf Grund der etwa 8000 Anamnesen des Zentralinstituts für psychogene Erkrankungen der Versicherungsanstalt Berlin ein „vollständiges", „fülliges" Schema gelingen würde, wenn er Zeit und Raum genug hätte, hieraus eine Monographie zu machen, bleibe dahingestellt. Viele Erfahrungen sprechen dafür, daß das heute bereits gelingen könnte. Die kommende junge Generation mag sich da an die Arbeit machen. Es wird hier zunächst notwendigerweise an Fehlgriffen nicht mangeln. Das Gebiet ist zu neu und von den Beteiligten weitgehend unscharf in Angriff genommen worden. Überwiegend ist, wie schon mehrfach gesagt, der leitende Gesichtspunkt noch nicht einmal ins Auge gefaßt worden.

Zweitens müßte, wie Verfasser wohl weiß, eigentlich von den empirisch tatsächlich vorkommenden Symptomen ausgegangen werden, d. h. wiederum von den in der Literatur nunmehr und auch im Zentralinstitut für psychogene Erkrankungen, Berlin, charakterisierten Symptomarten. Es würde da aber folgende Schwierigkeit geben: Auch von fachlich Bemühten werden die Klagen und Symptome der Patienten heute noch außerordentlich häufig sehr ungenau charakterisiert. Dies ist einer der Gründe dafür, daß dann und daher die In-Beziehung-Setzung zwischen Symptomart und Antriebsart so schwer fällt. Selbst wenn man von groben Fehlgriffen, wie sie unter den Titeln „Nervenzusammenbruch", „Konzentrationsstörung" usw. vorkommen, absieht, Bezeichnungen, die ja doch stets populären Charakter haben und in ernsthafter Literatur nur noch in doppelte Anführungsstriche gesetzt verwandt werden sollten, sind die Symptomcharakteristiken sehr häufig höchst ungenau. Eine genaue Kontrolle ergibt regelmäßig, daß die Patienten mit ihnen zur Verfügung stehenden, zum Teil lokalisierenden Worten operieren, also an der Sache vorbei. Es wird da noch vieles zu klären sein, und es sei hier wiederum auf eine künftige wissenschaftliche Aufgabe von größter Bedeutung ausdrücklich hingewiesen.

Eine ungefähre Häufigkeitsstatistik der Symptomarten wird entwickelt werden müssen, und zwar im Zusammenhang mit einer ganzen Reihe von äußerst bedeutsamen statistischen Fragestellungen und Schätzungen sonst. Leider sind wir heute noch weitgehend auf diese angewiesen. Aber es erscheint dem Verfasser durchaus angebracht, sich zu solcher Schätzung zu entschließen und damit einen Anfang zu machen, statt sich, wie manche Autoren es vorziehen, abwartend zu verhalten. Es erscheint dem Verfasser besser, im Augenblick sogar grobe Fehler zu begehen und auf diesem Wege eine Entwicklung zur Präzisierung hin in Gang zu setzen, als weiterhin in vagem Zögern zu verharren.

Mit diesen Einschränkungen wird nunmehr also das folgende Schema entwickelt:

Antriebe, Bedürfnisse	Organe	Funktionsstörungen

intentional
- Auge — Blindheit / Schielen / Tic
- Ohr — Taubheit
- Cortex — ?
- Stammhirn

Besitzstreben

kaptativ — **oral**
- Hypophyse — Heißhunger / Anorexie
- Rachen — Angina-„Grundlage"
- Schlund / Speiseröhre — Globus
- Magen — Cardiospasmus / Erbrechen / Gastritis / Ulcus

retentiv
- Hautarterien — Acrodynie / Pruritus / Ekzem
- Ureter — Ureterenspasmus (Pyelitis, Steine)

anal
- Dünndarm — ? / Diarrhöe
- Leber — Hepatitis
- Gallenblase — Enteritis
- Bauchspeicheldrüse — ?
- Dickdarm — Obstipation / Colitis

Geltungsstreben

aggressiv — **geltungsstrebig**
- Kopfarterien — Migräne
- Galeamuskeln
- Gliedmuskeln — „Krämpfe"
- Herz — Stenokardie
- Leber — Cholecystitis

urethral
- Niere — Polyurie
- Blase — Enuresis
- Urethra — Ej. praec.
- Darm — Diarrhöe

sexuell
- Kopfarterien — Erythrophobie
- Herz — Tachycardie / Arhythmie
- Genitale — Impotenz
- Keimdrüsen — Priapismus / Vaginismus / Frigidität

zärtlich — Haut — Anästhesie

Sexualstreben

liebend — Gesamtkörper — Unruhe

hingebend
- Muskulatur — Astasie-Abasie
- Blase — Incontinenz
- Darm

eroserfüllt

angstvoll
- Nebenniere
- Zwischenhirn — Angst
- Hypophyse
- Herz — Tachycardie / Stenocardie

angsterregt
- Schilddrüse — Unruhe
- Darm — Diarrhöe

Furcht

erschreckt — Schilddrüse — Basedow

schuldhaft — ? / Stirnhirn / Thalamus — Depression

Es kann nicht genug betont werden — wie schon im Vorwort geschehen —
daß dem Verfasser der vorliegenden Darstellung in voller Gänze bewußt ist,
wie unvollständig zum Beispiel auch das eben gegebene Schema der neurotischen
Symptomatik ist. Es wäre durchaus töricht, einen Entwurf solcher Art heute
bereits als in irgendeinem Sinn abgerundet anzusehen. So ist die Entwicklung
der hier vorgetragenen Neurosenlehre und auch der zugehörigen Auffassung der
neurotischen Symptomatologie dauernd von höchst kritischen Überlegungen begleitet gewesen und noch begleitet. Es sollen hiervon eine Reihe von Ansätzen
nunmehr explizit gemacht werden.

Von größter Wichtigkeit ist da in erster Linie, noch einmal auf den Begriff
des Primär-Organischen hinzuweisen. Hier soll es sich, wie auf den S. 272—292
im Anhang entwickelt, um alle diejenigen Tatbestände handeln, die ,,im eigentlichen Sinn" organischer ,,Herkunft" sind. Aber — und das muß wiederum ausdrücklich vermerkt werden — wenn irgendwann einmal von Primär-Organischem
die Rede ist, genauer gesagt, von der primär-organischen Auffassung einer abartigen seelischen oder körperlichen Erscheinung (es sei etwa das subjektive
Erleben eines post-encephalitischen Vollzugszwanges erwähnt oder auch eine
beliebige periphere Lähmung auf der Basis echter infektiöser Neuritis), so
bedeutet das **nicht**, daß der grundsätzliche konditionale Standpunkt verlassen
worden ist. Das soll heißen: Die hierhergehörigen Phänomene, insbesondere die
neurotische Symptomatik, finden ihre Erklärung nahezu ausnahmslos auf
konditionalem Wege. Es handelt sich stets, wie schon auf S. 92 erwähnt, um
,,Ursachen" (in Anführungsstrichen!) in Form von Konditionenbündeln, von
Aggregaten, Gefügen, Gestalten. Innerhalb eines solchen Aggregats, eines solchen
Bündels von Faktoren ist dann unter Umständen ein einzelner Faktor primär-
organisch. Musterbeispiel hierfür ist etwa der im Einzelfall vorliegende genotypische Faktor: Hypersensibilität, ,,organisch" gelesen vermutlich identisch
mit ,,physiologischer Asthenie" (s. a. S. 47).

An dieser Stelle muß als geläufig vorausgesetzt werden, was eine Ergänzungsreihe ist (s. a. Anhang S. 294), wie deren graphische Darstellung aussieht und worauf
das Wort G r e n z f a l l hinweist. Unter dieser Voraussetzung gibt es demnach
Grenzfälle, in denen der beteiligte primär-organische Faktor (oder auch eine
Gruppe davon) das entscheidende Gewicht hat. Auch dann handelt es sich also
nicht um eine einfache Addition von Faktoren, sondern um das vielgerühmte und
vieldiskutierte ,,Ganze", nämlich um ein Gefüge, um eine ,,strukturierte Summe".
Diese Anführungsstriche wurden eben gesetzt, weil zunächst einmal das Wort
strukturiert eine contradictio in adjecto bedeutet, wenn Summe hinzugefügt wird.
Im einzelnen, naturgemäß seltenen Grenzfall also, ,,trägt" das Primär-Organische
eine neurotische Symptomatik. Damit aber — und wiederum muß dies ausdrücklich festgestellt werden — entsteht eine gewisse sprachlich begriffliche Schwierigkeit um das Beiwort primär herum. Es handelt sich hier in solchem Fall um
einen terminus technicus, der nicht einfach wörtlich angewandt werden darf.
Anders ausgedrückt: In solchem Fall ist das Ganze, chronologisch gesehen,
möglicherweise von vornherein, d. h. sowohl primär-organisch wie psychisch
bedingt. Dann hat der im Rahmen verwandte Ausdruck: primär eben nicht die
Bedeutung des Zeitlichen. Sondern er charakterisiert die Art, die Beschaffenheit

eines Tatbestandes. Das muß immerhin durchdacht werden und dem Verfasser erscheint die damit in vereinzelten Fällen gegebene Schwierigkeit wissenschaftlicher Art vergleichsweise geringfügig gegenüber der, die entstehen würde, wenn man nunmehr neue spezifische, etwa griechische oder lateinische Ausdrücke einführen würde — eben um ganz genau zu sein — (s. hierzu auch S. 272—292).

Wenn all dies so ist, ergibt sich, um auf ein ganz spezielles Beispiel einzugehen, für die sogenannte Magersucht grenzfallmäßig die Möglichkeit der echten Simondschen Kachexie, d. h. einer primär-organischen Erkrankung im Hypophysenbereich mit gleichzeitigkeitskorrelativer Anorexie. Aber es handelt sich dann eben ausdrücklich um einen Grenzfall; und daß dieser vorkommt, spricht in gar keiner Weise dagegen, daß die überwiegende Menge aller Magersuchten „psychogen", d. h. hier neurosenpsychologisch strukturiert ist (s. Anhang Kapitel 2.). Man wird sich daher an solche Kompliziertheit gewöhnen müssen, und, es soll hier ruhig ausgesprochen werden, daß es nicht wenige Autoren gibt, deren physiologisch-methodologische Schulung bedauerlicherweise eine adäquate Theorieverarbeitung nicht zuläßt. Nachweisbar nehmen die Betreffenden sich im Schwunge ihrer vermeintlichen, wenn auch subjektiv echt erlebten Begeisterung für das Psychosomatische nicht die Zeit, mit notwendiger Nachdenklichkeit und Sorgfältigkeit des Besinnens zu operieren. Daher entgehen ihnen zwar nicht die ganz offensichtlichen Schwierigkeiten, aber die korrekten Lösungsmöglichkeiten. Sie neigen dann dazu, im „romantischen" Sinn, wie die sogenannten „Naturwissenschaftler" unter den Ärzten dann meinen, „mystisch-magisch" zu simplifizieren. Aber es ist ja noch nicht aller Tage Abend.

Es soll hinzugefügt werden, daß das, was Adler einst unter „Organminderwertigkeit" verstand und was von anderen Autoren in etwas anderem, meist internistischem Zusammenhang als „organisches Entgegenkommen" oder auch als „Organschwäche" bezeichnet wurde, in den eben erörterten Rahmen hineingehört. Es handelt sich da um alle angenommenen oder tatsächlich primär-organischen Faktoren, die innerhalb des Neurosenbereichs eine mehr oder weniger gewichtige Rolle spielen und von denen wir Exaktes bisher nur sehr wenig wissen. Immerhin: Im Grenzfall können diese Faktoren nahezu allein das Gewicht des Ganzen der abartigen Erscheinung, die zur Untersuchung steht, tragen. Als Musterbeispiel sei vermutenderweise die genuine Epilepsie genannt, innerhalb derer sehr wahrscheinlich als primär-organischer Faktor das angesehen werden muß, was von Walter Schulte unter dem Titel „synkopal" behandelt worden ist[1]. Dieser Autor hat ja in seiner ausgezeichneten Darstellung entwickelt, wie differenziert auch dieses scheinbar einheitliche Spezifische angesehen werden muß.

Eine weitere Hinzufügung: In einigen Fällen wird sich vermutungsweise herausstellen, daß ein rein neurotischer Prozeß im Endeffekt außer seiner durch Seelisches repräsentierten neurotischen Symptomatik ein höchst prägnantes körperliches Gleichzeitigkeitskorrelat produziert, das nun seinerseits ein fixiertes und von sich aus eminente und konstante, primär-organische Wirkungen entfaltendes Etwas darstellt. Es wird hier an den Schreck-Basedow zum Beispiel gedacht. Vermutlich hat dieser die eben geschilderte Herkunft, also

---

[1] „Die synkopalen Anfälle" (Georg Thieme Verlag 1949).

weder simpel primär-organisch noch etwa ebenso simpel, wenn auch differenziert, neurosenpsychologisch zu lesen. Was er vermutlich in Wirklichkeit darstellt, wurde eben entwickelt (s. a. o. S. 135).

Noch einmal kontrastierend: Ergebnis neuester Forschung scheint zu sein, daß die dem Magenulkus vorausgehende Drüsenstörung das Gleichzeitigkeits-korrelat zu intensivierten, bis dahin latenten oralen Bedürfnissen ist.

Und so könnte man sagen, geht es auf unserem Gebiet am laufenden Band weiter. Wir stehen noch ganz am Anfang. Was heute ein winziges Bändchen ausfüllt, so wie etwa die Anthropologie zu Zeiten Kants, wird eines Tages ein riesiges Werk von vielen Lexikonbänden darstellen.

Entweder ist die hier dargestellte Neurosenlehre sachgerecht oder sie ist es nicht. Ist sie es aber, ist jemand geneigt, sie als wahr, als gültig zu unterstellen, so kann er nicht gleichzeitig eine heterogene Theorie etwa der „Psychosomatik" oder eine ebenso heterogene, etwa „daseinsanalytische" Theorie der Perversionen entwickeln.

Will aber jemand, der nicht im wesentlichen zustimmt oder auch nur nicht bereit ist, die hier formal in bestimmter Weise nach Fragen gegliederte Neurosenlehre als korrekt zu unterstellen, seiner Meinung nach etwas Neues vertreten, so wird er sich schon dazu entschließen müssen, eine korrekte Neu-rosenlehre ausdrücklich zu „bekennen". Verfasser ist der Meinung, daß apho-ristische Einzeldarstellungen, die sich nicht auf eine explizit gemachte Neurosen-lehre beziehen, heute wissenschaftlich nicht mehr zulässig sind (s. a. eine ana-loge Bemerkung auf S. 117 und S. 174).

Anknüpfend an die bisher oft auf Historisches hinweisende oder auch vage heutige Meinungen berücksichtigende Darstellung soll nun noch einmal zu-sammenfassend angegeben werden, mit welchen Symptomarten wir es zu tun haben. Gelesen vorwiegend von der körperlichen Seite der neurotischen Sym-ptomatik her, ergibt sich:

1. Symptomart:
   Eine Funktionsstörung als Gleichzeitigkeitskorrelat zu lebhaften bewußten Affekten.
   Hierher gehören auch die neuerlich aus der Latenz, aber voll, durchbrechenden Affekte mit ihrem Gleichzeitigkeitskorrelat. Wahrscheinlich hängt die Intensität des Funktionierens von Organen in solchen Fällen gerade davon ab, daß es sich nicht um einfach spontan auftretende Affekte handelt, sondern nur um in voller Gänze durchbrechende.
   Ein Merkmal der eben behandelten Symptomart ist also, daß sie nicht „zu ver-stehen" ist. „Zu verstehen" ist sonst Aufgabe, nicht selbstverständlicher Vollzug. Das aber muß nun wohl kaum noch erläutert werden.
2. Symptomart:
   Eine Funktionsstörung als Gleichzeitigkeitskorrelat zu intensiviert durchbrechen-den Bereitschaftsbestandteilen.
   Hier handelt es sich also im eigentlichen Sinn um „Sprengstücke" ehemals voll-erlebter Antriebe und Bedürfnisse. Anders ausgedrückt, um sogenannte unbewußt bestimmte Symptome. Noch anders ausgedrückt, um Symptome, die eine „Organ-sprache" darstellen, d. h., ein unbewußter Sinn = Motiv = Antrieb = Bedürfnis äußert sich, statt in Worten oder Lauten ausgesprochen zu werden, nur und un-mittelbar in betontem Funktionieren eines Organs.

Zu 1 und 2: Begünstigend für das Auftreten der eben genannten Sympto-matik darf, wenn vorhanden, ein Tatbestand angesehen werden, der in der Regel als „Organschwäche" bezeichnet wird. Man meint damit, daß ein

Organ hinsichtlich seines Funktionierens an mittlere Beanspruchungen gut oder auch schlecht angepaßt sein kann, so, daß bei stärkerer oder gar starker Beanspruchung eventuell ein Dysfunktionieren zustandekommt.

Wir wissen hierüber, über die „Organschwächen" (vielleicht gehört die „exsudative Diathese" hierher), im einzelnen noch sehr wenig. Das Vorkommen dieses Tatbestandes darf unterstellt werden. Aber es wäre verfehlt, ihn mit den neurosenpsychologisch relevanten Vorkommnissen zu verwechseln.

Über das Konstatieren oder vermutungsweise Unterstellen des Vorkommens von Organschwächen hinaus muß aber wohl daran gedacht werden, daß jeder Körper eines Individuums außerdem eine Rangordnung nach Organschwäche bzw. -stärke aufweist. Ist das so, dann muß unter Umständen zuerst ein Organ, eben aus Gründen seiner „Schwäche" erkranken, dann nach Abheilung ein nächstes usw. Das wäre dann eine „sinnlose", von aller neurosenpsychologischen Verstehbarkeit unabhängige Aufeinanderfolge von Erkrankungen. Es wird abzuwarten sein, wieweit im Bilde mancher typischen Hysterien der eben erörterte Tatbestand eine Rolle spielt, wieoft sogar vielleicht eine überwiegende. Aber wiederum darf im Einzelfall hysterischer körperlicher Erkrankung nicht ohne weiteres angenommen werden, daß es sich hierum handelt, sondern stets wird neuerdings nach dem Sinn einer Organfunktionsstörung (auch wenn es sich um wechselnde Organe handelt) gefragt werden müssen. Und dann heißt es, in Richtung auf hintergründige, latente Antriebs- und Bedürfnisqualitäten hin zu untersuchen.

3. Symptomart:

Eine Funktionsstörung als Gleichzeitigkeitskorrelat zu intensivierter Vorstellung unbewußter Art.

Hier ist zu beachten, daß derartige Verkörperungen latenter Vorstellungsgebilde nur dann vorkommen werden, wenn ihr Träger seine Beziehungen zur realen Welt weitgehend gelockert hat. Also werden intentionale Gehemmtheiten im Spiele sein. Der Betreffende wird sich im Zustand der „Objektverlustigkeit" befinden, auf dem so gearteten „Rückzug vor dem Leben". In noch anderer Sprache ausgedrückt: Er wird einen ausgeprägten „Narzißmus" entwickelt haben.

Klingen derartige Funktionsstörungen nur gerade eben an, so ergeben sich korrelative Abartigkeiten der Empfindung, der Sensationen. Da dann häufig im üblichen Sinne krankhafte Veränderungen körperlicher Art nicht feststellbar sind, scheinen diese Parästhesien völlig der „objektiven" Grundlage zu entbehren. Der Träger wird dann als hypochondrisch bezeichnet. So ergeben sich wiederum eine Reihe von Varianten:

a) die persönlich-ontogenetische Variante.

Aus dem Vorstellungsschatz entstammende und nun in der Latenz bereitliegende Vorstellungen werden am Organ mobilisiert, dem jene Vorstellungen einst galten. Zum Beispiel kann der Betreffende als Kind aus Unkenntnis der Vagina den Darm für den Gebärschlauch gehalten haben und am Darm dann später entsprechende Abartigkeiten des Funktionierens produzieren. Die Darmfunktionsstörung hätte dann im eigentlichen Sinn „symbolischen" Charakter.

b) die entlehnte ontogenetische Variante.

Der Betreffende hat als Kind zum Beispiel die Leidenssymptomatik eines andern miterlebt und sich die dazugehörigen kindlichen Vorstellungen gebildet. Diesen entsprechend entwickelt er nun aus seinem latenten Vorstellungsschatz entstammende Funktionsabartigkeiten.

c) die produktive, schöpferische Variante.

In solchem Fall liegen weder persönliche noch entlehnte Vorstellungen aus der Kindheit vor. Aber die kombinatorische Phantasie des Betreffenden schafft aus Eigenem die entsprechende Abartigkeit des Organfunktionierens (s. a. das Kapitel „Die kombinatorische Phantasie" im „Lehrbuch der Traumanalyse" des Verfassers).

Auf dem Hintergrund dieser verschiedenen Symptomarten und ihrer Varianten wird deutlich, wie wenig eine Interpretation neurotischer Symptomatik, die körperlichen Charakter hat, als „Überlagerung" eigentlich besagt. Es handelt sich hier in der überwiegenden Menge der Fälle zweifellos um eine Verlegenheitsaussage. Ein neues Thema dagegen ist die im nächsten Kapitel zu behandelnde Reaktion auf eine vorhandene neurotische Symptomatik. Auch ist die neurotische Reaktion auf das Vorliegen einer primär-organischen Erkrankung ein neues und anderes Thema.

Es wird nun interessieren, ein Schätzungsurteil darüber zu erhalten, wie häufig die verschiedenen Symptomarten körperlichen Charakters eigentlich sind. Soweit heute schon übersehbar, überwiegt an Zahl zweifellos die hier behandelte 2. Symptomart, eben die, die auch theoretisch zum Ausgangspunkt der gesamten vorliegenden Darstellung erhoben wurde: Die Funktionsstörung als Gleichzeitigkeitskorrelat zum Sprengstück eines ehemals voll erlebten und dann in die Latenz gegangenen Antriebes oder Bedürfnisses. Möglicherweise auch häufig, aber doch in weitem Abstand hierzu, kommt die 1. Symptomart, das einfache bewußte Affektkorrelat vor. Dann erst schließen sich als wirklich seltene Sondererscheinungen die Symptome der 3. Art an. Diese Häufigkeitsverteilung war, wie schon gesagt, Anlaß dafür, mit der Erörterung der 2. Symptomart so zu beginnen, als sei sie die allein vorkommende[1].

23. Die psycho-logischen Reaktionen auf eine nunmehr vorhandene neurotische Symptomatik

Wie oben geschildert, ist einer der wichtigsten Tatbestände der gesamten Neurosenlehre der sogenannte circulus vitiosus. D. h.: Gehemmtheiten werden dadurch vertieft, verstärkt, daß ihre Folgeerscheinungen, Bequemlichkeit und Riesenansprüche, mit den wiederum dazugehörigen Konsequenzen weitere Wirkungen entfalten (s. S. 80).

Nun aber „hat" der Patient seine Symptomatik, und diese wirkt in gleicher Richtung weiter; denn der Betreffende leidet natürlich nicht nur unter ihr, sondern empfängt von da her neuerlich Minderwertigkeitsgefühle. Und wiederum entsteht eine Fülle von circuli vitiosi.

Der Patient unterläßt eine Fülle von Lebensäußerungen, die normalerweise zu seiner Person gehören würden.

Der Patient bleibt hinter seinen Möglichkeiten des Könnens zurück. Es nützt ihm nichts, daß er, etwa verglichen mit der mittleren Norm, ganz gut abschneidet. Sein Tiefeninstinkt protestiert gegen solche Verfälschung seiner Maßstäbe.

Der Patient behandelt seine Umgebung falsch und erwirbt weitere Insuffizienzgefühle. Noch ein circulus vitiosus.

---

[1] Verfasser hat sich in zwei Aufsätzen des Jahres 1938, also vor 12 Jahren bereits, in diesem Sinn zur Frage der Organneurosen geäußert (Deutsche Medizinische Wochenschrift Nr. 50 und Nervenarzt Nr. 11). Das wird hier bemerkt, um zu zeigen, wie schwer es den Untersuchern ohne ausgebreitete analytische Erfahrung fällt, hier korrekt differenzierend Stellung zu nehmen. Zugleich eine Warnung davor, hier neuerlich zu simplifizieren, etwa in Beschränkung auf die vor über 50 Jahren von Freud angenommenen „symbolischen" Zusammenhänge.

Weiterhin: Der Patient „erschleicht" sich auf Grund seines Leidens eine Reihe von Vergünstigungen. Deren positiver Wert nützt ihm aber nichts. Wiederum sagt sein Selbst, sein Tiefeninstinkt ihm, daß das alles vergeblich ist.

Der Patient wird zunehmend lebensverneinend und weicht unter Umständen in Nihilismus oder Zynismus aus. Noch einmal die gleichen weiteren Folgen.

Der Patient wird schließlich ausgesprochen pessimistisch und ist eigentlich stets — in dieser Weise chronifiziert — ein Selbstmordkandidat.

Vom 25. Jahr ab sagt ihm niemand mehr die Wahrheit. Niemand weist ihn, den nunmehr doch Erwachsenen, auf Fehlhaltungen und Fehlverhaltungsweisen hin. Man läßt ihn einfach stillschweigend fallen, ohne ihn zu orientieren. Aber zutiefst empfindet er das mit großer Deutlichkeit. Die Reflexion allerdings versagt hier fast immer nahezu vollständig.

Der Patient gerät unter den Menschen in zunehmende Isolierung. Das ist eine weitere Seite der Sache.

Der Patient liefert sich durch Gefügigkeit, Übergefügigkeit, an andere Menschen aus. Männer nehmen oft ältere Frauen, die aber ihrerseits keineswegs geneigt sind, nun die volle Verantwortung für das Gesamt beider Leben zu übernehmen. Frauen wenden sich oft an sehr viel ältere und noch dazu verheiratete Männer oder an jüngere.

Der Patient findet heutzutage kaum je ein adäquates Verständnis für seine innere und äußere Situation. Auch die Ärzteschaft versagt hier noch sehr häufig. Auf diese Weise entstehen die uns, zum Beispiel das Zentralinstitut für psychogene Erkrankungen, so sehr belastenden iatrogenen Chronifizierungen.

Schließlich ergeben sich neben einigen sekundären Krankheitsgewinnen, wie Freud diese Phänomene sehr früh genannt hat, sogar „einklagbare" Schicksalsgegebenheiten, d. h., andere Menschen erwerben auf Grund neurotischen Verhaltens des Patienten einklagbare Ansprüche, denen sich der Betreffende nicht mehr oder nur mit allergrößter Anstrengung entziehen könnte.

Die Patienten verwöhnen als Männer durch ihre Weichheit, als Frauen durch ihre vergleichsweise falsche „Härte" die gewählten Liebes- und Lebenspartner, unter anderem auch Mütter und Väter, so sehr, daß diese ihrerseits zu ganz „unbegründeten Bevorzugtheiten" gelangen. Sollen sie diese nunmehr bei Gelegenheit irgendwelcher leisester Gesundungsschritte der Patienten aufgeben, so reagieren die Betreffenden naturgemäß und sehr verständlicherweise wie auf ein allerschwerstes Trauma. Auch dann, wenn es sich dabei um zunächst einmal völlig normale Menschen handelt (Liebes- und Lebenspartner, Väter und Mütter sind gemeint), kommen bei diesen lebhafteste Selbstmordimpulse zustande mit den dazugehörigen Andeutungen und dann Drohungen. In anderen Fällen erkranken die Betreffenden nunmehr in der oben (S. 96 f) geschilderten „physiologischen" Weise körperlich. Diese körperliche Erkrankung wiederum „erpreßt" vom neurotischen Patienten neue Gefügigkeit.

So reiht sich Faktum an Faktum. Es entsteht das, was von Künkel „Teufelskreis" genannt wurde. Es entstehen ganze „Schicksale" aus neurotischen Gründen, „Sackgassen" des Schicksals. Das geht dann regelmäßig so weit, daß auch ein ganz normaler vollkräftiger Mensch hier nur unter allerschwersten Erschütterungen neu planen, ein neues Leben beginnen, usw., könnte. Gerade dieses Faktum sollte viel mehr als bisher durchdacht und bekannt werden!

Nur das eine solcher Fakten kann im Leben eines Patienten eine Rolle spielen oder auch alle zusammen. Es gibt da jede Art der Kombination und der Variation. Die Schwerübersehbarkeit neurotischer Schicksale ist zum Teil hierdurch bedingt und nicht etwa durch verborgene „Tiefen" des „Unbewußten". Vergleichsweise Banales hat das Ganze für denjenigen jedenfalls, dem die genialen Schöpfungen Shakespeares, Dostojewskis und Tolstois etwa als nicht ausreichend sublim erscheinen.

Es zeigt sich also, daß dieses höchst mannigfaltige und doch nicht etwa absolut unübersehbare lebendige Gebilde, Neurose genannt, eine Fülle von „Seiten" hat. Diese galt es eben noch einmal mit Worten zu charakterisieren. So mußten diese Worte — trotz einheitlichen Tatbestandes — sehr verschiedenartig ausfallen, was nun leicht wieder wie „gegensätzlich" aussieht.

24. Der neurotische Schicksalsaufbau

Abgehoben noch einmal von der Gesamtdarstellung der Neurose, der neurotischen Struktur, soll nun der neurotische Schicksalsaufbau als solcher in seinen wesentlichen Zügen entwickelt werden. Bei der Darstellung des symptomlosen Neurotikers (s. S. 117) wurde das gleiche Thema von einem besonderen Gesichtspunkt her behandelt, aber es ergibt sich wohl aus allem Gesagten, daß dieses Gebilde Neurose eben erheblich, wenn auch nicht völlig unübersehbar mannigfaltig verzweigt ist. So ist es vom Stande unseres heutigen Wissens aus notwendig, die verschiedenen Seiten des Ganzen wechselnd zu akzentuieren und damit den totalen Überblick zu sichern. Dabei kreist das Problem nunmehr ständig um das Thema „Schwere", wie schon öfter betont wurde. Denn praktisch kommt es, wie ebenfalls schon gesagt wurde, heute entscheidend darauf an, die Schwere eines Einzelfalls abzuschätzen, damit Fehlgriffe in der therapeutischen Zielsetzung und besonders hinsichtlich des einzuschlagenden therapeutischen Weges im Gegensatz zum ersten halben Jahrhundert der Entwicklung unseres Wissens und unserer Verfahrensweise nach Möglichkeit vermieden werden.

Unter den eben genannten Gesichtspunkten ist es sicher zweckmäßig, sich noch einmal darauf zu besinnen, daß ja jeder Neurotiker, bevor es zum Ausbruch einer Symptomatik kommt, gewissermaßen ein symptomloser Neurotiker ist. Für ihn gilt also im ganzen das oben hierüber Entwickelte. Damit aber gilt für ihn auch, daß er in irgendeinem Maße ein neurotisches „Schicksal" aufgebaut hat. Von daher gesehen ist es dann so, daß man sagen darf: Selten „gelingt es" einem mit neurotischer Struktur behafteten Menschen ein Leben lang, den Ausbruch einer Symptomatik „zu verhindern". Das ist natürlich populäre Ausdrucksweise und uneigentlich gemeint. Daher die Anführungsstriche. Es soll damit gesagt sein, daß der Betreffende in Form erworbenen instinktiven Verhaltens, in Form von Vollzugszwängen ein neurotisches Schicksal weitgehend selbst aufbaut. Und daran ist dann vielleicht auch Vollabsichtlichkeit beteiligt, wie das im menschlichen

Leben auch sonst der Fall ist; der nur neurotoide Mensch, also der praktisch Gesunde, baut ja sein Schicksal auch in weiten Grenzen mit Hilfe derjenigen Bewältigungsschemata auf, die ihm seine Frühkindheit „lieferte". Aber weiteres Allgemeine braucht nun wohl kaum noch hinzugefügt werden.

Das hier so genannte „Schicksal" besteht also in den Objektivationen, den in der Außenwelt niedergeschlagenen Ergebnissen von Verhaltensweisen, von Handlungen, die wesentlich durch neurotische Anteile mitbestimmt sind. Und dieses Ganze dann, schon Schicksal geworden, trifft mit den oben behandelten äußeren Schicksalsanteilen, genannt Versuchungs- und Versagungssituation, zusammen. Bevor diese spezifischen Situationen, d. h. Umweltkonstellationen, in ihrer Eigenart erkannt wurden, fiel es dem Beobachter zunächst einmal auf, daß offensichtlich auf aktuelle Situationen reagiert, mit neurotischer Symptomatik geantwortet wird. Es war zu Anfang sehr schwierig, das Gewicht dieser aktuellen Situationen, die häufig einen offensichtlich konflikthaften Charakter hatten, nach Bedeutung und Gewicht abzuschätzen. Es war verständlich und ist es im Hinblick auf den Anfang auch noch, daß zunächst ein Wechsel der Betonung statthatte. Die Untersuchung des neurotischen Erlebens und seiner Genese legte häufig als besonders eindrucksvoll dramatische, imponierende Geschehnisse der Vergangenheit nahe, in anderen Fällen aber überwog das Eindrucksvolle gerade eben der aktuellen Situation, die, wie schon gesagt, oft genug vom Beobachter als Konflikt gesehen und manchmal auch vom Patienten subjektiv als Konflikt erlebt wird. Im Irrtum befindet sich also nur derjenige, der vom Genetischen oder vom Aktuellen her bei Gelegenheit eines Einzelfalles dramatisch Auffallendes bemerkt hat und nun den Rückschluß für erlaubt hält, es müßte sich stets hierum handeln. Längere Erfahrung zeigt dann, daß das Genetische „atmosphärischen" Charakter haben kann und in diesem Sinne „fein" ist. Das gleiche gilt dann auch von den Konflikten, nach denen der Anfänger mit der Vorstellung, es müßte sich um Gröbliches handeln, oft genug vergeblich sucht.

Daher ist es gut, zwar die Worte Konflikt, Versuchungs- und Versagungssituation und auch aktuelle Situation als Erwartungsvorstellung vorschweben zu haben; aber es muß dann hinzugefügt werden, ebenfalls im Sinne einer notwendigen Erwartungsvorstellung, daß in jüngst vergangener Zeit vor dem Ausbruch der Symptomatik auch schon „Schicksal" vorliegt. Dieses kann dann gut als rezente Situation bezeichnet werden. Es empfiehlt sich hier also durchaus, zwischen Aktualität und Genese die schicksalhafte Zuspitzung vor Ausbruch der Symptomatik, über einen „gewissen" Zeitraum ausgedehnt, als rezente Situation vorschweben zu haben. Es wäre vergröbert, wenn eben nur die aktuelle Situation auf der einen Seite und dem „gegenüber" ebenso betont die Genese gesehen würde. Ein ganzer Aufbau muß vorschweben. Geschieht dies, so ergibt sich, daß die rezente Situation, vielleicht von der zeitlichen Ausdehnung eines Viertel- oder eines halben Jahres, in der Versuchungs- und (oder) Versagungssituation gipfelt. So gesehen stellen die sehr prägnanten aktuellen Versuchungs- und Versagungssituationen eine Extremvariante der häufigeren rezenten Situationen dar. Der ungeübte Beobachter wird auf diese Weise dann ermuntert, im Einzelfall allzu bereitwillig anzunehmen, da eine grobsichtbare aktuelle Konfliktsituation ja nicht vorläge, er müsse sich nun mit voller Entschiedenheit etwa der Frühgenese zuwenden und in dieser die „Ursache" für die Symptomatik sehen. Das würde aber soundso oft das so notwendige Erfassen der tatsächlich vorliegenden Versuchungs- und Versagungssituation verhindern. Auf der anderen Seite aber ermöglicht die korrekte Form der Beobachtung, sich im Einzelfall nicht damit zufrieden zu geben, daß der Patient etwa das Vorliegen eines dem Symptomausbruch vorausgehenden Konfliktes bestreitet, sondern ausdrücklich und sogar „zudringlich" nach Dramatischerem zu fahnden.

Der neurotische Schicksalsaufbau kann also im einzelnen Fall damit enden — zunächst wenigstens —, daß sogar die betreffende Versuchungs- und Versagungssituation „arrangiert", „gesucht", „konstruiert", „unbewußt beabsichtigt" wird.

Nun also ist die Symptomatik ausgebrochen. Der Patient erlebt sie regelmäßig als einen von außen kommenden Fremdkörper, der in sein Leben und Erleben einbricht. Mit dem Wort Fremdkörper ist verbunden, daß der „Sinn" der Symptomatik ebenfalls völlig unverständlich bleibt. Handelt es sich dazu auch noch um „äußere" Körpervorgänge, um Abartigkeiten körperlichen Geschehens, so ist doppelte Distanz gegeben. Handelt es sich vielleicht auch nur um abartige Empfindungen, Ästhesien, die lokalisierbar sind, um Parästhesien, so werden diese wiederum vom Patienten regelmäßig als „körperlich" und daher „fremd" erlebt und bezeichnet. Der unmittelbare Eindruck spricht ja auch durchaus dafür, daß es sich hierum handelt, also um exquisit Äußeres. Man könnte also sehr wohl sagen, der Patient erlebe beim Ausbruch seiner Symptomatik diese als von außen kommendes Schicksal, ohne in der Regel auch nur eine Ahnung davon zu haben, daß ein gesamter, gerichteter Schicksalsaufbau diesem merkwürdigen und leidvollen Etwas vorausgeht. Es wird gleich deutlich werden, warum es so wichtig ist, sich all das eben Dargestellte in seinen Teilen und Zusammenhängen so deutlich wie nur möglich zu vergegenwärtigen. Die Symptomatik ist nunmehr also vorhanden, und ihr Träger reagiert naturgemäß auf sie.

Ist die Symptomatik als einbrechendes, fremdes Etwas nun da, dann ergeben sich der menschlichen Natur entsprechend eine Reihe von Möglichkeiten: Die Symptomatik kann wieder verschwinden (siehe auch das Thema Spontanheilung, S. 89). Die Symptomatik kann bestehenbleiben, persistieren, so wie sie ist — oder auch in allen möglichen Abwandlungen —, ohne daß viel mehr geschieht, als daß der Patient, sobald sie auftritt, unter ihr leidet. Sehr häufig aber, fast durchgängig sogar, reagiert der Patient auf die vorhandene Symptomatik so, daß er — gewissermaßen! — erwägt, was er nun weiter mit ihr anfangen könne, da es ja offensichtlich sei, daß sie nunmehr zu seinem unvermeidbaren Schicksal gehört. Dieser Eindruck wird hervorgerufen und gefestigt dadurch, daß sich die Symptomatik ein paarmal wiederholt, bzw. auch nicht einmal vorübergehend wieder verschwindet. Ganz zu Anfang besteht also in der Regel die Hoffnung, sie würde wieder abklingen, auch dann, wenn ihr Auftreten zunächst sehr erschreckenden Charakter hat. Bleibt sie über einige Zeit bestehen, oder tritt sie anfallsweise, schubweise auf, so daß der Betreffende sich in seiner Hoffnung, das anfängliche Wiederverschwinden der Symptomatik würde Dauer haben, getäuscht fühlt, so antwortet ihr Träger regelmäßig mit der Erwartung, nun werde sie endgültig bestehenbleiben, beziehungsweise sie werde immer wieder auftreten. Es hilft dann nichts, daß er „rein äußerlich" dann doch die Hoffnung aufrechterhält, einmal werde es mit dem Leid ein Ende haben. Instinktiv stellt sich der Patient darauf ein, mit der vorhandenen Symptomatik „etwas anfangen" zu „müssen". Der Fremdkörper ist nun da, und der Rest gesunden Erlebens beginnt mit ihm „umzugehen". Dabei und erst jetzt, nachdem das Symptom da ist, auf das soundso geartete Symptom bezogen, wird in dieser Weise instinktiv „probiert", wie das Symptom ins Lebensganze wohl einzuordnen sei. Erst jetzt, „hinterher" also, beginnt der Patient dann etwa zu registrieren, daß seine Umgebung auf die Äußerungen seines Leidens in besonderer Weise reagiert. Er findet Mitleid, stößt auf Ablehnung, sieht, daß auch der andere hofft, sein Leiden werde verschwinden, er werde wieder der Alte sein usw., usw. Es ist von großer Wichtigkeit, zu erkennen, daß der Vorgang regelmäßig so abläuft. Zunächst also ist wiederum die Reaktion der Umgebung auf die Leidensäußerungen des Patienten für diesen weiteres, hinzukommendes äußeres Schicksal, und mit diesem geht er nun seinerseits um. Dann kann es so sein, daß er bis dahin bei ihm in der Latenz vorhandene Geborgenheitssehnsüchte in Erfüllung gehen sieht, im Ansatz wenigstens. Denn Mitleidsreaktionen seiner Umgebung haben ja diesen Charakter für ihn. Es entsteht also, wenn man das so ausdrücken will — und man darf das durchaus — eine weitere Versuchungssituation für ihn, den Patienten, nämlich für seine latenten Geborgenheitssehnsüchte, auch für seine Hingabetendenzen vielleicht, sogar für seine oralen Tendenzen, für seine kaptativen, usw., usw. Die gegebene, durchaus sekundäre Versuchungssituation lockt also mit einiger Wahrscheinlichkeit jene latenten Tendenzen im Patienten, die zu seiner neurotischen Struktur schon von je gehört haben mögen, hervor. Im instinktiven Vollzuge überläßt er sich diesen, und es entsteht eine, wie oben schon betont, instinktive „Absicht". Aus der eben erfolgten Schilderung geht allerdings hervor, wie vorsichtig dieses eben in Anführungsstriche gesetzte Wort Absicht verwendet werden muß. Die Hinzufügung des Attributs instinktiv — es hätte auch „reflektorisch" heißen können — sollte sofort zur Vorsicht mahnen. Nur sehr bedingt darf unseres Erachtens hier von Absicht gesprochen werden, denn zu dem üblichen Wortsinn des Wortes Absicht gehört definitorisch ein Maß von Prägnanz und Wachheit hinzu, das in den hier behandelten Erlebniszusammenhängen eben gerade nicht vorzuliegen pflegt. Bedient man sich aber weiter der Sprache der Voll„bewußtheit", so kann man ebenso bedingt fortfahren: Jede Absicht bezieht sich auf ein Ziel und wird damit zweck-voll. Als Fremdwort kann hier dann das Wort „finis" dienen. So wurde der Vorgang als final bezeichnet, Finalisierung genannt, obgleich der Betreffende tatsächlich ohne jede Absicht — wie man sachgerechterweise doch wohl feststellen muß — an seine Symptomatik „geriet" und der Vorgang also eine „Beantwortung" seiner Symptomatik darstellt.

Es möge kein Mißverständnis entstehen: Zusätzlich kann ein Auftauchen von Geborgenheits- und ähnlichen Tendenzen aus der Latenz natürlich im Einzelfall auch vollabsichtlich einsetzen. Es besteht durchaus die Möglichkeit, daß ein Patient „schlau" die Chancen „berechnet", die ihm sein Symptom in seiner Umwelt bietet. Natürlich kann es so sein, daß ein Patient die Gelegenheit ergreift und nunmehr seine instinktiv auftretende „Absicht" zu vollerlebter Absicht verstärkt. Aber man wird diese doch deutlich gradweise unterschiedenen Vorgangs-

arten humanerweise voneinander abheben müssen. Man wird von einem Patienten
billigerweise nicht mehr verlangen dürfen an Bemühung, an Verantwortung, als
man das vom mittleren Menschen zu fordern gewohnt ist. So ergibt sich die, wie
dem Verfasser scheint, selbstverständliche humane Notwendigkeit sorgfältigster
Überprüfung. Es scheint ihm sicher zu sein, daß in der Vergangenheit der „bewußt"-absichtvolle Charakter der hierher gehörigen Erlebnis- und Reaktionswei-
sen neurotischer Patienten aus mehrerlei Gründen weit überschätzt worden ist.
Genaueste mikro-psychologische Untersuchungen erweisen wieder und wieder,
daß die psycho-logischen Abläufe in der Regel so sind, wie oben zunächst und vor-
dringlich geschildert. Es können Finalisierungen eintreten, es kann im seltenen
Fall gröbliche „böse" Absicht auftreten und dann eine asoziale oder antisoziale
Rolle spielen. Die Regel aber ist zunächst einfach: Das Symptom ist da, ist in das
Leben des Betreffenden als Fremdkörper eingebrochen und bereitet Leid. Die
Regel ist sogar, daß sich der Betreffende — auch der Hysterische zunächst lange
Zeit! — so gut er kann — nach bürgerlichem, mittlerem Maßstab gemessen —
gegen das Symptom zur Wehr setzt, d. h. es tapfer zu ertragen sucht. Und dann
geraten die Patienten einfach, weil man ihnen bisher in der weit überwiegenden
Zahl der Fälle nicht zu helfen vermochte, in zunehmende Hoffnungslosigkeit
hinein. Was ist verständlicher, als daß sie dann finalisieren, durchaus sekundär
finalisieren? Jeder völlig unneurotische, mittlere Mensch würde das in der
gleichen Situation des Überraschtseins von unverständlichem Leid ganz genau
ebenso und zwar sofort gemacht haben.

Verwendet man nun wiederum ein anderes, neues Wort, so darf man hier wohl
von „Begehrung" reden. Nach der eben erfolgten Schilderung treten also sehr
verständlicherweise bei vielen, an neurotischen Symptomen Erkrankten nach
einiger Zeit Begehrungsvorstellungen auf. Ganz entscheidend ist hier aber, daß
solche Vorstellungen also auf keinen Fall der Symptomatik vorausgehen oder
gar sie erzeugen. Hier muß all denjenigen, die sich bisher mit den Mitteln nicht-
analytischer Exploration begnügt haben, auf das entschiedenste widersprochen
werden. Es war einfach ein Trugschluß, aus den, wie hier abgeleitet wurde, ganz
selbstverständlich sekundären Finalisierungen und den entsprechenden „Begehrungs"vorstellungen einen Kausalzusammenhang so abzuleiten, als ginge das
tatsächlich Sekundäre der Symptomatik voraus. Also ist, kurz gesagt, der Begriff
„Begehrungsneurose" sachungerecht.

Wenn dies nunmehr so dargestellt wird, soll, wie ja ebenfalls selbstverständlich,
in keiner Weise bestritten werden, daß damit eine wichtige soziale Problematik
verbunden ist. Die Abhilfe? Wie noch auf den Seiten 313 ff und 319 ff eingehend
und in Wiederholung dargestellt werden wird, liegt Aufgabe und Pflicht hier
zunächst ganz bei der ärztlichen Wissenschaft. Sie wird dafür sorgen müssen,
daß die bisher üblichen Chronifizierungen vermieden werden und daß der Patient
sofort in sachgerechte Behandlung gerät. Und finden dann noch außerdem Finalisierungen, Begehrungen statt, so werden diese mit adäquaten Mitteln angegangen werden müssen, aber eben erst dann.

An das eben erörterte Thema schließt sich nun ein weiteres an, das der Unfallneurose. Vielleicht wird es jetzt erlaubt erscheinen, gleich von vornherein die
Gerechtfertigtheit dieser Begriffsbildung — im bisher üblichen Sinne — in Frage

zu ziehen. So mag in folgender Weise begonnen werden: Zweifellos spielen bei vielen Chronifizierungen (siehe dazu noch einmal alles Hierhergehörige!) von neurotischer Symptomatik, die nach Unfall auftreten, Finalisierungen und wohl auch einmal Begehrliches, Absichtsvolles eine Rolle. Aber — die Symptomatik folgt zunächst als äußeres, zusätzliches Schicksal dem Unfall. Und nicht etwa gehen dem Unfall Begehrungsvorstellungen voraus, die mit Recht so genannt werden dürfen, so daß sich dem Unfall dann eine „begehrungs"neurotische Symptomatik anschließt! Hier haben wir heute einfach umzulernen, und zwar unter Verwendung analytisch-mikropsychologischer Einsichten und Methoden. Im Einzelbeispiel ist auf Seite 98 näher auf diese Thematik und die hierher gehörigen neurosenstrukturellen Tatbestände eingegangen worden. Es wird auch hierüber eines Tages eine ausgedehnte analytisch-psychotherapeutische Monographie erscheinen müssen. Heute schon dürfen wir feststellen, daß die nach einem Unfall auftretende neurotische Symptomatik ebenfalls Sprengstück ehemals vollerlebter Antriebe und Bedürfnisse ist. Der Unfall selbst ist wahrscheinlich im allgemeinen nicht einmal in voller Gänze Versuchungs- und Versagungssituation, sondern diese geht in Form von vagen Phantasien und zwischenmenschlichen Konstellationen, von Schicksalsaufbau und rezenter Situation dem Unfall voraus. Der Unfall ist Partikel im ganzen, entweder rein äußerliches Faktum, also „Gelegenheit bei der..." oder auch einmal „sinnvoll", nämlich als Konfrontation mit dem Todesproblem z. B. Aber all dies hat ja entfernt mit den latenten Geborgenheits- und Hingabesehnsüchten des Patienten zu tun und weit, weit entfernt mit den später dann einsetzenden Finalisierungen. Entscheidend für die bisherigen verstehenden, zu verstehen suchenden Konstruktionen war demgegenüber die Auffassung, daß das Begehren in allernächster Nähe zur Symptomatik und deren unmittelbarer Entstehungsursache läge. Um diesen Gegensatz der Auffassungen geht es. Die eine sah nächste Beziehungen dort, wo die andere entfernteste feststellt. Und überall da, wo von Verantwortung die Rede ist, sogar von Dolus, etwa im juristischen Sinn, müßte allernächste Beziehung vorliegen. Das ist definitorisch gesetzte Bedingung des Sachverhalts. Auch hier wird sich der Untersuchungsbeurteiler in Zukunft nicht der Mühe entziehen dürfen, genauestens, d. h. auf analytisch-mikropsychologischem Wege den wahren Kausalzusammenhang so differenziert und vollständig darzustellen, wie das heute grundsätzlich schon möglich ist. Erst vom analytisch erhellten Gesamtzusammenhang unfallneurotischen Geschehens her wird sich das eigentliche Gewicht des Begehrungshaften abheben lassen. Vielleicht ist es gut, hier noch einmal illustrierend hervorzuheben, daß auch die hysterische Symptomatik ihren Träger zunächst „überfällt". Dann nimmt dieser durchgängig im ersten Reagieren „stramme" Haltung an und setzt sich sogar überkompensierend zur Wehr, und erst, wenn ihm das offensichtlich mißglückt, ihm von außen keine Hilfe kommt und er selbst sich an seine Symptomatik ausgeliefert fühlt, reagiert er hilflos überkompensierend, also lärmend, also widerspruchsvoll, also larmoyant, angeberisch, vielleicht dann sogar schließlich verlogen.

Vielleicht noch eine ganz praktische Überlegung: Ist die obige Darstellung sachgerecht, so ergibt sich ohne weiteres, daß, verglichen mit dem bisherigen Zeitaufwand — und damit natürlich auch Aufwand von materiellen Mitteln — der nunmehr notwendige — zunächst einmal — erheblich größer ist. Und in der Ge-

schichte war es bisher aus wohlverständlichen Gründen immer so, daß hier der
Widerstand der Kostenträger einsetzte. Es kann ja auch nicht bestritten werden,
daß in der Welt eigentlich bei jeder solcher Gelegenheit, immer wenn etwas Neues
auftrat, angemeldet wurde, eine Fülle von Trug, Täuschung bis zum vollabsicht-
lichen Betrug eine Rolle spielte. Also war der eben erwähnte Widerstand stets
zu einem Teil gerechtfertigt. Aber die Geschichte zeigt auch, daß damit in Wirklichkeit oft Notwendiges, schon Erreichbares versäumt wurde. Besonders die so-
fortige anfängliche Investierung erheblicher Mittel bereitet den Menschen Kummer. In unserem Zusammenhang ist aber gerade solch ein Einsatz notwendig
und letztlich rationell. (Auf jeden Fall wird man eines, das tatsächlich Kost-
spieligste, nicht tun dürfen: sich den analytischen Einsichten nicht verschließen
und dann doch bei den alten Verfahrensweisen bleiben.) Es sei vorsichtshalber
hinzugefügt, daß es im Sinne der vorliegenden Darstellung durchaus angezeigt ist,
auf kurze Zeit bemessen pragmatische Verfahren anzuwenden, besonders auch
bei „Unfallneurosen", immer dann, wenn eine neurotische Symptomatik nachweisbar erstmalig im Anschluß an den betreffenden Unfall auftritt.

B. Theorie der analytischen Verfahren
Die sogenannte „Technik"

I. Die therapeutische Aufgabe

1. Das Beseitigen der neurotischen Symptome

Dieser Beginn entspricht dem Ausgangspunkt der Neurosenlehre überhaupt.
Aber es wird sich zeigen, daß es auf unserem Gebiet überall von möglichen Bedenken und Einwänden wimmelt; und zwar ist das nicht etwa so, daß diese in
der Mehrzahl völlig unberechtigt wären — solche ganz unberechtigten gibt es
natürlich auch —; sondern „an" all ihnen „ist etwas daran". D. h. einfach:
Gewichtsmäßig, bedeutungsmäßig liegt eine Rangordnung von Eigentümlichkeiten der Tatbestände vor, die nicht ohne weiteres durchsichtig ist und heute
wohl noch von niemand korrekt übersehen werden kann. Aber die Bedenken
steigen auf, sehr häufig nur vorwissenschaftlich, im anschaulichen Denken. So
werden die dazugehörigen tastenden Überlegungen oft mit einer Lebhaftigkeit
geäußert, die der tatsächlichen Valenz widerspricht. Und noch einmal sei es
wiederholt: Dennoch ist oft wirklich etwas von großer Wichtigkeit daran. Es
wird also das Bemühen sein müssen, einerseits eine stringente Theorie zu entwickeln, sich also für Gewichte zu entscheiden, nachdem unterstellt worden
ist, daß Qualitatives eben so und so ist und nicht anders. Auf der anderen Seite
aber wird das Bild der Barockvolute auch auf dem Gebiet der Verfahrenserörte-
rung alle Überlegungen noch viel weitergehend zu begleiten haben, als das bisher
schon der Fall war. Alles wird richtig sein, so hofft der Verfasser wenigstens,

und doch wird auch alles, am Rande wenigstens, nicht ganz zutreffend sein. Das möge als einleitende Bemerkung genügen.

Die Überschrift des vorliegenden Kapitels lautet — ganz selbstverständlich —: Beseitigung der neurotischen Symptomatik. Und gerade hier schon setzen von manchen Seiten, vertreten durch einige Autoren, die gar nicht einmal so wenig zahlreich sind, lebhafteste Bedenken ein. Es wird nämlich gefragt — und auch der, wie häufig formuliert wird, „richtig naturwissenschaftlich" ausgebildete Mediziner und Arzt, der seine Aufgabe kennt und sich zu ihr bekennt, sollte dies wenigstens mitanhören und sollte das Folgende berücksichtigen, bevor er handelt — es wird oft in Frage gestellt, ob die Zielsetzung, die Aufgabestellung, die neurotische Symptomatik zu beseitigen, denn überhaupt wirklich selbstverständlich sei. Es ist zu erwarten, daß ein gar nicht unerheblicher Teil der Leser des vorliegenden Werkes hier schon zögert und nicht bereit sein wird, mit dem Wort „selbstverständlich" mitzugehen. Denn auch die Philosophie sagt seit je mit Recht und mit zunehmender Klarheit und Sicherheit: Ob Gesundheit, in unserem Fall also Befreiung von neurotischer Symptomatik, „an sich" einen Wert darstellt und sogar einen letztgültigen Wert, das sei durchaus die Frage. Die einen berufen sich auf geoffenbarte Werte. Sie glauben sie. Die andern berufen sich auf eine Wertphilosophie, nämlich darauf, daß es mit philosophischer Denkmethode möglich sei, Werte als gesollt, als gültig zu erweisen, und sie richten sich danach. Wieder andere dagegen erklären, der Mensch „setze" die Werte, es gäbe weder eine Offenbarung gültiger Werte noch auch die Möglichkeit eines philosophischen Nachweises solcher Werte. Aber der Mensch werte immerhin, er setze Werte. Und es sei sehr schwierig zu diskutieren, woher nun die Maßstäbe dafür zu nehmen seien, welche Werte als gültig anerkannt werden müßten und welche nicht; und noch schwieriger, welche Werte welchen anderen, falls überhaupt Werte als gültig nachzuweisen seien, vorzuziehen seien. Wer diese wenigen Sätze liest und philosophisch völlig ungeschult ist, wird vermutlich nur wenig mit ihnen anfangen können. Aber die Philosophie war einmal die Summa, und unseres Erachtens war sie das mit Recht und sollte es auch heute noch sein, ganz abgesehen davon, wie man ihren Geltungsbereich begrenzen mag. Auf jeden Fall wird in der Welt philosophiert, ob man will oder nicht, ob man weiß darum oder nicht. Dies ist gleichgültig. Es wird philosophiert. Der Mensch philosophiert. Er denkt über „Letztes" nach, setzt sich mit Letztem auseinander — menschenwesentlich. Und daher rührt, daß jeweils auch immer ein erheblicher Teil der Leser Arbeiten wie die vorliegende von daher kritisch liest und dazu Stellung nimmt. Das ist in Ordnung so. Und darauf Rücksicht zu nehmen, ist der Verfasser ausdrücklich bereit, allerdings am gegebenen Ort. Hier nur in aller Kürze, wie oben bereits begonnen.

Es wird also von einem nicht unerheblichen Teil der Menschen mit Recht die Frage nach der Gültigkeit des Wertes der Gesundheit gestellt und eigentlich in der gesamten Welt ausdrücklich oder unausdrücklich der Standpunkt vertreten, Gesundheit sei „an sich" noch kein Wert und keine noch so „naturwissenschaftliche" Ausgerichtetheit des Mediziners, kein noch so selbstverständlich erlebtes Helfenwollen des Arztes könne darüber hinwegtäuschen, daß Gesundheit, also auch Fortfall neurotischer Symptomatik, frag-würdig sei.

Wie in der vorliegenden Darstellung mehrfach geschah, möge auch hier zur Verdeutlichung der Extremfall einer möglichen Auffassung genannt sein: Nicht so ganz selten beharren Autoren und auch Patienten auf der Meinung, die neurotische Symptomatik sei im Einzelfall — vielleicht sogar in allen, sogar das wird behauptet — als Positivum anzusehen. Es wird da fast immer vermutet, Träger neurotischer Symptome seien per se oder wenigstens höchst wahrscheinlich bedeutsamere, wertvollere Menschen. Es wird die Meinung vertreten, die neurotische Symptomatik sei unlösbar mit höchst wertvollen und produktiven Eigentümlichkeiten ihres Trägers verknüpft. Löse man also die Symptome auf, so zerfalle auch das Produktive in den Betreffenden. Gewiß, es ist durchaus nicht von der Hand zu weisen, daß solche Überlegungen sehr nachdenklicher Art immer wieder angestellt und daß einzelne Fälle, die so aussehen, als gelte für sie jene Auffassung, genauestens daraufhin untersucht werden sollten. Aber im Stande unseres heutigen fundierten Wissens sollte hier nicht mehr als Nachdenklichkeit herrschen. Wir werden es der Entwicklung von wenigstens einem weiteren Jahrzehnt überlassen müssen, hier wirklich Klarheit zu schaffen. Das würde dann heißen, verbindliche Kriterien dafür zu finden, daß im einzelnen Fall im Gegensatz zu der weit überwiegenden Menge aller übrigen ein solches Ausnahmephänomen vorliegt. Was heute schon von dem oder jenem Autor, oft mit erhobener Stimme, behauptet wird, steht durchgängig auf sehr schwachen Füßen und entbehrt nachprüfbar eines korrekten analytisch-psychotherapeutischen Wissens. Man kann jenen Standpunkt heute nur gerade eben, wie schon gesagt, dem Nachdenken empfehlen.

Aber der verständige Mensch mit einiger Erfahrung wird nach einigem Überlegen folgendes feststellen: Im Mittel, hinsichtlich der mittleren „Norm" — und mit dieser hat man ja selbstverständlich zu beginnen — ist Gesundheit zwar nicht letztgültig, aber ihre Erhaltung und Herstellung bzw. Wiederherstellung doch selbstverständliche Norm. Praktisch hat der Arzt besonders, aber auch der eventuelle nichtärztliche analytische Psychotherapeut die Aufgabe, ohne lange zu diskutieren, neurotische Symptomatik zu beseitigen. Menschen, die leiden, kommen zu ihm. Menschen, die die Erfahrung machten, daß sie anderen Leiden bereiten, kommen zu ihm und bitten um Hilfe. Im Mittel ist es selbstverständliche Pflicht des Arztes, dann bereit zu sein, zu helfen. Und alle Fragen, die die Letztgültigkeit der Gesundheit betreffen, gehören **zunächst einmal nicht** hierher. Wer sie dennoch in den Vordergrund stellt, wie das manchmal geschieht, handelt im Grunde wider besseres menschliches Gewissen. Vielleicht täuscht er sich lediglich über sich selbst und ist damit weitgehend entschuldigt. Also: Man beginnt· eben mit der Mitte und nicht vom Rande her — wenn es sich um die Frage praktischen Vollzuges, praktischer Verfahrensweise handelt. Dann hat man ja vorentschieden. Man hat zumindest stillschweigend für sich und andere erklärt, daß man sich auf Mittleres mit seinem Interesse richten will. Und dieses Interesse lautet: Wenn ein Mensch kommt und innerhalb ärztlichen Bereichs um Hilfe bittet, so wird ihm diese zunächst einmal in den möglichen Grenzen zugesichert. Wir haben also die Aufgabe, neurotische Symptome zu beseitigen.

Es wird demnach zu überlegen sein, auf welche Weise, auf welchem Wege dies geschehen muß, sofern man die oben entwickelte Neurosenstrukturlehre als wenigstens weitgehend korrekte Darstellung der betreffenden Tatbestände anerkennt.

Dabei wird sich zeigen, daß es hier nicht auf die Entwicklung von „Kniffen" ankommen kann, sondern im Gegenteil auf folgerichtige psycho-logische Ableitung. Es ist allgemein bekannt, daß ein Teil der Menschen von motorischem Entladungsdrang, von Tätigkeitsdrang und, wenn sie sich dann über sich selbst täuschen, von „Verantwortungsgefühl" bestimmt, dazu neigen, „Technik" zu entwickeln da, wo es zunächst auf Nachdenklichkeit, auf ruhiges Überlegen ankommt. Aber das darf uns hier nicht stören. Hier soll ganz ausdrücklich der Versuch unternommen werden, aus den Tatbeständen die notwendigen Verfahrenskonsequenzen systematisch abzuleiten und jeden einzelnen Schritt ausreichend zu begründen. Daher wurde auch als Titel der vorliegenden Darstellung gewählt: Lehrbuch der analytischen Psychotherapie.

Es wird sich fernerhin erweisen und damit wird eine Erfahrung aus langer Praxis mitgeteilt, daß besonders Anfänger, aber auch oft erfahrene Praktiker, wenn sie bei ihren analytisch-psychotherapeutischen Bemühungen auf Schwierigkeiten stoßen, meinen, sie hätten hier irgend etwas „technisch" falsch gemacht. Es soll nicht bestritten werden, daß das häufig zutreffend gesehen ist, aber es muß doch mit voller Ausdrücklichkeit hinzugefügt werden, daß die Erfahrung lehrt: In der überwiegenden Masse aller solcher Fälle, in denen der Anfänger oder der Fortgeschrittene um Assistenz, Kontrolle, Hilfe bittet, handelt es sich in Wirklichkeit nicht um die Korrektur von „Kniffen", sondern ganz einfach um Psychologie, Psycho-logik. Wieder und wieder läßt sich in sogenannten Kontrollanalysen, d. h., wenn der Erfahrene von einem weniger Erfahrenen Bericht erhält, nachweisen, daß dem letzteren irgendeine psychologische Erfahrung gefehlt hat bzw. fehlt. Es läßt sich nachweisen, daß, wenn jemand in der 100. Stunde in Schwierigkeiten mit einem Patienten gerät, sehr oft nicht eine „falsche Technik" schuld daran ist, sondern Mangel an analytischer Vorstellungsfülle und besonders mangelhafte Psycho-logik.

Und es sei hier schon hinzugefügt, daß ganz praktisch noch ein weiterer Punkt von allergrößter Wichtigkeit ist: Schwierigkeiten, die in der 100. Stunde auftauchen, sind außerordentlich häufig die ganz einfache nachweisbare Folge von Fehlgriffen in der ersten Konsultation. Das wird noch sehr eingehend zu erläutern sein (s. S. 164 ff). Aber es soll jetzt schon einmal ausdrücklich festgestellt werden. Von hier aus ergibt sich unter anderem die Notwendigkeit so ausdrücklich, wie das dann geschehen wird, mit der Schilderung der ersten Konsultation zu beginnen.

Noch etwas sei hinzugefügt: Vertieft man sich eingehender, auch durch Befragung der Beteiligten, in den Gang der bisherigen wissenschaftlichen Entwicklung auf analytisch-psychotherapeutischem Gebiet, kümmert man sich ein wenig auch um die mitspielenden persönlichen Verhältnisse der Psychotherapeuten, so läßt sich nach einem halben Jahrhundert der Entwicklung nachträglich erkennen, daß die bisherige Psychotherapeuten-Generation mit allergrößten Hoffnungen begann, dann praktisch und tatsächlich durch allzuviele Mißerfolge, wie man meinte, enttäuscht wurde und darauf in einigen Vertretern dazu überging, immer neue Theorien, Arbeitshypothesen und Spekulationen zu entwickeln,

die diesem Mangel abhelfen sollten. Anders ausgedrückt — und das gilt besonders etwa für die 20er Jahre dieses Jahrhunderts —: Freud setzte mit gutem
Grund, anknüpfend an seine Erfahrungen mit sogenannten klassischen Hysterien
(die es übrigens heute genau so gibt wie damals. Nur vorübergehend schien es so,
als sei das nicht der Fall), mit der von ihm entwickelten kathartischen Theorie
des Heilungsvorganges, der Trauma-Theorie in anderer Formulierung, ein. Der
Weg schien also anfänglich sehr einfach. Er hieß: Erinnern, Erinnern und noch
einmal Erinnern. Erinnertes wiederholen. Erinnertes und Wiederholtes durch-
arbeiten! Das war konsequent und wäre richtig gewesen unter der Voraussetzung,
daß es sich bei der „Ursache" der neurotischen Erkrankung um einen simplen
Verdrängungsprozeß handelt, dessen hervorstechendes Merkmal das Vergessen
eines Traumas ist. Die gesamte obige Darstellung einer Neurosenstrukturlehre
hat aber wohl gezeigt, was heute davon zu halten ist; nämlich: Es handelt sich
im Mittel und überwiegend tatsächlich um traumatische Ereignisse. Aber es
handelt sich um Mikro-Traumen in der Regel. Es handelt sich um Vergessen.
Das gilt auch heute noch. Aber dieses Vergessen ist Begleitumstand und nicht
etwa zentrale Gegebenheit. Es handelt sich um Gehemmtheit im wesentlichen
und nicht um Verdrängung; und es handelt sich beim Gros der Neurosen (s. a.
S. 78 ff und Anhang „Psychotherapie und Statistik" S. 308) mehr um Folgeerscheinungen und deren Gewicht als um die Gehemmtheit selbst. Hier ist ein
Vergleich, ein Bild am Platz, das gut zu illustrieren vermag, worum es da geht.
Praktisch hat es der analytische Psychotherapeut, also derjenige, zu dem die
neurotisch Erkrankten aus 2., 3. oder 4. Hand gelangen, überwiegend mit
chronifizierten Fällen zu tun, wie sie durch die obige Darstellung näher
charakterisiert wurden (s. S. 82). Er hat es zu tun mit — und nunmehr das
Bild — einem Tropenbaum, der Luftwurzeln ausgesandt hat, die sich im Boden
verankerten und erstarkten, so, daß man im Einzelfall ruhig den Hauptstamm
durchsägen kann, ohne daß der Baum dann zusammenbricht oder zugrundegeht.
Das Gros — heute noch![1] — der zum analytischen Psychotherapeuten gelangenden Patienten gleicht hinsichtlich ihrer Struktur solchen Tropenbäumen im
Gegensatz zu den uns bekannten europäischen Bäumen, die einen Stamm
haben, der das Ganze trägt. Vom Bild her gesehen würde das heißen: Der
europäische Baum entspräche dem Neurosenfall, dessen Struktur nicht nur im
Kern Gehemmtheit enthält, sondern dessen „Stamm" aus Gehemmtheit besteht,
so daß deren Beseitigung das ganze Gebilde in sich zusammenstürzen läßt, damit
also auch die Früchte, die neurotische Symptomatik, verhindert bzw. beseitigt.
So einfach ist es, wie sich gezeigt hat, nun aber nicht. Und das hat man Mitte
der 20er Jahre etwa noch nicht gewußt. Man hatte nicht den Überblick über
eine ausreichende Zahl von Fällen. Man forschte noch — notgedrungen — zu
sehr am Einzelfall. Und daher machte man für die relative Erfolglosigkeit der
analytisch-psychotherapeutischen Bemühungen „geheimnisvolle" Ursachen verantwortlich. Zum Beispiel einen vorschwebenden originären, autochthonen
„Masochismus"; zum Beispiel irgendeine „Tiefe" des Unbewußten, eine bis
dahin noch unbekannte Eigentümlichkeit dieses „rätselhaften" „Ubw."; zum

---

[1] s. hierzu das Thema: Prophylaxe, S. 313!

Beispiel auch den spekulativ-hypothetisch entwickelten „Todestrieb".[1] Das alles war, in der großen Masse gesehen, wie wir heute wissen können, theoretischer Irrweg, aus praktischer Not geboren, aber keineswegs von Anfang an so gesehen. Man darf hier jetzt sogar ganz einfach Zahlen nennen. Es war so und ist offenbar in der Praxis des spezialistisch analytisch-psychotherapeutisch Arbeitenden auch heute noch so, daß er in etwa der Hälfte aller Fälle Heilung oder entscheidende Besserung zu bringen vermag. Jeder zweite Patient aus solcher Praxis — aus solcher Praxis! (s. a. S. 313) — geht also leer aus. Und anfänglich war es menschlich sehr verständlich, daß sich die Psychotherapeutenschaft scheute — Freud hat sich nicht gescheut —, hier ganz offen zu sein, dieses Faktum, diese Aussicht dem Patienten, der fragte, gleich von vornherein mitzuteilen. Man fürchtete mit einigem Recht, allzuviele Patienten dann zu verlieren. Und angesichts der voluminösen Gegnerschaft gegenüber aller Psychotherapie und der drohenden Gefahr, daß diese von allen reaktionären Kräften unterdrückt werden könnte, wie es im Dritten Reich fast geschehen wäre, war es sehr wohl verständlich, daß man im Dienste der Forschung und auch der im einzelnen nicht übersehbaren praktischen Erfolgswahrscheinlichkeit zögerte, das eben genannte Resultat einfach und lapidar publik zu machen.

Aber man hätte sich damals schon etwas Weiteres in Ruhe überlegen können: Nimmt man nämlich Abstand gegenüber der Medizin überhaupt, stellt man einmal seinen ganz natürlichen Drang, erfolgreich einzugreifen, beiseite, streift man seine bereits in die Höhe gekrempelten Ärmel noch einmal wieder zurück und denkt eine Zeitlang nach, so wie es sich eigentlich gehört, nimmt man auch Abstand gegenüber den Jahrhunderten und gegenüber der naiven Gläubigkeit bzw. dem naiven Aberglauben des Publikums, so ergibt sich, daß die Möglichkeiten der Medizin sehr viel begrenzter sind, als man das im allgemeinen auch unter Gebildeten, unter Intellektuellen heute noch meint. Man hat gar keine Veranlassung als Mediziner, hier mit Schuldgefühlen zu reagieren. Die Zeit der Medizinmänner, der Schamanen ist weitgehend vorüber. Man verlangt ja auch nicht, daß im Handumdrehen die für Atombomben schon verwendbare Atomenergie auch für praktisch industrielle Zwecke ausnutzbar ist. So sollte man auch der Medizin gegenüber nunmehr mit voller Wachheit und Entschlossenheit eine Haltung einnehmen, wie sie einige Dichter in ihren Werken („Der Arzt am Scheidewege" (Shaw) und „Dr. Arrowsmith" (Sinclair Lewis) heftig erschüttert formulierten, nämlich einfach feststellen, daß die Medizin in vollem korrektem Wissen um die Tatbestände und ihre Folgen in etwa 15% aller Fälle wirklich zu heilen vermag. Das ist keine Schande!, sondern einfach historisches Faktum. Das hätte man eigentlich schon damals berücksichtigen können und damit wissen können, daß die Erfolgschancen der analytischen Psychotherapie also doppelt bis dreifach so groß sind. Sehr merkwürdig, daß dies so ist, also gerade umgekehrt, wie die Betreffenden fast durchgängig meinten und viele heute noch meinen. Gerade in der analytischen Psychotherapie sind wir mit Hilfe unseres mikro-psychologischen Verfahrens in der Lage, die Tatbestände und Vorgänge in allen Einzelheiten so genau zu verfolgen, auch das, was wir tun und das,

---

[1] s. hierzu heute auch Franz Alexander, a. a. O.!

was daraus wird, daß wir sehr zufrieden sein können, verglichen mit der übrigen
Medizin. Dies sollten alle, besonders auch die Jungen, die sich begeistert der
analytischen Psychotherapie und ihren Fragestellungen zuwenden, fürderhin
bedenken. Wir haben keinen Anlaß, unser Licht unter den Scheffel zu stellen.
Wir können es ruhig leuchten lassen, auch dann, wenn wir, wie die vorliegende
Darstellung sich zu zeigen bemüht, ganz genau wissen, wie komplex das ist,
worum es sich hier handelt, wie weitgehend wir differenzieren müssen, um den
vorliegenden Tatbeständen auch nur einigermaßen gerecht zu werden.

Im Mittel also ist die Aufgabe der analytisch-psychotherapeutischen Verfahren die Beseitigung, die selbstverständliche und zwar vollständige Beseitigung der neurotischen Symptomatik, unter der die Menschen, die speziell zu
uns kommen, leiden. Nur ganz im Einzelfall ist Weiteres zu bedenken, nur im
Einzelfall, im Ausnahmefall, zu erwägen, ob es hier vielleicht angebracht sei,
dem Betreffenden seine neurotische Symptomatik zu lassen, ihn weiter leiden zu
lassen, ihm zuzumuten, sein neurotisches Leiden zu behalten, es zu ertragen,
und zwar zu ertragen im Dienste übergeordneter, höherer Zwecke, Ziele und
Werte (s. oben S. 149). Wenn man nun einmal, obgleich man Psychotherapeut
ist, an diese Fragestellung herantritt, dann sollte man heute wenigstens konsequent sein und sich dazu entschließen, geradlinig und ehrlich so zu folgern.
Nämlich: im Einzelfall ist zu erwägen, ob nicht irgendein höherer Wert gebietet,
daß der Hilfesuchende seine neurotische Symptomatik, also sein Leid behält
bzw. seiner Umgebung oder auch der Gesellschaft als Ganzes zugemutet werden
muß, sich mit dem Vorhandensein eines „störenden" Menschen abzufinden,
eben im Interesse gemeinsamer höherer Zielsetzung. Das muß dann aber im
Einzelfall auch ausdrücklich und eindeutig ins Auge gefaßt und bekannt werden.
Noch einmal abschließend hierzu: Es wird nunmehr also eine Theorie zu entwickeln sein, die sich engstens an die oben geschilderten Tatbestände anschließt
und die Beantwortung der Frage zum Inhalt hat, wie man folgerichtigerweise
vorgehen, handeln muß, damit Sprengstücke ehemals voll erlebter Antriebs- und
Bedürfniserlebnisse zum Verschwinden gebracht werden. Anders ausgedrückt,
und dies wiederum in Konsequenz des oben Dargestellten: Welche Veränderungen des symptomtragenden Menschen müssen vor sich gehen und vom analytischen Psychotherapeuten bewirkt werden, damit die, wie oben verstanden,
neurotische Symptomatik in sich zusammenfällt?

2. Das Beseitigen abartiger Verhaltensweisen

Zunächst ist die Aufgabe der analytischen Psychotherapie die Beseitigung
neurotischer Symptome. Aber das Wort: zunächst wurde von Anfang an unterstrichen (s. S. 150, Zeile 34). Es wurde von vornherein auf Einschränkungen hingewiesen. Eine davon ist, daß Menschen auch dadurch leiden können, daß sie
andere Menschen durch ihr eigenes Verhalten stören, daß sie also „Störer" und
nicht „Versager" sind, daß die andern sich zur Wehr setzen, daß es daher Konflikte gibt und nunmehr der Störer selbst leidet. Es kann nämlich durchaus so
sein, daß das Stören als „solches" zunächst einmal „Vergnügen" bereitet.

Besonders hinsichtlich aller Perversionen sollte sich dies der Psychotherapeut ständig gegenwärtig halten. Die Homosexualität zum Beispiel ist ja zunächst einmal durchaus lustvoll. Aber sie stößt auf den Widerstand der menschlichen, jedenfalls heute und hier gültigen Ordnungen. Man denke an das Schicksal von Oskar Wilde, das hierfür durchaus repräsentativ ist, und lasse sich nicht allzusehr dadurch beeindrucken, daß, wie Kinsey in seinem Buch über die Sexualität des amerikanischen Mannes berichtet, dort ein homosexuelles Erleben außerordentlich häufig ist.

Man sollte sich durch Halbverdecktes nicht irreführen lassen. In Paranthese sei zum Beispiel darauf hingewiesen, daß es sich der analytische Psychotherapeut nicht gestatten darf, zu übersehen, daß es im Tanzsaal auch heute noch ausdrücklich „Damenwahl" gibt und daß es allerneueste Erfindung ist, an bestimmten Tagen bei bestimmten Gelegenheiten „Ball verkehrt" üblich werden zu lassen. Solche Ausnahmen heben das Faktum also nicht auf, daß der Mann in „der" Welt legitimiert ist, seine zärtlichen, liebevollen und sexuellen Bedürfnisse der Frau gegenüber in bestimmter Weise, aber doch immerhin ausdrücklich in diesen Grenzen, anzumelden, daß das Umgekehrte für die Frau auch heute noch nicht gilt, und zwar ganz selbstverständlich. Daher ist es vorläufig — was nicht etwa heißen soll, vom Verfasser bejahterweise endgültig — ein „Gerede" des „Man" (Heidegger) auch unter Gebildeten, wenn selbst „Aufgeklärte" im Augenblick des Nachdenkens oder des Gesprächs vergessen, daß die Dinge so, wie eben charakterisiert, liegen und nicht etwa anders. Die Frau darf bestimmte Handlungen und Äußerungen auch heute noch nicht wagen. Da hilft es nichts, wenn Weltläufige, meist Zyniker, das Gespräch dadurch zu verunklaren pflegen, daß sie auf allerlei Vorkommnisse gegenteiliger Art hinweisen, also auch darauf, daß so und so oft Frauen sehr wohl ihre entsprechenden Bedürfnisse anmelden. Es hilft nichts, daß man berechtigt darauf hinweisen kann, wenn man es mit Hebeln und Schrauben durchaus will, daß die Frau ja außerordentlich häufig durch ihren Augenausdruck verrät, was sie will. Das hilft nichts, denn sie spricht ja nicht, und sie handelt ja nicht. Und mit dem „Augenausdruck" operiert der Mann auch. Die Vielgewandten sind sicher im Unrecht, und diejenigen, die bereit sind, nachdenklich zu sein und Abstand zu nehmen, sollten sich durch die Vielgewandten, die allerorts sprechen und schreiben, nicht einschüchtern lassen!

Um zurückzukehren: die Homosexualität, andere Perversionen, auch Süchte bereiten Vergnügen und fallen daher zunächst einmal keineswegs unter den Titel: neurotisches Leiden, neurotische Symptomatik. Wer hier verunklart, entzieht sich selbst auch die Möglichkeit konsequenten praktischen Verhaltens, also wirklichen Helfens. Ebenso oder wenigstens sehr ähnlich steht es mit den Störern. Auch das lärmende, und zwar das neurotisch lärmende Kind hat an diesem Lärmen überwiegend Vergnügen. Daß sein Tiefeninstinkt ihm die Abartigkeit seines Verhaltens meldet, wiegt in der Betrachtung zunächst noch nicht. Und besonders falsch wäre es, etwa heteronome, anerzogene, nicht vom eigenen Selbst diktierte Schuldgefühle und Gewissensregungen heranzuziehen und damit zur Feststellung zu kommen, das so in abartiger Weise lärmende Kind etwa wisse ja ganz genau, daß es schuldig sei. Hier übrigens scheint dem Verfasser eines der wichtigsten Themen künftiger Auseinandersetzung zwischen analytischer Psychotherapie und christlicher Morallehre zu liegen. Hier ist das meiste noch ungeklärt, und zwar aus den eben angeführten Gründen. Diejenigen Schuldgefühle, die der Mensch nach dem 5. Jahr erlebt, enthalten in sich unter gar keinen Umständen ausreichende Kriterien für ihre Gerechtfertigtheit, Gültigkeit. Sie sind auf jeden Fall — säkular! — zu diskutieren. Es ist noch nicht ausgemacht, was daran gültig ist und was nicht, was als wertvoll anerkannt werden „muß", „soll" und was nicht, und unter welchen Wertgesichtspunkten all dies. Die hierzu gehörige Erörterung steht noch weitgehend aus, obgleich nicht verkannt werden soll, daß zum Beispiel in dem von Heinen und Höffner unter dem Titel „Menschenkunde im Dienste der Seelsorge und Erziehung" herausgegebenen Buch außerordentlich weitgehend wichtige und korrekte Schritte in Richtung auf die hier eben erwähnte Problematik bereits getan worden sind. Dieses Buch steht sicher nicht allein. Aber — und darauf kommt es zunächst einmal an — die große Masse der eigentlich Berufenen, der Gebildeten, der Intellektuellen, derer, die ganz selbstverständlich darauf Anspruch erheben, Vertreter der Humanität zu sein, weiß um all das eben Erörterte noch viel zu wenig Ausdrückliches.

Noch einmal also: Es ist nicht von vornherein selbstverständlich, daß jemand, der Störer zu sein scheint, auch im hier erörterten Sinn Störer ist. Es ist nicht selbstverständlich, daß jeder, der so erscheint, auch der Hilfe bedürftig ist. Aber es ist praktisch tatsächlich so, daß wiederum im Mittel derjenige, der zum analytischen Psychotherapeuten kommt und ihm mitteilt, er leide seit kurzer oder seit längerer Zeit darunter, daß er die anderen Menschen stört, in den Aufgabenbereich des Psychotherapeuten fällt. Im Rahmen all des vorher Gesagten darf dies wohl nunmehr so formuliert werden. In diesem also begrenzten Sinn ist der Störer oder das Stören von bestimmten Menschen Gegenstand der analytischen Psychotherapie.

Noch ein Wort zu der Frage, ob es berechtigt sei, nunmehr zu erklären, aber solch ein Stören sei doch neurotisches Symptom. Manchmal wird so gesagt. Aber es sei den Betreffenden doch zu bedenken gegeben, daß alle Bezeichnungen konventionellen Charakter haben und daß man allen Anlaß hat, Verschiedenes mit verschiedenen Worten zu belegen. Es ist zwar richtig und wird hier ausdrücklich vertreten, daß jede Wissenschaft, auch jede Wissenschaft von Verfahrensweisen, sich so weniger Fachausdrücke bedienen sollte, wie nur immer möglich; aber ganz praktische Bedürfnisse machen doch eine Reihe von Unterscheidungen nicht nur der Sache, sondern auch der dazugehörigen Worte notwendig. Dem Verfasser scheint seine praktische Erfahrung zu zeigen, daß es zweckmäßig ist (also nicht etwa richtig oder gar wahr), von der eigentlichen neurotischen Symptomatik die Abartigkeit der Störer abzuheben.

Früher ist dies im allgemeinen unter dem Titel „Triebhaftigkeit" erfolgt. Dieser Ausdruck soll hier nicht mehr verwandt werden. Denn er setzt eine Theorie des „Triebes", also einer „anthropomorphen", substantiellen, essentiellen Größe, voraus. Methodologisch und sprachlich ist dies aber höchst bedenklich. Moderne Methodologie verzichtet auf derartige Versubstanziierungen, und da die Ausdrücke triebhaft, triebhafter Charakter in den ursprünglichen Diskussionen jenen „meta-psychologischen" Sinn erhalten haben und ihn noch nicht verloren haben, wie vielerlei Literatur zeigt[1], wird dieser Ausdruck als präjudizierend hier nicht mehr oder höchstens noch ganz am Rande einmal verwandt.

Dem Verfasser scheint es zu genügen, daß festgestellt wird: Es gibt abartige Menschen, die rein tatsächlich ihre Mitwelt stören. Dann kann sich der analytische Psychotherapeut selbst werte-setzend dazu bekennen, im Dienst der Mitwelt des Betreffenden das Abartige zu beseitigen. Aber ein solches Unternehmen, sofern es klar ins Auge gefaßt wird, stößt aus angebbaren Gründen auf allergrößte Schwierigkeiten. Hierüber soll wiederum im Anhang (S. 313 ff) besonders ausdrücklich die Rede sein. In der Regel dagegen kommt der Störer, weil er an den Folgen seines Störens zu leiden begonnen hat, meist aber schon seit längerer Zeit oder langer Zeit zunehmend leidet, zum analytischen Psychotherapeuten. Und auf diesem allein wohl völlig legitimen Wege wird die so geartete Abartigkeit, abgehoben von der eigentlichen neurotischen Symptomatik, zur Aufgabe der analytischen Psychotherapie. Es wird sich zeigen, jedem praktisch Ausübenden sicher schon nach kurzer Zeit, ein wie großer Unterschied im allgemeinen besteht zwischen den Schwierigkeiten, die die Korrektur einer solchen Störerabartigkeit gegenüber den Schwierigkeiten, die mit der Psychotherapie eigentlicher neurotischer Symptomatik verbunden sind, bedeutet.

Es darf nunmehr zurückgekehrt werden: Springender Punkt hierbei ist, daß der Träger neurotischer Symptomatik ganz unmittelbar leidet, einfach und eindeutig (Ausnahmefälle natürlich vorhanden) und daß der Störer zunächst einmal ebenso eindeutig nicht leidet, im Gegenteil Vergnügen, Lust erlebt. Das sollte sich der analytische Psychotherapeut von vornherein eingestehen und der nunmehrige Patient sollte dies, sobald nur irgend möglich, erfahren. Je länger ihm oder gar dem analytischen Psychotherapeuten dieser Tatbestand, dieser Unterschied, dunkel bleibt, desto mehr vermindert sich die Wahrscheinlichkeit eines guten therapeutischen Ausganges. Wer nun noch einmal zurückdenkt und das eben Gesagte in Ruhe überblickt, wird rasch übersehen, daß dem wirklich so ist, daß also hier erstmalig der Fall vorliegt, daß das Scheitern eines analytisch-psychotherapeutischen Vorgehens aus ganz bestimmten Gründen voraussehbar ist, aber aus Gründen, die mit so etwas wie Kniff oder Technik nicht das Geringste zu tun haben. Nur zur Not und ganz oberflächlich kann man dann in äußerster Abkürzung von technischen Fehlgriffen sprechen.

Als Musterbeispiel für das Grundsätzliche der hierhergehörigen Problematik wurde eben die Homosexualität und allgemeiner die Perversion erwähnt. Störer sind aber alle diejenigen, die in außergewöhnlicher Weise lügen, stehlen, explodieren, weglaufen usw. Auch diejenigen gehören zum Beispiel hierher, die einnässen. Schließlich aber handelt es sich um alle Verwahrlosten überhaupt.

Aber es muß hinzugefügt werden: sofern die Verwahrlosung nicht ganz einfach politisch-ökonomisch-soziologischen Charakter hat. Es braucht wohl kaum betont zu werden, daß hieran, an diese einfache und in der Nachkriegszeit außergewöhnlich häufige exogene, peristatische Verwahrlosung ganz selbstverständlich zuerst zu denken ist. Es kann manchmal nicht ausdrücklich genug darauf hin-

---

[1] z.B. auch das wiederholt erwähnte, 1949 erschienene Buch von Fr. Alexander, Chikago (s. a. S. 241).

gewiesen werden, daß es sich in all diesen Fällen eben nicht um ein analytisch-psychotherapeutisches Problem handelt. Die analytische Psychotherapie hat hier vielmehr die Aufgabe, insbesondere in Deutschland und heute, sich ausdrücklich dagegen zu wehren, daß man sie dazu heranzieht, daß man „psychologisiert" einerseits und auf sie — ganz einfach ausgedrückt — abschiebt, was man mit adäquaten Mitteln, also etwa ökonomischer oder verwaltungstechnischer Art im Augenblick nicht glaubt bewältigen zu können oder auch aus „Interesse" nicht bewältigen will. Da also muß sich die analytische Psychotherapie sachgerechterweise aus dem Spiel halten.

In allen übrigen Fällen dagegen, also in denen, die nicht „exogen", nicht peristatisch sind oder in denen diese Momente nur eine beiläufige, geringfügige Rolle spielen, hat selbstverständlich die analytische Psychotherapie mitzureden. Sie ist also zu einem Verfahren geworden, daß unmittelbar in die Jurisprudenz, insbesondere in die Kriminalistik, hineinreicht. Daß sie dies tut, ist sachlich völlig gerechtfertigt. Doch soll es nicht Gegenstand des vorliegenden Buches sein, diese Thematik nun im einzelnen anzugehen. Zweck der eben angestellten Überlegungen ist nur, den angehenden analytischen Psychotherapeuten davor zu bewahren, sich zur Lösung von Aufgaben drängen zu lassen, die für ihn sachlich exzentrisch liegen und nur zu störender Belastung werden würden.

Aber eine andere Seite, d. h. eine andere Seite der vorliegenden Problematik soll jetzt noch deutlich gemacht werden:

Als Beispiel sei ausgegangen vom sogenannten „Haltlosen". So und so oft erscheint dieser, meist ein Jugendlicher, als Produkt von äußerer Verwahrlosung. In anderen Fällen scheint nähere Betrachtung zu ergeben, daß keine solche Verwahrlosung vorliegt, sondern daß der Betreffende aus inneren Gründen haltlos ist. Damit aber ist in einem Einzelfall, in einer Sonderart, das Gebiet der sogenannten „Psychopathie" betreten. Und hier befinden wir uns wiederum, heute wenigstens, heute noch in der Mitte des 20. Jahrhunderts, und in Deutschland wenigstens, in einer prägnant wissenschaftshistorisch bedeutsamen Situation. Es ist äußerst verständlich, daß die Störer zunächst einmal den Pädagogen auffallen, „auf die Nerven fallen" zumindest. Weiterhin haben die verwaltenden Instanzen, diejenigen Menschen, die von der Gesellschaft eingesetzt worden sind, um Ordnung zu schaffen bzw. gültige Ordnung aufrechtzuerhalten, mit den Störern zu tun. Naturgemäß hatten sie in „robusteren", ärmeren Zeiten zunächst einmal die Aufgabe, mit diesen Störern „fertig zu werden". Die zur Verfügung stehenden Mittel waren sehr gering, insbesondere galt das für die Zahl der Personen, die eingesetzt werden „konnten", d. h., die man einfach einzusetzen bereit war, mit der dazugehörigen Zeit, die man zur Verfügung stellen „konnte", d. h. einfach, die man zur Verfügung zu stellen bereit war. Also hatte der einzelne Verwalter, der einzelne Versorger oder Betreuer die Aufgabe, praktisch mit Dutzenden von Störern, manchmal an einem einzigen Tage „zu Rande zu kommen". Das war einmal so. Im Rückblick kann man je nach dem Gesamtbild, das das Leben der Menschen auf dieser Erde, ihre Geschichte, ihr Verhalten, ihr Versuch, in Ordnung und Frieden zu leben, in einem selbst entwickelt hat, mit zustimmendem Gefühl, aber auch vielleicht mit tiefem Entsetzen feststellen, daß in Zeiten, in denen ein ungeheurer materieller Luxus wenigstens einer

Gruppe von Menschen zur Verfügung stand, unvorstellbar wenig Zeit und sonstige Mittel für jene Störer, die ja tatsächlich sehr unangenehm auffielen, übrig waren. Sehr viel ist hierüber gesagt und geschrieben worden. Sehr vieles hat sich da geändert. Sehr große Unterschiede bestehen hinsichtlich der hierhergehörigen Erscheinungen in der Welt. All das soll hier aber nicht weiter erörtert werden. Keineswegs deshalb, weil es sich etwa um Bedeutungsloses handelte, sondern einfach deshalb, weil die vorliegende Darstellung zentriert sein soll um das Thema: Die analytisch-psychotherapeutischen Verfahrensweisen. Aber das historisch Charakteristische war bisher fast in der ganzen Welt bis auf eine Reihe von auffallenden Ausnahmen, die weitgehend sehr umstrittene Versuche, es anders zu machen, darstellen, daß das diesen Störern gegenüber angewandte Verfahren den Charakter der Versorgung und „Betreuung" hatte und nicht den nach allem bisher Gesagten eigentlich weitgehend adäquaten Charakter analytischer Psychotherapie. So beschäftigte sich auch die Wissenschaft mit dieser Gruppe von Störern, und da man die praktische Erfahrung gemacht hatte, daß diese ihrerseits in eine ganze Reihe von gut voneinander unterscheidbaren Gruppen zerfallen, hat die Wissenschaft eine solche Addition von Gruppen zunächst einmal zuwege gebracht. Leitender und oft genug ausdrücklich gemachter Gesichtspunkt hierbei war, daß die verschiedenen voneinander abgehobenen Gruppen von Störern auf übliche Betreuung und Versorgung hin prognostisch sehr verschieden günstig zu reagieren pflegen. Wieder also ein eminent praktischer Gesichtspunkt, der zunächst einmal durchaus zu respektieren ist und von dem man sagen kann, daß er in früheren „robusteren" oder, wenn man aggressiv kritisch sein will, „barbarischeren" Zeiten menschlich recht verständlich war. Dies insgesamt hat zur Aufstellung der sogenannten Psychopathen geführt. Aber schon diese allgemeine Formulierung ist falsch, muß sofort korrigiert werden; denn wir wissen heute mit Sicherheit, daß unter all diesen Störern ein außerordentlich erheblicher Prozentsatz von eindeutigen Neurotikern miteinbegriffen wurde. Daher besteht von seiten der Neurosenlehre sowohl wie von der analytischen Psychotherapie her die Aufgabe, nunmehr endlich zu sondern. Wir dürfen voraussetzen, daß die materiellen Energiequellen der Welt es gestatten werden, auch die Störer adäquater, humaner zu behandeln, als das bisher aus theoretischer Hilflosigkeit, also aus Unwissenheit und aus Notdurft der Fall war. Wir dürfen uns heute dieses Gesichtspunktes bedienen und die nächsten Schritte hin tun auf eine weitere differenzierende Klärung des Problems der Psychopathie. In Kürze formuliert: Ein noch zu bestimmender Teil der sogenannten Psychopathen gehört in die Gruppe der Neurotiker. Ein Teil darunter ist sogar bloßer Versager, leidet also „an sich selbst", ein anderer Teil ist neurotisch strukturierter Störer und erst ein dritter Teil besteht aus genotypisch-konstitutionellen Störern. Diese Dreiteilung allein schon durchbricht in entscheidender Weise die bisher vorliegenden „Systeme" der Psychopathen, d. h. in Wirklichkeit deren weitgehend lose und strengerer Gesichtspunkte entbehrende Gruppierung und Anordnung.

Da es sich in der vorliegenden Darstellung aber um die analytische Psychotherapie handeln soll, also um die Aufgabe, neurotisches Sein zu korrigieren, betrifft das hier gültige Interesse lediglich einen Teil der Psychopathie, der

Psychopathen, des Psychopathieproblems. Aus diesem Grunde soll an dieser Stelle keine eingehende Erörterung erfolgen. Alles, was im Folgenden über analytische Verfahrensweisen gesagt werden wird, alles, was bereits über die Neurosenstruktur gesagt worden ist, auf die sich diese Verfahrensweisen beziehen sollen, gilt also — und das sei noch einmal ausdrücklich hervorgehoben — für einen Teil der Psychopathen, einen noch zu eruierenden zahlenmäßigen Anteil unter ihnen, völlig identisch mit. Damit also genügt das hier Dargestellte den Anforderungen, die hinsichtlich der neurotischen Psychopathen an die analytische Psychotherapie sinngemäß gestellt werden können. Dennoch aber sei davon abgehoben nun wiederum im Anhang (s. S. 298) das Psychopathieproblem als solches diskutiert. Es ist, wie schon gesagt, von weiterem Umfang als das unter den hier gesetzten Gesichtspunkten zu Erörternde. In gewisser Weise bildet das Psychopathieproblem als solches den weiteren Rahmen — eben unter besonderen Gesichtspunkten —, und das Anliegen der analytischen Psychotherapie bezieht sich auf einen Sektor hiervon. Immerhin ist es wohl notwendig, im resumierenden Überblick ausdrücklich festzustellen, auch für denjenigen, der aus irgendwelchen Gründen die Lektüre des betreffenden Anhangkapitels unterlassen sollte, auszusprechen, daß der Begriff der Psychopathie, so wie er in Deutschland wenigstens landesüblich ist, unter allen Umständen und aus durchaus gewichtigen und korrekten Gründen fallen muß. Er wird ersetzt werden müssen durch den durchaus gewichtigeren und korrekteren, sachgerechteren Begriff der Neurose. Um Neurotiker handelt es sich auf diesem Gebiet in allererster Linie. Das auf jeden Fall. Und es wird sich in Zukunft darum handeln, mit adäquaten Mitteln, welcher Art auch immer — auf jeden Fall werden sie analytisch-psychotherapeutisch zentriert sein —, eine bloße Betreuung und Versorgung dieser Störer zumindest außerordentlich weitgehend zu ergänzen. Das als nächste Aufgabe für die zweite Hälfte des 20. Jahrhunderts. Aber, wie die Erörterungen des Anhangkapitels (s. S. 298—307) zeigen, wird damit keineswegs das Auch-Vorhandensein erbmäßig charakterisierter, genotypischer und damit analytisch-psychotherapeutisch jedenfalls nicht korrigierbarer Psychopathentypen bestritten. Und daraus wieder folgt, daß man für diese Spezialgruppe, für die man der verhältnismäßig geringfügigen Menge wegen einen Spezialausdruck besser nicht prägen sollte, Sonderverfahren der Versorgung und Betreuung — nunmehr mit voller Wachheit und klarer Erkenntnis der bedingenden Faktoren — wird entwickeln müssen. Als je geringer sich die Zahl dieser genotypischen Störer erweisen wird, desto selbstverständlicher wird es sein, ihnen, den tatsächlich Unglücklichen gegenüber ausdrücklich human zu sein, d. h. in der Abwehr ihnen gegenüber, in dem Bemühen, ihren störenden Charakter so weit immer nur möglich zu reduzieren, so wohlwollend nachsichtig wie nur immer möglich zu sein. Es gilt hier durchaus, und zwar ausdrücklich unter neuen und kritisch zu sehenden Wertgesichtspunkten, abzuwägen, auf der einen Seite den Wert einer geordneten, friedlichen, lebendigen, produktiven und den einzelnen beglückenden Gemeinschaft und demgegenüber den Wert des Glücks und der 'ufriedenheit eines einzelnen Menschen, der das Unglück hat — wie der Wissen- aftler in solchem Fall ja selbst ausdrücklich feststellt! —, die Mitwelt durch a. ·iges Sein und Sich-Verhalten zu quälen. Hier muß sachgerechterweise neu und versöhnlich neu überlegt werden. Hier können Christ und Nichtchrist in voller Übereinstimmung das gleiche erkennen, das gleiche beabsichtigen und sicher weitgehend das gleiche vollziehen.

In diesem nunmehr wohl ausreichend weit gesteckten Rahmen spielt dann die analytische Psychotherapie eine außerordentlich entscheidende und über das bisher übliche Maß weit hinaus gehende Rolle. Daher gilt, um es noch einmal zu wiederholen, alles über die Neurosenstruktur schon Gesagte und über die analytischen Verfahren noch zu Sagende für den Bereich der Störer und insbesondere der Psychopathen in voller Gänze mit.

3. Das Beseitigen von „Lebensschwierigkeiten"

Wenn von Versagern und Störern die Rede ist, so ist nach allem Obigem damit wesentlich eine quantitative Aussage gemacht. Diese bezieht sich auf den Unterschied der neurotischen Struktur von der neurotoiden (s. S. 85). Bei der Entwicklung der etwa 6 weiteren Gebiete (s. S. 2), für welche die oben dargestellte Neurosenstruktur den Kern qualitativ ausmacht, wurde u. a. auch auf abartige Lebensformen, Lebensabläufe hingewiesen. Die Weltliteratur bietet hiervon ja eine reichliche Fülle. Von seiten der ursprünglichen, „alten" Psychoanalyse her ist mit ungeheurem Fleiß und einem ganz außergewöhnlichen Maß von Kenntnissen eine reiche Literatur hierüber entwickelt worden. Aber diese Literatur war eben „sexualtheoretisch" orientiert. Es scheint, daß diese Grundposition bis auf wenige Ausnahmen in der gesamten Welt fallen gelassen worden ist. Meist ist das unausdrücklich geschehen. Man hat einfach das Verifizierbare, Bleibende weiterhin dargestellt und die nicht verifizierbaren theoretischen, d. h. hier spekulativen Bestandteile fortgelassen, also zunächst einmal die Sexual- oder Libido-Theorie, dann entscheidende Teile der sogenannten Metapsychologie, darunter die spekulative Theorie des sogenannten Todestriebes. Auch den Jungschen Positionen ist es so ergangen, deren „realistische" Metaphorik (etwa vergleichbar dem Begriffsrealismus gegenüber dem entsprechenden Nominalismus), deren naiven „nonischen" Begriffsbestandteilen, deren Versubstanziierungen und Meta-physizierungen. So entwickelt sich in der internationalen wissenschaftlichen Welt ganz allmählich, wie schon gesagt weitgehend unausdrücklich, nur selten in sachgemäßer Polemik, ein Novum von synoptischem Charakter. Verfasser ist der Meinung, daß das gesamte hier vorgelegte Buch diesen Charakter mit voller Ausdrücklichkeit wenigstens intendiert. So wird auch die nahezu gesamte „alt-analytische" Literatur, wenn man so will, noch einmal geschrieben werden müssen. Aber das ist ja in keiner Weise etwas Außergewöhnliches, denn die Weltgeschichte muß ja auch alle 10 Jahre wenigstens neu geschrieben werden. Jede wissenschaftliche Generation, die eben in etwa 10jährigem Abstand auftritt, entwickelt ein neues, im großen und ganzen doch vertieftes und fortgeschrittenes Menschenbild, und da, wo dieses innerhalb der Wissenschaft eine entscheidende Rolle spielt, muß eben unter neuen Gesichtspunkten dargestellt werden. Auch das vollzieht sich im allgemeinen außerhalb ausdrücklicher Besinnung, aber es vollzieht sich. Goethe, Napoleon, Caesar und andere Figuren der Weltgeschichte werden mit gutem Recht immer wieder neu „interpretiert". Das

kann im Einzelfall und wird auch immer wieder „Mode" sein, aber es spielt
darin doch auch ebenso eindeutig jene anthropologische Reifung eine Rolle.
Es ist an der Zeit, daß dieser Prozeß viel ausdrücklicher, als das bisher im allgemeinen geschehen ist und in das Bewußtsein der Gebildeten, der Intellektuellen
eingedrungen ist, zu völliger Wachheit gelangt. Den Ausdruck „Bewußtheit"
aber sollte man fürderhin sachgerechterweise hierfür vermeiden. Es handelt
sich ja wirklich nur um eine steigende Wachheit der Besinnung, eine zunehmende Freiheit im Geistigen. Mag also auch eine Arbeit wie die von Hel-
mut Kaiser über Kleist's „Prinz von Homburg" („Imago" 1931) noch so
vorbildlich in ihrer Sorgfältigkeit und sogar noch so verbindlich in ihren Einzel-
positionen sein, Kleist ist heute immer noch ein Problem, und unseres Erachtens wird es der Humanisierung des Menschengeschlechts nicht abträglich
sein, im Gegenteil, wenn auch die größten Dichter unter das Gesetz solcher
Betrachtung fallen. Einen Schritt zum Beispiel in dieser Richtung stellt das
ausgezeichnete Buch von Alois Dempf „Die drei Laster, Dostojewskis Tiefenpsychologie" (Verlag Karl Alber, München, 1949) dar.

In dem eben berührten Bereich wird also weitgehend auf Untersuchung verzichtet werden dürfen, ob die betreffenden Menschen und Schicksale im eigentlichen Sinn Versager oder Störer gewesen sind, neurotische Symptome im Sinne
obiger Abgrenzung (s. S. 112) produziert haben oder nicht. Entscheidend ist
in all diesen Fällen im wesentlichen die Abartigkeit der Persönlichkeit und ihrer
Entwicklung. Es wird der Weg von Moebius und auch von Jaspers, wenigstens
so, wie er ihn begann, fortgesetzt werden müssen. Zum Beispiel ist eine Persönlichkeit wie die Sören Kierkegaards noch in keiner Weise ausgeschöpft. Es
geht nicht an, daß deren Erhellung immer wieder noch so viel von dogmatisch-
theologischen Postulaten enthält, wie das bisher der Fall war, auch wenn es
sich nur noch um zum Teil unerkannte Relikte davon handelt, geschweige denn
geht es an, daß simplifizierende neurosenpsychologische Positionen hier die
Akzente setzen. Aber es ist klar, daß hier Postulate entwickelt werden, Forderungen, bestenfalls korrekte Voraussagen.

Der neurotoide Mensch mit seinen in der Streuung randständigen Merkwürdigkeiten steht nunmehr ausdrücklich in Frage, damit aber auch der ihm
im Wesen gleiche mittlere Mensch, von dem jene Großen ja „nur" die repräsentativen Extremvarianten darstellen. Und die analytische Psychotherapie hat
die Aufgabe, bei der Aufhellung solcher Lebensformen und der in diesen enthal-
tenen Lebensschwierigkeiten zu assistieren. Auch die Korrektur von deren
Basis gehört dann zum Thema. Es wird hier aber mit voller Absicht von Assistieren gesprochen; denn jeder analytische Psychotherapeut ist selbstverständlich
selbst zeitgebunden. Er kann nur den Versuch unternehmen, sich als historischer
Mensch mit wachem Bewußtsein von den Zufälligkeiten seiner Peristase, seines
Säkulums zu distanzieren und, soweit ihm möglich, sub spezie aeternitatis zu
betrachten und zu urteilen. Die damit verbundene ganz selbstverständliche Unzulänglichkeit muß in Kauf genommen werden. Was aber wiederum nicht heißt,
daß man sich dieser Unzulänglichkeit resignierend, nihilistisch oder zynisch unterwirft. Es kommt hier genau auf das an, was von Goethe im Gegensatz zur Re-
signation Entsagung genannt wird, und was von Gehlen mit gutem Ausdruck

als „wissenschaftliche Askese" bezeichnet wurde. Es scheint zum Beispiel, als habe Mommsen dieses Anliegen zwar völlig begriffen, aber, in einer weitgehend geistfremden Zeit stehend, unter dem Titel eigenen Unvermögens, eigener Unzulänglichkeit zu bereitwillig resigniert.

Im Bereich des mittleren Menschen — und mit diesem hat es der analytische Psychotherapeut zunächst einmal zu tun — ist dieser für ihn noch vordringliche Aufgabe. Es wäre Hybris und Asozialität, dies zu verkennen. So steht also der neurotoide Mensch mit den typischen Varianten seines „Scheiterns am Leben" zur Diskussion. Was den Naturalismus der 90er Jahre, besonders die Generation von Ibsen, Björnsen, Dehmel und des jungen Gerhart Hauptmann aufwühlte, ist nach wie vor menschliches Problem: Die Beziehung der Geschlechter zueinander, das allmähliche Hinauswachsen der Frau aus dem ihr ursprünglich mit Brachialgewalt aufgedrungenen Sklaventum, der vollberechtigte Aufstand der Massen gegen die Nachkommen der „langhaarigen Merowinger", über die der schwedische Historiker Bengtsen so ausgezeichnet in seinen „Waffengängen" berichtet hat, sind nach wie vor auch Probleme des mittleren Menschen. In diese Bereiche wird er hineingeboren, in ihnen lebt er, von ihnen her bezieht er seine ganz persönliche Prägung und damit auch die Prägung seiner eigenen Problematik, die heute, wie schon gesagt, vielfach unter dem ärztlich-pädagogischen Titel „Lebensschwierigkeit" in die Klinik des analytischen Psychotherapeuten gelangt.

Aber der Verfasser des vorliegenden Buches ist der Meinung, daß es denjenigen, die wenigstens das 70. Jahr erreicht haben, überlassen bleiben sollte, hierüber Näheres mit einigem Anspruch von Verbindlichkeit zu sagen. Eigentlich kann hier nur derjenige urteilen, der nicht nur ein Lebensalter, also etwa ein Vierteljahrhundert überblickt, auch nicht derjenige, der zwei Lebensalter, also ein halbes Jahrhundert überschaut, sondern erst derjenige, der drei Generationen durchlebt, miterlebt und schließlich besinnlich betrachtet hat. Zwar spricht dann die verminderte Intensität des Antriebs- und Bedürfniserlebens neuerlich und wiederum gegen die Möglichkeit auch nur eines einigermaßen adäquaten Überblicks, eines einigermaßen sachgerechten Urteils. Aber mit diesen allgemeinsten Mängeln wird man sich abfinden müssen. Wahrscheinlich wird über die Liebe stets wieder der Zwanzigjährige schreiben, wie Weininger es tat, und dann noch einmal der Dreißigjährige und so fort. Und das Ganze, Heterogene, Widerspruchsvolle wird jeweils säkularer Ausdruck des Menschlichen sein.

Worauf es aber ankommt, ist das Folgende:

Was der analytische Psychotherapeut hinsichtlich der Persönlichkeitsprobleme seiner symptombehafteten Patienten erfährt, was er persönlichkeitskorrigierend zu vollziehen vermag, ist in vergröberter Form, aber doch qualitativ identisch mit dem, wovon hier unter dem Titel Lebensschwierigkeit die Rede ist. Nur kann die analytische Psychotherapie es im Fall des Vorliegens von neurotischer Symptomatik oder auch deutlichen Störertums unbekümmerter unternehmen, die Idee eines menschlichen Einzellebens zu entwickeln, als ihr das grundsätzlich hinsichtlich dessen gelingen mag, was eben „bloße Lebensschwierigkeit" genannt wird.

Aus dem eben Gesagten aber geht hervor, daß nichts Qualitatives dagegen spricht, davon zu reden, die Aufgabe der analytischen Psychotherapie sei in jedem Fall eine mehr pädagogische als ärztliche, nämlich die, in Lebensschwierigkeiten und hinsichtlich Lebensschwierigkeiten Beistand zu leisten. Es handelt sich hier auf keinen Fall um Gegensätzliches, sondern lediglich um Akzente der Betrachtung und um die Auswahl augenblicklicher Gesichtspunkte. Es wurde oben ja schon mehrfach darauf hingewiesen (S. 148 ff), daß solcher allgemeinsten Formulierung der analytisch-psychotherapeutischen Aufgabe gegenüber hervorgehoben werden muß, so und so eine „Lebensschwierigkeit" in ganz spezieller neurotischer Leidenssymptomatik oft bestehe mit allernächster seelischer Umgebung und nur in einer begrenzten Zahl von Fällen, vorwiegend chronifizierten (s. a. S. 78 ff u. 117 ff), dürfe im eigentlichen Sinn von Persönlichkeitsänderung, Wandlung, Weltanschauungsänderung usw. gesprochen werden. Es liegt kein Grund vor, hier zu simplifizieren und die Sache von einem Grenzfall her „banal" zu sehen, vom andern Grenzfall her „existentiell". Damit aber ist ja deutlich gesagt, daß es hier für die analytische Psychotherapie nur im engsten Sinn um Erlernbares geht. Andererseits aber ist eben Neurosenlehre erlernbar und auch das anständig, wenn auch begrenzt Handwerkliche und in der Mehrzahl der Fälle durchaus Ausreichende des „technischen" Verfahrens der analytischen Psychotherapie. Solche Art von Abgrenzung und Gegenüberstellung sollte nun wohl aber genügen. Um es noch einmal zu wiederholen: Jeder neurotische Patient enthält eine existentielle Problematik, die Aufgabe für die analytische Psychotherapie ist. Quantitativ aber ist diese Problematik bedeutsam nur in einer ganz begrenzten Zahl von Fällen. Also darf sich die „analytische Psychotherapie" ruhig aus ganz einfachen, verständigen und vernünftigen praktischen Gründen auf das Handwerkliche beziehen, und damit darf auch die Rede von einer Technik sein. Überall muß die „breite Erfahrung" (s. S. 15) des einzelnen analytischen Psychotherapeuten das erlernte Handwerkliche nicht nur gerade eben ergänzen, sondern wesentlich unterbauen bzw. stofflich umhüllen. Im Handwerklichen kann sich der dreißigjährige Anfänger mit dem sechzigjährigen „Experten" begegnen, und zwar jetzt in der Mitte des 20. Jahrhunderts weitgehend verbindlich bereits. Und auf diesem Wege kann nicht nur Ordentliches, Gutes, Passables, Ausreichendes, sondern durchaus auch Beglückendes, Ergriffenes, Erfüllendes und oft sogar Erschütterndes erreicht werden. Nur das, was darüber noch hinausgeht, und das ist das Seltenere oder gar ganz Seltene, hat mit spezieller Begabung, Größe, Tiefe der Persönlichkeit und dann vielleicht mit dem zu tun, was man gewöhnlich Weisheit nennt. Dieses Wort sollte als letztes ausgesprochen werden.

Das eben Gesagte ist seinem Sinn nach natürlich lediglich von einführendem Charakter. Eine Allgemeinübersicht und die Mitteilung der dabei verwandten Prämissen sollte vorbereiten. Die Beschreibung der Technik im einzelnen, auch mit ganz praktischen Hinweisen auf empirisch-individuelle Vorkommnisse wird folgen.

II. Die Konsultation

1. Die allgemeinsten Voraussetzungen

Die Konsultation, also die erste Unterhaltung mit einem Patienten erfolgt, wie aus allem vorher Gesagten hervorgeht, unter dem Gesichtspunkt: Neurotische Leidenssymptomatik soll aufgehoben werden. Im vorigen Kapitel wurden zwei Hinzufügungen gemacht, die zeigten, daß die Aufhebung der neurotischen Symptomatik nicht alleinige Aufgabe der analytischen Psychotherapie ist.

Unter Voraussetzung wiederum all des oben Entwickelten ergibt sich von hier aus gesehen, daß die Aufgabe, unter deren Gesichtswinkel eine analytischpsychotherapeutische Konsultation stattfindet, ist: Die neurotische Struktur eines Patienten soll in eine bloß neurotoide umgewandelt werden. Auch neurotoide Strukturen sollen im Einzelfall ihrer neurotischen Akzente, ,,Quantitäten'', so weit entkleidet werden, daß die Lebensschwierigkeiten des Betreffenden auf ein Maß reduziert werden, wie es etwa der mittleren Norm entspricht. An dieser Stelle sei noch einmal ausdrücklich darauf verwiesen, daß auf den Seiten 148—150 eingehend erörtert wurde, inwiefern übergeordnete, höhere Werte so weit Berücksichtigung finden müssen im Einzelfall, daß die Strukturänderung des Betreffenden, der damit ,,kaum'' zum Patienten wird, auf ein Minimum reduziert werden muß.

Mehr ins einzelne gehend bedeutet die Formel Strukturänderung, daß im Kern und letztlich Gehemmtheiten aufgehoben werden müssen, damit ehemals voll erlebte Antriebe und Bedürfnisse wiederum ,,in ihr Recht'' treten können. Anders ausgedrückt: Es muß dafür gesorgt werden, daß das bisherige Dividuum neuerlich oder endlich ein In-dividuum wird. Noch anders ausgedrückt: Der Betreffende muß seinen ,,Schatten'' erkennen und erleben lernen, so daß dieser ihn nicht am Rande, ,,losgelöst'' begleitet, sondern nunmehr als selbstverständliches Schicksal zu ihm gehört. Noch anders ausgedrückt: Eine Persönlichkeit muß integriert werden. Minderwertige Funktionen müssen vollwertig werden. Das alter ego muß ausdrücklicher Bestandteil des ego werden. Das, was aller Menschen Schicksal ist und seit je war, muß ,,in ausreichender Weise'' auch Schicksal des betreffenden Einzelnen werden, der sich dem bisher ,,entzog''. Dieses etwas anders formuliert: Der Betreffende muß am Kollektiven Anteil zu haben lernen. Dies der Kern.

Damit sich dies vollziehen kann, müssen Bequemlichkeiten und Riesenansprüche beseitigt .werden. Unter Umständen ist diese Spezialaufgabe dann vor-dringlich. Zuerst muß Schutt beseitigt werden, damit man wieder bauen kann.

Eine neue Formulierung, die, wie sich rasch zeigen wird, doch im Grunde nur Ältestes wiederholt: Im Patienten muß Furcht aufgehoben werden, Relikte solcher Furcht, besonders Menschenfurcht, die aus der frühen Kindheit stammen, müssen aufgehoben werden. Wenn die Leukotomie dafür sorgt, daß durch Durchtrennung der verbindenden Bahnen zwischen Stirnhirn und Thalamus die Verbindung zwischen den Menschenfurcht-Engrammen und den allgemeinsten affektiven und impulsiven Bereitschaften des biologischen Menschen beseitigt werden, so bedeutet die analytische Psychotherapie ein einfach humaneres, sehr viel direkteres, ausgesprochen , kausaleres'' Verfahren.[1]

---

[1] Verfasser hofft, in Jahresfrist unter dem Titel ,,Analytische Psychotherapie und Psychose'' eine ganz ins einzelne gehende Darstellung der hier angedeuteten Auffassung zu veröffentlichen.

Dies sei am Rande, aber mit größter Ausdrücklichkeit bemerkt. Damit also, mit dem Aufheben von Furcht, wird der Patient „ermutigt"; nicht im plumpen Sinn des „Auf-die-Schulter-Klopfens" (obgleich auch dies einmal im Einzelfall verständig und nützlich sein kann), sondern im Sinne einer Korrektur ehemaliger Entmutigung. Das besagt ja die oben breit skizzierte Theorie der Neurosenstruktur. Das Wort „Entmutigung" muß nur recht verstanden werdeu.

Wem das Bild einer vollständigen Neurosenstruktur ausreichend vorschwebt, wird nicht erstaunt sein, wenn eine weitere technische Formulierung folgendermaßen lautet: Das eben so genannte „Ermutigen", das ja bei Alfred Adler zunächst einmal, im gleichen Sinn wie hier verwandt, eine hervorstechende Rolle spielte, um dann allerdings späterhin eine sehr viel vagere Bedeutung zu erhalten, besteht ja, recht gesehen, in einem Akt des „Verführens". Die didaktische Erfahrung des Verfassers hat ihn aber gelehrt, daß auch dann, wenn Lernende sich längere Zeit mit der hier vertretenen Neurosenstrukturlehre beschäftigt haben und selber meinen, einige Geläufigkeit erlangt zu haben, sie doch regelmäßig beim Worte „verführen" stutzen. Noch viel mehr tun das Fernerstehende. Aber eigentlich geschieht dies ohne zulänglichen Grund; denn, wie Verfasser bereits im Jahre 1924 in einem Aufsatz über das „Wertproblem in der Psychoanalyse" entwickelte und dann in der vergeblichen Hoffnung, die Altpsychoanalytiker würden wenigstens schrittweise zustimmen, Anfang 1929 im engeren Kreis darstellte, nimmt ja der analytische Psychotherapeut schon dadurch Stellung, daß er wohlwollend zuhört. Er nimmt Stellung. Er wertet, er bekennt. Und daher wirkt er „suggestiv", wie noch weiter im einzelnen zu erörtern sein wird. Er „verführt" den Patienten also dazu, Verpöntes, bisher Gefürchtetes in der Welt oder in dem Betreffenden selbst wohlwollend gelten zu lassen. Er verführt also wirklich. Und es liegt gar kein Grund dagegen vor, sich zu diesem Akt des Verführens ausdrücklich zu bekennen, wenn auch das Wort verführen populärerweise vorübergehend zu Fehlmeinungen verleiten mag. Es kommt unseres Erachtens lediglich darauf an, ob der betreffende Patient dennoch letztlich autonom bleibt, d. h. selbst entscheidet, und zwar in Richtung auf seine in ihm angelegte Idee. (All dies auf die Seiten 55—74 bezogen.)

Es ist schon gesagt worden, daß nichts dagegen spricht, hier von einer Änderung der Weltanschauung zu sprechen, aber es wurde ja ergänzend hinzugefügt, daß es sich nur im „Grenzfall" (s. S. 164, Zeile 11) im eigentlichen, „voluminösen" Sinn um eine Weltanschauungsänderung handelt.

Meist wird lediglich ein Bestandteil der bisherigen Weltanschauung des Betreffenden geändert, nämlich sein Weltbild bzw. ein Ausschnitt seines Weltbildes. Beispiel: Einfache sexuelle Aufklärung in dem Fall, in dem die sexuelle Unaufgeklärtheit der Quantität nach die Symptomatik „trug". In solchem Fall also, wiederum in einem Grenzfall, ist das, was der analytische Psychotherapeut vollzieht, tatsächlich ein Akt der „Aufklärung". Wiederum muß damit gerechnet werden, daß ein Teil der Leser und Lernenden hier stutzt, ja mehr als stutzt. Es muß damit gerechnet werden, daß ein Teil der Lesenden daran gewöhnt ist, mit dem Wort Aufklärung Vorstellungen zu verbinden, die einst unter dem Titel „Aufkläricht" liefen. Auch dahinter steht wieder etwas Säkulares, nämlich ursprünglich die ungeheure Enttäuschtheit vieler Menschen, und nicht der schlechtesten, über den Verlauf der französischen Revolution. Diese wollten ja, wie ihre Hauptträger, die Enzyklopädisten voran, meinten, aufklären. Man verwechselte oft, außerordentlich weitgehend, den Verstand mit der Vernunft und bürdete dem Verstand Lasten auf, die er grundsätzlich nicht zu tragen in der Lage ist. Aber man übersetzte ins Deutsche: die Vernunft. So entstand für Kant zum Beispiel die Notwendigkeit, eine „Kritik der reinen Vernunft" von einer „Kritik der praktischen Vernunft" zu unterscheiden, was ihm wieder den „Vorwand" lieferte, in der „praktischen Vernunft" als Altgewordener zurückzunehmen, was er in der „reinen Vernunft" leidenschaftlich bejaht hatte. Und dieses Ganze von jugendlicher Begeisterung für Klarheit, Wachheit — Freud würde sagen: Realitätsprüfung —, „Wissenschaftlichkeit", wie Jung sich hin und wieder ausdrückt, Verbindlichkeit, Gültigkeit der Aussagen usw. mit der dazugehörigen „dialektischen" Reaktion der Enttäuschung über die Unvollkommenheit des enthusiastisch beschrittenen Weges hat sich dann um die Jahrhundertwende wiederholt. Jeder der beiden Weltkriege provozierte neuerliche Enttäuschung, neuerliches Beginnen, neuerliche Enttäuschung und all die dazugehörige Problematik. Daher schwelt mit wechselnder Rauchentwicklung das Feuer der Unzufriedenheit mit dem in Wirklichkeit nur überschätzten Verstand und mit dem Versagen der Aufklärung, der Wissenschaft. In den 30er Jahren war es Angelegenheit eines Teiles der SS, die solchen Rauch entwickelte. Heute weht dieser aus anderen soziologischen und landschaftlichen Bereichen. Aber das Ganze geht ja letzten Endes auf Mißverständnis, besonders auch auf das Mißverständnis der eigenen tiefsten Persönlichkeitsbereiche zurück. Letzten Endes handelt es sich um eine besondere Form der Lebensverneinung, des Nihilismus, dabei. Es wäre daher besser, man ließe der Aufklärung, was der Aufklärung ist und überließe der Vernunft und dem Gefühl, das sie ordnet, was des Gefühls, der Vernunft und des Selbstes ist. Also sollte man auch innerhalb des Bereichs der analytischen Psychotherapie an dieser Stelle bereitwillig und ruhig von Aufklärung sprechen, d. h. das Kind beim Namen nennen. Das wache Wissen dessen, was man tut, ist nur für den Unausgereiften störend.

Ist all das eben hier Entwickelte, „Weitschweifige" überflüssig, täte der Verfasser besser daran, auf den „streng naturwissenschaftlich" vorgebildeten Mediziner Rücksicht zu nehmen, der durchaus mit echter, lebensvoller Begeisterung bereit sein kann, ärztlich zu handeln und zu helfen? Manche Ärzte werden so meinen, sie werden all das anthropologisch Entwickelte für abwegig halten. Und wieder ein Teil unter ihnen wird empört feststellen, es fehle in der vorliegenden Darstellung all das, was heute etwa unter dem Titel Neurologie den Anspruch auf Führung erhebt. Es ist nicht ganz leicht, hier sachgerecht zu bleiben und doch auch allen Interessierten gerecht zu werden. So möge es hier mit einigen Hinweisen sein Bewenden haben.

Aus all dem bisher Entwickelten geht hervor, daß es sich beim Verfahren der analytischen Psychotherapie um ein Gespräch handeln muß. Der Patient äußert sich. Der Psychotherapeut geht auf diese Mitteilungen ein. Es wird „diskutiert", wenn es nicht gut geht. Es wird erörtert, und es vollzieht sich ein Gespräch, wenn das Ganze in Ordnung ist.

Was wird hiermit durch den Druck allen, die lesen können und in der Lage sind, sich ein Buch zu beschaffen, mitgeteilt? Um ein Gespräch also soll es sich handeln und worüber gesprochen wird, ist eigentlich jetzt schon durch breite Darstellung deutlich geworden. Was wird nun geschehen? Sogar das soll hier zum Gegenstand der Betrachtung, wenn auch nur ganz kurz, erhoben werden. Es ist vorauszusehen, daß den Vorboten, die die Unmasse von analytisch-psychotherapeutischen Filmen darstellen, eine Welle von Interesse nachlaufen wird, wirklich eine Woge des Interesses. Diese wird nur ganz kurze Zeit vor einigen Bereichen der Erde haltmachen, dann aber um so stürmischer eindringen. Einen Aljoscha gibt es auf der ganzen Welt. Und wenn ein Buch wie das vorliegende ausdrücklich als Lehrbuch der analytischen Psychotherapie in die Hände derjenigen gerät, die von der Welle getragen werden, wenn, wie sich zeigen wird, keine teuren Instrumente erstanden werden müssen, um das geschilderte Verfahren auszuführen, wenn nicht allzuviel Fremdworte in der Lehre eine Rolle spielen, dann werden die motorisch Entladungsbedürftigen vom Drang erfaßt werden, aus dem vermeintlich Erkannten und nunmehr Gewußten praktisches Handeln zu machen. Das wird kaum zu verhindern sein und würde auch nicht dadurch zu verhindern sein, daß man aus dem analytisch-psychotherapeutischen Verfahren ein Geheimnis macht, ein esoterisches Wissen. Hier muß etwas gewagt werden. Aber es darf auch ruhig etwas gewagt werden, denn nur zu rasch werden die Ernsthaften in der Welt, die, vielleicht durch jene Woge verführt, auf zu schmaler Basis zu „analysieren" begannen, begreifen, daß ein korrektes, sachgerechtes Ausüben des hier nun weiter zu schildernden Verfahrens nicht durch Lektüre eines Buches erlernbar ist. Allein die Beherrschung der Traumanalyse erfordert einen ganz ungewöhnlichen Aufwand an Zeit und Bemühen. Um die Erlernung des analytisch-psychotherapeutischen Verfahrens sonst steht es nicht anders. So wird sich letztlich das Gediegene, Überprüfbare, Sachgerechte durchsetzen. Man sollte das vorübergehende und begleitende Chaos von Meinen, Gerede und törichtem Handeln des „Man" nicht scheuen.

2. Die Diagnose

Die Patienten, soweit sie nicht einfach „Irrgänger" sind, kommen zum Psychotherapeuten mit Klagen über Dreierlei: Erstens leiden sie unter seelischen Abartigkeiten; zweitens leiden sie unter dem, was nahezu durchgängig von ihnen als „körperlich" bezeichnet wird; und drittens leiden sie tatsächlich unter körperlichen Abartigkeiten. Es seien hierfür 3 Beispiele genannt:

1. Angst, Zwangsimpulse u. ä.
2. Astasie, Erröten u. ä.
3. Kardiospasmus, einfache Lähmungen u. ä.

a) Wenn ein Patient mit solcher Symptomatik kommt, ist auch für den analytischen Psychotherapeuten selbstverständlich die erste Frage: Was sagt zur betreffenden Symptomatik die Neurologie? (Eigentlich müßte man hinzufügen: „Medullalogie" und die „Enzephalologie".) Hier wird einfach Neurologie gesagt und nicht etwa Psychiatrie, weil es im Augenblick entscheidend darauf ankommt, daß das Interesse des analytischen Psychotherapeuten hier auch gleich zu Anfang, per Vorstellung, ausdrücklich auf diejenigen körperlichen Zellbereiche gerichtet

ist, die aus Neuronen bestehen, welcher speziellen Art diese auch sein mögen
(bzw. natürlich auf diejenigen Zellgruppen, die hier die Stützsubstanz bilden).

b) Zweitens hat der analytische Psychotherapeut sich ebenfalls gleich zu Anfang und entscheidend dafür zu interessieren, was die „interne" Medizin zu der
vorgetragenen Symptomatik sagt. D. h., ihm hat die Frage vorzuschweben:
Was geht in den übrigbleibenden, d. h. nicht-neuronischen Zellbereichen des
Körpers seines Patienten vor sich, der eben zunächst einmal ganz naiv seine
Klagen vorträgt? Vollabsichtlich werden diese beiden Anliegen unter a) und b)
hier hervorgehoben. Es wird mit ihnen ausdrücklich begonnen. Und es soll damit
gesagt sein: Das **Primat** der diagnostischen Entscheidung auf analytisch-psychotherapeutischem Gebiet liegt bei der Neurologie einerseits, bei der internen
Medizin andererseits und nirgendwo sonst. Grundsätzlich nämlich kann j e d e s
neurotische Symptom, von seiner Art her gesehen, Angelegenheit des Neurologen
oder internen Mediziners sein.

c) Aber: Angelegenheit des Neurologen und internen Mediziners ist dann doch
nur das, was n i c h t gleichzeitigkeitskorrelativ zu p r i m ä r Seelischem ist. Das
ist von entscheidender Wichtigkeit. Alles bloß Gleichzeitigkeitskorrelative muß
fürderhin ausgeklammert werden. Was diese wenigen Sätze im einzelnen heißen
sollen, hier an dieser Stelle zu erörtern, wäre der notwendigen Breite der Ausführung wegen sicher nicht angängig. Es handelt sich hier um eine Frage, die
vorgeklärt sein muß, wenn überhaupt von analytischer Psychotherapie die Rede
sein soll. Daher erscheint dieser Fragenkomplex im vorliegenden Buch auf den
Seiten 272 bis 292. Noch einmal: Zwar kann grundsätzlich jedes neurotische
Symptom, von seiner Qualität her gesehen, primär-organisch sein (s. ausdrücklich S. 293!). Aber in soundso viel Fällen handelt es sich um Primär-Seelisches.
Dies aber ist Gegenstand der analytischen Psychotherapie (oder auch in den
auf S. 261 ff erörterten Grenzen Angelegenheit der p r a g m a t i s c h e n Psychotherapie).

Es sei hier nur ein Beispiel für alles Übrige genannt: Der Nachweis irgendeiner
mikro-chemischen und mikro-physikalischen Abartigkeit, auch eventuell einer
entsprechenden histologischen bedeutet in unserm Zusammenhang buchstäblich
gar nichts. Wer dies dennoch meint, begeht einen sogen. Denkfehler, bzw. ihm
gelingt eine korrekte Verwertung seines Wissens mit Hilfe seiner vorstellenden
Phantasie n i c h t. Denn: Es ist selbstverständlich, daß abartiges Primär-Seelisches als Gleichzeitigkeitskorrelat abartiges Organisches hat. Das hatte sich
die Jahrhundertwende nicht ausreichend durchdacht, d. h. von der Basis der
damaligen Denkgewohnheiten nicht ausreichend durchdenken können. Einzelne
scharfe Denker dagegen haben das immer gewußt und auch gesagt, sogar gedruckt.
Nur sind sie nicht durchgedrungen. Um noch deutlicher zu werden: Mikro-
Chemisches im hier gemeinten Sinn besteht zum Beispiel in den bekannten
„Spiegeln" in Blut, Liquor usw., d. h. kann darin bestehen. Mikro-Physikalisches
besteht in Aktionsströmen zum Beispiel, d. h. kann darin bestehen. Hierher-
gehöriges Histologisches besteht eventuell in abartig prall gefüllten Exkretzellen.
All dies ist also **zunächst einmal in keiner Weise für** „Organisches" „beweisend".
Es geht nun einmal nicht anders, selbst wenn man noch so gern will. In der
Mitte des 20. Jahrhunderts müssen wir wissen, daß all die eben verwandten

Ausdrücke wirklich, ohne daß es sich hier um „Spintisieren" oder um ein „Jonglieren" mit Worten handelt, zweideutig oder gar mehrdeutig geworden sind. Sehr wahrscheinlich, soweit die hier bekannte internationale Literatur ein Urteil zuläßt, gilt das eben Gesagte für die gesamte heutige Welt. Wieweit es in Deutschland damit noch besonders schlecht steht, soll hier nicht entschieden werden. Manche meinen das. Manchen tut die heutige lernende deutsche Jugend leid deshalb. Man weiß, daß sie hat Kartoffeln holen müssen und Kohlen und Brennholz, statt lesen zu dürfen. Daher also bemitleidet man sie. Mag sein, daß das alles so liegt. Das ist sehr schwer abzuschätzen. Aber manche Zeichen sprechen auch dafür, daß dieser Zwang zum „Äußerlichen", diese Notlage auch ihr Gutes gehabt hat und eine merkwürdige Klarheit im Gefolge. So sollte man nicht lange darüber reden, geschweige denn streiten. Im ganzen gesehen, neigt die große Masse, auch der wirklich ehrlich Interessierten und gar Begeisterten dazu, die hierhergehörigen methodologischen Überlegungen für überflüssig zu halten. Dem allerdings muß auf das entschiedenste widersprochen werden.

Es ergibt sich also, daß zwar das Primat der diagnostischen Entscheidung eindeutig bei der Neurologie und der internen Medizin liegt, andererseits aber alles Gleichzeitigkeitskorrelative vorher ausgeklammert sein muß.

Hieraus aber folgt eine sehr dringlich erscheinende praktische Frage: Ist nun in jedem Fall eine körperliche, also auch mikro-physische Untersuchung notwendig? Dazu gehörig: Kann denn der Nicht-Mediziner unter diesen Voraussetzungen überhaupt die Rolle des analytischen Psychotherapeuten verantwortlich übernehmen? Dazu einige Worte:

Die Wahrscheinlichkeit, daß zum Beispiel ein mitgeteilter Zwangsimpuls kein neurotisches Symptom ist, sondern ein primär-organisches — in Wirklichkeit allerdings müßte es sich hier um einen primär-organischen Vollzugszwang handeln, der nur vom Ungeübten oder Voreingenommenen mit einem Zwangserlebnis verwechselt werden kann —, ist **außerordentlich gering.** Praktisch ist diese Wahrscheinlichkeit daher sogar einfach zu vernachlässigen. Fehldiagnosen in dieser Richtung sind ganz **ungewöhnlich selten.** Um einen Sprung zu machen: Das gilt auch etwa für die seelischen Korrelate von anfänglich winzigen Hirntumoren. Man sollte die Wahrscheinlichkeit einer Fehldiagnose hier unter gar keinen Umständen überspitzen. Es hagelt nur so in der Welt von Fehldiagnosen. Der Allgemeinpraktiker auf dem Land und in der Kleinstadt kann diese beim besten Willen, auch bei ausgezeichneter Schulung, gar nicht vermeiden. Das weiß jeder Eingeweihte. Und es besteht unseres Erachtens nicht der geringste Grund, dies dem Publikum gegenüber zu verheimlichen, etwa aus Furcht vor den Heilpraktikern usw. Denen gegenüber hat man andere Mittel, die Medizin zu legitimieren. Also Fehldiagnosen gibt es überall in so großer Zahl, daß die wenigen auf psychotherapeutischem Gebiet, die infolge der tatsächlichen Zusammensetzung des anfallenden Patientenmaterials vorkommen, vernachlässigt werden dürfen.

Überall innerhalb des ärztlichen Bereichs sind zum Beispiel auch Suizide viel häufiger, wie sich erwiesen hat, als innerhalb des gut geschulten analytisch-psychotherapeutischen.

Dennoch: Die Masse der anfallenden internistischen und dabei doch eindeutig

neurotischen Symptomatik ist so groß geworden, daß jedem angehenden analytischen Psychotherapeuten nur dringend geraten werden kann, Mediziner zu
werden und sein medizinisches Studium korrekt abzuschließen. Er wird sonst,
besonders in der kommenden Zeit, zunehmend unter seiner faktischen Insuffizienz leiden. Das wird er um so mehr tun, je mehr davon ausgegangen werden
darf, daß der, der heute analytischer Psychotherapeut werden will, es aus echter
Ergriffenheit und Begeisterung tut.

Und nun eine ganz spezielle praktische Einzelheit: Wird heute ein beliebiger
Arzt, auch ein Facharzt, dazu aufgefordert, sich über den Befund (und daher zur
Diagnose) eines Patienten zu äußern, den er selbst als neurotisch ansieht oder
der ihm als neurotisch zur Überprüfung (eben jenes Primats wegen) überwiesen
wird, so erfolgt mit einer manchmal fast erschreckenden Eindeutigkeit ein Eingehen auf diese Frage nicht in Richtung auf eine korrekte Überprüfung dessen,
ob Primär-Organisches vorliegt, sondern im Sinne einer Meinungsäußerung, es
handle sich da um Psychotherapeutisches oder um ,,Überlagerungen" usw. Das
wird sich ändern müssen; denn die Frage lautet in solch einem Fall an den
betreffenden Mediziner ja ganz einfach: Sprechen irgendwelche Zeichen dafür,
daß der betreffende Patient eine derjenigen Krankheiten hat, die in den Hand-
büchern der organischen Medizin als eindeutig nachgewiesene, tadellos charakterisierte, grob organische Erscheinung vorkommt oder nicht? Nur darum
handelt es sich und nicht um irgendwelche zusätzlichen, in irgendwelchen
Sonderarbeiten miterwähnten, vermuteten, noch unbestimmten Krankheits-
arten, die per Analogie auf Grund von mikro-organischen Befunden im Sinne
des 19. Jahrhunderts als primär-organisch angesehen werden könnten. Die
analytische Psychotherapie ist heute so ausgereift, daß man ihr nach Ausschluß
hier grob organisch und lehrbuchmäßig genannter Erkrankungen überlassen
darf, das Weitere, insbesondere die Indikation, zu entscheiden. Das sollte
genau so selbstverständlich sein wie die Tatsache, daß nach einigen Jahren
analytisch-psychotherapeutischer Vollpraxis auch der wohlgeschulte Neurologe
und Internist kein ganz sicheres Urteil hinsichtlich der Frage: primär-organisch
oder nicht? mehr hat.

Praktisch ergibt sich also und, wie die Erfahrung lehrt, tatsächlich, daß die
große Masse derjenigen Patienten, die überhaupt zum Psychotherapeuten
kommen — so wie die Dinge heute insgesamt liegen —, per Klage und Mitteilung des Leidenssymptoms diagnostisch korrekt beurteilt werden können. Hier
handelt es sich um einen ganz entscheidenden Gegensatz zur gesamten übrigen
Medizin: Die Diagnose auf psychotherapeutischem Gebiet erfolgt auf diesem
Wege, also nicht auf dem sonst medizinisch üblichen Wege einer eingehenden
Untersuchung. Es ist zu hoffen, daß dieser Satz nun nicht doch isoliert gelesen
und daher mißverstanden wird. Alles vorher Gesagte gehört hinzu. Es handelt
sich um eine heute gültige praktische Feststellung. Noch einmal: Weitaus
die größte Mehrzahl aller tatsächlich und praktisch anfallenden Patienten beim
Psychotherapeuten — ganz besonders aber beim als ,,analytisch" bekanntgewordenen Psychotherapeuten! — ist bereits durch eine ganze Fülle von Umständen (die nur in der Praxis erlernt werden können!!) vorgesiebt, und daher
ist es möglich zu sagen, die Diagnose innerhalb der analytischen Psychotherapie

erfolge auf Grund der Mitteilungen des Patienten über sein subjektiv erlebtes Leiden. In allererster Linie so! Und das widerspricht in keiner Weise dem tatsächlichen Primat der Neurologie und der internen Medizin.

Es soll nun zugegeben werden, daß diese Feststellung entweder nur dickleibig belegt werden könnte — aber dann gerade würden alle diejenigen, die das vorliegende Buch zu kaufen in der Lage sind, in die unmittelbarste Praxis „theoretisch" „eingeführt" werden, was nicht geschehen soll — oder aber man weist nur kurz darauf hin. Dann muß das Zugehörige durch wirkliche, legalisierte Praxis erlernt werden. In diesem Sinne kann das Dargestellte also nur vorbereitenden Charakter haben. Immerhin sollte sich jeder Lernende einmal mit voller Deutlichkeit vergegenwärtigt haben, wie merkwürdig sich die analytisch-psychotherapeutische Diagnosenstellung bereits von der üblichen medizinischen abhebt, nicht nur das, sondern sachgerechterweise abheben muß.

3. Die diagnostische Anamnese

Es ist also von entscheidender Wichtigkeit zu bemerken, daß das, was innerhalb der Medizin „Anamnese" genannt wird, auf analytisch-psychotherapeutischem Gebiet seinen sehr weitgehend andersartigen Charakter hat. Eigentlich hätte man den Ausdruck Anamnese auf psychotherapeutisches Gebiet gar nicht übertragen dürfen; denn er verführt dazu, „im alten Dreh", wie man es als Mediziner gelernt hat, vorzugehen, entsprechende Ziele vorschweben zu haben besonders; und dann bedeutet es natürlich eine unerwartete und vermehrte Anstregung, sich vom Gewohnten wieder loszulösen, sobald die Unterschiede offensichtlich werden.

Besonders aber für den Nicht-Arzt besteht die zusätzliche Schwierigkeit, daß er ja die medizinische Anamnese nicht beherrscht und sich häufig sogar abenteuerliche Vorstellungen von diesem Gebilde macht. So kränkt er nicht selten, instinktiv wenigstens, wenn auch häufig uneingestanden, an Insuffizienzgefühlen. Es wird sich zeigen, daß diese gemessen an der sachlichen Aufgabe keineswegs unberechtigt sind, aber dennoch alles mögliche Vage und Ungeklärte daran hängt. Zunächst einmal jedoch entwickelt sich auch die analytisch-psychotherapeutische Anamnese in Richtung auf das diagnostische Ziel, besonders auf das differentialdiagnostische. Dies geschieht, wie auch sonst in der Medizin üblich. Nur muß wohl hinzugefügt werden, daß praktisch sehr viel Akribie vermieden werden kann, wenn auch nur einigermaßen als gesichert angenommen werden darf, daß es sich um eine psychogene Symptomatik handelt.

Auch hier wieder ist es besonders zu beachten, daß einfache Gleichzeitigkeitskorrelate ausgeklammert werden müssen, sich die „Exaktkeit" der Anamnese also auf keinen Fall in einen pseudo-wissenschaftlichen Versuch verlieren darf, mit Hilfe von Anamnese nachzuweisen, daß doch alles „bloß endogen", „bloß primär-organisch" ist. Ein solches Unternehmen, wie es aus inneren Gründen von Untersuchern eher häufig als selten inauguriert wird, geht ja an der Sache völlig vorbei und täuscht den Untersucher selbst, den Patienten und andere. Der diagnostische Teil der analytisch-psychotherapeutischen Anamnese erfolgt also zunächst einmal, abgesehen von den erwähnten Einschränkungen, nach dem üblichen Ritus. Dabei ist zu berücksichtigen, daß die Erfahrung ja gezeigt hat, man habe sich unter anderem sehr wesentlich um die Daten der ersten 5 Lebensjahre zu bemühen. Es wird aber von sehr wesentlich gesprochen, da die Folgeerscheinungen der Gehemmtheit, wie oben erörtert, sich zu erheblichen Teilen vom 6. Jahr an entwickeln, dies besonders hinsichtlich aller Bequemlichkeitsthemen, und die Thematik der Riesenansprüche bevorzugt in der Vorpubertät und Pubertät.

Auch hier muß hinzugefügt werden, daß das Individuell-einzelne einer solchen diagnostischen Anamnese nur praktisch erlernt werden kann; auch hier kommt es entscheidend auf Fülle der Vorstellungen an.

4. Der Unterschied zwischen „gezielter" analytisch-psychotherapeutischer und „üblicher" Anamnese

Es wurde eben ausdrücklich von diagnostischer Anamnese gesprochen. Es wurde also ein Attribut zum Wort Anamnese hinzugefügt, das sonst keineswegs verwandt zu werden pflegt. Damit wurde also angedeutet, daß es noch eine andere Art von Anamnese geben muß, die hinsichtlich der analytisch-psychotherapeutischen Bemühungen von Wichtigkeit ist. Und das nun zunächst hinzugefügte Attribut heißt: „gezielt". Was soll dieser Ausdruck sagen? — Auch für die sonstige Medizin gilt, ebenso wie für weitere Wissenschaften, soweit sie ihr ähneln, daß eine Anamnese, nämlich eine Sammlung von Aussagen über Chronologisches, Genetisches, eine „Herkunft" nur korrekt zustande kommen kann, wenn dem Untersucher eine Theorie dessen vorschwebt, zumindest wenigstens eine Arbeitshypothese dessen, was überhaupt gefunden werden kann. Liest man sich nun aber veröffentlichte psychotherapeutische Anamnesen durch, so zeigt die weitaus größte Mehrzahl, daß diese theorielos erhoben worden sind. Zumindest ist die zugrundeliegende Theorie nicht offensichtlich, wie es eigentlich sein müßte. Es spuken nur eine Fülle von endogenologischen Vor-urteilen hinein, und diese oder jene Theorie wird angedeutet. Etwas anders verhält es sich, wenn es sich um eine altanalytische Anamnese mit kathartischem Vorzeichen, um eine individualpsychologische oder auch Jungsche Anamnese handelt. Bei letzteren ist das Spezifische in der Regel am undeutlichsten. Hier aber wurde ganz allgemein von analytisch-psychotherapeutischer Anamnese gesprochen, und da zeigt sich eben, daß im Augenblick noch ein hohes Maß von Unverbindlichkeit herrscht. Wie schon mehrfach gesagt, liegt international noch keine, auch nur einigermaßen verbindliche analytisch-psychotherapeutische Theorie vor, keine verbindliche Neurosenlehre. Infolgedessen haben auch die veröffentlichten Anamnesen fast durchgängig einen weitgehend vagen Charakter. Wenn hier aber nun von gezielter Anamnese gesprochen wird, so soll diese Bezeichnung auf die Notwendigkeit eines Vor-urteils in Form einer Neurosentheorie ausdrücklich hinweisen. Die gesamte vorliegende Darstellung zeigt im übrigen, wie nach Auffassung des Verfassers eine solche Theorie heute etwa auszusehen hat.

Etwas anders ausgedrückt: Eine moderne analytisch-psychotherapeutische Anamnese hat es mit einem System, einer Ordnung, einem Schema von sehr bestimmten Fragen zu tun. Man kann heute wissen, wonach man zu fragen hat.

Und es besteht die Tatsache, daß nur sehr wenige bereits in der Lage sind, die notwendigen Fragen auch wirklich zu stellen (das im Zentralinstitut für psychogene Erkrankungen der Versicherungsanstalt Berlin angewandte Anamnesen- und Berichts-Schema findet sich auf S. 181).

Auch dann, wenn einem Untersucher die zu erfragenden Daten, d. h. die zugehörige Theorie mit erheblicher Deutlichkeit vorschwebt, wird er stets daran zu denken haben, daß die Fakten, die es zu erfragen gilt, Mikrocharakter haben, daß es um Mikro-Psychologisches dabei geht. Sehr wahrscheinlich ist es keineswegs überflüssig, auch hierauf ausdrücklich hinzuweisen; denn die vorliegende Literatur zeigt mit voller Eindeutigkeit, daß von solcher Notwendigkeit und von deren Einzelzügen heute noch viel zu wenig bekannt ist. Sie ergeben sich einfach aus der oben dargestellten Theorie der Neurosenstruktur (s. S. 23 bis S. 84).

Wer der Meinung ist, daß die Neurosenlehre heute in der Mitte des 20. Jahrhunderts implizite bereits einen Reifegrad erreicht hat, der die Zusammenschmelzung Freudscher, Adlerscher und Jungscher Positionen mit einer Reihe von anderen in Form einer echten Legierung erlaubt, wird immer wieder erstaunt sein, wenn er Bücher wie: Abram Kardiner, „Psychological Frontiers of society" (Columbia University Press, New York, 1945), Gordon W. Allport, „Persönlichkeit, Struktur, Entwicklung und Erfassung der menschlichen Eigenart" (Verlag von Ernst Klett, Stuttgart, 1949), Arnold Gehlen, „Sozialpsychologische Probleme in der industriellen Gesellschaft (aus der Schriftenreihe der Akademie Speyer, Verlag J. C. B. Mohr (Paul Siebeck), Tübingen, 1949), Ludwig Binswanger, „Grundformen der Erkenntnis des menschlichen Daseins", Niehaus, Verlag, Zürich 1942), und zum Beispiel auch „Der Fall Ellen West" (Schweizer Archiv für Neurologie und Psychiatrie) vom gleichen Verfasser, Hollmann-Hantel, „Klinische Psychologie und soziale Therapie" (Ferdinand Enke, Verlag, Stuttgart, 1948) usw., usw., auf eine verbindliche Neurosenlehre hin durchliest, daß davon kaum etwas darin enthalten ist. Man begegnet nahezu durchgängig einem mehr oder weniger vagen Eklektizismus, durchsetzt mit meist recht bestimmten, aber außerordentlich häufig fehlgehenden Polemiken — eben, wie schon gesagt, außer den üblich gewordenen Äußerungen größter Hochschätzung usw. Es macht wirklich den Eindruck wie in dem deutschen Liede „Die Binschgauer gingen um den Dom herum", und es wird für die kommende Generation eine wesentliche Aufgabe sein, sich unter anderem ausdrücklich die Frage vorzulegen, warum das heute offenbar in der ganzen Welt noch so ist, nämlich so, daß man es nicht einmal für notwendig zu halten scheint, eine verbindliche Neurosentheorie zu entwickeln und zur Voraussetzung zu machen, nicht einmal das. Verfasser weiß nicht recht, ob es klug war, diesen Scherz mit den Binschgauern hier auszusprechen. Es scheint ihm aber doch wahrscheinlich zu sein, daß er damit im Sinne Freuds eine „Reizdeutung" vollzieht, die letzten Endes — nach einigen Kümmernissen — fruchtbar werden wird. Es hat doch etwas sehr Sonderbares an sich, daß so kluge und wohlinformierte, so denkfähige und scharfsinnige Autoren beinahe unisono die oben genannten Züge in ihren Darstellungen an sich tragen. Man wird da an die Mahnung erinnert, die Freud seinen Schülern gegenüber häufig wiederholte, „hart" zu bleiben und unbeirrt

weiter zu arbeiten, nicht zu diskutieren, auf keinen Fall sich auf Apologie ein-
zulassen. Das weitere aber möge ein Historiker der kommenden Generation sagen.

Es muß wohl kaum noch hinzugefügt werden, daß im Rahmen einer „gezielten"
Anamnese, wenn sie analytisch-psychotherapeutisch sein soll, auch nach Träumen
gefragt werden sollte. Die Erfahrung zeigt hier eine Merkwürdigkeit, die keineswegs von vornherein zu erwarten war: Fragt man einen Patienten im Rahmen
einer gezielten Anamnese ganz locker und unvermittelt bei irgendeiner Gelegenheit, „nach einiger Zeit" nach dem, was er träumt, zu träumen pflegt oder irgend
wann einmal geträumt hat, so enthalten diese Träume regelmäßig äußerst prägnante Hinweise auf die spezielle Struktur des Betreffenden, d. h., anders ausgedrückt, auf diejenigen vollen Antriebserlebnisse, von denen seine Symptomatik
ein Sprengstück darstellt. Diese merkwürdige Tatsache ist dem genialen Spürsinn Freuds sehr früh aufgefallen, und er hat sich immer wieder mit größter
Zähigkeit auf sie bezogen. Hier kann der Verfasser der vorliegenden Darstellung
nur sagen, auch an dieser Stelle folge er „sklavisch" den Spuren Freuds in
der Meinung, daß Freud hier von vornherein mehr und Korrekteres gesehen
hat als weitaus die größte Zahl all seiner Schüler und auch seiner noch so valenten
Gegner, die ihm heute verbale Ovationen bereiten. Er hat dieses merkwürdige
Faktum, diese höchst merkwürdige Erfahrung, von der eben die Rede ist, in
seiner Zeit, in der damals üblichen methodologisch unexakten Weise zu charakterisieren gesucht. Er sprach häufig von der totalen Determiniertheit alles dessen,
was ein Patient sagt. Und er hat zweifellos hiermit weit mehr recht gehabt, als
man das im allgemeinen heute wahrhaben möchte. Im Grunde hat er etwas
sehr Einfaches festgestellt, nämlich, daß alles Lebendige in Form von „Gestalten"
auftritt, „geprägte Form, die lebend sich entwickelt". Tatsächlich handelt es
sich hier um den Ausdruck von „Grund"-Gesetzen der Gestaltpsychologie. Daher
kommt es auch, daß Verfasser schon früh hinsichtlich seiner Veröffentlichungen
von manchen Seiten als „doch offenbarer Gestaltpsychologe" angesehen wurde.
Die Jungsche Schule spricht hier davon, daß sich regelmäßig und in auffallender
Weise etwas „konstelliere". Letztlich ist hiermit das gemeint, worauf eben mit
anderen Worten erläuternd hingewiesen wurde. Ein Patient, der das Zimmer eines
analytischen Psychotherapeuten betritt, der seinerseits erfüllt ist von vorschwebender Neurosentheorie, „antwortet" ganz automatisch, eben einfach als
Mensch, auf die „Atmosphäre", in die er da eintritt, und alles, was in seinem
Leben „hiermit zu tun hat", wird wie von einem Magneten gerichtet. Wobei
für einige wenige Leser bemerkt sei, daß ein Magnet die Teilchen, die er anzieht,
nur ordnet, aber nicht etwa ihre sonstigen Qualitäten schafft, zum Beispiel die,
Eisenteilchen zu sein. Dieser Vorgang hat also mit dem, was man sich üblicherweise und schieferweise unter Suggestion vorstellt, nichts zu tun. Noch weniger
hat er zu tun mit „hysterischem Konfabulieren" oder Ähnlichem. Wie schon
gesagt, handelt es sich um etwas der lebendigen Natur überhaupt Zugehöriges,
was im Menschen in ganz besonders prägnanter Weise, jedenfalls der Tendenz
nach, ständig zum Ausdruck kommt, zumindest nach Ausdruck drängt. Hier
also in der Form, daß scheinbar „beliebige" Träume, die ganz „locker" gerade
eben einmal erfragt werden und gerade eben „zufällig" „ein-fallen", durchaus
„sinnzugehörig" sind. Ja, sie sind ja mehr, wie schon gesagt wurde, nämlich

direkt aufhellend und ziel-weisend. (Natürlich kann es nicht Aufgabe der vorliegenden Darstellung sein, dem Leser die Fähigkeit zu vermitteln, solche Träume
auch korrekt zu interpretieren und einzuordnen. Wieder ist dies eine Sache des
praktischen Erfahrens und Übens.) Es ist also kein „Kniff", der hier empfohlen
wird, sondern es handelt sich um eine ganz natürliche Konsequenz im Rahmen
des Ganzen, um das es hier geht.

Alfred Adler war wohl der erste, der — womöglich, ohne darum ausdrücklich
zu wissen und ohne das gar etwa „zuzugeben" und zu betonen — seine Patienten
regelmäßig nach ihren frühesten Erinnerungen fragte. Es wird wohl kaum
nötig sein, hierauf nun in aller Breite einzugehen, nämlich darauf, daß er damit
den Spuren Freuds in völlig korrekter Konsequenz folgte. Auch wenn man einen
Patienten nach solchen frühesten Erinnerungen fragt — man muß dies locker
und gleichzeitig „penetrant", etwas drängend tun —, konstelliert sich etwas in
ihm, das auf die Konstellation des Psychotherapeuten antwortet. Es konstelliert
sich etwas zwischen den Beiden und sogar „über" den Beiden; denn hier begegnen
sich zwei Menschen, wie sich Menschen seit je begegneten, nämlich auch zwischen
diesen beiden Menschen schwingen vielerlei Antinomien mit, die seit Urzeiten
das manchmal tragische Schicksal zwischenmenschlicher Beziehung bestimmten.
So also sind auch die frühesten Erinnerungen des Menschen determiniert. Oft
genug sind sie ganz im Sinne Freuds echte „Deckerinnerungen", d. h., sie vertreten neurosenpsychologisch höchst valente Ereignisse im Leben des Patienten.
Diese frühesten Erinnerungen sind in der Regel stets „vorrätig" — Freud hat
hier mit gutem Recht von „vor-bewußt" gesprochen. Er hat ja deutlich angegeben, worum es sich da handeln soll, nämlich um alle diejenigen Erinnerungen
bzw. auch Schwererinnerlichkeiten, die nicht auf dem Wege der Hemmung
und Verdrängung schwererinnerlich wurden. Solche frühesten Erinnerungen
„liegen" in der Regel in Vielzahl „vor". Und der nach ihnen gefragte Patient
berichtet gestaltgesetzlich mit besonderer Prägnanz und Häufigkeit die zugehörige, nämlich die, die im Rahmen einer „gezielten" Anamnese für jeden, der
ein wenig von der Sache versteht und Gelegenheit hat, das Erheben einer solchen
„gezielten" Anamnese mitanzuhören, sofort als zugehörig erkannt wird. Anders
ausgedrückt: Eine solche locker und doch zäh erfragte früheste Erinnerung
pflegt mit erstaunlicher Häufigkeit einen weiteren Beleg zu schon Eruiertem
darzustellen. Und Freud nannte das einen „Bestätigungs"-Einfall.

Gewiß sollte noch einiges Klinische nicht vergessen werden, zum Beispiel die
Frage, ob der Patient gerade eben ein Medikament genommen hat oder auch,
ob er häufig Medikamente nimmt und welche, ob er vielleicht sogar süchtig ist usw.,
usw. Da die vorliegende Darstellung aber nur die analytisch-psychotherapeutische
Anamnese zu behandeln hat und nicht all das, was klinisch sonst eine Selbstverständlichkeit darstellt, soll hierauf nicht weiter eingegangen werden. Vielleicht ist es lediglich zweckmäßig, hinzuzufügen, daß die Bedeutungsakzente
natürlich auf allem liegen müssen, was von der Neurosentheorie her zentriert
ist, und daß man sich nicht in „klinische" Nebengebiete verlieren sollte, besonders
auch anamnestisch nicht. Was hier not-wendig ist, wurde bereits oben (S. 168 f)
erörtert.

Auf dem eben charakterisierten Wege, einige Übung vorausgesetzt (und nicht etwa weitere Akribie vorausgesetzt), läßt sich die Zahl der Fehldiagnosen auf ein Minimum reduzieren, das praktisch einfach vernachlässigt werden darf. Aber hierüber wurde ja bereits in ähnlichem Zusammenhang einiges gesagt.

5. Die prognostische Anamnese·

War der diagnostische Teil der Anamnese, die diagnostische Anamnese, im wesentlichen noch klinisch orientiert, obgleich im analytisch-psychotherapeutischen Gebiet ihr Gewicht außerordentlich viel geringer ist und sein muß als im sonstigen medizinischen, hatte die „gezielte" Anamnese im wesentlichen eine Reihe von individuellen Zügen, so bedeutet die Hervorhebung eines weiteren Anteils der analytisch-psychotherapeutischen Anamnese als prognostisch einen entscheidend neuen Aspekt; denn die übliche medizinische Anamnese ist ihrem Sinn und ihrem Ziel nach ausgesprochen diagnostisch. Man will hier eine Diagnose, eine Differentialdiagnose erhärten. Dazu dient das Fragen nach der Vergangenheit. Auf analytisch-psychotherapeutischem Gebiet dagegen liegt das ganze Gewicht der Anamnese — nachdem die Diagnose ja in der Hauptsache schon auf ganz besonderem Wege fundiert wurde — in Richtung auf Prognose. Das aber muß selbstverständlich näher erläutert werden.

Noch eine Wiederholung: Die Theorie der üblichen medizinischen, „klinischen" Anamnese ist sachgerechterweise durchaus eine andere als die der analytischen Psychotherapie. Das hat man sehr oft nicht gesehen oder wenigstens nicht weiter beachtet. Im Interesse eines Fortschreitens unserer Wissenschaft und einer korrekteren Informierung des Nachwuchses aber ist es notwendig, hierauf ausdrücklich aufmerksam zu machen.

Die analytisch-psychotherapeutische Anamnese hat im wesentlichen prognostischen Charakter. Ihr Ziel ist also überwiegend, mit einiger Wahrscheinlichkeit festzustellen, ob es mit Hilfe des analytisch-psychotherapeutischen Verfahrens in kurzer, kürzerer oder nur sehr langer Zeit gelingen wird, dem betreffenden Patienten Heilung oder doch wesentliche Besserung zu bringen. Diese Zielsetzung sollte nie außer acht gelassen werden und stets in voller Wachheit gegenwärtig sein. Wenn das aber so ist, so wird ohne weiteres deutlich, daß sich allein hierdurch schon die analytisch-psychotherapeutische Anamnese von der klinischen noch einmal so weit unterscheidet, daß der Ausdruck „Anamnese" für die psychotherapeutische Anamnese nur recht bedingte Gültigkeit hat, nämlich wenn er vorher für die übliche medizinische verwandt, also durch sie definiert worden ist.

Hier ist sofort eine Einfügung erforderlich: Wenn gesagt wird, das Ziel der analytisch-psychotherapeutischen Anamnese sei im wesentlichen von prognostischem Charakter, so wird damit nicht etwa gesagt, man wolle also mit Hilfe anamnestischer Feststellungen und Überlegungen entscheiden, welches Verfahren nun anzuwenden sei. Das muß hier wohl schon mit voller Ausdrücklichkeit gesagt werden, damit sich nicht das gängige Mißverständnis einschleicht, als handle es sich nun „endlich" um die Frage, ob man nicht im Einzelfall lieber eine der sogenannten „Kurztherapien" anwenden solle und ob eine korrekt angewandte analytische Psychotherapie — also keine pragmatische! (s. oben S. 9) — Aussicht habe, in kurzer oder in langer Zeit zum Erfolg zu führen.

Vielmehr : Mit Hilfe der Anamnese soll nun festgestellt werden — anders ausgedrückt —, ob es sich vermutlich um einen leichten oder um einen schweren
Fall handelt. Das Notwendige hierüber ist auf den Seiten 86 bis 100 erörtert
worden. Diese besonderen Teile der Neurosentheorie sind hier also innerhalb
einer anamnestischen Befragung sinngemäß zu verwerten. Und dazu gehört ein
wesentlicher Bestandteil, der hier noch einmal mit voller Ausdrücklichkeit hervorgehoben werden soll.

Eine korrekte analytisch-psychotherapeutische Anamnese erfordert unter den
oben erörterten Gesichtspunkten, daß man unbedingt in Erfahrung zu bringen
sucht, und zwar, wenn notwendig, mit Hilfe von „Drängen"[1], was dem ersten
Auftreten der vom Patienten berichteten Symptomatik vorausging. An diese
Fragestellung gliedert sich dann all das an, was mit dem Thema Chronifizierung
zusammenhängt. Ohne sehr weitgehend zu übertreiben, kann man eigentlich
ruhig sagen, die analytisch-psychotherapeutische Anamnese habe im wesentlichen
den Zweck, die hierhergehörigen Fakten durch Exploration zu eruieren. Auf
sie kommt es **entscheidend** an. Das diagnostische Moment dagegen hat völlig
zurückzutreten. Es ist einfach — manchmal tendenziöses — Mißverstehen der
sachlichen Lage, wenn Untersucher irgendwie dazu neigen, diagnostische
Frageakzente zu setzen, statt sich entschlossen den prognostischen zuzuwenden. Rund heraus: Die psychotherapeutische Anamnese hat einfach einen
anderen Zweck als die übliche medizinische. Diejenigen, denen das oben Erörterte
bereits eingegangen ist oder womöglich geläufig war, mögen die Pedanterie des
hier gepflogenen dauernden Wiederholens entschuldigen. Die didaktische Praxis
lehrt unzweideutig, daß die eben erörterten Gesichtspunkte nicht so ganz einfach zugänglich sind, weil sich heute noch immer der endogenologische, oft „klinisch" genannte Schatten der Medizin des 19. Jahrhunderts über das psychotherapeutische Gesamtgebiet ausbreitet.

Noch einmal zur Illustration: Der Patient wird nach den entsprechenden
Vorkommnissen (s. S. 96) vor dem ersten Auftreten seiner Symptomatik gefragt. Nehmen wir an, er behaupte Fehlanzeige. Der moderne Analytiker sagt
dann: „Falls Sie wirklich, wie Sie behaupten, im angegebenen Zeitpunkt Ihre
Symptomatik zum ersten Male erlebt haben, ist unbedingt etwas Schicksal-
haftes vorausgegangen! Es werden ihm Möglichkeiten hierfür entwickelt (s.
S. 179). Nehmen wir an, der Patient erkläre wiederum, er erinnere nichts Derartiges, dann darf sich der Analytiker, der dem Patienten in der Konsultation
ja gegenübersitzt, darauf verlassen, daß dieser durch Augenausdruck, Gebärde
und wie auch immer während seines Nachdenkens auf einmal „signalisiert",
daß ihm doch etwas vorschwebt. Der Analytiker macht ihn darauf aufmerksam.
Nehmen wir an, der Patient erkläre noch einmal, ihm schwebe nichts vor, dann
ist die Regel, daß er hinzufügt, er habe zwar tatsächlich eben an etwas gedacht;
aber das sei nicht zugehörig, völlig nebensächlich usw. Und dann hat der Explo-
rierende durchaus und eindeutig die Aufgabe, zu erklären: „Erzählen Sie mir
das ruhig genau so ausführlich, wie es Ihnen vorschwebte, ohne etwas auszu-

---

[1] Es gibt hier kein Zuviel! Der Anfänger drängt hier stets zu wenig. Wer heute fragt,
kann dem Patienten bereits viel „zumuten!"

lassen, und sei es noch so banal! Ich werde Ihnen zeigen können, daß es sich um das von mir Gesuchte handelt".

Dieses Experiment glückt mit so hoher Regelmäßigkeit, daß die wissenschaftliche These ruhig lauten darf: Immer liegt es so!

Noch einmal sei im Überblick über und im Rückblick auf den gesamten prognostischen Fragenkomplex (s. d. S. 86—100) das Wesentliche zusammengefaßt. Es geht um die Themen: ,,Schwere", Chronizität, Schicksalseinbruch, ,,Sackgasse".

Im allgemeinen ist die Chronizität, d. h. das Lange-schon-Bestehen einer neurotischen Symptomatik, Kriterium für die ,,Schwere" eines Falles. Aber es gibt chronische, schwer-neurotische Strukturen, ohne daß der Träger mit Symptomen erkrankt.

Es gibt chronisch kranke Neurotiker, die z. B. auf ausgesprochene Geborgenheitsvermittlung sehr rasch ansprechen. Auch weitgehend mechanisierte Symptome pflegen manchmal nach langer Zeit des Bestehens auf rein übende Verfahren hin rasch abzuklingen. Wie häufig dies der Fall ist, bleibt die Frage (s. a. S. 261).

Um eine je schwerere Neurosenstruktur es sich handelt, je ,,gestauter" das mögliche Antriebs- und Bedürfniserleben eines Menschen also im allgemeinen in solchen Fällen ist, desto leichter reagiert der Betreffende mit Symptomen schon auf ubiquitäre Schicksalseinflüsse, also auf einfache Versuchungs- und Versagungssituationen.

Nicht ubiquitär ist es, also außer-gewöhnlich, wenn ein sehr nahestehender Mensch aus dem Leben des Betreffenden ausfällt. Nicht ubiquitär kann es sein, daß ein neuer Mensch in das Leben des Betreffenden eintritt. Nicht ubiquitär ist es, wenn jemand plötzlich eine Unmenge Geld erhält. Das gleiche gilt, wenn er eine Menge Geld verliert. Ebenso kann es sein, wenn in der nächsten Umgebung jemand besonderes Glück hat, viel Geld erhält oder außergewöhnlich rasch befördert wird. Diese Situationen wurden bereits auf S. 96 genannt.

Wenn jemand gröbste Schicksalseinbrüche dieser oder jener Art aufweist, so handelt es sich wahrscheinlich um eine leichte Neurose; vorausgesetzt, die Symptomatik ist erstmalig aufgetreten, also Reaktion auf das betreffende Ereignis. In wohl 75% aller Fälle, bei denen sich ein grober Schicksalseinbruch auf diesem Wege nachweisen läßt, handelt es sich um eine leichte Neurose, ebenso wie es sich in schätzungsweise 75% der chronischen Fälle um schwerneurotische Strukturen handelt.

Aus Obigem folgt: Je leichter eine Neurosenstruktur ist, desto schwereren Schicksalseinbrüchen gegenüber bleibt sie resistent, d. h. symptomlos. Für die 15—20jährigen Ersterkrankten gelten die auf S. 88 erörterten Kriterien, wenn es um die Frage geht, ob schwer, ob leicht, ob also prognostisch ungünstig oder günstig.

6. Die bisherigen „gezielten" Anamnesen des Zentralinstituts für psychogene Erkrankungen der Versicherungsanstalt Berlin

Das nun Folgende galt ganz besonders für die Anamnesen, die Mitte 1945 bis Mitte 1946 in dem zunächst vom Verfasser gegründeten ,,Institut für Psychopathologie und Psychotherapie" in Berlin von ihm und seinen Mitarbeitern er-

hoben wurden. Deren Absicht und Zweck war in Anknüpfung an Krypto-
bemühungen des Jahres 1944 nicht nur im eben erörterten Sinn prognostisch,
sondern darüber hinaus noch in besonderer Weise didaktisch. Es schwebte
der Gruppe von Untersuchern damals schon ein Amalgam der drei im Dritten
Reich gerade eben äußerlich zueinander gezwungenen „Schulen" vor. Daher
hatten sie ein ausgesprochenes Interesse daran, die analytisch-psychotherapeutische Anamnese so differenziert zu gestalten, daß die Behandler dann, die
Psychotherapeuten, besonders auch die nichtärztlichen darunter, auf Möglichkeiten analytischer Psychotherapie hingewiesen wurden, die sie sonst vielleicht
nicht bemerkt hätten. Es galt damals, eine vorschwebende verbindliche Neurosenlehre innerhalb der Anamnese und durch sie deutlich werden zu lassen. Aber
warum wird dies hier überhaupt erörtert? Das vorliegende Buch soll ja die
gegenwärtige Lage charakterisieren und in die Zukunft weisen.

Die Antwort muß etwa lauten: Es scheint so zu sein, als dürften sich die
heute bestehenden psychotherapeutischen Institute nicht, noch nicht auf die
oben erörterten Gesichtspunkte allein beschränken. Es scheint heute noch die
historische Notwendigkeit zu bestehen, in den Instituten für analytische Psychotherapie, aber auch in denen, die sich mit mehr oder weniger Ausdrücklichkeit
auf pragmatische Verfahren beschränken wollen, sehr ausführliche Anamnesen
zu erheben, d. h., deren Inhalt muß dann über die beiläufigen diagnostischen
Feststellungen, aber auch über die unbedingt notwendigen prognostischen hinausgehen. Es muß heute noch so reichlich Neurosenpsychologisches, Mikropsychologisches in ihnen enthalten sein, was nicht nur diagnostischen und prognostischen Zwecken dient, sondern denen künftiger Therapie, wie es nach einem
Jahrzehnt vielleicht nicht mehr nötig sein wird. Die analytisch-psychotherapeutischen Anamnesen können also augenblicklich gar nicht ausführlich und
genau genug sein, obgleich eben zugegeben werden soll, daß sie, allein von der
Sache her gesehen, kürzer und in ihrer Fragestellung „ärmer" sein könnten.

Noch etwas eingehender: Im Interesse eines Fortschreitens der psychotherapeutischen Wissenschaft ist es sicher empfehlenswert, heute mit Hilfe einer sehr
eingehenden, „also noch in einem weiteren Sinn gezielten" Anamnese dafür zu
sorgen, daß man Irrgänger ausschaltet und allzu chronische, allzu „schwere"
Fälle ausschaltet, d. h., sie einfach einer bloßen „Betreuung" zuführt und die
prognostisch einigermaßen günstigen aussiebt. Erst wenn das zur Selbstverständlichkeit erhoben sein wird, nämlich zu dieser vollen wachen Ausdrücklichkeit, besteht überhaupt eine Aussicht, in geordneter und korrekter Weise das
Verhältnis zwischen pragmatischen und analytisch-psychotherapeutischen Verfahren zu diskutieren. Hieran aber muß der Wissenschaft, besonders auch der
psychiatrischen Klinik in ausgesprochenster Weise liegen. Das bisherige Durcheinander, die bisherige Vagheit sollte endgültig aufhören! Daher all die eben
erfolgten breiten Erörterungen. Man kann es auch noch anders ausdrücken: Die
Patienten, die „Fälle", die ganz individuellen Träger neurotischer Symptomatik
müssen hinsichtlich ihrer Struktur auf dem oben erörterten Wege überhaupt
erst einmal kommensurabel gemacht werden. Das kann unseres Erachtens nur
auf dem geschilderten Wege erfolgen. Die analytisch gezielte Anamnese muß
vorausgehen, und zwar gekonnterweise. Dann erst ist überhaupt ein sinnvolles

Gespräch hinsichtlich eventueller Vorzugswürdigkeit pragmatischer Verfahren zu führen. Aber wiederum ist darauf hinzuweisen, daß das tatsächlich Mögliche nur auf dem mehrfach charakterisierten Wege praktischer, und zwar kontrollierter Ausübung erreichbar ist.

Zentralinstitut für psychogene Erkrankungen der Versicherungsanstalt Berlin, Berlin-Schöneberg.

Anleitung für das Erheben und Fixieren einer psychotherapeutischen Anamnese

Gliederung: (ein Vorschlag, der sich mehr auf den Inhalt als auf die Anordnung bezieht)

1. Grund des Kommens: Symptomatik:
   Beginn oder wesentliche Verschlechterung der Symptomatik:
2. Auslösende Schicksalssituation.
3. Prämorbide Persönlichkeit.
   (hierzu, soweit wesentlich, eine kurze Beschreibung des Patienten, seines Ausdrucks und sonstigen Verhaltens. Struktureigentümlichkeiten, die die gesunde Verarbeitung der Versagungen und Versuchungen verhindern).
4. Genese.
   Frühkindliche Situation und Entwicklung.
   Spätere Entwicklung.

Fragetechnik zu der vorgeschlagenen Gliederung:

ad 1: Symptomatik zusätzlich zu den spontan mitgeteilten Beschwerden erfragen. (Stimmung, Angstzustände, Gedächtnisleistungen, Fehlleistungen, Magen- und Darmstörungen, Enuresis etc.)

ad 2: Vorliegende Problematik in:
   a) Berufssituation (Wünsche, Pläne, Fehlschläge etc.)
   b) Familie und sonstige Beziehungspersonen (u. a. Sexualität)
   c) Besitzverhältnisse (Schulden, Verpflichtungen, Ansprüche etc.)

ad 3: Intelligenz und sonst. Begabungen (Konstitution, evtl. erbliche Belastung), berufliches Können, Ausbildung etc.

Verhaltensweisen:
   a) dem Besitz gegenüber:
      Kann Pat. zugreifen, fordern, erobern, behalten, nein sagen, Besitz verteidigen, Verluste hinnehmen, warten?
   b) im Bereich des Geltungsstrebens und der Aggressionen:
      Kann Pat. auftreten, sich behaupten, sich einen Platz erobern, verteidigen, gelegentlich grob werden, arbeiten (Bequemlichkeit?), Pläne in die Tat umsetzen, Niederlagen evtl. hinnehmen (Ehrgeiz), Risiken eingehen, mit Menschen umgehen?
   c) in bezug auf die Liebesfähigkeit:
      Erlebt Pat. Zärtlichkeitswünsche? Kann er sie realisieren? Ist er kontaktfähig? Kann er dem Partner zuliebe verzichten? Versöhnlich sein bei Konflikten? Kann er sich hingeben, ohne sich auszuliefern?
      Verhalten und Stellung zur Sexualität:
   Weitere Strukturbestandteile:
   (Überkompensation, Ersatzbefriedigung, Bequemlichkeitshaltungen, Tagträumereien und illusionäre Erwartungsvorstellungen, Ehrgeizhaltungen, ideologische Verarbeitungen etc.)
   d) Auffassung von Leben, Menschen und Welt überhaupt, d. h. Stellung zur religiösen Problematik.

ad 4: Erziehungspersonen. Stellung in der Geschwisterreihe. Erwünschtes Kind? Häusl. Milieu. Besitzverhältnisse. Frühkindl. Erkrankungen (Rachitis, Tbc., evtl. längerer Klinikaufenthalt, Kinderkrankheiten).
   Sauberkeitsgewöhnung.
   Entwicklung der Motorik.
   Entwicklung der Sprache.

Kindliche Auffälligkeiten:
Eßstörungen, Sprachstörungen, Enuresis, Einkoten, Pavor nocturnus, „Anfälle",
Daumenlutschen, Nägelkauen, Haare ausreißen etc. Stilles Kind? Ängstl. Kind?
Störendes Kind? Spielfähigkeit (Liebhabereien, Neigungen).
Kontaktfähigkeit etc.
Früheste Erinnerung.
Späterer Lebensweg (Schule, Pubertät, Beruf, Familie).

Zusammenfassung:

1. Es handelt sich (kurz) um folgende Klagen und Symptome:
   seit (19..) .... Jahren bestehend.
           .... Monaten bestehend.
           .... Tagen bestehend.
   Seit .... bestehend.
   Mit Unterbrechung von .... bis .... bestehend.
2. Es besteht folgende vermutliche Beziehung zwischen prämorbider Persönlichkeit und
   Symptomatik; Sinn der Symptomatik:
3. Es sind vorhanden (soweit Anamnese ergibt)
   Die Heilung erschwerende Faktoren:
   Die Heilung begünstigende Faktoren:
   Berufliches Können:
   Zu beruflicher Tätigkeit verwendbares Können:
Diagnose: (auch im Formblatt notieren!)
           und zwar: schizoide, depressive, zwangsneurotische, hysterische, neurasthe-
           nische Struktur.
           Dazu kurz Hauptsymptomatik: a) körperlich:
                                        b) psychisch:
                                        c) charakterologisch:

Berichte

1. Nach 50 Stunden erster Bericht.
   am „Kopf": 1. Anzahl der bisherigen Behandlungsstunden.
              2. Stundenzahl pro Woche.
              3. Arbeitsfähigkeit.
   Gliederung:
   1. Symptomatik zu Beginn der Behandlung.
   2. Symptomatik im Zeitpunkt der Berichterstattung.
   3. Ergänzung zur Erkrankungssituation, verglichen mit der Anamnese.
   4. Ergänzung zur Schilderung der prämorbiden Persönlichkeit und ihrer Struktur-
      eigentümlichkeiten.
   5. Ergänzende Schilderung der genetischen Faktoren, nunmehr selbstverständlich aus-
      führlicher.
   6. Beziehung zwischen Symptomatik und Persönlichkeitsstruktur.
      (Welche Teile eines vollständigen Antriebserlebens stellt das Symptom dar? Sinn
      des Symptoms?)
   7. Angaben über den therapeutischen Plan und evtl. erzielten Heilerfolg.
   8. Nach Möglichkeit sind Träume und deren Interpretation zu berichten.

2. Nach 120 Stunden (falls Behandlung 150 Std. überschreiten soll) zweiter
   Bericht.
   am „Kopf": wie 50-Std.-Bericht.
   Gliederung:
   Grundsätzlich wie für den 50-Std.-Bericht, sofern sich neue Einzelheiten ergeben
   haben.
   Sachentsprechend soll in der Schilderung jetzt der Heilungsweg in den Vordergrund
   treten.
   Zusammenfassende Begründung für den Vorschlag einer Verlängerung der Therapie..
   Angaben, wieviele Stunden voraussichtlich noch benötigt werden.

3. Abschlußbericht.

Berlin, Januar 1949/Mai 1950   Zentralinstitut für psychogene Erkrankungen
                                      der Versicherungsanstalt Berlin, gez. Sch.-H.

7. Das „team"

Ist es überhaupt für einen einzelnen Psychotherapeuten möglich, die eben geschilderte Anamnese mit ihren diagnostischen und prognostischen Bestandteilen allein zu erheben? Müssen sich hier nicht mehrere Personen, Fachleute von wenigstens etwas verschiedenem Charakter zusammenschließen und ergänzen?

Die Berliner Erfahrungen seit 1945 im „Institut für Psychopathologie und Psychotherapie", dann nach dessen Übernahme durch die Versicherungsanstalt Berlin im „Zentralinstitut für psychogene Erkrankungen" sprechen dafür, daß dies durchaus möglich ist. Ist der betreffende Untersucher auch noch psychiatrisch so weit geschult, daß er die Signale einer möglicherweise (!) primär organischen Erkrankung des Zentralnervensystems, seien deren Äußerungen zunächst psychologisch oder auch „körperlich" faßbar, zu bemerken vermag, dann genügt eine etwa 4jährige vorwiegend analytisch-psychotherapeutische Ausbildung und anschließende Tätigkeit durchaus für den eben genannten Zweck. Wir sind der Meinung, d. h. haben die Erfahrung gemacht, daß dann weitere „psychologische" Untersuchungen (etwa Teste) nicht not-wendig sind. Es scheint uns sogar so, als ob solche Teste unter gar keinen Umständen in irgendeiner Weise die hier geschilderte diagnostische und prognostische Anamnese zu ersetzen vermögen. Sie sind also weder notwendig zur Sicherung, noch können sie ihrerseits einen Ersatz leisten, wenn die oben genannten Voraussetzungen beim Untersucher fehlen. Um es noch etwas genauer zu präzisieren: Die Teste sind ja sämtlich abhängig davon, daß sie ihrerseits verifiziert werden, und zwar durch Exploration. In welchen Grenzen die Resultate ihrer Anwendung (das gilt zum Beispiel auch für die Graphologie als Testverfahren) heute schon so gesichert sind, daß sie gewissermaßen „blind" angewandt werden können, also einer Verifikation dann nicht mehr bedürfen, scheint noch völlig ungewiß. Nehmen wir also das Primat der primär-organischen Medizin, der Neurologie auf der einen und der Internistik auf der anderen Seite, wie oben erörtert, hinzu, so ist unseres Erachtens alles in Ordnung — für den hier in Frage stehenden Zweck der analytischen Psychotherapie bzw. ihrer Vorbereitung und Einleitung.

Die Bedeutung der andernorts vielgerühmten verschiedenen Testverfahren scheint uns durchaus zusätzlichen Charakter zu haben, d. h., es wird in keiner Weise bestritten, daß es durchaus fruchtbar sei, sie, falls man viel Zeit und Geld hat, zu verwenden und damit das anschauliche Bild einer Persönlichkeit zu bereichern. „Zu vertiefen" wäre also falsch ausgedrückt. Hin und wieder können die von den Testmethoden gelieferten Anzeichen, Indizien einmal eine Untersuchungslücke innerhalb des hier dargestellten und empfohlenen Verfahrens ausfüllen. Soweit uns bisher aber überblickbar ist, handelt es sich eben immer nur um eine nicht unbedingt notwendige Ergänzung. In vergröberter Kürze ausgedrückt: Die Unterhaltung, das Gespräch, nämlich das gezielte (das aber ist entscheidend!), mit einem Patienten von dreiviertelstündiger Dauer ergibt an Resultat außerordentlich viel mehr als noch so langwierige und ausgedehnte Testverfahren. Es scheint sich hier um ein wissenschaftliches Mißverständnis zu handeln, wenn irgendwo die Neigung besteht, Testverfahren in den Vordergrund zu rücken, und es wird wohl noch einiger Entwicklung und Untersuchung bedürfen, festzustellen, wie solch Mißverständnis eigentlich entstehen konnte.

Noch anders ausgedrückt: Sobald die analytische Psychotherapie eine auf moderner Basis entwickelte korrekte Neurosenlehre zur Verfügung hat, d. h. also, wie schon mehrfach gesagt, „gezielt" zu explorieren vermag, hat die „Psychologie sonst" tatsächlich eigentlich gar nicht mehr mitzureden. Damit ist sie nicht eigentlich überflüssig geworden. Das wurde ja schon gesagt. Unter dem Gesichtspunkt der Mannigfaltigkeit, der Fülle, der Fruchtbarkeit, wie man das gewöhnlich nennt, ist die Heranziehung der Psychologie sehr wohl zu begrüßen, aber auch nicht mehr. Nur wenn es sich um Menschen handelt, und zwar ganz vorwiegend um Kinder, die nicht in der üblichen Weise exploriert werden können und den Angaben von deren Eltern und Pflegepersonen man naturgemäß, wie die Erfahrung zeigt, weitgehend mißtrauen muß, ist eine ganz spezielle Testform, die ebenfalls „gezielt" aufgebaut und heute in der Regel als Sceno-Test bezeichnet wird, von vordringlicher Bedeutung. Das heißt ja aber wiederum, daß auch dieser Sceno-Test, der ebenfalls in Berlin wesentlich im Kreis der neo-psychoanalytisch Eingestellten von Dr. Gerdhild von Staabs entwickelt wurde, bei Erwachsenen anwendbar ist. Er hat hier aber wiederum lediglich bestätigenden Charakter, manchmal hinweisenden und ein wenig vorwegnehmenden. Es wird noch zu untersuchen sein, wie weitgehend er das mit einiger Präzision vorwegzunehmen vermag, was eine gezielte Anamnese und deren Fortsetzung in den Stunden der Analyse dann ergibt. Die theoretischen Angaben über die sinngemäße Interpretation des Sceno-Tests, auf S. 17 der Schrift von Dr. Gerdhild von Staabs, „Der Sceno-Test. — Beitrag zur Erfassung unbewußter Problematik bei Kindern und Jugendlichen" (Verlag Hirzel, Leipzig, 1943) angeführt, zeigen ja mit voller Deutlichkeit, daß auch hier das „Verfahren des Rösselsprungs" (s. a. S. 71, 97, 107) unbedingt angewandt werden und stets als notwendig vorschweben muß. Eine direkte geradlinige Entnahme des gesuchten Psychologischen aus dem gezielten Test, aus der „Szene", ist nur in allerengsten Grenzen durch Höchstgeübte möglich (was wiederum nicht dagegen spricht, daß alle diejenigen, die die Entwicklung der analytischen Psychotherapie heute für wesentlich unausgereifter halten, als sie tatsächlich schon ist, durch die aphoristischen Resultate des Sceno-Tests bei Kindern, Jugendlichen und Erwachsenen häufig einfach „erschlagen" zu sein pflegen, und zwar mit Recht).

So etwa scheinen die Dinge heute zu liegen. D. h., so etwa sehen die faktischen Möglichkeiten, so etwa sieht das heute schon Erreichte aus.

Noch ein Wort zur Frage der Sozialfürsorger, die etwa mitzuarbeiten hätten: Wenn der oben genannte ausreichend informierte und geübte Einzeluntersucher im gegebenen Fall ebenso gezielt, wie er die Anamnese beim Patienten erhebt, dessen Angehörige und Beziehungspersonen zu sich bestellt, zum Beispiel auch die Mutter eines Kindes, dann erübrigt sich in der Regel wiederum auch die Tätigkeit einer speziell sozialfürsorgerisch arbeitenden Persönlichkeit. Verfasser glaubt nicht, daß er hier in Wirklichkeit das darstellt, was man im Deutschen: „In der Not frißt der Teufel Fliegen" nennt. Er glaubt nicht, daß die speziellen, materiell so bedrängten und belasteten Berliner Verhältnisse es sind, die er mit den zu fordernden experimentellen Umständen verwechselt. Vielleicht ist es so, daß die Notlage in Berlin einen Reifungsprozeß der analytischen Psychotherapie erzwang, der — allerdings dann zum „Schaden" der wissenschaftlichen

Entwicklung — den opulenter Lebenden erspart blieb. Vielleicht ist es so bzw. war es so. Aber man wird hier nicht zu streiten brauchen. Es kann der kommenden heranreifenden Generation von analytischen Psychotherapeuten ruhig überlassen bleiben, hier sorgfältig zu vergleichen. Wahrscheinlich wird sich das, worum es sich in Wirklichkeit handelt, auf solchem Wege bei versöhnlichem Gespräch und nach wohlwollender Abrede zwischen den Verschiedenes Meinenden sehr bald herausstellen.

Wer die ausländische Literatur ein wenig wenigstens kennengelernt hat, wird inzwischen schon bemerkt haben, daß mit all dem im vorliegenden Kapitel Dargestellten angespielt wird auf die vielfach etwas unbekümmert geäußerte Auffassung, es sei selbstverständlich, daß insbesondere hinsichtlich der analytischen Bemühungen um abartige Kinder und Jugendliche ein team ans Werk gehen müsse, also ein Gremium von etwa 3 Personen (im Film „Snakepit" erscheint ja sogar ein noch viel zahlreicheres Gremium). Dieses besteht, wie es scheint, üblicherweise aus einem Psychiater, der es von sich aus offenbar für notwendig hält, einen Psychologen zu Rate zu ziehen und dann auch noch einen „psychiatrisch" geschulten Sozialfürsorger. Da müssen wir es wohl den Erfahrungen des kommenden Jahrzehnts überlassen, hier einiges Klärende zu ermitteln. Mag sein, daß Verfasser infolge seiner Berliner relativen Isoliertheit, auch hinsichtlich der Literatur, noch nichts ausreichend Genaues hierüber weiß. Aber er glaubt, es verantworten zu können, hier wenigstens eine Frage aufzuwerfen und Erwägungen anzustellen; denn rein äußerlich sieht das Berliner Verfahren mit dem analytisch-psychotherapeutischen „Einzelgänger" ja recht anders aus als das, was über die Child-Guidance-Kliniken der „Welt" zum Beispiel berichtet wird. Also wollen wir freundlich sein und abwarten, aber uns doch das Recht nehmen, Fragen zu stellen und in Frage zu stellen.

8. „Systematische" und „künstlerische" Anamnese

Es ist anzunehmen, daß manch einer, der das eben Erörterte verfolgt hat, aber auch mancher andere schon lange vorher mit Schaudern den „pedantischen", „mechanischen", „schematischen" Charakter der oben erfolgten gegliederten Darstellung auf sich hat wirken lassen. Wie sich nun zeigen wird, ist dieser gefühlsmäßige Eindruck aber doch nicht berechtigt; denn es ist lediglich Aufgabe zusammenfassender Wissenschaft, so zu ordnen und darzustellen. Es darf den Betreffenden gesagt werden, daß auch an dieser Stelle wieder an die schon mehrfach erwähnte Barockvolute gedacht werden muß. D. h., auf der einen Seite muß eine korrekte, gezielte, analytisch-psychotherapeutische Anamnese den oben dargestellten und noch weiterhin darzustellenden Charakter haben. Eine korrekte analytische Konsultation, die Anspruch auf Sachgemäßheit erhebt, muß so aussehen — ihrer allgemeinsten und doch konkreten Struktur nach. Aber faktisch, d. h. in der wirklich praktischen, lebendigen Konkretheit des Vorgehens kann und darf „alles anders" sein. Hier fehlt selbstverständlich jedes Schema. Dieses erlernt der Lernende. Das ist notwendig. Aber derjenige, der gelernt hat und dem das Schema und das, worauf gezielt und wie gezielt werden muß, in Fleisch und Blut übergegangen ist, hat nunmehr völlige Freiheit, „sinngemäß" das jeweilig Notwendige zu tun. Das wiederum heißt: Gerade dann, wenn man mit voller Wachheit und Transparenz das Sachgemäße und Notwendige vorschweben hat, wird man in der Freiheit sein, und erst dann wird man sie haben, sich völlig seiner wiedergewonnenen „Naivität" zu überlassen. Dann ist das „sentimentalische" Stadium analytisch-psychotherapeutischen Lernens überwunden. Es klingt nur noch in allgemeinster Tönung nach, es mahnt und „hält Tiefe". Im übrigen aber hindert es nicht, daß der Untersucher sich auf den am Telephon sich Meldenden oder den in der Wohnungstür noch unsichtbar Eintretenden oder den erscheinenden Patienten ganz ursprünglich einstellt; denn dieser Patient kündigt sich ja sofort, zumindest durch den Ton seiner Stimme am Telephon, durch das Geräusch seiner Schritte im Flur, durch seine Haltung und dann seinen Augenausdruck an. All dies ist von der anthropologischen Wissenschaft noch nicht in praktisch wirklich verfügbarer Form bewältigt worden. Hier muß noch völlig oder nahezu völlig, wenn auch durch wissenschaftliche Erörterung angeregt, die ebenfalls schon mehrfach erwähnte „breite Erfahrung" (s. a. S. 15, Zeile 12) ins Spiel treten. Hier kann nun buchstäblich alles richtig sein. Das was im Schema am Ende steht, kann praktisch am allerersten Anfang notwendig sein. Es gibt da einfach keine Regel. Hier steht das Individuum des Untersuchers dem Individuum des Patienten gegenüber und bildet sofort und „automatisch" eine soziologische Gruppe. Hier entscheidet deren der Wissenschaft noch weitgehend entzogenes Gesetz. Hier treten geprägte Formen einander gegenüber mit allen Zügen ihrer tatsächlichen Ungeprägtheit. Hier geht es weitgehend um instinktive Vollzüge. Und das ist doch kein Widerspruch gegenüber dem hier erörterten „Schema". Wenn man will, kann man das nunmehr endgültig empfohlene Verfahren der analytisch-psychotherapeutischen Anamnese trotz ihrer „Gezieltheit" „künstlerisch" nennen. Das wäre sprachlich und begrifflich auf keinen Fall falsch, vielleicht lediglich etwas zu „pompös". Noch einmal anders ausgedrückt: Hier zeigt sich, was es heißen sollte, wenn anfänglich immer wieder betont wurde, das analytisch-psychotherapeutische Verfahren besteht nicht in „Kniffen". Nicht diese erlernt man, sondern etwas Allgemeineres, und gerade das ist in Kombination mit der Knifflosigkeit das eigentlich Sachgerechte. Das hier empfohlene Verfahren ist also weder rational noch irrational. Die Verwendung dieser beiden Begriffe, um hier näher zu charakterisieren, ist auf jeden Fall verfehlt, überholt.

9. Der „Pakt"

Schon einleitend wurde mit großer Ausdrücklichkeit darauf hingewiesen, daß ein nicht unerheblicher Teil der Schwierigkeiten, die während eines analytisch-psychotherapeutischen Verfahrens (vielleicht nach Ablauf von 100 Stunden) aufzutreten pflegen, ihre tatsächliche Wurzel nicht im Verfehlen irgendwelcher technischer Kniffe haben, sondern in der ersten Konsultation bereits. Es wurde darauf vorbereitet, daß diese also einer besonders sorgfältigen Erörterung bedarf. Damit wurde begonnen durch Entwicklung einer Theorie der Anamnese hinsichtlich ihrer diagnostischen und besonders auch ihrer prognostischen Seite.

Nun wäre aber erst das Bedürfnis des Psychotherapeuten befriedigt, hinsichtlich der Diagnose und auch der Prognose klarzusehen, nämlich im wesentlichen hinsichtlich der „Schwere" des Falles. Es bleibt das Anliegen des Patienten; denn dieser wird nun, so weit exploriert, seinerseits fragen, sofern er noch Reste von unneurotischen Bestandteilen in sich hat. Und diese müssen wir ja einfach voraussetzen, wenn wir uns nicht in die Rolle von Göttern hineinspielen wollen. Wenn sinngemäß weiter fortgefahren werden soll, muß nunmehr also unterstellt werden, der Psychotherapeut könne dem Patienten auf sein primäres Anliegen hin antworten: Gewiß, die Symptomatik des Betreffenden falle in seinen Bereich, sei also psychogen. Darauf müßte der Patient dann, eben sofern unneurotisch, seine weiteren verständigen und. vernünftigen Fragen stellen.

Diese müßten etwa lauten: „Wie lange wird denn eine solche analytische Psychotherapie dauern?" Stellt der Patient diese Frage nicht, so bemerkt der Untersucher also, daß sich der Patient eigentlich nicht recht als Subjekt benimmt, daß das Selbst des Patienten „nicht in Ordnung" ist. Er wird also seinerseits, auch wenn er nichts davon sagt, dem Patienten gegenüber den Anspruch anmelden, dieser solle sich, wie Künkel das ausgedrückt hat, subjekthaft verhalten, also verständig und vernünftig fragen. Wann der Untersucher, wann der Psychotherapeut nun einen ausdrücklichen Appell an das Subjekt seines Patienten richtet, ist damit in keiner Weise gesagt. Es wird nur irgendwann zu erfolgen haben. Die Frage nach dem Wann muß wieder „künstlerisch" entschieden werden. Aber — ginge es systematisch weiter, dann müßte der Patient diese Frage eigentlich stellen. Der Untersucher ist also sachgerechterweise verpflichtet, ausdrücklich für sich wenigstens zu bemerken, wenn der Patient diese Frage nicht stellt. Man verzeihe wieder einmal diese scheinbare Pedanterie. Die didaktische Erfahrung lehrt, daß so ausdrücklich davon gesprochen werden muß.

Es wären hiermit also bereits 2 wichtige Punkte des weiteren Fortschreitens der Konsultation erörtert, die unter den Titeln

a) Appell an das Subjekt,

b) die Dauer der analytischen Psychotherapie,

streng in der Reihenfolge ihrer Bedeutung hätten erörtert werden können.

Es soll nunmehr mit dem Thema: Die Dauer der analytischen Psychotherapie fortgefahren werden.

Der Patient muß ja ein Interesse daran haben zu erfahren, wie es damit steht und der analytische Psychotherapeut sollte im allgemeinen auf Grund seiner gezielten, u. a. prognostischen Anamnese darauf vorbereitet sein, eine Antwort zu geben. In vielen Fällen wird er diese hinsichtlich ihres speziellen Inhalts aber für sich behalten, auch für sich behalten dürfen. Es genügt im allgemeinen, wenn er dem Patienten wegen der immer noch bleibenden praktischen, wenn auch nur relativen Unbestimmtheit der Prognose mitteilt, daß die Dauer einer analytischen Psychotherapie im Mittel einen Zeitraum von $1\frac{1}{2}$ Jahren einnimmt, d. h. von etwa 150 Stunden. Natürlich handelt es sich hierbei nur um das, was man eine Größenordnung nennt und nicht um eine wörtlich zu nehmende „exakte" Angabe. Für praktische Zwecke aber ist sie durchaus ausreichend. Man kann evtl. noch hinzufügen, daß noch vor zwei Jahrzehnten eine analytische Psychotherapie im Mittel sehr viel länger, mindestens doppelt so lange dauerte.

Man sollte sich nicht scheuen, diese Angabe zunächst einmal zu machen. Die Gefahr, daß ein Patient dann „ausbricht", ist heute nur noch sehr gering. Im allgemeinen kann jedes vernünftige Interesse des Psychotherapeuten an dem Aufbau einer ihn nun „sichernden" Praxis hiermit als befriedigt gelten. Nur wenige Patienten werden allein daraufhin fortbleiben, und der Psychotherapeut hat sich gegen das verbreitete Mißverständnis des Patienten gesichert, er wäre ein Wundertäter. Aber die Formel lautet ja: im Mittel, d. h., man sollte den Patienten gegenüber hinzufügen, daß bei stark chronifizierten, bei schweren Fällen also, im allgemeinen die Dauer einer analytischen Psychotherapie sehr viel länger sein kann, bis zu mehreren Jahren. Und es sei keineswegs etwa so, daß, wenn nach 200 Stunden noch kein Erfolg erreicht sei, dieser nicht nach 300 Stunden eintreten könne. Auf der anderen Seite sollte hinzugefügt werden, daß in Ausnahmefällen, wenn es sich um einen wirklich leichten Fall handelt, auch eine analytische Psychotherapie oft nur recht kurze Zeit dauert, vielleicht um ein bis zwei bis drei Dutzend Stunden herum. Und dann sollte hinzugefügt werden, der Patient möge aber auf keinen Fall glauben, daß er mit einiger Sicherheit zu diesen Ausnahmen gehören wird. Als abschließende Formel darf man den neurotischen Patienten heute wohl noch auf den Weg mitgeben, daß eine analytische Psychotherapie „4 Tage bis 4 Jahre" dauert. Man hat ja vorher genau erörtert, was das heißen soll und warum das so ist. Was man im Einzelfall hierzu nun sagt, ist Sache des praktischen Erlernens und theoretisch sicher noch nicht faßbar. Aber das, was hier eben angegeben wurde, kann und sollte wohl in allen Fällen gesagt werden. Am Rande enthält diese Mitteilung ja, daß also nicht etwa nur pragmatische Psychotherapien eine kurze Dauer haben, sondern, daß im Einzelfall eine korrekt angewandte analytische Psychotherapie höchstwahrscheinlich mit jedem pragmatischen Verfahren zu konkurrieren vermag. Die pragmatischen Verfahren pflegen ja, wie schon erörtert, den chronifizierten, schweren Fällen gegenüber, die, wie Kretschmer das ausdrückt, weder „primitiv" noch unter schwerster Milieuschädigung entstanden sind, im allgemeinen zu versagen. Eine „Kurztherapie" gibt es also gar nicht. Das war ein Märchen[1].

c) Die Sicherheit des Erfolges.

Ein mittlerer Patient, der „noch einige Vernunft im Leibe hat", wird in der Regel die Frage vorschweben haben, deren Ausdrücklichmachung man ihm erleichtern sollte, wie häufig denn Erfolge in der analytischen Psychotherapie sind. Auch den Gebildeten, Intellektuellen schwebt in der Regel, wie ebenfalls schon gesagt, vor, daß die Medizin etwa in 70—80 % aller Fälle zu helfen vermag. Und das ist ja ein Irrtum. Immerhin müssen wir mit ihm rechnen. So nehmen sie, die Patienten, mehr oder weniger blind und „gläubig" an, auch in der analytischen Psychotherapie werde das der Fall sein.

Oder aber gerade umgekehrt haben sie gerüchtweise von den „entsetzlich

---

[1] Aber all das in diesen Kapiteln Dargestellte bezieht sich auf die Patientenschaft der üblichen, heute üblichen analytisch-psychotherapeutischen Praxis. Allerdings auch etwa auf die einer Poliklinik, wie das Zentralinstitut für psychogene Erkrankungen in Berlin sie darstellt (s. aber auch S. 309 f).

langen" Dauern der analytischen Psychotherapie, die ihnen dann wohl unter dem Titel „Psychoanalyse" vorschwebt, gehört. Zumindest am Rande, oft, ohne es selbst genau zu wissen, lauert in ihnen ein tiefes Mißtrauen. Wenn man es sich recht überlegt, kann man eigentlich nur sagen: „Was sollen die Armen denn anders tun?" Der mittlere Patient fragt also, bzw. sollte fragen, wie häufig denn Erfolge sind. Daran hat der analytische Psychotherapeut allein schon deshalb ein ganz persönliches, aber auch sachliches Interesse, weil ein erheblicher Teil viel später auftretender Schwierigkeiten und sogenannter „Widerstände" der Patienten ganz einfach darauf zurückgeht, daß sie mit einer Illusion, nämlich der eben erörterten, in die Konsultation kamen und aus der Konsultation wieder fortgingen. Im Interesse der Sache und auch der Seelenruhe des Psychotherapeuten sollte dieser hier wieder größenordnungsmäßig eine mittlere Zahlenangabe machen. Und wie die Dinge heute liegen, darf er etwa sagen, daß die Hälfte seiner Patienten geheilt oder entscheidend gebessert wird. Besonders der Anfänger sollte sich nicht scheuen, dies auszusprechen — etwa, weil er fürchtet, die Patienten würden ihm dann alle davonlaufen. Sie tun das in der Regel nicht. Und diejenigen, die auf diese Weise in das Verfahren eintreten, werden auf jeden Fall auf lange Sicht eine bessere Propaganda für den betreffenden Psychotherapeuten sein als die paar „Glanzexemplare" auf Grund oder trotz illusionärer Erwartung.

Aber es muß hier Einiges hinzugefügt werden. Zunächst einmal, daß dieses Fifty-fifty unter der Voraussetzung gilt, daß der Patient selbst zumindest einen Teil der Kosten für das Verfahren trägt. Übernimmt die Kasse oder die Wohltätigkeit die gesamten Kosten — außer in den wirklich dringendsten Notfällen —, so ergibt sich auf psychologisch sehr verständlichem Wege schon theoretisch und hat sich auch praktisch ergeben, daß die Erfolgschance eindeutig sinkt. Das subjektive Leid hält als Ansporn so und so oft nicht vor, und wieder muß hinzugefügt werden, daß der erlahmende Patient fast immer „zur rechten Zeit" einem ehrlichen Skeptiker oder auch einmal einem bösartigen Lästerer, der wer weiß was gegen die analytische Psychotherapie auf dem Herzen hat — zum Beispiel auch gegen jede „aufdeckende", „motivschnüffelnde" Psychologie —, begegnet und damit den gesuchten Vorwand zum Abbruch der analytischen Psychotherapie erhält.

Andererseits darf der Psychotherapeut ruhig und begründet hinzufügen, daß auch derjenige Patient, in der Regel, der seine Symptomatik durch das analytisch-psychotherapeutische Verfahren nicht verliert, so viel „für das Leben", für das eigene Verhalten, für die Behandlung der Menschen hinzulernt, daß die überwiegende Atmosphäre bei Abschluß solcher Analyse die der Dankbarkeit ist. Das kann praktisch erreicht werden. Und die natürlich immer wieder einmal vorkommenden Fälle von lärmendem Protest sprechen nach Zahl und Art nicht gegen diese allgemeinste Feststellung.

Noch eine Hinzufügung: Man muß bei Gelegenheit der Erörterung der Erfolgswahrscheinlichkeit analytisch-psychotherapeutischen Verfahrens in der Konsultation eine kleine Zeit bei diesem Thema verweilen. Es ist zweckdienlich, dem vielleicht doch im ersten Augenblick über dieses Fifty-fifty erschreckten Patienten einige Zeit der Besinnung zu gönnen. Man kann ihm auch direkt assistieren, indem man ihm deutlich vor Augen führt: Zwar geht jeder 2. Patient (mit der obigen Einschränkung!, v. S. 3. Abs.) leer aus. Aber immerhin besteht für den einzelnen Patienten, für den, um den es sich im Augenblick handelt, die Chance 1:1, daß er das positive Los zieht. Und da ist die menschliche Natur so geartet, daß im allgemeinen nur der schwer chronifizierte oder ausgesprochen unintelligente Patient nicht von letztem, biologischem Optimismus angerührt, glatt und eindeutig zugreift. Das ist praktisch und in der Regel so. Dies sollte der Nachwuchs wissen; denn das verleiht ihm Sicherheit, besonders auch die Sicherheit des „Auftretens", die er braucht und für sich wünscht. Er braucht sich heute nicht mehr um die Ausnahmefälle zu kümmern, die dem zu widersprechen scheinen, auch dann nicht, wenn er ganz persönlich das Pech, das Zufallspech, hat, daß sich bei ihm einmal ganz zu Anfang die Ausnahmen häufen.

Der größte und entscheidende Gewinn eines solchen Vorgehens aber besteht darin, daß der Patient späterhin, wenn die ganz selbstverständlichen und naturgemäßen Schwierigkeiten der Reifung entstehen und auch subjektiv gespürt werden, an jene Voraussage der Konsultation erinnert werden kann. Das gibt dann in der Folge eine ganz ausgezeichnete Basis für das Weiterarbeiten.

Es muß noch hinzugefügt werden, daß all dies das Erlernbare ist, also im augenblicklichen Zeitpunkt erlernbare Fundierung eigener therapeutischer Sicherheit, schon in der Konsultation und dann im Hinblick auf sehr viel spätere Stadien des Heilungsprozesses. Es muß noch hinzugefügt werden, daß, wenn dies so ist, ganz selbstverständlich ein weiterer zusätzlicher Gewinn um so sicherer hinzukommt, wenn der Psychotherapeut eine Reihe von Eigentümlichkeiten mitbringt, die den Patienten instinktiv vertrauen lassen. In solchem Fall nämlich „schadet" dem Patienten die Mitteilung der Fifty-fifty-Wahrscheinlichkeit noch viel weniger als sonst schon. Der in dieser Weise „begnadete" Psychotherapeut kann also und sollte also nur dankbar dafür sein, daß er seine ganz persönlichen Vorzüge aufzubauen vermag auf einer sicher fundierten Grundlage.

Immerhin ist es hier wohl empfehlenswert, wenigstens mit ein paar Worten auf das einzugehen, was eben als „instinktiv" und „Vertrauen" bezeichnet wurde. Auch hiervon sollte sich der analytische Psychotherapeut nicht nur „tragen" lassen. Das sollte er auch tun, aber er sollte darüber hinaus wissen, daß er das tut, und wissen, warum er es bereitwillig tut. Er sollte mit voller Ausdrücklichkeit die Geborgenheitssehnsucht aller Menschen und die erhöhte Geborgenheitssehnsucht bei allen Neurotikern kennen. Man kann, wie aus der gesamten, hier vertretenen Neurosenlehre hervorgeht, in diesem Zusammenhang auch auf das ubiquitäre Hingabebedürfnis des Menschen hinweisen. Die Welt, und zwar die soziale, wäre „paradiesisch" eingerichtet, wenn es außer der ursprünglichen Geborgenheit bei der Mutter in der ersten Zeit des Lebens auch sonst noch irgendwo in der Welt eine so ausgeprägte Möglichkeit des Vertrauens gäbe. Und diese allgemein verbreitete Sehnsucht, die beim Neurotiker in exzessiver Weise oft seiner „Isolierung" (s. S. 217) entspricht, stößt hin und wieder auf eine Beziehungsperson, auf einen Partner, hier z. B. den Psychotherapeuten, der zumindest „verspricht", solche Geborgenheit zu vermitteln, Vertrauen nicht zu enttäuschen oder der sogar imstande und bereit dazu ist, tatsächlich etwas von solcher Geborgenheit zu vermitteln. Unter den sthenischen Menschen, den pyknischen, die außerdem einen gewissen Reichtum an weichen Gefühlsqualitäten besitzen, sind solche Naturen häufiger als etwa unter den a-sthenischen und der Mehrzahl der „gefühlskalten". Auch die „viskösen", „muskulären" Typen vermitteln in für sie charakteristischer Weise nicht selten solche Geborgenheit, d. h., sie strömen eine besondere Form „geraffter Wärme", könnte man, etwas merkwürdig ausgedrückt, sagen, aus. Daran wurde oben gedacht, als von verschiedenen Graden der „Begnadetheit" des Analytikers die Rede war.

Aber so deutlich man diese konstitutionellen Anlagefaktoren auch sehen mag, so sehr man überzeugt davon sein mag, hier auf menschliche „Naturkonstanten" zu stoßen, man sollte doch nicht den Fehler begehen, diese Momente, wie es in Ärztekreisen zum Beispiel heute noch häufig geschieht, zu überwerten. Denn zweifellos handelt es sich hier um menschliche Vorzüge, die im Einzelfall nur zu oft durch mangelndes wirkliches Können auf analytisch-psychotherapeutischem Gebiet wettgemacht werden.

d) Die Geldfrage

Bisher ging es u. a. um die Frage des notwendigen Zeitaufwandes. Diese sollte in der oben erörterten Weise, wiederum natürlich sinngemäß, geklärt werden, schon in der Konsultation. Nun aber wird ein mittlerer Patient natürlich auch nach den geldlichen Opfern fragen, die er zu bringen hat. Dazu ist folgendes zu sagen:

Solange die analytische Psychotherapie private Angelegenheit war, d. h., solange ihre wissenschaftliche Unterbauung noch so unsicher und vielspältig war, daß im allgemeinen nur schwerst-chronifizierte Fälle nach jahrelangen anderweitigen Versuchen zum analytischen Psychotherapeuten kamen, war die Frage nach der Honorierung etwa so zu erörtern, wie Verfasser das in seiner „Einführung in die Psychoanalyse" 1927 mit einiger Ausführlichkeit tat. Heute dagegen befinden wir uns in einem Schwebezustand, der von einer Fülle von vorläufig unübersehbaren Faktoren abhängig ist. Auch örtlich sind die Verhältnisse außerordentlich verschieden. So wäre es nicht sehr sinnvoll, hier in gedruckter Form bereits Vorschläge zu machen. Hier wird der Nachwuchs wahrscheinlich noch für ein Jahrzehnt, von Jahr zu Jahr wechselnd, und oft sehr wechselvoll das Notwendige praktisch erlernen müssen. Nur eines bleibt: Der mittlere Mensch fragt naturgemäß und vernünftigerweise, auch der neurotische mittlere Mensch mit den „Resten" seiner Vernunft und seines Verstandes nach dem Honorar. Tut er das nicht, so muß der analytische Psychotherapeut wissen, daß er aufzumerken hat. Im allgemeinen sollte er die Erörterung dieses Themas schon im Verlauf der Konsultation provozieren und je nach der gegebenen Lage klären.

Eines aber darf hier durchaus als Gesichtspunkt genannt werden: Die altpsychoanalytische Überzeugung, der Patient müsse nach Möglichkeit zusätzlich durch sein finanzielles Opfer, das also wirklich ein Opfer sein sollte, belastet werden, ist heute noch ebenso richtig — in der Regel — wie je. Es zeigt sich immer wieder, daß die neurotische Symptomatik gerade dann, wenn sie auf Grund neuerer Verfahrensweisen verhältnismäßig rasch abzuklingen beginnt, nicht ausreicht, daß ihr quälender Charakter nicht ausreicht, den Patienten zu seinem Heil so lange in analytisch-psychotherapeutischer Behandlung zu halten, wie es notwendig ist, um ihn wirklich mit einiger Wahrscheinlichkeit resistent gegen auch nur mittlere Schicksalseinbrüche zu machen. Diese stehen ihm auf jeden Fall bevor. Daher ist Fundierung einer Korrektur seiner bisher vorhandenen Neurosenstruktur durchaus not-wendig. Und dazu hat sich als Hilfsmittel die eben genannte Belastung durch ein finanzielles Opfer eindeutig erwiesen. Die Wahrscheinlichkeit eintretender Heilung, des therapeutischen Erfolges nimmt wirklich in dem Maße ab, in dem der Patient, d. h. der an psychogener Erkrankung leidende Patient von finanzieller Belastung befreit wird. Es ist anzunehmen, daß sich alle Kassen hiervon eines Tages überzeugen und daraus die Konsequenzen ziehen werden. Was unter Vernachlässigung dieses Gesichtspunktes aus den übrigen durchaus gut gemeinten „sozialen" Gründen heute im allgemeinen geschieht, ist sachlich ebenso inkorrekt wie die Verwöhnungshaltungen mancher „liebenden" Mütter.

e) Die „endogene", „körperliche" „Auffassung" des Patienten

Je mehr körperlich erkrankte Patienten vom Internisten oder auch vom praktischen Arzt als psychogen erkrankt erkannt werden — und das ist ja tatsächlich zunehmend der Fall —, desto häufiger werden Patienten heute in die „psychosomatische" Diskussion hineingezogen. Augenblicklich liegt es so, daß ein nicht unerheblicher Teil der Patienten zwar momentan, aber doch vorübergehend, die Theorie der Psychogeneität ihrer Symptomatik „annimmt". Aber schon in der Konsultation pflegen sich im Hintergrund oder ausdrücklich Zweifel zu melden. Dazu einige Worte, die allerdings wiederum sehr ausgesprochen und breit durch ganz konkrete praktische Erfahrungen der Lernenden ergänzt werden müssen.

Es liegt zunächst natürlich nahe, in der Konsultation den Versuch zu unternehmen, einem Patienten, der „körperlich" (s. noch einmal die Theorie der Gleichzeitigkeitskorrelation, Anhang S. 272) zu leiden meint und „steinern" an seiner Auffassung im Grunde festzuhalten geneigt ist, auf theoretischem Wege über die tatsächlichen Verhältnisse zu informieren. So und so oft glückt das; heute aber in der Mehrzahl der Fälle jedoch nicht. In der Hauptsache liegt das zweifellos daran, daß die Ärzteschaft ebenfalls ganz überwiegend einen antiquierten Standpunkt vertritt, d. h. den des 19. Jahrhunderts, häufig mit dem dazugehörigen Stolz auf die eigene „naturwissenschaftliche" Ausbildung. Ein kleines Beispiel hierfür: Verfasser hat es trotz vielfacher mündlicher und schriftlicher Äußerungen nicht verhindern können, daß auch recht wohlinformierte Kollegen seine eigene Methode, besonders, wenn sie ihn loben wollten, als „streng naturwissenschaftlich" oder „Gott sei Dank naturwissenschaftlich" kennzeichnen. (Unzweideutig wurde unter dem Thema „Das Problem des vermeintlichen Gegensatzes zwischen Natur- und Geisteswissenschaften besonders auch in der „Psychotherapie" (Psyche 1949, Heft 2) hierzu Stellung genommen.) Das soll heißen: Nicht nur die Ärzteschaft, aber die Ärzteschaft ganz besonders, steht unter Führung von manchen Autoritäten heute noch in Verkennung der wahren Verhältnisse auf dem Boden der Jahrhundertwende. Daher werden die Patienten, die sie an den Psychotherapeuten überweisen, nahezu durchgängig fehlinformiert bzw. unausreichend über das Psychosomatische orientiert. Daher also der verständliche Versuch, dem Patienten in der Konsultation bereits sein Vorurteil, daß Körperliches nicht seelisch bedingt sein kann, zu nehmen. Und nun kommt es hinsichtlich dieser Aufgabe ganz auf den einzelnen Patienten an, was man da sagt und tut. Man hat auf der einen Seite die Möglichkeit, ganz theoretisch abstrakt zu sprechen, wenn man eben nach Augenschein und bisher geführtem Gespräch auf das Verständnis des betreffenden Patienten rechnen darf. Man hat die ganz andere Möglichkeit, ein Beispiel aus eigener Praxis zu bringen, eben wenn die Begegnung mit dem Patienten bis dahin wahrscheinlich macht, daß er verständnisvoll auf das Beispiel ansprechen wird. Um es noch einmal zu wiederholen: Es handelt sich hier um sehr individuelle Entscheidungen, deren ,,Richtigkeit" weitgehend davon abhängig ist, ob der Untersucher Intelligenz, Beweglichkeit, Einfühlsamkeit, Verstehfähigkeit in ausreichender Weise besitzt oder nicht.

Heute aber ist es auf jeden Fall noch am besten und am empfehlenswertesten daher, von der Voraussetzung auszugehen, daß dem Patienten während der Konsultation nicht klarzumachen sein wird, worum es sich eigentlich handelt. D. h. also nicht etwa, daß man den Versuch nicht, wie eben geschildert, unternimmt. Natürlich soll man das tun, ausgewogen im Rahmen der gegebenen Zeit oder im Rahmen der Zeit, die man sich setzt. Es wird aber durch solche Überlegung nicht aufgehoben, daß es für später — im Sinne der obigen Ausführungen — sehr nützlich wäre, wenn es gelänge, den Patienten adäquat vorzubereiten. Der rationelle Charakter des analytisch-psychotherapeutischen Vorgehens, das ja leider auf jeden Fall ein erhebliches Maß an Zeit erfordert, wird zweifellos gesteigert, und zwar erheblich, wenn es gelingt, den Patienten,,gleichzeitigkeitskorrelativ" vorzuinformieren. Der Versuch sollte also auf jeden Fall in dieser oder jener Form unternommen werden. Im Hintergrund aber sollte bereits der Lernende wissen, daß dieser Versuch auf jeden Fall unausreichend gelingen wird — und daß es keineswegs ein eindeutiger Vorteil ist, wenn ein Patient von vornherein blindgläubig den psychogenen Charakter seiner ,,körperlichen" Symptomatik akzeptiert. Sogar so verhält es sich.

Ist der Untersucher aber nun so von gesunder Skepsis angefüllt — nicht Pessimismus etwa! —, so wird er zweckmäßigerweise folgendes tun: Juristisch ausgedrückt, wird er den Patienten auffordern, doch einmal zu ,,unterstellen", seine ihm als körperlich imponierende Symptomatik sei seelisch bedingt, d. h. auf ,,innere Konflikte" zurückzuführen etwa. Er wird ihn auffordern, doch etwas Geduld zu haben. Wenn er zum Psychotherapeuten komme, er, der doch von der Sache gar nichts verstehe, könne er das vernünftigerweise doch nur auf Grund eines irgendwie gearteten Vertrauens tun. Es sei also nur konsequent, wenn er sich die Theorie des Psychotherapeuten einmal anhöre, ungefähr zu verstehen suche, worum es sich handeln soll, und dann bereitwillig unterstelle, es könne vielleicht so sein, selbst wenn es ihm noch sehr unwahrscheinlich erscheine. Er solle also einmal ein paar Dutzend Stunden abwarten, was ihm der Psychotherapeut zu sagen habe. Es werde ihm zugesichert, daß dauernd an sein eigenes Urteil appelliert werden würde. Er dürfe nicht nur, sondern er solle so kritisch wie nur möglich sein, aber trotzdem abwarten.

Ist es dem Lesenden deutlich, daß hier wiederum an das „Subjekt" des Patienten appelliert wird, daß wiederum die Möglichkeit besteht, nun zu überprüfen, d. h. zunächst einmal mitanzusehen und zu beobachten, wie der Patient sich hier verhält, ob er verständig und vernünftig ist oder ob ihm das nicht gelingt bzw. in welcher Form ihm das mißlingt? (Thema: „Arbeitstechnik", „Riesenansprüche", Geduld, latente Oralität.) Das also sollte man zu erreichen suchen. Und das ist auch bei allen Patienten, die nicht debil sind, im allgemeinen zu erreichen. In den wenigen Fällen, die hier wirkliche Schwierigkeiten bereiten, kann man ruhig damit rechnen, daß andere „Übertragungs"-Momente dafür sorgen werden, daß der Patient zunächst einmal mitgeht. Aber es sei besonders im Hinblick auf neuere Veröffentlichungen von F. Curtius und L. Adam, „Über psychogene und funktionelle Erkrankungen in der inneren Medizin" (Deutsches Archiv für Klinische Medizin, Bd. 136, 1948) zum Beispiel, die sich darüber beklagen, daß ein so geringer Prozentsatz der Patienten hier „mitzugehen bereit ist", eingeräumt, daß es eine höchst interessante und fruchtbare Aufgabe für die „Praktiker" unter den Psychotherapeuten sein wird, dieses spezielle Thema der Vorinformation der Patienten über die Gleichzeitigkeitskorrelation monographisch in Angriff zu nehmen. Hier wird noch eine Menge von schließlich Erlernbarem fixierbar sein.

f) Die Erwartungsvorstellungen

Nehmen wir einmal an — im Zuge der vorliegenden Darstellung ist das ja durchaus sinnvoll —, daß ein Patient alles bisher Erörterte begriffen hat. Er sei also von sich aus mit erheblichen Resten verständiger und vernünftiger Einstellung darauf gekommen, natürlich weiter zu fragen oder es habe auch der Provokation durch den Untersucher bedurft. Nun soll dies alles also erledigt sein. Vorläufig wenigstens und in dem Ausmaß, das garantiert, daß der Patient dann auch kommt und nicht etwa nach der Konsultation schon fortbleibt. Man hat also gleich von vornherein mit einem ganzen Menschen ein Gespräch geführt, sofort an das Subjekt des Betreffenden, an sein Selbst, an seinen entscheidenden Verstand und seine ebenfalls entscheidende Vernunft mit ausreichendem Erfolg appelliert. Man hat dies getan im Hinblick auf die durch Erfahrung feststellbaren Zusammenhänge zwischen Lahmendem, Vagem und Blindgläubigem einer Erstbesprechung und den oben angeführten späteren erheblichen Schwierigkeiten („Widerständen"). Ist damit nun die Konsultation beendet? — Nein. Denn, der gesunde Kern eines jeden Patienten wird nun weiter fragen, und zwar in folgender Richtung: „Was habe ich nun in der Behandlung weiter zu tun? Oder tun Sie alles Weitere, so daß ich mich nur passiv zu verhalten habe?" So fragt es auf jeden Fall im „Innern" eines jeden Patienten, der ja ein Mensch ist und bei dem man einen gesunden Kern voraussetzt, an den man dauernd wird appellieren müssen. Und wieder unter den obigen Gesichtspunkten im Hinblick auf vielfache Schwierigkeiten im späteren Verlauf einer analytischen Psychotherapie, Schwierigkeiten, die besonders von Lernenden dann regelmäßig für spezifisch gehalten werden, in Wirklichkeit aber in einer „unvollkommenen" Konsultation wurzeln, ist dem Patienten nun mitzuteilen, was weiterhin vor sich gehen wird. Das mag in Kürze geschehen. Im Grenzfall kann es sogar so sein, daß man vollabsichtlich nichts Näheres darüber sagt. Im allgemeinen aber, in der Regel, wird man dem Patienten schon in der ersten Besprechung voraussagen, daß er sich „anzustrengen" haben wird (wieder ein Appell an das Subjekt!). Man wird ihn darauf aufmerksam machen, jetzt schon, daß er nicht nur die Aufgabe haben wird, nicht blind zu vertrauen, sondern daß er sich nicht einmal, wie etwa beim Zahnarzt, einer „Be-handlung" wird überlassen sollen und dürfen, sondern daß er selbst dauernd wach und gefühlshaft zugleich aktiv wird sein müssen, wenn ein Heilerfolg eintreten soll. Hier schon wird also mehr oder weniger ausdrücklich das Thema der beim Durchschnitt der Patienten regelmäßig vorhandenen Bequemlichkeitsthematik berührt.

Was wird der Patient also zu tun haben?

Der Verfasser der vorliegenden Darstellung pflegt in einer Form vorzugehen, die in allen Einzelheiten noch geschildert werden wird. Dem Patienten wird danach folgendes mitgeteilt: „Sie kommen hierher, legen sich unaufgefordert auf das Sofa, das da steht, und dann erzählen Sie regelmäßig, ebenfalls unaufgefordert, Ihre Träume. Darüber werden Sie noch Näheres erfahren. Dann bringen Sie zu den Träumen Einfälle. Auch, was das heißt, wird Ihnen genau erklärt werden. Aber Sie können das auch lassen, nämlich, wenn Sie über irgendein Thema, das Ihnen am Herzen liegt, sprechen möchten. Wenn Sie davon sprechen, müssen Sie nur im Gegensatz zu den üblichen Vis-à-vis-Gesprächen alles, was Ihnen zwischendurch so durch Kopf und Gemüt geht, mitteilen, auch, wenn diese Art des Gesprächs Ihnen zunächst ganz „blödsinnig" vorkommt. Und wenn Sie keine Träume haben, d. h. keine Träume erinnern können, dann legen Sie sich auf das Sofa, schlafen nicht ein und stehen auch nicht auf. Und dann sagen Sie alles, was Ihnen durch Kopf und Gemüt geht. Auch, was das heißen soll, wird Ihnen genau erklärt werden. Ein bißchen werden wir das zusammen üben, damit Sie genau wissen, was von Ihnen erwartet wird. Das müssen Sie natürlich genau verstanden haben und Sie werden sich melden müssen, wenn Ihnen etwas undeutlich erscheint. Und Sie werden sich kritisch melden müssen, wenn Ihnen das, was Sie tun sollen, über die vorherige Verabredung des „Unterstellens" hinaus „komisch", sonderbar, fragwürdig erscheint. Und dann werde ich Ihnen jederzeit in wenigen Worten oder in längerer Rede einiges darüber sagen, was mir an Ihnen auffällt. Ich werde Vermutungen über die Mikrobestandteile Ihres Erlebens aussprechen und weiterhin einiges darüber, was wohl in Ihrer Entwicklung vor sich gegangen ist. Ich habe jederzeit natürlich die Freiheit, Sie zu unterbrechen und Ihnen zum Beispiel zu sagen: Gehen Sie bitte wieder auf den Traum zurück! Bringen Sie Einfälle dazu in der besprochenen Weise! Und das Weitere werden Sie dann sehen, nämlich, was dann weiter in Ihnen geschieht, was Sie dabei in sich entdecken, was dabei in Ihnen auftaucht, aufdämmert, aufleuchtet. Vorstellungshaftes, aber auch durchaus viel Gefühlshaftes wird dabei in Ihrem Erleben erscheinen."

Hier muß nun wohl wiederum — heute, in der Mitte des 20. Jahrhunderts — nach erst 60 Jahren psychoanalytischer „Bewegung" daran gedacht werden, daß ein nicht unerheblicher Teil der Patienten ein „kathartisches Vorurteil" mitbringt. Oft erscheint den Patienten dies infolge von Lektüre, Film usw., auch infolge von Mitteilungen des überweisenden Arztes vielleicht, so selbstverständlich, daß es heute schon gar nicht mehr ausgesprochen wird. Das muß man wissen. Man hat also die Aufgabe, in all solchen Fällen dem Patienten „reinen Wein einzuschenken", d. h. man hat ihm mitzuteilen, daß diese kathartischen Erlebnisse (s. a. S. 222, Zeile 19) bei „klassischen" Hysterien verhältnismäßig häufig und dann auch dramatisch vorkommen, daß sie aber bei allen anderen Neurosenformen, also auch höchstwahrscheinlich bei der des Patienten, durchaus selten sind. Andeutungen davon kommen in jeder Analyse vor. Alle Viertel-, alle Halbjahre einmal geschieht etwas einigermaßen bewegt Kathartisches. Man hat das: „Strampeln" des Patienten genannt. Der oben entwickelten Theorie entspricht es ja auch völlig, daß dieses Strampeln in jeder Analyse einmal vorkommen muß, und daß das Nichtvorkommen hiervon eher ein Signal dafür ist, daß nicht alles in Ordnung ist. Im allgemeinen aber wird man dem Patienten heute mitteilen müssen, daß zwar in jeder Analyse immer wieder das Gemüt in unerwarteter und oft überraschender Weise in Bewegung gerät und in Bewegung geraten soll. Im ganzen gesehen aber handelt es sich bei regulärem Verlauf doch um Mikroerlebnisse und nichts eigentlich „Dramatisches". Wer es heute unterläßt, seinem Patienten dies klipp und klar mitzuteilen, d. h., das kathartische Vorurteil zu zerstören, scheitert mehr und häufiger als es sonst schon infolge unseres begrenzten Könnens der Fall ist, mit seinen Bemühungen. Aber — man muß wissen, daß dies oft erst nach sehr langer Zeit offensichtlich wird, nämlich in all den Fällen, in denen ein Patient ebenso eisern wie der betreffende Psychotherapeut an der kathartischen Erwartungsvorstellung festhält und „geduldig", d. h. in Wirklichkeit passiv (dolce far niente!), Geborgenheit suchend und infantile Geborgenheit um jeden Preis erhalten wollend, das Verfahren über sich und durch sich hinweggleiten läßt. Wie ersichtlich, handelt es sich bei diesen „geduldigen", fügsamen Patienten, die also recht bequem sind, über lange Zeit hinaus angenehm infolge ihrer Passivität, um extrem gefährdete Menschen. Die Prognose ist hier (nur ganz scheinbar paradoxerweise) durchaus ungünstig. D. h. also noch einmal: Es kommt darauf an, den Patienten diese Möglichkeit passiver Fügsamkeit und „Geduld" von vornherein zu nehmen, und dazu gehört, daß man wenigstens beiläufig das vielleicht nur dunkel vorschwebende Vorurteil der kathartischen Erwartung zerstört.

Worauf man also in den 20er Jahren wartete, ging im Groben und statistisch gesehen, auf einen Irrtum zurück.

Aber wie wir sehen werden, gibt es noch eine Reihe weiterer verfehlter Erwartungsvorstellungen, jedenfalls, wenn es sich um eine autonome analytische Psychotherapie handeln soll. Manche Patienten finden sich beim Psychotherapeuten ein, man könnte ruhig sagen mit „schuldbeladener Seele". Oft sind ihnen diese Schuldgefühle so selbstverständlich, daß sie sie als solche gar nicht registrieren. Aus ihrer Isolierung heraus wissen sie gar nicht, daß der mittlere Mensch Schuldgefühle dieser Art und dieses Grades nicht hat. Sie erwarten daher vom Psychotherapeuten eine Annahme und Bestätigung ihrer Schuldgefühle. Sie erwarten die Aufzeigung von Bußwegen, von „Normen", von „moralischen" Wegweisungen. Sie erwarten den Gültigkeitsbeweis ihnen vorschwebender Werttafeln (s. a. das auf S. 252 ff über das nomothetische Verfahren Gesagte).

Es klingt einfach, wenn hier festgestellt wird, solche Erwartungsvorstellungen seien unter dem Gesichtspunkt einer autonomen Psychotherapie verfehlt. Aber vollständig und zurechtgerückt ist das Ganze nur dann, wenn berücksichtigt wird, daß auch ganz „berechtigte" Schuldgefühle verdrängt werden können. In solchem Fall besteht die Aufgabe der autonomen Psychotherapie also darin, bis dahin gehemmte Schuldgefühle, d. h. in Wirklichkeit soziale Bezogenheiten autochthoner Art zu mobilisieren. Ist dies dann gelungen, so hat der nunmehr „Erwachsenere" seine Verpflichtungserlebnisse zu überprüfen. Freud selbst sprach einst in diesem Zusammenhang davon, Patienten seien unbewußt auch moralischer als bewußt, und, sie hätten das aus der Latenz Auftauchende nun zu „akzeptieren" oder zu „verurteilen". Es bleibt also für jede autonome analytische Psychotherapie auch heute die zentrale Aufgabe, und damit verbunden die korrekte Erwartungsvorstellung, es würden Antriebserlebnisse und Bedürfnisse zu mobilisieren sein. Auf jeden Fall hat ein unbekümmertes „Möchten" dem Wollen vorauszugehen.

Wieder andere Patienten erwarten vom Psychotherapeuten, daß er ihnen ein „höheres" Leben vermittle. Nicht so selten schwebt ihnen etwas „Erlösendes", etwas wie Rausch, Enthusiasmus (im wörtlichen Wortsinn), von „dionysischem" Erleben vor. Sie meinen, das auftauchende Unbewußte sei „herrlich". Sie sind geneigt, über die Banalität der „ewig gleichen" Antriebe enttäuscht zu sein.

Was ist hierzu vom Standpunkte einer Zielsetzung der Autonomie zu sagen? — Sicher nichts ganz Einfaches. Denn in solchen Erwartungsvorstellungen steckt etwas Richtiges. Es wäre verfehlt, sie glatt zu verneinen. Statt dessen wird man etwa sagen können, das bisher sicher getrübte geistige Erleben des Patienten werde ursprünglich, naiv und in diesem Sinne autonom werden. Bisher unterbliebene Auseinandersetzungen mit den Grenzsituationen (s. a. S. 101) würden mobilisiert werden. Der Patient werde also nun erst ein „wirklicher" Mensch werden. So sei das Ziel der analytischen Psychotherapie also durchaus humanistisch. Aber es werde kein überkompensierendes Erleben auf Grund von gehemmten oralen, analen usw. Antriebsqualitäten mehr geben. Der Patient werde sein „alter ego", seinen „Schatten" bejahen lernen.

Dabei darf sich der analytische Psychotherapeut ruhig fragen, wieviele Menschen denn tatsächlich autochthon begeisterungsfähig sind. Er darf sich fragen, wieviele Menschen dazu bestimmt sind, ein Leben zu führen, in dem tiefe Ergriffenheit wieder und wieder eine Rolle spielt. Er darf sich auch fragen, wieviele wohl zu ganz ursprünglicher Erfülltheit und echtem unbekümmertem Jubel bestimmt sind. Auf jeden Fall aber darf er seinen Patienten erklären, daß auch und gerade eine autonome analytische Psychotherapie den Sinn hat, aus dem bis dahin neurotischen Menschen alles „herauszuholen", was in ihm an Hohem angelegt ist.

Aber der Psychotherapeut braucht sich hierauf nicht einmal zu beschränken, er kann, wenn er selbst in naiver Ursprünglichkeit zu Ergriffenheit und Erfülltheit neigt, seinen Patienten sein eigenes Erleben als Möglichkeit durchaus „anbieten". Es bleibt nur die Frage, was tatsächlich und praktisch im Einzelfall unter diesem Wort verstanden werden darf und muß, wenn es darum geht, einen Leidenden von seiner Symptomatik zu befreien. Nur in breiter, dichterischer Form läßt sich eigentlich mit Worten treffen, was hier „korrekt" ist und was im Gegensatz dazu neurotischer Fehlgriff.

Auch in dieser Richtung wird eine kommende, ausführlichste kasuistische Literatur die ganz konkreten, praktischen Maßstäbe zu liefern haben, die hier nottun. Gerade, wenn dies unternommen wird, wird sich zeigen, daß sehr viel weniger „Abgründe" zwischen den Psychotherapeuten und den psychotherapeutischen Autoren bestehen, als man heute der Verschiedenartigkeit der verwandten Worte wegen noch vielfach annimmt. Der Nachwuchs steht hier vor einer wirklich großartigen anthropologischen Aufgabe.

Noch eine weitere Erwartungsvorstellung:

Es taucht immer wieder einmal bei Patienten und sonst Interessierten die Meinung auf, die analytische Psychotherapie habe die Aufgabe, „sympathische" Menschen zu entwickeln. Aber das ist in anderem Zusammenhang (s. S. 218) bereits erörtert worden. Dem Psychotherapeuten muß hier korrigierend vorschweben, daß es auch originär „stumpfe" Psychopathen (s. a. S. 305) gibt. Wiederum wissen wir nicht, wie häufig diese eigentlich sind. Besonders wissen wir auch nicht, wie oft solche Naturen vom Schicksal, d. h. von Versuchungs- und Versagungssituationen erfaßt werden, die sie trotz allem zum Symptomträger machen, sie, die „an sich" bestimmt sind, ein Leben lang symptomlos zu bleiben. Die autochthonen Ellbogengebraucher sind in mancherlei Hinsicht ein Problem. Die analytische Psychotherapie darf als ihr Ziel zwar nicht bezeichnen, aus den Patienten Liebende zu machen, aber sie darf sehr wohl davon sprechen, daß sie den Patienten zu einem Mehr-Lieben-können zu verhelfen habe.

Schwebt dies alles in genügender Deutlichkeit vor, auch so, daß der Psychotherapeut in der Lage ist, bei seinen Patienten verfehlte, abwegige Erwartungsvorstellungen rechtzeitig zu erkennen und zu korrigieren — ohne dabei in das ebenso verfehlte extreme Gegenteil zu verfallen —, so wird ihm erlaubt sein, eine Reihe von „nüchternen" Formeln zu verwenden, die sein Ziel kennzeichnen sollen. Zum Beispiel: Der Patient werde eine „ehrliche Bilanz" über sein Leben zu ziehen haben. Dazu gehöre dann auch ein Entwurf auf die Zukunft. Natürlich sei dies nicht etwa ein rationales Geschehen, aber das Rationale gehöre dazu. Und dann handle es sich schließlich „im Grunde", und wenn die Symptomatik praktisch tief verankert sei, um eine Auseinandersetzung mit dem Ganzen des Lebens, mit dem Ganzen der Welt, um eine religiöse.

Damit verglichen wäre folgende Formel aber nicht etwa falsch: Der Patient werde sich zu fragen haben, wer er denn „eigentlich" sei. Er werde seine Idee zu entwickeln haben, möge man diesen Prozeß dann Individuation, Integration oder etwa auch „Harmonisierung" nennen. Der junge Neurotiker wird auf jeden Fall mehr von Idealen zu entwickeln haben, als ihn bisher erfüllten, der ältere entsprechend mehr Maximen. Recht verstanden, darf die Sophrosyne als Ideal genannt werden und im gewissen Sinne sogar die Kalogagathia. Es wäre nicht einmal verfehlt, als dem einzelnen Patienten vielleicht besonders zugänglich das Stichwort Charme zu erwähnen und an das Marionettentheater Kleists zu erinnern.

Sollte ein Patient vor solchem „Entwurf" auf das Leben, auf die Zukunft erschrecken, so darf ihm gesagt werden, er möge sich ruhig auf die kommenden nächsten 10 Jahre beziehen. Und wenn er, hieran anknüpfend, dann doch noch einmal auf seine bisherige Erwartungsvorstellung, er werde ja „analysieren", also erinnern müssen, zurückkommt, so kann ihm versichert werden, daß der ihm unter den oben zitierten Worten vorausgesagte und empfohlene Prozeß ein solches Erinnern automatisch nach sich zieht. Allein schon die Realeinfälle zu seinen Träumen würden wieder und wieder auch in frühen Erinnerungen bestehen.

Ist mit all dem eben Dargestellten nun daran gedacht, daß dies dem Patienten in der Konsultation „vorgetragen" werden solle? — Gewiß nicht. Es wird genügen, hinzuhorchen, auftauchende Themen aus diesem Bereich der Erwartungsvorstellungen „anzutippen", „leicht", „gefällig", nach dem zu fragen, was der Patient hierüber wohl denkt und in den ersten Stunden der Behandlung das jeweilig Zugehörige zu „berühren". Das analytische Gespräch ergibt dann das Maß für das notwendige Erörtern. Aber dies war bereits Vorgriff. Wir kehren zum Thema der Konsultation zurück.

Ist der Patient so weit vorbereitet, hat er nunmehr also korrekte Erwartungsvorstellungen auch über das, was er selbst zu leisten haben wird, vorschweben, so antwortet sein gesunder Instinkt wiederum mit einem nächsten Schritt. Ob er „will" oder nicht, er antwortet selbstverständlich mit einer Stellungnahme zum Mitgeteilten. Je „gesünder" er ist, d. h. je ausgeprägter neurotoid er ist im allgemeinen, statt neurotisch zu sein (dies ist er ja natürlich), desto selbstverständlicher wird er seine Stellungnahme auch mitteilen, sich also einverstanden erklären oder ablehnen. So muß sich gesunderweise seine Freiheit äußern — jedenfalls im hier in der Hauptsache darzustellenden und vertretenen „autonomen" analytisch-psychotherapeutischen Verfahren. Wie wiederum aus der hier vertretenen Theorie hervorgeht, nimmt ein nicht unerheblicher Teil der Patienten aber nicht spontan Stellung. Er läßt die Sache vielmehr über sich ergehen. Dann muß der Psychotherapeut wiederum einspringen, allein schon im Hinblick auf sonst mit Sicherheit späterhin auftretende und hier ausdrücklich als sachlich überflüssig charakterisierte Schwierigkeiten. Er muß also eine Stellungnahme des Patienten ausdrücklich provozieren. Er muß ihn also fragen (natürlich nach einer Pause, die dem Patienten erlaubt, sich zu besinnen, eventuell sich zu „fangen"): „Nun, was sagen Sie dazu? Haben Sie das erwartet? Und wenn Ihnen das neu ist, wollen Sie mitmachen oder nicht? Sie können sich ein Ja oder Nein natürlich ruhig überlegen. Sie brauchen sich keineswegs im Augenblick zu entscheiden. Vielleicht ist Ihnen manches daran doch zu unerwartet, zu erstaunlich. Vielleicht überlegen Sie es sich erst einmal. Sie haben ja die Möglichkeit, mich noch einmal aufzusuchen, wenn Ihnen etwas unklar geblieben ist. Sie können mich auch, wenn es kurz geht, deshalb telephonisch anrufen. Und dann geben Sie mir einfach Nachricht, wenn Sie die Analyse beginnen wollen. Sie wird 3mal in der Woche stattfinden. Ich möchte nur noch eins hinzufügen und Ihnen raten: Wenn Sie kritische Fragen oder Überlegungen haben, dann fragen Sie lieber noch einmal mich — ich werde Ihnen ehrlich Auskunft geben — als daß Sie sich an irgend jemand wenden, der nichts von der Sache versteht und Ihnen aus wer weiß was für Gründen abrät."

Erst wenn ein Patient nach solcher Vorbereitung ausdrücklich ja sagt, sollte eine analytische Psychotherapie begonnen werden. Das sind die optimalen Bedingungen. Und zwar handelt es sich hier um die Schilderung eines Ideals, aber eben doch um die des Optimalen. Ohne Not sollte besonders der Anfänger nicht von seinen Forderungen abgehen. Ein ausdrücklicher „Pakt" sollte geschlossen werden. Tut der Psychotherapeut dies nicht, so darf er sich nicht wundern, wenn späterhin Schwierigkeiten auftauchen, denen gegenüber er dann meinen wird, nunmehr tatsächlich ins Gedränge geraten, mit technischen Kniffen operieren zu müssen. Hat er dann Pech, so findet er jemand, der ihm solch einen Kniff mitteilt, womöglich ohne Ausreichendes vom Patienten erfahren zu haben (Ausreichendes erfährt man im allgemeinen auch als Geübter erst in 4stündigem Gespräch etwa mit dem Kontrollierten. Das ist wieder eine der konkreten praktischen Konstanten). Da in der Welt aber auch große Lose gewonnen werden, kann solch ein Kniff auch einmal nützlich sein. Nur beweist dies nichts für die technischen Kniffe überhaupt. Alles kommt hier auf psycho-logische, und zwar mikro-psychologische Durchdenkung und Vorstellungsfülle an. Diese aber vermag kein Lehrbuch zu vermitteln, sondern nur die übende Praxis.

Dennoch, es gibt ein paar Konstanten und kurze formelartige Konsequenzen aus tiefenpsychologischer Einsicht. Dazu gehört unter anderem, daß sich im allgemeinen praktisch und instinktiv, bezogen auf die durchschnittliche Dauer eines Tages, die durchschnittliche Leistungsfähigkeit von Analytiker und Patient, die Dauer von 40 bis 50 Minuten der einzelnen Behandlung als optimal erwiesen hat. Auch das ist dem Patienten mitzuteilen. Eine Diskussion hierüber findet kaum je statt. Hier stimmt in der Regel die instinktive breite Erfahrung des Patienten der Mitteilung des Fachmannes zu. Protestiert hier ein Patient in irgendeiner Form, so darf dies im allgemeinen als Signal für „Hintergründiges" angesehen und analytisch angegangen werden.

Aus ähnlichen Gründen, also aus einem Gemisch von allgemeinsten anthropologischen Daten und sehr speziellen Erfahrungen auf analytisch-psychotherapeutischem Gebiet hat sich ergeben, daß man dem Patienten gleich in der ersten Konsultation mitteilen sollte, er werde alle „lebenswichtigen" Entscheidungen während der Dauer der Analyse zurückzustellen haben. Es hat sich erwiesen, daß Patienten während der Behandlung, und zwar psychologisch sehr verständlicherweise, zu mehr oder weniger chaotischen Eruptionen ihrer bis dahin latenten Antriebswelt neigen. Häufig geht dann das Erleben von Antrieben oder wenigstens Gefühlen und Affekten in Handeln über. Da dieses quasi per definitionem infantil ist, muß es mit einiger Wahrscheinlichkeit den Patienten oder auch seine Umwelt schädigende Konsequenzen haben. Zum Teil bestehen diese dann in einklagbaren Bindungen und Verträgen. Es ist eine Selbstverständlichkeit, daß, wenn die Praxis der analytischen Psychotherapie eine erhebliche Wahrscheinlichkeit solcher Vorkommnisse erwies, der Analytiker die Aufgabe hat, hier nach Möglichkeit Schädliches zu verhindern. Daher jene betonte Hinweisung der Patienten schon in der Konsultation auf die Notwendigkeit, lebenswichtige Entscheidungen zu vermeiden. Der Analytiker ist seinerseits dann dadurch gedeckt, daß er später an diese rechtzeitig ausgesprochene Forderung erinnern kann. Und wenn der Patient dann doch dem entgegen handelt, trägt er die Verantwortung. Wichtiger aber ist noch, daß die Patienten, durch solche Mahnung vorbereitet, in der Regel drohende Fehlgriffe in dieser Richtung anzukündigen pflegen. Das aber wird dann zum Thema der Analyse und einer Möglichkeit für den Analytiker, in adäquater Dosierung Einfluß zu nehmen, d. h. Schaden zu verhindern. Besonders in den Träumen pflegen solche Signale der kommenden Handlung vorauszugehen.

III. Das analytisch-psychotherapeutische Vorgehen und der Heilungsvorgang

1. Die Beziehung zwischen Technik und Heilungsvorgang

Da die gesamte vorliegende Darstellung von der Voraussetzung ausgeht, es sei an der Zeit, ein analytisch-psychotherapeutisches Verfahren darzustellen, das sich engstens an eine Neurosentheorie (Theorie recht verstanden, s. a. S. 14) anschließt, wird naturgemäß alles „Technische" sofort oder wenigstens kurz danach und beiläufig auf vorausgesetzte Tatbestände bezogen werden. Oder es gehen auch beim Schildern die Tatbestände voraus. Daraus folgt, daß, wenn hier nunmehr das Verfahren abgeleitet wird, das ja den Zweck haben soll, neurotische Symptomatik zu beseitigen (diese im obigen Sinn verstanden, s. S. 112 ff), der Tatbestand, auf den ständig bezogen wird, zum erheblichen Teil aus dem Heilungsvorgang, aus Schritten einer Korrektur der Neurose bestehen muß. Aus diesen Gründen gehen, wenn man nicht pedantisch sein will, die Gesichtspunkte „durcheinander". Das läßt sich lebendigerweise nicht vermeiden und soll daher auch gar nicht vermieden werden.

2. Die idealen Voraussetzungen beim Patienten

Es wurde unter II (Die Konsultation) dargestellt, in welcher Weise ein Patient vorbereitet werden sollte, damit späterhin, im weiteren Verlauf eines analytischen Verfahrens, nicht Schwierigkeiten auftreten, die der Psychotherapeut besonders als Anfänger nur zu häufig für die Folge von mangelhafter „Technik" hält. Dabei war es unerläßlich, vorausgreifenderweise anzugeben, was dem spontan oder auch auf Provokation hin fragenden Patienten über das Verfahren mitgeteilt werden sollte. Unter anderen Gesichtspunkten müßte eine solche Darstellung, die zunächst in einer Aufzählung bestand, überraschend wirken; denn sie hat ja, wie es scheint, gar keine Tuchfühlung mit der vorher entwickelten Neurosentheorie. Die Form solcher Darstellung widerspricht also zunächst, wie es scheint, dem vorgesetzten Plan. So muß nun in erster Linie unter dem Gesichtspunkt, daß im Mittelpunkt weiterhin das Verfahren selbst stehen soll, eine nähere Begründung dessen erfolgen, was in aller Kürze bereits gesagt wurde.

a) Das Liegen

Dem Patienten wird mitgeteilt, jedenfalls vom Verfasser, daß er liegen wird. Hier ergibt sich sofort die Frage: Warum denn gerade liegen? Auch dieser erste Teil des Verfahrens, vollzogen vom Patienten, muß ja aus der oben dargestellten Neurosenlehre abgeleitet werden. Sonst erschiene diese Empfehlung durchaus als willkürlich, und jedermann weiß, daß hierüber viel diskutiert worden ist.

Im „Dritten Reich" lautete die Begründung gegen das Liegen, das anfänglich buchstäblich offiziell verboten war: Ein deutscher Mann liegt nicht, sondern sitzt gegenüber, Auge in Auge. Das geschah in unmittelbarer Anlehnung an das von Alfred Adler empfohlene Verfahren und auch an das Jungsche. Beide Autoren änderten das Vorgehen Freuds in diesem Punkt bereits ab. Es ist darüber einiges Begründende gesagt worden und die Hauptgesichtspunkte seien hier noch einmal erörtert.

Einleitend sei sofort bemerkt, daß, wenn der Patient zum Liegen veranlaßt wird, neuerdings keineswegs etwa etwas Dogmatisches dabei geschieht. Es soll ausdrücklich betont werden, daß das Liegen, wie dann auch jeder weitere Einzelzug des hier empfohlenen Verfahrens, Mängel nach sich zieht. Im Lebendigen ist das eine Selbstverständlichkeit. Das Lebendige wechselt zwischen Liegen, Gehen, Stehen und Sich-Bewegen. Wird das Liegen so apodiktisch empfohlen, wie dem Patienten zunächst einmal mitgeteilt wird, so handelt es sich selbstverständlich um eine quasi-mechanische Seite des Ganzen. Es handelt sich um etwas „Künstliches". Das Verfahren beginnt wie ein „Experiment", und es liegt kein Grund vor, dies nicht zuzugeben. Denn innerhalb des Lebendigen und hinsichtlich aller Unternehmungen in ihm bedeutet jedes Verfahren einen „mechanisierenden" Eingriff, und gegenüber dem lebendig vorschwebenden Ziel muß solch Verfahren mangelhaft sein.

Daher kann es auch auf dem Gebiet der analytischen Psychotherapie nicht darauf ankommen, sich für ein Entweder-Oder zu entscheiden. Das wäre von vornherein sinnwidrig. Positiv ausgedrückt heißt das: der analytische Psychotherapeut muß sich in Anlehnung an die ihm vorschwebende Struktur der Neurose die Frage vorlegen, die Mängel welcher Verfahrensweise noch am leichtesten korrigiert werden können. Anders ausgedrückt: Bei welchem Verfahren überwiegen die Vorzüge? Das ist unseres Erachtens die allein korrekte Fragestellung. Sie ist im Ansatz präzisierter Ausdrucksweise das, was häufig in üblicher Rede gemeint wird, bzw. den Redenden vorschwebt, wenn man sich in unbestimmten Worten gegen das Liegen wendet. Die eben herausgestellte Frage wird hier also durchaus ernst genommen.

Wenn dem Patienten also mitgeteilt wird, er werde liegen, und zwar mit der Hinzufügung, er sei aufgefordert, nicht einzuschlafen und auch nicht vom Sofa aufzustehen, so geschieht das in voller Bewußtheit dessen, daß hier eine Verhaltensweise vom Patienten gefordert bzw. ihm dringend empfohlen wird, von der der Psychotherapeut genau weiß, d. h. wissen sollte, daß es sich um ein mit Mängeln behaftetes Vorgehen handelt. Das aber heißt nun wiederum ebenfalls mit voller Deutlichkeit, daß der Verfasser der Meinung ist, das Liegen sei in der Regel vorzugswürdig.

Nun ist wieder die Wendung „in der Regel" gefallen. Und auch dazu muß Einiges gesagt werden. Man hat ja zunächst, wenn man lehrt, verständigerweise mit der mittleren Norm, mit der „guten" Norm zu tun und die Abweichungen folgen erst dann, wenn das im Mittel „Normative" wohl verstanden und sogar geläufig geworden ist. Es wird damit also gesagt, daß es Ausnahmen gibt, in denen der Psychotherapeut im weiteren Verlauf des analytischen Verfahrens den Patienten sitzen oder gar auch herumgehen läßt. Und wieder entsteht die Frage, ob es hierfür nun nicht Anweisungen gibt, ob hier nicht doch vielleicht die Möglichkeit besteht, im „eigentlichen" Sinn „Technisches", d. h. also „Kniffe" mitzuteilen. Da aber ist Verfasser der vorliegenden Darstellung durchaus der Meinung, daß dies in ein einleitendes Lehrbuch auf keinen Fall hineingehört, daß es solche Kniffe nicht gibt, sondern daß eine lebendig erfaßte Totalsituation innerhalb eines Gespräches zu zweien unter den obigen Zielgesichtspunkten ganz im speziellen Einzelfall darüber entscheidet, ob das Liegen unterbrochen werden soll oder nicht. Verfasser ist der Meinung, daß alle bisher gemachten Erfahrungen vorläufig wenigstens gegen die Möglichkeit sprechen, hier Allgemeineres mitzuteilen, statt auf die Notwendigkeit der Berücksichtigung von ganz Individuellem hinzuweisen. Hier muß praktische Erfahrung nach längerer Zeit des Übens entscheiden, und der Kontrollierende, der, wie schon einmal gesagt, einen Patienten in etwa 4stündiger Darstellung wenigstens einigermaßen in seiner Vielfältigkeit kennen-gelernt hat, wird dem Kontrollierten, d. h. noch Lernenden, einiges ganz Spezielle zur Erwägung stellen können. Verfasser hat sich bisher nicht davon überzeugen können, daß hier allgemeinere Regeln angegeben werden können.

Was sind nun also die Vorzüge des Liegens? Anders, und im Augenblick wohl besser ausgedrückt: Was sind die positiven Seiten des Liegens? Inwiefern folgt aus der hier vertretenen Neurosenstrukturlehre (es sei hier noch einmal daran erinnert, daß das Gesamt der Darstellung sich zunächst auf die oben so genannte „autonome" analytische Psychotherapie bezieht), daß das Liegen empfehlenswert ist? Der Ausdruck empfehlenswert weist ja noch einmal darauf hin, daß es sich beim Liegen also nicht um eine unmittelbare, stringent ableitbare Notwendigkeit handelt.

Letztlich sollen die beim Patienten bestehenden Gehemmtheiten aufgehoben werden. Alles andere geschieht bei-läufig. D. h. aber nicht etwa, wie schon mehrfach betont, daß dieses Beiläufige etwa nicht notwendig sei. Im Gegenteil, in irgendwelchen Graden ist das Beiläufige unmittelbar zugehörig. Es sei hier nur an die umfassenderen Themen Bequemlichkeit und Riesenansprüche erinnert. Es sei hinzugefügt, daß diese nicht allein stehen, sondern ihrerseits in weitere „Folgen" eingebaut sind, weitere Folgen haben. Immerhin: Letztlich sollen die Gehemmtheiten des Patienten aufgehoben werden. Er soll in den Vollbesitz all seiner zu seiner Totalperson gehörigen Antriebsbereiche geraten. Und dann — so lautet die Aussage — fällt die Symptomatik in sich zusammen. Nun ist aber in extenso beschrieben worden und immer wieder darauf hingewiesen worden, daß es sich bei diesen Gehemmtheiten nicht um das handelt, was gewöhnlich subjektiv als Gehemmtheit erlebt oder deutlich gespürt wird (s. hierzu auch „Der gehemmte Mensch" S. 11—14). Es handelt sich vielmehr um Mikro-Psychologisches. Daher wurde dieser Ausdruck vom Verfasser als Sonderterminus, terminus technicus, für den analytisch-psychotherapeutischen Bereich vorgeschlagen. Hier geht es um Bedeutsames, eben darum, daß die jetzt zur Erörterung stehenden Gehemmtheiten im Grenzfall ja nur „Lücken" sind (s. S. 55), in allen übrigen Fällen handelt es sich um sehr „Feines", also auf keinen Fall um Offen-sichtliches. Daraus wiederum ergibt sich, daß man zwar als Erfahrener an den Äußerungen des Patienten wie an Signalen dessen Gehemmtheiten mit einiger Wahrscheinlichkeit des Zutreffens ablesen kann; daß aber das auf keinen

Fall möglich ist, worauf man natürlicher, naiver Weise zunächst verfallen muß, nämlich den Patienten in dieser Richtung zu „explorieren". Das, was man praktisch explorieren nennt, was man eine Exploration nennt und was durch die Praxis des faktischen Verhaltens etwa des Internisten oder auch Psychiaters definiert ist, genügt eindeutig nicht. Es ist stets insuffizient, und es bedeutet eine wirkliche Groteske der Wissenschaftsgeschichte, daß Freud sein „analytisches", mikro-psychologisches Verfahren genau schilderte (was er „theoretisch" darüber hinzufügte, steht auf einem ganz anderen Blatt) und daß so wenige seiner Generation und auch noch der folgenden sich des von ihm empfohlenen Verfahrens bedienten (im allgemeinen rechtfertigte man dies — durchaus fälschlicher und mißverstehender Weise — mit der Ablehnung der theoretischen Ranken um die einfache Verfahrensschilderung herum). Es ist wirklich so, wie wenn heute jemand erklärte, betimmte Seiten der Viruserforschung erforderten unbedingt die Benutzung des Elektronenmikroskops und die „wissenschaftliche Welt" würde so reagieren, daß sie das Elektronenmikroskop unter irgendwelchen Vorwänden einfach nicht benutzte.

Die feinen Gehemmtheiten, die nur mikro-psychologisch gegebenen, müssen also aufgesucht werden. Auf sie kommt es entscheidend an. Sie müssen „aufleuchten". Man nennt das mit einem fragwürdigen Wort oft, sie müssen „bewußt" werden (fragwürdig deshalb, weil diese Gehemmtheiten ja tatsächlich erlebt, bewußt sind also, aber lediglich in der Regel nicht registriert werden. Und dieses Registrieren muß zunächst einmal stattfinden). Diese Gehemmtheiten müssen also im Gegensatz zu ihrer bisherigen üblichen Undeutlichkeit deutlich werden. Dabei liegt der Akzent selbstverständlich auf der emotionalen Seite, auf der Seite des Erlebens und erst sekundär auf der des „Registrierens" und tertiär auf der des Mitteilens. So ist das Rangverhältnis. Und nun entsteht die im Grunde ganz einfache Frage: In welcher äußeren Lage erfolgt ein solches Entdecken der eigenen Gehemmtheiten optimal? Anders und kritisch ausgedrückt: Besteht einige Wahrscheinlichkeit, daß die gesuchten Gehemmtheiten in einem Gespräch via-à-vis aufleuchten werden. Alle Erfahrungen scheinen uns dem zu widersprechen.

Verfasser hat Versuche in dieser Richtung unternommen und auch einer Reihe von Lehranalysanden freigestellt, diesen Versuch einmal bei sich zu unternehmen. Dabei zeigte sich unzweideutig, daß das Einander-Gegenübersitzen das Aufleuchten von Gehemmtheiten im Analysanden zwar keineswegs ausschließt, daß aber ein dösendes, meditierendes, kontemplierendes Daliegen jenes Aufleuchten außerordentlich begünstigt. Daher die Empfehlung des Liegens.

Und nun die Nachteile: Der neurotische Mensch ist unter anderem in irgendwelchem Grade regelmäßig durch Bequemlichkeitshaltungen (s. S. 79) charakterisiert. Er hat die erworben-instinktive Neigung — eingebaut in ein System allmählich entstandener bedingter Reflexe — passiv und gefügig zu sein. Gibt man ihm also die Möglichkeit zum Liegen, so kommt das den entsprechenden Tendenzen, die noch wesentlich breiter geschildert werden könnten, zweifellos entgegen. Ist ein Psychotherapeut also nicht in der Lage, zum Beispiel aus Unkenntnis des Problems, das Vorhandensein solcher Tendenzen, also solcher Mängel, deutlich und rechtzeitig zu registrieren, so liefert er sich und das Verfahren sehr verständlicherweise an die Neurose des Patienten aus. Dann kann es, wie eine alte Formel lautete, auf „masochistischer" Basis des Patienten zu der „berüchtigten", endlosen Analyse kommen. Dann „legt" der Patient den Analytiker instinktiv „herein". Es hat einiger Jahrzehnte bedurft, um diese Gefahr mit voller Deutlichkeit festzustellen und ihren Charakter transparent zu machen, was wiederum nicht heißen soll, daß Freud diese Gefahr nicht von Anfang an sah. (Ein anderes, historisches Thema wäre, zu überlegen, wie, in welcher Form, Freud und seine nächsten Schüler in den ersten Jahrzehnten dieser Gefahr mit einiger Regelmäßigkeit erlagen. Aber die Beantwortung solcher Frage ist heute nicht mehr Angelegenheit eines Lehrbuches über das analytische Verfahren.)

Wer sich über die eben erörterten Mängel des Liegen-lassens in voller Gänze klar geworden ist und nach einiger Zeit eine Fülle von lebendigen Vorstellungen hierüber erworben hat, wird sich dann leicht eine praktische Korrekturmöglichkeit ableiten. Er wird zum Beispiel hin und wieder, wenn er bemerkt zu haben glaubt — oder auch durch Trauminhalte darauf hingewiesen wurde —, daß der Patient in „Masochismus", in Bequemlichkeit zu „versacken" droht, diesen am Schluß der Behandlung beim Hinausgehen plötzlich ansprechen und damit eine Konfrontation im wörtlichen Wortsinn herbeiführen. So wird ein innerliches Weiterklingen der bequemen Liegelage verhindert. Der Patient wird „aus der Bahn geworfen", und das soll auch so sein. Der Analytiker hat dann die Möglichkeit, sich hierauf, auf dieses besondere atypische Ende der Behandlungsstunde, zu besinnen, etwa Anfang der nächsten Stunde bereits in dieser Richtung auf den gebrachten Trauminhalt zu achten und den Patienten auf sein schädliches „Versacken" anzusprechen. D. h., er analysiert damit ein aktuelles Fehlverhalten.

Noch einmal eine positive Charakteristik: Liegt ein Patient, vom Analytiker abgewandt, auf dem Sofa, so wendet er sich „automatisch" der „ferneren" Welt zu. Und das soll er ja gerade. Er wird also durch diese Form des Liegens gewissermaßen künstlich in eine prospektive Haltung dem Leben gegenüber hineingezwungen. Er schließt zwar den Pakt in dieser Richtung, geht also freiwillig darauf ein, aber in der Regel spürt er häufig nicht einmal instinktiv, was da geschieht. Der Psychotherapeut dagegen sollte dies desto besser und deutlicher wissen. Er selbst wird dadurch, daß der Analysand von ihm abgewandt auf dem Sofa liegt, von diesem und seiner Person abgedrängt. Das soll auch so sein. Man kann hier ruhig die Formel verwenden — auch ausdrücklich dem Patienten gegenüber —, der Psychotherapeut „habe im Leben des Patienten gar nichts zu suchen". Er sei nur vorübergehender Begleiter. Er assistiere bloß. Damit wird dann durch äußeres Verfahren manifest gemacht, was faktisch auch gar nicht anders sein, sondern höchstens verdunkelt werden kann. Der Psychotherapeut ist ja kein Gott, kein Hellseher, kein Magier. Auch dann ist er das nicht, wenn er dem Patienten etwa als „großer Heiler" empfohlen worden ist. Er sollte auf solchen Nimbus also lieber von vornherein verzichten und im Rahmen seiner wahren Möglichkeiten bleiben. Er teilt dem Patienten durch die Aufforderung bzw. Ankündigung des Liegens, und zwar des von ihm abgewandten Liegens, mit, er behandle ihn also als ein zwar im Augenblick noch nicht ganz selbständiges, aber potentiell selbständiges Wesen, als Subjekt. In Wirklichkeit geschieht das in dieser Form, der Möglichkeit nach, viel ausgeprägter, als wenn man den Patienten, der doch immerhin Patient ist und zunächst bleibt, sich gegenübersetzt und damit unter Umständen ein Pari-Verhältnis vortäuscht.

An dieser Stelle ist wohl hinzuzufügen, daß den Verfasser die praktische Erfahrung gelehrt hat: Patienten und Analysanden, denen erlaubt wird, sich gegenüber zu setzen, verschweigen außerordentlich viel mehr bewußt und vollabsichtlich von dem, was sie eigentlich unbedingt mitteilen sollten, als wenn sie liegen. Dieses verhindert ein Nicht-Mitteilen auch nicht mit Sicherheit. Aber die Wahrscheinlichkeit des Verschweigens ist hier, verglichen mit dem Gegenübersitzen doch ganz wesentlich reduziert. Es ist wohl nicht einmal übertrieben formuliert, wenn man sagt, das immerhin auch dringend notwendig zu erörternde Gebiet sexuellen Erlebens werde beim Gegenübersitzen des Patienten in einer manchmal geradezu grotesken Weise verheimlicht. Hier handelt es sich um eine quantitative Aussage, die nach Meinung des Verfassers auch dann, wenn sie nicht extremistisch verwandt werden darf, sehr weitgehend zu Recht besteht. In der eben erörterten Weise etwa wird die nächste Generation der analytischen Psychotherapeuten das hier Dargestellte noch einmal und wiederum zu überprüfen und zu diskutieren haben. In dieser Richtung etwa werden sich sehr ausdrückliche Überlegungen bewegen müssen. Damit ist ja gesagt, daß Verfasser selbst meint, der hier von ihm gegebene Ansatz sei zwar korrekt durchdacht, es sei stets notwendig so zu überlegen, aber der zukünftigen Entwicklung solle damit doch kein dogmatischer Riegel vorgeschoben werden. Möge jeder Lernende ruhig einmal passager oder im einzelnen ausgewählten Fall durch das Verfahren des Gegenübersitzens die Regel des Liegenlassens ablösen. Wieder wird wohl erst nach einem weiteren Vierteljahrhundert einigermaßen sicher entschieden werden können, ob und wo das hier Vertretene korrigiert werden muß.

b) Das Dösen

Was tut ein Mensch, der auf einem Sofa liegt, nicht einschläft und nicht aufsteht? — Er phantasiert (hierüber Ausdrücklicheres in „Der gehemmte Mensch" S. 104 und auch im „Lehrbuch der Traumanalyse" S. 134). D. h., in ihm steigen originäre Antriebe auf und auch antwortende. Sie „melden" sich. Zum Teil antworten sie auf Gesehenes und Gehörtes und Empfundenes. Sie werden dadurch angeregt. Vorstellungen treten auf. In der Regel tritt eine gewisse Ruhe ein. Dann döst der Betreffende vor sich hin. Das ist das Mittlere, und das ist hier erwünscht, denn in diesem Zustand leuchten bis dahin kaum bemerkbare, feinste Antriebs- und Bedürfnisqualitäten stärker auf.

Um einmal ganz genau zu sein: Natürlich hat auch das Wort „Dösen" in unserem Zusammenhang nur eine praktische Bedeutung, d. h. ein wirkliches Dösen in Gegenwart eines anderen Menschen gibt es gar nicht. Es scheint sich da um eine contradictio in adjecto zu handeln. Aber jeder, der instinktiv einigermaßen richtig „liegt", wird sofort erfassen, daß schon dieses Dösen in Gegenwart eines anderen, wenn es auch nur in etwa gelingt, einen Teil des Heilungsvorganges darstellt. Der Mensch ist eben ein so geartetes Lebewesen, daß er dem anderen Menschen gegenüber dauernd „sichert". Wird dagegen in Gegenwart des anderen ein Dösen „erzwungen", herbeigeführt, so wird dieses Sichern, das ja allernächste Verwandtschaft zum Thema: Tabu hat, gelockert, und darauf kommt es an. Daher auch ist die Lapidarform von der Notwendigkeit und Beabsichtigtheit des Dösens korrekt.

Fallen also in der eben geschilderten Weise die üblichen „Sicherungen" wenigstens teilweise fort, so „wagen sich" auch solche Antriebs- und Bedürfnisqualitäten in Mikroform hervor, die üblicherweise nicht auftreten. Man kann das auch so ausdrücken: Mikroansätze zu Motiven treten auf. Und wie es zur oben dargestellten Sache gehört, stehen diese Motive zu den üblichen Handlungen des Betreffenden und diesen vorauslaufenden, „vollbewußten" Motiven häufig im Widerspruch. Das widerspruchsvolle Erleben des Menschen, sei er neurotoid oder neurotisch, geht aus der Tatsache der Latenz von Antrieben und Bedürfnissen hervor, nämlich dann, wenn man die „Haltungen" hinzunimmt. Also läßt sich der Zustand des Dösens, sofern in ihm auch registriert wird, als ein Vorgang der Selbstbesinnung charakterisieren. Damit aber, in diesem Sinn und in diesen Grenzen, besteht der Heilungsvorgang einer Neurose in einem Vollzug mehr oder weniger ausdrücklicher Selbstbesinnung. Wieder also eine Seite des Ganzen!

c) Die „Grundregel"

Hier wird dem Patienten nun gesagt, er solle laufend Mitteilung vom Erlebten machen. Die Formel: „was ihm durch Kopf und Gemüt geht" trifft etwa in populärer Weise das Gemeinte. Sagte man nur, „was ihm durch den Kopf geht", so würde der Betreffende zu stark auf Vorstellungshaftes hingewiesen. Da aber Antriebs- und Bedürfniserlebnisse ganz akzentuiert emotionalen Charakter haben, ist es empfehlenswert, den Analysanden auf die gefühlshafte, emotionale Seite seines dösenden Erlebens hinzuweisen. Populärer ausgedrückt heißt das, man weist ihn auf das Gemüthafte hin.

Dieses Gesamt von Anforderungen dem Patienten, dem Analysanden gegenüber wurde seit je, d. h. seit Freud ursprünglich als Grundregel bezeichnet. Wie sich aus allem bisher Dargestellten ergibt, handelt es sich im wörtlichen Sinn wirklich hierum.

Man kann statt dessen auch davon sprechen, der Patient solle Einfälle bringen, d. h., er hat den Auftrag und diesen im Pakt bejaht, zunächst einmal von sich aus, bedingungslos, laufend Mitteilung zu machen. Und, wenn oben gesagt wurde, das analytisch-psychotherapeutische Verfahren bestehe in einem Gespräch, so war das, wie auf dem Gebiet des Lebendigen erlaubterweise immer, eine akzentuierte Teilcharakteristik, wenn auch von umfassendem Sinn. Das „Gespräch" beginnt eben in der Regel, der Grundregel folgend, damit, daß der Patient erlebt und vom Erlebten Mitteilung macht. Das tut er späterhin unaufgefordert — jedenfalls nicht im Einzelfall aufgefordert — dauernd. Daher der mehrfach bereits verwandte Ausdruck „laufend". Das Gespräch erfolgt also „einseitig", zunächst jedenfalls. Man sollte sich nicht dadurch stören lassen, daß es sich eben notwendigerweise und sinnvollerweise um eine contradictio in adjecto handelt. Was vor sich zu gehen hat, ist ja wohl klar.

Und nun eine wichtige Hinzufügung: Keineswegs lautet die Aufforderung an den Patienten, tendenziös Zusammenhangloses zu bringen. Das haben manche Analysanden und auch manche Psychotherapeuten, dann besonders im Anschluß an Lektüre, etwa der Jungschen „Assoziationsstudien", anfänglich so verstanden. Sie meinten, es solle sich hier nicht um Thematisches handeln. Das ist auch von Freud dann und wann so formuliert worden. Aber man vergaß dann meistens, daß dieser Hinweis auf das Unthematische des ganzen Vorganges korrigierenden Charakter hatte. Weil Freud bei Schülern bemerkte, daß sie zu früh und zu einschränkungslos ein Gespräch, und zwar ein Wechselgespräch, zuließen, daß sie sich als Psychotherapeuten zu bereitwillig auf eigenes Antworten und Reagieren einließen — fast immer durch mit Recht kritisierten, vor-eiligen therapeutischen Ehrgeiz bestimmt —, hielt er es für richtig, hiervon abzuraten und den Akzent neuerlich, unter Umständen mit neuen Worten, auf das ursprünglich Gemeinte und Empfohlene zu verlegen. Das soll heißen: das Wort Gespräch ist in mehrfachem Sinn nicht ganz zutreffend. Als erste Einschränkung wurde ausdrücklich die genannt, daß der Analysand seinerseits mit Mitteilungen beginnt, mit Mitteilungen also über das, was oben Phantasieren, phantasierendes „Dösen" genannt wurde. Dieses zeichnet sich einfach tatsächlich dadurch aus, daß der Betreffende „abirrt", d. h. im Mittel nicht bei einem Thema bleibt. Zumindest greift er ein Thema auf, im phantasierenden Vollzuge, läßt dieses Thema dann aber fallen und fährt mit scheinbar Nicht-Zugehörigem fort. Das sieht dann so aus, daß einmal ein thematisches Phantasieren, ein Nach-denken längere Zeit andauert, hin und wieder auch lebhaft gefühlsbewegt. Und dann kommt etwas Neues dran. Manchmal aber erfolgt dieses Erleben völlig sprunghaft, also ganz dispers. Und im Mittel ergibt sich das Bild der Regel, nämlich ein mit allen möglichen Zwischenvorstellungen, Zwischengefühlen, Zwischengedanken, Zwischenimpulsen durchsetztes, in der Hauptsache aber doch thematisches „Denken". Dies soll mitgeteilt werden. Insofern handelt es sich hier also um einen „freien" Erlebnis- und Mitteilungsvorgang. Es war eine Extremformulierung, von „Assoziieren" zu sprechen, als ob es sich überhaupt nicht um Thematisches handele. Nun ist die Zeit der extremistischen Formulierungen aber wohl überwunden. Wir sind heute in der Lage, korrekter zu schildern, worum es sich tatsächlich handelt. Wir brauchen uns nicht mehr zu scheuen, von einem Sowohl-als-auch zu sprechen, weil wir nicht mehr so sehr in der Notlage sind, bestimmtes, den „natürlichen" Gewohnheiten der interessierten Untersucher Widersprechendes, Unangenehmes zu empfehlen. Wir dürfen heute mit weitgehendem Verständnis des Vorgebrachten rechnen. Also erübrigen sich die Extremformeln didaktischen Charakters. Es ist also häufig eine Fehlmeinung, wenn der Anfänger erschreckt und hilflos bemerkt, sein Patient „assoziiere" ja nicht.

Hin und wieder kommt es vor, daß ein Patient, wenn er der Grundregel zu folgen sucht, bemerkt, ihm falle so viel ein, er werde so von Vorstellungen und auch Gefühlstönen und Ähnlichem bestürmt, daß er gar nicht in der Lage sei, alles mitzuteilen. Er habe ja den Auftrag bekommen, alles, d. h. uneingeschränkt wirklich alles mitzuteilen, was er erlebt. Das gelinge ihm nicht. Zweifellos gibt es von Natur so „lebhafte" Menschen. Es muß sich hier keineswegs etwa um Abartiges handeln. Ein charakterologischer Terminus heißt hier: hohe Ansprechbarkeit. Was soll dann geschehen? Was soll dem Patienten geantwortet werden?

— Da vorwiegend und betont nach feinen Gehemmtheiten gesucht wird und diese Gehemmtheiten auf der Basis von Furcht- und Schulderlebnissen entstanden sind, muß naturgemäß ihr Wiederauftreten von Furcht- und Schuldgefühlen begleitet sein. Das kann sehr ausgesprochen so sein oder auch nur gerade eben spürbar. Aber es kann auch so sein und ist in jeder Analyse regelmäßig von Zeit zu Zeit so, daß der Betreffende nicht etwa als Furcht- und Schuldgefühle identifizierbare Erlebnisse hat, sondern lediglich „Unangenehmes", Unbequemes, Unbehagliches spürt. Und nun setzt etwas aus der sonstigen Psychologie Bekanntes ein. Der Betreffende hört mit seinen Mitteilungen auf. Er „versackt" in Unbehaglichkeit. Er vergißt darüber plötzlich, daß er sich bereit erklärt hatte, die Grundregel einzuhalten, also „alles" mitzuteilen. Und wenn er dann gefragt wird, warum er denn nichts sagt, wenn es gelingt, ihm zu zeigen, daß ihm doch etwas vorgeschwebt hat, was er eben nicht mitteilte, dann meint er regelmäßig mit „rührender" Naivität, er habe das Vorschwebende für unwesentlich, nicht dazugehörig und was auch immer gehalten. Hier versagt auf Grund aus dem Dunkel aufsteigender negativer Affekttöne die Logik des Betreffenden, auch des Intelligentesten und Mitteilungsbedürftigsten wieder und wieder. D. h. also, niemand ist imstande, seine Zusage, er werde die Grundregel befolgen, auch einzuhalten. Niemand ist dazu imstande. Daher war und ist es berechtigt zu sagen: Das Einhalten der Grundregel gelingt erst am Ende einer Analyse. So, wie oben erörtert, verstanden, ist diese wiederum extremistische Formel durchaus sinnvoll und zutreffend.

Was soll man dem Patienten also sagen, wenn er erklärt, daß er von Einfällen überflutet wird? Anders ausgedrückt: Was soll man ihm raten, wenn er tatsächlich eine außerordentliche Fülle von Zwischenerlebnissen hat, wenn er also einerseits ruhig, wie zulässig, bei einem Thema bleibt, aber verstanden hat, daß er alle Zwischenerlebnisse — diese eben „Ein-fälle" genannt — mitteilen soll? Die Antwort muß lauten: „Wählen Sie ruhig aus! Das ist ja das einzig Sinnvolle jetzt. Aber — und das ist entscheidend wichtig — unterdrücken Sie bei Ihren Mitteilungen auf keinen Fall irgend etwas, was auch nur die Tönung von Unangenehmem hat, also auch nichts, wobei Sie ausdrücklich das „Gefühl" haben, es sei nicht-zugehörig, „komisch", „blödsinnig" gar usw., usw. Darauf allein kommt es an. Gerade dieses in welcher Form und Verhüllung auch immer Unangenehme gehört ausdrücklich zur Sache und muß un-bedingt mitgeteilt werden. Nun haben Sie ja also sogar ein Prinzip der Auswahl zur Hand. Jetzt kann es im Falle des Überflutetwerdens von Einfällen auf keinen Fall mehr eine Schwierigkeit geben. Sie dürfen nicht nur auswählen, sondern müssen sogar auswählen. Aber Sie wissen nun, was Sie dennoch auf jeden Fall mitzuteilen haben." In diesem recht verstandenen Sinn ist die „Grundregel" nun also noch einmal durchaus befolgbar.

d) Die Einordnung der Träume

Als erörtert wurde, was dem Patienten in der Konsultation über das kommende Verfahren gesagt wird, wurde — jedenfalls vom Verfasser — zeitlich sinngemäßerweise das Mitteilen von Träumen vorangestellt. In der jetzt erörterten systematischen Ordnung dagegen ergibt sich nun erst die Notwendigkeit, darauf zurückzukommen.

Einleitend sei wiederum etwas Wichtiges festgestellt, etwas Wichtiges, das alles Weitere in seiner Bedeutung reduziert, (aber nicht etwa aufhebt):

Eine analytische Psychotherapie könnte durchaus so und nur so vor sich gehen, und zwar eindeutig mit therapeutischem Erfolg, wie das Verfahren bisher geschildert wurde. Es brauchte nichts weiter zu geschehen. Daß ein Mensch in seinem Leben erstmalig alles, also besonders auch alles Mikro-Psychologische, darunter Emotionale und Antriebshafte, einem anderen Menschen mitteilt, bedeutet faktisch, wie neurosenpsychologisch auf der oben erörterten Basis ohne weiteres einsehbar ist, einen therapeutischen Vorgang, d. h. im Ansatz eine Aufhebung von Gehemmtheiten. Man könnte auch anders formulieren: Einst entstandene Vertrauenslosigkeit, nach anfänglichem, naivem, natürlichem Vertrauen, wird neuerlich durch das ganz allgemein wohlwollende, allen natürlichen Antrieben des Menschen gegenüber wohlwollende Verhalten des Psychotherapeuten in Vertrauen verwandelt. Wieder anders ausgedrückt: Eine so verstandene Lebensverneinung, Lebensfurcht, Weltverneinung, Weltunfrömmigkeit wird in dieser artifiziellen und voll beabsichtigten soziologischen Gruppe aus zwei Menschen in ansatzweise Lebensbejahung, Furchtlosigkeit, Weltfrömmigkeit verwandelt. Und noch anders ausgedrückt: Das bis dahin der Idee des Analysanden widersprechende Da-sein, seine bisherige abwegige „Existenz" wird gewandelt. Nur im Ansatz geschieht dies, wenn lediglich das bisher geschilderte Verfahren vollzogen wird. Aber auf lange Dauer würde dieses praktisch so und so oft ausreichen. Die Erfahrung zeigt dies, und jeder Lernende sollte sich auch im Interesse seiner späteren Patienten den „Luxus" gestatten, ein oder zwei Fälle einmal so anzugehen, d. h. besonders jeden therapeutischen Ehrgeiz zurückzustellen. Grundsätzlich kann eine vollständige, wirklich vollständige analytische Psychotherapie so aussehen, eben wenn der Analysand wirklich alles mitteilt, was er beim Liegen auf dem Sofa phantasierend erlebt.

Aber der Traum ist die „via regia" zum Unbewußten, auch zum Gehemmten[1]. Freud sprach dies als erster aus. Er hat Recht behalten. Und wenn etwas die via regia ist, dann beschreitet man sie. Also stellt man den Traum in den Dienst der analytischen Psychotherapie, und zwar vor-dringlich. Daher die Mitteilung an den Patienten, schon in der Konsultation, er werde seine Träume zu erinnern und zu berichten haben. Der Verfasser meint, die Erfahrung gemacht zu haben, daß die Nachteile, die sich daraus ergeben, daß einem Patienten „erlaubt" wird, jedesmal ungefragt mit seinen Träumen zu beginnen, zurücktreten gegenüber den Vorzügen, die dieses sehr direkte Beschreiten der via regia hat. Das allein soll hier zum Thema: Einordnung der Träume bemerkt werden. Da handelt es sich um etwas so Wichtiges, daß ein näheres, adäquates Eingehen hierauf den gesetzten Rahmen des vorliegenden Buches sprengen würde. Das war der Grund, warum Verfasser in seinem „Lehrbuch der Traumanalyse" diese gesamte Thematik gesondert darstellte. Es wird sich für den Lernenden also nicht vermeiden lassen, an Hand jener Monographie das Einordnen der Träume in das analytisch-psychotherapeutische Gesamtverfahren soweit zu erlernen, wie das überhaupt auf Grund

---

[1] Vielleicht ist hier manchem ein Bild dienlich: Der Traum kann verglichen werden mit einem Gesamt von Bergspitzen, die durch eine Wolkendecke hindurchragen. Das zunächst verborgene Massiv entspräche dem gesuchten Latenten, Unbewußten.

von Lektüre möglich ist. Über diesen Punkt wird dort auf den Seiten 124—159 sehr Bestimmtes ausgesagt. Hier sei lediglich resumiert: Ein wirkliches Erlernen, so daß die Ausübung verantwortet werden kann, ist auf Grund bloßer Lektüre nicht möglich. Verfasser hofft, daß die eben ausgesprochenen Sätze nur wenigen die Möglichkeit geben, sie zu überlesen oder mißzuverstehen.

Im übrigen zeigt sich bei näherer Betrachtung, daß die Träume innerhalb des Gesamts des analytischen Verfahrens wie Einfälle behandelt werden. Sie fallen dem Betreffenden ja auch wirklich ein, nur im Schlaf, und es sei hier, weil nicht so selten an dieser Stelle ein Mißverständnis auftritt, hinzugefügt, daß die Formel, der Patient solle jedesmal seine Träume bringen, sinnvollerweise, tatbestandsgerechterweise meint, der Analysand solle sich jeweils bemühen, seine Träume zu erinnern und in vorgeschriebener Weise zu behalten, jedenfalls bis zur nächsten Analysenstunde. Nicht meint die Formel, der Patient solle nun dauernd in Sorge sein, ob er nicht doch vielleicht oder gar sicher mehr geträumt habe, als er erinnern kann. Das wäre deshalb verfehlt, weil man, soweit sich das beurteilen läßt, ja ständig sehr viel mehr träumt, als man erinnert, und weil man vielleicht sogar immer träumt. Praktisch ist diese Frage völlig irrelevant. Wer allzu hartnäckig auf sie eingeht, tut das regelmäßig, statt im Zusammenhang des Gebotenen Vernünftiges zu tun. Solch Insistieren wäre also zu analysieren, d. h. hinsichtlich der motivischen Hintergründe, der verborgeneren Antriebe und Bedürfnisse mikro-psychologisch zu untersuchen.

Damit also ist bereits weitgehend ins einzelne gegangen und das diskutiert, was man dann landläufig Technik nennt. Um zu zeigen, wie sich solches Technische regelmäßig aus zumindest instinktiv anschaulich vorschwebenden psychologischen Überlegungen ableitet, seien noch zwei weitere Einzelheiten erörtert:

Auch solche Analysanden bzw. Patienten, die sehr intelligent sind und das notwendige „Theoretische" sehr gut verstanden haben, die in tadelloser Weise den Pakt abgeschlossen haben, behandeln den von ihnen zu Beginn einer Analysenstunde erzählten Traum oft in folgender Weise: Sie „stürzen sich" auf die antagonistischen Anteile, d. h. auf diejenigen Gegenstände und Vorgänge oder auch im Traum vorkommenden Impulse und Erlebnisse, die dem Furchtanteil des Traumes (s. Lehrbuch der Traumanalyse S. 78) entstammen, statt — den Traum „dynamisch" zu „lesen". D. h. sie vergessen, daß das Traumerleben ja mit der Einführung bestimmter Situationen, Gegenstände und Vorgänge darin beginnt. Hier beginnt es. Wenn zum Beispiel ein Träumer im Traum einem eng ummauerten Hof zu entrinnen sucht, so ist die Tatsache, daß er überhaupt zunächst einmal einen Hof träumt und sich in diesen hineinträumt — er träumt ja — von vor-dringlichem Interesse. Eine Interpretation des Traumes hat also hiermit zu beginnen. Den Traum dynamisch zu lesen, soll also heißen, ihn von vornherein antriebshaft sehen, auffassen. Auch das anfänglich nur statisch Gegebene, zum Beispiel das Vorhandensein eines eng ummauerten Hofes und die Befindlichkeit des Träumers in ihm — so beginnt der Traum ja — ist also bereits antriebspsychologisches Problem. Und nun zeigt die Erfahrung, daß, obgleich dies ja eigentlich selbstverständlich so ist, eine außergewöhnlich große Zahl, wie schon gesagt, auch höchst intelligenter Patienten den Traum „vom Schwanz her aufzäumen", d. h., sie beginnen mit Späterem, Weiterem, statt mit dem wirklichen Einsatz. Nähere Analyse zeigt dann regelmäßig, daß gerade „hinter" dem zunächst statisch Erlebten Entscheidendes steht, nämlich das eigentlich Motivische, Antriebshafte, Bedürfnishafte. Daß die Betreffenden also quasi „pseudodebil" beginnen, „als ob sie nicht bis drei zählen könnten", hat also nicht zufälligen Charakter. Vielmehr weichen die Betreffenden instinktiv unter dem Titel eines ja „natürlichen" Interesses für das Bewegte am Traum, also im gegebenen Beispiel für den lebhaften Affekt der Unerträglichkeit, des Beengtseins, des Ausbrechenwollens aus dem Hof, der „Analyse", d. h. dem Erleben ihrer primären, originären, aus dem Dunkel ihrer Existenz, ihrer Persönlichkeit auftauchenden Antriebe und Bedürfnisse aus. Aber auch dies wird für viele Leser wohl nur Andeutung sein, und es kann ihnen nur beigestimmt werden, wenn sie nun das lebhafte Bedürfnis empfinden, im praktischen Vollzuge eigener Analyse und in der kontrollierten Erörterung vieler Einzelträume und Einzelstrukturen ein lebendiges Bild vom gemeinten Tatbestand zu erwerben.

Eine weitere Eigentümlichkeit: Auffällig viele, auch durchaus intelligente und verstehfähige Analysanden liegen, wenn sie ihren Traum erzählt haben, eine Zeitlang schweigend da, und ohne hierfür eine Begründung zu geben, beginnen sie dann unvermittelt (wie sie ganz ehrlich meinen, nun dem Pakt folgend), Einfälle zum Traum zu bringen. Sie vergessen also wider besseres Wissen und wider alle schon gewonnene theoretische Einsicht und Überzeugtheit (im Sinne der Bereitwilligkeit, eine Theorie als gültig zu unterstellen), daß sie ja „versprochen" haben, alles, was durch Kopf und Gemüt geht, mitzuteilen. Es bedarf da fast immer der besonderen Aufmerksamkeit des Psychotherapeuten und manchmal mehrfach wiederholter Hinweise darauf, daß die Betreffenden während der kurzen Phase ihres Schweigens ja eine ganze Menge erlebt haben, nämlich folgendes in der Regel: Sie haben sich den Traum noch einmal angeschaut. Das allerdings ist zu selbstverständlich, als daß es einer Mitteilung bedürfte. Aber dann haben sie nach Einfällen gesucht, und nun kommt das Wichtige: Mit erstaunlicher Regelmäßigkeit haben sie daraufhin Einfälle gehabt, ganz eindeutig Einfälle, und diese haben sie als „nicht-zugehörig" verworfen, haben, wenn auch flüchtig und undeutlich gedacht, die seien doch nebensächlich. Und — sie haben nachträglich durchaus und mit voller Deutlichkeit registrierbar auf „Bedeutsames", „Schönes", Aufschlußreiches „gelauert". So sonderbar es klingt, außergewöhnlich viele Analysanden, die, wenn sie nun, durch den Psychotherapeuten angeleitet, noch einmal ausdrücklich darüber nachdenken, hatten klar verstanden, worum es sich handelt. Sie wußten und wissen im Grunde ganz genau, daß das „Unsinn" ist, was sie tun. Aber sie tun es doch, und wenn sie darauf aufmerksam gemacht werden, meinen sie zuerst ganz naiv und ehrlich, das sei aus bloßer Fahrlässigkeit und Gedankenlosigkeit geschehen. Insistiert der analysierende Psychotherapeut dann aber so, wie er es stets tun sollte, so ergibt sich für die Patienten überraschenderweise, daß an den „belanglosen" Einfällen, die sie tatsächlich hatten, weitere höchst bedeutsame „hängen". Das wiederum heißt, die zuerst auftretenden Einfälle hatten „bloß" verknüpfenden Charakter (s. a. „Lehrbuch der Traumanalyse" S. 139).

Wenn dem Patienten mitgeteilt wird, er habe zu seinen Träumen Einfälle zu bringen, und zwar alles mitzuteilen, was ihm „dabei" durch Kopf und Gemüt geht, so bedarf nicht so selten das Wörtchen „dabei" einer näheren Erklärung. Die Betonung des Wortes „alles" genügt nicht immer. Es muß hinzugefügt werden, daß die Aufforderung naturgemäß bedeutet, der Patient solle sich bemühen, und dies in besonders zu schildernder Art und Weise. Alles, was während dieser Bemühung durch Kopf und Gemüt geht, sei als zugehörig zu betrachten, auch wenn der Patient es anfänglich verständlicherweise für unwahrscheinlich halte, daß dies alles auch wirklich zugehörig sei. Ist der Patient nun bereit, vorläufig einmal zu unterstellen, der Analytiker habe mit seiner Auffassung recht, so wird es für ihn nur noch darauf ankommen, alles während solcher Bemühung Erlebte in Worte zu fassen. Und nun die Tatsache: Bis auf allerseltenste Ausnahmen wird immer etwas Greifbares, d. h. Vorstellungshaftes oder Gefühlshaftes erlebt. Also ist die lapidare Aufforderung des Analytikers gerechtfertigt. Und jene Meinung, „so und so oft" hätten die Patienten aber doch keine Einfälle zu ihren Träumen, einfach falsch.

e) Zusammenfassung

Die bisherige Darstellung des analytisch-psychotherapeutischen Verfahrens, das auf Autonomie hinzielt, beschränkte sich also, wenn man aus dem gesamten Bereich der Traumanalyse lediglich den entsprechenden Teil herausnimmt, auf all das, was der Patient bzw. der Analysand tut. Der Psychotherapeut hatte bisher nur in der Konsultation Aktivität entfaltet. Die erste Besprechung endete idealiter mit dem Abschluß eines Paktes. Voraussetzung für die bisherige Darstellung des Verfahrens war, daß der Patient den Pakt nunmehr befolgte. Dies wurde ins einzelne gehend entwickelt, und davon galt die Aussage: Schon das ist ein therapeutischer Vorgang. Die Gründe hierfür wurden angegeben.

Und nun ist es lediglich eine Frage der Konvention, ob man aus sprachlichen Gründen geneigt ist, das eben Dargestellte bereits ein analytisch-psychotherapeutisches Verfahren zu nennen oder nicht. Aber hier handelt es sich ja dann um eine Frage von durchaus nebensächlicher Bedeutung. Wer sich als Anfänger oder Lernender nun rückblickend noch einmal besinnt, was da erörtert wurde, wird vom natürlichen Gefühl und Instinkt her feststellen, daß, falls sich alles so verhält, wie dargestellt, das Ganze einen durchaus befriedigenden und in gewissem Sinne beruhigenden Eindruck macht. Dieser ist völlig berechtigt, und jeder Lernende sollte sich entsprechend darüber klar werden, daß das so ist. Es sei also noch einmal wiederholt: Wer so vorgeht, der analytische Psychotherapeut und der Patient sind gemeint, vollzieht tatsächlich einen therapeutischen Akt. Dieser dauert, falls man sich auf ihn beschränkt, eine erhebliche Zeit. Andere Mängel aber hat er nicht. Und daher ist auch alles, was nunmehr weiterentwickelt werden wird, von zusätzlichem Charakter. Aber man setzt eben vernünftigerweise alles und immer dann etwas hinzu, wenn sich gut begründen läßt, daß der gewünschte Effekt, wenn auch nicht sicherer, so doch auf jeden Fall in kürzerer Zeit einzutreten pflegt. Auch diesen in gewisser Weise einschränkenden Gesichtspunkt sollte sich jeder Lernende eindringlich vergegenwärtigen.

Geschildert wurde, wie zugegeben, ein Ideal. Damit wurde ausdrücklich gesagt, daß Patienten, aber auch Nicht-Symptomträger, also etwa lernende Analysanden, sich in der Regel nicht so verhalten. Einige Andeutungen in dieser Richtung wurden am gegebenen Ort bereits gemacht. Es wird Aufgabe der weiteren Darstellung sein, die Abweichungen des Patienten vom idealen Fall genau zu schildern.

3. Die Abweichungen vom idealen Verhalten des Patienten

a) Das Schweigen des Patienten

Unterstellt wurde, daß ein Patient den sogenannten Pakt mit dem Psychotherapeuten abgeschlossen hat. Er hat also zugesagt, er werde alles, was ihm durch Kopf und Gemüt geht, mitteilen. Es ist ihm gesagt worden, daß dies auch schon, wie er erleben wird, therapeutischen Wert hat. Und nun zeigt sich, daß die Analysanden in der verschiedensten Form, kürzere, längere und gar lange Zeit zu schweigen pflegen. Oben (s. S. 212, Zeile 15) wurde ja bereits ein Beispiel hierfür erwähnt. Eines ist dabei klar: Wenn es sinnvoll ist, den Pakt abzuschließen, wenn es tatbestandsgerecht ist, sich so zu verhalten, wie es oben als Ideal entwickelt wurde, dann bedeutet das Schweigen einen Paktbruch, d.h. ein Abweichen vom Heilungsplan, ein „Ausbrechen" aus dem Heilungsvorgang, auf jeden Fall also etwas Negatives.

Der Anfänger überschätzt dies hin und wieder und vermutet, daß der Patient vom Schweigen zum Fortbleiben übergehen wird. Aber das ist nur manchmal der Fall. Doch haben die analytischen Psychotherapeuten ja die Aufgabe, wie alle Therapeuten, zu heilen und nicht „dafür zu sorgen", daß die Patienten bald wieder fortbleiben und weiter unter ihrer Symptomatik leiden müssen. Daraus leitet sich ganz einfach die Wichtigkeit der Fragen ab: Warum schweigt der Analysand eigentlich? Kann man hierüber Regelhaftes aussagen? Wie kann man solchem Schweigen begegnen?

Ganz allgemein ist hierzu zu sagen, daß, wie oben schon an jenem Beispiel zu erkennen, Gehemmtheiten, anders ausgedrückt, „verbotene" Antriebsqualitäten und Bedürfnisse „unbewußt" dahinterstehen. Und was nun Regelhaftes hierüber ausgesagt werden kann, betrifft die verschiedenen Varianten dieses Tatbestandes.

Im allgemeinen handelt es sich hier um dieselbe Thematik, wie wenn ein Analysand keine Träume bringt oder nur sehr selten Träume zu erinnern vermag. Dies sei vorangeschickt, und manches damit Zusammenhängende wird im „Lehrbuch der Traumanalyse" erörtert. Entsprechend handelt es sich beim Schweigen des Patienten also um:

α) ein persönliches Geheimnis, das der Betreffende nicht mitteilen möchte. Im Extremfall kann es sich um etwas Kriminelles handeln. Häufig handelt es sich um Perversionen; oder doch um sexuelle Vorstellungen, Impulse oder Handlungen, die der Analysand für pervers, also minderwertig hält. Oft handelt es sich um Anales im eigentlichen Wortsinn, also um Einzelheiten auf dem Gebiet der Defäkation, der Beziehung zum Kot oder allgemeiner zur Sauberkeit überhaupt.

β) das Geheimnis eines anderen Menschen, zu dessen Verschweigen sich der Analysand verpflichtet fühlt — obgleich er „intellektuell" durchaus begriffen hat, daß er unter ärztlicher Diskretion steht und wirklich alles mitgeteilt werden muß, also auch die persönlichen Geheimnisse anderer Menschen. Es bedarf unter Umständen einer längeren reifenden Entwicklung auf Grund von Gesprächen, bis ein Analysand voll, d. h. auch emotional und dazu rational vollständig verstanden hat, aus welchen Gründen es durchaus menschlich erlaubt und sogar geboten ist, ein solches im Vis-à-vis selbstverständliches Stillschweigen in der Analyse zu durchbrechen.

γ) eine Kritik am Analytiker, an dessen Person, an dessen Umgebung, an dessen Verhalten usw., usw. Nicht so selten erleben die Analysanden, so wie die Menschen ja üblicherweise sind, wenn sie mit sich allein sind — und der Analysand auf dem Sofa ist ja mit sich allein, sollte es jedenfalls sein —, ihre Kritik in höchst aggressiver Weise in vorschwebenden oder bereits auf die Zunge gelangten heftigen, bösartigen Worten. Das ist menschlich ganz natürlich. Der mittlere Mensch erlebt dies ständig. Patienten erleben so etwas in der Regel selten (sie sind ja häufig Aggressionsgehemmte). Und wenn sie derartiges Aggressives „denken", dann steht dies isoliert als Fremdkörper in ihrem sonstigen unaggressiven Erleben. Außerdem wissen sie regelmäßig nicht, was üblicherweise in den sie umgebenden mittleren Menschen, die keine Symptome haben, vorzugehen pflegt; denn der mittlere Mensch wahrt hier ja die Intimität, das Geheimnis seiner inneren Regungen. Niemand nimmt ihm das übel, wenn es nur in begrenzter Weise der Fall ist. Als verlogen, „falsch" wird nur derjenige bezeichnet, der über die erlaubten 10 bis 20% eigenen Geheimnisses hinausgeht. All das weiß ein Patient von der entsprechenden Art nicht („mangelnde Menschenkenntnis", s. a. S. 80, Zeile 2). Daher also verbindet ein Patient in der Häufigkeit, in der Aggressionsgehemmtheiten eine Rolle spielen, mit auftauchender aggressiver Kritik, besonders auch mit auftauchenden häß-lichen Worten sehr viel Schuldgefühl oder auch unmittelbare Furcht davor, diese in Gegenwart des ja so freundlichen Analytikers auszusprechen. So schweigt er „lieber".

δ) Kritik am Verfahren oder Furcht vor dem vorschwebenden Effekt des Verfahrens. Auch hier handelt es sich um ein vielfältiges Gebilde und eine Fülle von Varianten, die man durch praktisches, kontrolliertes Üben erst wirklich erlernen kann. Es ist höchst überraschend, was da alles an Individuellem vorkommt. Es ist immer wieder überraschend, welch unglaublich abwegige Vorstellungen auch höchst intelligente Menschen in diesem Zusammenhang entwickeln. Für den anthropologisch Interessierten aber ist all dies letzten Endes doch nicht erstaunlich. Der Mensch ist eben, und bleibt es sein Leben lang, ein „Mängelwesen" gegenüber der Aufgabe, die das Leben überhaupt für ihn bedeutet.

Aber es soll doch an einem Beispiel erörtert werden, was ein analytischer Psychotherapeut eines Tages wird wissen müssen. Das soll heißen, welche Möglichkeit ihm unter anderem wird vorschweben müssen, wenn er in der Lage sein soll, möglichst früh zu bemerken, was in seinem Patienten wahrscheinlich vor sich geht: Sofern ein Patient depressive Strukturbestandteile enthält, liegen in ihm Vorstellungen phantastischer Art bereit, wie sie auf S. 106 näher erörtert wurden, nämlich Vorstellungen, die zu einer „oralen Auffassung" der Welt gehören. Er hat, wie beschrieben, die Welt im Sinne einer fressenden Magna

Mater dämonisiert. Daß die Mutter nicht nur, wie Gäa, einfach spendet, sondern eines Tages zeigt, daß auch sie leben will, daß auch sie Bedürfnisse und Interessen hat, die denen ihres eigenen kleinen Kindes antinomisch widersprechen, ist der ontogenetische und daher auch mythische Hintergrund der hierhergehörigen Phänomene. Also „steckt hinter" einem Schweigen eines Patienten unter Umständen diese Art von „Entwurf" auf das Leben und die Welt. Er fühlt sich ihr potentiell ausgeliefert. Es handelt sich hier also um eine besondere Form des „Geworfen-Seins". All das spielt sich innerhalb seiner emotionellen „Haltungen" ab. Zunächst ist es nicht „bebildert". Eine selbstreflektierende, psychologische Formulierung hinsichtlich des eigenen Erlebens ist ihm nicht möglich. Er fühlt sich nur bestimmt, „gezwungen", aus ihm unklaren, „dumpfen" Gründen zu schweigen, als ob der Analytiker und die Analyse — „die Analyse" gewissermaßen als Person verstanden, wiederum als Magna Mater —, wenn er sich rührt, ihn fressen würden. Er reagiert also wirklich, als ob diese Gefahr bestünde. Daher die Intensität und gleichzeitig „Irrationalität" seines Schweigens im Sinne eines der Kontrolle entzogenen Vollzugszwanges. Bemerkt der analytische Psychotherapeut auf Grund von Träumen, die vorangingen oder auf Grund sonstiger oraler Signale diesen Hintergrund eines Schweigens seines Patienten und spricht er dann zu dem hierfür ausreichend Vorbereiteten unter Umständen auch mit den eben verwandten Worten und Hinweisen von diesen wahrscheinlichen Gründen von dessen Schweigen, so wird der Betreffende so und so oft in der Lage sein, diese Auffassung durch irgendwelche vorausgegangenen „Gedanken" zu bestätigen. Nur so wird ihm deutlich „bewußt" werden können, welchen Sinn sein Schweigen tatsächlich gehabt hat. Er wird zum Beispiel berichten, daß ihm einmal, als er an die nächsten Behandlungsstunden und an den weiteren Verlauf der Analyse dachte, ein Löwenkäfig einfiel, ihm damals völlig unverständlicherweise. Und wenn der Analytiker ihn dann fragt, was ihm weiter zu einem Löwenkäfig einfällt, wird der Betreffende zum Beispiel (es wird hier auf ein reales Vorkommnis angespielt) erinnern, daß er als Kleinkind sehr früh in einem Zirkusgelände vor einem Löwenkäfig stand und furchtbar entsetzt darüber war, in welch schrecklich wütend-gieriger Weise die Löwen bei der Fütterung auf das Stück Fleisch zusprangen. Er wird vielleicht hinzufügen, daß er damals glaubte, die Löwen wollten auf den Wärter losstürzen, und es bestände die Möglichkeit, daß sie die Gitterstäbe einfach durchbrächen. Er sei damals geradezu gelähmt gewesen und habe lange Zeit nicht mehr in einen Zirkus oder in einen Zoo gehen wollen. So etwa pflegen die Zusammenhänge zu liegen. Das kann hinter einem Schweigen stehen. Entwickelt ein Patient nunmehr im weiteren Verlauf seine so geartete Gesamtapperzeption der Welt, des Lebens und der Menschen, auch der ihm Nächsten, korrigiert er naturgemäß auf Grund seiner inzwischen erfolgten konkreten Erfahrungen, seines nunmehrigen Menschenbildes diese Art von Reaktion, die ihn bisher blind überfiel, so ist damit ein wesentlicher therapeutischer Schritt getan, und er schweigt — an diesen Stellen wenigstens — nicht mehr.

ε) Ausgesprochen positive Gefühle gegenüber dem Psychotherapeuten. Diese stellen sich bei beiden Geschlechtern ein. Wiederum natürlich erstens einmal in einfach geschlechtsspezifischer Weise, je nachdem ob es sich um entgegengesetzte oder gleichgeschlechtliche Partner in der Analyse handelt. Darüber hinaus aber spielt selbstverständlich die „phallische" Haltung der Frau und die weichgefügige des Mannes im Einzelfall eine Rolle (s. S. 66 f, S. 141). Eine den Neurosenstrukturen entsprechende Zahl von Varianten vertreten hier das, was eben als betont positive Zuwendung zum Therapeuten, zum Analytiker, bezeichnet wurde.

Hierher gehören naturgemäß aber nicht nur zärtliche, liebende, hingebende oder gar Erostendenzen, sondern bevorzugt selbstverständlich auch alle eigentlich sexuellen. Daß diese vom Analysanden, wenn sie womöglich unerwartet auftauchen, bewußt oder instinktiv gefürchtet werden, ist ebenfalls eine Selbstverständlichkeit. Ihr Auftauchen ganz besonders wird mit Schweigen beantwortet. Umgekehrt darf man vom Schweigen eines Analysanden auf derartige Tendenzen mit dem entsprechenden Grad von Wahrscheinlichkeit, wie er hier eben zu umreißen versucht wird, schließen. Das alles geht ja eigentlich per se aus der oben entwickelten Neurosentheorie hervor. Ist diese richtig, gültig, so ergibt sich das eben hier speziell Entwickelte als natürlich psycho-logische Konsequenz. Es handelt sich also nicht um etwas Neues, Zusätzliches. Man darf also als Analysierender ganz selbstverständlich, auf diese eben angegebenen Tendenzen bezogen, hinter dem Schweigen eines Analysanden „Derartiges" vermuten. Man muß das legitimer Weise sogar tun und hat sich im Falle eigener Scheu die Frage vorzulegen, ob man nicht selbst ein Stück weit besser analysiert sein sollte, um solche Scheu zu verlieren.

Damit aber kein Mißverständnis entsteht: von frivoler, zynischer, nihilistischer Haltung ist hierbei selbstverständlich keine Rede. Ausgegangen wird vielmehr vom vorerörterten Wert der Aufhebung einer leidvollen Symptomatik. In deren Dienst ist es nicht nur erlaubt, sondern geboten, in der analytischen Situation all die sonst vielleicht durchaus zu respektierenden Tabus zu durchbrechen, auch das Tabu gegenüber der ganzen Breite und Fülle animalischer Sexualität einschließlich ihrer „groben", „tierischen" Einzelzüge. Wenn ein Patient also schweigt, so kann das instinktive oder ausdrückliche Verschweigen sexueller Bedürfnisse dem Psychotherapeuten gegenüber die Quelle sein. Das Schweigen des Patienten wird also sinnvollerweise dann gebrochen sein, wenn er sich selbst seine sexuellen Erlebnisse eingestanden hat, auch seine ganz konkreten Bereitschaften, entsprechend zu handeln und dies in der Analyse dem Pakt entsprechend mitgeteilt hat. Die alte Freudsche Formel lautete: „Negative aggressive Übertragung und grob sexuelle muß, sobald sie zum Widerstand zu werden droht, sofort uneingeschränkt ‚gedeutet' werden." Diese Formel besteht völlig zu Recht.

Noch einige Bemerkungen hierzu. Diese gelten besonders den Lesern, die hier deshalb zurückzuschrecken pflegen, weil sie sich verständlicherweise die notwendigen anthropologischen und psychologischen Konsequenzen der analytischen Situation nicht ausreichend durchdacht haben. Es handelt sich da um folgendes: Ein Patient, ein im Grunde gehemmter Mensch also, befindet sich unter den Menschen stets, wie Adler das sehr richtig bemerkt und ausdrücklich betont hat, in Isoliertheit (s. a. S. 190). Seine Liebesfähigkeit ist immer eingeschränkt (auch dann, wenn er besondere Formen tiefer, liebender Ergriffenheit durchaus kennt!). Auch die sexuellen Beziehungen zum Partner pflegen regelmäßig gestört zu sein. Äußere Potenz und Orgasmusfähigkeit sprechen nicht dagegen — wie ebenfalls aus einer füllig vorschwebenden Neurosentheorie ableitbar ist. Daher wendet ein Patient naturgemäß zumindest vorübergehend seine „unabgesättigten sexuellen Valenzen" regelmäßig ebenso wie die entsprechenden Liebestendenzen dem Psychotherapeuten zu. Denn die analytische Situation ist ja eine künstliche, exzeptionelle. Nur in der frühesten Kindheit wird dem Menschen mit solchem Maß an Wohlwollen und ursprünglicher, einschränkungsloser Bestätigung begegnet wie in der analytischen Situation. Und das, obgleich der Analysand den Analytiker ja praktisch kaum wirklich kennen lernt, dessen persönliche Mängel also auch nicht. So ergibt sich eine „künstliche", „experimentelle" Intensität auch positiver, unter anderem sexueller Gefühle dem analytischen Psychotherapeuten gegenüber, wie sie sonst im Leben nirgendwo vorkommen. Das alles unterstützt in menschlich höchst verständlicher Weise das instinktive oder vollwache Bedürfnis des Analysanden, in der betreffenden Phase der Analyse hiervon nichts wissen zu wollen, hierüber, wenn irgend möglich, zu schweigen. Man könnte sagen — nach näherem Durchdenken allerdings —: das Natürlichste von der Welt.

Ganz zum Schluß sei nunmehr noch hinzugefügt: daß man sich natürlich davor hüten muß, anzunehmen, eine hundertprozentige „Offenheit" während des analytischen Verfahrens sei durchaus und nur positiv zu bewerten. Eine solche Vorsicht entspricht all dem, was im vorliegenden Buch immer wieder hervorgehoben wurde, wenn die Rede davon war, im Lebendigen vollziehe sich nichts hundertprozentig, sondern immer zuschüssig oder abschüssig. So muß man zum Beispiel auch wissen, daß, wenn ein Patient nach einigen Wochen alles, was er bisher vollabsichtlich verschwieg, mitgeteilt hat, ein Optimum erreicht ist. Nach einigen Wochen also, mehr darf man nicht erwarten. Daher muß die Forderung dem Patienten gegenüber, ganz offen zu sein, auch mit einer gewissen Tönung von Lockerheit erhoben werden. Nur um eine Tönung soll es sich dabei handeln. Aber immerhin doch hierum, statt daß eine Tönung von moralisierendem Charakter mitschwingt. Für die autonome analytische Psychotherapie gilt jedenfalls der Satz, daß wir nicht die Aufgabe haben, „gute", sympathische, erfreuliche usw. Menschen aus den Patienten zu machen, sondern sie von ihrem subjektiven Leiden zu befreien. Wir stellen bereitwillig dem dunklen Schoße der Zukunft anheim, was er mit dem Patienten fürderhin vor hat. Wir verzichten bereitwillig auf die Hybris, das Schicksal unseres Patienten auch in dieser Richtung bestimmen zu wollen. Man denke hier nur an eine Figur wie die Napoleons und an das Schwanken seines Charakterbildes in der Geschichte. Man denke daran, wie weitgehend unentschieden es bis zum heutigen Tage ist, welchen Wert das Leben und Handeln Napoleons in der Geschichte für die Menschen wirklich gehabt hat. Nach dem Zeugnis vieler Zeitgenossen war Napoleon, wie manchmal gesagt wird, „wenn er wollte", bestrickend und bezaubernd. Andere aber empfanden ihn als äußerst unsympathisch, als einen durchaus unwahrhaftigen Menschen, auf den in keiner Weise je Verlaß war. Und doch ist ein entsprechendes abfälliges, abschätziges Gesamturteil über diesen Mann keineswegs, auch nach 1½ Jahrhunderten noch nicht, verbindlich geworden. So können wir im Einzelfall auch nicht voraussehen, ob die Idee eines Patienten, d. h. das Bild, das er bieten wird, wenn er frei von neurotischen Leidenssymptomen geworden ist, nicht höchst unsympathisch sein wird. Unseres Erachtens haben wir also in diesem Sinn, der recht ausgreifend ist, keine Veranlassung, als therapeutisches Ziel den „sympathischen" Menschen vorschweben zu haben. Also — um zurückzukehren — auch nicht den in diesem Sinn „offenen". Daher unter anderem die ganz spezielle These vom erreichten Optimum, wenn der Patient nach einigen Wochen das bisher absichtlich Verschwiegene mitgeteilt hat. So also, mit etwa solchem Maß an herumrankenden Einschränkungen sieht das praktisch konkrete Bild aus.

Ganz speziell sei noch hinzugefügt, daß sich daher auch nach sogenannten Lehranalysen, der sich hin und wieder ja auch ein völlig Symptomloser unterzieht, Restbestände von Verschwiegenem finden lassen werden. Alle nachdenklichen und vernünftigen Fachleute also wissen, daß dieser Tatbestand keinen Einwand etwa gegen das Gelungen-Sein einer solchen Analyse bedeutet, sondern daß auch hier gewogen werden muß. Aber der Nachwuchs kann daraus doch entnehmen, daß er keine Veranlassung hat, leichtfertig mit Verschwiegenem und Verschweigen umzugehen.

Was hat also gegenüber solchem Schweigen des Patienten, des Analysanden, zu geschehen? — Doch selbstverständlich, daß man in irgendeinem Grade der Dosierung, der natürlich auch nur praktisch erlernt werden kann, das Tabu durchbricht und vom Tabuierten spricht. Erklärt der Patient zum Beispiel, er wisse nicht, warum er eigentlich schweigt, er könne eben halt nur nicht reden, er möchte wohl, aber es gelinge ihm nicht, so teilt man dem Patienten die verschiedenen Möglichkeiten, die es da gibt, nacheinander mit, schildert sie ihm in gehöriger Breite, angepaßt an den Bildungsgrad, das Verstehvermögen, die Vorbereitetheit des Patienten, und darf dann, wenn man das Rechte getroffen hat, ruhig erwarten, daß das Schweigen aufhört, zumindest unterbrochen wird.

Aber — wieder einmal sei an die Barockvolute erinnert — es gibt noch eine weitere Variante solchen Nicht-reden-könnens. Da handelt es sich ganz einfach um einen „erworbenen Reflex", dieser oft eingekleidet in eine ganze „Gestalt" von „bedingten Reflexen", nämlich um ein Relikt aus allerfrühester Kindheit, um ein einfaches Retentiv-sein-„Müssen". Auch das kommt vor. Aber: Für manche, denen die hier vertretene Neurosentheorie noch sehr neu war, und die sich zunächst überrascht und dann beglückt von ihrer Richtigkeit überzeugten, ist die Interpretation eines solchen Nicht-reden-könnens eines solchen Patienten — zu Anfang wenigstens — als „retentiv" höchst einleuchtend. So muß nunmehr umgekehrt davor gewarnt werden, ein solches Nicht-reden-können allzu bereitwillig einfach als retentives Relikt zu interpretieren. Man sollte nur daran denken, daß es auch das gibt.

Noch eine kleine Hinzufügung: Manchmal bewirkt solch bloßes Retentiv-sein-„Müssen" ein Gewoge von Unruhe, das das Bewußtsein des betreffenden Patienten dann während des Schweigens so weit erfüllt, daß er auch bei angestrengtester Bemühung nicht in der Lage ist, etwas Vorstellungshaftes oder gar Antriebshaftes darin zu entdecken. Aber all das eben Geschilderte ist Ausnahme, nicht Regel.

Auf jeden Fall sollte man „technisch" damit beginnen, wie innerhalb des analytischen Verfahrens auch sonst, nach zugehörigen und verständlichen

Motiven, d. h. Antriebserlebnissen und Bedürfnissen zu suchen, handele es sich auch um sehr Feines. Und erst wenn all dies nicht verfangen will — auf längere Dauer von einer ganzen Anzahl von Stunden — sollte man die bereitstehende Auch-Möglichkeit bloßer Retentivität erklärend und „deutend“ heranziehen.

b) Das „Reden“ des Patienten, sein „Gerede“

Die in der Überschrift gesetzten Anführungsstriche sollen von vornherein einen Hinweis darauf geben, daß gegenüber dem oben geschilderten Optimum (s. S. 206—209), von dem das Schweigen des Patienten eine gewissermaßen einlinige Abweichung, wenn auch mit recht verschiedenartigem Hintergrund, darstellt, das Gegenteil, das „falsche“ Reden, nicht so ganz einfach durch einen Terminus zu bezeichnen ist. Es handelt sich da um eine Tatsache, die bereits in einer Arbeit von Abraham, „Über eine besondere Form des neurotischen Widerstandes gegen die psychoanalytische Methodik“ (Klinische Beiträge, 1921, I. Psa. Verl., Leipzig), diskutiert worden ist. Es kommt nämlich vor, daß Patienten „zuviel“ reden. Aber die didaktische Erfahrung lehrt, daß die betreffenden Therapeuten hierbei häufig an etwas verhältnismäßig Unbestimmtes denken. Bei näherem Nachfragen ergibt sich, daß es sich eben nicht einfach um das Gegenteil von Schweigen, um ein Zuviel handelt, sondern auch unter anderem darum, daß das, was mitgeteilt ist, „belanglos“, „banal“ oder so ähnlich erscheint. Es ist da also mancherlei zu klären, und man sollte folgendermaßen beginnen: Wie überall im Lebendigen, besonders beim Lebewesen Mensch stößt der Beobachter auf Streuungen (s. a. „Der gehemmte Mensch“ S. 66). Alle Eigentümlichkeiten variieren. Wie das im einzelnen und wirklich genau aussieht, wird einst eine gelungene Anthropologie lehren. Aber wir dürfen uns nicht abhalten lassen, auf Grund vielfältiger praktischer Erfahrungen den Versuch zu korrekten Ansätzen zu unternehmen.

Im vorliegenden Fall ist festzustellen, daß der Rededrang, der dem Menschen ja durchaus eigentümlich ist, eine solche Streuungskurve zweifellos aufweist. Das Kleinkind würde nie sprechen lernen, wenn es nicht unter anderem auch diesen ganz natürlichen, genotypischen, autochthonen, originären, „naiven“ Rededrang besäße. Auf selektivem Wege ist höchst wahrscheinlich, ausgehend vom ersten Hominiden, der diese Eigentümlichkeit wohl besaß, und zwar in hervorstechender Weise, eine mittlere, gute Norm des Rededranges entstanden. Ein Mittleres ist am verbreitetsten. Aber es gibt eben schon Kleinkinder mit abnormal starkem Rededrang, mit einer außergewöhnlichen „Mitteilungsfreudigkeit“ (dabei muß im Augenblick von den den analytischen Psychotherapeuten hervorragend interessierenden neurotisch bedingten Rededrangsformen abgesehen werden). In gewissem Sinne könnte man in solchem abartigen Rededrang eine spezielle Variante der Hypermotorik sehen. Man darf sich also nicht von vornherein darauf festlegen, jeder starke Rededrang sei neurotischen Charakters. Dann macht sich der betreffende Psychotherapeut beim Urteilen zu sehr von seiner eigenen eventuellen Zugehörigkeit zur mittleren Norm abhängig.

Ein gewisser Prozentsatz der Patienten wird also aus diesem ihm ganz natürlichen lebhaften Rededrang heraus sehr viel mitteilen, sehr viel sprechen. Bei einem andern Teil der äußerlich sehr ähnlichen Patienten dagegen wird der Akzent auf einer unter Umständen ebenso originären Erlebnis- und Vorstellungsfülle liegen. Das sind dann Patienten, die mitteilen, es wäre ihnen unmöglich, falls sie alles mitteilen sollen, dies durchzuführen, da sie überflutet würden, so und so oft wenigstens, von einer einfach nicht faßbaren Fülle von Vorstellungen oder auch Gefühlen usw. Sind die Betreffenden dann gleichzeitig auch mitteilungsfreudig, so entsteht unter anderem die Schwierigkeit für den analytischen Psychotherapeuten, den betreffenden Patienten beraten zu müssen. Man wird ihm sagen müssen, er dürfe auswählen, natürlich müsse er das. Aber auf keinen Fall dürfe er „Unangenehmes" „unterschlagen" (s. o. S. 209).

Wie schon gesagt, kann das äußere Bild des Sehr-viel-redens — die Kritik: „zu viel" wird hierbei zunächst zurückgestellt — auch angstvoll überkompensierenden Charakter haben. Es empfiehlt sich also, auch hieran zu denken und auf Grund von Signalen, auf die die breite Erfahrung des Therapeuten antwortet, Näheres analytisch festzustellen. Nun aber muß noch einmal zurückgegriffen werden auf die grundsätzliche Überlegung, was denn ein Mensch tut, wenn er auf einem Sofa liegt, nicht einschläft und auch nicht aufsteht. Wie oben schon festgestellt, gerät er in ein Dösen, in ein dösendes Phantasieren und die nähere Betrachtung zeigt, daß hier Antriebe, Bedürfnisse von originärem oder antwortendem Charakter eine entscheidende Rolle spielen. Es ist keineswegs falsch, zu sagen, daß der Betreffende vor sich hin phantasiert, auf dem allgemeinsten Wege der Glücksuche, indem ihm vorschwebt, was er möchte, was ihm Freude und Lust bereitet, was er daher sucht, und dazu und dazwischen dann all das, was er fürchtet, was er zu fliehen bereit ist. Und all dies besteht, wie ganz selbstverständlich, im allgemeinen in dem, was man „alltäglich" nennt. Wer allzu bereit ist, hierauf dann das Wort „banal" anzuwenden, sollte sich in eigener Analyse eigentlich etwas genauer danach fragen, wie er hierauf komme. Natürlich ist das Alltägliche zunächst einmal banal. Die Zahl der Menschen mit reichem differenziertem Gefühlsspektrum, mit vielfältiger geistiger Interessiertheit, ist gering. Die Patienten, die zum analytischen Psychotherapeuten kommen, sind nicht ausgewählt in diesem Sinn. Daher muß der Psychotherapeut wissen und damit rechnen, daß das von den Patienten im allgemeinen Mitgeteilte ganz natürlich „banalen" Charakter haben wird. Wer hieran keine Freude zu entwickeln imstande ist, sollte die analytische Psychotherapie lieber nicht zur Lebensaufgabe machen. Männer berichten von ihrer Arbeit, vom Geldverdienen, von Freizeitbeschäftigungen, vom Lieben und Sexuell-Sein und all dem Zugehörigen, nämlich den korrespondierenden Schwierigkeiten. Frauen berichten selbstverständlich von Haushaltsdingen, unter anderem von Haushaltssorgen, vom Essen, vom Einteilen, vom Vorsorgen und all dem Zugehörigen, von Kleidern und Liebhabereien, eventuell von Kindern, vielleicht vom Personal, oder wenn sie berufstätig sind, genau wie der Mann von dem Zugehörigen mit im allgemeinen etwas stärkerer Betonung des Persönlichen. Der Mann neigt mehr dazu, das von ihm kritisch erlebte Persönliche in bezug auf andere Menschen ins Auge zu fassen, also auch auf dem Sofa vorschweben zu haben.

Natürlich ist die eben gegebene Skizze sehr unvollständig. Aber sie charakterisiert im Groben doch wohl das Phantasieren des mittleren Menschen, mit dem

wir es für gewöhnlich zu tun haben. Über diese banalen Themen phantasiert
der auf dem Sofa liegende Mensch, wenn man die Abrede mit ihm getroffen hat,
daß er nicht einschlafen und liegenbleiben solle. Und wenn der Patient es dem
Pakt entsprechend richtig macht, dann teilt er seine Einfälle, d. h. die Zwischeneinfälle so genau wie nur immer möglich mit.

Ist er noch dazu ein einigermaßen mitteilungsfreudiger Mensch, so entsteht für
manchen Anfänger in der analytischen Psychotherapie die Meinung, so solle es nun
doch n i c h t sein. Zunächst kleidet sich dieser Eindruck oft in die Formel, solch ein
Patient rede „zu viel". In Wirklichkeit aber kann der Geübte dem Anfänger dann
nachweisen, daß diese Ausdrucksweise doch nicht das trifft, was der Kritik aufgefallen ist. Das Wort: zuviel muß dann häufig ersetzt werden durch das eben
schon erörterte, nämlich etwa durch die Wendung „zuviel banales Zeug". Dann aber
tritt nun umgekehrt die Kritik am psychologischen Fehlgriff des Untersuchers
in ihr Recht, als ob der Patient eigentlich „Tiefes", „Besonderes", unmittelbar
„Aufschlußreiches" hätte mitteilen sollen, wenn es recht zugegangen wäre.

So ist dem eben skizzierten Bild nun historischerseits hinzuzufügen, daß zunächst einmal alle diejenigen, die von der kathartischen Erwartungsvorstellung
ausgehen, also von einer hier ausdrücklich als überholt bezeichneten und kritisierten (s. S. 196), wenn ein Patient sich im eben geschilderten Sinn tatsächlich
ganz richtig verhält, doch Kritik üben werden. Ihnen unter anderen wird das
Mitgeteilte als banal, „nicht in die Tiefe gehend", „nicht bewußt genug" usw.
erscheinen. Aber es ist ja wohl kaum zu wiederholen, daß es sich in solchem
Fall einfach um ein theoretisches Vorurteil handelt, das hier beim analytischen
Psychotherapeuten eine Rolle spielt. Es wird jetzt also gewissermaßen — und,
wie Verfasser meint, sachgerechterweise — der banale Alltagsmensch „verteidigt". Dabei bleibt es dem analytischen Psychotherapeuten völlig unbe-
nommen, sich z u s ä t z l i c h seiner eigenen, vielleicht wirklich bestehenden größeren
gefühlsmäßigen und geistigen Differenziertheit zu überlassen. Aber er sollte
wissen, daß das dann seine ganz persönliche Angelegenheit ist und mit der Sache
und der sachlichen Aufgabe zunächst gar nichts zu tun hat. Dies ist, in anderen
Worten ausgedrückt, eigentlich nichts anderes als die Feststellung, daß es völlig
genügt, wenn ein Patient dem oben genau charakterisierten Pakt folgt, also mehr
und mehr „Zwischeneinfälle" bringt, im übrigen aber ruhig banal bleibt und vieles
Banale mitteilt. Gerade der gefühlsdifferenzierte, „geistige" Psychotherapeut
hat es nicht nötig, sich durch seine Patienten anregen zu lassen.

Hierbei ist wohl hinzuzufügen, daß ein Patient, der sich so, also korrekt, verhält, also als mittlerer Mensch durchaus Banales, Alltägliches mitteilt, ganz
automatisch auch von der V e r g a n g e n h e i t spricht. In der Konsultation ist
ihm gesagt worden, daß er sich mikro-psychologisch zu beobachten und kennen
zu lernen habe, daß er Mikro-psychologisches deutlicher, leuchtender zu erleben
haben werde, als das bisher bei ihm üblich war. Damit ist sein Interesse ja gerichtet, und zwar psychologisch gefärbt worden. Das allein schon sorgt dafür,
daß aus der Entwicklungsgeschichte des Patienten wieder und wieder „Material"
auftaucht, also „Genetisches". Dies braucht im allgemeinen also n i c h t provoziert
zu werden. Was auf diesem Wege auftaucht, genügt in der Regel (soweit der
Patient eben als Mitteilender fungiert).

Um nun noch einmal zu zeigen, worin eine Fehlbeurteilung durch den Therapeuten liegen kann, sei auf den Patienten-,,Typ" hingewiesen, der seinerseits
auf Grund von Lektüre oder vom Hörensagen oder auch einmal auf Grund von
Vorerfahrungen in einer ,,Analyse" kathartische Erwartungsvorstellungen oder
solche von verlockender oder drohender ,,Tiefe" des Erlebens mitbringt. Ein
solcher Patient neigt dann manchmal dazu, wie ein Wasserfall zu reden, und
zwar einfach deshalb, weil er solches Reden für freies Assoziieren hält, und weil
er damit zum Beispiel — von oralen Gefühlstönen bestimmt — ,,Maximales"
oder möglichst rasch viel zu erreichen hofft. Einiges Nachdenken zeigt, daß
solch ein Verhalten — ,,Agieren" wurde es von Freud genannt — analysiert
werden muß, d. h., es muß klargestellt werden, worum es sich hier handelt, was
der Patient ,,vor-hat", mit allem psycho-logischen Drum und Dran.

Einige Bemerkungen haben aber wohl darauf hingewiesen, daß im Einzelfall
hinter einem Patienten, der mit Redestrom aufwartet, all die oben genannten,
ein Schweigen möglicherweise motivierenden Antriebe, Bedürfnisse, Erwartungen,
Sehnsüchte und Befürchtungen eine Rolle spielen können. Nur der Einzelfall
kann da ergeben, worum es sich in Wirklichkeit handelt. Daß es von Wichtigkeit
ist, diese Reaktion des betreffenden Patienten genauestens zu untersuchen, ihn
zum deutlichen Erleben der Hintergründe zu bewegen, ist nunmehr wohl klar.
Aber Bezugssystem sollte eben immer bleiben, daß auch ganz einfach ein autochthoner Rededrang die Quelle eines Redeströmens des Patienten sein kann.

Variante schließt sich an Variante. So sei noch auf einen der neurotischen
Spezialfälle eingegangen. Es sei erwähnt, daß ein allzu chaotischer Expansionsdrang, entspringend einer latenten urethralen Tendenz (s. S. 67), sich sehr
wohl als Rededrang äußern kann. Das Wort Redestrom wurde nicht zufällig
gefunden. Ebensowenig ist es ein Zufall, daß in Träumen Frauen mit starkem
Rededrang, besonders auch Mütter, die mit Hilfe solchen Redestroms ihre Töchter
komprimierten, durch ,,Wasserfälle" ,,dargestellt" zu werden pflegen. Es kann
sich auch um strömenden Regen handeln. Für den, der hier stutzt, sei hinzugefügt, daß es im Wallis in der Schweiz innerhalb des französischen Bereichs
einen Wasserfall gibt, der Pisse Vache genannt wird, und zwar nicht geheim,
sondern offiziell.

Man sieht also, daß es auch hinsichtlich eines abartig ,,starken" Redens der
Patienten keine Kniffe oder eigentlich technische Ratschläge gibt. Es kommt
alles auf die Durchschauung des Psychologischen an. Dessen individuelle Vielfältigkeit ist sehr groß, aber einige Regelhaftigkeiten lassen sich doch feststellen
und erörtern. Das übrige muß die kontrollierte Praxis lehren. Beim Zuvielreden des Patienten oder auch wenn er zu ,,banal", zu ,,oberflächlich" zu reden
scheint, ist in der Hauptsache daran zu denken, daß er zu wenig Zwischeneinfälle registriert. Auf diese kommt es vor allem an, nicht darauf, ob das Mitgeteilte zu banal oder zu wenig ,,tief" ist. Aber nur vielleicht ist das so. Immerhin besteht jedoch die Möglichkeit; und es ist hier wie überall zum Beispiel darauf
zu achten, wenn der Patient stockt. D. h., auf einmal erscheint hier das Schweigen
wieder, nur an verborgener Stelle. Dabei darf aus wissenschaftshistorischem
Interesse erwähnt werden, daß vor etwa 30 Jahren eine Reihe prominenter
Psychoanalytiker ihr Augenmerk mit ausdrücklicher Bevorzugung auf das

Stocken in der Rede des Patienten richteten. Wie aus allem hier Dargestellten hervorgeht, war das zum erheblichen Teil völlig sachgerecht. Auf der anderen Seite aber war es damals noch zulässig, etwa im Sinne der Assoziationsstudien von Jung, die viele Patienten gelesen hatten, inkohärent „Einfälle" zu bringen, sogenannte Assoziationen. Aber das geschah eben durchaus zielgerichtet — unter theoretischem Vor-urteil —, nämlich durch künstliche Weglassung alles Thematischen. Wahrscheinlich ist es zutreffend, daß die wenigen theoretischen Hinweise, die Freud selbst gab, in einem gewissen Widerspruch zu seinem eigenen praktischen Verhalten als Analytiker standen, besonders, daß Freud selbst sehr viel weniger zurückhaltend und abwartend war, als aus seinen Mitteilungen zumindest hervorzugehen schien. Wahrscheinlich bezog sich, wie oben schon einmal gesagt (s. S. 208), sein dringender Rat der Zurückhaltung und des Abwartens auf diejenigen nicht seltenen Schüler, die seine Methode anwandten und allzu viel propulsiven therapeutischen Ehrgeiz entwickelten.

Abschließend sei nun noch festgestellt: Ein Analysand, ein Patient behält im allgemeinen die persönliche Eigenart seines Redens bzw. Schweigens qualitativ bei. Der analytische Psychotherapeut darf also nicht erwarten, daß seine Bemühungen, den Analysanden vom Abartigen zum Optimalen heranzuführen, „glücken" werden. Es kann sich immer nur um eine ständige Annäherung handeln. Diese allerdings sollte bemerkbar sein. Abgesehen werden muß hierbei von den genotypischen Fällen phlegmatischer Unbeirrbarkeit und ebensolcher Mitteilungsfreudigkeit. Es wäre also falsch, wenn jemand glaubte, irgendeines Tages müsse sich in jedem Fall der Patient vollständig an den eingegangenen Pakt angleichen und die „Grundregel" strikte befolgen. Daß dies geschieht, ist zwar nicht die Ausnahme, aber ein selteneres Vorkommnis. Man sollte sich sachgemäßerweise durch die Tatsache dieses bloßen Vorkommens nicht dazu verführen lassen, hierin ein unbedingt zu erreichendes Ziel zu sehen. Das Ganze muß dem Charakter des Lebendigen entsprechend etwas „Schwebendes" behalten. Und nun sei noch hinzugefügt: Daraus folgt nun nicht etwa völlige Unverbindlichkeit! Durchaus nicht ist dies so, sondern: Praktisch ergeben sich für jeden Erfahreneren eine Reihe von sehr konkreten Maßstäben, die einerseits stark individuellen Charakter haben, auf der anderen Seite aber doch so allgemein sind, daß überhaupt so etwas wie fruchtbare Kontrolle eines Lernenden, Ungeübten durch einen Erfahrenen möglich wird.

4. Das therapeutische Vorgehen des Analytikers

Bisher war mit voller Absicht im wesentlichen die Rede vom korrekten Verhalten des Patienten. Als die Inkorrektheiten erörtert wurden, ergab sich die Notwendigkeit eines bestimmten Eingreifens des Analytikers, also von Ansätzen zu therapeutischen Maßnahmen. Rückblickend aber sei zunächst noch einmal betont, daß, wenn ein Patient sich paktgemäß verhält, d. h. optimale Voraussetzungen mitbringt, tatsächlich ein Heilungsvorgang anläuft. Wie schon gesagt, dauert dieser in der Regel nur erheblich lange Zeit. Gelingt dem Analytiker bei einem nicht optimal reagierenden Patienten, dessen Schweigen oder Zuvielreden allmählich zunehmend zu korrigieren (wie bereits erwähnt, in Einzelfällen

mit raschem, auffallendem Effekt), so verläuft der Heilungsvorgang ein entsprechendes Stück fruchtbarer, im wesentlichen rascher.

Vielleicht ist es angezeigt, an dieser Stelle ebenfalls noch einmal zu bemerken,
daß grundsätzlich ein analytisches Verfahren auch ohne das Bringen und Analysieren von Träumen vor sich gehen kann. Diese sind keine conditio sine qua
non. Daher sind sie von Freud auch mit vollem Recht von Anfang an als via
regia bezeichnet worden. Und nun: eben doch als via regia.

Mit einem Blick auf die Zukunft sollte sich die heutige Generation der Lernenden aber einmal vorzustellen suchen, wie wohl ein analytisch-psychotherapeutisches Verfahren aussehen würde, das sich um die Träume überhaupt nicht
kümmert. Der Gewinn solcher Betrachtung läge allein schon darin, daß man
sich unabhängig macht von Vorstellungen, als müsse etwas unbedingt so oder
so sein. Und abgehoben von solcher Extremvorstellung dann gewinnt zweifellos
das übliche Verfahren, losgelöst von aller „Gewohnheit", an Plastizität. Wie
würde also ein solches Verfahren aussehen? Es wäre wohl sicher ein Fehlgriff
anzunehmen, auch in Zukunft müsse es durchaus sehr lange dauern; denn wie
auf S. 320 noch näher erörtert werden soll, sind auf Grund einer von „analytischem" Wissen gesättigten Atmosphäre sehr wohl Verfahrensweisen denkbar,
die höchst direkt vorgehen und einen bedeutsamen Entwicklungsschritt darstellen
werden. Zunächst aber hätte der heutige analytische Psychotherapeut auf jeden
Fall eine außergewöhnliche, präzise Fülle von Vorstellungen über Möglichkeiten
neurotischen abartigen Erlebens zu besitzen, und diese in deutlicher, ebenfalls
mikro-psychologischer Abhebung von einem Gesamt höchst differenzierten
anthropologischen Wissens. Er hätte also auf allerfeinste Vorkommnisse, besonders also „Zwischeneinfälle" (s. a. S. 208) zu achten. Er müßte in der Lage sein,
aus allerfeinsten Signalen für Gehemmtheiten, Bequemlichkeiten, Illusionen und
alles Entsprechende auf die voluminösen latenten Hintergründe zu schließen.
So sollte sich dieser oder jener werdende analytische Psychotherapeut nicht
abhalten lassen, einmal entsprechende Versuche zu unternehmen. Nur eine Bedingung wird er dabei auf jeden Fall erfüllen müssen: Er wird sicher sein müssen,
mit welchem Grade an „Schwere" er es in dem betreffenden Einzelfall zu tun
hat. Denn sonst würde er mit hoher Wahrscheinlichkeit, ohne es zu bemerken,
mit seinem neuen Verfahren an leichten Fällen Erfolge erzielen und diese dann
mit den Mißerfolgen anderer an schweren Fällen mit herkömmlichen analytischen
Verfahren vergleichen. Das wäre aber nach allem, was wir heute wissen, eindeutig
verfehlt.

Hierzu noch eine weitere Bemerkung: Als „Material" für die analytische Untersuchung und Behandlung von Patienten wurden seit je und vielfach Zeichnungen
verwandt. Es gibt auch Psychotherapeuten, die sich fast nur auf Zeichnungen
als Ausgangsmaterial beschränken. So wird dem Verfasser von dieser Seite her
die Frage vorgelegt werden, warum er nicht auch solche Möglichkeit analytischen
Vorgehens erörtert. Das hat den Grund, daß seines Erachtens das Thema der
Zeichnung als Ausgangsmaterial im Sinne eines Gegenstandes psychotherapeutischer Diskussion noch völlig unausgereift ist. Man muß hier vorläufig noch
zuviel offen lassen. Zwar ist bekannt, daß diejenigen, die sich viel mit den Zeichnungen ihrer Patienten befassen, die Patienten zum Zeichnen ermuntern, sehr

überzeugt vom wertvollen und zweckdienlichen Charakter ihres Vorgehens sind
Aber: Auch hier wurde, soweit Verfasser es übersieht, bisher, wenn überhaupt,
nahezu stets von der Schwere der betreffenden Fälle abgesehen. Es werden also
faktisch Heilungserfolge vielfach gegeneinander ausgespielt, ohne daß ein wirklich begründetes Urteil über die Valenz der einzelnen Vorgehensarten schon
möglich wäre (s. a. hier das zum Thema „gezielte" Anamnese Gesagte, S. 173).
Verfasser hat sich bisher nur davon überzeugen können, daß das Anfertigenlassen
von Zeichnungen und deren Verwendung in analytischer Richtung grundsätzlich
möglich ist und im Einzelfall fruchtbar sein kann. Aber er meint ebensowenig
wie irgendein anderer die Hauptfrage hier beantworten zu können, in welchem
Maße dieses spezielle Verfahren etwa mit demjenigen zu konkurrieren vermag,
das die Träume bevorzugt, eben im Sinne der via regia, zum Ausgangspunkt
wählt. Eines allerdings scheint doch sicher zu sein, nämlich, daß es zwar auch
hin und wieder sogenannte „Gefälligkeits"-Träume gibt, die Zahl der Gefällig-
keitszeichnungen dagegen, mit der Zahl jener Träume verglichen, weit überwiegt.
Verfasser hat sich des Eindrucks nicht erwehren können, daß eine außergewöhnlich hohe Zahl von solchen Zeichnungen „artifiziellen" Charakter hat, d. h. außerordentlich weitgehend vom Bewußtseins- und Absichtsbereich des Betreffenden tendenziös beeinflußt ist. Aber es soll zugegeben werden, daß dieses Thema
noch einer eingehenden vergleichenden Erörterung bedarf.

Nur noch eines sei hinzugefügt, damit hier kein Mißverständnis entsteht:
Auch die „künstlichsten", tendenziösesten Zeichnungen enthalten natürlich
regelmäßig Repräsentanten des beim Zeichner Latenten. Es handelt sich
bei unserer Erörterung also nicht etwa um eine plumpe Gegenüberstellung von
Qualitativem, sondern ausdrücklich um das Erwägen von quantitativen Verhältnissen. Was hier in Frage steht, ist der Fruchtbarkeitsgrad im Sinne analytischer Psychotherapie und nicht etwa, ob überhaupt Fruchtbares im Spiel ist.

Nach dieser Abschweifung läßt sich im Hinblick auf das abwartende analytische Vorgehen — also nun wieder abgesehen von der Frage der Träume —
sagen: Im ganzen ergibt sich auch für den Anfänger, den Lernenden, ein durchaus beruhigender und befriedigender Aspekt. Er darf auf jeden Fall auf „therapeutischen Ehrgeiz" verzichten. Dabei gilt übrigens, daß er hier mit einem
Faktor rechnen darf, der stets eine Rolle spielt und manchmal sogar ganz allein
therapeutische Effekte hervorzubringen vermag. Es handelt sich um den Faktor
Geborgenheit. Auch wenn man diesen nicht überschätzt, d. h. an allen möglichen Stellen, in allen möglichen Zusammenhängen verantwortlich macht, wo
ganz anderes vor sich geht, darf man zu dem eben ausgesprochenen Satz stehen.
Besonders in den pragmatischen Verfahren spielt dieser Faktor eine betonte
Rolle. Aber auch für die analytischen Verfahren gilt dies in Grenzen. Und das
ist ja sehr verständlich; denn aus der hier vertretenen Neurosenlehre ergibt sich
der infantile Antriebs- und Bedürfnischarakter alles Latenten. Ist dies aber
zutreffend gesehen, so ist damit gleichzeitig gesagt, daß ganz natürliche kindliche
Geborgenheitstendenzen stets eine Rolle im Ganzen spielen. Darüber hinaus
aber ist mit all dem oben Erörterten festgestellt, daß der jeweilige Verlust an
bisheriger Geborgenheit, durch den, recht verstanden, alle Versuchungs- und
Versagungssituationen (s. S. 92) ausgezeichnet sind, einen mehr oder weniger

erheblichen Beitrag zur Auslösung der Symptomatik liefert. Wird also durch eine Atmosphäre wohlwollenden Abwartens — eben dann, wenn „therapeutischer Ehrgeiz" noch keine Rolle spielt — Geborgenheit vermittelt, so hat diese allein schon therapeutische Valenz. Im Grenzfall kann, wie schon gesagt, allein auf dieser Basis Heilung eintreten.

Allerdings ergibt sich in unmittelbarer psycho-logischer Konsequenz, daß hier die Wahrscheinlichkeit eines dauernden Heilungseffekts, zum Beispiel im veränderten Milieu, gering ist (doch muß hier hinzugefügt werden, daß auch das Leben, das äußere Schicksal im Einzelfall solche bisher nicht vorhandene Geborgenheit vermitteln kann; und dann tritt das ein, was man eine Spontanheilung nennt, s. a. S. 89). All dies steht miteinander in der eben kurz skizzierten Verbindung. All dies sollte jedem analytischen Psychotherapeuten als Rahmenmöglichkeit vorschweben, ohne daß für ihn daraus eine Überschätzung der Valenz des Faktors Geborgenheit folgte. Das also sei noch einmal zur Abrundung des Themas: abwartende Haltung und möglicher therapeutischer Erfolg, gesagt.

Und nun der nächste Schritt: Wie sich zeigen wird, schadet es jedoch nichts, wenn der Analytiker, der als Analytiker ja per se ein Stück Abwarten in sich enthält, weiterhin auch therapeutischen Ehrgeiz entwickelt. Es kommt dann nur darauf an, daß er sich vollsachgerecht verhält. Formell heißt das, daß er seinerseits nun mehr tut, als dafür zu sorgen, daß der Patient bleibt und nicht schweigt; und vielleicht auch einmal: nicht zu viel redet.

Und noch etwas anderes gehört in Wiederholung und Abwandlung an diese Stelle der Erörterung:

Nur verglichen mit dem bis hierher geschilderten analytischen Verfahren besteht die Möglichkeit der Konkurrenz vonseiten pragmatischer Psychotherapie. Was auf dem bisher dargestellten, weitgehend „abwartenden" Wege erreicht werden kann, ist zwar qualitativ im allgemeinen wesentlich fundierter, d. h. den Patienten gegen Rückfälle sichernd, als das, was mit pragmatischen Verfahren erreicht werden kann; aber die notwendigen Zeiträume differieren vermutlich außerordentlich stark — eben wenn man das bisher Geschilderte mit den pragmatischen Verfahren vergleicht. Jetzt noch handelt es sich darum, daß die pragmatischen Verfahren kürzere Zeit in Anspruch nehmen. Wäre es so, daß auf analytischem Wege vom Psychotherapeuten nicht mehr getan werden könnte, dann allerdings wären die empfohlenen und erprobten pragmatischen Verfahren in der Hand der Geübten tatsächlich „Kurztherapien". Aber es wird sich nun weiter zeigen, daß das alles nicht so ist und es daher auf psychotherapeutischem Gebiet so etwas wie eine Kurztherapie, die an sich ihrer Kürze wegen sachgerechter und daher empfehlenswert wäre, gar nicht gibt.

Es ist lediglich so, daß sowohl der Charakter der analytischen Psychotherapie wie auch der der pragmatischen Psychotherapieformen fast durchgängig verkannt wird. Man stellt sich also Fehlerhaftes, zumindest Lückenhaftes darunter vor. Und dann tut man auch entsprechend Fehlerhaftes. Das soll heißen: Man kann ein analytisch-psychotherapeutisches Verfahren unter fehlerhaften theoretischen Voraussetzungen „endlos" ausdehnen, als ob das notwendig wäre, obgleich es das im gegebenen Einzelfall gar nicht ist. Dann sieht es so aus, als ob ein analytisch-psychotherapeutisches Vorgehen von vornherein durch lange Dauer

gekennzeichnet sei. Nicht wenige Altpsychoanalytiker meinen das heute noch.
Sie glauben fehlerhafterweise, daß nur sie besonders oder „wirklich" gründlich
wären. Das Übrige sei unfundierte Pfuscherei, grob ausgedrückt. Tatsächlich
aber zeigt alles, was im vorliegenden Buch hierüber gesagt wird, daß das analytische Verfahren korrekt angewandt und nicht etwa zum Beispiel durch kathartische Erwartungsvorstellungen verfälscht, unter Umständen nur ein paar Stunden dauert und völlig fundiert zum Erfolg führt (s. z. B. eine erhebliche Zahl
der Ejaculatio-praecox-Fälle). Der pragmatische Psychotherapeut also zieht einen
falschen Vergleich, wenn er seine in manchen Fällen nach kurzer Dauer zum Erfolg führenden Verfahren mit jenen endlos dauernden analytischen Verfahren
vergleicht, als ob diese eben durch lange Dauer verbindlich charakterisiert wären.
Die Zukunft und weiteres Überprüfen wird zeigen, daß solche fehlgreifenden Ver-
gleiche an dem eben erörterten Mißverstehen schuld sind. Man wird sich also
entschließen müssen, die tatsächlich kurze Zeit in Anspruch nehmenden korrekten
analytischen Verfahrensweisen mit den pragmatischen zu vergleichen, und dann
sinngemäßerweise auch die unter Umständen nur „endlos" wiederholten, d. h.
insgesamt sehr lange dauernden akkumulierten pragmatischen Verfahren mit
den tatsächlich im Einzelfall notwendigerweise sehr lange dauernden analytischen
Verfahren. Man kann ruhig sagen: das hier eben Ausgesprochene stellt eine der
wichtigsten Thesen einer korrekten modernen analytisch-psychotherapeutischen
Auffassung dar. In der heutigen Literatur fehlt die Kenntnis dieses Tatbestandes
nahezu vollständig (s. a. S. 261—272).

Nunmehr darf also therapeutischer Ehrgeiz im eigentlichen Sinn einsetzen.
D. h., der im bisherigen geübte analytische Psychotherapeut darf sich fragen,
ob die auf diesem Wege notwendigen Zeiträume nicht verkürzt werden könnten.
Logischerweise muß so formuliert werden; denn vorausgesetzt wird ja jedesmal,
daß neurotische Symptome bzw. abartige Verhaltensweisen, Fehlhaltungen und
Fehlverhalten wirklich fundiert beseitigt werden sollen.
    Wirklich fundiert heißt, daß der ehemalige Patient schließlich wie ein mittlerer
Mensch nur dann „rückfällig" wird (in Wirklichkeit neu erkrankt; dies zu betonen, ist durchaus wichtig!), wenn ihn ein außergewöhnlicher Schicksalsschlag
von der oben geschilderten Art trifft (s. S. 97). Außerdem gehören hierher
unter dem Titel Schicksalsschläge auch plötzliche schwerste Erkrankungen,
Unglücksfälle (Eisenbahn, Flugverkehr usw.), Verschüttungen im Kriege u. ä.
Häuft sich hier einfaches „Pech", so erkrankt im Grenzfall auch der noch so
„robuste", mittlere Mensch. Alles, was uns die mikro-psychologische Untersuchung der Neurotiker und auch der symptomfreien Lernenden lehrt, spricht
hierfür und gegen mancherlei andersartige, vorgefaßte Theorien. „Im Grenzfall
auch ..." mußte es heißen, denn es gilt noch der weitere Grenzfall, der dem
eben genannten zunächst liegt: der Hochsensible (nur genotypisch gemeint)
erkrankt, ohne neurotisch zu sein, wenn ihn das nächst-schwere Schicksal trifft.
    Aus allem oben Dargestellten ergibt sich für den analytischen Psychothera-
peuten vom eben erreichten Standort aus die Frage, auf welchem Wege der therapeutische Prozeß nun wohl abgekürzt werden könnte — um damit auch den

bisher konkurrenzfähigen pragmatischen Verfahren gegenüber, entscheidender Fundiertheit wegen, überlegen zu werden. Die Antwort: Der Patient muß auf seine Gehemmtheiten, Bequemlichkeiten, Riesenansprüche und deren weitere Folgeerscheinungen, die ideologischen Haltungen, das mangelnde Können, die mangelhafte Menschenkenntnis, die fehlerhafte Menschenbehandlung, die hilflose Freizeitgestaltung, angesprochen werden. Jetzt erst setzt das eigentliche analytische Gespräch ein.

Worauf kommt es nunmehr also an? Der analytische Psychotherapeut muß über eine Fülle von Vorstellungen, über die eben noch einmal mit Namen genannten Erlebnisbereiche neurotischer Patienten verfügen. Insbesondere muß er in der Lage sein, die verschiedenen Gehemmtheitsarten zu bemerken, auch dann, wenn sie als mikropsychische Gegebenheiten vorliegen (s. a. die obige spezielle Darstellung jener Gehemmtheiten auf den S. 55 bis 69). Die These, die hier vertreten wird, lautet ja: Wenn ein Patient sich paktgemäß, optimal verhält, wenn es dem analytischen Psychotherapeuten gelingt, ein trotz vorher abgefaßten Paktes abwegiges Verhalten des Patienten im mittleren Maß stetig zu korrigieren, dann teilt der Patient tatsächlich — einfach faktisch — seine Gehemmtheiten, Bequemlichkeiten und Riesenansprüche mit Dazugehörigem in ausreichender Deutlichkeit mit. Nur um Ansätze mikropsychischer Art handelt es sich da. Aber diese „sehen" zu lernen, ist auf dem Wege kontrollierten Übens möglich. Und da es sich ja hier um eine beabsichtigte theoretische Darstellung handelt und nicht um einen Ersatzversuch pseudo-praktischer Art, darf nun also weiterhin vorausgesetzt werden, daß der Analytiker seinerseits die betreffenden recht verschiedenartigen und mannigfaltigen, aber doch keineswegs unübersehbaren Phänomene zu erkennen imstande ist.

Da der Analytiker auf dieser Basis seinen therapeutischen Ehrgeiz walten lassen darf, entsteht unter der eben entwickelten Voraussetzung für ihn die „technische" Verfahrensfrage:

Was teilt der Analytiker dem Patienten von seinen hierhergehörigen Beobachtungen mit?

Was ist hier optimal?

Wie dosiert man richtig?

Denn es ergibt sich bei einigem Nachdenken sofort, daß hier die eigentliche Schwierigkeit liegt. Der gesunde Instinkt wird jedem, der nicht von „blindem" therapeutischem Ehrgeiz „besessen" ist, sagen, daß der Analytiker dem Patienten optimalerweise selbstverständlich nicht alles in voller Gänze sagen wird, was er bemerkt hat oder bemerkt zu haben glaubt. Dem zum vorsichtigen Zögern neigenden Therapeuten wird der gesunde Instinkt ebenfalls sagen, daß es unmöglich angebracht sein kann (schon aus Verantwortungsgefühl der Gemeinschaft, die ihn beauftragt hat, gegenüber oder auch dem Patienten gegenüber), jene oben entwickelte abwartende Haltung als end-gültige Methode zu betrachten. Daraus eben ergibt sich die Frage nach der **Dosierung**. Und hier entsteht für den Lernenden fast regelmäßig eine theoretische Schwierigkeit, die der des Lehrenden entspricht: Die Antwort auf die hierhergehörige Frage muß nämlich lauten:

Im konkreten Einzelfall kann jedes Maß, jede Dosis sachgerecht sein. D. h.

also, so allgemein geantwortet, wie allgemein gefragt, muß die Antwort lauten: Grundsätzlich ist „alles möglich", alles erlaubt.

Was soll das heißen?

Zunächst einmal: Nur ganz konkrete praktisch übende Erfahrung kann hier allmählich endgültige Antwort geben. Weiterhin: Diese wird stets individuell verschieden ausfallen. Immer spielen die „Naturkonstanten" auch des Analytikers selbst hier eine Rolle. Stets hat er die Aufgabe, die zu den Vorzügen seiner eigenen Methode und Person gehörigen selbstverständlichen Mängel laufend zu korrigieren. D. h., er muß diese Mängel zunächst einmal in eigener Analyse kennenlernen.

Aber an einem Extrembeispiel sei dieses Thema theoretisch im ersten Ansatz erläutert, nämlich an der sogenannten **„Reizdeutung"**.

Obgleich die Dosierung einer dem Sinn nach vermutenden Bemerkung des Analytikers in der Regel so zu erfolgen hat, daß dem Patienten nur soviel mitgeteilt wird, wie er zu „verdauen" vermag, soviel, wie er bereits „unbewußt" zu spüren beginnt, besteht für den Erfahrenen durchaus die Möglichkeit, Vermutungen auszusprechen, die dem Patienten überraschend oder auch erschreckend und abstoßend erscheinen mögen. Keinesfalls ist dies immer ein Fehler. Es kommt zunächst nur darauf an, daß der Patient nicht etwa so weit dadurch abgeschreckt wird, daß er die Analyse verläßt. So vorsichtig muß man sich hier ausdrücken. Denn es schadet auch keineswegs grundsätzlich etwas, wenn ein Patient hier einmal ein paar Stunden „wegbleibt". Wenn er nur wiederkommt! Denn er will ja geheilt werden, und der Analytiker, d. h. hier der erfahrene Analytiker hat ja die volle ehrliche Absicht, ihm zu helfen, ihn daher also in der Analyse zu halten. Grundsätzlich kann es durchaus optimal, in diesem Sinne korrekt, „rationell" sein, über-zu-dosieren. Das ist dann eine „Reizdeutung".

An diesen Formulierungen wird, gemessen an dem bisher Dargestellten, einiges auffällig sein, d. h. nicht so ohne weiteres recht zu verstehen. Daher eine Zwischenerörterung: Es wird hier von Vermuten gesprochen, und dann fällt das Wort „Deuten", „Deutung".

Wie ist der Sachverhalt? Ein Überdenken all des oben Dargestellten gibt die Antwort: Das analytische Gespräch, nunmehr vom berechtigt therapeutisch eingestellten Analytiker her gesehen, sein nunmehriges Eingreifen besteht in der Mitteilung von Beobachtetem an dem Patienten. Es ist selbstverständlich, daß — eben weil breite Erfahrung, ubiquitäre Psycho-logik hier methodisches Mittel ist — alles, was der Therapeut sagt, nicht apodiktisch sein darf, weil etwa auf apodiktische Sicherheit zurückgehend, sondern naturgemäß nur Vermutung. Das sollte ja (wie oben S. 195 erörtert) schon in der Konsultation so ausgesprochen worden sein. Es war dort auch bereits die Rede davon, daß nicht nur aktuell Beobachtetes vom Analytiker mitgeteilt wird, sondern auch auf Grund von Erfahrung berechtigt **Vermutetes** über die Entwicklungsgeschichte des Patienten, über das also, was einst lebendig war und dann latent wurde (s. S. 56).

Dieses Vermuten, diese vermutenden Mitteilungen wurden von Freud ursprünglich „Deuten" genannt. Es war keinesfalls völlig fehlgegriffen, dieses Wort in die Diskussion zu werfen, denn die Worte Deuten und Deutung lassen auch landesüblich eine korrekte Interpretation im Sinne des Vermutens zu. Praktisch aber hat sich gezeigt, daß außerordentlich viel Mißverstehen hier anknüpfte und denen Vorwände lieferte, die aus inneren Gründen mißverstehen „wollten" (s. a. S. 214 ff). Man hat durchaus fälschlicherweise an eine weitere Möglichkeit der Interpretation der Worte Deuten und Deutung angeknüpft und die Sache tendenziös so verstanden, als gehe spekulatives Deuten der Empirie voraus, als sei dies der Hergang gewesen. In Wirklichkeit aber drängten sich bestimmte, unmittelbar empirisch fixierbare und schon in der ersten Krankengeschichte von Breuer-Freud, der berühmt gewordenen Darstellung der Anna O., Fakten auf. Diese waren von höchst merkwürdigem, unerwartetem Charakter. An sie wurde angeknüpft. Es wurde einfach weiter beobachtet und untersucht, ob sie häufig oder gar überall vorkämen. Empirie wurde getrieben, und dann wurde manchmal im Schwunge der ersten Begeisterung und unter dem Druck aggressiver Ablehnung des wissenschaftlich Mitgeteilten zu früh und zu umfassend verallgemeinert. So lag es wohl. So wurde historisch aus völlig legitimem Vermuten und so auch korrekt verstandenem „Deuten" jenes ominöse Deuten, das dann unter dem Titel „Deuterei" zum Schimpfwort gegenüber der analytischen Psychotherapie wurde. Daher kehren wir hier vollabsichtlich zum Wort Vermuten zurück, überall da, wo dieser Hinweis notwendig erscheint — ohne pedantisch zu sein und das Wort Deuten stets zu vermeiden.

Dieser Sinn des in der Hand des Geübten oft voll beabsichtigten und gut begründeten „gröblichen" Vermutens steht hinter dem älteren terminus technicus „Reizdeutung". Sie wird hier also grundsätzlich und ausdrücklich als eine Möglichkeit korrekten Vorgehens bejaht. Aber aus dem Dargestellten folgt ja, daß es sich hier um den Grenzfall legitimer Dosierung handelt mit all den Eigentümlichkeiten, die einem Grenzfall in der Welt auch sonst anzuhaften pflegen. Also noch einige Worte hierzu:

Letzten Endes laufen die eben angestellten Überlegungen auf eine statistische Frage hinaus, nämlich auf die folgende: Wie häufig ergeben sich bei einem wirklich Geübten endgültige Analysenabbrüche? Auf der anderen Seite: Wie groß ist die Fruchtbarkeitssteigerung des analytischen Verfahrens durch Auch-Anwendung von sogenannten Reizdeutungen? Vernünftigerweise sind die sich ergebenden Quantitäten, Zahlen miteinander zu vergleichen. Reizdeutungen sind also so weit gerechtfertigt, als ihre Fruchtbarkeit im ganzen gesehen gegenüber den unvermeidbaren Fehlgängen etwa in Form von Analysenabbrüchen überwiegt. Darauf allein kommt es letztlich an, also auf etwas eminent Praktisches, zu dessen korrekter Beurteilung heute genau in der Mitte des 20. Jahrhunderts noch alle notwendigen empirischen Daten fehlen. Nur schätzend können wir heute das Grundsätzliche erläutern und dazu Stellung nehmen und im übrigen im anthropologischen Sinn human sein, verantwortungsvoll ohne moralisierenden Beigeschmack.

Sinngemäßerweise steht nun dem Grenzfall der Reizdeutung, die hiermit also ausdrücklich verteidigt wurde, wenn auch nur grundsätzlich, ein anderer Grenzfall gegenüber, der folgendermaßen aussieht:

Gegenüber der oben geschilderten, nahezu völlig abwartenden Haltung des Analytikers, die dieser nur zum Zweck der Korrektur eines Abweichens von der „Grundregel" durchbricht, gegenüber also auch der bloß wohlwollenden Atmosphäre, die der Analytiker grundsätzlich verbreitet (s. a. S. 253), kann eine minimale Dosis von **„Deuten"**, von Vermuten in einem freundlich geäußerten „Hm!!" bestehen. Auch hierin liegt ja Stellungnahme und, wie nicht zugegeben werden muß, sondern durchaus von vornherein zu bejahen ist, wertende Stellungnahme.

Ein nächster Schritt wäre dann der, daß der Analytiker vorsichtig sein Erstaunen über etwas Mitgeteiltes ausdrückt, mehr nicht.

Ein ebenfalls vorsichtiger therapeutischer Schritt wäre die Mitteilung des Analytikers an den Patienten, daß andere Menschen ja anders als der Patient zu erleben pflegen. Geht auch hier aus dem Tonfall der Rede des Analytikers eine wohlwollende Haltung gegenüber jener erwähnten Andersartigkeit der anderen Menschen hervor, so bedeutet das wiederum Stellungnahme, Wertung, therapeutischen Akt.

Hier nun muß jeder Lernende allmählich seine eigene Ausdrucksweise finden. Je mannigfaltiger diese ist — natürlich bei Wahrung von Ursprünglichkeit und Echtheit —, desto besser. Dann ist wiederum grundsätzlich alles erlaubt. Im Einzelfall kann sogar alles Mögliche geboten sein, und die Entscheidung liegt ganz beim Individuellen; wie schon gesagt, nicht nur bei dem des Patienten, sondern ebenso bei dem des Analytikers. Eine Gruppe zu zweien hat hier die Aufgabe, lebendig zu werden. Das ist eigentlich so selbstverständlich, daß es kaum der Betonung bedürfen sollte, daß es so ist.

Immerhin mag es zweckdienlich sein, hier noch kurz auf ein gut repräsentierendes Beispiel einzugehen:

Nehmen wir an, ein Patient erzählt einen grob sexuellen Traum. Er möge hinzufügen, daß er höchst erstaunt ist und weder mit dem betreffenden Erleben noch etwa vorkommendem Handeln, noch gar mit einem im Traum erscheinenden Partner auch nur das geringste in dieser Richtung zu tun hat. Wie dosiert man da? Soll man etwa, wie das hin und wieder geschehen ist, als Analytiker darauf beharren, hier erscheine eben das „Unbewußte" des Träumers, und das sei sein „eigentliches" Innere? Keineswegs ist dies per se angebracht. Das wäre nur der Fall, wenn man als Erfahrener eine „Reizdeutung" (s. o. S. 230) beabsichtigt. Sonst aber kann es durchaus das Optimum analytisch-psychotherapeutischen Vorgehens sein, hier nicht mehr zu tun, als ganz einfach mit adäquatem Tonfall zu fragen: „Was sagen Sie zu diesem Traum?" Eine solche Frage, völlig isoliert als Frage, kann durchaus das therapeutische Optimum sein. Hat der Analytiker Grund anzunehmen, daß es im Einzelfall gerade so liegt, so braucht er lediglich abzuwarten, was der Patient dann von seinem naturgemäß re-agierenden Erleben weiter mitteilt. Was der Patient dann erlebt, sind seine „Einfälle". Es kommt darauf an, daß der Analytiker bemerkt, wenn der Patient stockt oder sich in „besonderer" Weise bewegt. Es kommt darauf an, daß er an entsprechender Stelle nach „Zwischeneinfällen" fragt, die der Patient offenbar verschwiegen oder wenigstens nicht mitgeteilt hat; und das führt dann weiter, wie schon gesagt, unter Umständen in durchaus optimaler Form.

Und nun, hiervon abgehoben, ein völlig gegenteiliges und in Grenzen unter Umständen sogar gefährliches Vorkommnis:

Gelingt es einem analytischen Psychotherapeuten, gegen den „Protest" des

Patienten diesen vom hohen Gewicht, von der hohen Bedeutsamkeit und „Realität" seines „abgeleugneten" latenten Antriebs- und Bedürfniserlebens zu überzeugen, so kann sich im Einzelfall etwas für beide Teile sehr Unangenehmes ereignen. Der Analytiker kann in solchem Fall die faktisch entstandene Geborgenheitssituation des Patienten „ausgenutzt" haben, sei es auch in bester Absicht. Der Patient ist dann noch im Stande einer „Unreife" gewesen, bezogen wenigstens auf das erörterte Antriebsthema. Und das Unangenehme, vielleicht sogar Gefährliche, was dann eintritt, ist ein wenigstens passageres, d. h. vorübergehendes psychotisches Erleben des Patienten, eine „Inflation des Unbewußten", wie das Jung genannt hat.

Der Leser der vorliegenden Darstellung möge sich durch den Hinweis auf die Möglichkeit solcher dramatischer Vorkommnisse nicht etwa dazu verführen lassen anzunehmen, sie seien häufig. Im Gegenteil, sie sind sehr selten. Aber der Patient, der so erlebt, gerät ja naturgemäß mit einiger Wahrscheinlichkeit in die Hände eines fremden Kritikers, und dieser überschätzt in Verkennung des Vorkommnisses, seines Charakters und seiner Häufigkeit nur zu leicht dessen Gewicht. Es wurde ja auch bereits gesagt, daß diese Vorkommnisse passageren Charakter haben. Meist beschränken sie sich auf wenige Minuten während einer Behandlungsstunde oder auch einmal auf eine ganze. Und der „Sinn" dieses Vorkommnisses? — Das magmatische Latente ist aufgebrochen, provoziert durch eine falsche Dosierung. Deren Charakter aber ist fast stets einfach dadurch zu kennzeichnen, daß es sich um ein „Abziehen" des Patienten von der so notwendigen dauernden Tuchfühlung mit der Realität, mit den ganz konkreten sachlichen und auch persönlichen Problemen handelt. Daraus aber wiederum ergibt sich ohne weiteres das „Gegenmittel": Bemerkt der analytische Psychotherapeut Andeutungen von „Objektverlust", von Lockerung der intentionalen Bezogenheit des Patienten auf die Realität, so braucht er lediglich in wohlüberlegter Weise von der Zukunft, von den realen gegenwärtigen und zukünftigen Problemen und, ganz besonders, positiven Möglichkeiten des Patienten zu sprechen. Hier kommt es durchaus darauf an, die faktisch erreichbaren Antriebs- und Bedürfnisbefriedigungen des Patienten scharf ins Auge zu fassen und sie ihm in voller Deutlichkeit vor Augen zu führen. Der Mensch ist ein seiner Art nach durchaus hoffendes Lebewesen. Er lebt zu einem Teil von seinen Hoffnungen, mögen diese auch in den üblichen Grenzen illusionär sein. So lebt er eben in der Regel. Und zu solchem Erleben muß der analytische Psychotherapeut demjenigen verhelfen, der zu „narzißtischen", „introversiven" Reaktionen neigt. So sind noch einmal durch Kontrast die möglichen Dosierungsgrenzen festgestellt worden. Und es ergibt sich nebenbei und doch prägnant, daß vieles hiervon von der instinktiven Lebendigkeit des Analytikers abhängig ist.

Es ist also gut, wenn der Analytiker wach ist, „bewußt" ist. Es ist aber auch gut, wenn er gefühlshaft im Instinktiven verwurzelt bleibt. Beides zusammen ist gut, das Optimum. Wie dieses im Einzelfall auszusehen hat, kann allein die spezielle Erfahrung lehren und diese — es sei wiederholt — ist abhängig von der breiten Erfahrung des Lehrenden und auch des Lernenden im wechselseitigen Austausch.

Im Mittel also — so ergibt sich — führt nunmehr der Analytiker mit dem

Patienten ein Gespräch. Wenn dieses Wort mit dem Inhalt versehen wird, den es durch die vorliegende Darstellung gewonnen haben sollte, ist diese Ausdrucksweise durchaus korrekt. Solch ein Gespräch hält sich ebenso fern von ehrgeizigem Drängen oder Plauderei auf der einen Seite wie von ängstlichem Vermeidenwollen von Fehlern auf der anderen. Der Patient teilt laufend mit, was er erlebt. Der Analytiker kommentiert im oben erörterten Sinn und in der oben erörterten Weise laufend, indem er neben dem Patienten einhergeht.

Ganz praktisch sieht das dann so aus, daß hin und wieder eine ganze Analysenstunde vor seiten des Analytikers im Schweigen verläuft und der Patient allein spricht. Im entgegengesetzten Fall kann der Analytiker, nachdem er den Traum des Patienten gehört hat und sich ein Bild von dessen „Sinn" hat vorschweben lassen, die Initiative ergreifen und eine ganze Stunde lang „einen Vortrag halten" Beides liegt im Rahmen des möglicherweise völlig Sachgerechten.

Wenn ein Lernender also in Bezug auf einen konkreten einzelnen Fall, in Bezug auf eine konkrete einzelne analytische Situation und Fragestellung fragt, was er zu tun habe oder fragt, ob das, was er getan hat, korrekt gewesen sei, so ist der Lehrende erst — wie schon oben (s. S. 200) einmal gesagt — in der Lage, hier eine einigermaßen verbindliche Antwort zu geben, wenn er über den Patienten und den bisherigen Verlauf der Analyse, durch eine vielleicht vielfache eingehende Informierung nicht nur orientiert worden ist, sondern „ausreichend" „ins Bild geriet".

Unter anderem wird sich der Kontrollierende über folgende Einzelheiten durch Fragen zu orientieren haben:

Wie ist der Lernende vorgegangen? Unter welchen Voraussetzungen? Hat er richtig begonnen? Hat er Reizdeutungen eingestreut? Und wenn dies nicht der Fall ist, schwebt dem Lernenden vor, daß sich, falls er in korrekter Dosierung Vermutungen ausgesprochen, interpretiert, „gedeutet" hat, Abwehrgefühle beim Patienten regen müssen. Ist dies geschehen? Ist „die Angst in die Analyse gekommen"? So lautete einmal die Formel in der psychoanalytischen Literatur. Sie gilt, recht verstanden, auch heute noch. Im Grunde handelt es sich um eine Tautologie. Denn der Hinweis, den der Analytiker vermutenderweise auf Gehemmtheiten, die er bemerkt zu haben glaubt, auf Latentes als Tabuiertes gibt, muß im Patienten ja nun einmal Furcht- und Schuldgefühle mobilisieren. Es gehört, wie sich aus der oben dargestellten Neurosenlehre unmittelbar ergibt, zur Sache, daß Furcht dann nicht in der überwiegenden Zahl der Fälle als Furcht erlebt wird und auch das Schuldgefühl nicht als solches, sondern daß wirklich Angst auftritt. Dies ist also, wenn man so will, artifizielles Symptom. Auch in dieser Weise wird beim korrekt angegangenen Patienten, besonders dann, wenn nicht mit Deutungen „überfallen" sondern fein dosiert wird, ein ebenso feines Phänomen allgemeinster Beunruhigung auf der Oberfläche seines Bewußtseins erlebt. Bemerkt der Analysierende in den Mitteilungen oder am Ausdrucksgehaben des Patienten Signale hiervon und macht den Betreffenden darauf aufmerksam, so ist dieser dann auch in der Lage, solche Beunruhigung = Angst zu registrieren. Dann gibt es zweierlei Wege, die einander polar gegenüberstehen, praktisch aber eine Fülle von Zwischengliedern haben. Nämlich: Der Analysierende geht stillschweigend über die sich meldende Beunruhigung hinweg (oder er läßt sie auch „gerade eben" registrieren); dies einerseits. Auf der anderen Seite fragt er den Patienten zudringlich nach Weiterem. Er bittet ihn in diesem Fall um genauere Situations-, Person- und Erlebnisschilderungen. Er läßt die bebilderte Gestalt, in deren Zentrum jenes artifizielle, nunmehr mobilisierte Phänomen der Angst steht, im Patienten lebendig werden und erzwingt auf diese Weise unter Umständen vollabsichtlich, „gekonnterweise" eine Vertiefung der Beunruhigung. Und dann verhält er sich gegenüber dem Beunruhigenden wohlwollend, versöhnlich. Das kann dann wieder verstärkte Beunruhigung hervorrufen, oder diese kann auch unter solchem Einfluß abklingen. Weitere Folge unter Umständen: Erinnerungen aus der Frühgenese oder auch aus der späteren Entwicklung des Patienten tauchen nunmehr auf, können nunmehr erstmalig auftauchen. Und diese enthalten dann oft nicht nur Illustrationen, sondern sehr ausdrückliche Belege für die vom Analytiker vermuteten Zusammenhänge.

Eine weitere Einzelheit: Dem Kontrollierenden kann auffallen, daß der Patient nach Mitteilung des Lernenden eine Reihe von Handlungen vorgenommen hat, die abartig erscheinen, „aus der Reihe fallen". Die breite neurosenpsychologische Erfahrung läßt solche Vermutungsurteile so und so oft zu. Dann darf er den Lernenden ermuntern, dafür zu sorgen, daß der Patient, statt ins Handeln auszuweichen, also in eine naturgemäß infantile Tätigkeit im Sinne seiner bis dahin latenten Antriebe, solch Handeln unterläßt. Er kann ihn ermuntern, solche Betätigungen als „ökonomisch" unfruchtbar abzustellen, zum Beispiel also alle Ersatzbefriedigungen neurotischer Art. Dazu würde dann auch der Verzicht auf das gehören, was von Freud in seinen Berichten sehr früh: „sekundärer Krankheitsgewinn" genannt wurde. So ergibt sich dann oft ein Bild, das dem Vorgehen, wie Adler es empfahl, sehr weitgehend gleicht. Der Patient wird, in dessen Terminologie ausgedrückt, auf seine „Finalisierungen" hingewiesen. Besonders Hysterien gegenüber ist dies notwendig, wie das auf S. 145 Dargestellte voll ausreichend begründet. Aber auch für andere Neurosenformen gilt grundsätzlich die sogenannte „Abstinenzregel". Hierbei ist lediglich zu beachten, daß sexuelle Abstinenz, d. h. Verzicht auf neurotisch gefärbte oder ausdrücklich neurotische sexuelle Betätigung, welcher Art auch immer (nur ein Beispiel ist die neurotische Form der Onanie) nur eine Variante darstellt. Es ist zu bedauern, daß in der psychoanalytischen Literatur unter dem Einfluß der verallgemeinernden Sexualtheorie die sexuelle Abstinenz häufig genug ins Auge gefaßt wurde und der Lernende glaubte, der Ausdruck Abstinenz sei im landesüblichen Sinn als sexuelle Abstinenz zu verstehen. Aus dem Vorhergehenden im Zusammenhang mit allem oben Geschilderten ergibt sich wohl ohne Schwierigkeit, daß der Ausdruck Abstinenzregel, d. h. die „technische" Anweisung, solche Abstinenz vom Patienten so und so oft zu verlangen, einen ganz allgemeinen und dann sehr sinnvollen Inhalt hat.

Gerade aus dem eben Dargestellten folgt ganz offensichtlich, daß jeder, der analytisch-psychotherapeutisch vorzugehen erlernen will, die vorliegende ältere und alte Literatur, soweit wie möglich, zusätzlich wird studieren müssen. Allein die eben erfolgten kurzen Ausführungen zeigen, zu welchem Umfang ein Lehrbuch der analytischen Psychotherapie anwachsen müßte, wenn sämtliches

Notwendige auch nur annähernd so breit dargestellt würde wie eben die Themen:
„Angst in der Analyse" und „Abstinenzregel".

Daher sei hier noch eine weitere Überlegung eingeflochten, die zeigen kann,
wie die Verhältnisse nun ganz konkret und dann noch nicht einmal mikro-
psychologisch liegen: Im Einzelfall kann im Gegensatz zum eben erfolgten Hinweis auf die manchmal vorliegende Notwendigkeit, neurotisches Onanieren zu
„verbieten", das Gegenteil not-wendig sein. So und so oft hat ein Analytiker
die Aufgabe, im Patienten die Möglichkeit zu unbekümmerter Onanie zu entwickeln. Aber es muß zugegeben werden, daß dieses Thema in der bisherigen
Literatur keineswegs ausreichend breit und differenziert erörtert worden ist.
Es wurde nur häufig behandelt. So ist es tatsächlich dazu gekommen, daß auf
dem Wege mündlicher Tradition sich eine allgemeine Auffassung hinsichtlich
der mittleren Onanie-Schuldgefühle bei Patienten, also Symptomträgern, Neurotikern, durchsetzte und praktische, technische Konsequenzen nach sich zog.

Dieser Weg eines Auffassungswandels gegenüber den auch heute noch weit
verbreiteten abergläubischen Vorstellungen von der Schädlichkeit der Onanie,
sogar bei Ärzten, hat unter anderem dazu geführt, daß dieser oder jener analytische
psychotherapeutische Autor bei seinen Falldarstellungen selbst nicht bemerkt
hat, von welchem Gewicht, von welcher Valenz seine ihm als beiläufig vorkommenden Entwertungen der Onanieschuldgefühle seines Patienten in Wirklichkeit waren. In Zukunft wird dies zweifellos anders werden, um so mehr als
sich eine breite anthropologische Auffassung vom sexuellen Erleben des Menschen
und von der Stellung der Onanie darin vorbereitet. Sobald es gelungen sein wird,
unter Ausschaltung heteronomer Schuldgefühle (s. a. die Kapitel „Das Gewissen"
im „Lehrbuch der Traumanalyse" und „Die neurotischen Schuldgefühle" in
„Der gehemmte Mensch", S. 268, des Verfassers) das Onanieproblem mit der
Existenz des Menschen in legitime Verbindung zu setzen, wird ein wissenschaftlicher und auch therapeutischer Punkt der Entwicklung erreicht sein, der es erst
erlauben wird, neurotische Onanieformen von menschlich durchaus „erlaubten"
und neurotische Onanieschuldgefühle von nachdenklicher Kritik an Wert und
Bedeutung der Onanie zu unterscheiden. Wie schon gesagt, Ansätze hierzu finden
sich überall. Aber sie sind noch recht verstreut.

Der heutigen Nachwuchsgeneration kann die Ausdrücklichmachung der eben
erörterten therapeutischen Problematik, d. h. der Notwendigkeit, im Einzelfall
zwischen „Verbot" und „Empfehlung" der Onanie zu wählen, nicht erspart
werden. Aber dieser Differenzierungsgrad reicht dann auch aus.

Die Themen „Angst in der Analyse" und „Abstinenzregel" sind von allgemeinerem, unter anderem auch „technischem" Charakter. Wie eben dargestellt
wurde, gliedern sie sich in einiger Differenzierung auf. Eine verstreute Literatur
hat sie seit je in dieser oder jener Form berücksichtigt. Ein anderer Gesichtspunkt
aber ist außerordentlich weitgehend zurückgetreten, der in Zukunft höchstwahrscheinlich eine bedeutsame Rolle spielen wird. Auf den S. 101—103 ist
das Thema der sekundären Mechanisierungen kurz behandelt worden.
Es handelt sich dabei um zusätzliche Vorkommnisse im Gesamtgeschehen neurotischer Entwicklung und der Stabilisierung neurotischer Strukturen. Ansatzpunkt ist hierfür die schon vorhandene, „ausgebrochene" Symptomatik. Gegen-

über den „tiefen" psychologischen Ansätzen wurde das Moment dieser Mechanisierungen verständlicherweise von den Interessierten vernachlässigt. Unseres Erachtens wird es aber, nunmehr ausdrücklich bezogen auf einen transparent gewordenen „analytischen" Hintergrund, neuerlich in Angriff genommen werden müssen. Also hat der Lernende auch hierauf zu achten. Zumindest am Rande muß bei ihm hinsichtlich der Symptomatik seiner Patienten stets die Frage mitschwingen, wie weit eine Persistenz der ihm mitgeteilten Symptomatik „rein mechanische" Ursachen hat. Hier werden eines Tages alle „übenden" Verfahren an die analytischen angeschlossen werden müssen. Auch hier liegen Ansätze bereits vor. Aber es klafft vorläufig noch im allgemeinen ein erheblicher Spalt zwischen den zugehörigen theoretischen Auffassungen und ausgeübten Praktiken. Nachdenkliches Abwägen ist im Augenblick wohl diejenige Methode, die optimale Fruchtbarkeit verspricht.

Wer diesen Gesichtspunkt seinen Patienten gegenüber fortgeschrittenerweise berücksichtigt, wird sich genötigt sehen, sehr scharf, eben mikro-psychologisch hinzuhören und durch die Mitteilung des Patienten hindurch zu versuchen, dessen Erleben in ausreichender Differenziertheit anzuschauen. Vielfach kommt es darauf an, in dem Patienten gröbere Gefühle zu entwickeln. Oft aber auch handelt es sich um die Ent-wicklung feiner und feinster Emotionen. So muß dem Analysierenden auch die Ontogenese, das Erleben des Kleinkindes, auch des Kleinstkindes deutlich vor Augen stehen. Er muß zum Beispiel wissen, wie sich aus feinsten Ansätzen von Empfindungen, zum Beispiel von der Phase der Sauberkeitsgewöhnung, der „analen" Phase ausgehend, allmählich die Möglichkeit eines differenzierten, feinen Gefühlserlebens ergibt. In Kurzformel ausgedrückt: Der Analysierende muß ständig in der Lage sein, auch aus der Froschperspektive zu sichten. Dies ist sowohl genetisch wie aktuell zu verstehen.

Zu solcher Berücksichtigung der feinen Regungen und der entsprechenden Vorsicht gegenüber groben gehört unter anderem auch, was immerhin schon als technische Anweisung, als Kniff bezeichnet werden könnte: Unter Berücksichtigung der oben dargestellten neurosenstrukturellen Verhältnisse sollte man wissen, daß von einem Patienten in den letzten 10 Minuten einer Behandlungsstunde signalisierte latente Aggressionen und eventuell auch auf den Analytiker gerichtete latente sexuelle Tendenzen nicht „gedeutet" werden sollten. Aber wie es mit solchen „Kniffen" steht, kann man an diesem Beispiel sehr gut erkennen. Auf der einen Seite wird man davor warnen müssen, solche Deutungen auf Verborgenes hin innerhalb einer Behandlungsstunde erst dann zu geben, wenn man sicher nicht mehr in der Lage ist, die dazugehörigen möglicherweise eintretenden lebhaften affektiven Reaktionen aufzufangen. Denn nicht so selten vermag ein Patient dem Andrängenden nur dadurch auszuweichen, daß er aus der Analyse wegbleibt. Und das ist ja nicht Zweck der Übung. Auf der anderen Seite aber muß daran gedacht werden, daß ein Geübter durchaus und gezielt, also mit voller Absicht Vermutungen solchen Inhalts gerade in letzter Minute aussprechen wird, damit der Patient „in Bewegung gerät", ohne sich gleich in die Geborgenheit der analytischen Atmosphäre beim Analytiker zurückziehen zu können. Es wird dann in der Regel so sein, daß der Patient in der nächsten Stunde schweigt oder keinen Traum bringt (was dann entsprechend den S. 214 ff zu behandeln wäre), oder wenn er doch einen Traum bringt, in diesem mit größerer Deutlichkeit seine Reaktion auf das Ende der letzten Stunde steht. In solchem Fall ist dann also eine Deutung in letzter Minute durchaus am Platz und fruchtbar gewesen. Es ergibt sich daher, daß hier, wenn vom Technischen die Rede sein soll, „polar", dialektisch geantwortet werden muß. In anderen Worten: all dies kann wirklich nur unter Kontrolle und in eigener Praxis erlernt werden. Noch eine „mittlere" Lösung: Der Analytiker macht in der letzten Minute der Analyse vollabsichtlich eine entsprechende Bemerkung. Der Patient hat schon zum Aufstehen angesetzt und tut dies, obgleich er mit beginnender Erregung reagiert. Der Analytiker bemerkt dies seinerseits und spricht den Betreffenden mit flüchtigen Worten daraufhin an, ohne ihn daran zu verhindern, in der üblichen Weise den Behandlungsraum zu verlassen. So kann dies im Einzelfall optimal aussehen.

Wenn das analytische Verfahren so abläuft, zeigt sich, daß die Patienten außerordentlich viel vom Erörterten vergessen. Ohne ausreichend präzise Maßstäbe für ein andersartiges Verhalten zu haben, wird der Analytiker dies als unumgänglich hinnehmen. Dieser Usus kennzeichnete bisher die Regel. Aber es sei wieder auf möglicherweise Zukünftiges und dann auch Besseres hingewiesen. Vielleicht wird sich eine „Technik" entwickeln lassen, die den Patienten bestimmt, im Laufe der ersten Zeit seiner Analyse ein halbes bis ein Dutzend Hauptthesen niederzuschreiben und sie als Erinnerungsstütze an schon Besprochenes von Zeit zu Zeit wieder zu lesen. Das wäre dann im Gegensatz zum oben erörterten, ausgesprochenen Abwarten ein aktives und zunächst ja äußerlich „mechanisches" Eingreifen.

Wieweit sich eines Tages eine Technik des analytischen Verfahrens bewähren wird, die den Patienten, ganz gleichgültig, welche Symptomatik er hat und welches sein Schicksalsweg und seine Genese waren, als „den" Neurotiker, als Träger „der" Neurosenstruktur auf Gehemmtheit, Bequemlichkeit und Riesenerwartungen direkt anspricht, wird ebenfalls abzuwarten sein. Vergleichsweise wäre solch ein Verfahren sehr grob im Gegensatz zu den hier breit erörterten Arten „dosierten" Vorgehens. Aus all dem ergibt sich aber eines mit Sicherheit: Fülle der neurosenpsychologischen Vorstellungen ist conditio sine qua non; daher auch die Breite der entsprechenden Darstellungen im vorliegenden Lehrbuch.

Das analytisch-psychotherapeutische Verfahren wird also, wie immer wieder betont, im Gegensatz zu den pragmatischen Verfahren (bisher wenigstens galt dies), unmittelbar aus den Tatbeständen der Neurosenstruktur abgeleitet. Diese müssen theoretisch in ausreichender Mannigfaltigkeit vorschweben, sodaß der Psychotherapeut, der Analytiker, in der Lage ist, jeweils die verschiedenen Bestandteile der Struktur auch im konkreten Einzelfall, obgleich sie vielfach mikro-psychologische Daten sind, zu bemerken[1]. Entsprechend der obigen Darstellung könnte also jemand darauf kommen, sich das analytische Verfahren sehr „systematisch" vorzustellen. Nicht so selten ist dies auch so gemeint worden. Man hat geglaubt, es gälte nun also, wolle man der Theorie des Verfassers folgen,

---

[1] Der Lernende muß also zumindest die oben dargestellte Neurosenlehre in allen Einzelheiten „intus" haben.

zunächst einmal die Gehemmtheiten zu registrieren und dazu „entfürchtende", entschuldende Bemerkungen zu machen. Das wäre dann natürlich und allerdings ein unmittelbarer therapeutischer Eingriff. Daraufhin hätte die Aufmerksamkeit den „Bequemlichkeits"-Tendenzen des Patienten zu gelten und ihren Folge-erscheinungen, der mangelhaften Arbeitstechnik, den mangelnden Kenntnissen usw. (s. S. 80). Und schließlich sei es Aufgabe des Analytikers, das Gebiet der Riesenansprüche des Patienten ins Auge zu fassen. Hier handle es sich also im wesentlichen um die Korrektur von Illusionen — der Mensch ist ja seiner Natur nach unter anderem ein ausgesprochen illusionäres Lebewesen — und um die besonders in allen chronischen Fällen stets vorliegenden Rationalisie-rungen in Form von Ideologien. Die hier entwickelte systematische Darstellung einer Neurosenlehre und die ebenso angeordnete des daraus abgeleiteten Ver-fahrens legt hin und wieder die eben skizzierte Meinung nahe. Wie steht es aber nun wirklich damit?

An dieser Stelle hat man oft die Formel verwandt, dem Psychotherapeuten stehe ja keine Maschine, sondern ein ganzer Mensch gegenüber. Es hat sogar Zeiten gegeben, in denen das sogenannte Ganzheitsproblem eine ungebührlich akzentuierte Rolle spielte; denn nur einem naiven additiven Vorgehen gegenüber war solche Ganzheit wirklich ernsthaft zu betonen. Tatsächlich aber hat der Psychotherapeut es ja mit einem lebendigen Ganzen zu tun, und daraus ergibt sich zwanglos, daß die eben erörterte „systematische" Auffassung des Verfahrens sachlich ungerechtfertigt ist. Natürlich besteht das konkrete psychotherapeutische Vorgehen in einem dauernden Wechsel der Gesichtspunkte. Zwar sind die Ge-hemmtheiten der Kern. Sie müssen aufgehoben werden. Was der Patient bis dahin fürchtete, muß er weniger fürchten lernen; denn bis jetzt steckte ja in-fantile Furcht hinsichtlich für ihn charakteristischer Regungen in ihm. Hetero-nome Schuldgefühle müssen ebenfalls usuriert werden, „angefressen", „anzer-stört" könnte man sagen. Der Patient wird, je schwerer krank er ist, desto mehr von dem, was er einst fürchtete bzw. mit negativen Wertgefühlen belegte, nicht mehr zu fürchten erlernen müssen. Je nachdem wird er auch viel von dem, was er bisher liebte, bejahte, als Wert selbstverständlich hinnahm, „mit anderen Augen ansehen" lernen müssen. Aber in der gegebenen speziellen analytischen Situation der einzelnen Analysenstunde kann es durchaus so sein, daß die Riesen-ansprüche — noch einmal sei es gesagt — als Gebiet mit allem Drum und Dran in Frage stehen, sich im Zentrum des therapeutischen Geschehens befinden. Dann muß also unsystematisch vorgegangen werden. Im andern Fall wieder kann das Dominierende im Ganzen in mangelnden Kenntnissen und dazu-gehörigen Bequemlichkeitshaltungen, sogar in Bequemlichkeitssüchtigkeit be-stehen. Dann mag es angezeigt sein, die Aufmerksamkeit des Patienten darauf hinzulenken und diese Thematik mit ihm zu erörtern. So ergibt sich also im Mittel ein fortwährender natürlicher Wechsel der Gesichtspunkte und der darauf bezogenen Aufgabenstellung.

Wenn in der oben dargestellten Neurosenstruktur als Folge von Bequemlich-keitshaltungen und Passivität mangelhafte Arbeitstechnik und man-gelhafte Kenntnisse genannt wurden, so kann es angezeigt sein, beim thera-peutischen Vorgehen hierauf zunächst vordringlich Wert zu legen. Was neu-

rotische Menschen alles an fehlgreifender Arbeitstechnik entwickeln, gewissermaßen „erfinden", ist höchst merkwürdig. Oft sind sie rein äußerlich übereifrig,
pedantisch gewissenhaft und zäh, aber genaues, mikropsychologisches Hinsehen
gestattet dann, dahinter alle möglichen „Ersparnisse" an Zeit und Kraft zu entdecken. Auch hier handelt es sich um ein Thema, das einst monographisch wird
dargestellt werden müssen. Die Varianten sind schier unübersehbar, in denen das
Peinliche, Unangenehme, Beschwerliche des Arbeitens vermieden wird! Man kann
als analytischer Psychotherapeut gar nicht eingehend genug untersuchen, ob der
Patient auch die zu seinem Alter, zu seinem Begabungsniveau notwendig hinzu-
gehörigen Kenntnisse und Fähigkeiten besitzt. Je chronischer jemand krank ist,
desto ausgebreiteter pflegen Kenntnislücken zu sein, desto „eingefahrener" völlig
verfehlte Arbeitsweisen. Aber auch für die „leichten" Neurotiker gilt dies, die
dann oft mit sehr lärmender Symptomatik erkranken. Es zeigt sich, daß diese,
ganz unerwarterterweise oft und für sie besonders völlig undurchschaubar, solche
Lücken in ihrer Lebens- und Verhaltensstruktur und in ihrem Lebensgang aufweisen. Sie pflegen sich diese Fakten ihres Daseins ängstlich zu verbergen. Aber
dies ist wieder eine Aussage, als ob das alles in voller oder wenigstens nahezu
voller Wachheit vor sich ginge. Das ist nicht der Fall. All dies liegt im Schatten
des Erlebens, des „Bewußtseins" der Betreffenden. Es muß vom analytischen
Psychotherapeuten oft mit großem Aufwand an Mühe und Zähigkeit des Untersuchens und Nachfragens eruiert werden. Hier kann man durch sorgfältigste Beobachtung feststellen, wie der Patient auf den Analytiker reagiert, wie er dessen
Anweisungen befolgt, oder auch nicht, obgleich er deren Bedeutung angeblich
rückhaltlos anerkennt. Hierher gehört also das Stichwort „Übertragung" (s. S.
242). Wer es bei analytischen Versuchen versäumt, diese oft äußerst wichtige
und ausgedehnte Seite der Neurosenstruktur eines Patienten ausdrücklich ins
Auge zu fassen, darf sich nicht darüber beklagen, wenn er in soundso vielen Fällen
meint, ein Mißerfolg sei darauf zurückzuführen, daß der Erfolg unter falschen
theoretischen Voraussetzungen gesucht wurde. Wiederum soll die Beharrlichkeit,
mit der hier auf die notwendige Inangriffnahme der oben genannten Bezirke hingewiesen wird, aber nicht besagen, daß man sich nunmehr hierauf zu kaprizieren
habe. Auch hier ist mit den Gesichtspunkten, sofern sie nur klar genug sind
und nicht einer über dem anderen vernachlässigt wird, zu wechseln.

So kann im Einzelfall sogar damit begonnen werden, auf die mangelnde
Freizeitgestaltung (s. S. 82) einzugehen. Denn die Bestimmung, die Idee
eines ganz bestimmten einzelnen Patienten — bezogen auf die Zeit nach Fortfall seiner Symptomatik — kann durchaus so sein, daß neben einem weitgehend
mechanisierten Berufsleben seine Freizeit eine dominierende Rolle spielen wird.
Es muß keineswegs so sein, daß beide Lebensgebiete etwa gleichgewichtig sind
oder gar der Beruf dominiert. Daher auch kann im Einzelfall eine mangelhafte
Freizeitgestaltung von größter Bedeutung sein, d. h. in sich erheblichste Teile
neurotischen Erlebens enthalten. Es sei hier zum Beispiel an die auf S. 71
erörterte „minderwertige Empfindungsfunktion" als eine Möglichkeit erinnert.
So weit exzentrisch also darf und sollte sogar unter Umständen in der Analyse
begonnen werden.

Auch hier spielen Dosierungsfragen eine entscheidende Rolle. Doch gilt für

sie das oben schon Gesagte (s. S. 229, letzte Z.). Grundsätzlich kann alles vom
Psychotherapeuten geäußert werden, auch das Gröbste. Grundsätzlich kann es
völlig korrekt sein, den Patienten zu „aggredieren". Aber — stimmt der betreffende Psychotherapeut in seiner Grundhaltung der Welt, dem Leben und Menschen gegenüber der vom Verfasser vertretenen autonomen Zielsetzung der
analytischen Psychotherapie zu, dann mag seine Äußerungsform so „grob" sein
wie sie will, auf keinen Fall darf sie dann moralisierenden, und wenn man sich
spöttisch ausdrücken will, „moralinsauren" Charakter haben. Dann handelt es
sich stets und immer nur darum, dem Patienten gegenüber Vermutungen auszusprechen, Vermutungen über seine Struktur, seine Bereitschaften, d. h. also das
Latente in ihm (s. oben S. 56), Vermutungen über seine bisherige, auch seine
frühkindliche Entwicklung und seine Erlebnisse dort, Vermutungen über sein
zukünftiges Verhalten und — hier hineingemengt, dauernd Hinweise auf die
Tatsächlichkeit der Welt, auf das, was ihn real umgibt. Dauernd hat hier eine
Ermunterung zur von Freud so genannten „Realitätsprüfung" zu erfolgen.
Dauernd wird also „aufgeklärt", genau ebenso, wie eben dauernd „ermuntert"
wird. Der Patient selbst hat zu überprüfen. Mag er auch anfänglich aufgefordert
werden oder von sich aus bereit sein, zunächst und vorübergehend einmal zu
unterstellen, der Analytiker habe mit seinen Positionen recht, schließlich
wird er, der Patient, entscheiden müssen. Sein Verstand wird entscheiden
müssen über das, was ist, wie die Welt, das Leben, der Mensch und er selbst in
Wirklichkeit beschaffen ist — entgegen seinen bisherigen oft nicht einmal
„bewußten" Auffassungen. Die Vernunft des Patienten wird darüber zu entscheiden haben, wie die Rangordnung seiner Bedürfnisse, die nunmehr allmählich
aus der Latenz befreit werden, hervortreten, beschaffen sein soll. Sein Selbst,
das letzthin Steuernde, wird in ihm zu voller Wachheit und Lebendigkeit er-
starken müssen. Das Selbst ist ja das oberste Steuernde im Menschen (s. a.
„Lehrbuch der Traumanalyse", Anthropologische Vorbereitung S. 1—62).

Wenn dies alles so vor sich geht, ist es durchaus möglich, eine Reihe zusammen-
gehöriger Erscheinungen unter besonderem Titel hervorzuheben. Aber es wird
sich zeigen, daß damit nicht etwa etwas wirklich Neues ins Auge gefaßt, sondern
in Wirklichkeit nur schon Bekanntes ausdrücklich gemacht wird. So sei hier
auf zwei Begriffe kurz eingegangen, die in der Psychoanalyse Freuds eine betonte
Rolle gespielt haben und, wie das dem Verfasser eben zugänglich gewordene
neue Buch von Franz Alexander, „Fundamentals of Psychoanalysis" (Verlag
George Allan and Unwin Ltd., London, 1949) zeigt, auch heute noch bei den
betreffenden Autoren eine hervorgehobene Rolle spielen, auf die Begriffe des
„Wiederholungszwanges" und der „Übertragung".

Aus den oben dargestellten Eigentümlichkeiten des Hemmungsvorganges bzw.
des Vorganges, der unter anderem als „In-die-Latenz-Schicken" bezeichnet
wurde, geht hervor, daß das Latente in gewissen Graden weiterhin „dennoch-
wirksam" bleibt. Das alles wird in einer vollständigen Neurosenlehre in Form
einfacher psychologischer Empirie beschrieben. Ist dies aber der Fall, so steht
der betreffende neurotoide oder neurotische Mensch „unter dem Gesetz seines
Latenten". Dieses liegt ständig in Bereitschaft und „antwortet" also auf die
Welt, das Leben, die Menschen und besonders auch auf deren augenblickliche

säkulare Gruppeneigentümlichkeiten bzw. Ordnungen. Das Latente „setzt" sich
also ständig zu einem Teil „durch". Das Latente ist als bloße Bereitschaft, wie
oben bereits erörtert (s. S. 56), unkorrigierbar. Freud hat hier von „zeitlos"
gesprochen. Recht verstanden ist dies eine durchaus zutreffende Charakteristik.
Aber das Wort muß eben recht verstanden werden, nämlich im Sinne einer
Metapher, die schon Geschildertes noch einmal deutlich zu machen sucht. Weil
das Latente aber unkorrigierbar ist, bleibt es infantil. Das aber ist bereits eine
ausdrücklich tautologische Feststellung, d.h. der gleiche Inhalt wird noch einmal
mit anderen Worten wiederholt. Das jeweilige „Durchbrechen" des Latenten,
sein Manifest-Werden, auch dann, wenn es nur in Spuren erfolgt, hat den Charakter des „Vollzugszwanges". Und dann ist es ein kleiner nächster Schritt, die
ins Auge gefaßte Erscheinung als „Wiederholungszwang" zu charakterisieren.
Mit anderen Worten, der analytische Psychotherapeut hat es selbstverständlich
dauernd mit Wiederholungszwängen zu tun. Wie diese im einzelnen aussehen,
ist über die ganze Literatur verstreut außerordentlich häufig angegeben worden.
Es sei nur erinnert an das spezielle Beispiel, daß jemand dauernd auf geschäft-
lichem Gebiet, also auf dem Gebiet des Besitzstrebens, den gleichen Fehler
begeht, daß er immer wieder auf den gleichen Typ des geschäftlichen, beruflichen,
sexuellen Partners „hereinfällt" usw., usw. So baut sich der neurotische Mensch
auf Grund seiner neurotischen Struktur und des an ihr „hängenden" Wiederholungszwanges im Laufe der Jahre ein „Schicksal" auf (Thema eines Buches
des Verfassers aus dem Jahre 1931, Verlag Gustav Fischer, Jena, „Schicksal
und Neurose"). So kommt es dazu, daß der betreffende Mensch oft lange, bevor
er einen „Durchbruch" seines Latenten in Form von neurotischer Symptomatik
erlebt, ein Leben aufbaut, das eine Fülle von „Sackgassen" enthält. Er geht
eine Reihe von Bindungen ein, die nur mit Gewalt oder unter Zuhilfenahme
mühseligster rechtlicher Auseinandersetzungen, auf jeden Fall nur unter größten
Opfern an Zeit, Geld und insbesondere Kraft, gelöst werden können. In solchen
„Schicksalsmaschen" (Künkel) verfängt sich schließlich nach Jahren oder
Jahrzehnten ein erheblicher Teil aller Neurotiker. Darin besteht dann die Chronifizierung der Neurose. Wie sich gezeigt hat, ist dies alles, wenn man sein Augen-
merk so richtet, durchaus unter dem Titel „Wiederholungszwang" zu erörtern.
Nur sollte derjenige, der hierzu neigt, sich darüber klar sein, daß er mit neuem
Wort ein Gebiet bezeichnet, das mit vielerlei anderen Worten bereits eingehend
geschildert ist. Es handelt sich um eine selbstverständliche psycho-logische
Konsequenz aus Hemmung bzw. Verdrängung.

Sehr ähnlich liegen die Verhältnisse hinsichtlich des weiteren Freudschen
Begriffes der „Übertragung" (transference). Auch hier handelt es sich um
eine Selbstverständlichkeit, um einen „selbstverständlichen" Tatbestand, wenn
man den der Hemmung und Verdrängung mit voller Konsequenz hat transparent
werden lassen. Aus dem Aggregat, dem Gefüge, der „Gestalt", das eine Gehemmtheit in Wirklichkeit darstellt, ergibt sich bei ausreichend scharfem Hinsehen
und dann Vorstellen unter Voraussetzung ausreichender Fähigkeit zur „exakten
Phantasie", wie Goethe diese Erlebnisart des Menschen genannt hat (s. a. S. 276),
daß der neurotische und auch neurotoide Teil des Menschen dauernd „überträgt",
d. h., der betreffende Mensch, vielleicht noch gar kein Patient, stellt sich gegen-

über der Welt so ein, behandelt sie so, wie es seinen „subjektiven" Kindererfahrungen entspricht. „Zwangsläufig" vollzieht sich dies, im Augenblick nicht mehr korrigierbar, weitgehend außerhalb des üblichen Registrierens. Daß die „an" den Eltern erworbenen nahezu reflexhaften Gefühlsreaktionen, Haltungen, Zuneigungen und Ab-neigungen, „Handlungsdränge", „automatisch" auf die späteren Partner übertragen werden, ist einfach eine psycho-logische Selbstverständlichkeit. Das kann ja gar nicht anders sein, wenn die Gehemmtheitsvorgänge so aussehen, wie in der vorliegenden Darstellung zum Beispiel geschildert. Überall hin „überträgt" auch der neurotoide Mensch, derjenige also, der nur unter ganz außergewöhnlich schweren Schicksalsbelastungen (s. oben S. 97) Symptome produziert. Wie sollte es denn anders sein?! Also — überträgt er in der oben ja breit geschilderten analytischen Situation auch ganz entsprechend auf den Analytiker, also — so muß man fortfahren — hat der Analytiker seinerseits die Möglichkeit, wenn er über genügende Fülle der Vorstellungen verfügt, die Mikro- oder sogar Makro-Übertragungserscheinungen des Patienten ihm selbst gegenüber zu beobachten. Es ist fast erstaunlich, daß Freud es nötig gehabt hat, nachdem er mit der ihm eigentümlichen Farbigkeit die Verdrängungsvorgänge erörtert hatte, ja in die Notlage kam — anders kann man das kaum nennen —, vielleicht ein Jahrzehnt später die „Übertragung" als solche „herauszuarbeiten", herauszustellen. Und es soll hier ruhig mit einem leisen Ton der Kritik hinzugefügt werden, daß es fast ebenso merkwürdig ist, wie es dazu kommen konnte, daß dann das Wort Übertragung häufig eine äußerst spezielle Tönung erhielt, nämlich, als handle es sich bei derjenigen auf den Analytiker um etwas ganz Besonderes. Nicht so selten geschah das, als ob es eigentlich überhaupt nur die Übertragung auf den Analytiker gäbe. So kam es auch zu dem „technischen" Spezialausdruck „Übertragungsanalyse". In Wirklichkeit handelt es sich dabei aber lediglich um eine sachlich durchaus erlaubte Akzentuierung, die sich einfach daraus ergibt, daß der Patient ja in eine künstliche Situation, nämlich die analytische, versetzt wird. Wie oben erörtert, ist die im Pakt verabredete Lage auf dem Sofa mit all dem Zugehörigen, der menschlichen Natur entsprechend auch Folgenden, durchaus von „experimentellem", „artifiziellem" Charakter. Dieser „akzentuiert" also das ubiquitäre, allgemein verbreitete, selbstverständliche Geschehen der „Übertragung" in Richtung auf den Analytiker hin. Vom therapeutischen Gesichtspunkt aus kann man nur sagen, „um so besser", daß das „Ganze" auch diese prägnante Seite noch hat. Dadurch kommt der Analytiker mit Sicherheit in die Lage, alle neurotischen Züge eines Patienten an seiner Beziehung zur eigenen, des Analytikers, Person (und seiner Umgebung) ablesen zu können. So ergibt sich weiterhin auch die Möglichkeit direkter Korrektur der neurotischen Eigentümlichkeiten des Patienten auf dieser Plattform, nämlich auf der der „Übertragung".

Nur am Rande sei bemerkt, daß sich aus der eben erfolgten Darstellung vom Methodologischen her folgendes ergibt: Es ist eine Frage der Zweckmäßigkeit, besonders der didaktischen, ob man dem geschilderten Tatbestand ein Sonderwort zugesellt, hier eben das der Übertragung, oder ob man lieber zur etwas breiteren, noch etwas deutlicheren, nachhaltigeren Schilderung greift und im weiteren Verlauf der Belehrung durch ein paar Sätze das schon Bekannte wiederholt.

Wer den Ausdruck Übertragung also so vorsichtig und nebenbei, wie der Verfasser etwa, verwendet, tut dies unter Umständen und dann mit erheblichem Recht mit Rücksicht auf den Gegensatz zwischen der allgemeineren Bedeutung des Wortes und seinem sehr speziellen Jargoncharakter. Dieser sorgt eben öfter dafür, daß der Tatbestand, der gemeint ist und der vorschweben sollte, eher etwas verdunkelt wird als erhellt. Und dieser Nachteil überwiegt dann unter Umständen den Vorteil eines Ausdrucks, der durch seine Bildhaftigkeit einleuchtet und besticht. Praktisch hat sich dem Verfasser, wie er meint, darüber hinaus erwiesen, daß die Analyse der Übertragung auf den Analytiker zwar ein ausgezeichnetes und selbstverständlich zu verwendendes Hilfsmittel jeder analytischen Psychotherapie darstellt, daß aber der allgemeine Charakter des Wortes Übertragung durchaus unterstrichen werden muß. Das soll heißen: Praktisch therapeutisch im Hinblick auf den Heilungsvorgang und dessen Fundierung kommt es auf die „Übertragungsreaktion" des Patienten auf die übrige Welt, d. h. im wesentlichen die übrige Menschenwelt mehr an als auf die ganz spezielle dem Analytiker gegenüber.

Damit gewinnt das hier empfohlene Verfahren einen weiteren, neuen Zug. Es wird nämlich ausgesprochen „prospektiv". Was heißt dies? — Genau so, wie der Patient nach Meinung des Verfassers im allgemeinen schließlich doch am besten, vom Analytiker abgewendet, auf dem Sofa liegt, und damit der ferneren Welt zugewendet, genau so sollte die Aufmerksamkeit des Patienten dauernd auf die Zukunft hingelenkt werden. Er soll planen lernen, er, der bisher „Planlos-Aktive" (Hysterie), der „Planlos-Passive" (Zwangsneurose und Depression).

Aber das Wort „Übertragung" kommt noch in einem weiteren Zusammenhang vor, nämlich in der Zusammenstellung „Gegenübertragung". Diese sei wenigstens kurz erörtert. Worum handelt es sich da? — Nehmen wir einmal an, der Behandler, der Analytiker sei selbst lediglich neurotoid, also kein Symptomträger, so ergibt sich aus allem oben Dargestellten, daß er selbstverständlich auch auf den Patienten „überträgt". Das kann ja gar nicht anders sein, sofern die hier vertretene Neurosenauffassung zu Recht besteht. Aber die Prägung eines besonderen Wortes weist wohl regelmäßig darauf hin, daß hier ein spezielles Problem vorliegen muß. Das ist auch der Fall. Das Wort „Gegenübertragung" hat zwar, einfach neurosenstrukturell gesehen, einen selbstverständlichen und sehr allgemeinen Sinn. Als terminus technicus dagegen meint es die auch beim Neurotoiden von Zeit zu Zeit „durchbrechenden" gröberen latenten Tendenzen aggressiver und sexueller Art, aber natürlich auch von Tendenzen aus dem Bereich der übrigen Antriebsgebiete. Wie oben S. 202 näher erörtert, ist die artifizielle analytische Situation ihrer Struktur wegen nicht nur für den Patienten, sondern auch für den Analytiker in gewissem Grade eine Versuchungs- bzw. Versagungssituation. Hier wird das allgemeine Wort im optimalen Fall allerdings zu einer asymptotischen Floskel, d. h. im Idealfall überträgt der Analytiker zwar auch, aber nicht übermäßig. Auch er ist dem Patienten gegenüber in einer Versuchungs- und Versagungssituation, aber nur grundsätzlich. Immerhin ist er — hoffentlich wenigstens! — ein lebendiger Mensch, er der Behandler. Also ist es nicht „schlecht", sondern „gut", wenn er nicht „steinern" bleibt. Und das bedeutet, daß er, wie Künkel das etwas emphatisch gekennzeichnet hat, sich mit dem Patienten zusammen auf die neurotische Plattform, in ein neurotisches Wir hineinbegibt und „sich riskiert", wie das wieder andere genannt haben. So wird er auch naturgemäß von Zeit zu Zeit in diesem oder jenem Fall von den aus seiner eigenen Latenz durchbrechenden, nicht absolut kontrollierten und vernünftigen Aggressionen und auch Hingabe-, Zärtlichkeits- oder auch einmal sexuellen Tendenzen berührt werden. Sogar ein Erschüttertsein wird ihm von Zeit zu Zeit nicht erspart bleiben. Von dogmatischer Strenge und starrer Schematik her gesehen, dürfte dies alles eigentlich nicht so sein. Vom Lebendigen her gesehen, vom Bejahen lebensvollen Lebens her gesehen, wird es selbstverständlich so sein. Hier also kommt es ganz auf konkrete, wenn man so will, statistische Verhältnisse an. Und diese haben in der analytischen Psychotherapie als real vollzogenes historisches Geschehen durchaus beruhigenden und nicht etwa aufregenden Charakter. Die Gegenübertragung wird damit zum ganz individuellen Problem eines jeden analytischen Psychotherapeuten. Remedium gegen ein mögliches Über-die-Stränge-Schlagen ist die eigene Analyse, zunächst die Lehranalyse, und dann das von Gnade, Wille und Disziplin abhängige einsichtsvolle, vernünftige eigene Reifen. Der Lernende muß wissen, daß es für ihn unter anderem auch hierum geht. Er muß wissen, daß es diesen Bereich als Aufgabe für ihn gibt. Von öffentlicher „praktischer" Bedeutung ist diese Thematik aber keineswegs. Man hat das im Anfang dieses Jahrhunderts nur hin und wieder auf Grund von ein paar sensationellen Vorkommnissen gemeint.

Noch eine weitere Seite desselben Sachverhalts: Dem Analytiker sollte, sobald ihm dies irgend möglich ist, auf Grund der Mitteilungen des Patienten ein Bild des Betreffenden vorschweben, wie der einst vermutlich „sein" wird, wenn er symptomlos geworden sein wird, und zwar fundiert. Dem Analytiker sollte im Laufe der ersten Zeit der Analyse ein — selbstverständlich unverbindliches! — Bild, eine Idee seines Patienten vor dem inneren Auge stehen. Daran sollte er sich, sich und sein Meinen, mit dem Patienten zusammen ständig ent-wickelnd, wieder und wieder orientieren. Als einst, in Zukunft, Ungehemmter sollte ihm der Patient vorschweben, als Nicht-mehr-Bequemer, als Kenntnisreicher, Richtigarbeiten-Könnender. Und in diesem Bild sollten illusionäre Bestandteile, Ideologien, nur noch so weit eine Rolle spielen, wie die gewonnene Symptomfreiheit es dann zuläßt. Dies wird jetzt absichtlich so, d. h. etwas gewunden formuliert, weil die Realisierung der Idee des Menschen seiner Natur entsprechend stets ein Stück illusionärer Haltung dem Leben gegenüber fruchtbar einschließt und auch, weil es das natürliche Bedürfnis des Menschen ist, „Maximen" und ideale Bedürfnisse in sich zu tragen, deren Ausprägung eine „Umgießung" in geprägte Formen der „Anschauung" not-wendig macht. Es wurde oben erörtert (s. S. 84), inwiefern der Begriff der Ideologie, anders verstanden, auch verstanden werden darf als Ergebnis einer rationalistischen Unterstützung unsicher erlebter Ideale[1].

Hat der analytische Psychotherapeut auf diese Weise in sich das zukünftige

---

[1] Es soll hier aber sofort eingeräumt werden, daß, da alle Begriffe nur zweckmäßig bzw. landesüblich sind oder nicht, keinesfalls aber richtig oder falsch, das Wort Ideologie auch rein positiv verstanden werden darf — nämlich im Sinne einer Hierarchie von Idealen. Leider herrscht hier eben heute noch keine Verbindlichkeit. Das Wort Ideologie schillert daher.

Bild seines Patienten, dessen „Idee" entwickelt und dauernd gegenwärtig, aber auch dauernd plastisch, so wird er als lebendiger Mensch ebenso selbstverständlich und sachgerechterweise etwas Weiteres tun. Er wird all das, was seine breite und vielleicht auch seine wissenschaftliche Erfahrung ihn hinsichtlich der ihn und den Patienten im Augenblick umgebenden sozialen Ordnungen gelehrt hat, ebenfalls vorschweben haben. Ihm wird die mittlere gute •Norm des in solcher Umgebung, in solcher Umwelt lebenden Menschen je nach Alter, Geschlecht und sozialem Standort gegenwärtig sein, und er wird geneigt sein, wiederum sachgerechterweise die Idee des Patienten auf diese ganz konkrete mittlere Norm zu beziehen.

Heißt das aber, sich selbst oder den Patienten solcher mittleren Norm unterwerfen wollen? Keineswegs. Die „Bestimmung" eines Patienten — natürlich gemessen zunächst allein an der Aufgabe der Befreiung von der Leidenssymptomatik — kann im Einzelfall durchaus die sein, einem Idealbild längst vergangener Ordnungen innerlich reifend zuzuwachsen, aber auch möglicherweise — einem Sehnsuchtsbild der Zukunft. Eine konsequente autonome analytische Psychotherapie kann ihrem Sinn nach nicht zur Aufgabe haben, eine zeitbedingte Norm, sei sie auch noch so „gut", zur „Norm" des Patienten zu erheben. Wozu dieser — noch einmal: unter dem Gesichtspunkt der Symptomfreiheit! — bestimmt ist, entscheidet letztlich das Selbst des Patienten und die ihm vom Schicksal mitgegebene „materielle", d. h. also auch gefühlshafte und geistige „Substanz". Diese ist nur „ahnbar" im besten Fall, kaum erratbar. Daher die oben erhobene Forderung dem Analytiker gegenüber, hinsichtlich der Idee des Patienten plastisch zu bleiben, diese Idee zwar leuchtend, aber dennoch unverbindlich vorschweben zu haben.

Wie schon mehrfach geschehen, soll durch nunmehrige Erörterung eines mit dem oben geschilderten Bild lebhaft kontrastierenden Vorgehens eine größere Deutlichkeit erstrebt werden. Es ist grundsätzlich nämlich möglich, auch unter Voraussetzung der oben entwickelten Neurosenlehre, von der „Idee" des Patienten außerordentlich weitgehend abzusehen und sich auf dessen Verhalten (behaviour) sehr unmittelbar zu beziehen. Dieses hat selbstverständlich eine enorme Fülle von Einzelzügen, auf die sich die Aufmerksamkeit des Behandlers bevorzugt richten kann. Dann wendet sich dieser den „Haltungen" des Patienten in der Form zu, daß er unter dem Titel der äußeren Haltung die innere zu treffen sucht. Anders ausgedrückt: Der Patient „überträgt" auf den Analytiker unter anderem auch in Form von Innervationen, von muskulären Ansatzbetätigungen verschiedenster Art. Diese enthalten allem Obigem entsprechend naturgemäß in voller Gänze auch den Neurotiker im Patienten. Gilt es also, diesen zu korrigieren, so ist theoretisch wenigstens ein behaviouristisches Verfahren, von Reich einst „Haltungsanalyse" und mit gewissem Recht auch „Charakteranalyse" genannt, als adäquat denkbar. Was heute lediglich offen bleiben muß, ist die Beantwortung der Frage, in welchen und in wieviel Fällen ein bevorzugtes unmittelbares Angehen dieses Ausdruckslebens der Patienten fruchtbarer sein kann als das hier breit erörterte analytische, mikro-psychologische Vorgehen. Auch hierüber wird die Zukunft wie über manches andere zu entscheiden haben. Die, soweit Verfasser es übersieht, bisher vorliegenden Berichte sind für eine Entscheidung für oder gegen durchaus unzureichend. Es muß also an Hand wenigstens größerer Zahlen einst sorgfältig verglichen werden.

Bei dieser Gelegenheit, an dieser Stelle ist wohl wiederum einmal ein Exkurs am Platze: Es wurde hier im Zusammenhang eine Fülle von zum Teil neuen Fachbegriffen verwendet. Und mancher Leser mag sich die Frage vorgelegt haben, wie weit deren Nennung nur ihm gilt, wieweit er sie aber vielleicht seinem Patienten gegenüber zu verwenden habe. Dabei wird dem einen oder anderen erinnerlich sein, daß in der Literatur hin und wieder von der Schädlichkeit der Verwendung von Fachausdrücken Patienten gegenüber berichtet, bzw. spekulativ, wenn auch verantwortungsvoll gesprochen worden ist. Wie steht es hiermit? — Zweifellos kann ein ganz korrektes analytisch-psychotherapeutisches Verfahren vor sich gehen, ohne daß der Patient je ein Fachwort zu hören bekommt. Das darf also für alle diejenigen, deren Neigung in dieser Richtung geht und die ihre Patienten vor einer irgendwie vorgestellten Schädlichkeit bewahren möchten, als Beruhigung gelten und als Freiheit, entsprechend zu handeln. Eine andere Frage ist, wie weit hier wirklich Schaden angerichtet werden kann. Im groben hat die Erfahrung unseres Erachtens gelehrt, daß hiervon auf keinen Fall die Rede sein kann. Hin und wieder haben Nachuntersucher das in Wirklichkeit neurotische Aufgreifen von Fachworten durch Patienten in Verkennung von Wirkung und Ursache mit einer Neurotisierung durch Fachwortgebrauch verwechselt. Aber diese Phase unserer wissenschaftlichen Entwicklung ist nun wohl vorüber. Der Jargon hat sich im großen und ganzen als völlig ungefährlich erwiesen, sofern man im eigentlichen Sinn an „Gefährlichkeit", an „Schädlichkeit" denkt.

Aber — nehmen wir einmal das Musterbeispiel eines dieser ominösen Begriffe, die sogenannte „latente Homosexualität"[1].

In Kürze ist hierzu folgendes zu sagen: Solange das Wort „latent" denen, die davon hören und zum Teil auch noch denen, die es verwenden, hinsichtlich seines gemeinten empirischen Inhalts nicht ausreichend deutlich vorschwebt, solange sich in Gesprächen erweist, daß dies wirklich so ist, wird auch die Patientenschaft, sobald das Wort Homosexualität gefallen ist, auch wenn ihm das Attribut latent vorausgeschickt wurde, fast durchgängig an bewußtes, wenn auch manchmal nur angedeutetes homosexuelles Erleben denken. Aber das ist ja im Fall der Verwendung des Begriffspaares „latente Homosexualität" eindeutig nicht beabsichtigt. Also ist dieses Wortpaar in diesem Sinne „gefährlich". Doch inwiefern denn nun wirklich? — Hin und wieder wird ein Patient einmal mit Empörung reagieren, wenn er so, unter diesem Titel, angesprochen wird. In ganz seltenen Fällen wird ein auch sonst abergläubischer Patient lebhafte Befürchtungen in dieser Richtung entwickeln. Das ist aber auch wohl alles und hat mit der Valenz der analytischen Psychotherapie und der von ihr vertretenen Auffassung kaum etwas zu tun, auch nicht mit dem praktischen Verfahren als solchem. Immerhin, man wird, sobald man sich diese Zusammenhänge und augenblicklichen „Notwendigkeiten" einmal recht überlegt hat, natürlich dazu

---

[1] In einer ausführlichen Abhandlung über „Die psychotherapeutische Begriffswelt" soll all dies einmal genauestens diskutiert werden.

neigen, solch Mißverstehen zu vermeiden und damit auch im allgemeinen jenes
ominöse Wortpaar. Im Zusammenhang fachlicher Gespräche allerdings wäre
dies eine Torheit geradezu. Da kommt es lediglich darauf an, in Zukunft auf die
Schwerzugänglichkeit des Wortinhalts „latent" ausreichende didaktische Rücksicht zu nehmen und etwas pedantisch auf dieses Attribut und seinen wirklichen
Sinn wieder und wieder hinzuweisen. Damit aber ergibt sich, daß dies auch zunehmend für die Patientenschaft gelten wird.

Es genügt also, wie uns scheinen will, diese „Problematik" der Fachworte
innerhalb der analytischen Psychotherapie zu kennen und ein rechtes Maß hierfür zu gewinnen. Das ist im Grunde alles, für die Praxis aber doch eine gewisse
Aufgabe.

Hier muß nun abschließend aber doch noch einmal wiederholt werden, was
oben bereits (s. S. V) ausgesprochen wurde: Wer als ausübender analytischer
Psychotherapeut hinsichtlich seines Verfahrens, hinsichtlich dessen, was er zu
tun hat, ausgeprägte Unsicherheitsgefühle empfindet — es sei denn, er ist noch
„blutiger" Anfänger —, ist nachweisbar fast immer „ungläubig"; d. h., er ist
bisher nicht in der Lage gewesen, auch nur mit einiger Sicherheit eine bestimmte
Auffassung der Neurosen als wahr zu unterstellen. Oder ihm fehlt sogar nicht
nur jede Theorie, sondern er „schämt" sich dessen auch nicht einmal. Und das
wiederum heißt, daß er vom lebendigen Sosein des Menschen noch zu weit entfernt ist. In eigener Analyse sollten, wie Jung das ausgedrückt hat, seine bis
dahin „minderwertigen" Funktionen entwickelt werden. Dann wird ihm sein
wieder naiv gewordener einfacher menschlicher Instinkt von selbst sagen, daß
das Unternehmen einer analytischen Psychotherapie scheitern oder zumindest
unsicher bleiben muß, wenn der Betreffende meint, ohne Theorie auskommen
zu können.

Diejenigen, die im zuletzt Gesagten für sich selbst eine erhebliche Schwierigkeit erblicken, mögen aber zu ihrem Trost daran erinnert werden, wie einfach
es der analytische Psychotherapeut nach einigem Kennengelernthaben der neurotischen Tatbestände eigentlich hat. Er darf ja, wie oben (s. S. 226) entwickelt,
zunächst einmal ganz ohne psychotherapeutischen Ehrgeiz anfangen. So kehren
wir zum oben Gesagten zurück und fügen in der Wiederholung nur noch einmal
hinzu, daß hier ausdrücklich vom Beginn der analytischen Tätigkeit die Rede
war. So darf ein Lernender auf diesem Gebiet anfangen. Er darf dann fortfahren mit dem „Unterstellen" einer ihm mitgeteilten Theorie der Neurosenstruktur und des daraus abgeleiteten Verfahrens.

Ein wirkliches Überwinden der sehr natürlichen und selbstverständlichen
Unsicherheit aber, so muß man ihn eindeutig belehren, ist nicht ohne lang-
dauernde Kontrolle durch einen Geübten, ohne ausgebreitetstes Gespräch mit
gleichfalls Lernenden und Lehrenden, — wie der Verfasser meint, auch nicht
ohne eigene Analyse möglich. Zu „florieren", und dies in jedem denkbaren Sinn,
vermag nur derjenige, der auf dem angegebenen Wege Jahre der Entwicklung
durchlaufen hat.

Erst nach Jahren gewinnt der Lernende einen wirklichen Überblick. Erst nach
vier Jahren etwa pflegen die anfänglich oft lebhaften Gefühle der Unsicherheit
aufzuhören und denen eines gewissen erreichten Sättigungsgrades Platz zu

machen. Dann erst ist es dem Behandelnden im allgemeinen auch möglich, sich in lebendiger Vorstellung die Heilungsschritte, den Ablauf des Heilungsvorganges in Form von aufeinanderfolgenden Schritten vorzustellen. Hierzu noch einige Bemerkungen: Manch ein Anfänger meint, in Übereinstimmung mit der Patientenschaft, die Symptomatik werde während des analytischen Verfahrens allmählich, stetig verschwinden. Hierauf bezieht sich auch häufig die mehr oder weniger aggressive Frage der Patienten, was denn nun bisher „herausgekommen" sei. Und nun kann man wissen, daß, abgesehen von den leichten Fällen, die sinngemäß durch ein rasches Abblassen der Symptomatik charakterisiert sind, die neurotische Symptomatik in Form einer wellenförmigen Kurve zu verschwinden pflegt. Anders ausgedrückt heißt das: Ein Symptom pflegt von einem gewissen Zeitpunkt der Analyse an abzublassen; um dann höchst wahrscheinlich in verdichteten Versuchungs- und Versagungssituationen, die ja gar nicht ausbleiben können, wieder intensiver zu werden.

Weiter: Auch die Wellenform des Verblassens der Symptomatik als Welle ist nicht von stetigem Charakter. Es gibt heftige und weniger lärmende Rückfälle im Laufe einer jeden analytischen Psychotherapie. Es bleibt nur, daß im Falle des Gelingens die Gipfel der Intensität eines Symptoms allmählich niedriger werden. Darauf also muß der analytische Psychotherapeut als auf etwas Regelhaftes vorbereitet sein.

In diesem Zusammenhang muß er auch wissen, daß die Patienten, besonders die schweren Neurotiker, nahezu regelmäßig das erste und dann auch das weitere Abblassen, die erste und dann die weitere Verminderung ihrer Symptomatik nicht mitteilen. Häufig ist es auch so, daß sie sie gar nicht bemerken. Sie sind mit sich und ihren anderweitigen Schwierigkeiten und den Resten ihrer Symptomatik im allgemeinen so beschäftigt, davon so beeindruckt, daß ihnen, die sie ja alle naturgemäß ein Paradies auf Erden erwarten, die Verminderung der Intensität ihrer Symptomatik gar nicht auffällt. Erst wenn wieder eine ansteigende Welle an Intensität auftritt, bemerken sie diese natürlich, und dann auch, daß es vorher schon eine Besserung gab. Daher empfiehlt es sich auch im allgemeinen, daß der Behandler den Patienten nicht sofort auf die von ihm, dem Analytiker, bemerkten Besserungen der Symptomatik aufmerksam macht, sondern lieber einen Rückfall abwartet. Der muß nach Obigem ja sicher eintreten. Und dann erst verweist man auf die vorangehende Besserung.

Einiges Überlegen zeigt, daß der Patient zwar bevorzugt auf seine Symptomatik, besonders aber auch auf neuerliche Verschlechterungen achten wird. Der Analytiker dagegen sollte mit großer Sorgfalt festzustellen suchen, welche wirklichen fundierenden Heilungsschritte vom Patienten vollzogen werden. D. h. also einfach, er wird auf das Nachlassen von Gehemmtheiten, Bequemlichkeitshaltungen, illusionären Ansprüchen usw., usw. zu achten haben. Diese sind im eigentlichen Sinne zunächst das Bedeutsame, und auf diese ist der Patient auch aufmerksam zu machen, wenn er sich über einen Rückfall, eine neuerliche Verschlechterung beklagt. Aber auch hier ist eine psychoanalytische Gewohnheit wohl begründet, nämlich die, skeptischen oder pessimistischen Bemerkungen des Patienten nicht selbst zu begegnen, sondern den Patienten die fundierenden Heilungsschritte selbst finden zu lassen. Es ist also wohlüberlegterweise so und so oft durchaus gerechtfertigt, auf die skeptische Frage eines Patienten hin, wann denn nun endlich eine Besserung eintreten werde, mit der Frage zu antworten, was er denn selbst an vorausgesagten Heilungsschritten schon bemerkt habe.

Hier ist noch eine weitere Formulierung zweckdienlich: Man sollte einem Patienten, von dem man annehmen darf, daß es einer längeren oder gar langen Zeit der Behandlung bedürfen wird, ihn von seiner Symptomatik zu befreien, eher frühzeitig als erst im weiteren Verlauf sagen, er werde das Verfahren in folgender Weise etwa erleben: Zunächst werde der Analytiker zur gegebenen Zeit vermutende Bemerkungen im oben erörterten Sinn (s. S. 230) machen. Er, der Patient, werde erstaunt sein oder sogar dazu geneigt sein, zu protestieren. Aber das müsse ja sinnvollerweise so sein; denn sonst würde der Patient ja nur zu hören bekommen, was er selber sowieso schon wisse. Dann werde er, der Patient, eines Tages geneigt sein, abwartend zuzustimmen. Dann werde er seine fundierenden Fehlhaltungen und Fehlverhaltungsweisen selbst bemerken, aber erst im Nachhinein, in der folgenden Behandlungsstunde. Dann werde er den „Fehlgriff" kurze Zeit nachher bemerken. Dann werde er in der Situation selbst den Fehlgriff, der gerade eben geschehen ist, bemerken, ohne ihn als solchen zurücknehmen zu können. Schließlich werde er ihn während des Fehlverhaltens bemerken, ohne ihn „bremsen" zu können. Wieder einige Zeit später werde er mit einer dunklen Ahnung der Problematik in für ihn typische Situationen eintreten und daher in diesen, wenn auch mit einiger Mühe Ansätze von Fehlverhalten noch rasch korrigieren können. Und schließlich und endlich werde er in die für ihn bis dahin problematischen Situationen mit neuer Konzeption der Menschen, des Lebens und der Welt eintreten. Er werde sich dann mit zunehmender Geläufigkeit, schließlich sogar automatisch, entsprechend „neu" verhalten und damit werde dann der Fortfall seiner Symptomatik korrespondieren und dieser Fortfall fundiert sein.

Ein ganz konkretes Beispiel für diesen Verlauf:

Zu Anfang wird ein Patient mit erheblicher latenter oraler Aggression in gegebener Versuchungssituation heftig losplatzen. Schließlich wird er mit vorwegnehmender Geduld in die gleiche Situation eintreten und auch wirklich geduldig sein können und sich auch wirklich mit Zwischenlösungen, etwa einer unbekümmerten Freude am Tätigsein überhaupt zufrieden geben können. Dies ist in gewöhnlichem Deutsch geschildert das, was beim Autor Künkel unter den Titeln „Spannungsbogen" und „infinal" behandelt worden ist. Der Ausdruck Spannungsbogen ist gewiß ein gutes Wort; denn in der Formel, jemand habe einen weiten Spannungsbogen entwickelt, wird ja ein sehr einleuchtendes Bild verwandt, um das zu beschreiben, was oben als Geduldig-werden gekennzeichnet wurde. Und wenn jemand sich, statt dauernd nur gespannt auf Ziele gerichtet zu sein, im Tätig-sein selbst wohlzufühlen beginnt, so ersetzt er ein finis, ein Ende, einen Zweck durch ein quasi zweckloses, aber desto unbekümmerteres und seinen Lohn in sich tragendes Erleben.

Dies wäre also ein positiver Aspekt. Im entgegengesetzten Fall ist der Patient betont ungeduldig, überskeptisch, lahmend, ausgesprochen nicht in der Lage, die oben erwähnte „Grundregel" zu befolgen usw., usw.

Und nun sei noch einmal zurückgedacht: Entstehen die eben genannten Schwierigkeiten, leistet der Patient in dieser oder ähnlicher Weise „Widerstand" (s. S. 194), macht er „Übertragungsschwierigkeiten" (s. S. 242), so hat man zwar an all das eben Ausgeführte zu denken, aber unter anderem eben auch daran, daß bereits in der Konsultation etwas verfehlt sein könnte. Weil dies von so erheblicher praktischer Wichtigkeit ist, wurden die Akzente bei der Darstellung alles Technischen so gesetzt, wie oben (s. S. 151) geschehen.

Vielleicht ist es gut, auch noch für diejenigen, die anders informiert sind oder informiert zu sein glauben, an dieser Stelle hinzuzufügen, daß der gesamte Verlauf einer korrekten analytischen Psychotherapie also den ganzen Menschen angeht, und daß es sich keineswegs nur um die Mobilisierung von niederen, sondern genau ebenso um die aller höheren Bedürfnisse handelt. In Extremformulierung kann man sogar ruhig sagen: Der bis dahin neurotische Mensch entwickelt in einer analytischen Psychotherapie zunehmend, Schritt für Schritt, ein Gefüge zu ihm persönlich gehöriger Maximen. Für den, dem auch dieser bei Goethe vorkommende Ausdruck nicht geläufig ist, darf ebenso gut von Idealen gesprochen werden, unter der Voraussetzung, daß dieses für den Menschen wesensmäßig Notwendige nicht mit sentimental verkitschten oder hybrid überspitzten Abarten hiervon verwechselt wird.

Ein weiteres Moment: Im Einzelfall kann und sollte es sogar dazu kommen, daß ein Patient seine ursprüngliche Peristase, seine bisherigen Beziehungspersonen auch äußerlich verläßt. Meist aber wird dies nicht zu geschehen brauchen. Dann bleibt er in seiner bisherigen Welt, und er ändert nicht bevorzugt diese selbst, sondern wandelt sich. Es erübrigt sich wohl nun, noch die verschiedenen einzelnen Arten der Beziehungen aufzuzählen. Sie ergeben sich ja von selbst. Jeder kennt sie aus Erfahrung. Der Sohn wandelt seine Einstellung zur Mutter oder zum Vater oder umgekehrt, der Bruder die zu Bruder und Schwester und umgekehrt, der Untergebene dem Chef gegenüber und umgekehrt usw., usw. Aber es kann die Frage gestellt werden und sollte gestellt werden: Wie lange dauern denn etwa solche Wandlungen? Gibt es hier die Möglichkeit des Angebens von Größenordnungen? Es gibt sie. Relativ zu den Naturkonstanten, in denen der Mensch als Lebewesen überhaupt „hängt", bedarf die Korrektur, zum Beispiel eines jungen Menschen, der bisher in gefügiger Abhängigkeit zu einer älteren Beziehungsperson stand, eines Zeitraumes von etwa 1½ Jahren. Das zeigt sich praktisch immer wieder. Und auch der Anfänger sollte dies wissen und damit voraussehen können. Er sollte dies einem ungeduldig werdenden Patienten auch mitteilen können. Denn etwa ebenso sicher wie dieses empirische Faktum ist, ebenso häufig meint der heutige neurotische Patient noch, alle solche Korrekturen müßten sich in sehr viel geringeren Zeiträumen vollziehen. Er ist daher, falls versäumt wird, ihn rechtzeitig zu belehren, überrascht und enttäuscht, wenn solche Wandlungen nicht bald eintreten, zum Beispiel kurz, nachdem er eben erst rational, intellektuell begriffen hat, worum es sich da handeln soll. Die Aufeinanderfolge der oben (S. 249) dargestellten Reifungsschritte sollte ihm bekannt gegeben werden, und er sollte aufmerksam gemacht werden darauf, wie minutiös oft die Schritte sind, die da in einer Woche etwa vollzogen werden können. Und 1½ Jahre sind nur etwa 80 solcher Wochen! Aber — all dies gilt

sinngemäßerweise nur für den Heilungsvorgang bei Patienten, die eine schwere
Neurose haben!

Wann ist eine Analyse zu Ende? — Fast ist es sonderbar, daß diese Frage
immer wieder einmal gestellt wird. Sie ist im Grunde so einfach wie natürlich
zu beantworten. Eine Analyse ist dann zu Ende, wenn der ehemalige Patient
seine Symptomatik verloren hat und (wieder eine solche Konstante) über einen
Zeitraum von 1 bis 2 bis 3 Monaten hinweg keinen Rückfall erlitten hat. Während
dieser symptomfreien Zeit müssen Analytiker und Patient gemeinsam im Rückblick überprüfen, worauf denn nun der Fortfall der Symptomatik zurückzuführen
ist und wieweit in Fleisch und Blut übergegangen die neu erworbenen Haltungen
und Verhaltungsweisen wohl sind. In der Regel pflegt der gesundende Patient
erfolgte Reifungsschritte, Schritte der Korrektur, mit sonorem, nachdenklichem
Tonfall zu registrieren, indem er etwa sagt: „Wie merkwürdig der Gegensatz zu
damals, als ich die Analyse begann. Was ich damals so sehr fürchtete in der Welt
und besonders auch in mir selbst, habe ich nun weitgehend zu respektieren gelernt. Das fürchte ich nun nicht mehr. Und manches von dem, was ich zu bejahen
oder gar zu lieben glaubte, hat diesen übersteigerten Wert für mich verloren.
Ich habe heute geradezu einige Mühe, noch zu verstehen, wie ich damals so fürchten und so blindgläubig respektieren und hochwerten konnte. Ich glaube, ich
habe nunmehr Boden unter den Füßen, in der Welt und besonders auch in mir
selbst."

IV. Das nomothetische Verfahren

Schon im Vorwort wurde darauf hingewiesen, daß sich auch unter Voraussetzung der hier darzustellenden und nunmehr dargestellten Neurosentheorie
zumindest drei Verfahrensweisen ableiten lassen, die im Einzelfall therapeutischen Erfolg bringen können. In kurzer Skizze wurde einiges Deutlichere darüber
gesagt (S. 13). Und nunmehr soll zunächst das oben so genannte nomothetische
Verfahren erörtert, d. h. aus den obigen Tatbeständen abgeleitet werden. Die
führende Formel hierbei lautet allerdings: Soweit wir heute sehen können, kann
auch ein nomothetisches Verfahren im Einzelfall zum Erfolg führen. An einen
bleibenden Erfolg ist dabei natürlich gedacht, sonst würde ja schief verglichen.
Weitgehend offen bleiben muß lediglich, für welche Fälle dies gilt und wie häufig
diese Fälle prozentual sind. Hierüber wird die kommende Generation entscheiden
müssen.

Ein Kernbestandteil der Neurosenstruktur sind, wie oben (s. S. 54) dargestellt wurde, die Angstreflexe und ebenfalls häufig reflexhafte Schuldgefühle.
Näheres Nachdenken über die erörterten Tatbestände zeigt, daß die Symptomatik in den Versuchungs- und Versagungssituationen „deshalb" ausbricht,
„weil" die „Decke" von Furcht- und Schuldreaktion nicht mehr „dicht hält"
Es ist jetzt wohl kaum noch nötig, dies näher zu erläutern; denn das eben Gesagte
schließt sich ja ganz nahe an die oben erfolgten Darstellungen an. Ist dies aber
so, dann muß konsequenterweise auch die Möglichkeit bestehen, Furcht- und
Schuldreaktionen zu verstärken und damit die Symptomatik neuerlich „zu-
rückzudämmen". Voraussetzung hierfür ist lediglich, daß „das geht", d. h., daß

es für den Psychotherapeuten die reale Möglichkeit, also die „Mittel" gibt, die
hierfür notwendig sind. Und diese gibt es zweifellos. In einigen Ausführungen
wurde oben erörtert, warum der Verfasser der vorliegenden Darstellung persönlich nicht dazu neigt, diese Mittel anzuwenden, aber es wurde betont, daß
es sich hier um eine Neigung, um einen Akt der Wertsetzung, der „Weltanschauung" handelt. Sofern hier jedoch Vollständigkeit erstrebt wird, sofern diese
einen Wert hat, den auch der Verfasser bejaht, muß auch abgesehen von jeder
Frage der Neigung auf diese Möglichkeit eingegangen werden. Ein Psychotherapeut braucht lediglich selbst etwas gegen das „Begehren" „auf dem Herzen
zu haben", es braucht nur so zu sein, daß er mit dem Besitzstreben der Menschen
hadert oder auch mit ihrem Geltungsstreben, vielleicht auch mit ihrem Sexualstreben, vielleicht sogar mit ihrem, dem Verfasser als „natürlich" erscheinenden,
Bedürfnis nach Zärtlichkeit — in all diesen Fällen wird der Betreffende vielleicht
zu „analysieren" vermögen, dies vielleicht sogar für unbedingt nötig halten;
aber er wird infolge seiner „Befangenheit" — vom „autonomen" Analytiker her
gesehen — anders einsetzen. Es mag da viele Varianten geben. Aber der auf
Autonomie zielende analytische Psychotherapeut ist versöhnlich, wohlwollend
gegenüber dem, wie das einst ausgedrückt wurde, „Triebleben" des Menschen
überhaupt und daher auch gegenüber dem seiner Patienten. Zumindest aber ist
er den latenten Antrieben und Bedürfnissen seiner Patienten gegenüber — unabhängig von der mittleren Norm — ausgesprochen wohlwollend eingestellt.
Er meint zu wissen, daß nur im seltensten Ausnahmefall etwas „Fürchterliches"
in der Richtung geschehen könnte, daß der betreffende Patient ganz aus der Art
schlägt, wenn er gesund wird. Er ist bereit, diese Ausnahmefälle, die im übrigen
nicht voraussehbar sind, im Interesse der großen Mehrheit aller Patienten zu
vernachlässigen, deren latentes Antriebserleben, manifest geworden, gar nicht
so sehr von der mittleren Norm abweicht. So kommt eine der menschlichen Natur
gegenüber ausgesprochen versöhnliche, optimistische Haltung zustande. Man
könnte den auf Autonomie abzielenden analytischen Psychotherapeuten auch als
antriebsfreundlich bezeichnen. Auf jeden Fall lehnt er das Begehren nicht mit
der Tönung der Grundsätzlichkeit ab. Der Verfasser hat sich in seinem Buch
„Der gehemmte Mensch" in dem Kapitel „Die Askese" (s. S. 201 ff.) bemüht,
Konkreteres darüber zu sagen, und zwar Positives. Die Askese als Grenzfall der
Zucht liegt seiner Meinung nach also noch durchaus im Bereich der zu bejahenden
Werte, auch für den Autonomie des Patienten erstrebenden Psychotherapeuten.
Hier kommt es selbstverständlich auf sehr konkrete Entscheidungen an. So kann
das hier Gesagte nur Andeutung sein und etwa richtungweisend. Damit wird aber
nicht aufgehoben, daß „an sich" die Möglichkeit einer ausgesprochenen Ver-
neinung des Begehrens beim Psychotherapeuten besteht und damit für diesen
dann die Möglichkeit — ja nicht nur das, sondern in der Regel der „instinktive"
„Zwang" —, die Schuldgefühle seiner Patienten zu verstärken. Es wird wohl
außerdem fast immer so sein, daß besonders ein so eingestellter Psychotherapeut
weiteren Kreisen durch Wort oder Druck von seiner „Auffassung" Kenntnis gibt.
Es werden also bevorzugt Patienten zu ihm kommen, deren Erleben stark von
Schuldgefühlen durchsetzt ist. Diese pflegen sie selbst für zweifelsfrei berechtigt
zu halten. Auf solche Weise erhält dann ein so eingestellter, also zur Nomothesis,

d. h. zur ausdrücklichen Wertsetzung im triebunfreundlichen Sinn geneigter Psychotherapeut eine ganz bestimmt geartete, ausgewählte, gesiebte Patientenschaft. D. h., auf diesem Umwege erhöht sich die Wahrscheinlichkeit des Erfolges für ihn, nun aber nicht, wie es hin und wieder scheinen könnte, gegenüber neurotischen Patienten „überhaupt", sondern eben gegenüber diesem im allgemeinen doch sehr begrenten Kreis von Patienten.

Es war in den letzten Jahrzehnten höchst interessant zu beobachten, wie sich das Dunkel um diese Sonderarten psychotherapeutischer Praxis allmählich aufhellte. Nur sehr allmählich ging das vor sich. Heute aber können wir im Rückblick wohl feststellen, daß die Dinge so lagen, wie eben charakterisiert. Und es sei noch einmal hinzugefügt, es handelt sich um ein ganz persönliches Bekenntnis des Verfassers, wenn er von seiner Neigung spricht, den „natürlichen" Menschen, so wie er ihn sieht, nämlich mit einer gehörigen Dosis von animalischer Bedürftigkeit begabt, „hinzunehmen", und zwar letztlich mit freundlichem Wohlbehagen. Gerade deshalb aber ist er auch bereit, zwar schärfer hinzusehen, die nomothetischen Möglichkeiten analytischer Psychotherapie jedoch ebenfalls als direkte Konsequenz der eigenen neurosenpsychologischen Auffassung abzuleiten; und, wiederum die Autonomie, aber diesmal des Nachwuchses bejahend, diesem die Möglichkeit der Entscheidung auch theoretisch in die Hand zu geben.

Aber es soll nicht verschwiegen werden, daß es hier in gewisser Weise so steht wie in der scherzhaften Erzählung vom Tausendfüßler, der gefragt wird, welchen Fuß er nun als nächsten setzen müsse, um vorwärts zu kommen. Hierauf wurde ja oben (s. S. 253 u.) schon Bezug genommen. Nunmehr aber wird besser verstehbar sein, woran dort gedacht wurde. Es ist nämlich wohl zweifellos so, daß die nomothetisch eingestellten Psychotherapeuten zwei Eigentümlichkeiten aufweisen. Auf der einen Seite gehört zu einer nomothetischen Einstellung, besonders dann, wenn sie nach „üblicher" Auffassung moralisierenden Charakter hat, daß der Betreffende nicht nur „nichts" von dieser Einstellung „weiß", sondern sie — darauf angesprochen — sogar lebhaft bestreitet. Zweitens aber gehört dazu in der Regel, daß die Betreffenden nur sehr bedingt zu analysieren, d. h. Mikro-Psychologie zu treiben geneigt sind. Denn wer scharf, d. h. mikro-psychologisch auf die menschliche Natur und ihre „Gründe" hinblickt, muß weitgehend „unbekümmert" sein, nicht in „Sorge". Er muß selbst „instinktiv" so „gelagert" sein, seine „Existenz" muß von der Art sein, daß sie das Bild des faktischen Menschen nicht nur ruhig erträgt, sondern im allgemeinen sogar „gemütlich" bejaht. Es ist fraglich, ob diese Charakteristika für den nomothetisch geneigten Psychotherapeuten gelten, und daher ist ihm selbst in der Regel „das Analysieren", wenn auch nicht verhaßt, so doch „an-rüchig".

Aber hier wird noch mancherlei in den kommenden Jahrzehnten zu erörtern sein. Es ist zu hoffen, daß sich hierbei möglichst viele finden werden, die genügend „Ironie" besitzen, genügend Distanz sich selbst gegenüber, um wohlwollend zu bleiben, wenn es von den psychologischen Sachverhalten her manchmal etwas hart zugeht. Der „autonome" Psychotherapeut, der also dazu neigt, „triebfreundlich" zu sein, wird es mit einiger Heiterkeit ertragen müssen, daß er von Zeit zu Zeit mit dem Teufel oder wenigstens mit Luzifer in einen Topf geworfen wird. Umgekehrt wird es der Nomothetiker ertragen müssen, als Moralist mit

negativer Tönung und all dem historisch üblichen Beiwerk „verschrieen" zu
werden. Es liegt kein Grund dafür vor, anzunehmen, daß solch agathon mehr
als im allgemeinen gut erträglich in polemos übergehen wird.

V. Das „esoterische" Verfahren

Die Neurosenstruktur ist ein lebendiges Gefüge von erheblicher Mannigfaltigkeit. Daraus ergibt sich das Vorhandensein einer Reihe von „Seiten". Auch wenn
man als Kern der Neurosenstruktur die Gehemmtheit bestimmter bevorzugter
Antriebs- und Bedürfnisarten charakterisiert, wenn man dann zwei weitere Gebiete von höchst prägnanten Folgeerscheinungen „betitelt" und dadurch hervorhebt, so ergeben sich doch eine Reihe von weiteren kaum weniger prägnanten
Einzelzügen. Der durch die Gehemmtheit in Gang kommende Gesamtvorgang
schwillt manchmal zu einer „Lawine" an, unterscheidet sich vom physikalischen
Gebilde, das so genannt wird, aber durch eine vielfältige Aufspaltung in dazugehörige Folgeerscheinungen. So kommt es im Laufe einer jeden neurotischen
Entwicklung eines Menschen auch stets zu dem, was gewöhnlich und besonders
von Adler Isolierung genannt wird. Im Extremfall hat der Betreffende nur
einen äußerst verminderten Anteil am Leben der ihn umgebenden Menschen.
In den weniger ausgeprägten Fällen handelt es sich um manchmal sehr enge
Beziehungen zu sehr wenigen Partnern, so daß eine menschliche Isolierung
lange verdeckt bleiben kann.

Gröblich ausgedrückt, darf man also sehr wohl von einer Gemeinschafts-
unfähigkeit des ausgesprochen neurotischen Menschen reden. Und die hinzu-
tretende Differenzierung, die dadurch bedingt ist, daß die Menschen originär in
recht verschiedenen Graden an den menschlichen Erlebnismöglichkeiten, seien
sie animalischer, gefühlshafter oder geistiger Art, beteiligt sind, macht das konkrete Bild schwer übersehbar. Aber es ist doch immerhin so, daß die geistige
Isoliertheit des Neurotikers in den entsprechenden Fällen geradezu repräsentativ
ist. So führt er zum Beispiel über Jahrzehnte ein rein kommerzielles Leben mit,
wie Jung das wohl ausdrücken würde, minderwertiger Gefühls- und intuitiver
Funktion. Oder seine Lebensform ist auch die des „Technikers", oder auch die
des „Kriegers". Hier lassen sich die Sprangerschen Kategorien durchaus —
aber immerhin so gesehen — zuordnen. D. h. also, im Einzelfall kann ein sehr
reichliches und vielfältiges „gesellschaftliches Leben" die tatsächlich ganz persönliche Isoliertheit des Neurotikers verdecken. All diese Dinge und Zusammenhänge sind ja in der Literatur häufig beschrieben worden.

Noch etwas anderes hängt hiermit zusammen: Das prägnante Bild einer
solchen Einseitigkeit des Lebensaufbaues, einer solchen tatsächlichen Isoliertheit, besonders in gefühlshafter oder auch geistiger Hinsicht, entwickelt sich
naturgemäß in der Regel erst im Laufe des Lebens, im Laufe der ersten Jahrzehnte eines Lebens. Das bedeutet dann, daß die ausgeformten Bilder solcher
„Existenz" erst um die Lebensmitte herum mit voller Deutlichkeit erscheinen.
Und dadurch wiederum wird die sogenannte „Lebensmitte" zum besonderen
Problem.

Hat man es nun mit einem so gearteten Patienten zu tun, ruht dessen Leidenssymptomatik auf einer neurotischen Struktur auf, die unter anderem auch die
eben skizzierten Züge der „Isoliertheit" aufweist, so ist psycho-logische Konsequenz hiervon zunächst einmal, daß die Korrektur der neurotischen Struktur
des Betreffenden auf der einen Seite die Symptomatik im oben geschilderten
Sinn in sich zerfallen lassen wird. Auf der anderen Seite aber wird damit auch
der Zugang zu den bisher vernachlässigten Bereichen menschlichen Daseins
gewonnen sein — eben wenn jene Korrektur erreicht ist. D. h., der Patient wird
sich aus seiner Isoliertheit herausentwickelt haben. Auch wenn er unter dem
Gesichtspunkt einer Zielsetzung der Autonomie psychotherapeutisch angegangen
worden ist, wird die Aufhebung jener Isoliertheit selbstverständliches „Neben"-
Produkt sein. Das alles geht ja in einfach psycho-logischer und logischer Konsequenz
aus dem bisher Dargestellten hervor und ist wohl kaum noch näher zu erläutern.

Nun liegt es aber, wie genauere Betrachtung dieser Verhältnisse zeigt, sehr
wohl nahe, daran zu denken, die Isoliertheit des Betreffenden, also seine „Zurück-
gebliebenheit" im „Menschlichen", d. h. seine „seelische", gefühlhafte, gemüthafte Unterentwicklung, auch seine geistige vielleicht — eben wenn diese zu
seiner Totalperson, zu seiner Idee eigentlich gehört — direkt anzugehen. Es
handelt sich hier um dasselbe Problem, das oben schon erörtert wurde, nämlich,
daß das systematische analytisch-psychotherapeutische Vorgehen auf keinen
Fall etwa so verstanden werden darf, als habe man nun zeitlich nacheinander
zunächst die Gehemmtheit, dann die Bequemlichkeit und schließlich die Riesenansprüche ins Auge zu fassen und entsprechend mit ihnen umzugehen (s. S. 239).
Nähere Überlegung zeigte bereits, daß es hier ganz aktuell und individuell auf
das vordringlich Notwendige ankommt, daß also eine Fülle von Kombinationen
die Aufgabe bestimmen. Was bei obiger Erörterung aber noch nicht ausgesprochen wurde, ist, daß es in gewissen Grenzen der persönlichen Art und Neigung,
auch der persönlichen unmittelbaren Beziehung des Psychotherapeuten zum
Patienten überlassen bleiben darf, den Ansatzpunkt zu wählen. In anderen
Worten: Der analytische Psychotherapeut kann im Einzelfall oder auch gruppen-
weise oder auch für seine persönliche Praxis charakteristisch mit den Riesenansprüchen oder der Bequemlichkeit oder der Gehemmtheit beginnen. Er hat
dann jeweilig nur das Übrige entsprechend nachzuholen und einzubauen bzw.
anzubauen. Da handelt es sich dann um ein ähnliches Thema, wie ebenfalls schon
oben erörtert, nämlich darum, daß es verfehlt wäre, sich als Psychotherapeut
nicht seinen eigenen persönlichen Neigungen und „Konstanten" bereitwillig zu
überlassen und eine wesentliche Aufgabe weiterhin darin zu sehen, die Mängel
der eigenen Vorzüge zu korrigieren (s. a. S. 202). Das Lebendige ist so mannigfaltig, daß es in bestimmtem Maße durchaus Freiheit erlaubt, auch Freiheit des
analytisch-psychotherapeutischen Vorgehens. Was im übrigen natürlich keineswegs aufhebt, daß es im Einzelfall höchst fehlerhaftes Vorgehen geben kann.
Nur hat die Kritik eines eventuell Kontrollierenden dann, soweit möglich,
„immanent" zu sein, d. h., sich auf die Eigenart auch des Psychotherapeuten
selbst zu beziehen. Das aber heißt nicht etwa, sie einfach hinzunehmen. Immer
wieder das gleiche Problem: Freiheit bedeutet nicht Relativismus, weder der
Werte noch der Methode des Vorgehens.

Im gleichen Sinn besteht also durchaus die Möglichkeit, besonders, wenn es sich um Patienten handelt, die während ihres Lebens eine neurotische Einseitigkeit entwickelt haben und im Laufe von drei bis vier Jahrzehnten zu einer prägnanten Form dieser Art gelangt sind, diese Einseitigkeit, die ja weitgehend auf Isoliertheit hinauszulaufen pflegt, ebenfalls direkt und vordringlich anzugehen. Allerdings ergibt sich aus diesem Ansatz die Notwendigkeit eigener sehr prägnanter gefühlshafter oder geistiger Wert-setzung. Das muß nun näher erläutert werden.

Der „autonome" Psychotherapeut pflegt, wie die obige Darstellung wohl gezeigt haben wird, sehr weitgehend offen zu lassen, wie die Erlebnisbereiche seines Patienten hinsichtlich seiner Gefühle und geistigen Bedürfnisse eines Tages aussehen werden. Er geht so geraden Weges, wie nur immer möglich, auf die kernhafte Gehemmtheit zu. Zwar berücksichtigt er die Bequemlichkeitszüge und das illusionäre Verhalten des Patienten genau so wie dessen Rationalisierungen und demgegenüber auch die mittlere Norm des Menschen. Aber er berücksichtigt dieses Weitere nur, wenn auch im Fall des Gelingens ausreichend. Er usuriert die häufig vorhandenen erstarrten ideologischen Einstellungen des Patienten. Er lockert diese auf, er stellt sie in Frage, denn sie sind in solchem Fall ja wirklich fragwürdig. Aber er stellt dem in Fluß geratenen Gefühlshaften und Geistigen nicht geprägte Ausdrucksform des Gefühls oder geistiger Formulierung gegenüber. Er wird sich naturgemäß darauf beschränken, soweit ihm dies selbst möglich ist, sich die Fülle gefühlshafter und geistiger Möglichkeiten des Menschen, also das, was man im eigentlichen Sinn meint, wenn man vom „Menschlichen" redet, vorschweben zu lassen und sie dem Patienten auch „anzubieten". Dem heutigen Sprachgebrauch ist dieses Wort wohl besonders gemäß. Der „autonome" Psychotherapeut bietet also Möglichkeiten auf Gefühls- und geistigem Gebiet an. Im Einzelfall wird er davon auch ausführlich sprechen, sehr ausführlich oft, und es steht dem nichts im Wege, daß er sein eigenes gefühlshaftes und geistiges Dasein ergriffen und enthusiastisch mit-teilt. Aber das Maß an Freiheit, das er den Patienten dabei läßt, das Maß an Distanz, das ihm selbstverständlich ist, das Nicht-penetrant-sein, ist für denjenigen charakteristisch, der Autonomie des Patienten erstrebt. Weil er diese so hoch wertet und auch vielleicht, weil er der Meinung ist, daß diese schätzungsweise, im ganzen gesehen, die höchste Wahrscheinlichkeit des Erfolges, ein Optimum des therapeutischen Erfolges garantiert, verhält er sich so.

Lebt dagegen der Psychotherapeut selbst in einer sehr ausgeprägten, sehr speziellen Form des Geistigen oder Emotionalen, ist er besonders vom positiven oder gar entscheidenden Wert solcher speziellen Eigenart zutiefst überzeugt, so wird er seinem Patienten nicht nur Möglichkeiten anbieten, sondern mit sehr viel größerer Ausdrücklichkeit entsprechende Wertpositionen beziehen. Eine Reihe von Beispielen:

Wer heute in der Mitte des 20. Jahrhunderts davon überzeugt ist, daß der sogenannte abendländische Geist im Verfall begriffen ist, wer davon überzeugt ist, daß der Mensch an der von ihm selbst dumpf und blind, wenn auch so erfolgreich aufgebauten Technik im Grunde scheitert, und wer darüber hinaus der Meinung ist, daß entweder im Erleben der sogenannten Primitiven oder auch vielleicht im Erleben wenigstens größerer Gemeinschaften des Ostens, vielleicht in Ostasien, urtümlich wertvoller Geist noch lebendig ist, der kann sich ja auch seinen Patienten gegenüber gar nicht anders als dementsprechend verhalten. Kommt nun noch hinzu, daß der Betreffende etwa meint, die heute gängige neurotische Symptomatik sei ein Symptom des eben erwähnten allgemein menschlichen Scheiterns und Verfahrens, so muß er naturgemäß mit desto entschiedenerer Überzeugtheit dem Patienten nicht nur Möglichkeiten anbieten, sondern mehr oder weniger penetrant das empfehlen, was not-tut. Ähnlich verhält es sich, wenn der betreffende Psychotherapeut die berichteten zentralen Erlebnisse einer Yoga-Kultur für höchst wertvoll hält oder auch die entsprechenden der Mystiker und in säkularisierter Form etwa die behaupteten der Spökenkieker der Heide, des Berglandes der Meeresküsten. Wessen Sehnsucht darin besteht, dieser berichteten Erlebnisbereiche wenigstens aus der Ferne teilhaftig zu werden, d. h. also etwa auf dem Wege über eine Vertiefung in die entsprechende, ja sehr reichhaltige Literatur, wer hierin, wie nicht so selten, geradezu seine Bestimmung und damit ebenfalls häufig „die Bestimmung des Menschen" sieht, die „eigentliche" jedenfalls, wird sich dem gar nicht entziehen können, wenigstens seinen Patienten gegenüber die Bilder solcher Sehnsucht zum Ausdruck zu bringen, zu objektivieren. Handelt es sich dann aber um die oben charakterisierte Kategorie „isolierter", „einseitiger" Patienten, in der Mehrzahl also von Menschen „jenseits der Lebensmitte", so geschieht zwangsläufig etwas Weiteres:

In einer noch unbestimmten Anzahl von Fällen geht der Isolierte, der partiell Ausgefüllte, also auch nach Meinung des „autonomen" Psychotherapeuten als „Kümmerform" menschlichen Daseins „vegetierende" Patient mit einem sehr prägnanten Teil seines gefühlshaften Instinkts mit den Sehnsüchten des Psychotherapeuten mit. Lebt dieser in einer Gemeinschaft Gleichgesinnter, so wird sich der Patient dieser Gemeinschaft zugesellen und in ihr gefühlshaften, besonders aber geistigen Halt finden. Auf diese Weise entwächst ein so strukturierter Patient tatsächlich seiner bisherigen Isoliertheit und nähert sich, wenigstens formal, seiner Bestimmung als zoon politikon, der er bislang „auswich". Daß dies nicht absichtlich, „bewußt" geschah, braucht hier wohl kaum noch hinzugefügt zu werden.

Und dieser ganz besondere Entwicklungsgang, von dem nur strittig ist, ob es sich hierbei um eine „echte" Reifung handelt, kann im Einzelfall auch im Sinne der hier vertretenen Neurosenauffassung zum Fortfall der neurotischen Leidenssymptomatik führen. Das muß ja möglich sein und ist daher auch, wie schon gesagt, in einer noch nicht bestimmbaren Zahl von Fällen Realität. Dabei folgt weiterhin aus der oben dargestellten Neurosenstruktur, daß wiederum im besonderen Fall die ursprünglichen Gehemmtheiten hinsichtlich der „animalischen" Antriebe und Bedürfnisse völlig untangiert bestehen bleiben k ö n n e n. Zweifellos gibt es hier eine Fülle von konkreten Varianten, die noch keineswegs präzis voneinander abgehoben worden sind. Hier liegt für die kommende Generation der analytischen Psychotherapeuten noch eine wesentliche Aufgabe vor.

Noch einmal zusammenfassend: therapeutische Erfolge „überhaupt" sind also auch auf dem eben geschilderten Wege möglich. Nicht nur das, sie sind sicher auch so und so oft erreicht worden. Wesentlich ist hier nur, daß der Weg, bezogen auf die hier vertretene Neurosenstruktur, erstens nicht als im Widerspruch zu ihr stehend erscheint, sondern gerade umgekehrt mikro-psychologisch, analytisch aufgehellt werden kann.

Da es sich nun, in Europa wenigstens, jeweilig immer nur um wenige Menschen handelt, die in ihrem Leben die eben behandelte Form geistigen Daseins realisieren und auch die Sehnsuchtsvollen nicht in großer Anzahl auftreten und sich so in Gruppen zusammenfinden, entsteht hier soziologisch ein ganz besonderes Bild, das des Sporadischen. Und nun muß hinzugenommen werden, daß es wirklich ein erheblicher Unterschied ist, ob jemand ganz konkret der Meinung ist, in Klöstern des Himalaya werde eine besonders wertvolle Form geistiger Existenz realisiert oder ob er diese in europäisch-mystischem Erleben sieht oder in der säkularisierten Form „okkulten" Erkennens. Es hat sich gezeigt, und es zeigt sich immer wieder, daß die jeweilig so oder so Erfüllten einander nicht allzu bereitwillig zu respektieren geneigt sind. Nicht einmal das. Daher fallen die eben erwähnten, an sich schon hinsichtlich der Zahl ihrer Mitglieder nicht sehr großen Gruppen in prägnante, sehr weit geprägte Einzelerscheinungen auseinander. D. h. also, im ganzen der Bevölkerung bilden die betreffenden Gruppen nun ihrerseits wieder weitgehend isolierte Gebilde. Damit aber entwickelt sich nahezu regelmäßig in ihnen eine menschlich sehr natürliche und verstehbare, „gespannte" Gefühlsbeziehung zur übrigen Welt. Es entsteht die ausgesprochene Neigung, das jener ferneren Welt Unverständliche, Unzugängliche — wie die Erfahrung ja sehr rasch lehrt — als wertvolles Geheimnis zu hüten. Das aber ist dann der Charakter dessen, was man gewöhnlich esoterisch nennt. Von daher gesehen also sprach der Verfasser der vorliegenden Darstellung in seinem Buch „Der gehemmte Mensch" erstmalig zusammenfassend von der Möglichkeit einer therapeutisch valenten esoterischen Psychotherapie. Wie sich aus dem eben Dargestellten aber ergibt, handelt es sich wohl um eine empfehlenswerte sprachliche Charakteristik, keineswegs aber um eine im eigentlichen Sinn „sachliche" Bezeichnung. Aber wie sollte man eine solche Methode analytischer Psychotherapie durch ein einfaches Beiwort sonst kennzeichnen? Es wäre ja schlecht möglich, etwa, die gefühlshafte oder geistige Seite dieses Weges ins Auge fassend, von einer geistigen Form der analytischen Psychotherapie zu sprechen. Denn die auf Autonomie abzielende analytische Psychotherapie berücksichtigt ja, wie oben dargestellt, den emotionalen und geistigen Bereich menschlichen Daseins, am Ziel der dauerhaften Symptombeseitigung gemessen, genau ebenso. Daß es mancherlei Formen von Analysen gab, die die Valenz des Geistigen verkannten usw., spricht nicht hiergegen. Man sollte sich doch entschließen, heute vom erreichten Stand zu sprechen und nicht, wie es manchmal üblich ist, das um die Jahrhundertwende Erreichte rückgewendet zum Vorbild zu erheben und es dann doch am Rande oder sogar zentral schwer zu kritisieren! Auch eine „autonome" Psychotherapie hat heute ganz selbstverständlich ihren geistigen Hintergrund. Hier liegt der Unterschied der verschiedenen analytischen Psychotherapieformen also nicht. Dagegen zeigt er sich, wie oben geschildert, wesentlich in der Verschiedenheit der Wertwelten bzw. der anthropologischen Auffassung von dem, was der Mensch tatsächlich zu seinem recht verstandenen Glück benötigt (s. zum Thema „Lust und Glück" auch S. 8

im „Lehrbuch der Traumanalyse"). Bei genauerem Hinsehen zeigt sich, daß, wenn die eine Therapieform auf Autonomie zielend charakterisiert wird, die davon abgehobenen Arten analytischer Psychotherapie nun nicht etwa insgesamt heteronom sind. Es braucht nur jemand den ganz allgemeinen anthropologischen Standpunkt einzunehmen, die vom Verfasser vertretene bzw. in seiner Darstellung „durchschimmernde" Wertwelt bzw. Auffassung vom „wahren Interesse" (Leonard Nelson) des Menschen, seinem „wahren" Glück, von dem, was ihm tatsächlich not-tue — auch dann schon, wenn er als Mensch der zweiten Lebenshälfte „nur" seine neurotische Leidenssymptomatik verlieren wolle —, sei fehl gesehen. Wer an solchen wertsetzenden oder (und) anthropologischen Grundpositionen der autonomen Psychotherapie Kritik übt, wird also die Auffassung verteidigen können, gerade in seinen eigenen Positionen liege eine nachweisbare autonome Haltung vor.

Ähnlich verhält es sich, wenn jemand zum Beispiel meint, es „gebe" Wahrträume. Aber auch das muß spezifiziert werden, denn der autonome Analytiker wird erklären, der Mensch nehme in seinen Träumen sein mögliches Schicksal vorweg. So und so erfülle sich sein Schicksal dann also antriebsgemäß, gemäß seinen eigenen latenten Bedürfnissen. Und erst hiervon abgehoben, wesentlich vergröbert, meint der an Wahrträume Glaubende, die Träume der Menschen zeigten häufig, was sich in deren eigenem oder auch in fremdem Leben ereignen werde. So wird derjenige, der dieses Häufigkeitsurteil fällt, auch dann, wenn er es nie ausspricht — etwa weil er die „ungläubige" Mitwelt fürchtet —, naturgemäß auf solche Wahrträume besonderen Wert legen, sie sich selbst und seinen Patienten wünschen, in dunklen Träumen nach deren voraussagendem Inhalt suchen. Auch so kann sich eine manchmal ängstlich geheimgehaltene Esoterik entwickeln. Sie hat logische und psychologische Konsequenzen. Im Falle der Geheimhaltung der Prämissen wirken die ausdrücklich entwickelten Theorien der Betreffenden unverständlich. Das muß ja so sein. Und dahinter steht dann im Grunde ganz einfach jene Häufigkeitsannahme in Bezug auf die ein kommendes Schicksal vorwegnehmenden Trauminhalte.

Aus dem eben Dargestellten ergibt sich, daß es eine wesentliche wissenschaftliche Aufgabe des nächsten Jahrzehnts sein wird, solche häufig dunkel gebliebenen Prämissen explizit zu machen. Wenn jemand den Lebensinhalt des wirklich modernen Menschen darin sieht, „die Maschine", den „Glauben an die Maschine", das „Maschinenzeitalter" zu bekämpfen, so wird er dies bei seinen analytisch-psychotherapeutischen Überlegungen künftighin voranstellen, d. h. deklarieren müssen. Vorläufig aber darf angenommen werden, daß auf solchen esoterischen Wegen analytischer Psychotherapie, nämlich durch das Erfüllen von Patienten mit Teilhaberschaft an ganz bestimmten geistigen Wertbereichen nur einer sehr kleinen Gruppe Heilung gebracht werden kann. Zumeist scheint es sich darum zu handeln, daß so „geführte" Patienten über ihrer glücklichen Erfülltheit das Bestehenbleiben ihrer Symptomatik vergessen. Ist dies aber so und haben wir es mit dem mittleren Menschen zunächst einmal zu tun und dessen ausdrücklichem Bedürfnis, im Rahmen mittlerer Daseinsfreude seine leidvolle Symptomatik zu verlieren, so liegt jedes esoterische Verfahren exzentrisch. Das wäre nur dann nicht der Fall, wenn sich nachweisen ließe, daß Befreiung von neurotischer Symptomatik in einem wirklich erheblichen Teil aller Fälle nur auf esoterischem Wege erreicht werden kann. Gerade das aber ist nach allem bisher Vorliegenden nicht so.

VI. Die pragmatischen Verfahren

In zwei Ansätzen (s. S. 2 und S. 102) ist bereits einiges Einleitende über die Stellung der pragmatischen Verfahren im Rahmen der Psychotherapie überhaupt entwickelt worden. Das vorliegende Lehrbuch ist ja eins der analytischen Psychotherapie. Aus Tatbeständen und Aussagen über diese sind drei analytische Verfahrensweisen abgeleitet worden. In Abhebung davon wurden Verfahren erwähnt, die auch ohne die Voraussetzung einer Neurosenlehre gefunden, entwickelt und angewandt werden können. Grundsätzlich jedenfalls ist dieses möglich. Aber die Hinzufügung „erste Stufe" bei Erwähnung des autogenen Trainings gibt schon einen Hinweis darauf, daß der hier behandelte Gegensatz keineswegs „kraß" ist und daher apodiktisch formuliert werden müßte.

Daß die pragmatischen Verfahren hier überhaupt abgehandelt werden, hat im wesentlichen seinen Grund, wie schon oben gesagt, darin, daß sie von der Praxis und von den Heilerfolgen her in einer noch außerordentlich weitgehend unbestimmten und unkontrollierten Weise mit den analytisch-psychotherapeutischen Verfahren zu konkurrieren pflegen. Aber auch das wäre nicht so bedeutungsvoll, wenn nicht etwas Weiteres hinzukäme, nämlich die vom Verfasser vertretene Auffassung, daß die praktische Anwendung pragmatischer Verfahren vielfach — in noch unbestimmter Zahl der Fälle — besonders in den Händen von weniger Geübten eine zunehmend deutlich gewordene Schädigung der Patienten nach sich zieht, die in der Chronifizierung von deren Symptomatik und auch des dazugehörigen neurotischen Hintergrundes besteht. Wenn es auch selbstverständlich autochthones Anliegen der Wissenschaft wäre, hier Klarheit zu schaffen, so dürfen wir uns im Interesse der Patientenschaft, der Leidenden nicht scheuen, ganz ausdrücklich vom „vordergründlichen", praktischen Interesse her Klarheit und Klärung zu fordern. Diese wird aber letztlich, wie schon mehrfach ausgesprochen, nicht durch einfaches Auszählen, sondern durch vorbereitendes Erheben gezielter Anamnesen zu gewinnen sein. Und dann wird es darüber hinaus zweifellos für die kommende Klärungsarbeit zumindest fruchtbar sein, nun auch vom eigentlich Neurosenpsychologischen und Neurosenstrukturellen her die tatsächlichen Vorgänge während der pragmatischen Verfahren im Patienten, zwischen Patient und Behandler und am Rande auch wohl im Behandler selbst zu erhellen. Dem soll die weitere Darstellung dienen. Im wesentlichen wird es sich dabei um das autogene Training und die Hypnose handeln. Denn alle die übrigen Verfahren, die seelische Beeinflussung darstellen, sind ja doch eigentlich Spielarten der beiden eben genannten „großen" pragmatischen Verfahren.

Aber es soll ausgesprochen werden, daß es sich hier um eine wirklich eingehende und breite Darstellung der pragmatischen Verfahren nicht handeln wird. Perspektivischer Ausgangspunkt soll ja die im vorliegenden Buch entwickelte Neurosenlehre sein. Und es soll der Versuch unternommen werden, von dieser her bereitwillig eine Brücke eben nicht nur zu den analytischen Verfahren, sondern auch zu den pragmatischen zu schlagen.

Hinsichtlich des autogenen Trainings (entwickelt von I. H. Schultz) darf wohl folgender Ansatz gewählt werden — um einen Ansatz handelt es sich —: In einem Extrakapitel (s. S. 101) wurde das Thema der „Mechanisierung", Automatisierung vorhandener neurotischer Symptomatik erörtert. Dabei erwies sich bereits die Möglichkeit, und daher natürlich auch die praktische Notwendigkeit, ein Verfahren zu entwickeln, das diese Mechansierungen korrigiert. Und sind im Einzelfall die betreffenden Anteile in, an der Symptomatik höchst bedeutsam, höchst gewichtig, dann ergibt sich die Wahrscheinlichkeit eines praktischen Heilerfolges allein auf dem Wege eines, wie man sagen könnte, „Ab"-trainierens. Daß es dabei einer Reihe äußerer und innerer Vorbereitungen und Maßnahmen bedarf, um zum Erfolg zu gelangen, ist ohne weiteres selbstverständlich.

Mit Recht aber würde sich jemand, der sich des autogenen Trainings bedient, dagegen sträuben, anzuerkennen, daß es sich bei diesem Verfahren nur um den Tatbestand jener Mechanisierung und um das Verfahren des Abtrainierens handelt. Er würde darauf hinweisen, daß ganz offensichtlich auch schon auf der ersten, nicht-analytischen Stufe weitere Tatbestände ins Auge gefaßt werden müssen und weiteres geschieht. Auf solche möglichen und berechtigten Einwände soll nunmehr eingegangen werden.

Wahrscheinlich wird sich im weiteren Fortschreiten der Betrachtung der Begriff der „Gestimmtheit" zum Kern erheben lassen. Ist das der Fall, dann handelt es sich also in ganz ausgesprochener Weise um Nicht-„mechanisches", um Gefühlhaftes. Die ganze Problematik, die heute noch am Verhältnis dieses seelischen Bereichs auf der einen Seite zu den Empfindungen, auf der anderen im Sinne der Gleichzeitigkeitskorrelation zu den „begleitenden" Körpervorgängen haftet, wird bewältigt werden müssen, bevor hier Klärung geschaffen werden kann. Es soll ein kurzer Versuch zur Vorbereitung solcher Klärung unternommen werden:

Der Mensch hat Empfindungen, Sensationen, die das Funktionieren seiner Organe begleiten. Er kümmert sich in der Regel nicht um diese Sensationen. Aber er kann sich diesen zuwenden und sie dann ausdrücklich bemerken. Tut er dies mit lebhaftem Interesse, konzentriert, wie man da sagt, so intensivieren sich diese Sensationen. Das ist einfach ein Faktum. Und nun das Merkwürdige und im Grunde doch nicht Merkwürdige: Solche Intensivierung von Sensationen ist „identisch" (gleichzeitigkeitskorrelativ!) mit einer „Steigerung" des Funktionierens im, am Organ. Es kann sich der Mensch aber auch, nachdem er bestimmte, lokalisierte Sensationen bemerkt hat (aber es kann sich auch um nichtlokalisierbare handeln), „entgegengesetzte" Sensationen vorschweben lassen, also z. B. einfach „schwache" statt heftige. Gelingt ihm dies, und bei einiger Übung ist das durchaus möglich, dann wird das entsprechende Organ ebenfalls, „identischerweise" „schwächer" funktionieren. Der Grenzfall dieses Vorkommnisses besteht dann in der Vorstellung einer Leere, eines bloßen Nicht-vorhandenseins von Sensationen. Da der Mensch solche „Leeren" kennt, sie also erinnern kann, sie also auf Anruf mit dem betreffenden Wort grundsätzlich zu Vorstellungszwecken zur Verfügung hat, kann der Geübte hierauf zurückgreifen, bestimmte Sensationen auch zum völligen Verschwinden bringen. Und dann hört das Funktionieren des betreffenden Organs naturgemäß auf — praktisch natürlich. Auf jeden Fall also vermag der Mensch auf diesem Wege eine bestimmte Sensation durch eine entsprechende Lücke zu ersetzen, d. h. also auch einen Schmerz etwa durch einen Nicht-Schmerz, und dann, positiv gewendet, etwa durch eine angenehme Gefühlslage.

Es zeigt sich bei näherer Betrachtung, daß diese eben aneinandergereihten und aufeinander bezogenen Fakten und Möglichkeiten menschlichen Erlebens die Grundlage für ausgedehnte Bereiche pragmatischer Verfahrenweise abgeben.

Es sei aber noch auf etwas Weiteres, einen weiteren Tatbestand, eine weitere Möglichkeit hingewiesen. Jeder Mensch macht beim Anhören von Musik die Beobachtung, und der sogenannte Unmusikalische macht sie besonders deutlich, daß er, während er die Absicht hat, sich dem Eindruck der Musik zu überlassen und sie zu genießen, soundso oft „abirrt". Das sieht dann häufig so aus: er bemerkt plötzlich, daß er vor einiger Zeit noch zuhörte und genoß, ergriffen war, dann aber auf einmal weitgehend von Gedanken, Vorstellungen und Ähnlichem erfüllt war, so, daß er die Musik nicht mehr hörte. Aber nicht nur das, er kann feststellen, daß er dieses Abirren, obgleich er es ja gar nicht wünschte, nicht bemerkte. Entgegen seiner Absicht also vollzieht sich da etwas in ihm, das seiner Kontrolle entzogen ist. Und nun das für die vorliegende Darstellung Entscheidende: Der Mensch besitzt einen Mechanismus, wie man dieses Gebilde also nennen könnte, ohne damit irgendwie „mechanistisch" zu werden, der soundso oft automatisch abläuft. Damit aber ist auf jeden Fall wenigstens die entfernte Möglichkeit gegeben, diesen Mechanismus zu fixieren und sich seiner sogar „zu bedienen". Es bleibt dann nur die Frage, ob dieses In-Gang-Setzen jenes Mechanismus besser durch den Betreffenden selbst erfolgt oder auch durch eine andere Person, die ihrerseits ganz Bestimmtes vollzieht, z. B. sagt.

Und nun die Beziehung zur Neurosenlehre für diesen höchst wichtigen Punkt im pragmatischen Verfahrensbereich: Wesentlich für die Zuwendung zur dargebotenen Musik ist der antwortende Gefühlsbereich. Entscheidend für das Abirren ist das Auftreten von gefühlshaftem Interesse für andere Erlebnisbereiche, also etwa Gedanken, Vorstellungen, wie oben kurz geschildert. Was beim Abirren, also während eines völlig normalen Erlebnisvorgangs, „abreißt", sind, wie wir vom mikro-psychologischen Betrachten menschlichen Erlebens her mit Sicherheit annehmen dürfen, die intentionalen Zuwendungen, Antriebsqualitäten. Es ist tatsächlich so, als handle es sich hier um eine spezielle Variante des dem Menschen zur Verfügung stehenden Hemmungsmechanismus. Man kann hier auch ruhig von Verdrängungsmechanismus sprechen, wenn man weiß, in welchem Verhältnis die Verdrängung zur Hemmung steht. Nur etwas anders ausgedrückt darf man im Hinblick auf den Effekt einer solchen Abirrung von „Objektverlust" sprechen, genau so, wie es Freud einst getan und entwickelt hat. Im Fall des Abirrens während musikalischen Erlebens tritt „automatisch", spontan ein Objektverlust ein. Das Objekt in diesem Fall ist von akustischem Charakter, nämlich die, wie man ja durch Experimente sehr wohl weiß, „perzipierte", in diesem Sinn also gehörte, und doch nicht „apperzipierte" Musik. Ist dies einmal deutlich geworden, etwa an dem eben erörterten Beispiel, so bedeutet es keine Schwierigkeit, an die Stelle akustischer Gegenstände visuelle, getastete oder auch Objekte in Form von Sensationen zu setzen. In jeder dieser Richtungen können grundsätzlich beim

Menschen spontan Objektverluste auftreten. Nicht nur, vielmehr ist sein Leben dauernd von solchen Objektverlusten, von solchem Vergessen durchsetzt. Wir haben es hier also durchaus mit etwas Ubiquitärem zu tun. Aber dieses ist eben im allgemeinen nicht sehr auffällig, und wenn es auffällig wird, imponiert es deshalb als etwas zunächst höchst Rätselhaftes, ohne das in Wirklichkeit zu sein.

Dieser Gesamterlebnisbereich, bestehend aus speziellen Sensationen, Wahrnehmungen und Gefühlstönen ist es, der mit großer Deutlichkeit als vorhanden vorschweben muß, damit im Ansatz wenigstens erhellt werden kann, worum es sich außer dem einfachen Abtrainieren von Trainiertem, Mechanisiertem beim autogenen Training und bei der Hypnose handelt. Wie wohl deutlich geworden, ist damit von der Erlebnisseite her allerengster Anschluß der pragmatischen Verfahren an die Tatbestände der analytischen Psychotherapie gewonnen. Hauptvorgang: Unter „Benutzung" zum Menschen naturgemäß gehöriger Erlebnismöglichkeiten werden Sensationen und auch Gefühle ausgeschaltet, bzw. durch „Erwünschtes" ersetzt. Insoweit würde es sich also beim pragmatischen Verfahren des autogenen Trainings um einen sehr gut faßbaren, keineswegs etwa dunklen Hintergrund handeln.

Dennoch aber ergibt sich nunmehr die Frage, ob es außer dem Üben, außer dem Sich-völlig-absichtlich-Konzentrieren nicht doch noch einen Faktor gibt, der im Einzelfall das Gelingen solcher Trainingsabsicht sehr begünstigt. Wenn es einen solchen Faktor gibt, dann muß es ja auch vorkommen, daß das Gelingen des Abtrainierens oder Trainierens höchst erstaunliche Maße annimmt. Solche Fälle sind bekannt, kommen immer wieder vor und legen naturgemäß zunächst den Gedanken nahe, es handle sich um etwas ganz Besonderes, das in keiner Weise etwa den „analytischen" Überzeugungen und Tatbeständen zuzuordnen sei. Gibt es also solch einen Faktor, der auch vielleicht nur von einer anderen Seite her neurosenpsychologisch bekannt ist, so müßte ja von daher in ausgeprägter Weise eine „Verwissenschaftlichung" auch der pragmatischen Verfahren möglich sein; denn jener Faktor müßte dann ja in einer heute gültigen Neurosenlehre schon wissenschaftlich untergebracht sein.

Diesen Faktor gibt es. Er ist oben bereits unter dem Titel Geborgenheitssehnsüchte (s. S. 38) abgehandelt worden. Es bleibt aber gerade für den augenblicklich vorliegenden Zweck zu erörtern, ob es sich bei dieser Geborgenheitssehnsucht — ein „biographischer" Terminus ist das ja — um einen Antrieb, ein Bedürfnis handelt. Es muß sogar gefragt werden, ob hier ein originäres Bedürfnis der menschlichen Natur vorliegt. In der oben erörterten Antriebslehre kommt dieser Terminus nicht als ganz hervorstechend bedeutsam vor. Es kann in Frage gezogen werden, ob es nötig sein wird, diesen besonderen Begriff als abgehobenen, unterscheidenden, eben weil höchst wichtigen Fachterminus einzuführen. Es wurde ja in der vorliegenden Darstellung stets darauf Wert gelegt, nur sparsam Fachausdrücke oder gar neue zu verwenden. So ist ein Moment der ausdrücklichen Besinnung angezeigt. Worin denn besteht eigentlich solche Geborgenheitssehnsucht? Geht auf den Zustand der Geborgenheit ein spezieller Antrieb? Da liegen die Dinge wohl so: Zunächst einmal handelt es sich dabei um ein In-der-Welt-Sein, Unter-den-Menschen-Sein, ohne Furcht, besonders Menschenfurcht haben zu müssen — wenn im Betreffenden Entfaltung, Expansion vor sich geht. Auf diese letzteren kommt es entscheidend an. Entfaltet werden Antriebserlebnisse, Bedürfniserlebnisse. Diese können dann unter anderem auch expansiv sein. Jene oben erörterten, für die Neurosenbildung spezifischen Antriebs- und Bedürfnisarten sind aber expansiv und gerade ihres expansiven Charakters wegen soundso oft zu antinomischen Konflikten führend. All dies wurde auf den Seiten 23—41 eingehend erörtert. Das Entscheidende der Geborgenheitssehnsucht der Menschen ist also offenbar dies: Der Selbstentfaltungsdrang, Expansionsdrang im oben behandelten Sinn ist das Primäre. Geborgen ist der Mensch dann, wenn er hierin unbekümmert sein darf, d. h. sich die Kritik, den Unwillen, die Aggression seiner Mitmenschen nicht zuzieht. Das aber wiederum heißt, daß der Mensch eben auch auf das Geliebtwerden Wert legt, daß er sich hingeben möchte an die anderen Menschen und Hingegebenheit der anderen ersehnt. In Wirklichkeit handelt es sich also, wie ebenfalls oben bereits erörtert (S. 28; 105), um die Zwiespältigkeit der menschlichen Natur, schwankend zwischen Selbsterhaltung und Selbsthingabe, wie Klages das formuliert hat. Damit aber liegt nunmehr der Akzent auf dem Thema Hingabe, also auf einem ganz ausgesprochenen Bedürfnis- und Antriebserleben. Und so ist wiederum an einer Stelle, und nun gar unterstrichen, die Brücke von eigentümlichen Grundlagen, die den Erfolg der pragmatischen Verfahren erst recht ermöglichen, zu allgemeinen neurosenpsychologischen Tatbeständen und Einsichten geschlagen.

Von hier aus fällt nun auch ein Licht auf das Thema Sanatoriumsheilungen. Von hier aus wird psychologisch gut verständlich, inwiefern die Geborgenheit, die ein Sanatorium vermittelt, therapeutische Bedeutung gewinnen kann. Das Milieu wurde gewechselt, als der Patient ins Sanatorium ging, also distanzierte er sich von den Versuchungs- und Versagungssituationen, die seine Symptomatik auslösten. Er findet aber dann noch außerdem besondere Geborgenheit. Von so erreichter Einsicht aus wird hier kaum noch hinzugefügt werden müssen, daß naturgemäß nur „leichte" Neurosen im Sanatorium kausal abheilen können. Das wird dann der Fall sein, wenn nach Rückkehr des Patienten in sein früheres Milieu die betreffenden Versuchungs- und Versagungssituationen verschwunden sind. Ist das aber nicht so, dann wird mit hoher Wahrscheinlichkeit ein Rückfall einsetzen. Auf diese sehr einfache Weise erklären sich unter anderm auch die Enuresis-Fälle, die im Krankenhaus oder Sanatorium abheilen. Kemper hat das in seiner Arbeit über die Enuresis (bei Lambert Schneider, Heidelberg, 1949, erschienen) eingehend geschildert. In der Enuresis nämlich spielen ausgeprägte latente Hingabetendenzen eine entscheidende Rolle. Daher ist „Zufuhr" von Geborgenheit oft von therapeutischem Erfolg begleitet.

Wiederum bleibt hier eine entscheidende Frage offen: In wie vielen Fällen vermag die Geborgenheitsvermittlung im Sanatorium oder Krankenhaus usw. rückfallsresistente Heilung zu vermitteln? Daß dies überhaupt möglich ist, wurde ja von kaum jemand je bestritten. Wie solche Heilung zustande kommt, wurde eben erörtert und auch im engsten Anschluß an die Neurosenpsychologie verstanden. Es bleibt wirklich nur die Frage offen, in welchen Fällen solche Heilung gelingt und gelingen kann, und noch viel wichtiger wird die Beantwortung der Frage sein: Wodurch sind diejenigen Fälle positiv gekennzeichnet, bei denen auf keinen Fall

der Versuch einer Sanatoriumsheilung gemacht werden darf, weil sonst mit höchster Wahrscheinlichkeit eine Chronifizierung zustande kommen würde?

Auch das Sanatorium ist ein Grenzfall, nämlich einer der Geborgenheitszuwen-
dung. Daneben gibt es naturgemäß eine Fülle von weniger ausgeprägten, aber
gleichsinnigen Varianten. Es hat schon immer einzelne „Persönlichkeiten" gegeben,
die, wenn man das so ausdrücken will, quasi ambulante Sanatorien waren, d. h.
einem Patienten ausgesprochene Gefühle der Geborgenheit vermittelten. Handelt
es sich dann um leichte Fälle, d. h. zum Beispiel Späterkrankungen neurotischer
Art, etwa in Form der Astasie und Abasie bei bis dahin völlig gesunden, älteren
Kranken mit organischem Rheuma — was als Syndrom dann leicht als nur
primär-organisches Rheumageschehen verkannt wird —, so vermag solche Geborgenheitsvermittlung sehr wohl die Astasie und Abasie zu beseitigen, und das
Ganze sieht dann so aus, als sei ein primär-organisches Rheuma nahezu vollständig, etwa wie durch ein Wunder, geheilt worden. Nur eine Andeutung soll
hiermit gegeben werden, ein Hinweis auf zukünftig noch durch vielfältigste Untersuchungen zu Klärendes.

Noch etwas Weiteres ist in diesem Zusammenhang zu bedenken: Diejenige
Persönlichkeit, die den Patienten in der eben charakterisierten Form ausgesprochene Geborgenheitsgefühle vermittelt, wird von diesen ja in der Regel als ganz
besonders liebevoll erlebt. Aber nicht das ist das im Augenblick entscheidend
Wichtige, sondern die Tatsache, daß die Begegnung mit einem eindeutig außergewöhnlichen Menschen — sehr häufig gibt es solche liebenden Menschen ja nicht
gerade — im Patienten und dann auch der Patientenschaft den Gesamteindruck
quasi weltanschaulicher Art, es gäbe in der Welt „eben doch noch Liebe", hervorruft. Damit also entsteht sogar unter Umständen ein existentielles Geborgenheits-
gefühl in der Welt überhaupt. Das aber hat unter anderem eine wesentliche Bedeutung im Rahmen der oben behandelten esoterisch-analytischen Psychotherapie.
Wieder schließt sich ein Kreis des Verständnisses.

Und noch eine Hinzufügung: Natürlich kann solche „Persönlichkeits"-Einwir-
kung auch im analytischen Verfahren bei einem speziellen Psychotherapeuten eine
Rolle spielen. Immer wenn es sich um leichte Fälle handelt, die ja auch einmal
zum Analytiker kommen, wird solch persönliches Moment wesentlich beteiligt sein,
wenn ein Heilungserfolg rasch zustande kommt. Mit dieser Formulierung ist aber
zugleich gesagt, daß, je chronischer ein Fall ist, je mehr neurotischer Schicksalsaufbau zustande gekommen ist, desto mehr auch dieser persönliche Faktor im
allgemeinen an Wirkung verlieren wird. Zur Illustrierung sei noch hinzugefügt,
daß im subjektiven Erleben des Patienten dann also zunehmende Angstfreiheit
herrscht, Furchtfreiheit eigentlich. Er fühlt sich gewissermaßen in der Fülle, angefüllt von ihm Zuströmendem, und es ist nicht abwegig, hier an die berichteten
Heilerfolge in den Mysterien kultivierter Völker und an die „magischen"
Heilerfolge bei den Primitiven zu denken. Entscheidend für alle die hier angeführten Überlegungen ist, daß das in einer analytischen Neurosenlehre höchst
wichtige Antriebs- und Bedürfniserleben der Hingabe den Kern aller zugehörigen
Phänomene ausmacht und die Geborgenheitssehnsucht in unmittelbarer Verbindung mit diesem Kern steht.

Auf dem Hintergrund all des bisher Erörterten wird es nun wohl möglich sein, auch über das pragmatische Verfahren der Hypnose einiges auszusagen. Wiederum soll es sich hier nicht etwa um eine breite Darstellung handeln, sondern um eine so weit gehende Erörterung, daß ein Anschluß an die hier vertretene Neurosenlehre theoretisch erreicht wird und damit auch eine Aufhellung der Beziehung der pragmatischen Verfahren zu den analytischen.

Diese Verfahren der Hypnose wurden allmählich vom Effekt her entwickelt. Das, was darüber theoretisch, interpretierend gesagt wurde, ging, wie wir heute wissen, an der Sache vorbei. Die Hypnose war also sehr lange Zeit hindurch ein unwissenschaftliches Verfahren, und auch manche neuere Veröffentlichung setzt diese Linie fort, weil sie nicht erkennt, was der Hypnotisierende eigentlich wirklich tut und was im Hypnotisierten vor sich geht. Im Gegensatz hierzu können wir heute, wie Verfasser meint, auch unmittelbar an die oben geschilderten Tatbestände und Überlegungen anknüpfen und damit auch den Anschluß zur Neurosen-Psychologie gewinnen. Es möge so begonnen werden:

Einem Menschen, der lange und angestrengt auf einen Gegenstand blickt, tränen nach einiger Zeit die Augen. Sie werden müde. Es stellen sich eine Reihe von Sensationen ein, die ihm aus seinem üblichen Erleben nicht bekannt sind. Über ein Wissen von den oben genannten Erlebnisbestandteilen und -vorgängen verfügt der Betreffende also nicht. Das tut er auch regelmäßig nicht bei Beginn und im ersten Verlauf der Hypnose. Sagt ihm nun aber jemand, der ihn zum Beispiel zu solchem scharfen Auf-einen-Gegenstand-blicken aufgefordert hat, er werde in kurzer Zeit die und die Sensationen und Vorgänge an sich bemerken, so muß der Betreffende, dieser Unwissende nämlich, wenn die ihm genannten und vorausgesagten Sensationen nun wirklich eintreten, annehmen, sie würden unmittelbar durch eine höchst wunderbare und rätselhafte Einwirkung und ein entsprechendes Vermögen des Hypnotiseurs hervorgerufen. Merkwürdigerweise scheint in früheren Zeiten die hypnotische „Potenz" von Hypnotiseuren geradezu darauf aufgebaut gewesen zu sein, daß diese selbst nicht in der Lage waren, zu bemerken, was sie tatsächlich mit den Patienten taten und in ihnen hervorriefen. In Wirklichkeit täuschten sie den Patienten gutgläubig. Denn im Erleben des Patienten vollzog sich nun sehr natürlicherweise das folgende Weitere: der Patient glaubt also zu erfahren, daß der Hypnotiseur über ganz außergewöhnliche „Kräfte" verfügt. Er traut dem Hypnotiseur also ganz konsequent alles mögliche Weitere in der gleichen Richtung zu. Wenn der Hypnotiseur dann als Könner etwa von Sensationen spricht, die der Patient noch nie ausgeprägt erlebt hat, auf die er sich aber ganz vage qualitativ zu besinnen vermag, so muß im Einzelfall auf dem Wege der oben (S. 262) näher geschilderten psychosomatischen Zusammenhänge ein höchst merkwürdiger, auffallender Effekt eintreten, unter anderm auch ein heilender. Wieder kann es sich dann im allgemeinen nur um leichte Fälle handeln, wieder ist auf die folgende Chronifizierung hinzuweisen, falls solch Verfahren auf schwere Fälle angewandt wird.

Nimmt man zum eben Geschilderten die oben (S. 264, 4. Abs.) ebenfalls beschriebenen Geborgenheitssehnsüchte der Patienten hinzu, so kommen diese ja psycho-logischerweise der eben erörterten Überzeugtheit des Patienten vom quasi magischen Einfluß des Hypnotiseurs vollständig sinnentsprechend entgegen. „Das" Movens solchen hypnotischen Vorgangs war also eine äußerst intensive

Überzeugtheit davon, daß sich da Bestimmtes, z. B. Sensationshaftes (und damit eben auch gleichzeitigkeitskorrelativ Körperliches) einstellen wird. Im ganzen also handelt es sich um einen alles andere eher als geheimnisvollen Vorgang.

Ja man kann sogar von hier aus auf die Tier-Hypnose rekurrieren, von der ja hin und wieder behauptet wird, sie sei grundsätzlich etwas anderes als die beim Menschen. Das gerade ist nach dem oben Erörterten nicht der Fall. Auch von einem in der üblichen Weise hypnotisierten Huhn kann man durchaus tier-psychologisch sagen: Der Mensch versetzt es in eine Lage, die es bisher noch nie kennengelernt hat und die völlig im Widerspruch steht zu allen Erfahrungen mit sich selbst, die auf Grund des üblichen instinktiven Verhaltens gemacht worden sind. Es liegt unseres Erachtens kein Grund dagegen vor, das auch so zu formulieren: Das Huhn ist infolge des höchst erstaunlichen Effekts einer Handlung des Menschen davon überzeugt, daß dieser alles mit ihm tun kann, was er will, daß es gar keinen Zweck hat, sich gegen das überwältigende Schicksal, das der Mensch darstellt, zu wehren. Und nun entscheidend: Diese subjektive Überzeugtheit ist gleichzeitigkeitskorrelativ identisch mit: im hypnotisierten Zustand verharren. Das Tier wird also bei der Hypnose genau wie der Mensch über die wahren Möglichkeiten des Hypnotiseurs durch dessen „Trick" getäuscht.

Dieses Moment der Täuschung des Partners war es im Grunde, was Freud wie er von sich selbst berichtet, so unsympathisch war, daß er allein deshalb schon die Hypnose aufgab. Daher kränkelten ja auch eigentlich immer die weniger robusten Naturen unter den Hypnotiseuren, unter ihren besonderen Beziehungen zu den Mitmenschen. Unterstützt wurde dies natürlich noch dadurch, daß die Hypnotiseure wieder und wieder die Erfahrung machen mußten, daß, wenn sie eine geringe Zahl von Hypnosen als ausreichend angekündigt hatten, ihr hypnotisches Verfahren dann doch über Zeiträume ausgedehnt werden mußte, die denen der analytischen Psychotherapie sehr nahekamen. Auf diesen Wegen wurde allmählich die Zeit reif für die Entwicklung einer wissenschaftlichen Hypnose für die sich ja, wie bekannt, I. H. Schultz und besonders auch Kretschmer neuerdings lebhaftest und erfolgreich eingesetzt haben. So soll vom Standpunkt der hier vertretenen Neurosenlehre auch diese Wandlung noch näher charakterisiert und selbstverständlich durchaus auch begrüßt werden.

Worin kann nun eine wissenschaftliche Hypnose bestehen? Die Antwort, die hierauf gegeben wird, soll hier abhängig gemacht werden von den oben und in der Gesamtdarstellung des vorliegenden Buches breit erörterten psychologischen und mikropsychologischen Tatbeständen. Wie spielen diese in das Hypnosegeschehen hinein?

Überdenkt man sich noch einmal all das, was oben vom Erleben der Empfindungen, Sensationen gesagt wurde und auch von den Umgangsmöglichkeiten mit diesen, ebenso von den weiteren Konsequenzen, die solcher Umgang dann haben kann, so hätte die Überwindung der Unwissenschaftlichkeit in erster Linie in einer Vermeidung der Täuschung des Patienten zu bestehen. Wie sähe dies im einzelnen aus? — In der unwissenschaftlichen Phase, in der der Hypnotiseur die Rolle des Magiers und Zauberers spielte, blieben dem Zu-hypnotisierenden und Hypnotisierten dann all jene Merkwürdigkeiten um den Bereich mikropsychologischer Sensation herum unbekannt. Es wurde ja erörtert, wie sich hieraus gerade die

Möglichkeit der „Zauberei" ergab. Nun also wird es sich, sobald Wunder in wissenschaftliches Verfahren übergeht, darum handeln, dem Zu-hypnotisierenden in welcher Form auch immer — das soll im Augenblick noch offen bleiben — Kenntnis von den üblichen physiologischen und psychologischen Vorgängen um den Bereich der Sensationen herum zu geben. Das ist das Entscheidende. Der Patient im Einzelfall, nämlich wenn es sich um ein pragmatisches Heilverfahren handelt, wird also nicht im Zustand seiner bisherigen Unwissenheit, seiner wundergläubigen Erwartungen gelassen, sondern es wird ihm nüchtern beschrieben, was sich regelmäßig vollzieht, wenn jemand sich auf Körpersensationen konzentriert. Es wird ihm besonders auch vorausgesagt, was während einer lange dauernden und sich intensivierenden Konzentration, d. h. einfach Aufmerksamkeitszuwendung, weiterhin geschehen wird. Und zwar wird ihm mit Ausdrücklichkeit und Aufwand von gar nicht unerheblicher Zeit beschrieben, was er erleben wird und auch, was er unmittelbar und äußerlich beobachten, feststellen wird. Es handelt sich ja da um weitere Sensationen, neue Sensationen und dann auch etwa um Zucken bestimmter Muskelbereiche, Flüssigkeitsabsonderungen usw., usw.

Hieraus nun ergibt sich weiterhin, daß die allgemeinste Formel beim Ansprechen des Patienten nicht mehr lauten wird: „Sie fühlen dies und Sie fühlen das, Sie tun dies und Sie tun das!" — nämlich bevor der Patient all dies bemerkt —, sondern: „Achten Sie darauf, was nun kommt. Sie wissen ja, was kommen wird, Sie wissen ja, warum das so ist, daß nichts als Regelhaftes eintreten wird. Achten Sie genau auf das, was neuerlich im Bewußtseinsvorfeld erscheint. Es ist selbstverständlich, daß das so sein wird. Konzentrieren Sie sich genau auf das, was an Sensationen und Tätigkeiten erscheint, und Sie werden sehen, daß alle diese Erlebnisse auf dem Wege solcher Aufmerksamkeitszuwendung zunehmend deutlicher, leuchtender werden, daß Sie sie also auf diesem Wege intensivieren können. Und Sie wissen ja, welche Form diese Intensivierung hat. Wir haben darüber gesprochen, daß die Beseitigung Ihrer Symptomatik von solcher Intensivierung abhängig ist!" Unseres Erachtens besteht ein entscheidender Gegensatz zwischen den alten und den neuen Formeln. Werden die alten verwandt, so geschieht es unter Voraussetzung ausgesprochener latenter Hingabeneigungen des Patienten. Es wird an seine „Gläubigkeit" appelliert. Wird das Gesamt der neuen Formeln verwandt, so appelliert man auch hier, im Bereich der Hypnose, an ein autonomes Subjekt, das weiß, was es tut, die Folgen seines Tuns voraussieht und so handelt wie empfohlen, weil es das Zweckvolle solchen Vorgehens eingesehen bzw. unterstellt hat.

Wie ebenfalls schon oben entwickelt, ist die Intensivierung von Sensationen abhängig davon, daß der Betreffende sich des allen Menschen zur Verfügung stehenden Mechanismus, der Bewußtseinseinengung, bedient. Je ausgesprochener der Objektverlust, der auf diesem Wege eintritt, ist, desto besser das Gelingen. Es handelt sich dabei um die allgemeine Fähigkeit des Menschen, seine intentionalen Zuwendungen zur Welt zu steuern, d. h. sie unter anderm abzustoppen. Hierzu ist nun noch einiges Weitere zu sagen. Erstens ist die Fähigkeit zum Objektverlust eine allgemeine menschliche Eigentümlichkeit. Das wurde oben erörtert. Zweitens streut diese Fähigkeit entsprechend der Tatsache, daß alle

menschlichen Eigentümlichkeiten naturgemäß ihrer Ausgeprägtheit nach in Form
einer Streuungskurve variieren. Es gibt also Extremvarianten genotypischer Art
auch hierfür. Aber diese sind naturgemäß, per definitionem quasi, selten. Ein
mittleres Maß, objekt-verlustig zu werden, steht jedem Menschen zur Verfügung.
Drittens ist dann aber auch sehr wohl verständlich, daß diejenigen Menschen,
die genotypisch eine höchst ausgeprägte Fähigkeit haben, ihre intentionale Zuwendung zur Welt „abzuwürgen" — für die Hypersensiblen gilt dies mit hoher
Wahrscheinlichkeit, oder auch für diejenigen, die eine intentionale Gestörtheit
in allerfrühester Kindheit, im ersten Lebensjahr erwarben, in sich gegen ein solches
Sich-Verlieren eine ausgeprägte Abwehrhaltung entwickeln werden. Daher rührt
es dann, daß so geartete oder strukturierte Menschen auf drohenden Objektverlust
geradezu mit Todesangst reagieren, und das wieder bedingt, daß die betreffenden
schizoiden Persönlichkeiten sich gegen den ihnen bei hypnotischen Versuchen
zur Aufgabe gestellten, beabsichtigten Objektverlust „instinktiv" zur Wehr setzen.
Sie sind also in irgendeinem Grade hypnoserefraktär. Viertens und im Gegensatz
hierzu wird der motorisch-expansiv Strukturierte, der Hysterische, der an motorische Weltbewältigung gewöhnt ist, aber im Kern substanzlos, besonders bereit
sein, seine intentionalen Bezüge fallen zu lassen zugunsten einer Beziehung zum
Hypnotiseur und zur Hypnose, d. h. zu bestimmten Einzelbereichen seines Lebens.
Hierbei aber taucht wieder das Thema Hingabe- und Geborgenheitssehnsucht auf.

Am Rande mag an dieser Stelle darauf hingewiesen werden, daß es ja eine Reihe
von Drogen gibt, die auf primär organischem Wege Objektverlust zu erzeugen
vermögen. Das gilt in ausgesprochener Weise für den Haschisch. Daher leuchten
im Haschischrausch auch die sonst im Erleben nur vage bemerkbaren Qualitäten
auf, nämlich die des anschaulichen Denkens. Auch das zunächst unbemerkt bleibende Verschwinden der intentionalen Gefühle (s. o. S. 24) ist hier auffällig.
Geht der Objektverlust im Haschisch-Erleben sehr weit, so ergibt sich zwangsläufig die Umwandlung von Vorstellungen in Halluzinationen. In dem eben erörterten Phänomen ist geradezu ein Musterbeispiel zu sehen für die auf den
Seiten 272—292 breit ausgeführte Gleichzeitigkeitskorrelation.

Ausgesprochene Geborgenheitssehnsüchte und aus der Latenz durchbrechende
Hingabetendenzen unterstützen naturgemäß die Intensivierung des für die
Hypnose notwendigen Objektverlustes und damit auch die der Sensationen. Um
diesen Zusammenhang noch einmal von einer weiteren Seite her zu beleuchten:
Oben (S. 109) wurde darauf hingewiesen, daß die hysterische Struktur eines
Menschen dadurch entsteht, daß der Betreffende, im vierten, fünften Jahr besonders, von einem Elternteil oder auch von beiden keine Bestätigung erfährt.
So gewöhnt sich solch ein Mensch schon als kleines Kind daran, alle Hingabetendenzen in sich zu ersticken. Hingabe wird in die Latenz geschickt, wird gehemmt. Also liegen späterhin gestaute Hingabetendenzen in der Latenz bereit,
und wenn es nun zutreffend gesehen ist, daß die Intensivierung des für die Hypnose
notwendigen Objektverlusts, oft Einengung des Bewußtseins genannt, von eindringenden Hingabetendenzen, die in der besonders gegebenen Situation ins Bewußtsein dringen, unterstützt, begünstigt wird, so ergibt sich noch einmal die
besondere Geeignetheit hysterischer Strukturen für die Hypnose. Und da in gewissen Grenzen die hysterische Struktur — als zuletzt entstanden, zuletzt, also

nach erfolgter Weltbewältigung durch Motorik — die leichten Neurosen unterbaut, so tritt hier auf diesem Umwege die Hypnose mit der leichten Neurose in Beziehung, d. h. die Hypnose wird in gewissen Grenzen zur Methode der Wahl bei „leichten" Fällen.

Aus all dem eben Dargestellten ergibt sich nun eine weitere praktische Konsequenz, nämlich für die wissenschaftliche Hypnose. Wenn es günstig für das Eintreten und die Entfaltung des hypnotischen Zustandes mit allen seinen Konsequenzen ist, daß der Zu-hypnotisierende Hingabetendenzen möglichst bereitwillig und in Fülle erlebt, so ist in Anbetracht der menschlichen Natur leicht einzusehen, daß die Hypnose in diesem Sinne eigentlich naturwidrig ist. Denn der Mensch hat als Lebewesen seit je allen Grund, mit seiner Hingabebereitschaft und daher auch seinen Geborgenheitssehnsüchten vorsichtig umzugehen. Ist also für den Zustand der Hypnose ein möglichst volles Erleben von Hingabe zweckdienlich, also erwünscht, so ergibt sich aus allem oben Dargestellten die nunmehr naheliegende Zwecksetzung, die Hingabebereitschaft des Zu-hypnotisierenden auch möglichst zu stärken, aber eben im Rahmen wissenschaftlicher Exaktheit und Aufrichtigkeit. Das kann auf folgende Weise erreicht werden: Der Hypnotiseur, und jetzt eben wiederum der wissenschaftliche, der also seinen Patienten nicht zu täuschen bereit ist, keinen Wunderglauben voraussetzt, versichert dem Patienten etwas ganz Einfaches. Er sagt ihm zu, er werde, wenn sich der Patient seinen Hingabetendenzen bereitwillig überlasse, wenn der Patient sich so verhalte, als ob er beim Hypnotiseur eine ganz außergewöhnliche Geborgenheit finden werde, auf gar keinen Fall irgend etwas während der Hypnose tun — was es auch sei —, was den Patienten schädigen oder auch nur beunruhigen könne. Dem Patienten wird in der wissenschaftlichen Hypnose ja wirklich etwas ganz Ungewöhnliches zugemutet. Er soll entgegen den ihm mitgegebenen Instinkten, die auf Sicherung und Wachsamkeit, also auf ein gewisses, stetiges Maß an natürlichem Mißtrauen gehen, vertrauen. Er soll auch entgegen allen seinen bisherigen Erfahrungen im Umgang mit den Menschen außer vielleicht der Früherfahrung mit der eigenen Mutter, ebenfalls vertrauen. Darin besteht ja die Zumutung. Daher ist es also beim wissenschaftlichen Vorgehen durchaus angezeigt, dem Patienten die besondere Form der Geborgenheit zuzusichern, die darin besteht, daß ihm auf keinen Fall etwas irgendwie geartet Übles zugefügt wird. Solche Versicherung kann dann als Erstes dem Gesamthypnoseverfahren vorausgehen.

Wie ersichtlich, ist also auch das Verfahren der wissenschaftlichen Hypnose (im übrigen auch das der unwissenschaftlichen) unmittelbar an die im vorliegenden Lehrbuch vertretene Neurosenauffassung anzuschließen. Insofern also erweisen sich auch die pragmatischen Verfahren letztlich, im nachhinein, als wenigstens neurosenpsychologisch fundierbar. Es bleibt lediglich, daß sie im Augenblick im allgemeinen noch nicht so gesehen und verstanden werden.

Und nun kann abschließend noch einmal wiederholt werden: Es ist heute also nicht mehr die Frage, ob die pragmatischen Verfahren „ebenso gut" zu heilen vermögen wie die analytischen. Es kann nur noch die Frage sein, in welchen Fällen das eine oder das andere Verfahren vorzuziehen ist. Diese Frage aber wird nur beantwortbar sein auf der Basis der analytisch-psychotherapeutischen Einsicht. Nur derjenige, der eine präzise Neurosen-Struktur-Lehre vorschweben hat und in der Anwendung dieser Erkenntnisse geübt ist, kann ja mit Erfolg eine **gezielte** Anamnese aufnehmen. Und nur durch diese sind die schweren von den leichten Fällen wissenschaftlich unterscheidbar. So wird an Hand großer Zahlen von Vergleichsfällen einst entschieden werden können, für welche Fälle ein pragmatisches Verfahren angezeigt, d. h. konkurrenzfähig ist und für welche nicht. Wenn Kretschmer heute ein protreptisches Verfahren im Rahmen von im übrigen pragmatischen Verfahrensweisen ausbaut, so zeigt dies, daß analytische Gesichtspunkte sich bereits weitgehend infiltrativ eingebürgert haben. Daher kommt es auch, daß er so entschieden, wie er es tat, die pragmatischen Verfahren beschränkt wissen will auf „primitive" Patienten und auf solche, die „in erheblicher Weise milieugeschädigt" sind.

Ganz am Rande sei bemerkt, daß es auf der Gesamtbasis all der Erkenntnisse, die sich auf dem oben geschilderten Weg zu konsolidieren beginnen, erst auch möglich sein wird, eine korrekte Interpretation des Yoga mit all den dazugehörigen Tatbeständen und Verfahrensweisen zu entwickeln. Und dann wird die vorwissenschaftliche Phase übermäßig skeptischen und auf der anderen Seite wundergläubig hoffnungsvollen Umgehens mit „östlicher Weisheit" überwunden sein, sicher nicht zum Schaden der Tiefe, der Erfülltheit des Lebens.

Noch einmal ein Blick auf das ganz praktisch Neurosentherapeutische: In allernächster Zeit wird wissenschaftlich alles in Ordnung sein, wenn durch solche Klärung erreicht sein wird, daß die bisherigen, so belastenden Chronifizierungen der Neurose vermieden werden!

Anhang

1. Die Gleichzeitigkeitskorrelation

Das sogenannte Leib-Seele-Problem, das psycho-somatische Problem

Jede Wissenschaft arbeitet heute notgedrungen mit einer Reihe von ungeklärten Voraussetzungen. Das gilt auch für die Wissenschaft der Tiefenpsychologie und das aus ihr abgeleitete Verfahren der Psychotherapie. Es handelt sich da um eine historische Tatsache, eine Tatsache, die erst ganz allmählich und neuerdings in voller Bewußtheit weiteren Kreisen erkennbar wird. Es hat heute keinen Sinn mehr, sich aus Gefühlsgründen hiergegen aufzulehnen und diese Tatsache daher womöglich zu leugnen — so, als ob man persönlich schuld daran wäre, daß das so ist.

Demgegenüber ist die sogenannte Grundlagenforschung bemüht, die Klärung jener Voraussetzungen so gut wie nur eben möglich voranzutreiben. So gut wie nur eben möglich deshalb, weil es angesichts der praktischen Aufgaben natürlich nicht angezeigt ist, die völlige Zuendeführung solcher Klärungsarbeit abzuwarten. Es muß praktisch gehandelt werden — unter anderem. Die Wissenschaft hat diesem praktischen Handeln zu dienen. Aber es wird auch auf dem Gebiet der

Psychotherapie immer wieder notwendig sein, den Versuch zur Exaktifizierung bislang mehr oder weniger dunkler Voraussetzungen zu machen. Es ergibt sich da eine Rangordnung von deren Dunkelheit, aber auch eine von deren Dringlichkeit. Hin und wieder steht die Klärung einer solchen Voraussetzung vor der Tür, und gleichzeitig hat sie praktisch durchaus vordringliches Gewicht. Würde eine solche Voraussetzung über längere Zeit nicht in Angriff genommen, so wüßte man, daß sie in allen Überlegungen späterhin eine wichtige Rolle spielen wird. Aber infolge ihrer Ungeklärtheit würde dauernd Verwirrung entstehen und die künftige Arbeit wesentlich erschwert werden. Wir werden darangehen, eine solche Voraussetzung auf psychopathologischem Gebiet aus den eben genannten Gründen zu klären, soweit das heute schon möglich ist. Und es wird sich zeigen, daß es praktisch ausreichend möglich ist.

Das Anliegen der Psychotherapie ist ein Anliegen aus dem Bereich der Psychopathologie. Die Psychopathologie stellt einen Sektor der Psychiatrie dar. Der Arzt (ιατροσ) in der Welt hat früh begriffen, daß seine Aufgabe als Heilender, als Therapeut, nicht auf den Bereich körperlich abartiger Erscheinungen begrenzt bleiben darf, sondern auch seelische Abartigkeiten und erahnterweise auch körperliche Abartigkeiten mit seelischem „Hintergrund" einbegreifen muß. So entstand der Begriff des Psychiaters und der Psychiatrie. Recht verstanden ist Sinn und Geltungsbereich dieser Begriffe heute so gültig wie je. Und die Psychopathologie ist Sektor innerhalb dieses Bereichs; Sektor innerhalb dieses Sektors ist die moderne Neurosenlehre. Auf sie bezieht sich die praktische Lehre der Psychotherapie. Von daher gesehen gehört also auch der internistische Teil derjenigen Erkrankungen, die neurotisch fundiert sind, zur Psychiatrie. Und man sollte sich nun nicht in ein Gehedder von Überlegungen und Polemik verwickeln, ob es nicht doch besser sei, deshalb der gesamten Medizin auch die Neurosenlehre und Lehre von der Neurosenbehandlung namentlich zuzuordnen.

Aber es ist weiterhin hinzuzufügen, daß sich noch etwas sehr Merkwürdiges und verständlicherweise für die Psychiatrie im bisherigen altgewohnten Sinne sehr Belastendes herausgestellt hat, nämlich, daß eine durchgeführte Neurosenlehre außerordentlich weitgehend die Struktur des gesunden, normalen Menschen mitbetrifft. Das als Erstes. Und dann hat sich ergeben, daß die hierhergehörige wissenschaftliche Problematik weitgehend mit gleichem Recht, gleich-gültig, etwa die Pädagogik und auch andere bisher sogenannte geisteswissenschaftliche Disziplinen zu interessieren hat. Eigentlich näher zu erläutern, aber hier zunächst in Kürze formuliert: Die Psychiatrie steht — es sei noch einmal betont, sehr verständlicherweise als Belastung erlebt — auf zwei Beinen, auf medizinischem und auf vorläufig so genanntem geisteswissenschaftlichen, etwa pädagogischem. Hieraus ergeben sich eine Fülle von theoretischen und praktischen, oft zunächst alles andere eher als „angenehmen" Konsequenzen. Es sei auf diese auch hier bereits bereitwillig hingewiesen. Auf eine eingehende Erörterung dieser Problematik sei aber verzichtet[1]. Die eben erfolgte kurze Skizzierung möge lediglich den Sinn haben, den Standort der Neurosenlehre und Psychotherapie im ersten Ansatz zu charakterisieren.

---

[1] Das hiergehörige Problem, nämlich „Der vermeintliche Gegensatz zwischen Natur- und Geisteswissenschaften" wurde in Heft 2 der „Psyche" 1949 erörtert.

Im Rahmen der eben kurz dargestellten Zusammenhänge spielt nun eine besondere Voraussetzung ständig eine ganz hervorragende, gewichtige Rolle: Das Gesamt der Aussagen hinsichtlich des sogenannten Leib-Seele-Problems. Unter anderem gründet sich die vordringliche Bedeutung dieses Problems, das sich als Scheinproblem erwiesen hat, auf einen historischen Vorgang, nämlich darauf, daß die interne Medizin in den letzten Jahrzehnten zunehmend erkennen mußte, welch hoher Prozentsatz der sie beschäftigenden krankhaften Erscheinungen den Charakter von primären Funktionsstörungen hat und nicht den spezifisch-organischer Erkrankung. Das 19. Jahrhundert hat im Gegensatz zu den oben schon erwähnten früheren Ahnungen und Vermutungen weitgehend geglaubt, alle körperlichen Erkrankungen spezifisch-organisch, primär-organisch erklären zu dürfen und zu müssen. Im Gegensatz hierzu hat das 20. Jahrhundert die alten Ahnungen mit neuen Mitteln zunehmend zu bestätigen gelernt.

Der Ordnung halber sei hinzugefügt, daß sich die Medizin naturgemäß auch im neuen Jahrhundert dauernd damit beschäftigen mußte, voreilige und unzulässige Verallgemeinerungen in Richtung auf das Thema: bloß Funktionsstörung zu korrigieren. Die Redeweise vom „Abbau der Organ-Neurosen" war qualitativ durchaus gerechtfertigt, hätte aber gewichtsmäßig und standortmäßig anders, als tatsächlich geschehen, eingeordnet werden müssen. Es bleibt jedenfalls, daß das Problem des „Zusammenhanges" zwischen Körperlichem und Seelischem alle kommenden Darstellungen der Psychotherapie begleiten wird, und, wenn es ungeklärt bliebe, stören und verwirren wird. Daher sei die Klärung dieses Problems, Schein-Problems, hier als Aufgabe gestellt. Dabei wird von der Hoffnung und Erfahrung ausgegangen, daß diese Vorklärung so weit gelingen, d. h. den Lesern so weit evident und gültig erscheinen wird, daß von dieser Seite her ein störungsfreies Verstehen und Darstellen der hierher gehörigen psychopathologischen Zusammenhänge zustande kommen kann.

Voraussetzung des 19. Jahrhunderts war, mit einigen Einschränkungen, aber doch außerordentlich weitgehend, die Medizin habe es „im Grunde" mit dem menschlichen Körper und mit den materiellen Einwirkungen ganz bestimmter Art auf ihn zu tun. Das Wort „im Grunde" soll darauf hinweisen, daß abgesehen von der romantischen Einleitungsphase des 19. Jahrhunderts und ihrem Fortwirken die anerkannte Auffassung insbesondere der Jahrhundertwende darin bestand, das als einfachen Tatbestand nicht wegzuleugnende Seelische zu bagatellisieren. Man mußte zwar immer wieder davon ausgehen, davon, d. h. von diesem Seelischen, von den menschlichen Erlebnissen und ihrem eventuellen Ausdruck. Allenthalben stieß man beim leidenden, kranken Menschen auf offensichtlich „beteiligte" Affekte, auf äußere und innere Konflikte, auf seelisch Strukturelles. Man konnte nicht letztlich darüber hinwegsehen. Aber man verließ dieses Seelische doch, sobald nur irgend möglich, um möglichst rasch auf „Grund" zu kommen, d. h. „das Eigentliche", das Körperliche, „Materielle" zu erfassen und wissenschaftlich zu klären. Nimmt man nun aber heutigentags von jenen Versuchen Abstand, d. h. tritt man einige Schritte zurück und überdenkt jene Versuche hinsichtlich Gegenstand, Methode und wissenschaftlichem Effekt noch einmal mit der Gelassenheit, die der Zeitabstand nach einem weiteren halben

Jahrhundert ermöglicht, so gelingt es doch, weit schärfer zu sehen und besser zu ordnen, als es damals möglich war.

Zunächst aber sei einmal im Groben charakterisiert, welche Unstimmigkeit sich eben etwa um die Jahrhundertwende mit größerer Deutlichkeit als bisher ergab. Dem 19. Jahrhundert schien es im großen und ganzen ausgemacht zu sein, daß es sich innerhalb der Medizin letzten Endes um die materiellen, chemischen, physikalischen oder auch wohl „biologischen" Einwirkungen auf den ebenso, d. h. materiell verstandenen menschlichen Körper handle. Von den ab-artigen Umwelt- und Welt-Faktoren bzw. ihrer Einwirkung auf den menschlichen Körper ging man aus, von Giften und Bakterien also etwa, und allmählich wandte man sich dann abgrenzend auch den, wie man sagen könnte, artigen — in der medizinischen Sprache „physiologischen" — zu. Wie oben schon gesagt, glaubte man, der Wissenschaft im Grunde damit Genüge zu tun. Man glaubte, einwirkende Faktoren wie etwa Furcht, Schrecken, Schuldgefühle, Wünsche, Sehnsüchte, Verzweiflung usw. zwar als ersten Ausgangspunkt mit ins Auge fassen zu müssen, aber doch sehr bald wieder vernachlässigen und dann ganz beiseite stellen zu dürfen. Jedoch tat man dies zunehmend mit schlechtem Gewissen, und es erwies sich für einen immer größeren Kreis der Wissenschaftler als falsch, so vorzugehen. Es erwies sich, daß die Medizin es tatsächlich auf eine noch zu klärende Weise mit einwirkenden und einfach nur da-seienden Faktoren zu tun hat, die üblicherweise als seelisch bezeichnet werden und auch so bezeichnet werden müssen. Es erwies sich zunehmend, daß Affekte z. B. innerhalb des medizinischen Bereichs eine entscheidende Rolle spielen und fürderhin unter keinen Umständen als eliminiert oder eliminierbar angesehen werden dürfen. Was man allerdings zunächst nicht wußte, war, von welcher speziellen Bedeutung innerhalb des menschlichen Körpergeschehens nun diese Affekte etwa sind. So schien die wissenschaftliche Lage zu sein. So schien es, würde man sich bescheiden müssen. Es schien, als würde es notwendig sein, sich im eigentlichen Sinne zu bescheiden, da naturgemäß ein Gefühl der Unbequemlichkeit bleiben mußte angesichts des irgendwie, sagen wir einmal „ungehobelten" Einbruchs seelischer Faktoren in ein bis dahin so erfolgversprechend erneut materiell angegangenes Gebiet.

Bei näherem Hinsehen ergibt sich allerdings, daß da im Grunde zwei Fragen gestellt wurden. Die Tatbestände, auf die sie sich beziehen, hängen aber so weit miteinander zusammen, daß unternommen werden darf, sie in etwa gemeinsam zu beantworten. Die erste Frage, um die es sich handelt, war und ist: Welche körperlichen Vorgänge sind denn überhaupt innerhalb desjenigen Bereichs beteiligt, der die psychopathologischen Tatbestände umgreift? Dieser Bereich wurde unscharf und unvollständig gesehen. Vorwegnehmend und ganz allgemein formuliert, gehören mehr Vorgänge körperlicher Art, materieller Art in diesen Bereich, als man annahm, und insbesondere gehören körperliche Vorgänge in diesen Bereich hinein, von denen man das in der Regel nicht annimmt. Erst die zweite Frage betrifft dann im eigentlichen Sinn das Leib-Seele-Problem. Da erst handelt es sich um die Frage, wie denn jene psychopathologischen Erlebnisse, vom Seelischen her gesehen, jenen körperlichen Vorgängen zuzuordnen sind.

Die oben erwähnten Voraussetzungen, Antwortversuche auf die eben gestellten beiden Fragen, sind historisch überholt. Aber nicht so sehr aus Gründen der

Empirie, vielmehr handelt es sich im wesentlichen um einen neuen Denkansatz. Das hierher gehörige Problem läßt sich zwar von verschiedenen Seiten her klärend aufrollen. Solche Klärungsversuche aber haben bisher doch immer nur sehr bedingte Zustimmung erfahren, sind doch immer nur als relativ-evident erschienen. Sollte es nicht möglich sein, einen neuen Ansatz zu finden, der hier endgültig, radikal (radix — die Wurzel) zu klären vermag? Wir sind der Meinung, daß dies auf die folgende Weise möglich ist, und wir beginnen mit einem neuen Ansatz der Überlegung. Aber es sei wiederholend hinzugefügt, daß wir innerhalb dieser Überlegung nur Tatbestände verwenden werden, die überall bekannt sind. Der empirische Anteil wird so bleiben, wie er bisher war; von da her wird nichts Neues hinzukommen. Nur die sogenannte denkende Bewältigung wird neue Züge aufweisen, und es sei hier sofort hinzugefügt, daß das Wort „Denken" in einem weiten und teilweise neuen Sinn verstanden werden muß. Zu einem Teil soll und wird es sich dabei um das handeln, was Goethe „exakte Phantasie" genannt hat, d. h., um einen Bereich menschlicher Methode, die Welt zu bewältigen, der in der Regel nicht als zum Denken hinzugehörig angesehen wird und der daher denen, die sich um die Denkmethoden zu bemühen pflegen, häufig unbekannt ist. Anderen ist dieser Bereich zwar bekannt, aber er trägt bei ihnen solche Züge von Unbestimmtheit, daß er nicht mit dem Gewicht in die Betrachtung eingesetzt wird, das ihm tatsächlich zukommt. Diese Vorbemerkungen sollen dazu dienen, von vornherein klar zu stellen, daß es sich nicht darum handeln wird, etwa neue Fakten herbeizuziehen, daß es sich aber ebenfalls nicht darum handeln wird, jedenfalls nicht allein, wie man oft gemeint hat, auf logischem, rein rationalem Wege eine Klärung zu erstreben. Vielmehr wird es sich darum handeln, schon erkannte und geläufige Fakten anschaulich so lebhaft vorschweben zu haben, daß man hinsichtlich der zu erforschenden Zusammenhänge zu neuen, scheinbar neuen Resultaten zu gelangen vermag.

Wir versuchen also einen neuen Ansatz und beginnen mit folgender Frage: Was ist ein Messer, wellentheoretisch gesehen? Unter der Voraussetzung, daß sich eines Tages, falls man es durchaus wollte, ermöglichen lassen wird, ein Messer wellentheoretisch zu formulieren, weil nämlich die Voraussetzung Gültigkeit beanspruchen darf, daß die das Messer zusammensetzenden Moleküle und Atome wellenmechanisch faßbar sind, dürfen wir heute schon so vorgehen. Die Antwort lautet: Ein Messer ist ein geformter Schauer elektromagnetischer Wellen in der Welt.

„Ist" es das? Natürlich handelt es sich hier um eine vereinfachende Formel. Der eine Fachmann wird Einwände gegen die These vom „Schauer" — hier als Bild für ein relativ ungeordnetes Bündel dynamischer materieller Substanz verstanden (im Gegensatz zum geordneten Bündel, einem „Strahl" etwa) — erheben, der andere gegen die simplifizierende Einbeziehung des atomaren Geschehens in den wellenmechanischen Bereich. Aber wir meinen, sie werden beide wohl bei ihren eigenen Argumentationen heute noch vielfach ähnlich erhebliche Einwände gegeneinander ins Feld führen. Hier soll es lediglich auf die Radikalität des Erfassens sämtlicher zugehöriger materieller Vorgänge ankommen. Darauf allein beziehen sich die Worte Welle, Wellenschauer und wellentheoretisch.

Sollte es sich z. B. bewahrheiten, daß eine Feldtheorie der Gravitation als übergeordneter „Aspekt" gelten muß, so würde der elektromagnetische Bereich nur den Charakter der Variante haben. Ein Messer wäre dann so zu „lesen". Und so soll es hier „angesehen" werden: Ein Vorgang, eine sich begrenzt entfaltende Gravitationsgestalt, die im Falle des Schneidens in einen Körper in diesen, der wiederum eine solche Gestalt ist, eindringt.

Setzt ein Messer in einen menschlichen Körper eine Läsion, so ist es für uns, die Beobachter, die zwei Augen im Kopf haben, sehr einfach, das Messer bei seinem Einschneiden in den Körper zu konstatieren. Aber es wäre ungeheuer schwierig, weil ungeheuer kompliziert, eine exakte und in diesem Fall notwendigerweise quantifizierende Aussage zu formulieren mit dem Inhalt: Dieser besondere, geformte Schauer elektromagnetischer Wellen, Messer genannt, ist an diesem Tage, zu dieser Stunde, an diesem Ort der Welt, in der ihm zugehörigen Form, in den im gegebenen Zeitpunkt am gleichen Weltort befindlichen, ebenfalls geformten Schauer elektromagnetischer Wellen, genannt menschlicher Körper, eingedrungen. Noch komplizierter wäre es, wenn wir vor der Aufgabe stünden, ein Bakterium etwa, ein fressendes, als geformten Schauer von Wellen zu formulieren. Aber die Aufgabe wäre tatsächlich nur komplizierter. Im Grunde hätten wir es keineswegs etwa mit einer neuen oder andersartigen Aufgabe zu tun. Hinsichtlich der eben angestellten „Überlegungen", in Wirklichkeit hinsichtlich der eben angestellten Versuche, sich mit möglichster Deutlichkeit unser heutiges anerkanntes Wissen anschaulich vorschweben zu lassen, könnte man etwa halbscherzend sagen: Wenn man einmal „materialistisch" — wie man das leider genannt hat — „denken" will, so sollte man das auch konsequent tun. Zumindest sollte man in der Lage sein, es jederzeit unbekümmert und mit „eiserner Konsequenz" zu tun. Dann aber gelangt man, eigentlich sehr rasch, zu einer wellentheoretischen Aussage.

Neuer Ansatz:

Wird ein Mensch durch einen anderen Menschen erschreckt, bedroht, also mit Furcht erfüllt, so läßt sich auch dieser Vorgang ohne jede Schwierigkeit — ohne jede Schwierigkeit allerdings nur wiederum grundsätzlich — wellentheoretisch lesen, und zwar folgendermaßen: Der andere Mensch ist ebenfalls ein „geformter Wellenschauer" (s. a. S. 276, Abs. 4). Diejenigen Ausdrucksbewegungen etwa, die er macht und durch die er beim anderen Bedrohtheitsgefühle und Schrecken hervorruft, sind Modifikationen innerhalb bestimmter Sektoren desjenigen Wellenschauers, den er selbst als Ganzes darstellt. Weder er selbst noch seine Ausdrucksbewegungen als solche, d. h. als Wellenschauer, die Molekular- und Atomvorgänge konstituieren, dringen dabei in den Wellenschauer ein, den der Bedrohte und Erschreckte darstellt. Darauf kommt es an! Aber — vom Wellenschauer, den der Bedroher darstellt, gehen elektro-magnetische Wellen von Lichtwellen-Charakter (oder auch akustische Wellen) aus. Diese dringen dann in den Bedrohten oder Erschreckten per Sinnesorgan des Betreffenden ein und rufen dort entsprechende Veränderungen hervor. Grundsätzlich handelt es sich also im Fall des eindringenden Messers, des fressenden Bakteriums und eines bedrohlichen anderen Menschen um gleichartige materielle Vorgänge. Es besteht nicht die geringste Schwierigkeit, hier im Bereich materieller Kausalität, „materialistischer" Erklärungsprinzipien zu verbleiben.

Worauf es also ankommt, ist hier, anders ausgedrückt: Es läßt sich nachweisen, daß, abgesehen von einigen wenigen, z. B. philosophischen Köpfen, heute und **durchgängig**[1] an die materielle „Verbindung" zwischen einem Bedroher etwa und einem Bedrohten nicht „gedacht" wird. „Man" vergißt, wenn die beiden räumlichen Abstand haben, einfach die Wellen dazwischen, und meint dann oft, daher sei die Wirkung „seelisch". Man kann dem gegenüber sogar durchaus sagen, diese Wellen seien das benutzte „Werkzeug".

Und es bedeutet keinen Einwand (s. wieder o. S. 276, Abs. 4!), wenn noch genaueres, noch spezielleres Untersuchen des materiellen Bereiches zeigt, daß Lichtwellen andere Wellen sind als akustische und daß der wellenmechanische Charakter von Zellvorgängen ein „anderer" ist als der eines Lichtstrahls.

Grundsätzlich liegt es also so, und als neue Frage erhebt sich lediglich die, wie die materiellen Vorgänge im Betreffenden nun im einzelnen aussehen. Und — wie „in" ihm der Zusammenhang zwischen dem subjektiv seelischen Erleben der Bedrohtheit und den durch den anderen hervorgerufenen materiellen Vorgängen beschaffen ist. Aber diese zweite Frage wollen wir zunächst einmal zurückstellen. Statt dessen wollen wir den Versuch machen, auf Grund unseres heutigen Wissens zunächst die spezielleren materiellen Vorgänge näher zu charakterisieren, die im Gesamt-Vorgang der Bedrohtheitserlebnisse von Menschen eine Rolle spielen.

Hier ist es zunächst von Wichtigkeit, daß es höchst unwahrscheinlich ist, annehmen zu müssen, die speziellen Eindrücke von Gegenständen und Vorgängen der Welt hätten im Körper des Beeindruckten eine ebenso spezielle Lokalisation. Es ist höchst unwahrscheinlich, um es zunächst wieder einmal scherzhaft zu formulieren, daß die bleibenden Niederschläge des visuellen Eindruckes von Äpfeln bestimmt lokalisierte Stellen im Gehirn etwa haben. Vielmehr muß angenommen werden, daß das Erleben eines Apfels — auch wenn dieses Erleben wellentheoretisch gemeint ist, so wie oben in Skizze geschildert —, das ja einen Vorgang darstellt, über eine sehr erhebliche Zahl von Zellen, die keineswegs benachbart zu sein brauchen, verteilt ist.

Ein möglicher Einwand:

Gewiß wird mancher in diesem Zusammenhang an die Instinkte der Tiere denken, die ja, wie die unmittelbare Beobachtung zeigt, sehr spezielle Konvolute von materiellen Bereitschaften darstellen. Man wird etwa daran denken, daß junge Tauchenten, auch ohne die leiseste Erfahrung zu besitzen, das Flugbild eines Seeadlers von dem eines Bussards unterscheiden und sich entsprechend verhalten. Aus dieser biologischen Merkwürdigkeit ist ja unmittelbar zu entnehmen, daß sehr spezialisierte materielle Konstellationen im Körper dieser jungen Tauchenten, sehr weitgehend wohl im Gehirn, vorhanden sind. Innerhalb des Bereichs der Tiere überhaupt kommen also zweifellos höchst spezielle Lokalisationen vor und daher müßte eigentlich auch an dieser Stelle mit ausgedehnter Begründung gerechtfertigt werden, warum das für den Menschen im Gegensatz zum Tier nicht oder nur in minimalen Grenzen gelten soll. Es möge hier als Hin-

---

[1] Das „durchgängig" wird von manchen Lesern heftig bestritten werden, aber sicher zu Unrecht. Dennoch entschloß ich mich, auf die Angabe von einzelnen Arbeiten und Autoren zu verzichten, weil ich mir die Entrüstung der betreffenden lebenden Autoren nicht auch noch zuziehen möchte: Jeder zweite Aufsatz mindestens enthält die hierher gehörige Ungeklärtheit teilweise oder ganz.

weis genügen, was unter dem Titel „Weltoffenheit" des Menschen im Gegensatz zum Tier im letzten Jahrzehnt lebhaft erörtert und, so weit wir sehen, unwidersprochen geblieben ist. (Es wird hier mit bereitwilliger Einschränkung wie die obige Formulierung: „in minimalen Grenzen" zeigt, auf anfänglich unterlaufene Überspitzungen verzichtet.)

Nach dieser Abschweifung, einer Erwägung, ob nicht doch vielleicht beim Menschen engere Lokalisationen vorliegen, als wir hier angenommen haben, wäre also noch einmal festzustellen, daß wir hinsichtlich des unmittelbaren Effektes von „wellenmäßig" zu fassenden Sinneseindrücken an eine ausgeprägte Multi-Lokalisation zu denken haben. Es handelt sich da um das, was einst von Semon als Engramm bezeichnet wurde. Genauer gesagt, hat er damals die Idee eines statischen Engramms entwickelt als unmittelbare materielle Folge der hier erörterten Vorgänge. Recht verstanden, handelt es sich dann also um die materielle Hervorrufung einer ebenfalls materiell verstandenen Bereitschaft. In einem speziellen Beispiel formuliert, würde ein gesehener Apfel späterhin etwa vertreten sein durch eine so geartete, über viele Zellen, viele vielleicht weit auseinanderliegende Zellen, verteilte Veränderung, so, daß dann in gegebener Situation eine entsprechende gemeinsame Aktion dieser Zellen zustandekommen kann. D. h., der gesehene Apfel entfaltet auch späterhin noch im Gesamtorganismus des Sehenden eine ihn, den Apfel, repräsentierende Wirkung. Daß diese Apfel-Repräsentanz nun gerade im Kleinhirn oder auch nur vorzugsweise im Kleinhirn lokalisiert sein wird, ist nach allem, was wir wissen, nicht anzunehmen. Es wird sich da um eine Gesamt-Großhirn-Lokalisation handeln, wenn auch nicht nur um diese.

So entfaltet auch — um zum obigen Beispiel zurückzukehren — ein erschreckender Mensch eine dem gesehenen Apfel entsprechende körperliche Wirkung im anderen. Und wird nun von diesem anderen als einem Erschreckten gesprochen, so wird dadurch auf weiteres körperliches Geschehen hingewiesen. Wir dürfen heute wohl annehmen, daß der Vorgang des Erschreckens weitgehend ein Stammhirn-Geschehnis ist. Aber wir sollten vorsichtigerweise hinzufügen, daß damit im Zusammenhang wohl noch weitere nervöse und auch Drüsen-Vorgänge stehen werden. Das, was den anderen Menschen, sofern er ein Erschreckender ist, charakterisiert, ist das Erschrecken, und, sofern es mancherlei Erschreckendes in der Welt gibt, ist das Erschrecken damit verglichen etwas Allgemeines. Das Allgemeine ist in dieser Weise „im" Stammhirn „lokalisiert". Der Gesamtorganismus kann sich dieses Allgemeineren damit zentral gewissermaßen „bedienen", ohne in jedem Einzelfall auf eine Spezialreaktion, auf ganz Individuelles und Spezielles angewiesen zu sein. Gehen wir noch ein Stück weiter ins einzelne, so dürfen wir heute annehmen, daß — immer noch im Bereich des Erlebnisses eines erschrokkenen Anderen verbleibend — sich u. a. Klein-Hirnvorgänge an die Stamm-Hirnvorgänge anschließen und daran wiederum etwa Vorgänge im Darm. Diese wiederum ziehen Vorgänge im autonomen Nervensystem nach sich und die letzteren wirken etwa auf den Darm unmittelbar zurück oder auch wiederum auf das Stammhirn. Auf diese Weise erhält dann das jeweilige Zwischengeschaltete steuernden Charakter. Hierüber wissen wir bereits mancherlei Verbindliches.

Lesen wir so den Vorgang: Ein Mensch wird durch einen anderen erschreckt,

unter wellentheoretischen Gesichtspunkten, so ergibt sich ein höchst komplexer
Ablauf höchst komplexer Wirk-zusammenhänge. Das, was bewirkt wird, nämlich: der eine erschrickt über den anderen, ist auf jeden Fall Vorgang, Ge-
schehnis multilokalisierter Art. In Bruchteilen von Sekunden vollzieht sich
äußerst Mannigfaltiges. Erstens wird in dieser Zeit — „subjektiv", wie man sagt —
Erschrecken erlebt, wenn man so will also eine seelische — besondere — Qualität. Während der gleichen Zeit aber vollzieht sich „im" Erlebenden ein äußerst
komplizierter materieller Vorgang. Aber wir dürfen darüber nicht erstaunt sein,
denn wir brauchen nur daran zu denken, daß sich eine einzelne chemische Reaktion
in Millionstelsekunden zu vollziehen pflegt.

Die Feststellung solcher klar vorschwebenden Koordination sollte eigentlich
ein Gefühl der Befriedigung und des gelungenen Überblicks auslösen. Wir brauchen uns also nicht zu scheuen, wie oben schon einmal gesagt, mit eiserner Konsequenz unter wellentheoretischen Aspekten zu fragen und anschaulich vorzustellen.
Es ergibt sich ein ganz selbstverständliches, grundsätzliches Gelingen. Wir dürfen
heute das Gefühl haben, auf solider Grundlage eine Arbeit für ein Jahrhundert
vor uns zu sehen. Schließlich und endlich liegen die Dinge doch einfacher, als
man oft meint, und es bedeutet keinen Einwand hiergegen, daß wir uns gleichzeitig davon überzeugen mußten, wie viel komplexer als ursprünglich erwartet
solch ein reaktives Geschehen nun wirklich ist.

In diesen, oben erwähnten Zusammenhang können wir nunmehr u. a. auch
eine Neuigkeit zwanglos einordnen. Zwar handelt es sich hier lediglich um eine
Vermutung über diese, aber grundsätzlich wird wohl kaum etwas gegen sie ein-
zuwenden sein. Die Mitte der 30er Jahre von Monitz entwickelte Stirnhirn-
Operation, die Durchtrennung bestimmter Leitungsbahnen, hat, wie es scheint,
als besondere Merkwürdigkeit zur Folge, daß der Operierte gewissermaßen das
Fürchten verlernt hat. Dabei brauchen wir nicht etwa anzunehmen, daß dem Betreffenden die Frucht als solche fortoperiert worden ist. Es genügt vielmehr völlig,
anzunehmen, daß das Stirnhirn, zumindest bevorzugt, die Engramme derjenigen
Gegenstände, zu denen ja in diesem Zusammenhang Menschen gehören, enthält,
die Furcht zu erregen pflegen bzw. Furcht erregt haben (aber es könnte sich auch
um den Bereich „positiver" sozialer Antriebsengramme handeln). Diese würden
„wegoperiert", also nicht mehr geplant werden, nicht mehr als Plan, als Möglichkeit, als Impuls vorschweben. Somit würde ein soziales Fürchten fortfallen.
Das wäre dann der zentrale Effekt der Leukotomie. Und wenn nun z. B. in der
Zwangsneurose das „Über-Ich", eben jenes Fürchten eine überwertige Rolle spielt,
so muß die Leukotomie auch Zwangsneurosen „beseitigen" (?) können. Werden
jene Engramme, jene Bereitschaften also durch Operation an der Entfaltung
ihrer Wirksamkeit verhindert, so fallen notwendigerweise Furcht-Reaktionen fort.
Daß diese, körperlich gesehen, als Funktionen von allen möglichen Relais und
Regulationen angesehen werden müssen, bedeutet nur einen Hinweis auf die
auch im Fall eines einzelnen Affektes, einer einzelnen Affektart bestehende hohe
Komplexität.

So befriedigend es nun für uns, die Menschen des 20. Jahrhunderts, sein mag,
eine ausreichende grundsätzliche Sicherheit der Betrachtung gewonnen zu haben,
wenn es sich um die Totalfrage menschlicher Reaktionen handelt, so entschieden

müssen wir uns aber andererseits darüber klar sein, daß wir vorerst doch zumindest nur ganz Allgemeines wissen. Dessen können wir allerdings sehr sicher sein, auch wenn wir uns eingestehen müssen, daß es sich dabei weitgehend um Vermutetes handelt. Wir werden jede neu-entdeckte Einzelheit auf diesem Gebiet begrüßen. Wir befinden uns eben noch im Stadium der Sammlung nur vermutungsweise ordenbarer Einzelheiten. Die Arbeit, vor der wir stehen, ist wirklich von riesigem Ausmaß. Ganze Komplexe großer Institute werden eines Tages an der Stelle arbeiten, an der heute noch ein einziges kleines Labor seine spekulationsgetränkte Tätigkeit entfaltet.

Wenn wir hier auf eine kommende, im wesentlichen anatomische und physiologische Arbeit hinweisen, deren Anfänge schon einige Zeit zurückliegen, so bejahen wir damit naturgemäß auch jede tastende Variante in dieser Richtung. Unser Weg der Untersuchung wird nicht im starren Sinn planmäßig vor sich gehen können. Wir wissen einfach zu wenig, um exakt genug fragen zu können, daher wird unser tastendes Versuchen u. a. in Hunderttausenden von Einzelversuchen zu bestehen haben, die in großen Serien alles nur Denkbare ins Auge fassen. Wir können nicht im voraus wissen, welche Pharmaka bzw. die Einwirkung welcher Pharmaka zu grundsätzlich neuen Aufschlüssen zu führen vermögen. Wir konnten nicht wissen, welche Wirkung von verschiedensten Varianten der Vereisung von speziellen Hirnteilen ausgehen würde. Es mußte einfach in großem Maßstab untersucht werden, und nicht nur die Wirkung auf das Nervensystem müßte untersucht werden, sondern, wenn irgend möglich, auch die auf sonstige beteiligte Organe, Organsysteme, Organteile. Und es wird, wie gesagt, noch hunderttausendfach weiterer Versuche bedürfen, um auch nur wenige Schritte in Richtung auf die Beantwortung unserer speziellen Fragen vorwärts zu kommen. Einst war nicht zu erwarten, daß ausgerechnet das Selen in hervorragender Weise auf Lichteinwirkung hin seine elektrische Leitfähigkeit abändert. Es mußte eben die Leitfähigkeit aller nur erreichbarer verschiedener Körper untersucht werden. Und was ist ein Organismus an Komplexität gegenüber anorganischer Substanz! Wir werden diesen Weg materieller Forschung also mit allen notwendigen Opfern und voller Entschiedenheit gehen müssen.

Aber — es ergibt sich die Frage:

Werden wir nur diesen Weg gehen können, wenn wir etwa die Frage beantworten wollen: Wie reagiert denn nun der Mensch auf einen anderen, der ihn erschreckt?, wenn wir die Frage beantworten wollen: Welche Folgen hat es, wenn ein Mensch einen anderen erschreckt? Diese besondere anthropologische Frage, eine einzige Winzigkeit aus dem riesigen Bereich von analogen Fragen, sollte, wenn irgend möglich, noch auf anderen Wegen angegangen werden als nur auf dem unter wellentheoretischen Aspekten stehenden. Daß dieser möglich und notwendig ist, wurde ja nun mit voller Deutlichkeit nicht nur erklärt, sondern anschaulich erläutert. Ob er aber der einzige Weg ist, das ist die weitere Frage.

Damit kehren wir faktisch — wie sich zeigen wird — zu jener zweiten Frage (s. S. 278, Zeile 13) zurück: Wie „ist", „sieht aus", „in" einem Erschreckten der „Zusammenhang" zwischen diesem „subjektiven", seelischen Erleben der Bedrohtheit und den durch den anderen Menschen hervorgerufenen materiellen Vorgängen?

Aber wir wollen noch einmal unterbrechen, eine Weile innerhalb unseres wellentheoretischen, „materialistischen" Aspektes verbleiben und uns die hier interessierenden Vorgänge nach einer weiteren Richtung hin anschauen. Zunächst
einmal hatten wir ganz allgemein überlegt, was denn geschieht, wenn etwa ein
Mensch einen anderen erschreckt. Es wurde ja genau gesagt, welche Seiten dieses
Gesamtvorganges in Frage stehen. Dabei wurde aber nicht erwogen, ob es sich
bei diesem Gesamtvorgang nun um ein abartiges Vorkommnis handelt oder um
ein „artiges". In bestimmten Zusammenhängen aber, in Zusammenhängen der
Psycho-Pathologie, kommt es darauf an, die Unterschiede gewöhnlicher
von abartigen Vorgängen ins Auge zu fassen und möglichst genau zu fixieren.
Daher kam es mit Rücksicht auf diese Zusammenhänge zunächst einmal darauf
an, u. a. auch wellentheoretisch vorzustellen, wie übliche Reize, „Eindrücke",
zu wirken pflegen. Denn auch übliche Reize, als Wellenschauer gefaßt, bedingen
eine gewisse Breite der Variation; entsprechend werden die Wirkungen im Körper
des Betroffenen variieren. Es wird sich da um das handeln, was man als Intensität
einer Wirkung und Dauer solcher Wirkung zu bezeichnen pflegt.

Trifft dagegen ein abartiger, außerhalb der üblichen Variationsbreite liegen-
der Reiz ein, so wird mit Wahrscheinlichkeit auch die Wirkung, die Reaktion
abartige Intensität oder Dauer aufweisen. U. a. wird also die Folge des Auftretens abartiger Wellenschauer von Reizcharakter (hier im Beispiel die Wirkung,
die ein erschreckender anderer Mensch auslöst) auch in abartigen, „gestörten"
Organ-Funktionen bestehen. Ist die Abartigkeit dann nach Art und Grad von
bestimmter Beschaffenheit, so wird, wenn nicht neue Faktoren hinzutreten, im
allgemeinen die Störung nach einiger Zeit verschwinden. Dabei bedeutet „einige
Zeit" u. U. auch nur winzige Bruchteile von Sekunden; manchmal aber wird
es sich zweifellos erweisen, daß der Grad der Abartigkeit des Reizes keineswegs
immer gefolgt wird von einer gleichgradigen Abartigkeit der Wirkung. Jedenfalls aber gibt es die Form der Wirkung, die wir so zu charakterisieren pflegen,
daß wir sagen, eine Gestörtheit „klinge wieder ab".

Eine von der eben erörterten Möglichkeit ausgesprochen abweichende
besteht aber insofern, als die Folge der Einwirkung abartiger Reize auch eine
so weit gestörte Organ-Funktion sein kann, daß die Gestörtheit zu einer irrever-
siblen Organ-Veränderung führt. Und die entsprechende Abartigkeit des Reizes kann
insofern abartig sein, als er besonders lange andauert, oder als er sich häufig wiederholt. Unter solchen Bedingungen pflegen Dauer-Veränderungen zustande zu
kommen. Diese klingen also nicht mehr ab und haben außerdem einen uns im
einzelnen noch weitgehend unbekannten Charakter. Wir dürfen aber doch wohl
die Vorstellung entwickeln, daß es sich dabei um folgendes handelt:

Im obigen Falle des „Artigen" ist ein Gesamt von Zellen vorhanden, die funktionieren, d. h. aus ihrem Ruhezustand heraustreten und dann, nachdem sie
funktioniert haben, in den Ruhezustand zurückkehren. Die Einzelzelle ist nachher die gleiche wie vorher. Im Fall bestimmtgradiger abartiger Störungen ist
die Einzelzelle dagegen späterhin nicht mehr die gleiche wie vor dem Funktionieren, sondern sie ist eine andere geworden. So und so oft besteht ihre Andersartigkeit u. a. darin, daß sie, wenn ein üblicher Reiz auf sie trifft, nunmehr nicht
mehr wie früher üblich funktioniert, sondern abartig. Man könnte dann sekundär

von einer Abartigkeit „aus inneren Gründen" sprechen. In solchem Fall wäre dann eine Funktionsstörung eines Organs in eine Organ-Gestörtheit übergegangen. Wie ersichtlich, treffen die hier verwendeten Bezeichnungen nicht mit Selbstverständlichkeit das Gemeinte. Das liegt offenbar daran, daß diese Bezeichnungen nahezu alle aus einer Zeit wissenschaftlicher Bemühung stammen, in der der Gegenstand noch nicht so differenziert angeschaut wurde, wie das heute möglich ist. Daher sind sämtliche Bezeichnungen dieser Art „zu grob". Sie bedürfen, wenn sie im Zusammenhang der hier angestellten Überlegungen verwendet werden, der näheren Erläuterung. Zumindest ist es notwendig, wie oben geschehen, auf ihre im Augenblick speziellere Bedeutung hinzuweisen. Eben nur im ganz groben ist es heute noch erlaubt, Funktionsstörungen den eigentlichen Organstörungen bzw. Organ-Gestörtheiten gegenüberzustellen. Wenn es auch vielleicht angezeigt ist, auf die Entwicklung einer spezialisierten Terminologie zu verzichten, so ist es doch unbedingt notwendig, sich mit Rücksicht auf nahezu sicher eintretende Mißverständnisse das Gemeinte immer wieder so differenziert und so anschaulich wie nur immer möglich zu vergegenwärtigen.

Denken wir nun noch einmal zurück an die oben geschilderte Multi-Lokalisation der Wirkung von Reizen, wie sie etwa ein erschreckender anderer Mensch „darstellt", so werden wir noch eine weitere Form der „Gestörtheit" berücksichtigen müssen. Es kann sich auch um folgenden Fall handeln:

Die einzelnen Zellen eines Zell-Gesamts (also nicht etwa eines auf begrenztem Raum lokalisierten Zellverbandes) bleiben völlig intakt. Aber die Ordnung des Gesamts hinsichtlich der Ordnung des Funktionierens, also der Funktionierenszusammenhang, wird abartig, weil ein abartiges Gesamt von Reizen auf den Körper des Betreffenden trifft. Die Einzelzelle bleibt also intakt. Das Funktionieren der Einzelzelle ebenfalls. Insofern kann also weder von einer Organgestörtheit noch von einer gestörten Funktion eines Organs, z. B. des Nervensystems oder im Einzelfall des Gehirns, die Rede sein. „Gestört" ist in solchem Fall lediglich „das Übliche", nämlich das übliche Reagieren — weil eben ein unübliches, abartiges Reiz-Gesamt, als abartiger Wellenschauer verstanden, auf den Körper des Betreffenden traf. Entscheidend dabei ist, daß wirklich eine Abartigkeit vorliegt, und zwar eine Abartigkeit des Reagierens, des Funktionierens. Und doch liegt keine Abartigkeit des Organs und auch keine Abartigkeit der einzelnen Organ-Funktion vor. D. h., anders ausgedrückt: Der Rückschluß, als sei es selbstverständlich, daß in jedem Fall eines gestörten Funktionierens ein abartiges Organ oder wenigstens eine abartige Funktion seiner Zellen vorliegen muß, war ungerechtfertigt. Wir müssen uns wirklich entschließen, fürderhin, auch wenn wir, wie schon mehrfach gesagt, mit eiserner Konsequenz ein wellentheoretisches Bild der hierher gehörigen Zusammenhänge entwerfen, zumindest drei Möglichkeiten, Vorkommnisse, voneinander zu unterscheiden: Gestörte Funktionen, gestörte Organe und gestörtes Funktionieren. Aber, wie ebenfalls schon gesagt, es wäre unzweckmäßig, die eben verwandten Worte ohne die oben erfolgten Erläuterungen zu lesen, d. h. ihnen einen als selbstverständlich zwingend empfundenen Wortsinn zu unterlegen. Ein solches abartiges Funktionieren als Folge abartiger Reize liegt z. B. vor, wenn ein Kind plötzlich von einem Erwachsenen sexuell attackiert wird und „meint", das werde ihm in der Welt nun häufig so gehen, „die" Welt „sei" so.

Sind wir mit unseren anschaulichen Überlegungen so weit gelangt, so können wir uns einem weiteren, noch spezielleren Vorkommnis von größter neurosen-„psychologischer" Bedeutung zuwenden:

Es besteht die Möglichkeit, daß ein Gegenstand der Welt, ein Mensch z. B., einen Komplex von Wellenschauern aussendet, der, als Bündel von Einzelreizen verstanden, dissonant ist. Der Betreffende macht gleichzeitig einen angenehmen und einen unangenehmen Eindruck. Der Betroffene, der Empfänger des Gesamtreizbündels reagiert dann gleichzeitig mit Zuwendungs- und Fluchttendenzen. Vielleicht handelt es sich zunächst nur um Zuwendungsgefühle und entsprechende „Gefühle" furchthafter Abwendung. Der Richtung nach wellentheoretisch würde das heißen: Erstens einmal haben sämtliche im Reizbündel vertretene Reize üblichen Charakter und daher löst jeder dieser Reize übliche Reaktionen im Körper des Betroffenen aus. Aber — es handelt sich in solchem Fall darum, daß die eine Gruppe von Reizen aus dem Gesamtreizbündel Reaktionen auslöst, zu denen sich die Reaktionen, die die übrigen Reize aus dem Gesamtbündel auslösen, antagonistisch verhalten. Dabei kann es sich dann um nervöse Antagonismen oder auch um Drüsen-Antagonismen handeln.

Es ist ohne weiteres verständlich, daß diese Antagonismen des Reagierens (psychologisch ausgedrückt: des Erlebens) dann mit einer gewissen Wahrscheinlichkeit die Organfunktionen „durcheinanderbringen" werden. D. h. — und das ist von größter Wichtigkeit —, ein Gesamtbündel von an sich üblichen Reizen kann im Einzelfall eine grob-abartige Wirkung entfalten. Diese wiederum kann dann sehr wohl, wie oben erörtert, zu irreversibler Organveränderung führen. Es ist dabei durchaus auch an sehr schwere konsekutive Veränderungen zu denken, z. B. Ulzerationen, Atrophien usw.

Dieser eben behandelte Zusammenhang steht nun im Mittelpunkt neurosenpsychologischen Interesses.

Im Modell gesehen handelt es sich bei neurotischen Reaktionen in der Hauptsache um solche von spezifisch antagonistischem Charakter. Etwas unbeholfen ausgedrückt, ist das neurosenpsychologisch Interessierende ein Funktionierens-Gefüge. Im eigentlichen Sinne gestört ist zunächst weder ein Organ noch eine Funktion eines Organs oder auch mehrerer Organe, sondern es liegt ein abartiger Funktionierens-Zusammenhang von an sich intakten Organen vor.

Er kann, wie erörtert, durchaus „materialistisch" gelesen werden.

Handelt es sich aber nun im Einzelfall nicht um die Bewirkung von nervösen oder drüsenhaften Antagonismen, sondern lediglich um nervös-muskuläre, so ergibt sich wiederum ein neues Gebiet von besonderer Eigenart: Mit einiger Wahrscheinlichkeit entsteht ein Gesamt von Funktionieren muskulärer Art, das dadurch ausgezeichnet ist, daß das Funktionieren einer Gruppe von Muskeln (oder Muskelfasern) gerade eben aufgehoben wird durch das entgegengesetzte Funktionieren einer anderen Muskelgruppe. Beide funktionieren also, beide sind in Tätigkeit. Der Körper des Betreffenden funktioniert also. Aber zu einem „äußeren" Effekt kommt es dabei nicht. Eine „Anstrengung" hebt die andere auf. Es wird funktioniert, aber das Funktionieren bleibt insgesamt „in der

Schwebe". Solches „In-der-Schwebe-Funktionieren" kommt als physiologisch = normal häufig vor, z. B. beim Sitzen, Aufrechtgehen usw. Aber es kann, wie eben abgeleitet, auch durchaus abartigen, pathologischen Charakter haben. Das Entscheidende ist dann wiederum, daß die beteiligten Zellen völlig intakt bleiben, daß deren Funktion ebenfalls intakt ist und lediglich der Funktionierens-Zusammenhang als solcher abartig ist. Ist eine solche Abartigkeit z. B. als „Verkrampfung" grob sichtbar, so kann dennoch der Rückschluß verfehlt sein, bzw. ist der bisher oft als selbstverständlich empfundene Rückschluß verfehlt, es müsse sich auch um ein verändertes Organ bzw. um dessen veränderte Funktion handeln. Eine äußerst feine „Verkrampfung" solcher Art, mit mannigfachen Folgen versehen, ist u. E. die Depression.

Erwägt man an dieser Stelle — wie sehr verständlich — noch einmal, ob man hier nicht einfach mit Begriffen wie funktionell, funktionelle Gestörtheit usw. operieren könnte, so ergibt sich aus dem Dargestellten, daß dies keineswegs mehr als zulässig gelten darf. Womit wir es zu tun haben, ist einfach spezialisierter als die uns bisher zur Verfügung stehende Terminologie. Wir müssen also, wenn wir nicht neue Begriffe einführen wollen, da anschaulich differenzieren, wo es sich im groben Hinsehen um Einfacheres zu handeln scheint.

Alles bisher Erörterte insgesamt ist also das, was wir, wenn wir „wellentheoretisch", „materialistisch" und zwar vollberechtigterweise vorgehen, grundsätzlich über das Ereignis z. B. aussagen können: ein Mensch erschreckt einen anderen und dieser „erlebt" das „Erschrecken". Alles, was wir bisher in Erfahrung bringen konnten, spricht dafür, daß der materielle Tatbestand grundsätzlich so, wie oben geschildert, aussieht. Und das, obgleich die Aufgabe-Stellung zuletzt eine, wenn man das so ausdrücken will, ausgesprochen psychologische war. Es liegt ja kein Grund dagegen vor, die Frage, was in einem Menschen vorgeht, der über die drohende Haltung eines anderen erschrickt, eine psychologische zu nennen. Aber, und das ist das Entscheidende, obgleich wir durchaus gerechtfertigterweise so fragen dürfen, d. h. mit solchen psychologischen Worten und Sätzen fragen dürfen, hat es sich ergeben, daß wir mit ganz genau der gleichen Gerechtfertigtheit die oben entwickelte grundsätzlich „körperliche" Antwort geben dürfen. Soweit hier überhaupt Schwierigkeiten vorliegen, sind sie rein terminologischer Art, rein sprachlicher Natur, reine Schwierigkeit der Formulierung. Eines Tages, wenn die Forderung von Leibniz nach einer mathematisierten Wissenschaft erfüllt sein wird, wenn die heutigen logistischen Ansätze bereinigt und zur vorläufigen Vollendung gebracht sein werden, wird das System unserer Bezeichnungen, Begriffe und Aussage-Formen so geschliffen sein, daß man von den oben erwähnten, heute noch bestehenden Schwierigkeiten nichts mehr spüren wird. Auf keinen Fall steht hier Erfahrung gegen Erfahrung, Erkenntnis gegen Erkenntnis oder gar Weltanschauung gegen Weltanschauung. Wenn Letzteres der Fall zu sein scheint, dann handelt es sich tatsächlich immer darum, daß Wirrnis der Begriffsbildung dazu benutzt worden ist, weltanschauliche Tendenzen zu kaschieren. Dann handelt es sich also nicht um weltanschauliche Gegensätze als solche, sondern um die Verschiebung von Weltanschauungsgegensätzen auf wissenschaftliches Gebiet, und das ist etwas anderes.

Erst jetzt wird wohl auch genau verstanden werden können, warum oben bereits das charakterisierende Beiwort „organisch" etwa in Sätzen wie „es liege da nichts Psychologisches sondern etwas Organisches vor" oder „man habe doch organische Abartigkeit festgestellt und „d a h e r" könne es sich nicht um Seelisch-Bedingtes handeln" usw. abgelehnt wurde. Das geschah deshalb, weil das ein-fache Beiwort „organisch" in unserem Zusammenhang zu undifferenziert, viel-deutig ist. Wenn ein Bakterium eine bis dahin intakte Zelle angreift und zerstört, handelt es sich um einen primär-organischen Vorgang, um einen spezifisch-organischen Vorgang. Wenn die Ausdrucksbewegung eines Menschen, als Wellenschauer verstanden, einen anderen Menschen trifft, und dieser nun abartig reagiert, also auch körperlich abartig; wenn diese Abartigkeit dann in eine irreversible Gestörtheit — Zerstörtheit eines Organs, und sei dieses auch nur mikro-faßbar, ausläuft, so handelt es sich n i c h t um Primär-, um spezifisch Organisches. Dann ist das Entscheidende eine vorausgehende Funktions- oder auch Funktionierens-Störung. Und diese ist in solchem Fall psychogen — also: organisch und psychogen zugleich. Die Feststellung des Psychogenen widerspricht lediglich dem Spezifisch- oder Primär-Organischen, nicht aber dem Organischen überhaupt.

Nun erst sind wir genügend vorbereitet, zu unserer früheren Frage zurückzu-kehren, ob es angesichts unseres in gewisser Hinsicht geradezu unbeschreiblichen Nichtwissens auf dem eben erörterten Gebiet nicht doch vielleicht eine Möglich-keit gibt, noch anders zu fragen und anders zu antworten, d. h. auf anderem Wege Erfahrungen zu machen und diese stichhaltig in wissenschaftliche Aus-sagen zu verwandeln. Sind wir darauf angewiesen, den Tatbestand: ein Mensch wird durch einen anderen erschreckt, wie oben erörtert, unter grund-sätzlich wellentheoretischen Gesichtspunkten zu untersuchen? Die Antwort muß lauten: Keineswegs. Denn: In gewissen Grenzen können wir einen Menschen, der durch einen anderen erschreckt worden ist, sehr wohl danach fragen, was er e r l e b t, statt daß wir den Versuch machen, auch mit unseren heutigen Mitteln schon, lediglich wellentheoretisch vorzugehen. Wir können einen Erschreckten mit einiger Aussicht auf sachgerechte Erfahrung und auch sachgerechtes Erfassen von Zusammenhängen und Regeln danach fragen, was er e r l e b t. Und das ist ja zunächst eindeutig etwas anderes, als wenn wir uns ein Bild von den Körper-vorgängen machen bzw. zu machen suchen, die ja zweifellos gegeben sind, wenn ein Mensch einen anderen erschreckt. Auf diese Weise sind wir in der Lage, eine Fülle von mehr oder weniger stets vorliegenden Zuordnungen festzustellen. Obgleich der Mensch recht variabel auf Eindrücke reagiert, gibt es doch immerhin Regeln. Nehmen wir ein Beispiel: In einem Raum liegt auf einem Tisch eine Apfelsine, in der heutigen[1] Zeit, in Deutschland. Der Raum ist sonst leer. In der Umgebung befindet sich sonst niemand. Ein Mensch betritt den Raum. Was erlebt er? Beliebiges? Ist es wahrscheinlich, daß er in Konsequenz einer inneren Reaktion auf diese Situation umdreht, sich zur Wand wendet und weint? Doch wohl nicht. Sein tatsächliches Reagieren liegt, wie die „breite Erfahrung" uns lehrt, in recht erheblich weiten Grenzen. Aber die Grenzen sind doch nicht nach jeder Richtung hin offen.

---

[1] Der Aufsatz wurde 1947 geschrieben und 1949 von der „Psyche" als doch zu frag-würdig noch abgelehnt.

Dies gilt für psychologisches Gebiet, ganz besonders aber auch für neurosenpsychologisches Gebiet, ungefähr in den gleichen Grenzen. Es ist gelungen, die neurotischen Reaktionen auf etwa vier Varianten einer zugrundeliegenden Neurosenstruktur zu beziehen und sehr viel Regelhaftes in systematischer Ordnung auszusagen. Also stehen nun die beiden Tatbestandsbereiche, der körperliche, materielle und der seelische „einander gegenüber"? Also verhält es sich mit dem wellentheoretischen Aspekt gegenüber dem psychologischen ebenso? An dieser Stelle erhebt sich das Problem der hier vorliegenden Zuordnung, das sogenannte Leib-Seele-Problem. Hier muß also neu angesetzt werden.

Aber es mag der Vollständigkeit halber doch noch eine Einschaltung erlaubt sein. Wenn hier immer wieder von seelisch und psychologisch die Rede war, so mag mancher Leser das Wort „geistig" vermißt haben. Nur ein kurzer, thesenhafter Hinweis möge eine eingehende Erörterung ersetzen. Alles Geistige wird primär erlebt. Auch da, wo es inkarniert worden ist, objektiviert worden ist, kann es nur auf dem Weg über das Erlebtwerden erfaßt werden. Es besteht kein Grund, das Geistige „jenseits" des Seelischen zu sehen. Das geistige Erleben ist eine Variante des seelischen Erlebens. Es ist lediglich noch schwieriger, es hinsichtlich all seiner Qualitäten korrekt und mitteilbar zu bezeichnen und Aussagen darüber zu machen, noch schwieriger, als das beim Seelischen sonst der Fall ist, etwa bei den Gefühlen. Das Geistige besitzt schon seine Spezifität, aber nicht eine, die es grundsätzlich vom Seelischen abhebt. Daher kann auch das geistige Geschehen grundsätzlich ohne jede Schwierigkeit wellentheoretisch „gelesen" werden. Auch für das Geistige gilt grundsätzlich nur noch die Frage: Welche Art der Zuordnung besteht zwischen den beiden Aspekten des einmal körperlich, des einmal erlebnishaft Gelesenen? Gibt es Regeln der Zuordnung? Haben diese allerstrengste Gültigkeit? Oder herrscht solch ein Chaos der Beziehung, daß von Zuordnung nicht die Rede sein darf? Handelt es sich um zeitliche Folgezuordnung? Handelt es sich um einen „kausalen" Zusammenhang, wie man das gewöhnlich nennt? Oder handelt es sich um einen Wechselwirkungszusammenhang?

Auf diese Fragen soll nun eingegangen werden, nachdem als gesichert unterstellt werden darf, daß kein „grundsätzlicher" Gegensatz zwischen einer wellentheoretischen und einer psychologischen „Auffassung" des Leib-Seelischen besteht. Es wird sich zeigen, daß, wenn die Fehlauffassung eines grundsätzlichen „Gegensatzes" einmal überwunden ist und die ganze Mikro-Vielgestaltigkeit der körperlichen und auch der seelischen Tatbestände und Regelhaftigkeiten vorschwebt, die Erörterung jenes „Zusammenhanges", die Erörterung der tatsächlichen Art der Zuordnung keine wesentlichen Schwierigkeiten bereitet.

Im allgemeinen dürfen wir, z. B. unter Berücksichtigung bestimmter Situationen, das Blaßwerden eines Menschen auf von ihm erlebte Erschrecktheitsaffekte beziehen. Aber was stellen wir damit eigentlich fest? Was heißt hier das Wort „beziehen"? Oben schilderten wir zunächst mit möglichster Genauigkeit zwei sehr verschiedene Reihen von Vorgängen, das eine Mal miteinander in Beziehung stehende und aufeinander folgende Wellenzüge, das andere Mal Vorgänge von Erlebnischarakter. An ihnen interessierte uns das chronologische Nacheinander, also: wie der Komplex begann, sich entwickelte und wie er endete.

Jeweils wurde das „begleitende" Andere nur vage miterwähnt. Jetzt aber wendet
sich unser Interesse, gestützt auf die Wohlunterschiedenheit jener beiden Vor-
gangsreihen ausdrücklich den Beziehungen oder vielleicht nur der Beziehung
zwischen diesen beiden Reihen zu. Im Falle unseres eben gewählten Beispieles
entsteht also die Frage, was jenes Blaßwerden mit der subjektiven Erschreckt-
heit als Erlebnis „zu tun hat". Dabei dürfen wir davon ausgehen, daß das Blaßwerden ebenso wie das Erschrecktheitserlebnis einen so kleinen Zeitraum in
Anspruch nimmt, daß wir beides gerade eben zu konstatieren vermögen. Bei
solcher Untersuchung ergibt sich, daß wir lediglich eine Gleichzeitigkeitszuord-
nung festzustellen in der Lage sind, nicht mehr und nichts anderes. Wir können
diese und alle analogen Tatbestände hin- und herwenden, wie wir wollen, mit
welchen Mitteln der Beobachtung und denkerischen Betrachtung auch immer
angehen, es ergibt sich stets das gleiche Resultat, nämlich daß es sich um eine
Gleichzeitigkeitskorrelation handelt. Meint man zwischendurch einmal
eine andere Auffassung vertreten zu müssen, so erweisen Beobachtung und
kritische Überprüfung der Denkschlüsse doch immer wieder, daß hier nicht
mehr festzustellen ist als gleichzeitiges Vorhandensein, Gegebensein, Dasein.
Hat man sich hiervon aber einmal überzeugt, so erscheint es kaum noch angebracht, von eines Rätsels Lösung zu sprechen, nämlich von der Lösung des
Leib-Seele-Rätsels. Was man findet, ist im Grunde so einfach, daß der Vorgang
des Findens kaum als „Problem"-Lösung bezeichnet werden kann.

Auf dieser Basis ergeben sich eine Reihe von weiteren Einsichten.

Konstatiert wird eine Gleichzeitigkeit[1]. Nähere Überlegung zeigt demgegenüber, daß jede Kausalbeziehung per definitionem ein Nacheinander meint,
denn wenn etwas die Ursache von etwas anderem sein soll, dann muß es diesem
anderen zeitlich vorangehen. Also kann die allgemeinste Beziehung zwischen
Körperlichem und Seelischem, weil es sich um eine Gleichzeitigkeitskorrelation
handelt, keine Kausalbeziehung sein. Also kann das Körperliche ebensowenig
aus dem Seelischen „hervorgehen" wie umgekehrt das Seelische aus dem Körperlichen. Daher sind auch alle Charakteristiken wie: das Seelische „sei" der „Spie-
gel" des Körpers, das Seelische „lagere" auf dem Körperlichen „auf" usw., usw.
Bilder, Metaphern. Diese mögen durchaus zweckdienlich sein, wenn es sich
darum handelt, vorläufig zu illustrieren. Zum Zwecke korrekter Aussage aber
sind alle Bilder durchaus unzweckdienlich. Es ist einfach falsch, wenn behauptet
wird, andere Mittel der Erkenntnis, „wahrer" Erkenntnis, als die Bilder, Metaphern, ständen dem Menschen ja überhaupt nicht zur Verfügung. Im Gegenteil:
Jene Gleichzeitigkeitskorrelation z. B. besagt im Grunde nichts anderes, als daß
jede Änderung der einen „Seite" des Ganzen eine eindeutig bestimmte Änderung
der anderen „Seite" sofort mit sich bringt, also nicht etwa „nach sich zieht".
D. h., es besteht eine funktionale Abhängigkeit im strengen Sinn von
Gleichzeitigkeitscharakter.

In gewissen Grenzen können wir auch hier experimentieren. Wir können
Menschen in die verschiedenartigsten Situationen versetzen, den verschiedenartigsten Einwirkungen aussetzen, u. a. auch solchen, die im Verhalten anderer

---

[1] Praktisch, für unsere Zwecke ausreichend, ist dies möglich. Es wird hier „theoretisch" also berücksichtigt, daß es „wirklich" feststellbares Gleichzeitiges „nicht gibt".

Menschen bestehen. Dann können wir Regeln des Verhaltens, also Körperliches beobachten, aber wir können die Betreffenden auch befragen und Regeln des Erlebens fixieren. Dazu aber kann uns das körperliche Gleichzeitigkeitskorrelat interessieren. So werden wir einst Apparaturen konstruieren, die uns ermöglichen, sämtliche dazugehörigen mikro-materiellen Vorgänge genauestens zu überblicken, auch die zugehörigen Funktionierenszusammenhänge von Hirn und Drüsencharakter etwa. Dann werden wir sogar etwas rascher, als der Betreffende von seinem Erleben Mitteilung zu machen vermag, die zugehörigen körperlichen Korrelate feststellen können. Aber die Versuchsperson wird dann auch regelmäßig darauf verweisen, daß sie in ihrem Mitteilen zeitlich nachhinkt, daß das Erleben zurückliegt. So werden wir eine Versuchsperson auch in Lagen versetzen können, die ihr bisher unbekannt waren und in denen sie für sie völlig Neues erlebt. Aber grundsätzlich wird es doch immer so sein, daß in solchen Zusammenhängen wissenschaftlicher Untersuchung, in denen wir uns für die Zuordnung von beobachtetem Körperlichem und Erlebtem interessieren, regelmäßig letzte Zuordnungen feststellbar sind, die einfach Gleichzeitigkeitscharakter haben.

Eines Tages wird man in Instituten und Ausstellungen überlebensgroße durchsichtige Modelle vom Menschen anschauen können, die ermöglichen, auf einen Knopf zu drücken und zu erblicken — in Zeitlupe —, was sich körperlich alles zuträgt, während der Betreffende erschrickt oder Peinlichkeit usw. erlebt. Die materiellen Unterschiede werden mit wenigen Blicken deutlich sein. Aber, was im Erleben Bruchteile von Sekunden dauert, wird man sich im Modell in einigen Minuten vollziehen lassen müssen, damit man überhaupt in die Lage kommt, deutlich Unterschiedenes zu bemerken. Und im ganzen Körper verstreut, wird „das" Korrelat, der korrelative Vorgang erscheinen. Häufig wird der zugeordnete körperliche Vorgang im Gehirn beginnen, also etwa das Gleichzeitigkeitskorrelat zum Affekt des Erschreckens als Erlebnis.

Mehr noch: man wird zwei Menschenmodelle einander gegenüberstellen. beim einen auf einen Knopf drücken, der betitelt ist: „wütend" und beobachten können — typisch, nicht individuell natürlich —, was im Wütenden vor sich geht. Er „ist" wütend, er drückt Wut aus, er brüllt. Man sieht Licht- und akustische Wellen auf den anderen zulaufen. Der andere, der eben noch den ersten freundlich erlebte, als Freundlichen, „erlebt" nun Schrecken mit allen körperlichen „Begleit"umständen, allen Antagonismen — vielleicht abwegiger Natur.

Aber der Beschauer, der sich auch mit Zeitlupe einem unheimlich differenzierten Vorgang, einer höchst mannigfaltigen Geschehensgestalt gegenübersieht, wird sich mit Recht fragen, ob man, falls man das Verhältnis der beiden zueinander, die Beziehung des zweiten zum ersten untersuchen will, nicht auch dann noch besser und bequemer fragen wird, was der zweite erlebt. Es wird sich fragen, ob das Urteil über den zweiten nicht vergleichsweise ebenso sicher ist, wenn es psychologisch ist, als wenn es höchst komplex auf das Gleichzeitigphysiologische geht.

Denken wir noch einmal zurück und stellen uns beide Untersuchungsgänge, den physiologischen sowohl wie den psychologischen, als vollkommen gelungen vor, so ergibt sich ein deutlicher Gegensatz der vorschwebenden Bilder. Bleiben wir bei dem Beispiel: ein Mensch erschreckt einen anderen. Was dabei vorgeht,

bis der zweite erschrickt und während er erschrickt, materiell gesehen, ist
ein ungeheuer mannigfaltiges Etwas, sobald man auf Mikro-Größen, also auf
funktionierende Zellen oder gar auf „Wellen" zurückgeht. Aber man könnte
im Bilde immerhin von einem kontinuierlichen, wenn auch reich verzweigten
Strom des Geschehens sprechen. Was gleichzeitig im Erleben der zweiten Person
vor sich geht, ist, damit verglichen, diskontinuierlich, vielfach unterbrochen,
im einfachen Anblick inkohärent scheinend. Denn das Erleben setzt vielleicht
mit Wahrnehmung an, fährt mit Vorstellungen fort, aber diese „reißen" hier
und da „ab", Erregungen, Impulse treten auf, erlöschen, Vorstellungen, Erregungen, Impulse treten wieder auf usw., usw. Das zum Erschrecken „Zugehörige"
verläuft innerhalb eines Erlebnisstromes, ist aber selbst nicht kontinuierlicher
Strom. Läßt sich hierüber Näheres sagen? Gerade heute sind wir in der Lage,
dies zu tun. Wir sind in der Lage, jenes Erlöschen, Aufhören, Abreißen näher
zu charakterisieren, nämlich so: Innerhalb eines jeden mannigfaltigen Erlebnis-
zusammenhanges treten Komponenten auf, die, falls sie als solche wieder verschwinden, nicht etwa für späterhin aus dem Zusammenhang ausfallen, sondern
in regelhafter Form, wenn auch oft verstümmelt, wieder auftreten und eine
Rolle spielen. Neurosenpsychologisch nennt man dies: Antriebsqualitäten gehen
in die „Latenz", es entstehen „Bereitschaften" (s. a. S. 56).

An dieser Stelle hat man zwar anfänglich den Ausdruck „unbewußt" verwandt,
aber es handelt sich dabei um einen nonischen Begriff, also von Anfang an um
einen sehr heiklen, den zu verwenden oft angenehm und zweckmäßig ist, der
aber doch zumindest jederzeit in: „Bereitschaft" transponiert werden können
sollte[1].

Aber wir verwiesen ja schon darauf, daß die Beobachtung des Materiellen nur
im Idealfall die oben genannten Vorzüge besitzt. Faktisch und heute steht es
damit meist noch recht kümmerlich. Man sollte sich das ruhig so eingestehen.
Und dann eben hat immer wieder das Feststellen der seelischen Gleichzeitigkeitskorrelate den Vorzug. Wir können einfach nicht darauf warten, bis es uns gelingen
mag, die körperliche „Seite" der Sache wirklich ausreichend genau und vollständig zu fixieren. Schon aus diesem Grunde sind wir gezwungen, immer wieder
Seelisches hinzuzuziehen.

Zwei Beispiele:

Die körperlichen Korrelate eines Zwangsimpulses kennen wir einfach nicht.
Nur vage können wir bisher vermuten, wo sie zu suchen sind. So eng umschrieben
und begrenzt das Zwangsimpulserleben erscheint, so extrem multilokalisiert, durch
äußerst zahlreiche, im gesamten Körper verstreute Vorgänge repräsentiert,
ist mit Sicherheit sein körperliches Korrelat. Auch was davon im Gehirn vor
sich geht, geschieht an sehr zahlreichen Stellen. Das ist auch so, wenn das Funk-

---

[1] Nur ganz kurz kann und soll hier angegeben werden, warum „nonische" Begriffe „heikel"
sind. Es handelt sich um Begriffe, die sich auf einen Gegenstand beziehen, der bestimmte
Merkmale nicht hat. Und nicht so, daß der betreffende Gegenstand real da ist, nur ohne
die Merkmale, Qualitäten, sondern es wird ein Gegenstand supponiert, gedacht, der in
dieser Weise nicht = non mit Qualitäten begabt ist. Die 0, „unendlich" sind ebenfalls
solche nonischen Gegenstände. Sie haben lediglich die Eigenschaft, eine nicht zu haben.
Also kann man strenggenommen nicht wie bei realen Gegenständen nach ihren weiteren
Qualitäten fragen. Diese interessieren aber gerade im Falle „des" Unbewußten (annähernd
Wiederholung von S. 6 u. 161).

tionieren des Stirnhirns prävaliert. Da die körperlichen Mikro-Vorgänge wohl Millonstelsekunden dauern und erst einem Aggregat von 20 000 materiellen Vorgängen die in einer Fünfzigstelsekunde ablaufen, das Mikroerlebnis einer Fünfzigstelsekunde entspricht, müssen wir uns zunächst mit Konstatierung, Bezeichnung und Einordnung des Mikroerlebnisses begnügen. Im übrigen reicht dies, wie die Erfahrung lehrt, für die psychologische Fragestellung in der Regel auch aus. Hier also wird psychologisch im eigentlichen Sinn untersucht.

Aber nun ein weiteres Beispiel:

Wollten wir einem anderen neurotischen Symptom, der Impotenz etwa, mit den gleichen, also psychologischen Mitteln zu Leibe gehen, so würden wir umgekehrt in die größten Schwierigkeiten geraten. Denn die seelischen Korrelate des körperlichen Impotenzvorganges sind annähernd, wenn auch nicht ganz ebenso, schwer zu fixieren und in Worte zu fassen wie die materiellen Korrelate eines Zwangsimpulses. Das seelische Korrelatgefüge einer Impotenz besteht, wie sich mikro-psychologisch zeigen läßt, im wesentlichen in einem Aggregat von gestörten Gefühlstönen. Dieses ist, wie schon gesagt, mit den heutigen Untersuchungsmitteln sehr schwer feststellbar, wenn auch im Falle des Gelingens eindeutig so feststellbar. Daher werden wir verständigerweise, statt eine Riesenapparatur differenziertester psychologischer Untersuchungen in Gang zu setzen, das körperliche Korrelat, die sichtbare Impotenz, fixieren und in der psychologischen Gesamtaussage verwenden. Wieder und wieder zeigt sich also, daß es hier nicht um ein grundsätzliches Problem geht, sondern um die praktische Lösung von Aufgaben. In deren Dienst pendeln wir vollbewußt und absichtlich, wie schon gesagt, verständigerweise, zwischen Psychologie und Physiologie hin und her; obgleich, wie wir gesehen haben, grundsätzlich „reine" Psychologie und selbstverständlich auch Physiologie möglich und ausreichend wäre. Auf diese Feststellung kommt es hier entscheidend an.

Aber es muß doch wohl noch einiges Erläuternde hinzugefügt werden.

Zu häufig kommen auf unserem Gebiet Fehlformulierungen vor, Formulierungen, die überholte Auffassungen neuerlich wieder einschmuggeln. Z. B. pflegt man, zumindest auch, im wissenschaftlichen Gespräch zu sagen, eine elektrische Reizung bestimmter Hirnzellen habe einen Lichteindruck „zur Folge" gehabt. Eine solche Formulierung legt ja den Gedanken nahe, als handle es sich hier um einen materiellen Vorgang, dessen unmittelbare Folge eine immaterielle Gegebenheit, ein seelisches Erlebnis ist. Korrekt müßte man statt dessen folgendermaßen formulieren: Der elektrische Reiz hat einen Zellverbandsvorgang zur Folge. Dieser Vorgang wird gleichzeitig von einem Lichterlebnis begleitet. Es handelt sich also darum, daß ein materieller Kausalzusammenhang zu einem bestimmten, materiellen Effekt führt. Dieser Effekt ist ebenfalls Vorgang im kleinsten Zeitraum. In diesen Zeitraum fällt gleichzeitig eine seelische Gegebenheit, deren Vorhandensein in eindeutiger funktionaler Abhängigkeit vom Vorhandensein jenes materiellen Effekts steht, wie umgekehrt auch.

Es wird zweckmäßig sein, in gleicher Richtung einmal das umseitige Diagramm zu betrachten. Eine materielle Kausalkette läuft von A nach B. Grundsätzlich kann zu jedem Glied der Kette, zu jedem Punkt der Linie eine seelische Gleichzeitigkeitsgegebenheit gehören. Aber das muß keineswegs der

Fall sein![1] Es ist einfach eine Frage der Empirie, der Tatsächlichkeit des Einzelfalls, ob es so ist oder nicht. Wir interessieren uns u. U. für die korrelative seelische Gegebenheit y des materiellen Vorgangs x, der zwischen A und B liegt. Wenn wir dann auf dem Weg von C nach y, also in der seelischen Reihe, einen seelischen Folgezusammenhang erkennen, und etwa in D einen seelischen Effekt der seelischen Reihe C nach y, so würde D auch Folge von y sein. Mittelbar würde dann D auch Folge von A und u. a. B Folge von C sein[2].

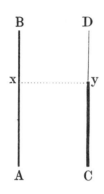

Das würde also heißen: Die Feststellung, daß der sogenannte Leib-Seele-Zusammenhang als Gleichzeitigkeitskorrelation verstanden werden muß, hebt die Möglichkeit und Realität von körperlich-seelischen, sogenannten Wechselbeziehungen nicht auf. Es steht also nicht so, daß wir uns zu entscheiden hätten, ob wir den Leib-Seele-Zusammenhang als Wechselbeziehung oder als Gleichzeitigkeitskorrelation anzusehen haben. Wir müssen heutzutage einfach spezialisierter vorstellen und formulieren. Wir müssen uns dazu entschließen, die grundsätzliche Fragestellung nach dem Leib-Seele-Zusammenhang von ähnlichen und häufig gleich formulierten Fragestellungen zu unterscheiden. So erlaubt uns die Verwendung des Beiwortes „mittelbar" (s. o.), in ganz bestimmtem Sinn und Zusammenhang für die Wechselwirkungstheorie zu sprechen. Immerhin liegen hier einige sprachliche und Formulierungsschwierigkeiten vor, die dauernd zu beachten sind.

Daher wäre wenigstens zu erwägen, ob wir uns nicht fürderhin damit begnügen sollten, das sogenannte Leib-Seele-Problem als Scheinproblem beiseite zu stellen und uns an die Tatsache der Gleichzeitigkeitskorrelation zu halten. Weitere, komplexere Zusammenhänge könnten wir dann, wenn auch vielleicht ganz kurz, in einigen wenigen Sätzen beschreiben, und dies unter Verzicht auf Sonderbegriffe wie etwa auf den der Wechselwirkung. Einfach, damit solche zusätzlichen, Komplexeres am Ganzen betreffenden Begriffe gar nicht erst in die Lage kommen, wenn auch nur scheinbar, mit der korrekten Grundkonzeption zu konkurrieren. Auf diese Weise würden jedenfalls außerordentlich viel Mißverständnisse vermieden werden.

Nach oben Entwickeltem müssen wir ja sowieso eine riesige Fülle solcher

---

[1] Was also in der einen Richtung y → x streng gültig ist, ist es in der umgekehrten nicht.

[2] Wir beenden unsere Fragestellung mit der Antwort des grundsätzlichen Gleichzeitigkeitskorrelats. Ein „Idealismus" ist dadurch ausgeschlossen, daß „selb-ständiges" Seelisches nicht als „seiend" anerkannt wird, auch nicht Geistiges also. Die materiellen Korrelate „laufen" in der Zeit kausal weiter, haben aber nur hin und wieder seelisch-geistig Korrespondierendes. Die Frage, „was" denn das „sei", das einmal als materiell, einmal als seelisch „erscheint", wird unsererseits als sinnlos = grundsätzlich unbeantwortbar abgelehnt, obgleich wir wissen, daß sich subjektiv ernsthafte Denker auch heute noch hierum ebenso bemühen, wie darum, festzustellen, „warum" zum Erlebnis: rot eine bestimmte Wellenlänge, zu blau eine andere „gehört". Für ebenso sinnlos halten wir die Frage, „warum" z. B. zu den Erlebnissen: hilflos oder liebend gerade die speziellen körperlichen Korrelate „gehören", die wir hier annehmen müssen. Ich berufe mich auf all die Autoren, die sich seit je ebenso äußerten. Es ist eine Angelegenheit des Vertrauens zu Welt und Leben, jene spezifischen Zuordnungen hinnehmen zu können.

Gleichzeitigkeitskorrelate[1] annehmen. Daher auch recht verschiedenartige Möglichkeiten, spezielle Zusammenhangsseiten, Beziehungsseiten zu fixieren. Wir sollten uns die wissenschaftliche Verarbeitung der kaum überblickbaren Mannigfaltigkeit nicht noch erschweren. Letztlich also stehen wir vor einer Aufgabe, die sogar, soweit sie übersehbar ist, bereits ein Jahrhundert in Anspruch nehmen wird. Es besteht kein Grund anzunehmen, daß es Seelisches geben sollte, das kein körperliches Gleichzeitigkeitskorrelat hat. Umgekehrt ist das gleiche, soweit wir annehmen müssen, nicht der Fall. Aber wer durchaus will, mag vorläufig ruhig meinen, daß sämtliche Vorgänge im menschlichen Körper auch ein seelisches Korrelat haben, z. B. in Form von „Gestimmtheiten". Die Erfahrung muß zeigen, wie es darum steht. Sicher also stehen wir vor der Aufgabe, allmählich eine Sammlung sämtlicher möglicher Korrelate oder zumindest sämtlicher typischer oder allgemeinerer Korrelate zuwege zu bringen und diese dann zu ordnen. Dabei bestehen dann, wie die vorliegende Darstellung insgesamt hat zeigen sollen, die beiden Aufgaben nebeneinander, nämlich, die uns vorschwebenden, hierhergehörenden Tatbestände „wellentheoretisch" und auch „rein" psychologisch anzugehen. Eine Generation, die vor einer solchen nunmehr geklärten Aufgabe steht, sollte sie beglückt und entschlossen in Angriff nehmen!

2. Die Magersucht als „psychologisches" Problem[2]

Hinsichtlich des Themas Magersucht konkurrieren heute noch in ungeklärter Weise zwei, hin und wieder scharf miteinander kontrastierende Auffassungen: auf der einen Seite wird Bezug genommen auf die primär-organischen Grundlagen der Simondschen Kachexie, auf der anderen aber entbehren soundso viele Fälle von sogenannter Magersucht aller primär-organischen Funde. Hier nehmen mehr und mehr Autoren eine neurosenpsychologische Herkunft an. Da nun das sogenannte Leib-Seele-Problem immer noch „schwebt", und die hier vertretene gleichzeitigkeitskorrelative Auffassung der psychosomatischen Tatbestände sich keineswegs überall durchgesetzt hat, wird dieser Schwebezustand weiter durch Ungeklärtheiten auch dieser Art unterstützt. Daher möge zunächst eine **Grundauffassung** der folgenden Darstellung mitgeteilt werden:

Wenn neurosenpsychologische Entwicklungen einen zirkumskripten, strukturell höchst einfachen psycho-somatischen Effekt haben, z. B. eine Gestimmt-

---

[1] Noch eine Hinzufügung: Von Korrelat statt von Gleichzeitigkeitskorrelat zu sprechen ist also eigentlich falsch. Denn der Ausdruck „Korrelat" ist ein formaler Hinweis. Auch zeitlich nacheinander Auftretendes kann korrelativ, d. h. in funktionaler Abhängigkeit stehend sein.

[2] Das vorliegende Kapitel ist hervorgegangen ursprünglich aus einem Vortragsentwurf des Jahres 1944. Damals äußerten sich Zutt und von Bergmann in der Berliner Charité zur Frage der Magersucht. Verfasser erbot sich zur Entgegnung. In den Stürmen dieses Jahres kam es nicht zu dem bereits angesagten Vortrag. Im kleineren Kreise seiner engeren Mitarbeiter machte Verfasser Mitteilung von seiner Auffassung. Erst auf dem Neurologen- und Psychiaterkongreß am 8. 11. 1949 in Göttingen erfolgte ein ausführlicher Bericht, der besonders auch auf die Mitteilungen Villingers einging. — Nach Abschluß des Buches gelangte die Dissertation von M. Rüegg „Zum psychischen Bild bei Pubertätsmagersucht", Turbenthal AG., Turbenthal 1950, in die Hand des Verfassers. Deren Lektüre möge empfohlen werden, da die 32 dargestellten Fälle, darunter 2 tödliche Ausgänge, manchen, der die hier entwickelte Auffassung zu erwägen geneigt ist, nachdenklich stimmen werden.

heit, ein Gefühl, so besteht die höchste Wahrscheinlichkeit, daß der gleiche so-
mato-psychische Effekt auch Folge primär-organischer, z. B. enzephalitischer
Erkrankungen sein kann. Ist dieser allgemeine Satz zutreffend — er ist eine der
Konsequenzen aus der gleichzeitigkeitskorrelativen Auffassung —, so kann es
von vornherein nicht wundernehmen, daß das Gebilde Magersucht im einen
Extremfall, nämlich in dem der Simondschen Kachexie, eindeutig primär-organisch begründet ist und im anderen Extremfall nicht eine Spur von primär-
organischer Abartigkeit vorliegt. Von der im vorliegenden Buch vertretenen Auffassung her also ist die oben genannte Diskrepanz der Meinungen unbegründet
und die Diskrepanz der Tatbestände völlig verständlich. Folge hieraus: Die Si-
mondsche Kachexie widerspricht in keiner Weise der Möglichkeit reiner neurosenpsychologischer Begründetheit einer Magersucht. Es muß im Einzelfall entschieden werden. Für die vorliegende Darstellung kommt naturgemäß eine Diskussion der primär-organischen Vorkommnisse im Bereich des Gebietes Magersucht nicht in Frage, sondern lediglich die der neurosenpsychologischen.

Es ist fraglich, ob man für das hier in Frage stehende Phänomen überhaupt
den Begriff der Mager-,,Sucht" beibehalten sollte. Auf jeden Fall sollte man sich
von seinem wörtlichen Sinn unabhängig machen, obgleich sich zeigen wird, daß
doch etwas an ihm ist, wie an so manchen alten Begriffen. Denn die betreffenden
Patienten, ja zumeist Patientinnen, suchen tatsächlich dranghaft die Magerkeit.
Es fragt sich neurosenpsychologisch nur, und zwar entschieden, warum sie das
eigentlich tun. Dabei wird man zunächst noch einmal die Frage aufwerfen dürfen,
ob die hauptsächliche alt-psychoanalytische Formel, es handle sich dabei um eine
unbewußte Ablehnung der Dicke gleich Schwanger-sein, den Kern des Tatbestandes trifft. Auch hier wird sich zeigen, daß jene alte Konzeption sehr weitgehend
korrekt war, aber es wird sich auch ergeben, daß diese Lapidarformel heute doch
mit einem umfassenderen Sinn verbunden werden muß.

Worauf man seine Aufmerksamkeit, will man hier neurosenpsychologisch verstehen, zentral richten sollte, ist, daß die betreffenden Patienten praktisch nicht
essen. Es wird noch erörtert werden, warum sie dann doch, wie Zutt als regelhafte und auffällige Vorkommnisse mitteilt, vielfach heimlich an den Speise-
schrank gehen und naschen. Im ganzen gesehen aber handelt es sich um ein
faktisches Nicht-Essen und daher Abmagern. Im Grenzfall kann dieses Nicht-
Essen so entschieden beibehalten werden, daß der Patient an Kachexie und dann
etwa auch interkurrenter Pneumonie zugrunde geht.

Versucht man vom Erleben der Betreffenden her neurosenpsychologisch zu
charakterisieren, so ergibt sich, daß die Betreffenden subjektiv im wesentlichen
phobisch reagieren, denn sie berichten immer wieder, daß sie von schwerer
Unruhe und echter Angst (nicht Furcht!) geplagt werden, sobald sie essen und
in Konsequenz dessen bemerken, daß sie ihr Gewicht behalten oder sogar, wie
das ja allgemein üblich ist, im Gewicht schwanken, d. h. also, hin und wieder
sichtbar zunehmen. Man wäre auch berechtigt, hier von hypochondrischem
Erleben zu sprechen. Oder auch erinnern Züge des magersüchtigen Erlebens stark
an solche des depressiven. Es läßt sich bei der Erörterung der neurosen-struk-
turellen Hintergründe solchen Erlebens zeigen, daß in der Magersucht ebenso
wie in der Depression orale Momente außerordentlich stark beteiligt sind. Es

läßt sich zeigen, daß die Formen der Weltabgewandtheit und der Bezogenheit auf Innenerleben, besonders auf Parästhesien, auf abartige, unangenehme Sensationen, wie sie besonders für das hypochondrische Erleben bezeichnend sind, auch für das magersüchtige gelten.

Es scheint so zu sein, als wären wenigstens 4 Arten magersüchtigen Geschehens ausreichend deutlich voneinander abhebbar.

1. In Gesellschaft anderer Menschen, in der Gemeinschaft empfindet der Betreffende keinen Hunger. Dies als einfaches Faktum. Aber er ißt dann häufig allein und dann meist ganz Spezielles. Dies aber reicht nicht aus, er magert ab.
2. Der Betreffende hat nie Hunger oder nahezu nie, unabhängig davon, ob er in Gesellschaft oder allein ist. Naturgemäß magert der Betreffende noch rascher ab als der vorige.
3. Der Betreffende hat in irgendeinem Grade Hunger, aber er ißt, wie oben kurz geschildert, aus phobischen Gründen nicht. Also magert er ab.
4. Der Betreffende hat Hunger, ißt und magert aus inneren Gründen primär-organischen oder vielleicht im seltensten Fall auch neurotischen Charakters dennoch zunehmend ab.

In allen Fällen bis auf den vierten wird nicht gegessen. Es fragt sich also, ob dieses Nicht-Essen, besonders wenn es sich im allgemeinen um die Jahre kurz vor, während oder kurz nach der Pubertät handelt, einen für alle überhaupt neurosen-psychologisch verstehbaren Fälle gemeinsamen Sinn hat. Es wäre hier also zunächst die Neurosenpsychologie überhaupt zu befragen und zu untersuchen, ob sie nicht in der Lage ist, einen theoretischen Beitrag zu liefern, für den die etwa von Zutt, von Bergmann und Villinger (und auch Rüegg) genannten Erlebens- und Verhaltensphänomene Belege darzustellen vermögen.

Sieht man einmal von der sehr naheliegenden Bezugnahme auf die orale Thematik ab und bezieht sich auf die allgemeinere des Kaptativen, so müßte es sich darum handeln, daß die Betreffenden durch Gehemmtheiten auf diesem Gebiet ausgezeichnet sind. Soweit es sich überblicken läßt, ist das auch so. Diese Patienten haben mit den depressiven Strukturen gemeinsam, daß sie nicht in der Lage sind, da aufzunehmen, zuzugreifen, zu fordern, zu erobern, in Besitz zu nehmen, wo es nach mittleren Maßstäben durchaus möglich und angezeigt wäre, oder wo sie es ihrer eigenen Natur nach eigentlich müßten. Aber die Betreffenden sind noch durch einen weiteren Zug ausgezeichnet, nämlich einen retentiven. Auf der einen Seite ist also Spezialfall der kaptativen Gehemmtheit, daß die Betreffenden nicht essen können, bzw. essen wollen, im Einzelfall sogar nicht einmal Appetit haben. Im andern Fall sind sie nicht nur außerstande, wenn von ihnen etwas gefordert wird, nein zu sagen, sondern sie reagieren auch noch mit dem Darm und produzieren eine Obstipation. Auf deren häufiges Vorkommen wurde daher auch von Zutt hingewiesen. Da diese Patienten also nicht in der Lage sind zu fordern, reagieren sie auf Forderungen anderer wenigstens negativ. Wird von ihnen sehr viel gefordert, und das wird ja manchmal von den betreffenden Müttern berichtet, fügen sie sich dann aus Gehemmtheitsgründen, so fürchten sie ja naturgemäß, in Fülle zu kommen. Sie müßten, wenn sie „voll" würden, dann immer mehr geben. So befürchten sie, „ausgepowert" zu werden. Sie wollen also instinktiv nicht voll werden, nicht in die Fülle kommen.

So erklärt es sich, daß die Betreffenden fast immer schließlich berichten —
aber diese Tatsache zunächst so lange wie nur möglich geheimhalten, also nicht
hergeben —, daß sie besonders am Gesäß und an den Brüsten dick zu werden
fürchten. Darüber hinaus aber und allgemeiner fürchten die Betreffenden eben
alles Runde und Füllige. So wird dann ihre Abwehr eine Angelegenheit ihrer gesamten Existenz, ihres „Daseins", ihrer Reaktion auf die Welt überhaupt. Von
einer Seite her gesehen kann man das magersüchtige Erleben also durchaus als
Lebensverneinung verstehen. Zutt hat hier wiederum erwähnt, daß es auffällig
ist, wie häufig Magersüchtige das Leben als sinnlos bezeichnen. Um eine Reihe
von weiteren Beobachtungen, die Zutt als regelhaft mitteilt, hier interpretierend
anzufügen: Wir meinen, den regelhaften Sinn der von ihm ebenfalls bemerkten
Zyanose der Extremitäten, einer Neigung zum Frieren und auch bestimmter
Formen von Amenorrhöe als retentiv verstehen zu müssen. Wir sind daher auch
nicht erstaunt zu hören, daß die Betreffenden soundso oft aus den Zimmern anderer Menschen, ganz in scheinbarem Widerspruch zu ihrer Appetitlosigkeit,
Gegenstände, z. B. auch Nahrungsmittel, Süßigkeiten (Kleinkindspeisen!) ent-
wenden. Wir kennen die gleichen Züge als Kleptomanieimpulse bei oral-gehemm-
ten Neurotikern auch sonst. Wenn Eitelkeit als hervorstechendes Merkmal erwähnt wird, so ist auch diese Eigentümlichkeit dem Bisherigen zuzuordnen.
Wir kennen heute diejenigen Insuffizienz- und Minderwertigkeitsgefühle neurosenpsychologisch genau, die dazu führen, daß der Betreffende bestimmte positive
Eigenschaften an sich überschätzt und daher außergewöhnlich pfleglich mit ihnen
umgeht. Das ist dann ja Eitelkeit. Im Einzelfall verlegt der Betreffende sich aus
Mangel an sonstigem Lebenssinn, eingeengterweise, ganz auf das Gebiet des
Geltungsstrebens und wird betont ehrgeizig. Die von Bergmann erwähnte
Eigentümlichkeit: das Persistieren der Amenorrhöe über eine eventuelle Gewichts-
korrektur hinaus liegt in der gleichen Richtung. Daß er die Magersüchtigen in
der Unterhaltung als überspitzt, mokant, manchmal geistvoll und im Widerspruch dazu geradezu albern bezeichnet, gehört, wie ersichtlich, ebenfalls in den
hier erörterten und als gegeben anzusehenden Zusammenhang. Daß die Betreffenden auf jeden Hinweis durch andere (auf den sie sich dann manchmal betont beziehen), sie würden zu dick, mit größter Empfindlichkeit reagieren, schließt
sich sinngemäß an. Von neurosenpsychologischer Seite her muß nur hinzugefügt
werden, daß der manchmal offensichtliche, lärmende Konflikt, der als dem Ausbruch der Magersucht vorausgehend erwähnt wird, nur als letzte, auslösende,
wenn auch sinnvolle „Ursache" angesehen werden darf. Das entspricht ja dem
Inhalt aller Darstellungen des vorliegenden Buches. Nimmt man nun noch die
von Villinger neuerdings angegebenen prämorbiden Eigentümlichkeiten der
Zurückhaltung, des Sich-Scheuens, der Schüchternheit, Empfindlichkeit, Zartheit
des Fühlens usw. hinzu, so zeigt sich, daß damit lediglich weitere, mit „biographischen" Mitteln (s. a. Vorw. V) charakterisierte Züge des Gebildes genannt werden
(s. das Kapitel „Hysterische Struktur S. 109 u. S. 111). So wird der eine Autor
von „Mimosenhaftigkeit" sprechen, der andere einfach von Empfindsamkeit. Ein
Mensch, der auf jede Forderung, die die Außenwelt an ihn stellt, empfindlich,
retentiv reagiert, muß ja im ganzen als empfindsam und mimosenhaft imponieren.

Zentral im Aufbau der Magersucht läge also eine oral-kaptative Gehemmtheit, eine retentive Haltung begleitet sie. So kann die Entwicklungsgeschichte im Einzelfall darin bestehen, daß der Vater sein Töchterchen ursprünglich nicht bestätigte, sondern verneinte. Er erscheint der Tochter also als höchst bedrohlich. Geschieht das sehr früh, noch innerhalb oral getönten Daseins, so erlebt das Mädchen den Vater als bedrohlich Fordernden, als einen, der immer nur haben und nehmen will. Auf diesen Eindruck hin entwickelt es eine retentive Reaktion. Wird diese in die Latenz geschickt, so kann sie als Symptom, oft in Form einer Obstipation, durchbrechen. Und, wie schon oben entwickelt, ist es durchaus verständlich, wenn jemand, der nicht im üblichen Sinn zu fordern wagt, weil er „meint", er werde gegen den fordernden Charakter des Vaters, dann etwa auch des Bruders und später des werbenden Mannes nicht ankommen, lieber gar nicht erst in Fülle gerät, d. h. reift und eine erwachsene Frau wird. Im Einzelfall kann daher naturgemäß eine ganz spezielle sexuelle Problematik mit allen Zugehörigkeiten in der Genese eine führende Rolle spielen. Dann handelt es sich aber nur um eine spezielle Variante, so daß man nicht erwarten darf, dieselben Akzente in allen übrigen Fällen ebenfalls vorzufinden. Entscheidend bleibt für das Gesamtbild der Magersucht eine oral-kaptative Problematik auf der einen Seite, eine anal-retentive (auch daher die häufige Betonung des Gesäßes!) auf der anderen. Gerade am Beispiel der Magersucht läßt sich deutlich zeigen, inwiefern es nicht nur berechtigt, sondern sogar notwendig ist, den sehr speziellen Kategorien des Oralen und des Analen die allgemeiner gefaßten, existentiellen des Kaptativen und des Retentiven gegenüberzustellen. Setzen wir nun einmal voraus, daß vom rein Seelischen, Neurosenpsychologischen her eine Verneinung nicht nur oraler, sondern auch kaptativer Antriebe zustande kommt, daß sie ein Leben „zentriert" und vielleicht sogar in eine subjektiv erlebte Anorexie ausmündet — und daß diese existentielle Haltung über lange Zeit persistiert —, so ist damit ja eine gleichzeitigkeits-korrelative Funktionsstörung als vorhanden gesichert. Diese kann sehr wohl hypophysenlokalisiert, bzw. stammhirn-lokalisiert sein. Im Grenzfall wäre es nicht einmal erstaunlich, wenn bei längerem Festhalten einer neurotisch bedingten, schweren oral-kaptativen Gestörtheit das korrespondierende Organ irreversible abartige Züge erhält. Diese mögen im Einzelfall dann sogar mit gröberen Untersuchungsmitteln physiologisch oder gar histologisch aufweisbar sein.

Wieder von der seelischen Seite her: Es ist keineswegs erstaunlich, wenn im Einzelfall die Tatsache, daß die magersüchtige Patientin in prägnanter Weise Einzelkind ist, auffällt. Oder man findet auch in ebenso prägnanter Weise, daß die Betreffende einst gegen ein jüngeres Geschwisterchen protestierte, an diesem Protest scheiterte und eine gestörte orale Entwicklung in ihre Persönlichkeitsstruktur einbaute. Wiederum geht aus der Gesamtdarstellung des vorliegenden Buches hervor, daß Folgeerscheinungen der strukturellen Abartigkeit auch etwa in eine Berufsproblematik münden können, so daß hervorstechende Eigentümlichkeit der Lebenssituation der Betreffenden vor der Erkrankung dann eben solche Berufsproblematik ist. Oder es zeigt sich gerade umgekehrt eine überkompensierende, auffallend „glänzende" Bewältigung üblicher Berufsschwierigkeiten.

Es sei noch erwähnt, daß die „Unfähigkeit", an gemeinsamer Tafel zu essen, sich im Einzelfall als hergeleitet aus einer Protesthaltung gegen vorhandene oder

drohende Geschwister erweisen läßt. „Viele Menschen" „sind" dann die ehemaligen
geschwisterlichen Konkurrenten oder kommende eigene Kinder. Träume zeigen
dies oft in sofort einleuchtender Weise.

Es ergeben sich bei näherer Betrachtung also auch für die Magersüchtigen
eine ganze Reihe von Konditionen. Daher auch der widerspruchsvolle Charakter
des Gesamtbildes, wie Villinger hervorhebt. Man darf hier wohl auch die Größenordnung der Zahl der Konditionen nennen. Es handelt sich vielleicht um ein
Dutzend. Entscheidend ist lediglich, daß wir die Magersucht im Kern kaptativ-
oral und ableitend retentiv-anal lesen dürfen. Nach allem im vorliegenden Buch
oben Dargestellten ist dies keineswegs erstaunlich.

Und nun ist in analoger Differenzierung wohl hinzuzufügen, daß wir es gleichzeitigkeitskorrelativ in der Regel mit einem Gefüge von Hypophysen-, Stammhirn-,
Großhirn-, weiterer endokriner Drüsen und dem Funktionieren sonstiger Organe
zu tun haben. Es wird sich im Mittel und grundsätzlich um eine Ergänzungsreihe
handeln, in der einmal dieser, einmal jener Faktor den Akzent hat. Der sensationelle Grenzfall „beweist" dann also sehr wenig, aber er vermag eine Spur
zu zeigen.

In psychologischer Hinsicht geht aus dem oben Dargestellten hervor, daß man
die Determinanten der Magersucht grundsätzlich sehr weit fassen muß. Auf der
einen Seite handelt es sich bei ihr um eine existentielle Reaktion, um Verneinung
von Fortschreiten, Reifen, Zukunft, von Leben überhaupt. Im Einzelfall aber
kann die zentrale Problematik im Sinne des Motors ausgesprochen sexuell im
landesüblichen Sinn sein. So müssen wir heute auch bei einem so prägnant erscheinenden Gebilde wie der Magersucht, obgleich wir auch den Kern von dessen
Struktur verhältnismäßig lapidar charakterisieren können, an den weiträumigsten
möglichen Hintergrund ebenso denken wie an den engsten, speziellsten.

3. Das Problem der Psychopathie[1]

Die, praktisch durchaus brauchbare, Definition der Psychopathie lautet etwa:
Es handelt sich um abartige Menschen, und zwar seelisch abartige (daher Psychopathie), die an sich selbst leiden oder auch ihrer menschlichen Umwelt durch
ihr Verhalten Leid bereiten. Als erste, wie man es eben ausdrückt, „praktische"
Abgrenzung ist diese Definition also zweckdienlich. In seinem Buch: „Die psycho-
pathischen Persönlichkeiten" (6. Auflage, Verlag Franz Deuticke, Wien 1943) bezieht sich Kurt Schneider im wesentlichen auf diese Definition. Sein ganzes
Buch zeigt, wie der Autor durch beschreibende Methode allen Interessierten
ein Bild von den verschiedenen Psychopathengruppen, die unter obige Definition
fallen, zu geben sucht. Insbesondere wird dann weiter dargestellt, welche Erfahrungen man mit den verschiedenen Versuchen, auf diese Psychopathen ein-
zuwirken, gemacht hat.

Die Psychopathengruppen lassen sich also etwa so abgrenzen, und es lassen
sich darüber hinaus Angaben machen, wie man mit ihnen umzugehen hat, wenn
man nur einigermaßen Erfolg haben will. Aber die angeführten Maßnahmen

---

[1] Nach einem Vortrag vor Psychotherapeuten im April 1944 in Berlin. Abgedruckt in
„Psychologische Rundschau", Bd. I/3, 1950, Göttingen.

haben eben doch im wesentlichen einen nur fürsorgerischen Charakter, d. h., sie gehen weitgehend auf Versorgung, Verwahrung, Schutz der Psychopathen gegen sich selbst und die Folgen ihres Tuns, Schutz der Gemeinschaft gegen die schädigenden Verhaltensweisen und Handlungen der Psychopathen. Alle eigentlich korrigierenden Maßnahmen werden nur nebenbei behandelt. Und das hat, vom Autor her gesehen, seinen guten Sinn. Denn, im ganzen gesehen, ist K. Schneider davon überzeugt, daß die Psychopathie eine genotypische Angelegenheit ist und daher im Grunde nicht korrigierbar. Diese Überzeugung von der letztlich rein körperlichen Fundiertheit der Psychopathie, und zwar in erbmäßigem Sinn, ist bei K. Schneider so eindeutig, daß er nur in sehr flüchtiger Weise entgegengesetzte Auffassungen, etwa neurosenpsychologische, streift. Aber gerade diese sollten viel mehr berücksichtigt werden, als das bisher geschehen ist. Die psychotherapeutischen und tiefenpsychologischen Erfahrungen der letzten Jahrzehnte sprechen dafür, daß bei aller Anerkennung des Psychopathenbegriffs für „praktische" Zwecke die vorliegenden Sachverhalte gegen die Aufrechterhaltung des Begriffs der Psychopathie stehen. Wir wissen heute von der Struktur, dem Wesen der Psychopathie immerhin so viel, daß wir der Welt und auch den auf Versorgung und Verwahrung bedachten Instanzen zumuten müssen, sich mit dem neuen Wissen auseinanderzusetzen. Wir wissen von den Tatbeständen, auf die sich das Wort „Psychopathie" bezieht, so viel, daß wir von nun ab das Wort „Psychopathie" immer nur in Anführungsstriche gesetzt verwenden sollten. Der vielgelobte „praktische" Gesichtspunkt ist eben doch kein letztlich gültiger. Er verliert seine eigentliche praktische Bedeutung in dem Augenblick, in dem die Tatbestände, auf die sich Maßnahmen beziehen sollen, notwendigerweise anders gesehen werden müssen als bisher. Es hat sich herausgestellt, daß zweifellos Genotypisches bei der Psychopathie beteiligt ist, und zwar im Sinne begünstigender Bedingungen; aber das eben bedeutet ja keineswegs, daß die Psychopathie erbbedingt ist. Es hat sich herausgestellt, daß die Psychopathie zu erheblichem Teil strukturell gesehen werden muß, und daß die peristatische Bedingtheit als gleich bedeutsam neben die genotypische gesetzt werden muß. Daß man auch Erbbedingtes, also im Grunde Unkorrigierbares mit gutem Willen und allen möglichen Maßnahmen des gesunden Menschenverstandes ein bißchen modeln kann, ist nicht nur wissenschaftlich kein Trost, sondern auch praktisch nicht. Es handelt sich eben nicht nur darum, daß auch auf dem Gebiet der Psychopathie ganz selbstverständlich eine Ergänzungsreihe von Genotypischem und Peristatischem, von Erbbedingtem und Erworbenem vorliegt, sondern daß wir verpflichtet sind, auf Grund unseres heutigen Wissens den Gewichten beider Seiten durch breite, den wirklichen Sachverhalten angepaßte Darstellung Ausdruck zu geben. Und da ist die peristatische Seite ganz eindeutig schwer vernachlässigt worden. Die peristatische Seite, also die Gesamtheit der Bedingungen, die durch das Stichwort: „durch Umwelteinflüsse erworben" gekennzeichnet ist, ist identisch mit dem, was wir innerhalb unserer Bereiche neurosenpsychologisch oder neurosenstrukturell nennen. Wir haben also die Aufgabe, zu untersuchen, wie die von K. Schneider aufgestellten 10 Psychopathengruppen tiefen- und neurosenpsychologisch aufzufassen und evtl. in neuer Anordnung darzustellen sind. Natürlich wird dies nur nach genauester Lektüre des K. Schneiderschen

Buches geschehen können. Und die Form, in der es eigentlich geschehen müßte, wäre die einer wenigstens ebenso breiten Darstellung, wie K. Schneider sie gegeben hat.

Innerhalb einer, wie hier beabsichtigt, vorläufigen, kurzen Stellungnahme aber wird sich eine solche Darstellung nicht geben lassen. Wir werden uns mit einer Skizze begnügen müssen.

Zunächst einmal seien die von K. Schneider angegebenen 10 Psychopathengruppen genannt:

1. hyperthymische Psychopathen,
2. depressive Psychopathen,
3. selbstunsichere Psychopathen,
4. fanatische Psychopathen,
5. geltungsbedürftige Psychopathen,
6. stimmungslabile Psychopathen,
7. explosible Psychopathen,
8. gemütlose Psychopathen,
9. willenlose Psychopathen,
10. asthenische Psychopathen.

Jede dieser Gruppen enthält eine Reihe von Untergruppen, die von K. Schneider als Varianten angesehen werden. Überblickt man diese Tafel der Psychopathen noch einmal, so wird derjenige, der in ausreichender Weise mit diesen Menschen, also auch den entsprechenden Kindern und Jugendlichen, zu tun gehabt hat, insbesondere wenn er die Einzelschilderung der Betreffenden liest, zunächst sagen, er finde hier eine bestimmte Gruppierung von ihm tatsächlich Bekanntem vor, und zwar sei die Zusammenstellung offensichtlich durchaus vollständig. Jeder Psychotherapeut mit einiger Erfahrung kennt die hier geschilderten Menschen und wird auch zugeben, daß man — unter noch verborgenen Gesichtspunkten — so gruppieren könne, wie K. Schneider es tut. Es werden von diesem eine Reihe von charakteristischen Eigentümlichkeiten hervorgehoben und als Gruppenmerkmale herausgestellt. Dabei ist der nächste Eindruck der, daß, vom Erfahrungsfeld der Psychotherapie her gesehen, einige Gruppen sehr treffend gekennzeichnet scheinen, andere aber eben keineswegs. Wer von der Neurosenstruktur ein lebendiges und vollständiges Bild in sich trägt, wer erfahren hat, daß dieses Bild der Neurosenstruktur eine Abstraktion aus einer sehr breiten Tatsachenfülle darstellt, wird sehr bald den Eindruck haben, daß die von K. Schneider aufgestellte Tafel eine Ordnung nach windschiefen Gesichtspunkten ist. Um ein Beispiel zu nennen: Jeder Psychotherapeut kennt die von K. Schneider „hyperthymischer Psychopath" genannte Persönlichkeit. Zweifellos gibt es eine Gruppe von Menschen, die sich durch eine offensichtliche euphorische Grundstimmung mit all den dazugehörigen Konsequenzen für das Erleben und Handeln auszeichnet. Aber derselbe Psychotherapeut wird Bedenken haben, als methodisch gleichwertig etwa die Gruppe der „fanatischen" Psychopathen anzuerkennen. Verwendeten wir heute noch die mittelalterliche Sprache, so würden wir etwa sagen können, das Attribut hyperthymisch gehe auf eine Essenz, auf etwas wesenhaft Eigentümliches. Hat man also die erste Gruppe hyperthymisch genannt, so hat man damit die Methode seines Ordnens angegeben, nämlich man hat, auch wenn man es nicht ausdrücklich macht, gewissermaßen gesagt: Nun werde ich also weitere 9 Gruppen aufstellen, die alle Psychopathen genannt, aber alle durch ein neues Attribut charakterisiert werden sollen. Dieses wird, weil es sich ja sonst um keine einlinige Ordnung handeln würde, ebenfalls eine essentielle Charakteristik darstellen. Es zeigt sich dann aber, daß der erfahrene Psychotherapeut das Attribut „fanatisch" unter keinen Umständen als in solchem Sinn essenzhaft anerkennen kann. Wie schon gesagt, kennt er natürlich die Persönlichkeiten, die hier als fanatische Psychopathen bezeichnet werden, aber er ist der Meinung, daß man anders gruppieren, anordnen und bezeichnen sollte. Er ist der Meinung, daß er die Welt der Psychopathen sehr genau kennt, daß er aber darauf verzichtet hat, diese lediglich zu beschreiben und sich dann wissenschaftlich und praktisch damit zu begnügen. Vielmehr hat er die Betreffenden in soundso vielen Exemplaren genauestens analysiert, er hat ihre Entwicklungsgeschichte und Struktur untersucht. Von da an ist er gezwungen, unter dem Gesetz des Tatbestandes stehend, die Betreffenden strukturell zu charakterisieren. Von da an erscheint ihm eine Charakteristik wie die durch den Ausdruck „fanatisch" gegebene keineswegs als berechtigt.

Man könnte hier an eine Zoologie denken, die folgende Gruppeneinteilung hätte:

1. fliegende Tiere,
2. schwimmende Tiere,
   usw.

Eine solche Zoologie interessiert aber einfach nicht. Was interessiert, ist die verwandtschaftliche Zugehörigkeit. Und dieser Gesichtspunkt der Verwandtschaft überschneidet den Gesichtspunkt der Bewegungsart kreuz und quer, wie wir ja alle wissen.

Ähnlich auf dem Gebiet der Psychopathie: Uns interessiert nicht nur die äußere Versorgung und Bewahrung der Psychopathen. Sie interessiert uns auch. Sie interessiert uns praktisch sogar vordringlich, aber sie hat uns nun schon ein Jahrhundert interessiert, und wir wissen, was wir zu tun haben, um die Psychopathen gegen sich selbst und die Gesellschaft vor ihnen zu schützen. Das ist erledigt, praktisch ausreichend erledigt. Und nun interessieren wir uns, wie schon immer insgeheim oder sogar vollbewußt und ausdrücklich, für ihre mögliche Korrektur. Wir fragen uns: „Ist da etwas zu korrigieren?" Wir finden: „Die Qualität erbbedingt = unkorrigierbar ist eindeutig kein zum Begriff der Psychopathie gehöriges Merkmal." Sobald wir uns für die Korrektur des Psychopathen interessieren, tritt das Unkorrigierbare zurück, muß von nun an zurücktreten, und wir wenden uns entschlossen dem peristatischen Anteil zu. Wir untersuchen nun das am Psychopathen, was ontogenetisch erworben wird, was also auf Umwelteinflüsse zurückgeht. Wir fragen uns: Können wir das heute bereits in ausreichendem Maße? Und die Psychotherapie und Tiefenpsychologie antwortet eindeutig: „Ja, wir sind immerhin so weit, daß das Thema Psychopathie unter keinen Umständen mehr so diskutiert werden darf, wie K. Schneider es tut." Mag die K. Schneidersche Gruppierung und Darstellung noch zum vorläufigen Gebrauch für die allerdringlichsten praktischen Aufgaben zweckdienlich sein, sobald wir auch nur entfernt daran denken können, in unserer Aufgabesetzung darüber hinaus zu gehen, müssen wir nunmehr ausdrücklich neurosenpsychologisch weiterdenken. Und dann sind, was ja aus dem oben dargestellten Ansatz schon hervorgeht, die attributiven Bezeichnungen neuerlich aufs Korn zu nehmen. Es ist also zu fragen: Wie verhalten sich die Begriffe hyperthymisch, depressiv, selbstunsicher, fanatisch, geltungsbedürftig, stimmungslabil, explosibel, gemütlos, willenlos und asthenisch zueinander? Können wir von unserer psychotherapeutischen Erfahrung her ein neurosenpsychologisches Ordnungsschema entwickeln, das, auf die Psychopathen angewandt, besser als das K. Schneidersche ist? Wir sind der Meinung, das wenigstens im ersten Ansatz zu können, und wir berufen uns dabei auf das Recht, anfangs Fehler zu begehen, hier und dort ungenau, unvollständig und widerspruchsvoll zu sein. Aber im ersten Ansatz ist eine strukturadäquate Neuordnung der Psychopathen durchaus möglich. Sie soll nunmehr in Skizzenform entwickelt werden.

Wie auf dem Gebiet des Lebendigen beinahe selbstverständlich, haben wir es aber sofort mit einer Schwierigkeit zu tun: Will man an die Psychopathengruppen von K. Schneider anknüpfen, so wie wir es mit Rücksicht auf deren praktische Bedeutung beabsichtigen, statt gleich etwas vollkommen Neues in die Welt zu setzen, so wird man sich mit einer Mehrzahl von Gesichtspunkten auseinandersetzen müssen. Eine einfache, einlinige, wenn auch andere Anordnung als die K. Schneidersche wird sich nicht ergeben. Beginnen wir also mit der ersten Gruppe, den Hyperthymen.

Wie schon oben gesagt, sind dem Psychotherapeuten die betreffenden Persönlichkeiten wohl bekannt; allerdings fallen sie ihm mehr bei Erwachsenen als bei Kindern und Jugendlichen auf. Es sieht also gleich von vornherein so aus, als ob zumindest eine etwa vorhandene, einfache Anlage sich erst im Laufe des Lebens deutlich durchsetzt. Über diesen Punkt zum Beispiel wird noch einiges Weitere zu untersuchen und dann auszusagen sein. Vorläufig muß dieser Eindruck genügen. Immerhin aber ist es so, daß, auch wenn die Psychotherapie die betreffenden Persönlichkeiten psychologisch und strukturell untersucht, häufig ein Restbestand bleibt, den man durchaus mit Recht als hyperthym = „euphorisch" bezeichnen kann. Auch die Psychotherapie ist in diesem Fall gezwungen, eine genotypische Letztgegebenheit als wahrscheinlich vorliegend anzuerkennen. Aber sie muß doch hinzufügen, daß ihre Untersuchungen schon sehr früh dafür sprachen, daß es sich bei einer noch unbestimmten Zahl von Persönlichkeiten dieser Art um das Ergebnis einer neurotischen Entwicklung und den Ausdruck einer neurotischen Struktur handelt. Und zwar so: Durch Hemmung bzw. Verdrängung depressiver Stimmungslage bleibt im Bewußtsein des Betreffenden nur das Nichtdepressive übrig. Diese imponiert dann eben als, relativ zum Üblichen, euphorisch. Wir werden also bereits hinsichtlich des hyperthymen Psychopathen auf Grund der psychotherapeutischen Erfahrungen gezwungen, stets daran zu denken, daß Depressives zugrundeliegen kann und daß das Hyperthymische nur abgeleitetes Phänomen ist; wobei natürlich die neue Frage entsteht, ob denn nun das Depressive genotypischen Charakter hat oder etwa seinerseits „verstanden" werden kann, d. h. reduziert auf wiederum andersartige, wenn nicht gar „normale" Komponenten. Und das Letztere ist zweifellos nach den Erfahrungen der Psychotherapie so und so oft der Fall. Aber immerhin, es bleibt, daß in der Gruppe der hyperthymen Psychopathen eine Gruppe mitenthalten ist, die mit Recht als genotypisch hyperthym aufgefaßt werden darf. Aber diese spezielle Gruppe ist eben nur in der Gesamtgruppe enthalten. Wir kennen die Häufigkeit der ihr Zugehörigen noch nicht. Die Gesamtgruppe, unter das Kriterium und Attribut der Hyperthymie gestellt, zerfällt damit also. Die Bezeichnung Hyperthymie ist also nicht etwa abschließende Aussage, sondern bedeutet in Wirklichkeit eine Aufgabe für den Untersuchenden. Denn sollte es sich, wie eben hier behauptet, verhalten, so wäre ein äußerlich weitgehend gleichartig aussehendes Erscheinungsbild das eine Mal qualitativ homogen, das andere Mal strukturiert. Und vom praktischen Gesichtspunkt der eigentlichen Notwendigkeit, mindestens dringenden Erwünschtheit, einer Korrektur der betreffenden Psychopathen, wäre es von entscheidender Bedeutung, daß ein Teil von ihnen neurosenstrukturiert, d. h. grundsätzlich korrigierbar ist. Wir haben aber ruhig mit der K. Schneiderschen Gruppe 1 begonnen, da angenommen werden muß, daß K. Schneider sie deshalb instinktiv anschaulich als erste hervorgehoben hat, weil sie eben immerhin in einigermaßen prägnanter Form und Einfachheit das hyperthyme Element zumindest auch in genotypischer Art enthält.

Halten wir uns nun an den Gesichtspunkt der genotypischen Anlage und überblicken wir noch einmal die 10 Gruppen, in denen wir uns den Gesamtbereich psychotherapeutischer Erfahrungen vorschweben lassen, so fällt auf, daß die Gruppe 10, die als asthenisch bezeichnet wird, den Erfahrungen der Psychotherapie nach noch prägnanter, d. h. im allgemeinen noch weitgehender genotypisch charakterisiert ist. Asthenisch ist eben genotypisch-asthenisch. Ein Erscheinungsbild, das asthenisch anmutet, aber neurosenstrukturell gelesen werden müßte, wird es kaum geben. Diese vorsichtige Ausdrucksweise soll lediglich Rücksicht darauf nehmen, daß wir eben noch ganz im Anfang unserer Untersuchungen stehen. Außerdem ist zu berücksichtigen, daß das Wort asthenisch ja in erster Lnie körperlich gemeint ist, während der Ausdruck hyperthym eindeutig auf Seelisches geht. Berücksichtigt man nun, daß die Absicht der K. Schneiderschen Psychopathen-Gruppen hinsichtlich ihres Einteilungsprinzips natürlich ursprünglich auf Seelisches ging, so müßte man eigentlich gegen das Attribut asthenisch hinsichtlich eines Psychopathen protestieren, wenn nicht das Wort Asthenie in einer, wenn auch noch reichlich unbestimmten Form auf rein Seelisches wenigstens gehen kann. Auch hier wäre noch vieles zu klären. So wie K. Schneider diese asthenische Psychopathen-Gruppe schildert, ist sie allerdings, vom psychotherapeutischen Erfahrungsbereich her gesehen, mit großer Wahrscheinlichkeit „körperlich" zu lesen. D. h., die Psychotherapie wird einräumen müssen, daß die von K. Schneider als asthenische Psychopathen bezeichneten Persönlichkeiten erstens einmal tatsächlich vorkommen, darüber hinaus dann aber durch bestimmte körperliche Eigentümlichkeiten so weit stigmatisiert sind, daß sie den entsprechenden neurotischen Verarbeitungen kaum entgehen können. Das hieße also, das genotypische Element der körperlichen Asthenie steht ganz im Vordergrund. Mit solcher Asthenie kann der Mensch kaum anders als neurotisch erkrankend fertig werden; das Gewicht liegt dann also auf der Anlage. Wollte man daher unter dem Gesichtspunkt der genotypischen Anlage ordnen, so müßte man die Gruppe der asthenischen Psychopathen, die bei K. Schneider die Gruppe 10 ist (aus Gründen, die an Hand seiner Veröffentlichung noch einmal genauer werden analysiert werden müssen), eigentlich zur ersten Gruppe machen. Weiter unten soll ein Diagramm zeigen, wie dies etwa darzustellen wäre.

Gehen wir zunächst weiter. Die Gruppe der depressiven Psychopathen enthält, vom Erfahrungsbereich der Psychotherapie her gesehen, ebenfalls ein nicht selten vorkommendes genotypisches Element, nämlich die originäre Neigung zu depressiver Stimmungslage. Diese Eigentümlichkeit also würde es berechtigt erscheinen lassen bzw. nahelegen, die depressiven Psychopathen den beiden bisher genannten genotypisch charakterisierten folgen zu lassen. Aber die psychotherapeutische Erfahrung zeigt, daß die Zahl derjenigen als depressiv charakterisierten Psychopathen, die nun wirklich als genotypisch-depressiv bezeichnet werden dürfen, geringer ist als die Zahl der genotypischen Hyperthymiker unter den hyperthymischen Psychopathen. D. h., die große Mehrzahl der depressiven Psychopathen ist nach den Erfahrungen der Psychotherapie nicht originär unkorrigierbar depressiv, sondern neurotisch mit depressiver Symptomatik.

Sucht man nun unter den 10 Psychopathen-Gruppen diejenige aus, die weiterhin zahlenmäßig, d. h. mengenmäßig, noch am häufigsten prägnant genotypisch charakterisiert ist, so wird man, wenigstens versuchsweise die Gruppe der dysphorischen Psychopathen (bei K. Schneider die sechste, als stimmungslabil bezeichnete) hierher setzen müssen. Zweifellos gibt es auch nach den Beobachtungen der Psychotherapie eine originäre Stimmungslabilität, die man geneigt sein könnte, in eine vermutete Beziehung zur Vasolabilität im allgemeinen zu setzen. Von der Psychotherapie, abgesehen von ihrer Bezugnahme auf das Psychopathen-Problem, ist diese Persönlichkeitsgruppe bereits als genotypisch-dysphorisch hervorgehoben worden. Aber jeder erfahrene Psychotherapeut, der die Mühe der entwicklungsgeschichtlichen und strukturellen Aufrollung einer solchen Persönlichkeit nicht scheut, weiß, daß er mit der Annahme einer irgendwie ins Gewicht fallenden dysphorischen Anlage schon erheblich vorsichtiger umzugehen hat als bei den vorhergehenden Persönlichkeitsarten. Es kommt doch zu häufig vor, daß sich Dysphorie, als Stimmungslabilität erscheinend, eindeutig als Symptom über einer erworbenen Neurosenstruktur entziffern läßt.

Summa summarum aber, im Rahmen des Ganzen, gegenübergestellt den übrigen Psychopathen-Gruppen, wird man (natürlich nur etwa und vorläufig) die drei Gruppen der hyperthymen, der depressiven und der dysphorischen Psychopathen als ungefähr gleich häufig genotypisch bedingt ansehen und zusammenstellen dürfen.

Geht man nun zu derjenigen Psychopathen-Gruppe über, die weiterhin durch ihr Erscheinungsbild die Annahme bestimmender genotypischer Anlage nahelegt, nämlich der der Ängstlichen, der Selbstunsicheren (bei K. Schneider als dritte genannt), so hat die Psychotherapie dazu heute wohl Folgendes zu sagen:

Diese Gruppe der selbstunsicheren Psychopathen, so wie sie von K.Schneider geschildert wird, enthält in äußerst krasser Form bereits neurosenpsychologisch Verstehbares. Die Hinzurechnung der Zwangsneurotiker und der zwangsneurotischen Persönlichkeiten zu dieser Gruppe ist eine eindeutig neurosenpsychologische Angelegenheit. Dennoch hat K. Schneider in dieser Gruppe Persönlichkeiten beschrieben, die die Psychotherapie sehr wohl kennt, die auch „selbst-unsicher" sind. Es handelt sich um zutiefst und originär ängstliche Menschen. Und es muß wiederum eingeräumt werden, daß solche Ängstlichkeit auch, die gesamte Persönlichkeit bestimmend, genotypisch vorkommen kann. Gewiß, das äußere Erscheinungsbild dieser ängstlichen Persönlichkeiten ist das der Selbst-unsicherheit. Und das Tertium Selbstunsicherheit legt, allerdings nur bei Ver-meidung tiefenpsychologischer, d. h. mikropsychologischer, Methodik der Unter-suchung die Zusammenfassung mit den äußerlich höchst selbstunsicheren Zwangs-neurotikern nahe. Wie schon gesagt, müssen hier aber die allergrößten Bedenken erhoben werden.

Der Überblick über die restlichen 5 Psychopathengruppen K. Schneiders ergibt für den Psychotherapeuten zunächst einmal das Bild, als handle es sich nunmehr nur noch um reine Neurotiker. Aber es hebt sich dann doch die 8. Gruppe auf der K. Schneiderschen Tabelle heraus, nämlich die der stumpfen Psycho-pathen. Der Psychotherapeut lernt diese verhältnismäßig selten kennen; denn diese Menschen haben die Eigentümlichkeit, sehr ausgeprägt nur an den Folgen ihrer Wirkung auf ihre Umwelt zu leiden, nicht aber in ausgeprägtester Weise an sich selbst. Daher wird diese Gruppe hier auch erst jetzt genannt. Sie ist neurosenpsychologisch nahezu irrelevant, wenigstens von der Psychotherapie als Therapie her. Es handelt sich um eine eigentlich aus dem Gesamtbild der Psychopathen herausfallende besondere Gruppe, in der im Gegensatz, insbeson-dere zur vorhergehenden, das genotypische Element der Stumpfheit, d. h. der gemütmäßig, gefühlhaft negativen Ansprechbarkeit kraß hervortritt. Aber auch in dieser Gruppe gibt es mit Sicherheit eine Fülle von Menschen, deren Stumpfheit reaktiv, neurotisch bedingt ist. Es muß späteren Untersuchungen vorbehalten bleiben, zu entscheiden, ob — falls man den Gesichtspunkt geno-typisch? — peristatisch? zum Hauptgesichtspunkt für eine Gruppierung der sogenannten Psychopathen machen will — nicht die 8. Gruppe K. Schneiders, nämlich die der stumpfen Psychopathen, an den Anfang der ganzen Reihe gestellt werden muß. Sie stellt gewissermaßen den konträren Extremfall zu den Hypersensiblen (s. S. 47) dar.

Besinnt sich nun der Psychotherapeut auf seinen Erfahrungsbereich und sucht er nach derjenigen Gruppe von Psychopathen unter den K. Schneiderschen, die nunmehr noch am ehesten genotypische Grundlagen enthält, so schwebt ihm naturgemäß das genotypische Element in der explosiblen Persönlichkeit vor. Anders ausgedrückt: die genaueste Analyse äußerlich explosibler Menschen, von denen wiederum eine verbreitete Gruppe in der Regel jähzornig genannt wird, zeigt, daß auch nach Reduktion und Korrektur der dazugehörigen Neurosen-struktur ein konstituierender Rest bleibt, den man wohl immer noch explosibel nennen könnte. Neurosenpsychologisch ist diese Eigentümlichkeit als Extrem-variante motorischen Entladungsdranges beschrieben worden (s. S. 49). Im übrigen scheint es so, als ob der in Erblinien fixierbare genotypische Faktor der Zwangsneurose identisch mit diesem Element des Explosiblen ist. Sehr wahrscheinlich ist die neurotisch reaktive Umwandlung des explosiblen Menschen in einen Extremgehemmten in dieser Hinsicht der tragende Grund für die zwangs-neurotische Symptomatik.

Es bleiben uns also die 3 Gruppen der Geltungssüchtigen, der Fanatischen und der Willenlosen zur weiteren Zu- und Einordnung. Macht der erfahrene Psychotherapeut hinsichtlich dieses Restes der Psychopathen den Versuch einer Angleichung der ihm vorschwebenden Erscheinungsbilder, samt Struktur und Entwicklung, an die von K. Schneider dargestellten Erscheinungsbilder, so wird er von der Neurosenpsychologie her den immerhin „einfachsten" auswählen. Er kennt natürlich die geltungssüchtigen Persönlichkeiten, die K. Schneider im Auge hat, aber er wird dazu neigen, wenn er nun einmal erscheinungsmäßig charakterisieren soll, sie lieber nicht mit einem so speziellen Beiwort zu bezeichnen, sondern allgemeiner etwa als propulsiv. Als 8. Gruppe wird er also die 5. von K. Schneider hinzuordnen. Aber gegenüber der großen Masse der neurotisch strukturierten Persönlichkeiten dieser Gruppe der Propulsiven wird er in dem ihm vorschwebenden Erfahrungsfeld nach etwa genotypisch Propulsiven geradezu suchen müssen. Natürlich fällt dem Psychotherapeuten neurosenpsychologisch zu der ganzen Gruppe die hysterische Struktur ein. Aber es muß darauf hingewiesen werden, daß das Wort hysterisch innerhalb der Psychotherapie allmählich einen recht spezifischen Sinn erhalten hat!

Es bleiben also noch die beiden Gruppen der fanatischen und der willenlosen Psychopathen. Vertieft sich der Psychotherapeut in die Schilderung K. Schneiders, die dieser vom fanatischen Psychopathen gibt, so erscheint als Hauptcharakteristikum dieser Gruppe, daß die Betreffenden nicht vernünftig sind, nicht besonnen, daß sie da nicht überprüfen, wo sie überprüfen müßten. Das ist natürlich eine einseitig und andererseits wieder zu allgemein erscheinende Charakteristik, und doch wird der wesentliche Charakterzug dieser Menschen, von außen her gesehen, jedenfalls damit getroffen. Überlegt der Psychotherapeut nun, wie er die entsprechenden Persönlichkeiten gruppenmäßig zu charakterisieren pflegt, so steht ihm im wesentlichen das Wort „paranoid" zur Verfügung. Sobald er unter diesem Gesichtspunkt eine Auswahl aus den Psychopathen trifft, dominiert sofort das neurosenstrukturelle Element. Eine paranoide genotypische Anlage mag es geben; aber wenn es sie gibt, so prägt sie nur in extrem seltenen Fällen das Persönlichkeitsbild. Durchgängig dagegen lassen sich solche paranoiden Strukturen, die eben nach außen als „Fanatiker" imponieren, neurosenpsychologisch auflösen. Mit einigen wenigen Elementen, die kombiniert in eine Entwicklung eingehen, kommt man allerdings nicht aus. Es handelt sich immerhin um einen Komplexitätsgrad von der Größenordnung um ein Dutzend herum.

So bleibt also als letzte Gruppe die der willenlosen Psychopathen. Hier wird entschieden werden müssen, ob es überhaupt so etwas wie eine genotypische Anlage gibt, die als Willenlosigkeit bezeichnet werden könnte, bzw. es wird entschieden werden müssen, ob im Bilde der willenlosen Psychopathen ein genotypisches Etwas wenigstens hin und wieder eine prägnante Rolle spielt, das mit Recht als Willenlosigkeit bezeichnet werden dürfte. Soweit sich bisher überblicken läßt, gibt es so etwas nicht. Praktisch stehen wir in jedem Fall vor der Aufgabe, die erscheinungsmäßig vorliegende Willenlosigkeit strukturell zu analysieren. Praktisch sind wir grundsätzlich in der Lage, hier zu korrigieren, aber das tatsächliche Strukturbild dieser Willenlosen enthält in kondensierter Form alle diejenigen Momente, die wir als Psychotherapeuten gewöhnt sind für die Schwerkorrigierbarkeit und daher eventuell Nichtheilbarkeit unserer Patienten verantwortlich zu machen. Insofern ist es durchaus verständlich, daß man zunächst an diese „willenlose" Gruppe von Menschen heranging mit der instinktiven Erwartung, es müsse sich quasi wegen Unkorrigierbarkeit um Genotypisches handeln.

Schätzt man noch einmal den Anteil an Neurosenstruktur in den drei letztgenannten Gruppen ab, so kommt man etwa zu einer gleich starken Beteiligtheit bei jeder Gruppe.

Damit wäre also rein zahlenmäßig die Gruppierung K. Schneiders in folgende andere Reihe umgewandelt:

Statt 1, 2, 3 usw. von K. Schneider ordnen wir an: 10, 1, 2, 6, 3, 8, 7, 5, 4, 9. Der Gesichtspunkt dieser Anordnung ist der der Beteiligtheit genotypischer Elemente, die an Bedeutung abnehmen, und der neurotischen Elemente, die an Bedeutung zunehmen. Der asthenische Psychopath krankt also im wesentlichen an seiner Asthenie, auch wenn er diese neurotisch verarbeitet hat; der willenlose Psychopath dagegen krankt ganz überwiegend an seiner neurotischen Struktur und nicht an originären genotypischen Eigentümlichkeiten. Um diese Verhältnisse noch einmal als Gesamtbild deutlich zu machen, seien die Psychopathen-Gruppen nach Art eines Diagramms zusammengestellt.

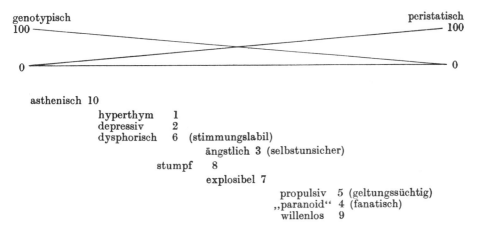

Die Zahlen hinter den Gruppen sind die der K. Schneiderschen Aufstellung, die Beiwörter in Klammern dahinter diejenigen von K. Schneider für die betreffende Gruppe. Es soll eingeräumt sein, daß es sich hier um einen ersten Entwurf handelt und daß, wenn man so will, mit der aufgestellten Tafel von der Psychotherapie her Fragen aufgeworfen werden sollen da, wo die Tafel K. Schneiders eine Antwort zu geben scheint.

Die Psychotherapie vertritt also allgemeinste und letztlich begründete Interessen, wenn sie die Umordnung der K. Schneiderschen Psychopathen so vornimmt, daß diese zunächst einmal von der Peristase her gelesen werden. Damit aber fällt im Grunde der Begriff der Psychopathie überhaupt. Er fällt nicht in dem Sinn, daß es nicht etwas so zu Definierendes gäbe, aber er fällt im Sinn notwendiger und im Grunde selbstverständlicher Wertakzente. An seine Stelle wird fürderhin der Begriff des Neurotikers zu treten haben. Fehlerhaft wäre dieser lediglich dann verwandt, wenn er uneingeschränkt peristatisch interpretiert würde.

4. Die Statistik in der Psychotherapie

Aus der gesamten vorausgehenden Darstellung wird hervorgegangen sein, daß es sich praktisch, nach Wichtigkeit, heute (1950) kaum darum handelt, „neue" Fakten oder neue Beziehungen zu entdecken, wenn man von der Wissenschaft her fragt. Vordringlich demgegenüber ist der Gesichtspunkt des Ordnens. Zu diesem gehört unter anderem die Frage nach Häufigkeit, nach Häufigkeits-zuordnungen. Fällt dieses Wort: häufig, so ist man heute noch daran gewöhnt, sich das vermeintlich eindeutig zugehörige Wort: messen einfallen zu lassen. Man denkt dann eben an Sätze wie: es handle sich also um eine Naturwissenschaft, um ein naturwissenschaftliches Verfahren, die Naturwissenschaft sei ja messend. Und bei vielen, die sich das Thema der analytischen Psychotherapie interessiert zum Gegenstand gemacht haben, klingt nun alles Abschätzige mit, was heute vielfach am angeblich nur messenden Charakter der sogenannten Naturwissen-schaft hängt. Daher die eben erfolgte Zwischenbemerkung. Es möge beim Fallen des Wortes Häufigkeit also kein Mißverständnis entstehen. Es wird hier, wie sich zeigen wird, nicht an eigentliches Quantifizieren gedacht, an ein Messen und Um-gehen mit Zahlen hinsichtlich unseres Gegenstandes.

Naturgemäß begann die analytische Psychotherapie mit dem Konstatieren, und zwar von Fakten, Tatbeständen. Qualitatives also wurde festgestellt. Dann wurden Beziehungen gefunden und Korrelationen festgestellt. Eine dieser Kor-relationen ist dann die auf den S. 272—292 behandelte Gleichzeitigkeitskorre-lation. Hat die Wissenschaft dieses Stadium erreicht, so schließen sich nunmehr Häufigkeitsfragen an. Es zeigt sich nämlich, daß manche Tatbestände häufig vor-kommen, andere seltener, noch andere sehr selten. Es zeigt sich, daß bestimmte Beziehungen zwischen Tatbeständen häufig sind, die Regel sind etwa, und andere wiederum selten. Diese Häufigkeiten und Häufigkeitszuordnungen fallen in dem Augenblick auf, in dem das durch seinen sensationellen Charakter Eindrucksvolle, probeweise verallgemeinert, zur Theorie verarbeitet wurde und sich dann doch als nicht so regelmäßig vorkommend erweist, wie ursprünglich angenommen werden durfte. Dies sind eben auch die formalen Charakteristiken der Entwick-lungsgeschichte der analytischen Psychotherapie in den letzten Jahren.

Häufigkeitsfragen treten also auf, und damit tritt die Statistik in ihr Recht. Vorsichtigerweise stellt sie Regeln fest. Der Usus der Jahrhundertwende, von „Ge-setzen" zu sprechen und nach Gesetzen zu fahnden, war also unvorsichtig. Man war damals eigentlich immer erst dann zufrieden, wenn man ein „Gesetz" ge-funden zu haben glaubte, wenn man berechtigt zu sein glaubte, nunmehr apodik-tische regelhafte Aufeinanderfolgen verkünden zu dürfen. Diese wissenschaftliche Lage hat sich im letzten halben Jahrhundert erheblich und unseres Erachtens endgültig geändert. Man sucht und findet heute keine „Ursachen" mehr, sondern weiß von vornherein, daß man auf Konditionen, bedingende Faktoren stoßen wird. Und da es sich beim Gesuchten um Konditionenbündel handelt, vorausschauend gesehen, mit der Absicht, Voraussagen zu machen, greift man also nicht auf Gesetz zurück, sondern auf Regelhaftigkeit, und man erstrebt nicht absolut Sicheres, sondern weitgehend korrekte Wahrscheinlichkeitsaussagen.

Die oben kurz skizzierten allgemeinsten Gesichtspunkte moderner Wissenschaftlichkeit beginnen sich auf dem Gebiet der analytischen Psychotherapie, wie das im vorliegenden Lehrbuch Dargestellte zeigt, erst ganz allmählich durchzusetzen. Vielen ist, wenn sie schon an dieser Arbeit sind, nicht einmal klar, was sie da tun. Zu einem Teil vollzieht sich dieser Prozeß der Verwissenschaftlichung außerhalb von eigentlicher Wachheit und ausdrücklicher Absicht. So ist es dem Verfasser des vorliegenden Buches auch nicht möglich, nun seinerseits seiner eigenen Auffassung nach wirklich Geordnetes zu bieten. Im Vorwort erwähnte Schwierigkeiten hindern ihn sogar, das darzustellen, was bei einem Vorhandensein der entsprechenden materiellen Mittel an sich heute schon durchaus möglich wäre. Er muß sich also mit der Anführung einer Reihe von Daten begnügen, mit Andeutungen und Hinweisen, zum Teil mit nochmaligen Hinweisen auf schon Erörtertes. Zweck dieser Überlegung soll sein, die an der analytischen Psychotherapie lebhaft Interessierten mit voller Ausdrücklichkeit auf das hinzuweisen, was sie bereits unerkannterweise oft tun, und darüber hinaus auf die völlig gerechtfertigte und sogar dringliche Notwendigkeit absichtsvollen Vorgehens in der gleichen Richtung.

Um mit einem Beispiel zu beginnen: Wenn es dem Verfasser vor gar nicht so vielen Jahren noch begegnete, daß seine Antwort auf die Frage, wie lange denn bei ihm eine Analyse dauere: Vier Tage bis vier Jahre, kopfschüttelnd, sogar manchmal als Scherz betrachtet wurde, so ist dies in letzter Zeit doch etwas anders geworden. Natürlich ist jene Feststellung nur ein Behelf, aber sie ist wenigstens ein Ansatz zu einer korrekten Beantwortung. Sie enthält den Hinweis darauf, daß eine „Analyse" eben nicht grundsätzlich Jahre dauert, sondern daß ein analytisches Verfahren, recht verstanden, durchaus im Einzelfall auch nur 4 Tage zu dauern braucht. Wie vielleicht schon oben Gesagtes zeigt, wird die Aufgabe der Zukunft sein, hier zu präzisieren, und zwar so, daß man jenen, offensichtlich lapidaren Satz, der ja schon der zweimaligen Verwendung der Zahl Vier wegen nicht „ernst" gemeint sein kann, in korrekte statistische Angaben auflösen wird.

Die Wiederholung der Zahl Vier und die Nennung der extremen Worte Tag und Jahr sind dem Sinne nach Ausdruck dafür, daß vorläufig einmal geschätzt wurde.

Eine weitere wichtige Zahl sei erörtert: Die statistischen Versuche in der Psychotherapeutischen Poliklinik in Berlin während der dreißiger Jahre schienen zu ergeben, daß es sich um etwa 35% leichte Fälle handle. Die damals vom Verfasser auf Grund von Schätzungen vorgeschlagenen, absoluten Zahlen für Gesamtdeutschland waren: Vielleicht 500000 schwere Fälle und 1000000 leichte. Das war also erster Ansatz. Inzwischen aber hatte sich, wie oben schon erwähnt, ergeben, daß die im heutigen „Zentralinstitut für psychogene Erkrankungen" der Versicherungsanstalt Berlin eintreffenden Patienten zu Anfang zu 58% — und nunmehr etwa zu 50% — eine manifeste Symptomatik seit 10 und mehr Jahren bereits haben. Vom Symptom her gesehen allein schon sind diese Fälle also extrem chronifiziert. Man braucht ja nur an die entsprechenden Fakten bei Gonorrhöe, Lues und Tuberkulose zu denken. Aber das sind allein die Fälle, die in Berlin in die unter obigem Titel bekanntgewordene Poliklinik gelangen. Ein Rückschluß auf weitere Zahlenzusammenhänge ist also von hier aus zunächst gar nicht möglich. Im übrigen muß noch hinzugefügt werden, daß die Korrelation: chronisch—„schwer" nicht eindeutig ist. Nicht jeder chronische Fall ist ein schwerer Fall. Z. B. werden die sekundären Mechanisierungen einen erheblichen Anteil am Ganzen haben können. Nur im allgemeinen darf man bei der Feststellung eines lange dauernden Bestehens der Symptomatik an Schwere des Falles denken, denn es gibt ja unter anderm auch „schwere" Neurotiker, die ein Leben lang keine Symptomatik produzieren (s. oben S. 117). Was also hier festgestellt wird, ist Vorläufigkeit und Annäherung.

Eine weitere Zahl von erheblicher Wichtigkeit aber ist zu nennen: 6% aller ins Zentralinstitut gelangenden Fälle sind bis zu 3 Jahren manifest krank. Ist der Anteil der bereits 2—3 Jahre Kranken noch als akut zu betrachten? Oder doch, nach üblichen medizinischen Maßstäben gemessen, nicht auch schon chronifiziert? Es sei hinzugefügt, daß 17% bis zu 5 Jahren manifest krank sind. Auf jeden Fall war also die Schätzung, in einer Praxis wie in einer Berliner Poliklinik fielen zu 35% leichte Fälle an, falsch. Verfasser zählte damals, allerdings heimlich, nur 15% „leichte" Fälle aus eignen Anamnesen aus. Der betonte Hinweis auf Berlin und Poliklinik soll besagen, daß an anderen Orten und in andersartiger Praxis die Verhältnisse möglicherweise anders liegen. Aber wie? Um welche Häufigkeiten handelt es sich überhaupt auf analytisch-neurosenpsychologischem Gebiet? Niemand weiß das heute mit einiger Sicherheit.

Eine ganze Reihe von Veröffentlichungen schätzen, daß die Zahl der zum Internisten gelangenden Neurotiker — bei denen die „interne" Symptomatik in unmittelbarer Beziehung zu deren neurotischer Struktur steht — etwa 40% der Gesamtpraxis ausmacht.

Verfasser hat ihm nahestehende, orientierte und weitgehend analytisch geschulte Allgemeinpraktiker gefragt und veranlaßt, einmal auszuzählen, wieviele ihrer Patienten wohl Neurotiker sind und neurotisch Erkrankte, also einschließlich der körperlichen, aber seelisch bedingten Symptomatik. Ihm wurde die Zahl 25% genannt, darunter $1/3$ — nur $1/3$ — Ersterkrankungen. Man bedenke, was dies bedeutet, wenn es zutrifft. Es wird auf Grund allgemeiner Medizinalstatistik daher nicht so schwer sein, die Zahl der jeweils neurotisch Erkrankten in der Bevölkerung abzuschätzen.

Hier schließen sich aber nunmehr eine Unmenge weiterer Fragen an. Wie sieht das Totalbild in Deutschland wohl aus? Eine höchst interessierende Frage: Wie häufig sind diejenigen Fälle, in denen die oben (S. 46) behandelten, genotypischen, wenn auch nur begünstigenden Faktoren eine gewichtige Rolle spielen? Wie häufig sind die anormalen Peristasen in den ersten fünf Lebensjahren? Vor zehn Jahren stellte der damalige Wiener Pädiater Hamburger fest, daß 65% aller neurotischen Kinder Waisen, Pflegekinder, uneheliche Kinder oder Kinder mit Stiefmüttern sind. Wie sehen die Zahlenverhältnisse hier, korrekt und ausreichend differenziert gesehen, aus? Folgt aus diesen Zahlen die oben (a. S. 45) angeführte These, daß die Häufigkeit der abartigen Peristasen in der frühen Kindheit der der Neurotiker im groben entspricht?

Und nun in der Wiederholung einige positive Zahlen, die sich unseres Erachtens überprüfen und immer wieder bestätigen lassen: Zu beginnen ist mit der Feststellung, daß die Neurosenstrukturen in den ersten fünf Lebensjahren entstehen, die oben (S. 104) geschilderte schizoide im ersten Jahr, die depressive gegen Ende des ersten Jahres, die zwangsneurotische im zweiten Jahr, die hysterische im vierten und fünften Jahr.

Hierzu gehört: Die erste, primordiale Symptomatik des depressiv strukturierten Kindes, als Vereinsamung mit depressivem Einschlag, im dritten Jahr, die erste, primordiale zwangsneurotische Symptomatik von noch fast völlig manifesten, aber schuldgefühlsgeladenen, aggressiven Phantasien gegen die nächste Umgebung im sechsten und siebenten Jahr, die erste hysterische Abartigkeit im achten bis zwölften Jahr. All dies ungefähre Schätzung! Also keine Annahme, sondern Schätzung auf Grund empirischer Eindrücke. So wird man mit Recht fragen dürfen, warum es im Zentralinstitut für psychogene Erkrankungen nicht möglich gewesen ist, Genaues zu eruieren. Die Antwort muß lauten: Das Zentralinstitut wurde vom Kostenträger als therapeutisches Institut eingerichtet, bzw. übernommen. Daher auch (s. a. Vorw. S. III) die Umwandlung des Institutnamens von: für Psychopathologie und Psychotherapie in: für Psychogene Erkrankungen. Unter dem Gesichtspunkt vordringlich therapeutischer Belange sieht auch eine Anamnese anders aus als eine unter wissenschaftlichen Gesichtspunkten aufgenommene. Die, wie oben entwickelt, prognostisch orientierte „gezielte" Anamnese dringt innerhalb des vom Kostenträger hierfür angesetzten Zeitraumes keineswegs immer zur primordialen Symptomatik vor. Daher allein schon die Unvollständigkeit der hierher gehörigen Feststellungen. Die Dringlichkeit der entsprechenden Aufgabe ergibt sich hieraus ja aber ohne weiteres.

In Übereinstimmung mit den Pädagogen, die wenigstens einigermaßen für neurotische Tatbestände hellsichtig geworden sind, kann heute wohl festgestellt werden, daß 2—5% aller Kinder eine neurotische Symptomatik haben. Auffallend allerdings sind zunächst nur die Störer. In England sucht man auch die stillen, bloß gehemmten und etwa auch passiven Kinder durch einen „Wackeltest" zu erfassen. Was wir zahlenmäßig auch noch nicht wissen, ist: Wieviel neurotische Kinder behalten ihre Primordialsymptomatik über die Pubertät hinweg? Vielleicht wandelt sich da die Symptomatik etwas ab.

Und nun noch einmal die Frage: Wie viele Erwachsene sind denn etwa gleichzeitig neurotisch krank? Aus England wurden vor einiger Zeit Zahlen mitgeteilt: Unter den Industriearbeitern dort befänden sich 30% mit neurotischer Symptomatik Behaftete, ein Drittel davon, also 10% der Industriearbeiter überhaupt, seien schwer-neurotisch. Dabei war von hier aus nicht zu erfahren, ob es sich um eine lärmende und daher für schwer gehaltene Symptomatik handelt oder wirklich um die in der vorliegenden Darstellung behandelten charakteristischen schwer-neurotischen Strukturen.

Ein nachdenkliches Überblicken der bisher genannten Zahlen läßt die Frage, und zwar eine sehr dringliche, nach einer weiteren auftauchen: Wieviele neurotische Ersterkrankungen — natürlich einschließlich der körperlichen — gibt es jährlich? Dies einmal festzustellen wäre eine entschieden wichtige Aufgabe für die UNESCO! Unser analytisch-psychotherapeutisches Forschungsmaterial liegt zu erheblichem Teil bei den praktischen Ärzten. Aber — es sei noch einmal betont — nur die Anwendung „gezielter" Anamnese durch Geschulte kann hier korrektes Material liefern. Immerhin läßt sich eindrucksmäßig wohl schätzen, und das wäre dann wirklich wieder eine wichtige Zahl, daß etwa 70% aller Ersterkrankungen (abgesehen von der primordialen Symptomatik) zwischen dem 15. und 25. Lebensjahr liegen. Wohl 20% der Ersterkrankungen liegen zwischen dem 25. und 35. Lebensjahr, und nur 10% jenseits dieser Zeit. Von Curtius allerdings ist abweichend hiervon angegeben worden, daß die „höchste Zahl" der neurotischen Ersterkrankungen ins 35. Jahr fällt.

Dem Verfasser ist der, wenn man durchaus Ärgerliches bemerken will, naturgemäß dilettantische Charakter all dieser statistischen Bemühungen und Überlegungen völlig klar. Ihm bleibt nichts anderes übrig, als zu antworten: „Mögen sich bald diejenigen finden, die, wirklich geschult und unterstützt von einsichtsvollen Institutionen, hier ganze und korrekte Arbeit leisten!"

Eine Menge weiterer Fragen schließen sich an: Wie sieht kurvenmäßig der weitere Verlauf der Chronifizierung, von der Symptomatik her gesehen, aus? Gibt es da Typisches oder herrscht hier nur Regellosigkeit? Die hierher gehörigen Diagrammschemata sind ja ohne weiteres ableitbar.

Wieviel Prozent der ersterkrankten Neurotiker gelangen zum Arzt? Wie viele von denen, die nicht zum Arzt gelangen, klingen spontan ab? Wie viele davon erkranken später neuerlich, statt für immer symptomlos zu bleiben?

Wie viele, die zum Arzt gelangen, heilen in Wirklichkeit spontan ab? Wie viele von denen, die während ihrer Besuche beim Arzt spontan abheilen, tun dies lediglich im Rahmen der Geborgenheit (s. S. 266), die sie dort finden?

Ein Diagramm, und zwar ein vergleichendes Diagramm hinsichtlich der zum praktischen Arzt kommenden Patienten müßte also enthalten:

Von den primär-organisch Kranken heilen spontan ....
  ,,   ,,   ,,   ,,   sterben ....
  ,,   ,,   ,,   ,,   chronifizieren ....
Von den Neurotisch-Kranken heilen spontan ....
  ,,   ,,   ,,   sterben ....
  ,,   ,,   ,,   chronifizieren ....

Ein solches Diagramm wird anschaulich zeigen, in welch mißlicher Lage sich die Psychotherapie, von außen her gesehen, befindet, denn ihre Patienten gesunden im allgemeinen nicht spontan; sie sterben eben aber auch nicht.

Spezielle Fragen wären dann: Wie häufig sind bestimmte, charakteristische Versuchungs- und Versagungssituationen?

Wie häufig sind bestimmte, chronifizierende Faktoren, seien sie von stabilisierendem Charakter (s. S. 92), mögen sie nach Durchbrechen der Symptomatik das Ganze der Neurose zur „Erstarrung" führen?

Auch die Häufigkeit von Fehlhaltungen und fehlerhaften Verhaltensweisen bei Symptomträgern im Gegensatz zu Nicht-Symptomträgern müßte einmal ausgezählt werden.

Aber es geht aus den eben genannten Fragestellungen wohl eindeutig hervor, daß eine gezielte Vorarbeit zu ihrer Beantwortung etwa zwei bis drei Jahre gesellschaftlich legitimierter Untersuchungen erfordern würde.

Erst von so gewonnener Basis aus wird es auch sinnvoll sein, einmal zu überprüfen, ob es auf dem Lande wirklich, wie hin und wieder noch behauptet wird, weniger Neurotiker, weniger Träger neurotischer Symptomatik gibt als in den Städten. Entsprechende Untersuchungen hätten bei primitiven Stämmen stattzufinden und dann auch bei den so vielfach als aller neurotischer Problematik fernstehend gerühmten Ostasiaten.

In solchem Zusammenhang erst wird dann auch deutlich werden, was man sich auf dem Lande etwa bei Organneurosen, Depressionen, und besonders auch Zwangsneurosen „denkt".

Damit aber taucht ein weiteres Problem auf, nämlich, ob sich unter so gewonnenen, fundierten Einsichten weiterhin noch rechtfertigen lassen wird anzunehmen, daß es „früher" weniger Neurotiker gab als heute. Verfasser deutet durch die Art seiner Formulierungen ja an, daß er der Meinung ist, fast alle gegen die heutige Zeit und das städtische Westeuropa gerichteten kritischen Urteile seien ungerechtfertigt.

Noch einige Zahlen hinsichtlich der bisher erreichten Heilungseffekte:

Im Zentralinstitut für psychogene Erkrankungen, Berlin, sind von den in den Jahren 1948/49 behandelten, neurotischen Patienten etwa die Hälfte geheilt oder entscheidend gebessert worden. Diese Zahl stimmt also mit der aus der ehemaligen Privatpraxis des Verfassers annähernd überein. Gebessert worden sind außerdem noch etwas weniger als ein weiteres Drittel. Im Mittel bestand der Aufwand in 63 Behandlungsstunden, bei vollständig geheilten in 80 Stunden. Hierin waren nicht eingerechnet alle die Fälle, in denen bis zum Abschluß der 10. Stunde aus irgendeinem Grunde ein Abbruch der Behandlung erfolgte. Es muß hinzugefügt werden, daß die eben genannten Zahlen redlich eruiert wurden, aber mangels eigentlichen statistischen Apparats und besonders mangels ausführlicher kasuistischer Grundlagen wiederum nur einen ersten Ansatz zur Beantwortung darstellen.

Aber eines ist im Hinblick auf die eben genannten Zahlen sicher: wie die Behandlungsresultate eines Tages aussehen werden, wenn nicht wie heute 6 % der neurotisch Erkrankten nach höchstens 3 Jahren „bereits" kommen werden, sondern 60 % von ihnen, so wie es als Folge ausreichender Information der Ärzteschaft und auch des breiten Publikums durchaus möglich wäre. Noch einmal, wie schon mehrfach betont: Dies muß das Ziel sein! Alle analytisch-psychotherapeutischen Behandlungen werden so zentriert werden müssen!

5. Die Neurosenprophylaxe

Blicken wir noch einmal zurück: Es beginnt mit dem soziologischen Bereich. Politisch-ökonomische Faktoren bestimmen weitgehend eine soziale Welt. Jedes Jahrhundert hat die seine, ebenso jedes Klima, jede Landschaft und schließlich sogar jedes Jahrzehnt.

In diesem Rahmen befindet sich der einzelne Mensch mit seinen Konstanten

seiner Natur, seinen autochthonen Antrieben und Bedürfnissen. Vom Politisch-
Ökonomischen her wird er zu Gruppenbildungen bestimmt. Vom Autochthonen,
Ursprünglichen her erfolgt eine konkurrierende Bestimmung, auch in Richtung
auf Gruppenbildung zu zweien, zu mehreren und zu vielen. Angesichts des
objektivierten Geistes, der Tradition, lebt er, durch sie wird er mit-bestimmt.
Und er bestimmt auch als einzelner zu seinem Teil die Zukunft, das Werdende.
Nie ist nur das eine oder das andere der Fall. Es wäre falsch, den voluminösen,
überragenden Anteil der relativ unabhängigen Variablen: politisch-ökonomisches
Sein zu verkennen. Es wäre ebenso verfehlt, die Freiheit des letztlich Ursprünglichen und seine Unabhängigkeit zu verkennen (nachdem der erste Hominide
einmal mutativ in die Welt trat).

In einigen Andeutungen sahen wir oben (s. S. 45), wie soziologische Faktoren
etwa das Familienleben und auch das konkrete Dasein des einzelnen bestimmen.
Besonders die abartigen Vorkommnisse mußten und müssen die analytische
Psychotherapie aufs höchste interessieren. Die hierhergehörigen Untersuchungen
sind unter verschiedenen, aber doch letztlich konfluierenden Gesichtspunkten
in vollem Gange. Die analytische Psychotherapie kann nur dankbar dafür sein,
daß dies so ist (s. a. S. 46 o.).

Aber auch der einzelne Mensch, der Mann und die Frau, der Vater und besonders auch die Mutter sind dem Leben nur bedingt gewachsen. Ihr Ursprüngliches
setzt sich häufig nur in verkümmerter oder abartiger Form durch. Häufig sorgt
ein Mangel an „exakter Phantasie" der Erwachsenen, ein Mangel an voraus-
schauender Vernunft, also das, was man gemeinhin die Torheit der Menschen
nennt — ohne daß dabei dann Neurotisches eine Rolle spielt — dafür, daß eine
Neurotisierung des Kindes erfolgt. All dies ist oben (s. S. 42) im ersten Ansatz,
in Andeutungen wenigstens erörtert worden.

Darf man eine solche Theorie über die Herkunft neurotischer Symptomatik
und störender abartiger Verhaltensweisen als gesichert unterstellen, so ergibt
sich zwanglos die Forderung nach einer Prophylaxe. Schon im 1. Jahr hat
sie einzusetzen. D. h. die Erwachsenenwelt, die Väter und ganz besonders die
Mütter, müssen nicht nur entwicklungspsychologisch, also hinsichtlich der mittleren Norm, sondern auch analytisch, neurosenpsychologisch informiert werden.
Das Gewicht, die Valenz eines Effektes solcher Information wird in künftiger
Zeit all das, was wir nachträglich durch Psychotherapie zu leisten vermögen,
leisten müssen, weit in den Schatten stellen.

Aber es ist hier hinzuzufügen, daß ja oben deutlich von den politisch-ökonomischen Hintergrundsbedingungen gesprochen wurde. Also sind auch diese entsprechend zu korrigieren. Und es bleibt abzuwarten, was der nachdenkliche und
korrekt informierte Untersucher, der also die in Frage kommenden Gewichte
und Akzente wirklich zutreffend zu beurteilen vermag, einst hierüber sagen wird.
Qualitativ kann selbstverständlich auch hier Prophylaxe einsetzen, und sie wird
einsetzen. Heute ist nur noch fraglich, in welcher Form, in welchem Ausmaß und
von welchem Gewicht.

Und nun zurück zur Position von vorher: Törichtes Fehlgreifen der Mütter und
Väter und natürlich auch sonstiger Pflegepersonen, im Einzelfall auch von
älteren oder sogar jüngeren Geschwistern, wird auch als entscheidend und so

verstanden „unabhängig" von jenen politisch-ökonomischen soziologischen Faktoren als Sonder-conditio im ganzen Konditionenbündel zu berücksichtigen sein. Eben, wie schon gesagt, das Thema der vordringlich ersten Prophylaxe muß die Familie sein, und das Soziologische steht hinsichtlich des Themas Prophylaxe an zweiter Stelle. Die beste aller politisch-ökonomischen Welten wird die individuelle Torheit und Fehlgriffigkeit der Menschen zwar einschränken, wohl sogar erheblich einschränken, aber keineswegs ihren unmittelbaren neurotisierenden Einfluß auf die Kinder und Jugendlichen aufheben. Im Augenblick besteht diese beste aller Welten noch nicht einmal. So überwiegt in weiten Bereichen noch auf lange die Valenz der Prophylaxe im Hinblick auf die Eltern.

Und um nun noch einmal ganz „gerecht" und abgewogen zu urteilen: Die begünstigenden Anlagefaktoren entziehen sich bisher weitgehend unserm Zugriff. Auch daran sollte ständig gedacht werden, was wiederum nichts gegen die Entschiedenheit prophylaktischen Zugriffs im eben erörterten Sinn besagt. Die Entwicklung des Begriffs der physiologischen Asthenie durch Jahn scheint uns eine der wichtigsten Linien zu sein, an die eine Konstitutionsprophylaxe im eigentlichen Sinn wird anknüpfen müssen und sollen.

So durch bereitwillige Hinzunahme zweier Faktorengruppen; der politisch-ökonomischen einerseits und der genotypisch-konstitutionellen andererseits, adäquat vorbereitet, hebt sich noch einmal der Bereich der individuellen Fehlgriffe der Eltern mit voller Deutlichkeit hervor. Beratung der Eltern (Erziehungsberatung), Information der Eltern (Volkshochschulvorträge) sind höchst wichtige Teilaufgaben einer kommenden Entwicklung der Mental-Hygiene. Nur einige Stichworte seien hier wiederholt: das Stillen, die Sauberkeitsgewöhnung, das Laufen und die expansive Motorik, das entwicklungsnotwendige Destruktiv-Sein, die Notwendigkeit von Aggression und Trotz, die wenn auch selten vorkommende Hypersexualität usw., usw. Es ist eine Selbstverständlichkeit, daß die Welt des Spielens und des Spiels heute bereits unter gesicherten Aspekten gesehen werden kann.

Damit aber ergibt sich die Notwendigkeit einer entsprechenden Prophylaxe im Kindergarten und hinsichtlich der Kindergärtnerinnen. Wir treten in den weiten Bereich der sozialen Fürsorge ein. Die seit einigen Jahren in Berlin abgehaltenen Sozialfürsorgerkurse vermitteln zunächst leitenden und dann auch mitarbeitenden Persönlichkeiten das notwendige theoretische Wissen und die sich selbstverständlich anschließende Auseinandersetzung mit unmittelbar praktischen Problemen. Hier wird die Thematik durchaus und mit Recht neurosenpsychologisch akzentuiert; denn auch das Normale enthält das Neurotische in neurotoider Form (s. oben S. 85), womit selbstverständlich nicht gesagt sein soll, daß die entsprechenden Kreise nicht einer allgemeinpsychologischen, soziologischen und sogar am Rande ärztlichen Information bedürften, besonders auch einer normal entwicklungspsychologischen. Aber — es erweist sich praktisch immer wieder mit voller Eindeutigkeit, daß das, was die Betreffenden zentral beunruhigt, was von ihnen ausdrücklich als problematisch und in diesem Sinn betont als Aufgabe erlebt wird, neurosenpsychologischen Charakter hat. Man möge einen Kreis von Sozialfürsorgern nur ruhig einmal fragen, was sie denn beunruhigt, was ungelöst ist, was ihnen auf der Seele lastet im Bereich ihrer

Aufgaben. Dann wird man zuerst von den ruhig Vernünftigen zu hören bekommen, es handle sich um die ökonomischen und sozialen Probleme. Aber dann folgt sofort die neurosenpsychologische Thematik. Erst in Anhebung davon erscheint die genotypisch verstandene konstitutionsbiologische. Was die Betreffenden beschäftigt, sind die „Störer" (s. S. 155), die Störenden und in diesem Sinn abartigen Kinder und Jugendlichen, mit denen sie zu tun haben. Aber allmählich setzt sich doch die Erkenntnis durch, daß im prophylaktischen Sinn die „stillen" Kinder eigentlich noch bedeutungsvoller sind, denn sie sind bevorzugt diejenigen, die eines Tages neurotisch erkranken und der Gesellschaft zur Last fallen. Daher entwickelt man z. B. in England besondere Teste, die das neurotische, wenn auch stille Kind vom nicht-neurotischen, bloß ruhigen abheben sollen (ein Test, der die Beeindruckbarkeit durch Suggestion eines Schwankens prüft, zum Beispiel).

Aus dem oben Dargestellten folgt ohne weiteres, daß auch die Lehrerschaft dann in prophylaktischer Absicht neurosenpsychologisch informiert werden muß. Nun ist es wohl kaum noch nötig, die dazugehörigen Einschränkungen, das Soziologische und das Genotypische betreffend, ausdrücklich zu erörtern. Dessen Erwähnung erfolgte ja bereits laufend und immer wieder. Auch hier ist die Lehrerschaft darauf aufmerksam zu machen, daß sie zwar unmittelbar unter den Störern zu leiden pflegt, diese also Problem sind, besonders hinsichtlich ihrer Neigung, „Kreise zu ziehen", daß aber die „übergefügigen" Kinder das noch wichtigere Problem darstellen. Der Lehrer neigt dazu, dies zu übersehen, aber die Gesellschaft hat ein Interesse daran, ihn deutlichst hierauf aufmerksam zu machen. Das ist nicht ganz bequem, aber im Hinblick auf die immerhin wahrscheinlich 5, vielleicht sogar 10 % Symptomträger in der Bevölkerung durchaus notwendig. Wiederum ein Thema der Prophylaxe, ein Thema der Mental-Hygiene, aber eben ein neurosenpsychologisches und nicht ein vage zu bezeichnendes Thema sonst. Es hat sich gezeigt, daß hier in etwa 4 Semestern geschulte, neuerlich unter dem vom Verfasser empfohlenen Namen Psychagogen neurosenpsychologisch ausgebildete Persönlichkeiten oft sehr unmittelbar und höchst fruchtbar einzugreifen in der Lage sind. Auch die häufigen, wenigstens in Westeuropa, Verstörtheitserlebnisse der Pubertät sind vom neurosenpsychologischen, neurotoiden Hintergrund her durchaus aufzuhellen. Abartigkeitsgrade von „Verstörtheit" sind heute nicht nur deutlich erkennbar abzugrenzen, sondern die manchmal als „Abgrund" erscheinenden Verwirrungen letzten Endes als harmlos zu entlarven. Ein analysierendes mikro-psychologisches Verfahren stiftet hier, wenn es von ausreichend Informierten, von wirklichen Kennern ausgeübt wird, alles andere eher als zusätzliche Unruhe. Auf diesem Wege können oft überraschend schnell Aufhellungen und Klarheiten erreicht werden — unter anderem auch die Vermeidung von Suiciden — Klarheiten, die gerade dann nicht zustande kommen, wenn der betreffende Betreuer heute vielleicht, wie es hin und wieder geschieht, noch meint, er soll scharfem „analytischem" Hinsehen lieber aus dem Wege gehen.

Sind all die bisher erwähnten Abartigkeiten während der Entwicklung des Kindes und jugendlichen Menschen übersehen, d. h. verkannt worden, wie das heute leider noch sehr häufig geschieht, hat der Betreffende selbst in seiner

Hilflosigkeit keinen Weg zu einem Helfer gefunden, so setzen später, nach der Pubertät, neurotische Symptomatik, sogenanntes „triebhaftes" Handeln oder zunächst auch nur abartige Lebensführung ein. Und nun sollte die Aufgabe in die Hände des Psychotherapeuten übergehen. Der Träger einer neurotischen Symptomatik wendet sich in der Regel an den praktischen Arzt und weil dieser in erster Linie, wie im nächsten Kapitel erörtert werden soll, die Aufgabe hat, die schweren Neurosen auszusieben, ist auch diese Tätigkeit des „Praktikers" unter dem Gesichtspunkt der Prophylaxe und in diesem Sinne der Mental-Hygiene zu sehen.

Mit einem kurzen Blick zur Seite sei hier aber doch bemerkt, daß die entscheidenden Instanzen, also diejenigen, die unter der Führung verschiedener Ministerien die Aufgabe der Prophylaxe im oben erörterten Sinn in Angriff zu nehmen haben werden, sich sehr genau werden überlegen müssen, wer außer den Psychagogen und eigentlichen Psychotherapeuten hier mitzusprechen und zu handeln haben wird. In diesem Zusammenhang ergibt sich unter anderem die Frage, welche Bedeutung und welche Valenz eigentlich die sogenannte „Heilpädagogik" hat, bisher hatte und in Zukunft haben sollte. Sie begann ja mit der Aufgabenstellung, Taube, Blinde, sonst Gebrechliche und auch intellektuell Zurückgebliebene zu betreuen. Nur sehr bedingt war hierfür der Ausdruck Heilpädagogik zutreffend. Aber man nahm es nicht so genau; denn der Arzt dominierte eindeutig, und die Pädagogik stellte sich in seinen Dienst. Nun aber, nach über einem halben Jahrhundert „analytischer" Entwicklung hat sich das Bild doch verschoben. Der Aufgabenkreis des Heilpädagogen erweitert sich zusehends um den neurosenpsychologischen Bereich. Solange noch angenommen werden durfte, daß die genotypische Anlage hier überwiegt und also auch das Thema Psychopathie, bestand eine nahe Verwandtschaft zwischen seelischer Gebrechlichkeit (Psychopathie) und körperlicher. Im Augenblick aber, in dem im Sinne der hier vertretenen Auffassung weite Teile jenes Aufgabenkreises sich als neurosenpsychologischer Natur erweisen, muß die analytische Psychotherapie herangezogen werden (s. a. S. 302). Daher kommt es auch, daß in „heilpädagogischen" Veröffentlichungen, eben unter diesem Titel, mehr und mehr Neurosenpsychologisches erörtert wird. Und das sollte nicht, wie bisher oft, „unter der Hand" geschehen!

Wenn die im Kapitei „Statistik" (s. S. 308) genannten Zahlen auch nur annähernd korrekt sind, ergibt sich aber, daß rein quantitativ, mengenmäßig, die Zahl der Neurotiker so groß ist, daß alle heute vorhandenen Fachleute gar nicht in der Lage sind, sie adäquat zu versorgen. Hier müssen sich also die oben schon erwähnten Sozialfürsorger beteiligen. Aber gerade dazu sollte ein offenes Wort gesprochen werden:

Sehr ähnlich wie auf dem Gebiet der Psychotherapie steht es praktisch auch hinsichtlich all der Betreuungsmaßnahmen, die von sozialfürsorgerischer Seite angewandt werden. Schon in den 20er Jahren wurde dies deutlich. Die Erkenntnisse der Neurosenpsychologie nahmen an Tiefe, Differenziertheit und Präzision rascher zu als die Zahl der informierten Personen. Eingehende, schon damals (z. B. im Jahre 1926 auf der Westerburg) geführte kasuistische Gespräche erwiesen, daß die Tatbestände, mit denen man es zu tun hatte, in deutlich erkennbarer

und nachweisbarer Weise sehr viel differenzierter sind, als die beteiligten Für-
sorger und fürsorgerisch Interessierten annahmen. Auch auf diesem Gebiet, der
Verwahrlosten etwa, der kriminellen Jugendlichen, erwies sich für den Fachmann
eine außerordentlich weitgehende Beteiligung (und das war schon vorsichtig
ausgedrückt) von neurosenpsychologischen Faktoren. Es stellte sich heraus, daß
die Sozialfürsorger sich genau so wie die Ärzteschaft im allgemeinen hinsichtlich
ihrer „engeren" Auffassungen zu Unrecht auf die wenigen ihnen gut gelingenden
Fälle beriefen, wenn sie den ausreichenden Charakter ihrer Maßnahmen zu rechtfertigen suchten. Es zeigte sich, daß sie sich dabei tatsächlich auf eine doch verhältnismäßig geringe Zahl erfolgreich angegangener „leichter" Fälle beriefen.
Einzelne Sonderpersönlichkeiten waren in der Lage, infolge ihrer eigenartigen
Struktur eine höhere Erfolgsquote aufzuweisen als der Durchschnitt. Das bestach.
Aber der Durchschnitt blieb dann aus eben diesen Gründen enttäuscht. Und die
durchschnittlichen, nachahmenden Versuche diskreditierten die an einzelnen
Orten durch einzelne Persönlichkeiten erreichten Erfolge. Eine oft geradezu quälende Situation. Was tun? Denn heute beginnt sich der gleiche Vorgang, wie es
scheint, zu wiederholen. An einzelnen Orten werden großartige Erfolge gezeigt,
aber es gelingt nicht, sie nachzuahmen, entscheidend deshalb, weil die eigentlichen
Gründe für jene Erfolge nicht durchschaut werden. Im wesentlichen liegt dies
an den durchaus mangelhaften neurosenpsychologischen Einsichten der Beteiligten. Erfolgt aber eine wirklich adäquate, genaue Durchleuchtung der Tatbestände, so zeigt sich, daß die Dinge auch auf dem Gebiet der allgemeineren
sozialen Fürsorge ungefähr so liegen wie einst in der Landwirtschaft, als es noch
keinen Kunstdünger gab bzw. als man noch nicht wußte, daß diejenigen recht
hatten, die den Kunstdünger als notwendig empfahlen, wenn man gesteigerte
Erträge haben wollte. Und das wollte man ja. Das will man naturgemäß immer.
So hat man neuerdings auf dem Gebiet der Landwirtschaft hinzulernen müssen,
daß Kunstdüngergaben nicht ausreichen, sondern auch noch für eine ausreichende
Bakterienflora durch Schaffung von humosen Bestandteilen im Boden gesorgt
werden muß. Das Allgemeine hieran besteht dann darin, daß die Voraus-sehenden
ihrer Mitwelt von Zeit zu Zeit immer wieder neue Lasten aufbürden. So empfindet
die Mitwelt dies und sträubt sich dagegen. Zunächst viele, dann nur noch wenige
bleiben bei den alten Maßnahmen. Der Vergleich des wirklich notwendigen Auf-
wandes, wenn man entsprechend dem derzeitigen Stand des Wissens ein Optimum
an Ertrag, an Erfolg erreichen will, mit dem, was ohne solchen zusätzlichen Aufwand erreicht werden kann, ist sehr schwierig, zu Anfang wenigstens. Und hierin
liegt der Vergleich etwa zwischen der Lage der Landwirtschaft und der der Sozial-
fürsorge. Die Neurosenpsychologie kennt die adäquaten Mittel. Kritisch kann sie
feststellen, daß die tatsächlich angewandten unzulänglich sind, seien sie auch
noch so gut gemeint. Will man einen der schwierigen Verwahrlosten wirklich
adäquat angehen, so übersteigen die im Augenblick notwendigen Mittel sehr
erheblich das Gewohnte. Ganz konkret ausgedrückt: Die Gesellschaft investiert
heute noch viel zu wenig an Zeit und Personen für das, was sie erreichen möchte.
Man wird hier sehr genau, und zwar unter mikropsychologischen Gesichtspunkten
hinschauen müssen und sich dann davon überzeugen können, daß es seine sehr gut
überschaubaren Gründe hat, warum z. B. Stehlen, Lügen, Dirnen- und Strich-

jungentum usw., usw. sehr viel differenziertere, verzweigtere, „tiefere" Wurzeln haben, als man das heute im allgemeinen annimmt. Daher bleibt eine im Augenblick noch nicht genau übersehbare Zahl von Fällen refraktär, unbeeinflußt, zum tiefen Kummer vieler mitfühlender, etwas zarterer Naturen. Hier gibt es nur ein Mittel zunächst: Die Tatbestände mikro-psychologisch, genau, wie oben empfohlen, aufzurollen und zu durchleuchten. Das als Erstes. Selbst dann, wenn ein unmittelbarer praktischer Erfolg, den tätigkeitsbedürftige Naturen oft so leidenschaftlich erstreben, nicht sofort erreichbar ist. Auch die Atomenergie dient bisher nur der Herstellung von zerstörenden Bomben statt der Industrie. Aber auch hier investiert man vernünftigerweise für die Zukunft. So wird es auch auf sozialfürsorgerischem Gebiet der Fall sein müssen.

6. Die psychotherapeutische Ausbildung der Ärzte

Obgleich im Text des vorliegenden Lehrbuches an den verschiedensten Stellen (z. B. S. 7 ff, S. 265, S. 271) auf den didaktischen Gesichtspunkt hinsichtlich der allgemein praktizierenden Ärzte, auch der Internisten zum Beispiel und der Gynäkologen usw. Rücksicht genommen und darauf hingewiesen wurde, welche Teile der analytisch-psychotherapeutischen Lehre ihnen zu vermitteln seien, möge hier noch abschließend einiges ausdrückliche Weitere und Geordnete gesagt werden. Hier handelt es sich um eine unaufhaltsame Entwicklung von den Tatbeständen her, die im 19. Jahrhundert noch weitgehend dunkel waren und deren Erhellung in erster Linie F r e u d zu verdanken ist. Wenn es zutrifft, daß 25 % aller Patienten, die zum Allgemeinpraktiker kommen, und 40 % der Patienten, die zum Internisten gelangen, in Wirklichkeit Neurotiker sind, um das einmal so lapidar und zugespitzt auszudrücken, dann muß von Seiten der Ärzteschaft ein ausgesprochenes Interesse für diesen ihren neuen Bereich bestehen. Die Patienten müssen ein Interesse daran haben, daß die Ärzte die heute noch übliche Chronifizierung der neurotischen Symptomatik unterbinden. In diesem Zusammenhang wurden die im Zentralinstitut für psychogene Erkrankungen der Versicherungsanstalt Berlin im Jahre 1948 noch anfallenden etwa 58% extrem chronifizierter Fälle erwähnt, die also bereits 10 und mehr Jahre manifest erkrankt waren, ohne auf eine adäquate analytisch-psychotherapeutische Hilfe gestoßen zu sein. Hier Abhilfe zu schaffen, kann nur dadurch geschehen, daß die Ärzteschaft informiert wird, und zwar zumindest in zweierlei Richtung:

Solange die gezielte Auswahl der schweren Neurosen noch nicht erreichbar ist — und wir wissen, daß das im Augenblick und auf einige Jahre hinaus noch nicht geschehen wird —, muß die Ärzteschaft auf jeden Fall durch Kurse über die praktische Anwendung der p r a g m a t i s c h e n psychotherapeutischen Verfahren informiert werden, insbesondere in Bezug auf das autogene Training und die Hypnose. Das von I. H. S c h u l t z entwickelte a u t o g e n e T r a i n i n g (I. Stufe) und die neuerlich von K r e t s c h m e r angestrebte Form der H y p n o s e kommen hier in erster Linie in Betracht. Faktisch haben diese Verfahren, wie oben (s. S. 261 ff) dargestellt, in einer noch unbestimmten Zahl von Fällen einen sogenannten kausalen, d. h. einfach unter mittleren Umständen einen Dauererfolg.

Auch der, der die Neurosenfälle ihrer Schwere nach nicht voneinander zu unterscheiden vermag, kann sich dieser pragmatischen Verfahren voll verantwortlich
bedienen. Es erfolgt auf diesem Wege jedenfalls eine automatische Selektion
ex iuvantibus. Mehrfach wurde hier betont, daß diese Verfahren nicht über ein
Jahr hinaus ausgedehnt werden sollten, da sonst die Gefahr iatrogener Chronifizierung besteht. Wir haben eben zu bedenken, daß Neurosen sich dadurch
auszeichnen, daß sie extrem zur Chronifizierung neigen, daß die neurotischen
Patienten nicht an ihrer Erkrankung zu sterben pflegen (die Zahl der Suicide
gerade hier ist im ganzen gesehen relativ sehr gering) und daß Spontanheilungen
unbemerkt vor sich zu gehen pflegen, d. h. unbemerkt von seiten der Ärzte; denn
diese Patienten kommen oft gar nicht zum Arzt.

In zweiter Linie aber, auf etwas längere Sicht gesehen, sollte die gesamte
Ärzteschaft in etwa 4semestrigen Kursen soviel von Neurosenlehre, Traumanalyse
und „gezielter" psychotherapeutischer Anamnese erlernen, daß sie in die Lage
kommt, schwere von leichten Fällen zu unterscheiden und nunmehr eine voll-
absichtliche, gekonnte Selektion stattfindet. Dann wird nicht mehr ex iuvantibus
entschieden, also quasi blind, sondern auf Grund von Struktureinsicht. Die
gezielte Anamnese ist ja, wie oben (S. 173) entwickelt wurde, von ausgesprochen prognostischem Charakter (im Gegensatz zur diagnostischen, differential-
diagnostischen üblichen klinischen Anamnese).

Oben wurde gefordert, in zweierlei Richtung solle die Ärzteschaft informiert
werden. Aber es wurde hinzugefügt: zumindest. Damit wurde gesagt, daß noch
weitere Gesichtspunkte hinzukommen sollten. Einer davon ist, daß die Ausdehnung der anamnestischen Information der Ärzteschaft über die Zahl von
4 Semestern hinaus, d. h. ein einfaches Weiterüben, unseres Erachtens allmählich
dazu führen wird, die Vorstellungswelt der Ärzte so weit mit analytischen Möglichkeiten anzureichern, daß sie auch in der Lage sein werden, sich bei nunmehr
festgestellten leichten Fällen dazu zu entschließen, selbst psychotherapeutisch
einzugreifen. Ein verhältnismäßig einfaches, aber doch völlig korrektes analytisch-psychotherapeutisches Verfahren steht ihnen dann zur Verfügung. Wie
oben erörtert, handelt es sich dabei aber nicht um die vielfach sehnsüchtig
gesuchte „Kurztherapie", sondern, wie schon gesagt, um eine ganz korrekte,
in solchen Fällen also kurze Zeit in Anspruch nehmende Analyse.

Wie in Berlin abgehaltene Fortbildungskurse für Ärzte gezeigt haben, besteht
bei der jüngeren Ärzteschaft neuerdings offenbar die Neigung, hier ganz ausdrücklich mitzugehen, sich bereitwillig zu beschränken und Schritt nach Schritt
zu tun. Wir befinden uns nicht mehr in den 20er und auch nicht mehr in den
30er Jahren, in denen auf neurosenpsychologischem Gebiet außerordentlich
weitgehend getastet wurde, sich also schließlich jeder auf freier Wildbahn beteiligen konnte. Die Psychotherapie ist eine sehr junge Wissenschaft, aber doch
nicht mehr so jung, daß sie nicht in weiteren Grenzen korrekt erlernbar wäre.
Das u. a. findet seinen Ausdruck in der Verdreifachung der Teilnehmer an
Kursen, die ankündigen, daß sie in ein bis zwei Dutzend Stunden Ansätze zur
Möglichkeit, prognostisch zu differenzieren, aber ein analytisches praktisches
Verfahren nicht vermitteln werden, und — daß die pragmatischen Verfahren
bereitwillig deren Inauguratoren überlassen bleiben sollen.

Es sei noch einmal kurz zusammengefaßt, was der Praktiker dann also können wird. Er wird in der Lage sein, eine aktuelle auslösende Situation, eine Versagungs- und Versuchungssituation als solche zu erkennen. Er wird in der Lage sein, Schicksalseinbrüche in all den Fällen aufzufinden, in denen der Patient die Behauptung aufstellt, seine Symptomatik sei an dem und dem Tage erstmalig vor gar nicht so langer Zeit (also vor ein oder zwei oder höchstens drei Jahren) aufgetreten. Er wird wissen, daß, sollte sich bei zudringlichster Befragung (s. S. 179) ein solcher Schicksalseinbruch (s. S. 97) nicht auffinden lassen, mit hoher Wahrscheinlichkeit eine Fehldiagnose vorlag und es sich doch um ein primär-organisches Leiden handelt.

Ein kleines Stück Polemik: Was etwa, um nur einen Autor zu nennen, L. Binswanger an Kasuistik veröffentlicht, berücksichtigt die eben erörterten Gesichtspunkte ausdrücklich zu wenig. Aber es sei versöhnlich hinzugefügt, daß es sich doch nur um ein Zu-wenig handelt und der wertvolle Inhalt auch der L. Binswangerschen Darstellungen hiervon keineswegs berührt wird.

Hiermit verbunden ist folgendes Faktum: Der so geschulte Praktiker wird damit wissen, daß er nicht etwa in mißverstehender Verwertung der alt-analytischen Literatur wesentlich und vordringlich auf Genese zu gehen hat. Er wird wissen, daß und warum er genetische Daten, z. B. die früheste Erinnerung eines Patienten oder auch einen Traum, der dem Patienten in der Konsultation auf Befragen einfällt, zwar wird verwerten dürfen, aber nicht unbedingt müssen. Der Sinn seines Unternehmens wird nur dann solche Form von Strukturerhellung sein müssen, wenn er in Konkurrenz mit pragmatischen Verfahren ein analytisches anwenden will. Hierfür aber wird er — es soll hier ruhig so ausgedrückt sein — die auf den Seiten 16—111 dargestellten empirischen Fakten mit Geläufigkeit beherrschen müssen. Er wird sie wirklich studiert, d. h. — einfach gesagt — auswendig gelernt haben müssen; sonst stehen sie ihm im gegebenen Fall eben nicht zur Verfügung, und er bemüht sich vergeblich auf eigene Faust. Das würde heißen, er machte den unangebrachten Versuch, noch einmal so zu beginnen, wie das um 1900 für den Forschenden angezeigt war.

Es ist vorauszusehen, daß diese Form einer Ergänzung der bisherigen ärztlichen, unter endogenologischen, primär-organischen Gesichtspunkten vollzogenen Praxis die kommende Ärztegeneration mit tiefer Befriedigung erfüllen wird. Nur zu Anfang erscheint das hier Vorgeschlagene als eine Art Abspeisung. Aber es ist doch wohl so, daß nicht alle Ärzte, die an sich eine ausgesprochene Freude am Tätigsein haben, etwa von unruhiger drängender Motorik bestimmt, den etwas besinnlichen Modus analytischen Vorgehens scheuen werden. Ist dies aber so, dann wird die kommende Ärztegeneration auch mit unbekümmerter Bereitwilligkeit alle durch gezielte Anamnese oder auch ex iuvantibus am Ende des ersten Jahres festgestellten schweren Fälle den Fachleuten der analytischen Psychotherapie überweisen. Es darf mit Sicherheit angenommen werden, daß das Verantwortungsbewußtsein der Ärzteschaft, wenn sie einmal einen korrekten Überblick über die tatsächlichen Zusammenhänge erhalten hat, dafür sorgen wird, daß die heute noch durchgängigen Chronifizierungen ein Ende nehmen.

Vielleicht ist noch eine Hinzufügung notwendig, nämlich die, daß dem Praktiker, dem in Anknüpfung an die ihm bisher zugängliche 20er-Jahre-Literatur

vorschwebt, er werde auf die Dauer vielleicht täglich 2 Analysen machen können
und diese rite, auch bei schweren Fällen — er werde also nicht auszuwählen
haben —, gesagt werden muß: Täglich 2 Analysenstunden sind zu wenig. Wer
dies unternimmt, womöglich auch noch in einer kleineren Stadt, also isoliert,
ohne reichlichen Austausch, muß im Laufe der Zeit, sei er auch noch so begabt
und lebendig, steril werden oder dogmatisch verarmen. Das ist nahezu unvermeidbar. Also ist davor zu warnen, so vorzugehen. Um eine geschätzte Größe zu
nennen: Wer zufällig in der Lage ist, seine Praxis zu halbieren, d. h. täglich
etwa 4 Stunden zu analysieren, nachdem er einmal über Jahre eingeführt ist,
wird die andere Hälfte des Arbeitstages als Praktiker weiterarbeiten können.
Es darf heute wohl verantwortet werden, solche sehr konkreten Schätzungen
auszusprechen.

Noch eine Hinzufügung: Der psychotherapeutisch interessierte Arzt, der über
die Anwendung pragmatischer Verfahren hinausgehen möchte und analytisch
verstehen will, wird die theoretische Vorstellung der „Überlagerung" ängstlich
vermeiden müssen, zumindest vorläufig in den nächsten Jahren (s. a. S. 140).
Wie z. B. der von Janz in der „Psyche" Heft 1, 1948 veröffentlichte Fall zeigt,
wird er sich auf längere Dauer die Freude an seiner mit dem Gefühl der Fundiertheit erfüllten Arbeit verderben, wenn er in Fällen, in denen eindeutig grob
Primär-Organisches feststellbar ist, vorzeitig „Analytisches" hinzukonstruiert.
Wir wollen damit die Möglichkeit solcher Zusammenhänge keineswegs bestreiten,
aber es ist ein Unterschied, ob beginnend mit einer Funktionsstörung, die als
Korrelat zu einem latenten (oder auch manifesten) Antriebserleben auftritt,
allmählich ein sekundär organisches Leiden entsteht oder ob eindeutig ein primär-
organisches zu Beginn vorliegt und dann ein Patient darauf als auf einen auslösenden Faktor neurotisch reagiert. Es bestehen begründete Zweifel, daß hier
gerade in solchen Fällen heute schon, ohne daß analytisch-psychotherapeutischer
Fachmann und etwa interner Fachmann intensivst zusammenarbeiten und aus-
tauschen, Ersprießliches vor sich gehen kann. Primärorganische „Handbuch-
Leiden" etwa, gewohnheitsmäßig „symbolisch" zu interpretieren, als ob das
wahrscheinlich sei, geht an der Sache fraglos vorbei.

Wie wird demnach das Bild der Zukunft aussehen?

Man könnte hier von einer besonderen Art von „Prophylaxe" sprechen oder
auch von einer sehr bestimmten Form von „mental hygiene". Denn die Praktiker werden dann in erster Linie die bei ihnen eintreffenden neurotischen Ersterkrankungen sofort korrekt feststellen. Dann werden auch die verantwortlichen
Instanzen, die Gesundheitsämter besonders, in der Lage sein, endlich die so
notwendige Bestandsaufnahme der Neurotiker, nach Klassen geordnet, zu
vollziehen. Quantitativ, rationell gesehen, wird dies an Gewicht alles, was wir
heute mit analytischer Psychotherapie nachhinkend erreichen können, weit
übertreffen.

Wird der Allgemeinpraktiker, der das oben Geschilderte zu erreichen beabsichtigt, sich einer Lehranalyse unterziehen müssen? Wir meinen: Gewiß!
Das geht u. E. aus dem oben Dargestellten eindeutig hervor. Es muß nur das
manchmal noch auftretende Mißverständnis vermieden werden, als sei eine
Lehranalyse ausreichendes informatorisches Mittel. Das ist sie auf keinen Fall.

Hier lernt der einzelne zwar bestimmte Bereiche seiner eigenen Person, die mikro-psychologischen, darunter seine „Haltungen" (s. S. 80) und auch deren Entstehungsgeschichte kennen. Aber das Ganze ist doch stark persönlich gefärbt und bedarf unbedingt der breiten kasuistischen Ergänzung sonst. Was die Gegner einer solchen Lehranalyse tatsächlich unter dem Titel „nicht-zuzumuten" verstehen, wird sicher die nächste Zukunft ergeben und sich dann klären lassen. Am Rande sei erwogen, ob hier nicht die Landschaft, die kleinere Stadt im Verhältnis zur großen mit den dazugehörigen Lebensbedingungen die entscheidende Rolle spielt.

Daß eine Zeitschrift für analytische Psychotherapie die Verbindung innerhalb einer so geschulten Ärzteschaft wird herstellen müssen, ist wohl eine Selbstverständlichkeit.

7. Die Zukunft der Psychotherapie und die Forschung

Es könnte die Frage aufgeworfen werden, ob es zweckdienlich sei, in einem Lehrbuch der analytischen Psychotherapie, das vorwiegend für den Nachwuchs bestimmt ist, das obige Thema zu erörtern. In Wissenschaften mit langer Tradition pflegt dies nicht zu geschehen. Aber man möge überlegen, daß innerhalb des Gebietes der analytischen Psychotherapie noch so viele Fragen, die heute bereits präzis formuliert werden können, unbeantwortet sind, daß es dem Nachwuchs nur dienen kann, wenn er auch hierüber noch einen Überblick erhält und, hiervon desto deutlicher abgehoben, instand gesetzt wird zu erkennen, was er positiv erlernen kann.

Naturgemäß wird solche Betrachtung hier von der in der vorliegenden Darstellung vertretenen Neurosenlehre mit den aus ihr ableitbaren Folgerungen ausgehen. In lockerer Aneinanderreihung ergeben sich folgende Fragen und Aufgaben:

1. Monographie einer Symptomatologie.
   Ein Lehrbuch der psychophysischen Differentialdiagnose (ähnlich wie Cabot einst und heute Holler, Pfleger, Pape, „Klinische Symptomatologie" und auch Mattes und Curschmann).
   Eine Differentialdiagnose der primär-organischen und der psychogenen Symptomatik.

2. Zuordnung der neurosenpsychologisch relevanten Antriebserlebnisse und der neurotischen Symptome, die deren Sprengstücke sind.

3. a) Die körperlichen Korrelate zur seelischen neurotischen Symptomatik. Also Funktionsstörungen, Funktionierensstörungen, physiologische Abartigkeiten. Dazu die anatomisch-morphologischen Orte.
   b) Die seelischen Korrelate zu körperlichen neurotischen Symptomen. Als Beispiel: Das spezifische Erleben bei der Impotenz.
   Das sogenannte Leib-Seeleproblem als solches gilt im Sinne der Gleichzeitigkeitskorrelation als erledigt.
   Für die Leukotomie gelten als Frage a und b.

4. Auseinandersetzung mit den Autoren, die „biographische" Charakteristiken der neurotischen Menschen geliefert haben. Antriebspsychologische Reduktion dieser „biographischen" Terminologien. Als Beispiel: die „mangelnde Ausdrucksfähigkeit" der Ulkus-Kranken.

5. Handbuch der psychotherapeutischen Literatur, geordnet unter den Gesichtspunkten des auf S. 181 wiedergegebenen Anamnesen- und Berichtsschemas.

21*

6. Monographische Darstellung der begünstigenden genotypischen Faktoren
   a) der seelischen,
   b) der körperlichen (Beispiel: „physiologische Asthenie").
7. Monographische Darstellung typischer Versuchungs- und Versagungssituationen.
8. Monographische Darstellung der peristatischen Faktoren Härte und Verwöhnung.
   Insbesondere Sammlung extrem abartiger Peristasen.
9. Zusammenstellung gleich schwerer Fälle von neurotischer Erkrankung in großer
   Zahl.
   Zweck: Vergleich analytischer und pragmatischer Psychotherapie.
10. Beantwortung der im Kapitel „Die Statistik in der Psychotherapie" (s. S. 308) ange-
    gebenen noch unbeantworteten Fragen.
11. Zusammenstellung der bisher erörterten Fakten für die schizophrenen und manisch-
    depressiven Erkrankungen. Da ein erster Schub stets in die Klinik kommt, liegt
    hier der Ansatz für eine letzte Durchsetzung der analytischen Psychotherapie.
    Die hierhergehörigen Fakten werden vorbereitenderweise im Sinne des oben auf
    S. 181 wiedergegebenen Anamnesen- und Berichtsschemas durch eindringliche Ex-
    ploration der Umgebung der Erkrankten eruiert werden müssen (s. die „Struktur
    der Psychose" des Verfassers, Zeitschrift für die gesamte Neurologie und Psychiatrie
    1943)[1].

Im ganzen gesehen ergibt die eben erfolgte Aufstellung, daß es sich in nächster
Zukunft für die analytische Psychotherapie im wesentlichen um die Beantwortung
von Einzelfragen handeln wird, denn das Grundsätzliche erscheint ausreichend
gesichert. So läßt sich auch voraussehen, was in 50 Jahren, also im Jahre 2000,
alle Ärzte wissen und können werden, auch das für die Gebildeten und Intellektuellen Gültige, ebenso das für Mütter und Lehrer Entscheidende. Dann wird
auch der neurotische Patient, das abartige Kind und der entsprechende Jugendliche anders als heute noch von den Betreffenden empfangen werden. Die statistische Abteilung eines Instituts, wie es das Zentralinstitut für psychogene
Erkrankungen der Versicherungsanstalt Berlin heute darstellt, wird ihrer Struktur
nach durch die oben (S. 308 ff) erörterten Gesichtspunkte bestimmt sein.

In diesem Zusammenhang läßt sich auch der kommende Ausbildungsgang
des Nachwuchses recht konkret voraussehen. Ein regulärer psychotherapeutischer Ausbildungsgang wird umfassen müssen:

Neurosenlehre 20 Std., dazu 20 Doppelstunden Kolloquium. Traumlehre 20 Std., dazu
40 Doppelstunden Kolloquium. Lehranalyse 100—200 Std., Analytische Psychotherapie
10 Std., dazu 10 Doppelstunden Kolloquium, Mythologische Parallelen 10 Std. Ethno-
logische Parallelen 10 Std. Neurologische, psychiatrische, interne, gynäkologische,
urologische Differentialdiagnose je 5 Doppelstunden. Anamnesen-Kolloquium 20 Doppelstunden. 20 Anamnesenaufnahmen zu je 3 Std. Literatur-Kolloquium 40 Doppelstunden. 600 Analysenstunden an eigenen Patienten. Kontrollanalysen 50 Doppelstunden.
So etwa.

Wie schon gesagt, an solchem Zukunftsbild wird erst recht sichtbar werden
können, was heute schon erreicht ist.

---

[1] Verfasser hofft, 1951 das Thema: „Analytische Psychotherapie und Psychose", insbesondere an Hand einer ausgedehnten Falldarstellung, monographisch behandeln zu können.

Autorenverzeichnis

Sachverzeichnis